스와이
Svay

May Mayko Ebihara

Svay

A Khmer Village in Cambodia

Edited by Andrew Mertha

With an introduction by Judy Ledgerwood

SOUTHEAST ASIA PROGRAM PUBLICATIONS
an imprint of
Cornell University Press
Ithaca and London

스와이 Svay

캄보디아의 어느 크마에Khmer 마을

마이 마이꼬 에비하라 지음 | 서민우 옮김

道깨비

목차

머리글 / 엔드류 메르타 · 8
서문 / 주디 레저우드 · 12
- 참고문헌 · 46
한국판 서문 / 주디 레저우드 · 57
감사의 글 / 마이 마이꼬 에비하라 · 60
역자 서문 / 서민우 · 62

제1장. **서론** · 65
제2장. **전체적인 캄보디아: 배경** · 79
제3장. **스와이 마을** · 123
제4장. **경제구조** · 231
제5장. **종교** · 343
제6장. **생애주기** · 401
제7장. **공식 정치 조직** · 451
제8장. **마을과 주변 세계의 관계** · 483
제9장. **결론** · 507

부록 · 547

머리글

나는 공식적으로 중국 학자로 훈련을 받았습니다. 캄보디아 연구자가 된 것은 2008년, 코넬대학교에 온 것과 동시에 이루어졌습니다. 연구 영역을 중국을 넘어 캄보디아로 확장하는 것이 사치가 아니라 진지한 연구 전략이라는 사실을 깨닫고 나서 나는 모든 책, 논문, 미출판 논문까지, 나를 도취시키는 이 나라에 관해 찾을 수 있는 모든 글을 읽기 시작했습니다.

문헌들을 읽으면서 나는, 1968년 학위를 받은 마이 에비하라 May Ebihara(1934-2005) 박사의 논문 "스와이: 캄보디아의 어느 크마에 마을"이 반복해서 인용되었다는 것을 알게 되었습니다.

문헌에서 널리 인용되었지만, 실제 논문을 찾는 것은 다소 힘든 일이었습니다. 책으로 출판된 적이 없었기 때문입니다. 오히려, 여전히 박사학위 논문 형태로 남아 있었습니다. 이 논문은 디지털 시대 훨씬 이전(대학원생들이 집에 불이 났을 때, 미완성 논문을 가장 안전한 장소인 냉장고에 보관해야 했던 시대)에 작성되었으며, 마이크로필름이나 복사본으로만 찾아볼 수 있었습니다. 나는 흐릿한 코우리어 Courier 서체의 영광을 모두 담은 논문을 필름에서 직접 공들여 복사했으며, 그 과정에서 2세대에 걸친 먼지, 얼룩, 긁힘을 발견했습니다.

나는 이렇게 중요한 글이 출판된 적 없다는 사실을 믿을 수 없었습니다. 그리고 그것이 필요하다는 것이 즉시 분명해졌습니다. 스와이는 오랫동안 역사 속으로 사라져 버린 캄보디아의 특정 시간과 장소를 엿볼 수 있는 꼭 필요한 창입니다. 이 책은 국가가 내전(1970-75)과 크마에 끄러험(khmer Rouge, 1975-79)의 공포를 경험하기 직전의 한 마을에 대해 풍부하고 세부적인 설명을 제시합니다. 이는 크마에 끄러험 이전 캄보디아에 관한 단 두 개뿐인 민족지 중 하나였기 때문에 스와이는 그 이후 발생한 모든 일에 대한 비교를 위한 귀중한 기준뿐만 아니라, 독특한 타임캡슐을 제공합니다.

　이 책의 서문에서 주디 레저우드 Judy Ledgerwood는 왜 스와이를 캄보디아 시골 연구에서 오리지널 텍스트로 간주해야 하는지에 대한 강력한 사례를 제시합니다. 에비하라의 연구는 그녀 시대 여러 주요 접근방식, 특히 영국 사회인류학, 기능주의, 구조기능주의 모델의 교차점을 재현합니다. '관점적'이기보다는 '유물론적'인 이 책은 친족, 사회 조직, 젠더, 종교 등 캄보디아 일상생활의 주요 측면에 관한 우리의 지식을 풍부하게 해줍니다. 그리고 그것은 오늘날에도 놀라울 정도로 잘 유지되고 있습니다.

　실제로, 스와이의 가장 놀라운 점 하나는 그 접근성입니다. 각 학문 분야는 자신만의 성을 쌓고, 애매하고 난해한 전문 용어는 외부인들을 너무 쉽게 배제합니다. 내가 속한 정치학 분야도 예외는 아닙니다. 인류학도 마찬가지이고요. 에비하라의 글에는 오늘날 학문의 많은 부분을 차지하는 학문별 고유 어투가 전혀 없습니다. 레저우드는 그녀의 유동적인 산문을 '세밀한 묘사'(미술의 '세밀함'과 유사)로 묘사했습니다. 스와이를 읽으면서 사람들은 마을로 직접 이끌려 그녀와 함께 살았던 개인 삶의 일부가 되고 매우 세심하게 기록됩니다. 매미 소리를 듣고, 희미한 나무 타는 냄새를 맡고, 장마철 비가 내린 후 공기의 신선함을 느끼는 것이 거의 가능할 정도입니다.

 이 책은 레저우드의 소개로 시작하여 스와이의 전체 텍스트를 제시하고, 에비하라가 초기 현장 연구 한 세대 후인 1989년부터 1996년 사이 스와이를 다시 방문하여 수행한 연구를 기반으로 한 2002년 에세이 '캄보디아 마을의 폴 폴 시대 추억"으로 마무리됩니다.

 많은 사람이 이 책 작업에 매우 열심히 노력했습니다. 레저우드는 소개 에세이를 작성하고 중요한 자료를 제공하고 편집을 지원했을 뿐만 아니라 에비하라의 캄보디아에 관한 에세이 Emerges from the Past: Eight Essays(Dekalb: Northern Illinois University, Center for Southeast Asian Studies, 2002)를 여기서 재인쇄할 수 있는 권한을 주선했습니다. 그녀는 또한 에비하라가 스와이에 머무는 동안 찍은 사진을 사용하도록 기꺼이 허락해 주었습니다. 알렉산드라 델페로Alexandra Dalferro는 전체 원고를 다시 입력했습니다. 한나 판Hannah Phan은 업데이트된 용어집에 크마에 단어를 친절하게 제공했습니다. 코넬대 출판부 Cornell University Press의 SEAP Publications의 사라 그로스만Sarah Grossman은 이 프로젝트를 처음부터 끝까지 주도했습니다. 크마에 연구 센터(CKS)는 이 프로젝트를 시작할 초기 플랫폼을 제공했으며 곧 이를 크마에로 번역할 예정입니다.

  본문에 등장하는 개인의 이름과 장소명은 익명성을 보장하기 위해 많은 부분 변경되었습니다. 스와이 주민들을 보호하기 위해 익명성을 한층 더 강화했기 때문에 본문에 사용된 가명은 에비하라가 "캄보디아 마을의 폴 폰 시대 추억"에서 사용한 것과 다릅니다. 몇 가지 사소한 편집 작업을 제외하고 텍스트의 형식과 구성은 바꾸지 않았습니다.

엔드류 메르타 Andrew Mertha

서문

이제 처음으로 책으로 출판되는 마이 에비하라의 논문, '스와이: 캄보디아의 어느 크마에 마을'은 캄보디아 역사, 사회 및 정치 연구에서 주요 질문을 다루고자 하는 우리 세대의 학자들이 수행한 많은 인류학적 작업의 기반이다. 에비하라는 서론에서 논문의 주요 목적은 스와이 마을의 "생활의 주기"(p. 67)에 대한 설명과 분석이라고 썼다. 뒤이어지는 것은 1959-1960년 껀달 주에 있는 한 마을에서의 사회구조, 경제 조직, 벼 재배, 가축 기르기, 신용과 부채, 재산 보유, 종교 기관, 정치 조직과 마을과 인근 지역, 프놈뻰과 관계를 포함한 삶에 관한 매우 상세한 설명이다. 내게 논문을 다시 읽는 것은 오랜 친구를 껴안는 것처럼 개인적인 것이다. 모서리가 잔뜩 접힌 내 복사본은 스티커 메모와 밑줄로 가득 차 있다. 나는 내 책에서 인용한 세세한 구절들과 나중에 개인적으로 알게 될 사람들에게 나를 소개한 묘사들을 기억한다. 에비하라는 내 멘토였고, 나 양이모(크마에로 밍)였다. 나는 그녀와 1990년, 1991년, 1994년, 1996년 스와이에서 함께 연구를 수행했다. 나는 가장 최근인 2012년을 포함해, 2000년대에도 연구를 지속해 왔다. 2005년 에비하라가 작고했을 때, 나는 그녀의 필드노트와 서류들을 물려받았다. 현재, 나는 이제는 결코 그녀가 참여할 수 없는 프로젝트에 참여하고 있으며, 혁명의 소용돌이 전과 도중, 그리고 후

몇 년 동안의 마을 이야기를 쓰고 있다. 연구가 수행된 지 55년이 지난 후에야 출판되고, 크마에로 번역이 계획된 이 글의 출판은 새로운 세대 외국인, 크마에 학자 모두에게 중요한 시금석이 될 것이다.

에비하라, 인류학, 역사

1960년대 초반, 에비하라가 스와이를 썼을 때, 그녀는 곧 캄보디아에 불어닥칠 황폐함을 예견할 수 없었다. 그녀가 30년 동안 후속 연구를 수행하는 것은 불가능했다. 또한 1989년 돌아왔을 때, 그녀가 알고 있던 사람의 절반이 전쟁과 혁명이라는 폭력으로 죽었으리라 예상할 수 없었다. 이 책의 중요성은 그것이 마을 수준에서 전쟁 전 삶에 관한 거의 유일한 상세한 모습이라는 것이다. 에비하라는 전쟁 전 캄보디아에서 연구를 수행한 3명의 전문 인류학자 중 한 명이었고, 세부적인 민족지를 작성한 두 명 중 한 명이었다.[1] 스와이는 그녀가 전혀 의도한 적은 없지만, 폴 폿의 크마에 끄러험의 테러 통치와 그 이후로 발생한 일과 대조해, 전쟁 전 캄보디아 사회에 관한 학문적 이해를 위한 기초로 사용된 프로토타입 마을이 되었다. 에비하라는 서론에서 왜 스와이가 "전형적"이지

---

[1] 에비하라(1968, 1973, 1974, 1977, 1987, 1993a, 1993b, 2002) 및 에비하라와 레저우드(2002) 참조. 다른 마을 민족지는 마르텔 Martel(1975)이 썼다. 부록 A에서 에비하라는 프랑스 문헌을 연구 날짜로 요약하여 이 작업 중 앙코르 지역의 고고학에 중점을 두었다는 점을 강조한다. 물론 지난 40년 동안 캄보디아에 관한 많은 문헌은 민주 껌뿌찌어 시대에 초점을 맞추었다.

않은지 그 이유를 다뤘다. 그것은 독특한 개인들이 있었고, 외국인 선생이 있는 사범학교 근처에 있었고, 사람들이 계절 임금 노동을 위해 쉽게 찾을 정도로 프놈뻰과 가까웠으며, 나라의 다른 지역에 비해 인구 밀도가 매우 높은 지역에 있었다. 그러나 그 마을은 쌀농사을 짓고, 전적으로 크마에이며, 테라바다(상좌부) 불교를 숭배하고, 크마에어를 사용한다는 점에서 다른 시골 마을과 많은 특성을 공유했다. 그녀는 "물론, 캄보디아 사회와 문화의 전체 범위가 스와이 마을에 반영되어 있다고 주장할 수는 없다"(p. 9)고 했다. 에비하라는 그녀의 작업에 주변 지역 사회나 도시와의 관계를 포함(7장과 1973년 저작)했기 때문에, 우리는 이 시대 많은 민족지와는 달리, 스와이가 완전히 고립되지 않고 더 큰 사회적 환경의 일부로 제시된 것을 볼 수 있다.

에비하라 저작의 중요성은 이론적인 기여에 있는 것이 아니라, 일상생활에 대한 묘사에 있다. 2005년 인터뷰에서 에비하라는 자신이 학생이었을 때 컬럼비아에 있었던 헤롤드 (홀) 콘클린Harold (Hal) Conklin의 영향을 받았다고 말했다. 그 때문에 그녀는 농업에 관한 많은 세부 사항을 포함하고, 관개, 토지 보유, 쌀 품종에 관심을 품게 되었다.

콘클린에게 헌정된 2007년 책에서 저자들은 그의 저작을 '세부적'이라는 의미와 '순수예술'이라는 의미 모두에서 '훌륭한' 묘사라고 칭찬했다(Kuipers and McDermott 2007, x). 그는 종종 보다 광범위한 이론적 문제를 다루지 않았지만, 에비하라가 연구를 진행한 당시 농민 연구 분야에서 인기 있는 이론적 문제와 마찬가지로, 그 시대의 핫한 이론적 문제들은 이미 오랫동안 잊혀진 것으로 언급된다. 대신 콘클린 작업의 힘은 '세부 사항에 관한 관심과 단조로운 글의 기초가 되는 연구의 정확성에서 비롯된다. 그것은 문화에서 '진실'이라는 불가능한 목표에 최대한 가까워졌다는 증거에서 비롯된다(Kuipers and McDermott 2007, xv). 오늘날, 모든 사회 연구가 주관적이고 위치적인 것으로 이해되는 시대에 에비하라의 작업은 인류학자 존 마슨John Marston이 '그녀의 어조의 정확성'(2011c, 8)으로 칭찬한 것처럼 '훌륭하고' 조심스럽고 성실하게 작성되었다.

부분적으로 에비하라가 '생활의 주기'라고 불렀던 민족지적 묘사에 대한 이러한 초점은 당시의 사람으로서 인류학 분야 내에서의 그녀의 위치와 컬럼비아 대학에서 받은 교육에서 비롯되었다. 학문으로서의 인류학은 19세기 후반 '문화적 진화' 모델에서 탄생했다. 모든 사회는 야만과 미개의 단계를 통과해 (서구) 문명에 도달하는 것으로 상상되었다. 이러한 진화 모델에 대한 반응으로 컬럼비아 대학교에 기반을 둔 미국 인류학의 '아버지'인 프란츠 보아스Franz Boas는 인류학을 일상생활의 세부적인 맥락으로 끌어내리는 새로운 이론적 패러다임을 제안했다. 그는 자신의 모델을 '역사적 특수주의'라고 불렀지만, 그 초점은 대체로 동시대적이었다. 주로 아메리카 원주민 사회의 춤, 노래, 이야기, 의식의 세부 사항을 그것이 사라지기 전에 기록하는 것이었다. 문화상대주의를 강조하면서 지역의 역사와 문화들의 다양성(단 하나의 이상적인 '문명'이 아닌 복수형)을 이해하라는 보아스의 요청은 미국 인류학의 핵심으로 남아 있다.

20세기 전반기에는 영국의 사회인류학, 기능주의, 구조기능주의 모델이 지배적이었다. 세부적인 현장 조사를 강조하면서 말리노브스키의 기능주의는 특정 신념, 대상 및 관행의 목적을 개인의 기본 요구를 충족시키는 역할에 두었다. 레드클리프-브라운, 에반스-프리차드 등은 이러한 형태의 기능주의에서 갈라져 특정 사회의 사회구조를 설명하고 구조의 구성 요소가 구조 자체를 어떻게 유지하고 강화하는지 분석했다. 두 접근방식의 현지 조사는 유사했고, 가능한 한 마을 생활에 대한 집중적인 참여관찰을 포함했다. 실제로 인류학 이론의 저명한 역사가인 조지 스타킹은 고전 시대(1925-65)에 영미 인류학의 가장 독특한 특징은 총체적이고 상대주의적으로 생각되는 소규모 공동체에서의 참여관찰"인 민족지 현지 조사의 중심 역할(1992, 357)이었다고 썼다. 에비하라 작업의 뿌리는 이 세 가지 인류학 학파에 있습니다. 그녀는 자신을 래드클리프-브라운 유산(Marston 2011b, 195)이 있었던 시카고 대학보다 컬럼비아 접근방식을 더 많이 따르는 '보아스파'라고 생각했지만, 세 학교 모두 민족지학적 방법을 강조했다.

그녀가 현지조사를 진행하면 20세기 중반에 인류학 이론상 중요한 변화가 일어나고 있었다. 구조기능주의는 너무 정적이고, 과정보다는 구조에 초점을 맞추고, 사회적 갈등이나 역사적 변화를 설명할 수 없다는 비판을 받았다. 에반스-프리차드(1950)는 역사를 인류학으로 재통합할 것을 촉구하면서 훌륭한 인류학자라면 누구나 역사가이기도 하다고 썼다. 같은 글에서 에반스-프리차드는 인류학을 사회과학이 아닌 인문학이라고 주장했다. 작가로서 인류학자는 다른 문화를 묘사하면서 일련의 추상화를 창조하고 있고, 이러한 추상화는 인류학자 자신의 상상적 구성물이다. 사물과 구조를 연구하는 것에서 마음속에서 일어나는 생각과 패턴을 연구하는 것으로의 20세기 중반의 중요한 전환은 20세기 후반의 상징적이고 해석적인 인류학 패러다임으로 이어졌다. 에비하라의 논문 조사는 이 분열의 초기에 속한다. 그녀의 연구는 관념론적이라기보다는 유물론적이며, 이데올로기가 아닌 행동의 구조와 패턴에 초점을 맞추고 있다. 이 시대 대부분의 인류학 연구와 마찬가지로 에비하라의 논문에서도 인류학은 과학으로 구성되었으며, 비교를 사용하고, 인간 상태의 일반화 가능한 패턴을 찾고, 궁극적인 목표인 새로운 이론 개발을 위해 일상생활의 풍부한 세부 사항을 수집하는 것이 목표이다.

마지막으로, 에비하라를 그녀 시대 인류학의 맥락에 두기 위해서는 그녀의 분석 내에서 개인의 위치에 주목해야 한다. 이 시대 구조기능주의 저술의 대부분에는 개인이 포괄되었다. 사람들은 어머니의 형제, 아버지, 특정 연령대의 구성원 등 사회구조 내에서 자신의 위치와 관련하여 이야기된다. 그들은 이름 없이 남는, 구별할 수 없는 일반적인 '원주민'이다. 에비하라는 마을 사람들의 삶을 일반적인 용어로 분석하지만, 명명된 개인의 행동과 특성에 관한 구체적인 예도 제시한다. 능동적인 행위자들이 논문을 채운다. 사회적 관계에 관한 그녀의 일반화는 집계된 자료와 일상적인 상호작용에 관한 설명을 통해 함께 엮인 개인의 이야기에 기반을 둔다.[2] 개인의 성격은 사건과 결정에 영향을 미치는 것으로 볼 수 있다. 물론 이는 그녀가 스와이에서 민주 껌뿌찌어(DK) 시대를 산 개인 삶의 이야기를 수집하면서 수행한 후속 연구에서 더욱 패턴화된다.

1959-60년의 삶을 공시적으로 바라본 에비하라의 논문이 이제

---

[2] 은뎀부 족에 관한 빅터 터너의 작업은 행위자 중심 연구를 사용해 사회구조와 더불어 과정을 보여주는 최초의 작업 중 하나였다. 터너(1967) 참조.

현지화된 캄보디아 역사 연구를 위한 도구가 된다는 점은 흥미롭고 아마도 아이러니할 것이다. 농업주기에 대한 기록부터 사람들이 불교 축제에 바친 시주금에 이르기까지 세부적인 내용을 종합하면 대격변 이전의 크마에 사회를 이해하는 기초가 된다.

이 책이 왜 중요한가?

에비하라가 쓴 스와이의 영향력을 입증하기 위해, 캄보디아학의 후속 연구 주제, 논쟁, 토론의 기초가 된 에비하라 논문의 측면들을 강조하겠다. 연구자들은 DK(Democratic Kompuchea. 민주 껌뿌찌어) 정권의 뿌리, 크마에 친족, 사회 조직 및 지역 수준의 리더십, 젠더, 불교에 관한 분석과 같은 주제에서 에비하라의 작업을 기반으로 한다. 개인에 대한 특정 구절과 설명은 전체적인 탐구와 학문적 대화를 촉발시켰다. 이 논의는 포괄적이지는 않지만, 이러한 주제들에 대한 더 넓은 문헌에 대한 몇 가지 주요 레퍼런스를 제공한다.

민주 껌뿌찌어 이해

다양한 분야의 학자들은 혁명 이전 스와이에서의 삶에 관한 에비하라의 설명을 참조하여 다음에 무슨 일이 일어났는지를 설명했다. 아마도 혁명 과정과 전쟁의 폭력이 어떻게 폴 폿의 크마에 끄러힘을 권력으로 이끌었는지, 그리고 그 결과 정권이 왜 그렇게 많은 캄보디아인의 죽음을 초래했는지에 대한 질문보다 더 논쟁의 여지가 있는 질문은 없을 것이다. 데이비드 챈들러David

Chandler(1993), 스티브 헤더Steve Heder(2004) 및 다른 사람들이 주장한 것처럼 DK는 마르크스주의 정권이었고 끔찍한 사망자 수는 계급 기반 폭력의 결과였는가? 아니면 혁명은 주로 마르크스주의/공산주의가 아니라 벤 키어넌Ben Kiernan(2008)과 마이클 비커리Michael Vickery(1984)가 각각 주장한 것처럼 주로 "인종주의" 또는 '농민 혁명'이었는가?[3] 에비하라의 작업은 이러한 거대한 질문에 답하지 않지만, 그녀는 이 기간의 격변을 볼 수 있는 독특한 렌즈 역할을 하는 한 지역에 관한 풍부한 데이터를 제공한다.

크마에 끄러험 운동에 가담한 저명한 캄보디아 학자인 키우 썸펀Khieu Samphan과 허 유언Hou Youn은 1975년 이전 크마에 쌀 농부가 착취당했고 혁명에 적합했다고 묘사했지만, 대부분의 캄보디아 농민이 토지가 없는 소작농이나 계약 노동자가 아닌 소규모 토지 소유자였다. 실제로 키우 썸펀의 논문(1979)에서는 대부분의 캄보디아인을 2~7ha의 토지를 소유한 '중농'이라고 썼다. 알렉산더 힌턴Alexander Hinton은 키우의 연구가 더 넓은 토지를 가진 이들이 많은 지역을 지나치게 강조했다고 썼다. 키우는 심지어 대다수 토지 소유자조차도 빚을 지고 고리대금업자에게 착취당했다고 주장했다(2004, 54). 그러나 부채는 전국적으로 매우 다양했다. 진 델버트Jean Delvert는 부채의 심각도가 캄보디아 지역에 따라 10%에서 78%에 달하지만, 사람들이 임금 노동으로 추가 현금을 벌 수 있는 프놈펜 부근에서 가장 낮고 특히 도시 남쪽에서 낮다는 것을 발견했다(1961, 522). 이는 에비하라의 데이터와 일치한다. 그녀가 조사했던 지역은 인구 밀도가 더 높았고, 토지 보유 규모는

---

3 이 부동의disagreement의 요약은 헤더 Heder(1997)를 참조하라.

더 작았지만(던 한 가구만 4ha를 소유하고, 4가구가 2ha를 소유함), 부채는 드물고 상대적으로 작은 경향이 있었다. 사람들 대부분은 친척이나 이웃에게서 현금이 아닌 쌀의 형태로 소액을 빌렸다 (p.118; Hinton 2004, 55). 1960년 껀달에서 에비하라는 착취계급에 맞서 봉기할 수 있는 땅 없는 농민들을 많이 발견하지 못했다. 농민 대부분은 가난하지만, 먹고 살기에 충분한 쌀을 재배하는 자급 농민이었다.

스와이는 비커리가 '중앙 쌀 재배, 텃밭 가꾸는 지역'이라고 부르는 지역에 속하며, 이는 더 멀리 떨어져 있는 어둡고, 연구되지 않은 시골 지역과 뚜렷한 대조를 이루며 도시 지역과 느슨하게 연결된다(1984, 5). 그에 따르면 DK 시대의 폭력을 이례적인 것으로 보는 사람들은 이전 시대 역사적 시대의 특징이었던 빈곤, 자의적 폭력, 도시와 농촌 사이 깊은 적개심을 이해하지 못한다. 스와이는 좀 더 도시 지역에 있었지만, 비커리는 에비하라의 데이터를 사용해 몇 가지 점을 주장한다. 첫째, 그는 종교에 대한 쇠퇴 또는 무시를 기록하기 위해 마을 사람들에게 불교가 영귀와 영혼에 대한 사상을 통합했으며 대중 불교는 주로 더 나은 삶을 얻기 위해 공덕을 쌓는 데 중점을 두었다는 그녀의 논평을 포함하여 그녀를 인용한다. 게다가 에비하라는 연구 기간 승려로 계를 받는 남성 수가 급격히 감소했다고 기록했다.[4] 비커리는 이러한 관찰을 바탕으로

---

4 말라다 칼랍 Malada Kalab(1976)의 연구에 따르면, 이러한 쇠퇴는 전쟁이 중단되기 전인 1960년대에 종교부가 승려 교육 시스템의 일부로 세속 학문에 대한 교육을 포함한 이후 역전되었다. 그 후 소년들은 사원학교 수업에서 국립학교 시스템의 학점을 받을 수 있었다. 그래서 가난한 소년들은 승려 교육 시스템을 통해 무료 교육을 받고 성장할 수 있었다. 공립학교가 원칙적으로는 무료였지만, 실제로는 지방에서의 비용과 도서, 교복 비용이 들었다.

1960~1961년에 가르쳤을 때 동료들 사이에서 종교는 공개적으로 조롱당했고, 승려들은 사회적 기생충으로 여겨졌다고 말했다. 이전에는 이러한 태도가 크마에 끄러험 때문이라고 생각했다. 그는 불교의 이러한 쇠퇴는 베트남 민족에 대한 폭력을 조장하기 위해 론놀Lon Nol 정권(1970-1975)이 조작했을 때에도 계속되었다고 주장한다. 마지막으로 그는 불교가 DK 이전이나 도중, 폭력을 억제하는 역할을 하지 못했다고 말한다(Vickery 1984, 9-12).

비커리는 또한 노동 교환 네트워크, 인접한 논에 물 대는 어려움, 그리고 어떤 힘든 해에 농부들이 자기 논에서 품앗이한 노동자에게 죽(버버)만 제공했다는 에비하라의 설명을 사용해 DK 정권의 참상이 전쟁 전 농촌 생활에서 그다지 극적으로 변한 것은 아니었다고 주장한다.

> "따라서 그 지역 캄보디아 농민들에게는 생존 조건이 협동 노동을 강요했지만, 불가피하게 가족 간 폭력이 폭발하게 했고, 일 년 중 특정 시기에는 그들에게 1975년 이후 민주 껌뿌찌어 공산주의 탄압의 상징이 된 식단을 받아들이도록 강요했다(Vickery 1984, 16)."

에비하라는 협력적인 노동 교환 관행이 필요했다고 말하지만(따라서 어떤 의미에서 '강제'됨) 어떠한 형태의 '필연적' 가정 폭력도 보고하지 않는다. 사실 그녀가 1년 동안 마을에 살면서 가정 폭력이나 다른 형태의 폭력을 전혀 목격하지 못했다는 점은 주목할 만하다. 그리고 그녀는 1959년, 수확량이 적었기 때문에 노동자들에게 쌀죽을 먹였다고 언급한 각주에서 건어물이 함께 제공되었고, 실제로 많은 경우에 "품앗이꾼이 친척이거나 좋은 친구였을 경우"

라고 언급했으며, 쌀을 계속해서 식사의 일부였다고 말했다. 게다가 이것은 함께 일한 사람들이 논에서 점심을 먹는 것이었다. 그러면 농부들은 저녁에 집에 가서 쌀밥을 먹었을 것이다. 다른 모든 식품을 집단화하여 제한하여 몇 주 또는 몇 달 동안 매 끼니 마다 쌀죽을 먹이고 대량 영양실조와 기아를 초래하는 DK 패턴과 비교하는 것은 왜곡된 비교이다.

비커리와 다른 사람들은 스와이 주민들이 낯선 사람들을 매우 불신하고 다른 사람들에 대한 태도에 '기본적인 고립성과 편협함'이 있다는 에비하라의 논평에 대해 많은 이야기를 나눴다(p. 228). 힌턴은 이것을 도시 사람들에 대한 농민의 불신과 연관 짓고, DK 선전이 도시민을 '깨끗한' 농민과 반대되는 부도덕한 외국의 하수인으로서 부패하고 죄 많은 사람으로 분류하는 담론을 통해 어떻게 이러한 불신을 이용했는지(2004, 78) 논의했다.[5] 스와이에서 쌀농사를 짓던 사람들은 1970년대 초 지역에서 벌어지는 내전을 피해 프놈펜으로 이주했기 때문에 1975년 크마에 끄러험이 도시를 소개했을 때 '신민인' 또는 '4·17 인민'으로 분류되었다. 에비하라는 다음과 같이 지적했다.

> 마을 주민들은 혁명군에 합류하지 않고 프놈펜으로 도망갔다는 이유로 의심을 받았다. … 마을 사람들은 자신들이 농민이라고 솔직하게 대답했지만, 그들은 론놀 군인, 상류 사회 계층의 도시인, 심

---

5 주커 Zucker는 에비하라의 발언을 1970년대, 1980년대, 1990년대의 폭력 사태에 따른 신뢰와 불신에 대한 분석을 구축하는 출발점으로 삼았다(2013, 3장). 아래 토론을 참조하라. 프츔번 휴일에 도시 친척들이 선물을 들고 왔을 때 시골 마을 사람들의 분노에 관한 에릭 데이비스Erik Davis의 2011년 기사도 참조하라.

지어 CIA라고 의심되거나 비난당했다(1993a, 153).

그들은 쟁기질, 모심기 등 힘든 농업 노동을 할 줄 알고, 검은 피부와 굳은살이 밴 농민의 손을 가졌음에도 불구하고 도시 사람들로 여겨졌다. 그리고 다른 도시 피난민들과 마찬가지로 그들도 대량으로 사망했다. 1960년에 스와이에는 159명의 주민이 있었는데, 16명은 1970년 이전에 노령이나 질병으로 사망했고, 4명은 내전으로 사망하여 139명이 남았다. 이 중 70명(50%)이 DK 정권 동안 사망했다(Ebihara 1993a, 158).

비커리는 도시 피난민들을 "버릇이 없고, 허세나 부리고, 말싸움을 벌이고, 최악의 경우 지위를 의식하거나, 기껏해야 단순히 온화하고, 흥미롭고, 도시의 안락함에 중독되어 있고 농민 생활을 경멸하는" 사람들이라고 불렀다(1984, 26). 이러한 이야기는 사람들이 더 많이 듣게 될 이야기였기 때문에 우리는 혁명 정권의 삶이 어땠는지 '불가피하게' 왜곡된 견해를 갖게 되었다. 실제로 DK 시대에 출판된 거의 모든 1인칭 이야기는 부유한 도시 엘리트가 쓴 것들이다.[6]

1980년대 후반과 1990년대에 캄보디아로 돌아간 에비하라의 작업은 또 다른 목소리를 들을 수 있게 해 주었다. 스와이 마을 사람들도 사회·경제적 계층이 높은 도시 사람들과 마찬가지로 DK 시대에 고통을 겪었으며 에비하라에게 "모든 것이 고통이었습니

---

6 예를 들어 우와 맥컬루프U and McCullough(2005), 판과 베틸리어Panh and Bataille(2013), 웅Ung(2012), 야타이Yathay(2013), 스지무삭Szymusiak(1986), 응오와 와르너Ngor and Warner(1987), 크리들과 맘Criddle and Mam(1987), 힘Him(2001)을 참조하라.

다", "고통을 넘어서는 것이었습니다"(1993a, 152)라고 말했다. 그들은 가혹한 속도의 노동, 가족과의 분리, 끊임없이 배고프게 만드는 집단 식사, (경우에 따라) 식량이 훨씬 적은 북서쪽으로의 이동, 그리고 정권의 적들로 인식된 이들을 찾아 제거하기 위한 지속적인 숙청에 관해 설명했다(Ebihara 1993a, 1993b, 2002). DK 시대와 이후의 전쟁 전 사회와 같은 마을에 관한 에비하라의 작업은 우리에게 이 시대에 대한 독특한 관점을 제공하여 시간에 따른 개인 삶의 변화를 볼 수 있도록 하며, 악명 높은 남서부 지방의 지역 수준에서 무슨 일이 일어나고 있었는지 기록하는 데 도움이 된다. 이는 DK 통치 기간, 시간과 지리적 지역에 따른 변화를 더 잘 이해해야 한다는 비커리(1984)와 챈들러(1993)의 요구에 답하는 데 도움이 된다.

캄보디아 친족

에비하라는 모든 용어, 개인을 지칭하고 언급하는 데 사용되는 시기와 방법(부록 E 참조), 사람들이 친족에 대해 행동하는 방식(병뽀운)에 관한 행동 패턴을 나열하여 크마에 친족 제도를 자세히 설명한다. 크마에 친족 용어에 대한 그녀의 분석과 친족관계가 행동 패턴을 통해 드러난다는 그녀의 이해가 캄보디아 학술 문헌에서 널리 퍼져 있는 친족관계에 대한 이해를 뒤집었기 때문에 이것이 논문의 특징 중 하나이다.

캄보디아에 관한 최초의 민족지학적 저술은 식민 관리들이 쓴 것이다. 19세기 말과 20세기 초의 이러한 프랑스 저작에서 캄보디아 문화가 모계 문화였다는 개념(친족 관계가 여성을 통해 추적됨)이 나오는데, 종종 그것이 또한 모권제적이었다는 생각(여성이 정치적 권력을 소유했다는 것)과 혼동되기도 했다.[7] 고전적인 오리엔탈리즘 패턴에 따라 이 개념은 수십 년 동안 반복되었으며, 캄보디아 문화에 대한 각 '전문가'는 크마에가 모계라는 이전의 개념을 인용했다. 19세기 진화론자인 루이스 헨리 모건Lewis Henry Morgan과 에드워드 타일러Edward Tyler의 동시대 사람들이 인용한 일련의 내용을 되돌아볼 때만 우리는 캄보디아가 '모계'와 '모권제' 범주에 속한다는 것을 발견하는데, 그 이유는 이러한 패턴이 단선적 진화의 하나의 '단계'에 모여 있다고 생각되었기 때문이다. 그러한 모델은 100여 년 전에 인류학에서 폐기되었다.[8]

그러나 에비하라의 상세한 연구는 크마에 친족관계가 양계적이라는 점을 분명히 밝혔으며 에비하라의 획기적인 연구 이후 캄보디아에서 연구를 수행한 거의 모든 학자가 이 발견이 정확하다는 것을 입증했다. 친족관계는 아버지인 남성과 어머니인 여성을 통해 추적된다. 양쪽 친척은 벙뽀운, 또는 자신과 관련되어 있어 고난의 시기에 의지할 수 있고, 상호 교환할 책임을 지는 사람들의 집단에 대한 에믹(기능적 단위로 구분한-역자 주) 범주인 '친척'으로 간주될 수 있다(Martel 1975; Kalab 1968; Kobayashi 2005, 2008; Derks 2008; Zucker 2013; Ledgerwood 1990 참조).[9] 친족에 대한 에비하라의 접근이 양계제를 모계나 부계와

---

7 피놋Finot(1916), 프르질루스키Przyluski(1925), 바스Barth(1885), 에이모니어(1904) 참조.
8 이 문제에 대한 논의에 대한 자세한 논의(사촌을 의미하는 "한 할머니"라는 용어와 리더십을 의미하는 접두사 '메-'의 사용 포함)는 이 서론에서 다루기에는 너무 광범위하다. "모계" 질문에 대한 검토는 레저우드(1995)와 파킨Parkin(1990)을 참조하라.
9 예외 중 하나는 캄보디아 사회가 모계라고 계속해서 주장한 자크 네포트Jacques

같은 카테고리 형태로 보았다는 점에서 구조주의적이지만, 그녀의 사고는 정적인 사회구조에만 국한되지 않았다. 그녀는 자신이 보고 있는 것에 대한 결정적인 범주로서 서양 모델의 한계를 인식할 수 있었다. 예를 들어, 거주 패턴에 대한 그녀의 논의는 이상적인 패턴과 실제 패턴을 대조한다. 크마에들은 결혼 후 신부 가족과 함께 거주하는 것이 이상적이라고 말하지만, 현실은 훨씬 더 복잡하다. 논문과 1977년 아티클 '한 크마에 농민 마을의 거주 패턴'에서 에비하라는 이 질문에 대한 답이 시간에 따라 다르다는 점을 발견했다. 젊은 부부는 처음에는 아내나 남편의 친척과 거주할 수 있지만, 나중에는 각자의 분리된 가구를 꾸리게 된다.

그녀가 인터뷰한 캄보디아인들은 굉장히 실용적이어서 그들이 토지를 상속받을 법한 곳에 정착한다고 그녀는 주장했다. 이는 그 당시에 왜 그렇게 종족내혼(이나 마을 내혼)이 많았는지, 그리고 1989년 토지 분배 이후 인구 증가로 토지 소유가 줄어든 상황에서 최근 몇 년 동안 왜 이렇게 많은 사람이 외혼(마을 외혼)을 하는지를 설명할 수 있어 보인다. 에비하라는 사람들이 마을 외혼을 선호한다고 하면서, 마을을 넘어 결혼한 사람의 3/4이 15km 떨어진 반경 내에서 누군가와 결혼했다고 언급했다. 그녀는 이것을 낯선 사람과 알려지지 않은 지역에 대한 마을 사람들의 의심과 친족 의무에 묶일 가족을 알고 싶어하는 욕구와 연결 지었다. 친족 그

Népote(1992)이다. 그는 에비하라의 연구를 일축하며, 그녀가 양계제 시스템의 만연에 대해 미국 인류학자인 조지 머독에게 '세뇌'당했고, 그녀가 연구할 당시에는 단지 젊은 대학원생이었을 뿐이며, 그녀 스스로가 마을 수준의 연구를 수행하는 것이 얼마나 어려운지를 솔직하게 논의했다고 주장했다(Népote 1992, 48-57). 그는 민족지학이 캄보디아 사회를 연구하는 데 적합한 도구가 아니라고 주장한다. 마을 수준에서 일상생활을 관찰하는 것은 도저히 이해할 수 없다는 것이다(5).

륩, 가계 구성과 결혼 준비에 관한 에비하라의 상세한 연구는 크마에 끄러험 치하에서 결혼의 변화, 캄보디아에서 DK 이후 전후 사회 조직(Ovesen, Trankell, and Öjendal 1996; Frings 1997; Marston 2011c; and below), 미국에서 크마에 가족 관계 변화(Ledgerwood 1990; Smith-Hefner 1999; Ong 2003)를 이해하는 데 사용되었다.

사회조직, 공동체, 리더십

"크마에 마을 생활의 두드러진 점은 토착적이고 전통적이며 조직적인 협회, 클럽, 파벌, 또는 비-친족 원칙에 따라 형성된 모임이 부족하다는 것이다."라는 문장은 에비하라 논문에서 가장 자주 인용되는 부분 중 하나이다(p.199). 그녀는 농업 노동을 위해 형성된 품앗이 팀, 기타 신중하게 계산된 노동 교환을 위해 형성된 품앗이 팀 외에도 종교적 의식을 조직하기 위해 형성된 임시 그룹은 마을에 공식적인 그룹이나 파벌이 없다고 썼다. "그러므로 가족과 가구는 스와이 서리에서 유일하게 지속되고 명확하게 정의된 단위이다."(p.203).[10]

또한 그녀는 그것이 '평등주의'라는 기본적인 의미를 가진 균질한 공동체라고 주장했다. 마을 사람들은 '우리는 모두 논에서 일하는 사람들입니다.', '우리는 모두 가난합니다.'(p.204)라고 말한다. 그러나 마을 사람들의 상대적인 평등주의를 감안하더라도, 지역사회 내에 지위는 약간의 차이가 있다. 에비하라는 성별, 연령, 직

---

10 에비하라의 작업과 관련해 공동체 개념에 관한 더 많은 논의는 마스톤 Marston(2011a)를 참조하라.

입이나 전문 분야, 공적 직위, 부, 개인의 성격과 성품을 포함해 지위를 차별화하는 '요소의 모자이크'(p.206)를 간략하게 설명한다. 다른 중요한 단락에서 그녀는 꼼페아를 다음과 같이 설명한다.

> 일반적인 합의에 따르면 스와이 서리에서 가장 중요한 사람은 록따 꼼페아이다. 그는 공식적인 직위는 없지만, 마을의 진정한 지도자이며 상당한 정도의 비공식적인 권위를 가지고 있다. 66세인 그는 젊은 시절 7년간 출가 생활을 했고, 불교 행사의 헌신적인 지지자이며, 의례 지도자(아짜)로서 치유와 생애주기 의례나 다른 개인적인 행사에 참석해달라는 초대를 많이 받는다. 그는 또한 상당히 부유하고(네악 꾸어썸) 부드러우면서도 활기차고, 통솔력이 있어서 유능한 방식으로 활동을 조직하고 지시할 수 있다. 그리고 아마도 가장 중요한 것은 꼼페아가 널리 칭송받을 정도로 탁월하게 좋은 성품을 가지고 있다는 것이다. (p.218)

지역 사회 단체와 마을 연대나 (연대의) 부족에 대한 에비하라의 논의와 도덕적 지위와 상호주의 시스템과 관련된 리더십의 역할에 대한 강조는 학술 논문에서 다양한 토론을 낳았다. 1990년대, 풀뿌리 개발 프로그램을 조직하기 위해 연결할 지역사회 지도자들을 찾으려고 노력한 개발 NGO에서 이것을 사용했다. 특정한 의례를 조직하는 것과 같이 임시 리더 역할을 맡는 사람을 가리키는 메 크셜me Kyal(문자적으로는 '바람의 지도자')에 관한 아이디어는 현지 파트너를 찾는 신자유주의 공동체 개발활동가들의 타겟이 되었다 (예 : Collins 1998, Vijghen and Ly 1996 참조).

다른 사람들은 마을에 공동체 의식이 있었는지 의문을 제기했다.

오브슨Ovesen, 트랜켈Trankell 및 오이엔달Öjendal은 '모든 가구는 섬일 때When Every Household Is an Island'에서 한편으로는 사회적 관계가 DK 시대의 폭력으로 인해 너무 심하게 손상되어 친척들조차 더 이상 서로 돕지 않는다고 가정했고, 다른 한편으로는 아마도 전쟁 이전에는 공동체 의식이 별로 없었을 가능성을 제기했다(1996, 7). 에비하라와 나는 이것과 또 다른 유사한 주장에 대한 답변을 공동 집필했다. 전후 빈곤으로 인해 사람들이 서로에게 제공할 수 있는 도움이 제한되었을 수 있지만, 우리는 1990년대 스와이에서 교환 시스템(노동 교환 포함)과 상호 지원이 재구축되는 것을 보았다(Ebihara and Ledgerwood 2002; Kim 2011 참조). 고바야시 사토루Kobayashi Satoru(2005, 2008)는 이 시대 다른 동남아시아 학자들과 마찬가지로 에비하라도 갈등보다는 조화로운 공동체를 찾는 편향 때문에, 협력을 찾는 경향이 있다고 주장한다. 이것이 사실일 수도 있다. 그리고 그녀가 오랫동안 사람들을 잘 알고 있었기 때문에, NGO 보고서를 조사하고 작성할 때처럼 한 마을에서 일주일이나 한 달 동안 연구를 수행하는 사람 눈에는 띄지 않았을 협력의 형태에 관해 듣거나 보았을 수 있다는 것도 사실이다.

더욱이, 1990년대와 2000년대에 캄보디아 다른 지역에서 한 더 많은 연구가 나왔는데, 예를 들어, 에비하라에 헌정된 책에서 이브 주커Eve Zucker, 소이직 크로젯Soizick Crochet, 킴 세다라Kim Sedara는 대답의 일부는 이러한 사회적 연대 문제가 전국적으로 매우 다양하다는 것이다(Marston 2011a; Zucker 2008, 2013; Kobayashi 2008; Biddulph 1996, 1999도 참조하라). 프놈펜 근처 중부 평야 지대에 있는 스와이와 다른 마을에서는 혁명 이전부터 서로 알고 지냈던 사람들이 마을로 돌아와 혈연관계가 촘촘한 사람들 사이에서 삶을 영위했다(에비하라의 후속 작업에도 잘 기록되어 있다). 다른 지역 마을은 도망쳤거나 이주하여 돌아온 사람들이 새로 융화하는 경우도 많았고, 이제는 크마에 끄러힘 편에 서 싸운 사람들을 포함한 새로운 외부인들 사이에서 살고 있는 경우도 많았다. 주커(2013)의 민족지는 오늘날 함께 살고 있는 사람들이 1970년대, 1980년대, 1990년대에 서로 반대편에 서서 싸웠고, 현재 거주자의 사랑하는 사람의 죽음에 대해 특정 개인이 비난을 받는 숲 가장자리에 있는 마을의 역동성을 내부에서 보여주는 특별히 강력한 시각을 제공한다. 여기서 신뢰는 얇고, 스와이보다 상처가 훨씬 더 생생하고 개방적이다.

 존 비지겐과 나(2002)는 1990년대 국가 개발 원조 개방, 국제 NGO들의 도착, 그 외 외부적 요인에 따라 지역 수준의 리더십과 후원-수혜 관계가 어떻게 변화했는지에 관한 우리 논의의 출발점으로 마을의 '도움이 되는 할아버지'의 지위를 사용했다. 지방 통치자의 정당성 기반과 그들이 권력을 행사하는 방식에서 극적인 변화를 발견했지만, 우리는 지역 리더십이 여전히 종교에 기반을 둔 지도자와 추종자들의 도덕적 책임과 연결되어 있다는 인식이 여전히 존재한다고 주장했다(Ledgerwood and Vijghen 2002, 110). 이번 생이나 전생에 공덕을 쌓은 결과 높은 지위에 오른 후원자는 관대함을 보여주고, 카르마 상태를 향상시키기 위해 수혜자들에게 선물을 줄 의무가 있다. 에비하라는 '후원자'라는 용어를 사용한 적이 없다. 그녀는 1959년~60년 마을에서 그 용어 사용을 정당화할 만큼의 사회적 분화를 보지 못했다. 그러나 그녀가 190년대 후속 작업을 수행했을 때, 도시에서 마을로 이어지는 후원 시스템이 발전한 것을 목격했다(Marston 2011b, 207;

Ledgerwood 2012도 참조).

2000년대에 걸쳐 캄보디아 농촌 지역 사회에서 지역 수준 리더십의 극적인 변화가 가속화되었다. 분권화는 2002년부터 코뮌(쿰, 에비하라가 면[sub-distirct]이라고 불렀던 것) 수준 의회의 선거를 실시하도록 했다. 동시에 수천 개의 국제, 지역 NGO와 최근에는 지역 사회 기반조직(CBO)을 포함한 새로운 행위자가 등장하고 대규모 비즈니스 활동이 농촌 지역으로 침투했다. 분권화는 캄보디아 자원 개발 연구소(CDRI)에 소속된 다수의 연구자가 면밀히 분석했고,[11] 캐롤라인 휴스Caroline Hughes와 키응 운Kheang Un이 편집한 책(2011)은 지방 정부가 어떻게 작동하는지, 그리고 지역 지도자들이 지역 사회에 대해 얼마나 책임감이 있는지에 대한 다양한 관점을 제공한다.

휴스와 운은 새로운 선거 제도의 많은 인물이 1980년대 이후 지역 사회를 지배한 캄보디아 인민당(CPP) 리더들과 같다는 것을 발견했다. 흥미롭게도, 어머니와 아버지인 '메'와 '어으'라는 친족 용어가 지도자를 언급하는 데 사용되었을 때, 부모와 자녀의 것과 유사한 이상적인 관계를 가리킨다는 것을 발견했다. 이상적인 마을 이장이나 '어으'는 마을 사람들을 돌보아 "개인행동과 도덕에 관한 문제를 조언하고 이끌며, 발전 영역에 대한 그들의 이익을 지키고 젊은이들에게 모범을 제공한다"(Hughes and Un 2011, 251). 그러나 그들이 조사한 세 공동체에서 확인된 47명의 지역 지도자 중에서, 한 명의 지도자만이 이 이상을 충족시켰다고 한다. 다른 모든 경우에 그들의 행동이 부모라는 이상에 미치지 못한 것으

---

11 휴즈와 운(2011)의 광범위한 참고문헌을 참조하라.

로 밝혀진 개인을 비판하는 데 사용되었다. 휴스와 운은 '어으'라는 용어가 1950~1960년대 노로덤 쎄이하눅이 조장한 "국가의 아버지" 모델을 가리킨다고 보지만, 나는 그 뿌리가 또한 꼼페아 할아버지와 같은 관대한 도덕적 모범 모델이라는 지역 차원도 있다고 주장하고자 한다. 저자들은 이것이 다른 시대의 향수를 기반으로 한 실현 불가능한 목표일 수 있지만, 리더들이 이 매우 빠른 변화의 기간에 사람들의 필요에 민감하고, 관심있는 것처럼 보이게 하는 것이 얼마나 어려운 일인지를 강조하는 것이라고 결론짓는다(Hughes and Un 2011, 251).

 킴 세다라와 조아킴 오이엔달은 CBO의 성장과 본성의 변화에 관해 글을 썼다. 현재는 사원 위원회나 장례식 기금 모금 위원회와 같이 생겼다가 사라지는 일시적인 그룹뿐 아니라, 지역 임업과 어업 자원을 보호하기 위해 설계된 그룹과 같은 천연자원에 중점을 둔 지역 CBO들이 있다. 그러한 그룹의 회원 자격은 열정으로 시작하는 경향이 있지만, 시간이 지남에 따라 감소한다. 이는 부분적으로는 개인의 이익이, 특히 단기간에 발생하지 않을 수 있으며, 실제로 위험할 수 있기 때문이다(2011, 275-76). CBO의 리더들은 때때로 지역사회 구성원뿐 아니라 국제 NGO 그룹, 또는 정부의 기술 부서와 같은 외부 그룹과 관련을 맺는다. 이 글은 CBO가 사실 지역 공동동체 협의회가 요구하는 서비스와 책임에 성공할 수 있었다고 결론지었다. 위원회가 권한를 행사할 자원이 없을 수도 있지만, "탈중앙화 동향과 지역사회 기반 제도가 등장함에 따라 캄보디아 농촌에서 하향적 책임이라는 개념이 부상하고 있다는 것은 의심할 여지가 없다. 캄보디아(농촌)에서 하향식 책임은 결코 지배적인 특징이었던 적이 없다. 이는 정치적 변화애 해당하는 것으로 민주주의와 발전에 큰 영향을 미쳤다(287).

훨씬 덜 낙관적이지만 같은 책(2011)에 실린 로저 헨케Roger Henke의 글은 다음과 같이 말한다. "좋은 거버넌스라는 이름으로 신친족주의에 맞서기 위해 특별히 설립된 NGO가 특정 형태와 우선순위를 고집하는 것 자체 때문에 약화되고 있다"고 지적한다. 그는 시민 사회의 'NGO화'가 결국 국가 지배를 뒷받침하고, 기부자들이 신-가부장적 국가를 만들고 "가난한 사람들을 더욱 소외시키는 데 연루되어 있다"(308)고 서술했다. 헨케가 보는 불교의 유일한 이데올로기적 영향은 동료 주민이나 '수혜자'를 도와야 한다는 도덕적 의무가 아니라 권력에 접근할 수 있는 주술적(보란boran) 형태의 불교에 대한 강조이다. 정치인들은 사원에 시주하고 종교적 건축 프로젝트를 수행해 자신들을 무적의 존재로 만들 일종의 영적 에너지인 *바러머이*baramey를 축적하려고 한다. 헨케는 외젠달과 킴(2006), 휴스(2006)의 이전 논문에서와 마찬가지로 캄보디아에서 선거 때 선물이 제공되는 것은 "관대함과 위협"의 조합이라고 보고한다(Henke 2011, 290). 그는 이상화된 후원-수혜 관계가 왜곡된 상황에서 유권자는 선물을 받는 동시에 선물을 준 사람에게 투표해야 하고, 그들이 승리할 경우 선물을 준 사람의 권위를 존중해야 한다는 의무도 받아들여야 한다고 말한다. 그러나 에릭 데이비스가 쓴 것처럼 정치적 선물은 '단 한 번의 투표로는 결코 적절하게 보답할 수 없어' 선물을 받아들인 후 '지속적인 복종'에 대해 분개하게 된다(2011, 327). 모두가 존경하는 도움을 주는 할아버지의 이상은 크마에 끄러험의 폭력, 공산주의 국가 모델, 초국적 자본주의의 침투, 외국의 시민 사회 모델, 현대의 신가부장적 국가 등 다양한 영향으로 인해 인식할 수 없을 정도로 왜곡되어 버렸습니다.[12]

젠더

에비하라의 친족관계와 생애주기에 관한 논문 작업과 공동 활동에서의 성적 분업에 관한 중요한 부록(부록 H)과 그녀의 기사 '캄보디아 크마에 마을 여성'(1974)은 성별, 특히 전쟁 전 사회에서 여성의 역할에 대한 논의의 배경을 계속 제공하고 있다. 1994년 말, 나는 CDRI에서 열린 캄보디아 사회에서 여성의 역할에 관한 워크숍에서 발표해달라는 요청을 받았다. 워크숍에는 깜뿌찌어 인민공화국의 옛 혁명여성회 소속 여성들과 국경 난민수용소에서 돌아온 여성들, 그리고 야당인 훈신펙과 불교자유민주당 소속의 해외 여성들이 다수 참가했다. 이번 워크숍의 읽을거리로 CDRI 직원들은 1974년 에비하라의 크마에 마을 여성에 관한 글을 크마에어로 번역했다. 이 논문과 마찬가지로 그 글은 어린이, 청년, 장년, 노년 등 생애주기에 따른 사람들의 삶을 묘사하고 있다. (사실상 10년 동안 서로 전쟁을 치렀던 것 말고는) 거의 동의할 것이 없을 것만 같았던 워크숍 참가자들은 이 글이 자신의 어머니 시절이나 젊은 시절에 '정말' 그랬을 것이라며 사실적이라고 받아들였다. 에비하라는 마가렛 미드의 문화에 관한 연구를 바탕으로 인생의 여러 단계에 있는 개별 여성의 이야기를 사용하여 여성의 삶에 대해 생각할 수 있는 기억에 남는 모델을 제시한다.

에비하라는 유아가 어떻게 젖을 떼는지, 이유식을 하는 과정은 어떠한지, 아이들이 나이를 먹으면서 하는 놀이와 나이에 따른 아이들의 책임감은 무엇인지, 여성의 첫 월경에 관한 믿음은 무엇이

---

12 여러 면에서 체계적이고 수익화된 국가 수준의 개선된 후원자-수혜자주의, 또는 신호혜주의 버전의 광범위한 문헌도 있다. 운(2005, 2006) 참조.

고, 신체적 성숙에 관해 어떤 생각을 하고 있는지, 젊은 여성의 수줍음에 관한 기대는 무엇인지, 혼전 성관계에 대한 금지는 어떠한지에 관해 묘사한다. 어린 *미어*Mias에게 춤추라고 외치는 부모와 손가락을 뒤로 구부린 채 손을 흔드는 아이의 모습에서 나는 내가 알고 있는 두 세대의 아이들이 똑같은 방식으로 어른들의 놀이에 맞춰 뛰고 돌던 모습을 떠올린다. 나는 또한 1990년대 도시로 이사 와서 시클로 운전사와 결혼한 어른이 된 여성 미어와 이제는 할머니가 된 나이든 미어, 그러나 에비하라의 묘사를 통해 어린 시절 춤추던 그 순간에 영원히 멈춰버린 미어를 떠올린다. 클리포드 기어츠(1973)는 인류학자가 하는 일은 사람들의 행동과 말을 묘사함으로써 시간을 고정하는 것이라고 서술했다. 미어의 춤처럼, 1960년 결혼식 날 수줍어하는 사춘기 *산*San과 베틀에 앉아 있는 젊은 아내 *나라*Nara처럼, 현대 사회에서 정치된 순간 중 일부는 여전히 선명하게 울려 퍼지지만, 다른 행동과 신념은 과거의 기억으로 사라진 지 오래이다.

젠더에 대한 캄보디아의 개념은 동남아시아의 다른 지배적인 저지대 집단과 유사하다. 아누스카 더크스Annuska Derks는 캄보디아 사회가 '남성 우위, 상대적 평등, 남성과 여성의 상호 보완성, 여성의 높은 지위와 상당한 정도의 권위'로 특징지어져 왔다(2008, 37)고 서술했다. 이러한 진술은 양립할 수 없는 것처럼 보이지만, 젠더 개념의 복잡하고 유동적인 특성을 반영하는 것으로 보인다. 또한 트루디 제이콥슨Trudy Jacobsen이 주장하듯, 캄보디아에서는 남성과 여성 간의 차이보다 사회 계층 간의 차이가 항상 더 컸으며(2008, 4), 이 지역에서는 여성에게 특권을 부여하는 것으로 여겨지는 일부 공유된 사회적 패턴이 존재한다.

첫째, 남성과 여성 모두를 통해 친족관계를 추적하는 양계제 혈연 제도는 아시아 대부분의 국가에서 흔히 볼 수 있는 것으로, 부계제보다 여성에게 더 큰 지위를 부여한다. 이상적인 형태인 처거제는 사회적 환경에서 여성 친척의 중요성을 강조한다. 이전 세대에 캄보디아인들은 남성이 결혼 전에 미래의 신부 가족과 함께 살면서 일해줘야 하는 신부 봉사를 실천했다. 이것은 신랑의 가족이 신부(또는 신혼부부)에게 지불하는 '신부대'로 대체되었지만, 두 경우 모두 여성의 가족에서 남성의 가족으로 돈이 이동하는 지참금 제도보다 여성의 지위가 상대적으로 더 나은 편이다. 지참금 제도하에서는 여자 아기는 종종 가족에게 부담으로 여겨지기 때문에 남아를 선호한다. 어머니와 자녀, 특히 딸 사이의 밀접한 관계 때문에 캄보디아(및 다른 동남아시아 사회)에서는 여성, 특히 어머니로서의 여성이 아버지보다 더 중요하게 여겨지는 모계 편향이 존재한다는 주장이 제기되고 있다.[13]

둘째, 캄보디아 사회에서 여성은 상호보완적인 노동을 해서 상대적으로 평등하다고 여겨진다. 일부 활동은 현재 기계화되었지만 캄보디아 사회에서 여성은 농토에서 남성과 함께 일하고 있으며, 이는 여전히 에비하라의 부록에 설명된 것과 거의 일치한다(Martel 1975, 101-2 참조). 여성은 작은 가축을 기르고, 남성과 소년들은 소를 돌본다. 여성은 자신의 농경지를 포함한 재산을 소유한다. 그들은 결혼할 때 재산을 가져오고, 이혼할 때 재산을 가

---

[13] 네포테(1992)가 모성성을 주장하게 된 것은 바로 이 '모성성'에 초점을 맞춘 것이다. 이 지역의 "모성성"에 대한 논의는 터너 1974를 참조하라. 캄보디아 속담 에 따르면 아버지는 천 명의 친구의 가치가 있고 어머니는 천 명의 아버지의 가치가 있다(Leclère 1899, 352).

져갈 권리가 있다. 또한, 여성은 가족 내의 돈을 보관, 관리하며, 남성이 임금을 받으면 보통 아내에게 주어 안전하게 보관하여 가계 예산을 관리하는 데 사용하도록 한다. 여성은 식품 및 기타 물품 구매에 관한 일상적인 결정을 내리고, 남성과 여성이 공동으로 많은 주요 의사결정을 내린다. 또한 동남아시아는 여성이 지역 단위 시장에서 판매자로서 지배적인 위치를 차지하고 있으며, 동남아시아는 여성이 지역 단위 사업을 지배하는 세계 3대 지역 중 하나이다(다른 지역은 서아프리카와 카리브해 지역이다). 에비하라의 남녀 노동에 관한 설명은 전후 농촌에서의 노동 패턴과 성인 노동 인구에서 남성보다 여성이 더 많았던 시기, 전후 노동 분업이 어떻게 변화했는지에 관한 연구에 영향을 미쳤다(Chanthou Boua 1982; Ledgerwood 1996).

상인으로서, 돈을 관리하는 사람으로서 경제 활동에서 여성의 상대적 독립성은 현대 여성이 임금 노동자라는 지위를 선취한다는 의미이기도 하다. 에비하라가 최초 조사할 당시에는 여성도 임금을 받고 일하긴 했지만, 남성이 도시로 나가 시클로 페달을 밟거나 건설 현장에서 일하는 것이 훨씬 더 흔했다. 1990년대 초부터는 의류산업이 급속도로 확산하면서 오늘날 대부분이 여성인 70만 명 이상이 이 산업에 종사하고 있으며 연간 57억 달러의 수익을 창출하고 있다(Human Rights Watch 2015). 여성 대부분은 전국 각지에서 일하기 위해 프놈펜으로 이주해 왔지만, 스와이의 젊은 여성들은 대부분 아직 어두운 이른 아침에 출근해 저녁에 다시 어두워진 후에 집으로 퇴근한다. 스와이에서는 이러한 추가 가계 소득이 극적인 효과를 가져와 가족들이 펌프와 농사에 드는 것들을 더 구입할 수 있게 되었고, 1990년대부터 수확량과 소득이 증가하기 시작했다. 일하기 위해 멀리 떨어진 시골에서 이주한 여성들은 월급의 대부분을 생활비로 지출해야 하며, 가족에게 적은 금액만 송금할 수 있다(Derks 2008 참조). 동시에 에비하라와 내가 전후 시대의 사회적 연대를 보여주기 위해 사용했던 노동 교환 그룹 현상도 거의 사라졌다. 젊은 여성들은 이러한 팀에 합류할 수 없게 되었고, 마을 주민들은 논에서 일할 사람을 사거나 모내기 대신 나중에 수확량 감소를 불러온 직파법을 택했다. 현재 마을의 연령대 비율은 남녀노소를 막론하고 많은 젊은이들이 도시로 떠나고, 스와이에서는 노인들이 농사를 짓는 등 왜곡된 모습을 보이고 있다. 인구의 46%가 18세 미만인 이 나라에서 스와이 마을 주민의 거의 70%가 18세 이상이다(Ledgerwood 2012, 199).

 셋째, 여성의 지위는 그녀의 섹슈얼리티와 연결되어 있으며, 미혼 여성은 처녀이고 순결해야 하며, 따라서 연약해야 한다. 에비하라가 젊은 여성들이 두려워한다고 묘사한 "나쁜 냄새가 나는 말"과 "큰 수치심"(1974, 314-15, 190)은 1959-60년에 혼전 성관계를 자제하는 강력한 동기로 받아들여졌다. 내 논문(1990)에서는 친족 관계, 직장 관계, 여성의 성 통제에 대한 이러한 생각을 포함한 이상적인 여성상이 미국 내 캄보디아계 미국인들 사이에서 어떻게 계속해서 이상적인 행동 모델을 제공했는지에 대해 논의했다. 더크스(2008)는 에비하라의 연구와 내 연구를 바탕으로 도시로 이주한 캄보디아 젊은 여성 공장 노동자, 식품 판매자, 매춘부의 삶을 분석했다. 더크스는 태국에 관한 메리 베스 밀스의 연구(1999)에서처럼 가족에 대한 의무와 선하게 보이고 싶은 욕망 사이에서, 전통적인 여성과 "현대적"이 되고자 하는 갈망 사이에서, 낙후된 지방의 이미지를 벗는 것과 "최신 유행"에 따른 상품과 안락함을 누리고자 하는 열망(2008, 7장) 사이에서 갈등하는 젊은 여성을 발견했다. 에비하라의 연구는 변화를 측정할 수 있는 전쟁 전 모델을 제공할 뿐만 아니라, 다양한 삶의 단계와 다양한 성격의 여성들을 소개하여 성 역할 협상에 적극적으로 참여하는 여성으로 인식할 수 있도록 했다.

종교

지난 20년 동안 나온 캄보디아 종교에 관한 흥미로운 새로운 연구(예: Marston and Guthrie 2004; Hansen 2007; Kent and Chandler 2008; Harris 2005) 대부분은 농촌에서의 실천에 관해 거의 언급하지 않는다. 그것은 작은 규모의 일상적 실천보다는 넓은 역사적 범위, 철학적 아이디어의 발전, 우주론적 범주, 종교 기관의 역사에 초점을 맞추었다. 에비하라의 저작을 인용할 때, 불교와 영적 신앙은 서로 다른 종교가 아니라 "단일한 종교 체계"(341쪽)라는 그녀의 유명한 관찰에 주목하거나 오계, 특히 살생 금지의 중요성을 강조한 것에 주목하는 경우가 많다(358쪽; Harris 2005, 79; Davis 2016, 223 참조). 인류학자들 사이에서도 마스턴과 거스리Guthrie는 종교에 관한 새로운 연구가 특히 농업 공동체의 종교에 대한 설명에서 벗어나려고 노력했다고 썼다. "새로운 세대의 인류학자들은 전통적인 모델에 내재된 영원성과 자율성에 의문을 제기하고 민족지학적 설명을 구성하는 새로운 방법을 모색했다."(2004, 127). 그들은 대신 폴 포트 시대의 사회 변화와 "종교적 관습의 대대적인 파괴와 재창조"(127)에 초점을 맞추는 경향이 있다.

고바야시 사토루Kobayashi Satoru는 에비하라의 연구가 지나치게 구조적이라고 비판하면서도 '마을' 불교에 관한 에비하라의 연구를 기반으로 하는 유일한 인류학자 중 한 명이다(2005, 2008). 고바야시는 캄보디아가 '변화무쌍한 실체'(2005, 493)라는 개념을 피하고 '지역사회의 상황을 충분히 고려'하는 장기적인 현장 조사에 기반한 연구와 역사적 관점을 고려한 연구를 결합하고자 한다. 그는 에비하라의 연구가 태국 사회에 대한 '느슨하게 구조화된 사회 시스템' 분석(Embree 1950)을 포함하여 당시의 미국 모델에 지나치게 영향을 받았으며, 이는 안정적인 공동체 개념에 대한 내재적 편견을 제공했다고 주장한다(실제로 그녀의 광범위한 이론적 훈련은 위에서 언급한 것처럼 변화나 갈등에 집중하지 못하게 만들었기 때문이다).[14] 고바야시는 에비하라가 1990년대에 이 마을을 재방문하여 DK 이후 사회 변화의 일부 측면에 대해 글을 썼지만, 이 글들이 실증적 데이터를 거의 제공하지 않는다고 지적한다(2005, 493).

 2008년의 글에서 고바야시는 사원이 공동체의 중심이라는 에비하라의 발언에 의문을 제기한다; 그는 특정 사원의 지지자, 즉 쩜너흐라는 개념에 문제를 제기한다. 그는 이러한 공동체가 단일하거나 안정적인 공동체라기보다는 지리적 공간에 따라 시간이 지남에 따라 변화하는 '다층적 스펙트럼'의 참여자들로 구성되어 있다고 말한다. 사원 '공동체'는 겉으로는 평온하고 평화로운 것처럼 보이지만, 그는 사실 대부분의 시골 불교 사원은 "다양한 배경을 가진 참여자들, 젊은 승려와 노승, 부자와 가난한 사람, 소위 현대

---

14 에비하라가 분석한 데이터에서 '사회 조직'을 파악하기 어려웠던 점과 '느슨한' 구조라는 개념이 어떻게 도움이 되었는지에 대한 에비하라의 언급을 참조하라 (Marston 2011b, 206).

주의자와 소위 전통주의자 사이의 긴장과 협상을 특징"(515)으로 한다고 말한다. 마스턴은 같은 책(2008b)에서 한 역사적 인물의 이야기와 이 사원에 대한 지역 및 외부 지원이 시간에 따라 어떻게 변화했는지를 탐구하는 글에서 사원의 충성심과 역사의 복잡성을 다루기도 했다(Marston 2008a 참조).

같은 책인 켄트와 챈들러의 [공덕의 사람들People of Virtue]에서 나는 1960년과 2003년 마을 단위의 실천을 비교하는 글을 기고했는데, 계율과 공덕 쌓기의 중요성에 관한 에비하라의 독창적인 논의를 사용해 나중에 실시한 현지조사 자료를 바탕으로 구성했다. 이 글은 승려와 재가신자, 원로와 주요 행위자 간의 관계의 중요성, 의식을 수행하는 승려의 역할 등 다양한 방식으로 마을 사람들이 불교를 변하지 않는 것으로 여기는 방식을 설명한다. 수행과 관련된 신체적 움직임(탁발 수행, 성일에 계율을 지키기 위한 오왓Wat 방문, 향 피우기, 승려와 부처님 이미지 앞에 절하는 의식)은 전쟁 이전의 상황을 기억하는 물리적 행위로 작용한다. 의식을 기념하는 것은 "1970년대와 80년대의 격변 속에서 잃어버린 공동체 의식을 재건"하는 역할을 한다(Ledgerwood 2008a, 159). 동시에 사람들은 불교가 변화했다고 이야기한다. 가장 중요한 것은 평신도들 사이에서 도덕성이 전반적으로 쇠퇴했다는 인식과 승려들의 규율이 느슨해졌다는 관념이 있다는 것이다.

고바야시의 2008년 글에 부분적으로 응답해 나는 2011년에 스와이 주민들이 쩜너ㅎ인 두 사원에 관한 챕터를 발표했다. 이 글은 에비하라의 독창적인 연구와 2003년과 2007년 현장 연구의 데이터를 사용하여 모하니까이Mohanikar와 톰마윳Thommayut 두 사원을 비교한다. 사람들이 다른 사원보다 한 사원에 다니는 이유에는 자신이나 아버지가 수계한 곳, 조상의 유골을 모신 곳, 현재 주지의 성격, 기타 개인적인 선호도 등 특정 사원과 관련된 가족력이 포함된다. 결론에서 나는 "마을 주민들은 자신의 개인적 선호와 신념에 따라 여러 사찰의 활동에 참여하여 '유동적이고 유연한 상황'을 만들 수 있다"는 코바야시의 의견에 동의했고, 둘째, "정체성의 문제가 종종 경쟁과 갈등으로 이어지더라도 공덕 쌓기 이념 공유가 협력 활동을 촉진한다는 것"에 동의했다(Kobayashi 2008, 177, 189, Ledgerwood 2011, 126에서 인용).

캄보디아 고지대에 있는 한 마을에 관한 주커의 연구(2013)는 의식이 '공동체 의식을 재건'할 수 있는 정도와 전후 캄보디아 사회에서 종교의 역할에 관해 질문을 던진다. 처음에 마을 사람들이 본 달리언*Bon Dalien* 축제를 준비하는 모습을 보고, 그녀는 동지애와 열정이 사회 결속력에 미치는 전쟁의 영향에 대한 자신의 가정에 의문을 제기한다는 사실을 발견했다. 하지만 제의 활동이 끝난 후 "그 여파는 터너가 그러한 제의의 산물이라고 주장하는 고조된 연대의식을 만들어내지 못했다. 대신, 축제의 따뜻한 기억과 미래에 무엇이 가능할지 엿볼 수 있는 어떤 공허함이 분위기에 스며들었다"(Zucker 2013, 167). 그녀는 본 달리언의 효과적인 재현을 통해 지난 수십 년간의 파괴가 "적어도 부분적으로 부정"(170)되었다고 결론을 내리고 에필로그에서 폭력에서 살아남은 세대 구성원들의 죽음만이 혼란스러운 공동체 내의 균열을 치유할 수 있을 것이라고 시사한다.

에비하라와 스와이의 중요성

 정치학자인 내 동료가 한번은 인류학자인 나는 더 넓은 정치적 맥락을 이해하기 위해 그의 저작을 읽어야 하지만, 그는 내 것을 읽을 필요가 없다고 말한 적이 있다. 결국, 한 마을에서 어떤 광범위한 교훈을 얻을 수 있는가? 그의 의견은 부분적으로는 그저 농담이었다. 오랜 기간에 걸쳐 하나의 공동체를 이해하려고 노력하면서 우리는 무엇을 배울 수 있는가? 에비하라는 1990년대에 스와이로 돌아가 전쟁과 혁명 전, 중, 후에 한 시골 마을의 지역 이야기를 내놓기 위해 연구를 수행했다(Ebihara 1990, 1993a, 1993b, 2002; Ebihara and Ledgerwood 2002). 1975년 시골로 내몰린 도시 크마에가 출판한 책은 많지만, '기층인민'으로 여겨지지 않은 농촌 생존자들의 작업은 거의 없다. 1990년대 에비하라의 작업은 쌀농사를 짓는 농부들이었으나 도시와 긴밀하게 연결되어 있었고, 내전 동안 도시로 도망쳐야 했던 사람들이 살던 한 마을로 우리를 이끈다. 이러한 요인들이 복합적으로 작용해 스와이 서리의 사망률이 특히 높았다. 에비하라는 가계 데이터를 이용해 이전 연구 대상자들의 운명을 알아내기 위해 각 인물에 관해 물었다. 이 연구는 연구자들과 이야기를 들려주는 사람 모두 감정적으로 지칠 때가 많았지만, 그들은 에비하라가 알고 있던 사람들에게 무슨 일이 일어났는지 명확하게 이해할 수 있도록 이야기하고 싶어 했다. DK를 포함한 50년 동안의 단일 커뮤니티의 완전한 이야기는 이것이 유일하다.
 내가 에비하라의 부고 기사에서 썼듯이 스와이 주민들은 에비하라를 증인, 즉 이전에 그들의 삶이 어떠했는지 알기에 상실의 깊이를 이해할 수 있는 사람으로 여겼다; 에비하라는 그들이 잃은 어머니, 남편, 다른 친척들을 알고 있었다. 그들은 에비하라가 자신들의 이야기를 써주기를 원했다. 에비하라는 CUNY 대학원 센터에서 수업을 가르치면서 자신의 이야기를 세상이나 캄보디아에 알리지 않은 시골 농민들에게 '목소리를 주는 것'이라는 표현을 사용한 적이 있다고 말한 적이 있다. 그러나 착한 포스트모더니스트인 그녀의 학생들은 그녀가 농민들의 목소리를 '적절하게' 표현할 권리가 있느냐고 반문하며 이 표현에 반대했다. 그녀는 깜짝 놀랐다고 말했다. 그녀는 자기가 그들의 이야기를 '취한' 것이 아니라 그들이 그녀에게 그들의 이야기를 해 주기를 원했던 것이다. 물론 이 사건은 현대 인류학에서 훨씬 더 광범위한 긴장을 반영한다. 스터킹Stocking은 학생들이 현장 연구를 수행하던 모든 국가에 핀이 박힌 시카고 대학의 지도가 어떻게 제국주의, 즉 신식민주의에 착취 당하는 또 다른 국가에 대한 일종의 도식으로 여겨지게 되었는지 (1992, 363) 설명한다. 인류학자가 자기가 연구하는 대상에 대해 느껴야 하는 것은 당연히 죄책감이다.

에비하라는 엄청난 죄책감과 여전히 빚을 지고 있다는 느낌을 받았다고 말했다:

> 오랜 세월 동안, 돌아가지 않은 그 모든 세월 동안, 나는 그들이 나에게 많은 것을 주었는데 나는 그 대가로 그들에게 무엇을 주었나 하는 죄책감을 느꼈다고 생각합니다. 가끔 작은 선물밖에는 드리는 게 없어요. 그분들이 저에게 주신 것에 비하면 보잘것 없는 것이라고 생각해요. 폴 폿 시절에 대한 인터뷰를 처음 몇 번 했을 때, 저는 그곳에서 일어나 걸어 나와 매우 편안한 삶을 살 수 있었다는 사실

을 깨달았기 때문에 극도로 우울했습니다. 그들은 그곳에 머물러야 했고 엄청난 고통을 겪어야 했습니다. 그래서 정말 끔찍한 기분이 들었습니다.(Marston 2011b, 211)

그녀는 스와이 사람들이 매우 감사하게 여겼던 한 가지 일은 1959-60년에 찍은 사진 사본을 돌려준 것이었다고 말했다. 사람들 대부분이 전쟁 전 사진을 모두 잃어버렸기 때문에 이 사진들은 잃어버린 사랑하는 사람들의 유일한 사진이었다. 마을 이장은 그녀에게 "이 사진이 없으면 손주들이 조부모의 모습을 모를 것"이라고 말했다(Marston 2011b, 211). 그래서 그녀는 이것으로 무언가 보답했다는 느낌을 받았다. 나는 그녀가 수년에 걸쳐 지역 사원에 기부한 돈과 도움이 필요한 사람들에게 기부한 돈도 자기 삶의 이야기를 들려준 사람들에 대한 의무를 갚는 데 도움이 되었다고 생각한다.

아마도 이 논문이 책으로 출간되면서 그 빚을 더 갚을 수 있을 것 같다. 확실치는 않다. 이 책을 크마에로 번역할 경우, 개인이 드러나는 묘사에 불쾌감을 느낄 가능성이 있다. 논문에서 사람들이 호의적이지 않은 시각으로 묘사되는 순간이 있어 실명 대신 가명을 쓰기로 했다. 아마도 이 책이 크마에로 출간되면 묘사된 인물들의 후손들이 자기 친척이 어떻게 묘사되었는지에 관해 의견을 제시할 것이다. 하지만 이 책은 에비하라가 쓴 그대로, 다른 시대의 목소리이다.

주디 레저우드 Judy Ledgerwood

참고문헌

Aymonier, E. 1904. Le Cambodge. Vol. 3: Le groups d'Angkor et l'histoire. Paris: E. Leroux.

Barth, A. 1885. Inscriptions sanscrites du Cambodge. Paris: Imprimerie Nationale.

Biddulph, Robbin. 1996. "Participatory Development in Authoritarian Societies: The Case of Village Development Committees in Two Villages in Banteay Meanchey Province, Cambodia." Master's thesis, Development Administration, Australian National University.

——. 1999. "Ref. Panel Members for the Concept of Community Conference." In Conference on the Meaning of Community in Cambodia, 1:137-38. Phnom Penh: Working Group on Social Organization in Cambodia.

Boua, Chanthou. 1982. "Women in Today's Cambodia." New Left Review 131:45-61.

Chandler, David P. 1993. The Tragedy of Cambodian History: Politics, War, and Revolution since 1945. New Haven: Yale University Press.

Collins, William. 1998, "Grassroots Civil Society in Cambodia." Center for Advanced Study, Phnom Penh, November. Discussion paper prepared for a workshop organized by Forum Syd and Diakonia in September. http://www.cascambodia.org/file/report/Grassroots%20Civil%20Society%20in%20Cambodia -11-1998.pdf.

Criddle, Joan D., and Teeda Butt Mam. 1987. To Destroy You Is No Loss: The Odyssey of a Cambodian Family. New York: Anchor Books.

Davis, Erik. 2011. "Imagined Parasites: Flows of Monies and Spirits." In Cambodia's Economic Transformation, edited by Caroline Hughes and Kheang Un, 310-29. Copenhagen: NIAS Press.

———. 2016. Deathpower: Buddhism's Ritual Imagination in Cambodia. New York: Columbia University Press.

Delvert, Jean. 1961. Le paysan cambodgien. Le Monde d'outre-mer, passé et présent, Premiére série, Etudes 10. Paris: Mouton.

Derks, Annuska. 2008. Khmer Women on the Move: Exploring Work and Life in Urban Cambodia. Honolulu: University of Hawai'i Press.

Ebihara, May M. 1966. "Interrelations between Buddhism and Social Systems in Cambodian Peasant Culture." In Manning Nash et al., Anthropological Studies in Theravada Buddhism, Cultural Report Series 13, 175-96. New Haven: Yale University.

———. 1968. "Svay: A Khmer Village in Cambodia." PhD diss., Columbia University.

———. 1973. "Intervillage, Intertown and Village-City Relations in Cambodia." Annals of the New York Academy of Sciences 220:358-75.

———. 1974. "Khmer Village Women in Cambodia." in Many Sisters: Women in Cross Cultural Perspective, edited by Carolyn J. Matthiasson, 305-47. New York: Free Press.

———. 1977. "Residence Patterns in a Khmer Village." Annals

of the New York Academy of Sciences 293:51–68.

———. 1987. "Revolution and Reformulation in Kampuchean Village Culture." In The Cambodian Agony, edited by David Ablin and Marlowe Hood, 16–61, Armonk, NY: M. E. Sharpe.

———. 1990. "Return to a Khmer Village." Cultural Survival Quarterly 14 (3). https://www.culturalsurvival.org/publications/cultural-survival-quarterly/return-khmer-village.

———. 1993a. "'Beyond Suffering': The Recent History of a Cambodian Village." In The Challenge of Reform in Indochina, edited by Börje Ljunggren, 149–66. Cambridge, MA: Harvard Institute for International Development, Harvard University Press.

———. 1993b. "A Cambodian Village under the Khmer Rouge, 1975–1979." In Genocide and Democracy in Cambodia: The Khmer Rouge, the United Nations and the International Community, edited by Ben Kiernan, Southeast Asia Studies Monograph 41, 51–63. New Haven: Yale University Southeast Asia Studies.

———. 2002. "Memories of the Pol Pot Era in a Cambodian Village." In Cambodia Emerges from the Past: Eight Essays, edited by Judy Ledgerwood, 91–108. DeKalb: Center for Southeast Asian Studies, Northern Illinois University.

Ebihara, May, and Judy Ledgerwood. 2002. "Aftermaths of Genocide: Cambodian Villagers." In Annihilating Difference: The Anthropology of Genocide, edited by Alexander L. Hinton, 272–91. Berkeley: University of California Press.

Embree, John F. 1950. "Thailand-A Loosely Structured Social System." American Anthropologist 52:181-93.

Evans-Pritchard, E. E. 1950. "Social Anthropology: Past and Present. The Marett Lecture, 1950." Man 50:118-24.

Finot, L. 1916. Notes d'épigraphie indochinoise. Hanoi: Imprimerie d'Extréme -Orient.

Frings, Viviane. 1997. Le Socialisme et le paysan cambodgien: La politique agricole de la République populaire du Kampuchea et de l'État du Cambodge. Paris: L'Harmattan.

Geertz, Clifford. 1973. The Interpretation of Cultures. New York: Basic Books, Inc.

Hansen, Anne. 2007. How to Behave: Buddhism and Modernity in Colonial Cambodia, 1860-1930. Honolulu: University of Hawai'i Press.

Harris, Ian. 2005. Cambodian Buddhism: History and Practice. Honolulu: University of Hawai'i Press.

Heder, Steve. 1997. "Racism, Marxism, Labelling, and Genocide in Ben Kiernan's The Pol Pot Regime." South East Asia Research 5:101-53.

─── . 2004. Cambodian Communism and the Vietnamese Model. Vol. 1: Imitation and Independence, 1930-1975. Bangkok: White Lotus Press.

Henke, Roger. 2011. "NGOs, People's Movements, and Natural Resource Management." In Cambodia's Economic Transformation, edited by Caroline Hughes and Kheang Un, 288-309. Copenhagen: NIAS Press.

Him, Chanrithy. 2001. When Broken Glass Floats: Growing Up under the Khmer Rouge. New York: W. W. Norton.

Hinton, Alexander Laban. 2004. Why Did They Kill? Cambodia

in the Shadow of Genocide. California Series in Public Anthropology 11. Berkeley: University of California Press.

Hughes, Caroline. 2006. "The Politics of Gifts: Tradition and Regimentation in Contemporary Cambodia." Journal of Southeast Asian Studies 37:469–89.

Hughes, Caroline, and Kheang Un, eds. 2011. Cambodia's Economic Transformation. Copenhagen: NIAS Press.

Human Rights Watch. 2015. "'Work Faster or Get Out:' Human Rights Abuses in Cambodia's Garment Industry." https://www.hrw.org/report/2015/03/11/ work- faster-or-get-out/labor-rights-abuses-cambodias-garment-industry.

Jacobsen, Trudy. 2008. Lost Goddesses: The Denial of Female Power in Cambodian History. Copenhagen: NIAS Press.

Kalab, Malada. 1968. "Study of a Cambodian Village." Geographical Journal 134 (4): 521–37.

———. 1976. "Monastic Education, Social Mobility, and Village Structure in Cambodia." In Changing Identities in Modern Southeast Asia, edited by D. J. Banks, 155–69. Paris: Mouton.

Kent, Alexandra, and David Chandler, eds. 2008. People of Virtue: Reconfiguring Religion, Power and Moral Order in Cambodia Today. NIAS Studies in Asian Topics 43. Copenhagen: NIAS Press.

Khieu Samphan. 1979. Cambodia's Economy and Industrial Development. Data Paper 111. Southeast Asia Program, Department of Asian Studies, Cornell University. Ithaca: Cornell University.

Kiernan, Ben. 2008. The Pol Pot Regime: Race, Power, and Genocide in Cambodia under the Khmer Rouge, 1975–79.

New Haven: Yale University Press.

Kim Sedara. 2011. "Reciprocity: Informal Patterns of Social Interactions in a Cambodian Village." In Anthropology and Community in Cambodia: Reflections on the Work of May Ebihara, edited by John Marston, 153-169. Caulfield: Monash University Press.

Kim Sedara and Joakim Öjendal. 2011. "Accountability and Local Politics in Natural Resource Management." In Cambodia's Economic Transformation, edited by Caroline Hughes and Kheang Un, 266-87. Copenhagen: NIAS Press.

Kobayashi Satoru. 2005. "An Ethnographic Study of the Reconstruction of Buddhist Practice in Two Cambodian Temples: With the Special Reference to Buddhist Samay and Boran." Tonan Ajia Kenkyu (Southeast Asian Studies) 42(4):489-518.

———. 2008. "Reconstructing Buddhist Temple Buildings: An Analysis of Village Buddhism after the Era of Turmoil." In People of Virtue: Reconfiguring Religion, Power and Moral Order in Cambodia Today, edited by Alexandra Kent and David Chandler, NIAS Studies in Asian Topics 43, 169-94. Copenhagen: NIAS Press.

Kuipers, Joel, and Ray McDermott, eds. 2007. Fine Description: Ethnographic and Linguistic Essays by Hal Conklin, Southeast Asia Series, Monograph 56. New Haven: Yale University Southeast Asia Studies. xxx Introduction

Ledgerwood, Judy. 1990. "Changing Khmer Conceptions of Gender: Women, Stories and the Social Order." PhD diss.,

Cornell University.

———. 1995. "Khmer Kinship: The Matriliny/Matriarchy Myth." Journal of Anthropological Research 51:247-62.

———. 1996. Women in Development: Cambodia. [Manila]: Asian Development Bank.

———. 2008a. "Buddhist Practice in Rural Kandal Province 1960 and 2003: In Honor of May Ebihara." in People of Virtue: Reconfi guring Religion, Power and Moral Order in Cambodia Today, edited by Alexandra Kent and David Chandler, NIAS Studies in Asian Topics 43, 147-68. Copenhagen: NIAS Press.

———. 2011. "A Tale of Two Temples: Communities and their Wats." In Anthropology and Community in Cambodia: Reflections on the Work of May Ebihara, edited by John Marston, 105-30. Caulfield: Monash University Press.

———. 2012. "Buddhist Ritual and the Reordering of Social Relations in Cambodia." South East Asia Research 20:191-206.

Ledgerwood, Judy, and John Vijghen. 2002. "Decision-Making in Rural Khmer Villages." In Cambodia Emerges from the Past: Eight Essays, edited by Judy Ledgerwood, 109-50. DeKalb: Center for Southeast Asian Studies, Northern Illinois University.

LeVine, Peg. 2010. Love and Dread in Cambodia: Weddings, Births, and Ritual Harm under the Khmer Rouge. Singapore: National University of Singapore Press.

Marston, John. 2008a. "Reconstructing 'Ancient' Cambodian Buddhism." Contemporary Buddhism 9:99-121.

———. 2008b. "Wat Preah Thammalanka and the Legend of

Lok Ta Nen." In People of Virtue: Reconfiguring Religion, Power and Moral Order in Cambodia Today, edited by Alexandra Kent and David Chandler, NIAS Studies in Asian Topics 43, 85–108. Copenhagen: NIAS Press.

———. ed. 2011a. Anthropology and Community in Cambodia: Reflections on the Work of May Ebihara. Caulfield: Monash University Press.

———. 2011b. "An Interview with May Ebihara." In Anthropology and Community in Cambodia: Reflections on the Work of May Ebihara, edited by John Marston, 191–212. Caulfield: Monash University Press.

———. 2011c. "Introduction." In Anthropology and Community in Cambodia: Reflections on the Work of May Ebihara, edited by John Marston, 5–20. Caulfield: Monash University Press.

Marston, John Amos, and Elizabeth Guthrie, eds. 2004. History, Buddhism, and New Religious Movements in Cambodia. Honolulu: University of Hawaii Press.

Martel, Gabrielle. 1975. Lovea, village des environs d'Angkor: Aspects démographiques, économiques et sociologiques. Publications de l'École Française d'Extrême-Orient 98. Paris: École Française d'Extrême-Orient.

Mills, Mary Beth. 1999. Thai Women in the Global Labor Force: Consuming Desires, Contested Selves. New Brunswick: Rutgers University Press.

Népote, Jacques. 1992. Parenté et organisation sociale dans le Cambodge moderne et contemporain: Quelques aspects et quelques applications du modéle les régissant. Paris: Olizane.

Ngor, Haing S., and Roger Warner. 1987. A Cambodian Odyssey. New York: MacMillan.

Öjendal, Joakim, and Kim Sedara. 2006. " Korob, Kaud, Klach : In Search of Agency in Rural Cambodia." Journal of Southeast Asian Studies 37:507–26.

Ong, Aihwa. 2003. Buddha Is Hiding: Refugees, Citizenship, the New America. Berkeley: University of California Press.

Ovesen, Jan, Ing-Britt Trankell, and Joakim Öjendal. 1996. When Every Household Is an Island: Social Organization and Power Structures in Rural Cambodia. Uppsala: Uppsala University.

Panh, Rithy, and Christophe Bataille. 2013. The Elimination: A Survivor of the Khmer Rouge Confronts His Past and the Commandant of the Killing Fields. New York: Other Press.

Parkin, Robert. 1990. "Descent in Old Cambodia: Deconstructing a Matrilineal Hypothesis." Zeitschrift für Ethnologie 115:209–27.

Przyluski, J. 1925. "La princess à l'odeur des poisson et la nagi dans les tradition de Asie orientale." In Etudes Asiatiques, 2 vols., edited by G. Van Oest, 2:265–84. Paris: École Française d'Extême-Orient.

Smith-Hefner, Nancy. 1999. Khmer American: Identity and Moral Education in a Diasporic Community. Berkeley: University of California Press.

Stocking, George W. 1992. The Ethnographer's Magic and Other Essays in the History of Anthropology. Madison: University of Wisconsin Press.

Szymusiak, Molyda. 1986. The Stones Cry Out: A Cambodian Childhood, 1975–1980. Bloomington: Indiana University

Press.

Tanner, Nancy. 1974. "Matrifocality in Indonesia and Africa and among Black Americans." In Woman, Culture, and Society, edited by Michelle Zimbalist Rosaldo and Louise Lamphere, 129-56. Stanford: Stanford University Press.

Turner, Victor Witter. 1967. The Forest of Symbols: Aspects of Ndembu Ritual. Cornell Paperbacks 101. Ithaca: Cornell University Press.

U Sam Oeur and Ken McCullough. 2005. Crossing Three Wildernesses: A Memoir. Minneapolis: Coff ee House Press.

Un, Kheang. 2005. "Patronage Politics and Hybrid Democracy: Political Change in Cambodia, 1993-2003." Asian Perspective 29 (2): 203-30.

———. 2006. "State, Society, and Democratic Consolidation: The Case of Cambodia." Pacific Affairs 79 (2): 225-45.

Ung, Loung. 2012. First They Killed My Father: A Daughter of Cambodia Remembers. New York: Random House.

Vickery, Michael. 1984. Cambodia 1975-1982. Boston: South End Press.

Vijghen, John, and Sareoun Ly. 1996. Customs of Patronage and Community Development in a Cambodian Village. Phnom Penh: Cambodian Researchers for Development.

Yathay, Pin. 2013. Stay Alive, My Son. Ithaca: Cornell University Press.

Zucker, Eve. 2008. "The Absence of Elders: Chaos and Moral Order in the Aftermath of the Khmer Rouge." In People of Virtue: Reconfiguring Religion, Power and Morality in Cambodia Today, edited by Alexandra Kent and David

Chandler, NIAS Studies in Asian Topics 43, 195–212. Copenhagen: NIAS Press.

———. 2013. Forest of Struggle: Moralities of Remembrance in Upland Cambodia. Honolulu: University of Hawai'i Press.

한국어판 서문

메이 메이코 에비하라(May Mayko Ebihara)는 1959년에서 1960년까지 캄보디아의 한 시골 마을에서 연구를 수행한 인류학자였습니다. 이 책은 그녀가 1968년에 제출한 박사 학위 논문을 번역한 것으로, 2018년에 비로소 출간되었습니다. 에비하라 박사는 1934년 오리건주 포틀랜드에서 일본계 미국인 1세 부모님 사이에서 태어났습니다. 그녀는 척추가 굽는 척추측만증(kyphoscoliosis)을 앓아 어린 시절 내내 매우 고통을 받았습니다. 이 병 때문에 키가 5피트(약 152cm)가 채 안 될 정도로 매우 작았고, 덥고 습한 캄보디아 기후에서는 체력에 영향을 받았습니다.

저는 1990년대에 에비하라 박사의 연구 조교였습니다. 그녀가 2005년에 세상을 떠났을 때, 저는 그녀의 초기 연구 노트를 모두 물려받았습니다. 저는 이후에도 계속 스와이 마을에서 연구를 진행하며 1960년부터 2020년까지의 마을에 관한 책을 이제 막 완성하고 있습니다. 그녀의 노트를 물려받았을 때, 저는 그녀가 연구를 수행할 당시의 삶이 어땠을지 단서를 찾기 위해 즉시 큰 흥미를 가지고 노트를 읽었습니다. 그리고 저는 새로운 책을 집필하는 데 그녀의 노트를 광범위하게 활용했습니다. 일지와 모든 현장 노트를 읽고 또 읽으면서 얻은 압도적인 교훈은, 그녀가 이룬 업적의 놀라운 규모였습니다. 그녀는 25세의 아시아계 미국인 여성으로,

작은 체구에도 불구하고 거의 1년 동안 홀로 시골 마을에 가서 살았습니다. 이것은 스와이 마을 사람들이 너그럽게 그녀를 그들의 집으로 초대하고 일상생활에 대한 정보를 공유해 주었기 때문에 가능했습니다. 마을 생활 초기에 크마에가 서툰 그녀가 이해할 수 있도록 천천히 말해 준 마을 노파들의 따뜻한 환대와 부드러운 토닥임을 붙잡고 의지했다고 말했습니다(그녀는 또한 크마에를 프랑스어로 통역해 주는 통역사와 함께 일했습니다). 그녀의 크마에 실력은 시간이 지나면서 점차 향상되었고, 통역사 없이 지내는 시간이 늘어났습니다.

  다른 주민들과 마찬가지로 그녀는 야자수 잎으로 벽과 지붕을 엮고 기둥을 세운 작은 집에서 살았기 때문에, 공동체에서 일어나는 대부분의 일들을 보고 들을 수 있었습니다. 그녀는 사람들이 하는 일을 따라다니며 지켜보았고, 사람들이 들판에 일하러 나갈 때는 함께 따라가서 앉아 노트를 정리했습니다. 그녀는 인구를 조사한 후 혈연관계에 대해 광범위한 인터뷰를 진행했습니다. 또한, 종자 유형, 성장 주기와 단계, 각 단계에 필요한 작업량, 누가 어떤 일을 하는지를 포함하여 지역 쌀농사를 이해하기 위해 열심히 노력했습니다. 그녀는 매일 현장 노트를 작성했을 뿐만 아니라, 특정 주제에 대한 메모 카드를 만들어 가구와 주방 용품부터 종교 의식에 이르기까지 주제별로 묶어 날짜별로 정리했습니다. 모든 카드에는 날짜가 적혀 있어 그녀가 시간이 지남에 따라 어떻게 학습했는지, 초기 인터뷰에서 간단한 질문을 던지고 명확하게 이해했는지 확인하기 위해 반복적으로 다시 질문했음을 알 수 있습니다. 그 당시의 일상생활이 어땠는지에 대한 세밀한 내용이 그녀의 글에 매우 명확하게 드러납니다. 농업 작업부터 친척 관계에 이르기까지 모든 것을 담아낸 이 책은 바로 이러한 점 때문에 매우 가치 있는 작업입니다.

  이 책은 2024년에야 크마에로 번역되었습니다. 이제 이렇게 한국어 번역본이 나오면서 한국 독자들도 전쟁과 혁명으로 황폐화되기 이전 캄보디아 사회를 되돌아보는 이 중요한 저작을 읽을 수 있게 된 점을 기쁘게 생각합니다.

주디 레저우드 Judy Ledgerwood
노던 일리노이 대학교 명예교수

감사의 글

이 연구를 진행했던 지난 몇 년을 돌이켜보면 수많은 이름과 얼굴이 떠오릅니다. 어떤 식으로든 저를 도와준 모든 분을 나열하려면 여러 페이지가 필요할 것입니다. 가장 중요한 사람들만 아래에 인용합니다. 구체적으로 이름을 밝히지는 않았지만, 감사한 마음으로 기억하고 있는 수많은 분께도 공개적으로 감사의 말씀을 전합니다.

먼저, 포드 재단에 빚을 지고 있는데, 포드 재단이 없었다면 이 책을 쓸 수 없었을 것입니다. 또한 컬럼비아 대학교의 교수님들, 특히 저에게 자극적인 아이디어와 귀중한 조언을 제공해 주셨고, 이 책을 완성할 때까지 인내심을 갖고 지도해 주신 콘래드 아렌스버그 박사, 마가렛 미드 박사, 모튼 프리드 박사에게 깊은 감사를 표합니다. 수년 동안 저에게 도움을 주시고, 특별하게 격려해 주신 해롤드 콘클린 박사, 조지 콘도미나스 교수, 고 프랑수아 마르티니 교수, 그리고 캄보디아에서의 연구에 대해 조언해 주신 여러 프랑스 학자에게도 감사드립니다: 조르주 세데스 교수, 에블린 포레-마스페로 부인, 샤를 아카임보 교수, 베르나르-필립 그로슬리 교수, 캄보디아 정부, 미국 외교부 및 미국 해외 공관, 유엔 기구, 아시아 재단, 유니테리안 봉사위원회의 수많은 분들이 저에게 귀중한 정보와 도움을 주었습니다. 특히 게일로드 워커, 윌리엄 토마스, 크리스 드 영 박사, 노엘 살바렐리, 쩰 쳄, 호 똥 리읍, 오 꼬쌀락, 쩰 쵸, 뜰라잉 썸보 부인에게 감사를 표합니다. 저는 에콜 프랑세즈 드 엑스트

렘 오리엔트의 시설을 아낌없이 사용할 수 있게 해준 마르틴 피아트 여사에게 큰 빚을 지고 있습니다. 마찬가지로 삣-쌀Mme. Pich-Sal과 캄보디아 문화위원회Commission des Moeurs et Coutumes du Cambodge의 다른 위원들도 큰 도움을 주었습니다. 현명하고 인내심 있게 크마에를 가르쳐 준 내 크마에 선생님들께도 특별한 감사를 표합니다: 찌어 똔, 쏙, 데일 퍼틀. 특히 샌디 맥코 양, 메리 드 포레스트 양, 토마스 위어 씨, 리처드 노스 씨, 도로시 아담스 양, 도리스 크로지어 양, 브라이언 하이즈 씨, 고든 엘리엇 씨에게 따뜻한 환대와 도움을 주신 데 대해 특별한 감사를 표합니다.

마지막으로, 인내와 유머로 제 연구를 견뎌주고, 도둑으로 추정되는 사람에서부터, 새는 지붕에까지 모든 것들로부터 저를 보호해 주고, 그들의 문화를 이해하도록 안내해 주고, 풍부한 우정과 추억을 제공해 준 스와이 서리 마을 주민들에게 영원한 애정과 감사를 표합니다. 이러한 입양된 친척 및 이웃들과의 관계 덕분에 현장 작업은 학문적 경험뿐만 아니라 개인적으로도 강렬한 감동을 주는 경험이 되었습니다. 저는 이 글을 크마에인 '부모님'인 뷔레악과 쓰레이, '조부모님'인 꼼페아와 리윽, 그리고 저의 친부모님에게 바칩니다.

마이 마이꼬 에비하라 May Mayko Ebihara

역자 서문

캄보디아를 공부할 때 가장 중요하게 다뤄야 하지만, 동시에 가장 큰 장애가 되는 것이 킬링필드로 대표되는 DK 시대이다. 수년 간 캄보디아를 방문하면서 한국인들에게 듣게 되는 캄보디아 사람들의 부정적인 행동의 근원에는 다 이 시대가 있었다. '킬링필드 때 진실을 이야기하면 죽을 것이었기 때문에, 거짓말을 하기 시작했고, 그것이 습관이 되었다.', '킬링필드 때 앞으로 나서면 죽을 수도 있어서 숨다 보니, 수동적인 것이 습관이 되었다.' '킬링필드 때 집단 농장에서 밥은 적게 주니까, 배 안고파지려고 숨어서 농땡이를 치다 보니, 게을러졌다.' 이 같은 근거 없는 이야기들은 수십 년간 한인들 사이에 널리 퍼져 영향력 있는 말들이 되었다. 이 말들은 캄보디아를 해석하는 데 필수불가결한 담론이 되었고, 덧붙여 새로운 말 - '거짓말이 문화인 나라' -를 만들어 내기까지 했다. 캄보디아를 본격적으로 공부하면서 내게 가장 필요한 것은 DK 시대를 해석에서 배제하는 일이었다. 6·25를 떠 올려 보니, 그게 맞는 것 같았다. 아무도 부정적인 것이든, 긍정적인 것이든 한국인의 특정 행동의 원인으로 6·25를 떠올리는 사람은 거의 없다. DK와 비슷한 기간, 비슷한 형태의 내전이었음에도 한국인의 행동에 6·25가 스며들어 있지 않다는 사실은 DK 역시 그들이 이미 갖고 있던 행동 양식으로 극복하거나, 혹은 그것을 강화하는 계기 정도로 보는 것이 적당하겠다 싶었다.

운 좋게도 공부를 본격적으로 시작한지 얼마 지나지 않아 '스와이'를 발견했다. DK 이전 시대인 1959년-1960년, 프놈펜 남쪽 시골 마을, 지금도 그 지명 그대로 쓰고 있고, 지형도, 그 마을로 가는 길도 그다지 변하지 않은 실재 마을에 관한 민족지라니, 행운이었다. pdf로 된 700페이지가 넘는 논문을 200장씩, 300장씩 출력해 읽어갔다. 에비하라의 작업은 '마을에서 조사하지만, 마을만을 연구하지 않는다'는 금언에 충실하면서도 마을 사람들의 관계와 마을의 세세한 풍경 하나하나까지를 세세하게 그려냈다. 또한 특정한 주제를 과도하게 강조하거나, 거대 이론의 틀에 맞춰 마을을 재단하기보다는 그 일반적인 모습을 때로는 내부자의 시선으로, 때로는 외부자의 시선으로 기술해 마을을 좀 더 실체에 가깝게 재현해 냈다.

덕분에 글을 다 읽는 내내 내가 알고 있는 캄보디아와 비교하게 되고, 주민들의 삶, 행동 하나하나가 현재 내가 만나는 이들과 겹쳐 보였다. 그렇게 DK를 지워내고, 1960년대와 2010년대가 이어졌다. 그런 면에서 이 책은 내게 캄보디아의 과거뿐 아니라 현재를 읽는 기초과정 교과서와 같다.

이 책을 번역하고 싶은 마음은 굴뚝 같았지만, 혼자서는 버거웠던 작업이라 여러 사람의 손을 빌렸다. 10004통이라는 다소 엉뚱한 이름을 가진 독서 모임 회원들이 수개월 동안 발제와 토론 과정에서 초벌 번역을 해주었고, 부족한 부분은 문화와선교연구소 운영위원들이 손을 보태주었다. 특히 이성욱 선교사는 문장을 다듬고, 크마에 단어와 한국어 발음을 대조해 가장 근접한 표기법을 찾아주었다. 번역에 참여한 모든 분께 감사를 전한다. 또한 독자층이 얕을 것이 뻔한 이 책을 출판할 수 있도록 해주신 정철상 대표님과 도깨비출판사 남기수 사장님께도 감사를 전한다.

　이 책에 등장한 인명과 장소명 등 크마에 단어는 최대한 크마에 발음에 가깝게 표기하려고 애를 썼다. 이 작업은 상당히 까다로운 것이었는데, 차라리 크마에 문자로 표기되어 있었다면 훨씬 쉬웠을 뻔했다는 생각을 여러 번 했다. 영어로 표기된 크마에 단어를 크마에 방식으로 읽어내는 것이 가장 까다로웠다. 크마에어는 한국어와 발성 방법이 다른 데다, 이중모음이 많을 뿐 아니라, 자음의 계열에 따라 모음의 발음 방법이 달라져 영어로 표기할 경우, 본래 발음을 찾아내기 쉽지 않다. 게다가 크마에어에는 싼스크리트어와 빨리어 단어가 상당히 많은데, 이 경우는 발음법이 완전히 달라지기도 한다. 이 때문에 영어 표기를 유추해 원래 크마에 단어를 확인하고, 이를 한글로 표기하는 수고를 거듭해야 했다. 덕분에 Kompha는 꼼파와 꼼페아 사이를 여러 번 왔다갔다 하다 꼼페아로 자리 잡기도 했다. 이런 소소한 작업을 통해 크마에 한글 표기법이 정착되기를 기대해 본다.

2024년 3월
프놈펜문화와선교연구소에서

서민우

제1장

서론

이 글은 캄보디아에 있는 벼농사를 짓는 크마에 마을의 민족지적 특징을 소개한다. 불행히도 동남아의 주요한 종족인 크마에Khmer에 대한 인류학적 자료가 희귀하다 할 정도로 적어, 나는 캄보디아 사회와 문화의 어떤 특정한 문제나 측면에 초점을 맞추기보다는 마을 전반에 대해 분석적으로 묘사하는 것이 가치 있는 일이라고 생각했다. 이 연구를 수행할 당시(1958~1960), 캄보디아에 관한 꽤 많은 문헌이 있었지만, 그 대부분이 시대에 뒤처진 것들이거나, 특정한 주제에 한정되거나, 미국 학자들에게는 상대적으로 접근성이 떨어지는 것들이었다. 광범위한 연구와 경험으로 가치 있는 통찰과 크마에에 대한 엄청난 정보들을 생산한 수많은 학자, 주로 프랑스 학자들의 공헌을 헐뜯으려고 하는 것은 아니다.[1] 캄보디아를 연구하는 누구도 에이모니어Aymonier, 르끌레어 Leclere, 그로슬러Groslier, 쎄데스Cœdès, 마스페로Maspero, 포레-마스페로Poree-Maspero, 마티니Martini나 다른 프랑스인들의 저작들을 무시할 수 없다. 쎄데스는 다른 학문 영역에서 유명했고, 르끌레어는 뛰어난 아마추어 민족지가였지만, 이들 중 누구도 인류학자는 아니었다.[2] 캄보디아에 관한 저작 태반은 고고학이나 (특히 앙꼬를 다루는) 역사와 관련된 것이거나 19세기에 관한 것 또는 의례-종교적 삶이나

---

1 인도차이나에 대한 프랑스 학자들의 연구에 대한 간단한 논의를 위해서는 다음을 참조하라. 톰슨 1937, 351~52, 톰슨과 아돌프 1947, 엠브리 1948, 엠브리과 도트슨 1950, ix~x, 포레-마스페로 1955b, 콘더미나스 1965, 토마스 1955, 38~58, 그로슬러 1960b. 크마에에 관해 현재 남아 있는 민족지적 문헌에 대해서는 부록 A를 참조하라.
2 저자 외에 크마에에 관해 조사를 실시한 유일하게 훈련된 인류학자로는 태국 북동부에 있는 크마에 속에서 작업했던 엘던 존슨Eldon Johnson(미네소타에 있는 Saint Paul Institute 과학박물관 관장)이 있다. 북부 캄보디아의 한 마을을 조사했던 마드모아젤 G. 마르텔은 현재 파리 대학에서 논문을 마쳤다.

민간 전승, 법과 같은 문화의 불연속적인 측면에 관한 민족지적 정보 정도만을 포함하고 있다. 그래서 미국과 영국의 인류학 견지에서 보기에는 1958년 캄보디아에 관해서는 많은 빈틈이 있을 수밖에 없었다. 특히 사실상 마을 수준의 기초적인 구조와 현대 크마에 문화와 사회의 기능에 관해서는 알려진 바가 거의 없었다.[3] 예를 들어 캄보디아 사회에서 친척의 범위나 중요성, 거주나 상속 패턴과 같은 사회조직의 다른 측면에 대한 세밀한 정보가 전혀 없었다. 이와 비슷하게, 그 당시 마을 생활의 경제적 조직, 계층, 또는 종교의 역할에 관한 분명한 그림도 없다. 또, 시골 공동체와 읍내, 도시 사이의 관계나 다른 많은 결정적인 질문에 대한 답도 없었다. 이렇게 빠진 부분들이 내가 이 작업을 할 수밖에 없게 이끌었으며, 나는 그 중 몇 부분적으로라도 이 글을 통해 채워졌기를 기대한다.

그래서 내 연구는 두 가지를 목적으로 한다. 첫째, 그리고 가장 큰 목적은 캄보디아 농촌 문화에 관한 민족지를 내놓는 것이다. 그래서 이 글은 주로 스와이 마을의 한 주기(여기서는 1년)에 관한 묘사와 분석에 집중한다. 2장에서는 그 안에서 마을이 작동하는 맥락인 나라 전체의 다양한 측면을 조사했다. 3장에서는 그 물리적 환경 안에 스와이를 위치시키고, 사회조직에 관한 논의 속에서 마을 사람들을 소개한다. 4장과 5장은 사회조직에 더해, 크마에 공동체의 독특한 계층을 인식하는 데 가장 중요한 것으로 보이는 마을의 경제적 삶과 종교적 삶을 주제로 논의한다. 생애주기(6장)와 정치 조직(7장)은 좀 덜 중요하지만, 1년 주기의 그림을 설명하

---

3 1961년에 실행된 크마에 농민들에 대한 최초이자 중요한 작업이 진 델버트 진 델버트의 Le Paysan cambodgien에 나온다.

는 데 중요하다. 그리고 마을 전체가 자급 자족적 공동체로 보이지 않도록 8장은 마을과 주변이나 도시와의 관계를 강조한다.

현지 조사 데이터를 보여주는 것에 더해, 나는 여기저기 흩어져 있는 크마에 문화에 관한 내용을 함께 그려내고, 가능하다면 스와이에서 관찰된 관행들이 크마에 문화 전체를 대표하는 것으로 볼 수 있는지, 특정한 지역이나 단면으로서만 진실인지를 보여줄 것이다. 내가 이렇게 하는 것은 두 가지 이유 때문이다. 크마에 공동체에 관한 다른 인류학적 보고서가 출판된 적이 없기 때문이고, 몇몇 인류학자들이 한 공동체에 관한 연구가 전체 사회에 대한 실제 통찰을 내놓을 수 있는지 의문을 제기했기 때문이다. 그래서 스와이는 크마에 농부들에 관한 한 예나 견해로 봐야 할 것이다.

두 번째 목적은 동남아시아 문화와 농민사회의 본질에 대한 보다 높은 수준의 일반화를 위해 캄보디아 데이터를 사용하려는 것이다. 그래서 이것은 민족지적이면서도 새로운 시도이다. 다른 문화에서 가져온 비교 자료를 과도하게 참조해 이 글 본문을 복잡하게 만들고 싶지는 않지만, 이 작업은 단순히 관용구 이상의 의미를 갖게 하려면 후자가 매우 중요하다. 따라서 마지막 장은 동남아시아 문화 지구의 일부이자, 농민의 한 유형으로서 크마에 마을 사회와 문화에 관한 논의에 할애할 것이다.

마을의 선택

내 의도는 저지대에서 벼농사를 짓는 크마에 마을을 연구하는 것이었다. 왜냐하면, 크마에가 인구의 대다수를 차지하고, 농부 대부분이 쌀농사를 짓고 있기 때문이다. 좀 더 명확하게는 이미 존재하는 캄보디아 마을의 특성에 대한 정보와 나 자신의 필요를 기초로 내가 연구 제안서에 내 조사지로 제안한 공동체의 모습은 다음과 같다. (1) 마을 구성원이 기본적으로 크마에이고 (연구자가 다루기 쉬운) 수백 이하의 인구를 가진 공동체, (2) 불교 사원이 있는 마을, (3) 큰 도로에서 떨어져 있지만, 버스 노선에 쉽게 접근할 수 있는 장소, (4) 프랑스어를 조금이라도 할 수 있는 주민이 있는 마을, (5) 조사에 협조적인 마을.

다음 질문은 '이 나라 안에서 어떤 지역을 선택할 것인가'였다. 시골에 대한 실제 조사를 좀 더 한 후 이 나라에 익숙한 다양한 사람들과 토론한 끝에 프놈펜 남부 지역이 종족 구성의 생태학이나 문화에 관한 것들이 가장 전형적으로 캄보디아인처럼 보인다는 결론에 도달했다(Delvert 1961, 542 참조). 다른 지방이나 지역은 큰 소수종족 그룹이 있어서 (예를 들어 껌뽕 짬Kampong Cham은 짬Cham족), 어느 정도 비전형적인 경제를 실천하고 있어서(받덤벙 Battombang은 1인당 소유 토지가 아주 많았고, 경제가 시장 지향적이었다), 너무 고립되고, 인구가 희박해서(동부지역), 독특한 역사적 사건에 좀 더 노출되어서(베트남과 접경한 지방들), 너무 보수적으로 오래된 전통에 묶여 있어서(씨음리읍Siem Reap) 포기했다. 적당한 공동체를 찾기는 그래서 프놈뻰 주변 지역에 집중되었다.

탐색 과정에서 한 가지 중요한 문제가 드러났다. 수백 명 정도의 인구를 가진 작은 마을은 접근이 가능한 지역에서 찾기 힘들었다는 점이다. 2차 세계대전 이후, 서로를 파괴한 반란군 활동과 베트남의 침범과 같은 요인들 때문에, 작은 마을들은 자발적으로, 또는 정부의 이주 프로그램으로 좀 더 방어가 쉬운 큰 단위들과 합해지는 경향이 있었다(Steinberg 1959, 31; Delvert 1961. 207-210

참조). 캄보디아에 여전히 작은 마을들이 있었지만, 그들은 나의 다른 요건들을 충족시키지 못했다. 그래서 나는 최종적으로 스와이 마을을 선택했다. 이 공동체는 크기를 제외한 모든 것이 조건에 부합했다. 마을 전체의 인구는 대략 800명 정도였다. 그러나 스와이는 세 개의 동네Hamlet로 나누어져 있다. (첫 방문에서 나는 이들 각각을 하나의 작은 마을로 착각했다). 나는 상대적으로 자급 자족적이고, 고립된 서쪽 동네를 선택했고, 이 동네는 작은 공동체(마을)를 대체할 만하다고 판단했다.[4]

나는 1959년 4월부터 1960년 3월까지 스와이 서리(西里)에서 살았다. 나의 주된 조사는 동네 안에 집중되었다. 그러나 인구 조사는 마을 전체에서 실시되었다. 스와이 서리 외부 동네에서 무작위로 선택된 20개의 가족(각 촌락에서 10개의 가족)을 사회적, 경제적 조직들에 대한 특정한 점을 고려해 어느 정도 심도 있게 인터뷰했다. 다른 동네 사람들과 함께 다양한 다른 자료도 검사했다.

스와이 마을의 '전형성'에 있어서 좀 중요한 방법론적, 이론적 이슈들에 관한 질문이 필연적으로 제기된다. 실제 두 가지 점에 관한 질문이 제기되었다. 첫째, 이미 조사된 이 나라의 다른 마을과 이 공동체가 얼마나 비슷한가? 둘째, 마을의 삶에 관한 묘사가 전

---

4 나의 선택에 영향을 미친 두 가지 주관적인 요인도 있었다. 첫째, 나는 스와이의 쾌적한 환경과 연구에 호의적인 친절하고 활기찬 주민들, 그리고 집과 통역사를 즉시 구할 수 있다는 점에 즉시 매료되었다. 둘째, 1959년에는 캄보디아 정부에 의해 조장된 반미 감정이 산발적으로 발생하여 프놈펜과 상당히 가까운 곳에 머무르는 것이 바람직했다. 스와이는 프놈펜에서 30킬로미터 정도 떨어져 있을 뿐만 아니라 미국인 자문위원들 몇 명이 있는 국립 교사 훈련 센터와도 가까워 문제가 발생했을 때 쉽게 도움을 받을 수 있었다. 이 정규 학교가 있다는 것은 마을 주민들이 외국인에게 익숙하고 내가 맡은 학생의 역할에 공감한다는 점에서 또 다른 이점이 되었다.
역주) 원문의 village는 마을로, 그보다 작은 단위인 Hamlet은 동네로 번역했다.

체 민족 (또는 종족 그룹) 문화에 대해 무엇을 (또는 얼마나) 말해 줄 수 있는가? 두 번째 문제는 특히 몇몇 인류학적 논의 주제 중 일부였다(P.7 아래서 10줄. 예를 들어, Arensberg 1954, 1957, 1961; Steward 1950, 1955 4장; Redfield 1955 참조). 내 생각에는 '전형성'의 딜레마를 보여주는 한 방법은 개인성에 대한 클룩혼과 머레이의 논의(1961, 53)에서 제시되었다. '사람'이라는 단어 대신 다른 단어를 끼워 넣으면 우리는 '어떤 면에서 한 마을은 다른 모든 마을과 비슷하다. 어떤 면에서 한 마을은 몇몇 마을과 비슷하다. 어떤 면에서 한 마을은 어떤 마을과도 비슷하지 않다'라고 할 수 있다. 이런 점들 각각은 역으로 스와이 마을에 적용되어 논의될 것이다.

어떤 면에서 스와이는 완전히 독특한 것으로, 이는 역사적 사건들과 개인들의 개별적인 연결 때문에 다른 어떤 마을과도 다르다. 이러한 독특한 점들은 흥미롭기는 하지만, 스와이를 캄보디아 문화의 표본으로 보자는 제안에는 심각하게 영향을 미치지는 않는다. 그러나 두 가지 점은 특기해야 한다. 첫째, 국립 사범학교가 가까이 있다는 점이 공동체에 특정한 방식으로 영향을 미쳤다는 것인데, 이 점은 다음 장의 적절한 절에서 다루도록 하겠다. 둘째, 인류학자의 존재 자체도 스와이 서리에 (명백하게는 한 가족의 경제와 외부 세계에 대한 마을 사람의 인식에) 피할 수 없는 변화를 가져왔다는 점이다. 그러나 나는 내 존재가 그다지 큰 효과를 미치지 않았다고 생각한다.

다른 방식으로, 스와이는 캄보디아 다른 몇몇 마을과 비슷하다. 이 점과 더불어 다음 문제를 고려할 때(특히 Delvert 1961), 캄보디아 농부들을 비교한 자료가 부족해 캄보디아에 존재하는 문화의 다양성에 대한 정확한 내용을 말하기는 어렵다. 그러나 접근 가능한 정보에 의하면, 캄보디아 마을 간의 주된 차이는 경제적 기반, 종족 구성, 그리고 정착 패턴과 크기에서 찾을 수 있다. 이것을 마음에 품고 있으면, 우리는 가장 일반적인 용어로, 스와이가 (다른 작물을 기르거나 수공예, 어업에 종사하는 마을과는 다르게) 벼농사를 중심으로 한 경제를 실천하고 있고, 상당한 크기와 인구 밀도를 가지고 있으며, 종족적, 문화적으로 크마에라는 점에서 캄보디아에 있는 셀 수 없이 많은 다른 마을을 대표하는 것이 정당하다고 말할 수 있을 것이다. 좀 더 구체적으로 말하자면, 스와이의 종합적인 경제조직과 거주 패턴은 특히 프놈뻰 남부 지역의 일반적인 마을들과 유사하다. 문화의 다른 범위에서 스와이의 '전형성'이나 '비전형성'은 비교할 수 있는 정보가 있으면 이 책 곳곳에서 서술할 것이다.

또 다른 질문은 30km 떨어진 수도, 프놈뻰과 스와이의 상대적 근접성 때문에 제기된다. 즉, 도시와 가깝다는 사실이 강력한 도시의 영향 때문에 마을이 전형적이지 않게 된다는 것을 의미하는지에 관한 것이다. 물론 스와이가 먼 거리에 있는 접근하기 어려운 공동체들과는 여러 측면에서 차이가 있다는 점은 의심의 여지가 없다. 첫째, 스와이 주민들은 (프놈뻰 반경 50km 내에 있는 다른 마을처럼) 일시적으로 도시에 쉽게 취업할 수 있다. 둘째, (이 점에 대한 정보는 없지만) 스와이 마을 사람들이 오지에 사는 사람들보다는 도시의 일이나 스타일에 좀 더 밝을 가능성이 있다. 반면, 시골에 대한 도시의 영향이라는 측면에서 도시화는 여전히 상대적으로 제한적이다. 그리고 지방 정착은 프놈뻰 바로 외곽에서 발견될 수 있다. 마을 사람들이 도시와 지리적으로 가까울 때, 농부의 태도, 사회적 관습, 그리고 빈곤은 도시와 시골 사이에 '사회적 거리'

라고 불릴 수 있는 것들을 만들어내기 때문에, 도시 생활을 인지한다는 것이 반드시 도시 방식을 수용한다는 것을 의미하지는 않는다. 요컨대, 스와이가 프놈뻰과 가까워서 다른 대부분의 캄보디아의 마을들보다 현저하게 덜 '시골스럽지'는 않다.

마지막으로 스와이는 전체 민족문화의 특정한 모습들을 보여줄 뿐만 아니라, 여러 중요한 측면에서 아마도 다른 모든 마을과 비슷한 것 같다. 아렌스베르그(1954, 1957, 1961)가 제안한 바와 같이, 하나의 공동체가 소우주로 간주할 수 있는지에 관한 질문은 일반적인 것과 특정한 것을 분리하는 문제를 포함한다. 앞선 논의에서 그 동네만의 독특한 요소이든, 아니면 다른 공동체와 공유한 것이든 간에, 우리는 스와이 마을의 좀 더 독특한 특성에 주의해야 한다. 그래서 우리가 고려해야 하는 것은, 내가 일반적인 모습이라고 믿는 것에 맞춰진다(다시 말하지만, 비교를 위한 다른 마을 데이터가 부족하다).

첫째, 전체로서 시골 인구는 농촌이라고 정의할 수 있는 특징을 충족시키는 일반적인 삶의 형식을 취하고 있다는 주장을 토대로 하자면, 캄보디아 도시와는 차이가 있을 수 있다. 둘째, 캄보디아 문화의 어떤 측면들은 크마에 농부들이나 도시주민 모두에게 공통적인 것으로 보인다. 특히, 언어, 친족 시스템의 기본적인 모습(근본적으로 양계적인 구조, 친족 호칭, 거주와 상속의 패턴), 불교와 민속 요소들로 구성된 종교적 시스템(그들이 참여하는 의례들, 전문가들 등), 그리고 삶의 사이클 (자녀 양육 및 성역할의 일반적인 패턴과 의례 행사 포함). 지역과 계급 모두에 따라 이러한 요소에는 실제로 차이가 있다. (예를 들어, 의례적-종교적 영역에서, 어떤 종교들은 다른 종교가 버린 어떤 전통적 실천들을 뚜렷하게 유지하기도 하고, 귀족과 상층의 구성원들은 농민들보다 훨씬 정교하고, 위대한 전통에 더 가까운 생애주기 의례(통과의례)를 하기도 한다). 그러나 나는 그러한 차이가 종류보다는 정도의 차이라고 믿는다. 그리고 문화의 이러한 측면들의 모든 본질적인 요소들은 크마에 사회의 모든 수준과 영토 범위 내 어디에든 자리 잡고 있다.

물론, 모든 캄보디아 사회와 문화의 전체적이고, 풍부한 영역이 스와이 마을에 반영된다고 말할 수는 없다. 스튜워드(1950, 1955)와 다른 학자들(예를 들어 Manners, 1957)이 말한 것처럼, 다양한 기구들은 (지역적인 것뿐만 아니라) 작은 공동체에 관한 연구만으로는 본질을 명확하게 파악할 수 없는 민족적 측면을 가지고 있다. 이제는 특히 일부의 문화를 가진 부분 사회(Krober 1948, 284)로 특징지어지는 농촌 마을과 같은 공동체가 작동하는 더 넓은 환경에 대한 최소한의 인식이라도 가져야 한다는 것이 진리로 받아들여진다. 그러나 전체 민족적(심지어 국제적) 맥락에 대한 철저한 조사는 결국 무엇보다, (그가 연구한) 특정한 지역을 기반으로 풀뿌리 지역 문화를 연구하는 인류학자에게는 부담스러운 일이다(Arensberg 1957). 그리고 인류학자가 마을에 초점을 맞추는 것은 마지막 분석에서 '삶의 전체 순환'에 관한 그림과 최소한 하위문화 또는 특정 기본 문화 패턴의 축소판을 제공한다(Redfield 1955, Arensberg 1954, 1955, 1961). 이것이 크마에 사회에 대해 이어지는 논의에서 내가 보여주고픈 그림이다.

맞춤법, 통화, 단위에 관한 참고 사항

맞춤법

나는 오랫동안 크마에를 표기하는 데 특정 방법을 사용해 온 프랑스 학자들을 존중하기 위해 캄보디아 단어에 대한 새로운 맞춤법 체계를 도입하는 것을 다소 주저해 왔다. 그러나 몇 가지 이유로 그렇게 하는 것이 유용하고 정당해 보인다. (1) 영어 독자는 프랑스어 독자와는 다른 음소를 특정 알파벳 기호와 연관시키기 때문에, (2) 프랑스어 시스템은 일반적으로 크마에어를 음성으로 표기하지 않고 문자 그대로 표기해 이 둘이 종종 서로 다르기 때문에, (3) 필자 역시 국제 음성 알파벳(IPA)을 사용하여 필사본을 작성하는데, 이것들은 문자화된 크마에가 아닌 음성화된 크마에 대상으로 했기 때문이다.

지명이나 유명한 인물(예: 왕) 고유명사는 오랜 관습에 반하지 않기 위해 프랑스어 맞춤법을 그대로 유지했다. 그러나 다른 모든 크마에 단어는 일반 타자기의 한계로 기호를 약간 변경하여 구어체 크마에를 IPA로 표기했다. 나는 훈련된 언어학자가 아니기 때문에 특히 크마에의 수많은 모음의 강세, 모음의 길이, 정확한 발음을 보증할 수 없다는 점을 강조하고 싶다. 크마에에 대한 자세한 분석은 마스페로 1915, 마르티니 1942~45, 1955c, 판과 노 1958, 캄베포트 1950, 판네티에와 메네스티에 1922를 참조하라. (2장 언어 부분도 참조하기 바란다.)

a = 프랑스어 'pás'과 같이 발음
æ = 'hat'과 같이 발음
e = 'lay'나 프랑스어 'é'와 같이 발음
E = 'let'과 같이 발음
ė = 'shwa'와 같이 발음
i = 'fleet'와 같이 발음
I = 'lit'와 같이 발음
o = 'doe'와 같이 발음
ó = 'long'과 같이 발음
ø = 프랑스어 'oeuf'와 같이 발음
u = 'June'과 같이 발음
ú = 'sun'과 같이 발음
y = 위의 'i'와 비슷하지만, 덜 발음
c = ch(다른 모든 자음은 영어와 같이 발음)
? = 성문 정지
p, t 뒤의 h는 강세를 나타냄.
모음의 중복으로 발생하는 길이를 나타냄.

지도 1. 캄보디아 전도

통화

캄보디아 공식 화폐는 *리엘*riel이다. 1959년 공식 환율은 1달러에 35리엘, 비공식 환율은 1달러에 70리엘 정도였다. 다양한 크마에 상품의 가치를 달러로 환산할 때는 후자의 수치가 더 현실적이다.

단위

다양한 항목의 단위는 대부분 캄보디아에서 사용되는 미터법 단위로 표시된다. 독자들의 편의를 위해 다양한 미터법 측정 단위의 미국식 환산값을 써 놓는다.

1ha = 100a (아르) = 2.47 에이커
1m = 3.28피트
1km = 0.6마일
1kg = 2.26파운드
1리터 = 액체 1쿼트 또는 고체 0.9쿼트

제2장

전체적인 캄보디아: 배경

캄보디아에 올 때, 태국에서 프놈펜으로의 비행은 이 나라의 역사적, 현대적 모습을 요약해서 보여줬다.

이 나라에 대한 어떤 이의 첫 번째 인상은 인적이 드물고 난공불락처럼 보이는 숲이 울창한 산이다. 아직도 캄보디아의 울창한 삼림지대 중 특별히 동부지역에는 동남아에 가장 초기에 거주한 자들의 후손일지도 모르는 '산족' 사람들이 산다. 두 번째 의미심장한 광경은 고대 크마에 왕조의 황금기에 건설되었던 웅장한 복합 구조물이었지만, 지금은 그것을 잠식해 가는 녹색 정글 안에 자리 잡은 기념비적인 회-갈색 유적 더미인, 그 유명한 엉꼬 오왇Angkor Wat이다. 비행기는 어망들이 점처럼 박혀 있는 내륙의 거대한 바다와 같은 스와이 서리 호수를 지나, 쌉 강(똔레 쌉Tonle Sap)을 따라 남쪽으로 흘러가다 메꽁(똔레 메꽁Tonle Mekong)을 만난다. 저지대에는 어디에나 불규칙하게 생긴 논이 있고, 수로나 길, 마을들에 가로막힌 논둑은 모든 지역에 걸쳐 거미줄처럼 퍼져 있다. 마침내, 여행자가 프놈펜의 작고, 현대적인 공항에 착륙하면 따뜻하고, 습한 공기에 포위된다. 도시로 들어가는 동안, 녹색 야자수, 검은 옷을 입은 사람들, 유럽식 빌라, 기둥 위에 세워진 집(크마에식 주택)과 눈부신 태양이 뒤죽박죽인 인상을 준다.

지리

캄보디아는 내륙 동남아 반도에 있고, 크기는 약 180,000㎢ 정도로 미주리주와 그 크기가 비슷한, 상대적으로 작은 나라이다. 남서쪽으로는 타이만 쪽으로 바다와 접해 있으며, 나머지 방향은 다른 나라의 내륙과 접해 있다. 서쪽과 북서쪽은 태국, 북쪽은 라오스, 그리고 동쪽과 남동쪽은 베트남과 접해 있다(지도1 참조). 지형적으로는 얼추 그릇과 비슷한 모양을 하고 있다. 이 나라의 내륙 대부분은 평지이거나 해수면보다 그다지 높지 않은 구불구불한 저지대 평원이다. 이웃한 나라들로 접근할 수 있는 저지대 길이 있기는 하지만 그 평원들은 국경뿐만 아니라 자연적인 경계를 형성하는 고원이나 산에 가로막힌다(자세한 내용은 Marizon 1936, 15, 31;Zadrozny 1955, 57; Dobby 1960, 300~302, Delvert 1961, 15~21 참조). 이 풍경을 대각선으로 잘라내는 것이 두 개의 큰 강이다. 메꽁강은 캄보디아 동부를 통과하며, 똔레 쌉은 같은 이름을 가진 호수에서 출발해 서쪽에서 흐른다. 이 둘은 프놈뻰에서 만나서 다시 갈라진다. 그래서 이곳을 '짜똑목Chatomok'이라고 부른다. 똔레 쌉은 바싹 강(똔레 바싹Tonle Bassac)이 되어 다소 메꽁강과 평행을 이루며 베트남으로 흐른다. 다양한 여러 작은 강과 하천이 이 두 큰 강 주변으로 흐르는데, 이 모두는 고기잡이뿐 아니라 때로는 운송, 그리고 어떤 지역에서는 매년 정기적인 홍수를 통해 충적토를 제공하는 중요한 자원이다. 똔레 쌉 역시 고기잡이와 홍수로 중요하다(자세한 내용은 Morizon 1936, 35-45, Zadrozny 1955, 58, Dobby 1960, 301, Delvert 1961, 55 참조).

캄보디아는 위도 10~14도 사이에 위치하고, 열대성 기후라 일반적으로 덥고 습하다. 연간 기후는, 생활 리듬에 영향을 주는 두 개의 주요한 계절로 나눠진다. 대충 11월부터 4월까지(정확한 날짜는 지역에 따라 다르다)는 북서쪽에서 바람이 불어오는 건기이다. 12월과 1월은 비교적 선선하고 시원하므로 늦은 밤에 있는 의식이나 이른 아침에 일하는 마을 사람들은 몸을 덥힐 목적으로 작은 불을 피우거나, 목도리를 두르기도 하지만, 실제 온도는(섭씨

18도) 이하로 떨어지지 않고 보통 낮에도 21~26도 정도이다. 그러나 2월 이후에는 기온이 치솟아 4월과 5월에는 37~39도를 기록한다. 이때는 캄보디아 사람들도 더위에 지치고, 땅도 바짝 마른다. 5월쯤 바람이 남동풍으로 바뀌고, 11월까지 계속될 우기가 시작된다. 기온이 여전히 높기는 하지만, 땅과 사람 모두를 상쾌하게 해주는 강력하고, 자비로운 비가 거의 매일 내려 한 시간 이상 시원하게 해 준다. 우기의 정확한 날짜와 비의 양은 지역에 따라, 해마다 다르다. 그러나 예를 들어, 프놈펜의 연간 강수량은 121일간 내린 비로 55.8인치(141.7cm)를 기록했다(Dobby 1960, 290)(또한 Zadrozny 1955, 60-61; Delvert 1961, 35-49, 721도 참조).

  캄보디아 대부분은 원래 숲이었고, 여전히 나라 전체의 절반 정도 - 남서부 고지대와 캄보디아 중부 강변 지역 - 가 두터운 열대우림에 덮여 있다. 캄보디아 북부에는 국토의 1/3이 상록수와 낙엽수가 섞여 있는 이른 바 열린 숲으로 이루어져 있다. 나머지 지역은 짧은 풀과 사바나로 덮여 있다. 그러나 열린 숲과 초원 대부분은 농사를 위해 개간되었으며 이제는 논이나 채소밭, 다양한 식물 재배지로 대체되었다(Zadrozny 1955, 64-65; Delvert 1961. 114~161 참조).

역사

  캄보디아의 역사는 복잡하다. 자세한 설명은 전문 역사가들에게 맡겨두는 게 나을 것 같다. 여기서는 역사가들이 재구성할 수 있는 다양한 시기의 사회, 정치적 조직의 성격에 집중하기보다는 주요 역사적 시기에 대한 일반적인 개요만을 제시할 것이다.

선사 시대

캄보디아와 크마에 사람들의 선사 시대에 관해서는 사실상 알려진 것이 없다. (언어적으로 친족 관계인 몬족과 함께) 북쪽 어딘가에서 동남아 반도로 이주한 초기 크마에의 기원과 이동에 대해서 추측하는 정도에 그칠 뿐이다(Chassigneux 1929, 32~33; Olivier 1956, 6; Steinberg 1959, 37). 캄보디아 자체에 선사 시대 유적이 거의 없어[1] 초기 크마에 문화의 재구성은 동남아시아 다른 지역에 있는 유적들을 통해 추론해야 하고, (그 지역에 거주 중인) 현대종족 집단의 삶이 보여주는 시사점들에 많이 의존해야 한다. 그러한 증거들에 기반할 때, 기원전의 마지막 시대, 인도와 중국의 영향이 닿기 직전, 선사 크마에(그리고 동남아) 문화는 본질적으로 다음과 같다.(Coedès 1948, 25-26; 1953, 370-371; Briggs 1951.12~16; Linton 1955, 174-176; Giteou 1957, 5~11; Groslier 1957, 14) (a) 벼[2]와 여타 식물 재배가 주를 이루고, 어로나 사냥으로 부족한 식량을 보충했을 것이다. 가축화된 소, 물소, 그리고 아마도 돼지 - 돌, 대나무, 금속 도구, 도자기와 바구니 짜기를 포함하는 기술 - 기둥 위에 짓는 주택, 항해술, (b) 농업 노동을 관장하고, 종교적 의례를 주관하는 마을 이장 아래 상대적으로 자치적인 정치체로서 마을 내 정착 생활(기본적으로 해

---

1 캄보디아에는 세 곳의 신석기 유적지가 있다. 껌뽕 츠낭 주의 썸으롱 싸엔, 롱쁘라오, 껌뽕 톰 주의 멜로 쁘레이이다. 이에 대한 간략한 설명은 기토우Giteau(1957, 7-10), 브릭스(1951, 15-16), 버링Burling(1965a, 35-36)을 참조하라.
2 쎄데스는 습식 벼 재배가 실행되었다고 말하지만, 피셔Fisher(1964, 81)는 그것이 초기에 널리 퍼졌는지 의심스러워한다.

안 지역 또는 언덕이 경계를 이루는 강이나 골짜기 주변), (c) 사회적 관계를 구성하고 사회적 안정감을 제공하는 주요 요소로서의 친족[3], 족내혼 커뮤니티, 여성에게 존경받는 지위 부여, (d) 정령숭배, 조상 숭배, 땅의 신을 중심으로 세워진 종교 체계, 높이 올린 숭배 단, 항아리나 고인돌에 죽은 자를 매장, 산과 바다, 날개 달린 수중 생물, 해안과 산의 사람들 사이 신화 상의 이원론.

고대 왕국

캄보디아 역사의 그다음 시대는 광범위한 고고학적 유적, 크마에 비문, 중국 연대기, 마지막으로 유럽의 기록이 상대적으로 잘 조명하고 있다. 변화하는 경계, 세습 통치자, 수많은 사건을 가진 다양한 왕국의 다양하고 복잡한 배경으로 여기서는 특히 중요한 점에 관해서만 간략하게 설명할 것이다.[4]

현재 캄보디아 영토 지역에 세워진 최초의 국가는 서기 1세기경 성립한 푸논Funan(노꼬 프놈)이다. 그 주민들은 신체적, 언어적, 문화적으로 크마에와 유사했을 것이다. 그러나 크마에 종족은 지리적, 정치적으로 기원후 초기에는 이 지역에 아직 도달하지 않았다고 보는 것이 타당하고, 푸논의 북쪽에 자리 잡은 *쩬라*Chenla 왕국 구성원과 유사하다고 보는 것이 더 타당한 것 같다(이 시대에, 현

---

3 쩨데스는 친족체계가 모계였다고 본다. 참고로 린톤Linton은 양계제였을 것으로 본다.
4 캄보디아 고대사에 관한 자세한 설명은 르끌레어(1914), 쩨데스(1948), 브릭스(1951), 그로슬리(1957, 1958), 홀Hall(1964)을 참조하라. 이 저작들은 이 글에서 앙코르 멸망까지의 역사를 소개하는 자료로 사용되었다. 보다 최근 기간에 대해서는 르끌레어(1914), 로버퀴인Robequain(1944), 머카우Micaud(1949), 자드로즈니(1955), 기토우(1957), 허즈Herz(1958), 홀(1964), 캐디Cady(1964)를 참조하라.

재의 베트남 영토에 해당하는 동쪽에는, 짬 또는 참파 왕국이 있었다). 쩬라는 원래 푸논의 공국(조공을 바치는 나라)이었으나, 6세기 중반 지배적 지위를 확립하고, 남쪽으로 이동해 푸논을 정복하고, 참파를 몰아냈다. 그 권력이 최고조에 달했을 때, 쩬라 왕조는 그 국경을 현재 중국 영토까지 확장했다. 그러나 8세기, 내부 분열로 왕국은 둘로 나뉘었으며, 그 결과 인도네시아-말레이시아 지역 스리비자야 왕국에 정복당했다. 그러나 9세기에 들어 왕국이 재결합되고 토착 지배자가 다시 일어났다.

이러한 대략의 역사적 사실 뒤에는 '왕국'과 '제국'과 같은 용어가 암시하는 몇몇 결정적인 문화 발전이 자리 잡고 있다. 푸논과 쩬라 사람들은 원래 앞에서 묘사했던 '종족' 문화를 갖고 있었다. 그러나 서기 1세기를 전후해, 다른 중요한 변화들과 더불어 군주제 국가 단계 또는 조직으로의 변화가 일어났다. 그 발전을 기본적으로 자극한 것은 인도 문명의 영향이었다. 한 근거에 의하면, 푸논 왕국은 인도인 브라만과 토착 공주와의 결합으로 성립되었다. 브라만은 초자연적인 힘으로 공주를 위협하여 항복을 받아낸 후 그녀와 결혼했으며, 그녀의 발가벗은 몸을 옷으로 덮어주었다. 이 설화가 실제 역사적 근거가 있든 없든, 캄보디아 역사의 가장 중요한 측면 하나를 상징적으로 재현했다는 점에서 중요하다. 인도의 영향은 초기 크마에 문화를 형성하고 정교하게 하는 데 도움을 주었다. 서기 1세기경, 인도의 상인, 왕자, 사제, 여행자들이 교역, 재산, 또는 모험을 찾아 동남아로 모여들었다. 현지인과 결혼하거나 지속적인 교역 관계를 맺고, 브라만이 토착 지배자의 자문으로 활동하면서 인도의 위대한 전통이 갖는 다양한 요소들이 토착민에게 전파되었다.[5] 또한, 크마에와 다른 동남아인들도 인도로 여행했다. 그런 상호 작용을 통해, 토착민들이 받아들인 가장 중요한 문화 형태는 우월한 군주가 다스리는 중앙집권화된 정부, 행정 조직, 성문화된 법률 시스템을 갖춘 국가 또는 왕국 개념이었다. 쎄데스(1953, 374)는 그러한 정치 구조를 받아들인 것은 두 가지 주요한 요인 때문이라고 제시했다. 첫째, 특정 활동(예: 관개수로 건설)을 실행하는 데는 지역 마을 단위를 넘어서는 집단적 노력과 중앙에 집중된 권력이 필요했고,[6] 둘째, 이전의 자치 공동체가 더 큰 단위를 의식하게 되면서 추장(우두머리)의 역할은 왕의 역할로 쉽게 전환되었다.

이 정치 조직의 변화는 사회구조의 결정적인 변화를 가져왔다. 군주제 국가는 지배자와 피지배자, 귀족과 평민, 행정 중심지와 시골, 다양한 비농업 전문가들과 식량 생산자들 사이 차별화를 내포한다. 그래서 농민이 도시화된 중심지의 엘리트 그룹과 중요한 경제적, 정치적, 사회적 유대를 가진 국가의 농업 부문으로 간주된다면, 같은 기간 동안 인구의 대다수는 농민으로 변모한다(Wolf 1966, 11). 인도의 엄격한 카스트 전통은 크마에 문화에 전혀 전파되지 않았다. 그러나 종족 사회의 기본적으로 평등한 사회구조는 다소 잘 정의된 사회 계급, 계층 질서, 직업적 차이와 도시민과 시골 주민 사이의 구별과 같은 시스템에 자리를 내주었다.

푸논과 그 이후 기간, 인도가 자극한 또 다른 중요한 문화적 특성

---

5 동남아시아에서 인도화가 수행된 주요 수단에 관한 다양한 이론이 있다. 이것에 관해서는 쎄데스(1953, 372-73), 홀(1964, 2장)을 참조하라.
6 피셔(1964, 93-94)는 동남아에 대한 위트포겔Wittfogel의 수력 작업과 오리엔탈 전제주의 개념을 논하면서 이 지역의 "전제적" 특징은 수력학적 전제주의의 진정한 토착 사례라기보다는 위트포겔이 인도와 중국의 "제도적 이전"이라고 부르는 것에 더 가깝다고 결론지었다.

은 다음 예들에서 잘 드러난다. 인도의 법률 시스템은 토착 법률을 성문화할 수 있는 모델을 제공했다. (시바교, 비슈누교, 그에 수반된 우주론, 신화, 의식의 요소들을 포함한) 힌두교는 초기 제국의 공식적인 왕실 종교였고, 예술, 문학, 드라마, 건축에 영향을 미쳤다. 크마에 문자 체계는 원래 인도에서 기원한 것이고, 그 언어도 산스크리트어와 팔리어에서 단어를 빌렸다.

여러분은 단순하게 관찰된 이 사실로 인도의 문명화 행동의 전체적인 중요성을 가늠할 수 있다. 신체적 특성에 있어서 캄보디아 농부는 프눙Phnong족과 거의 다르지 않다… 그러나 프눙족은… 여전히 종족 조직 단계에 머물러 있다. 그들은 구전된 관습에 따라 분쟁을 해결하고, 각각 종족별로 그 요소가 다른 단순한 애니미즘 종교를 갖고 있다. 그들의 우주론은 초보적이다. 그들은 자신의 언어를 표현할 문자 체계를 갖고 있지 않다. 반면 가장 적게 변한 캄보디아인이라도 강력하게 계층적인 국가 조직에 갇혀 있다. 그는 성문법에 따라 판결하는 법원의 관할권 아래 있다. 그는 도그마와 우주론, 그리고 아시아 인문학의 상당 부분에 대한 일관된 견해를 지닌 종교를 열렬히 실천한다. 마지막으로 그들은 방대한 문헌에 접근할 수 있게 하고, 멀리 떨어져 있는 그의 동료들과 소통할 수 있는 문자 체계를 사용한다. 그들이 인도에 빚진 모든 것과 이 진술을 다소 간략하게 요약하자면, 캄보디아인은 힌두화된 프눙족이라고 말할 수 있다(쎄데스 1948, 3; 저자 역).

그러나 크마에가 단순하고 독창성 없이 인도를 흉내 낸 것은 아니라는 점은 강조되어야 한다. 대부분 영역에서 인도는 토착문화가 그것을 그들 특유의 방법으로 활용하거나 발전시킬 수 있는 틀이나 모델을 제공했다. 캄보디아 문화의 다양한 측면의 최종 형태와 스타일은 인도를 연상시킬 수도 있지만, 그 자체로도 꽤 독특하다.

초기의 왕국들은 동쪽에 있는 또 다른 위대한 문명, 중국과도 접촉이 있었다. 중국 여행자들, 교역상들, 사신들은 매우 이른 시기에 이 지역에 당도했고, 수많은 크마에 왕조가 중국 지배자에게 조공을 바쳤다. 그러나 중국 문화가 크마에에 미친 영향은 인도의 좀 더 압도적인 영향에 비해 제한적이었다. 의식과 예술, 일부 달력 시스템, 의복의 일부 측면 등의 몇몇 항목은 중국의 영향으로 볼 수 있다. 그러나 캄보디아는 중국화 된 문화를 보여주는 베트남과 달리 근본적으로 인도화 된 채로 남아 있다.

9세기에 크마에는 수 세기 동안 화려한 문화적 전성기를 이룬 엉꼬Angkor라 불리는 시대의 문을 열었다(802~1432 A.D).[7] 현재 캄뿌자데싸Kambujadesa[8]라고 부르는 크마에 제국은 현 캄보디아와 태국, 베트남, 라오스, 버마, 그리고 운남성 일부를 포함하는 동남아 반도 전역으로 그 세력을 확장했다. 그 유명한 엉꼬 유적과 그 장엄한 사원, 왕궁, 도서관, 저수지, 관개 시스템 등은 그 문화의 발전과 정교함의 최절정을 사실감 있게 보여준다. 또한, 13세기 후반 엉꼬에 외교 사절로 온 주달관이 쓴 진랍풍토기에는 무엇보다도 군인, 음악인, 양초와 금은으로 된 왕실 도구를 들고 있는 수

---

[7] 이 시대를 포함한 시대의 이름, 연도는 브릭스 1951에서 가져왔다.
[8] '깜부자'라는 용어는 쩬라 시대 크마에 왕실 계보의 시조라고 생각되는 '깜부'에서 온 것이다. '깜부자'는 '깜부의 아들들'이며, '깜부자데싸'는 '깜부자의 나라'로 번역된다.

백 명의 궁인, 금으로 된 파라솔을 든 시종을 대동한 코끼리를 탄 장관과 왕자들, 가마와 수레를 탄 왕의 비/후궁, 상아를 금으로 씌운 코끼리 위에 서 있는 왕의 행렬이 묘사되어 있다(Pelliot 1951, 34-35).

간단히 말해, 다음 그림이 엉꼬 시대 캄보디아를 잘 보여준다. 제국은 신의 현신이라고 믿어지는 신왕god-king(엉꼬 시대 초기에 소개된 개념)이 다스렸다. 이 이념은 왕권의 신적 본질이 위치한 링감(링가: 시바의 상징)을 숭배하는 공식적인 국가 종교와 관련되어 있다(Heine-Geldern 1956, 6-7 참조). 군주는 적어도 이론적으로는 모든 토지와 사람들에 대해 절대적인 권력을 갖는다. 왕 아래에 귀족, 사제, 다양한 각각 다른 위계의 시민, 군부의 관료들, 평민, 전쟁 포로나, 종족 집단들에서 포로로 잡혀 온 노예가 자리 잡았다. 왕실과 사제 계보에서는 족내혼 경향이 약간 있었지만, 사회적 계층 시스템에서 그들은 근본적으로 카스트라기보다는 계급 중 하나였다. 그러나 특정한 계급 및 위계와 관련된 명확한 권리와 지위의 상징이 있었다(예를 들어, 특정 종류의 의복이나 주택은 일반 대중에게는 금지되어 있었다).

크마에 왕들에게는 등극과 더불어 새로운 수도를 건설하거나 정치적이거나 군사적인 이유로 수도의 위치를 바꾸는 것이 드문 일이 아니었다. 다양한 인구가 거주했던 넓고 복잡한 이러한 수도들은 크마에 고대의 도시들로 여겨진다.[9] 엉꼬 톰Angkor Thom과 그

---

9 코(1961)는 이러한 수도들이 진정한 도시가 아니라 컬트(숭배) 중심지라고 생각했다. 또한 피셔(1964, 86)도 도시화 정도를 과장하면 안된다고 주장했다. 그러나 울프(1966, 11)가 지적한 것처럼, 여러 종류의 도시가 있고, 농민을 정의하는 데 있어서 더 중요한 점은 경작자가 통합되는 중앙집권적 권력을 가진 국가의 존재이다.

근교는 중세 유럽의 어느 성곽 도시보다 넓고, 네로 시대 로마보다도 크다고 한다(Briggs, 1951, 219). 수도는 원래 종교와 행정의 중심지였다. 도시는 제국의 상징적이고 신비한 중심지이자, 왕궁이나 사원을 중심으로 한 우주의 축소판으로(Heine-Geiden 1956, 3), 정부의 보금자리이자 귀족과 주요한 관료들의 거주지로 역할을 했다. 그 근교 역시 시장과 평민들(직공, 상인, 농민 등)의 거주지로 포함되었다. 흥미로운 것은 이 수도가 시간의 변화, 왕권의 교체에 따라 각각 다른 지역에 존재했다는 사실이다. 따라서, 다양한 지역의 농민들은 시간대가 바뀌면서 도시 중심과 지리적으로 더 가까워지거나 멀어졌고, 이는 엘리트 그룹과의 유대감의 정도에 영향을 미치는 요인이었을 것이다.

이 시대에 대한 자료 그 자체에는 농민에 대한 정보가 그다지 많지 않지만, 인구의 상당 부분이 농업이나 어업(때에 따라서는 삼림 자원 채취)에 종사했을 것으로 추정할 수 있다. 엉꼬에는 1년 2모작에서 심지어 4모작까지 할 수 있고, 교통로로 쓰이기도 한, 인상적이고 광범위한 관개 시스템이 있었다(자세한 내용은 특히 Grosliter 1957, 24-25, 1958〈 108-112, 표Ⅶ 참조). 주달관도 논, 쟁기, 낫, 괭이의 사용에 관해 언급했다.[10] 게다가, 똔레 쌉은 물고기가 많기로 유명하다. 중국 사신은 쌀이나 다른 곡물, 의류, 은과 금을 포함한 다양한 교환 물품을 사용하는 매일 시장(점포는

---

10 R. L. 펜들턴(Fisher 1964, 82에서 인용)은 앙코르의 관개 시설이 닿지 않는 저지대에서 이동 경작이 여전히 이루어지고 있다고 제안한다. 이것이 사실일 수도 있지만, 펜들턴은 아마도 현대 캄보디아 전역에서 흔히 볼 수 있는 강우량을 기반으로 한 쌀 농업의 가능성을 간과했을 것이다. 또한 그로슬러(1958, 118)는 앙코르의 관개 시스템이 악화된 후에 경작의 변화가 일어났다고 제안했다.

없지만, 돗자리에 물건을 늘어놓는 좌판)에 관해서도 이야기했다. 또, 그는 중국인 무역상이 있었다는 이야기도 했다. 코coe(1961)는 열악한 운송 수단과 (쌀이 어디서나 주된 생산물이었지만) 작물이 지역적으로 다양하지 않아 지역 간 교역은 매우 제한적이었겠지만, 몇몇 농산물은 생계와 세금뿐만 아니라 교역에도 사용되었다고 추측할 수 있다. 외국과의 교역에서는 주로 사치품을 취급했던 것으로 보인다.

평민들은 행정 중심지 주변이나 배후지에 있는 (기와를 사용하는 것이 금지되어 있었기 때문에) 초가집에 살았다. 주달관은 한 마을, 또는 여러 마을이 어떤 관료의 관리 아래 있다고 말했지만, 이 지위의 성격을 명확하게 밝히지는 않았다.[11] 마을 이장이나 위원회가 있었을 가능성이 있고, 공동체가 보호자, 판사, 세리, 부역 노동을 시키는 사람 역할을 하는 중앙 행정부와 연결된 귀족이나 관료의 권위 아래 있었을 가능성이 없지 않다. 사원을 지탱하기 위해 할당된 마을도 있었다. 의심할 여지 없이, 농부들은 최소한의 영향력을 가졌으며, 주로 윗사람들에 따라 행동했으며, 음식, 공예품, 노동력과 충성을 국가와 신에게 바쳤다.

종교와 관련 농민들은 적어도 명목상으로는, 그게 뭐든 지배자가 공식적인 국가의 신앙으로 삼은 것을 섬겨야 했다. 사실, 대중은 왕의 신성을 믿었을 것이다. 그러나 좀 더 밀교적인 측면을 가진

---

11 울프의 용어(1966, 50ff, 이 용어는 분명 막스 베버에서 파생된 것이다)로 이것은 아마도 전 벤달(전벤달리즘 Pre-bendalism)은 선출직 공무원과 공무원이 정부 수입의 일부를 받을 권리가 있다고 느끼고 이를 지지자, 공동 종교인, 인종 집단 구성원에게 이익을 주기 위해 사용하는 정치 시스템- 역자 주) 이거나, 또는 세습적 영역 시스템이었을 것이다.

힌두, 대승불교 교리와 우주관은 지식인과 엘리트에게만 알려졌을 가능성이 크고, 일반인들의 일상생활에서는 민속 종교가 더 우세했다(Coedès 1954, 831). 그러나 13세기 말, 주달관은 모든 사람이 불교도(그의 묘사에 의하면, 상좌부불교도)였다고 말했고, 이 종교는 깊고 넓게 사람들 사이에 퍼지는 데 성공했다.[12]

대중이 갑자기 주목받기 시작한 것은 15세기 고대 크마에 제국이 급속하게 쇠퇴한 원인에 대해 역사가들이 추측할 때였다. 태국이 강력한 힘을 가지게 되었고, 크마에의 적이 되었으며, 마지막으로 앙꼬르를 포위한 1430~1431년은 일반적으로 크마에 왕국과 그 영광이 몰락한 해로 여겨진다. 그러나 이 사건 아래에는 다양한 이론을 따라 이제부터 언급할 다른 요소들이 놓여 있다. 첫째, 수 세기 동안 수없이 많은 기념비적인 건축물을 건축하기 위한 부역 노동에 지친 대중들은 외국의 압력에도 거의 저항하지 않을 정도로 무관심해졌고, 기존 힌두와 대승불교 신들에 대해 환멸에 빠졌다.

> 사람들이 침략에 강하게 반발했다는 증거는 없다. 아마도 그들은 그것을 구원이라고 생각해 감사와 경의를 표했을 것이다. 그들은 이 거대한 건축물에 필요한 노동력을 제공한 것뿐만 아니라… 몇 세기 동안의 이 정권이 끝났을 때, 사원의 예복을 입은 이 제국의 땅에 뿌려진 무수한 성소들에 대한 서비스와 물품을 공급하기 위한 노동 인구가 절대적으로 감소했을 것임은 의심할 여지가 없다. 의심할 여지 없이 이 탐욕스러운 신, 노예의 주인, 십일

---

12 주달관의 앙코르 캄보디아 생활에 대한 자세한 설명은 펠리엇(1951)을 참조하라. 또한 그로슬러(1957, 163~64)는 이 기간의 일상생활에 대한 간단한(그리고 다소 이상화된) 재구성을 제시한다.

조(이건 세금 개념) 징수자들의 대의를 수호하는 데 아무런 관심이 없었다. 그리고 이 분노한 농민들이 체계적으로 사원을 파괴했다는 설도 불가능한 것만은 아니다(Louis Finot, 'Les tudes indochinoises,' Bulletin de l'Ecole Francaise d'Extreme-Orient 8, 233~234,1908, Briggs 재인용, 1951, 260)

둘째, 앞에 언급한 요인의 필연적인 결과로 단순한 교리, 평등주의적 외양, 선행과 사람들과 접촉에 전념하는 사제와 같이 특별히 평민들에게 호소력이 있는 상좌부불교로 점진적인 개종이 진행되었다. 셋째, 태국에 영토를 빼앗기면서 크마에는 많은 세입과 노동력을 잃었고, 더 이상 거대한 건축을 할 수 없게 되었다. 넷째, 태국이 위대한 전통의 주역이자 위대한 예술적, 지적 성취를 가져왔던 엉꼬의 엘리트와 지식인을 끌고 가거나, 죽이면서 더 이상 주목할 만한 예술, 건축, 문학 등 주목할 만한 성취를 이룰 수 없었다. 마지막으로, 중앙 권력이 약해지면서, 광범위한 관개 시설이 황폐해졌고, 왕국의 주된 경제적 토대가 파괴되었다. 이는 인구 감소(전쟁에서의 사망, 또는 태국 포로와는 별개로)와 토양의 비옥도를 감소시키는 이동 경작(화전 농작 등)으로의 복귀를 동반했다.[13] (앞의 내용은 주로 Beiggs 1951, 258~260과 Groslier 1958, 108-121에서 가져왔다)

---

13 피셔(1964, 115)는 비슷한 맥락에서 경작 방식 변경(앙코르의 관개 작업 범위를 넘어서 계속 실행된 것으로 추정)이 토양 침식과 빈곤을 초래하여 식량 공급이 감소했다고 추측한다. 그는 더 나아가 토양 침식이 수자원을 막고 지금까지 말라리아가 없었던 지역에 말라리아를 번식시키는 늪을 만들었을 수도 있다고 제안한다.

유럽과의 접촉 전 시대

과도기라고 부를 수 있는 1431년에서 1864년까지 캄보디아는 일종의 절박한 상태에 빠져 있었다. 나라는 불안정한 정치적 자율성을 유지하는 데 큰 힘을 쏟았다. 이웃한 태국과 안남(남베트남)은 이전 크마에 영토였던 지역을 점차 흡수했고, 때로는 그들의 꼭두각시를 크마에 왕좌에 올려놓는 공격적인 권력이 되었다. 유럽인들은 무역과 식민지에 관한 관심을 가지고 점점 더 동남아시아에 진출하기 시작했고, 몇몇 경우, 캄보디아의 저항에 부딪혔다. 프랑스와의 관계(다음 절 참조)는 이러한 방식으로 이뤄졌다. 그러나 일반적으로 캄보디아 문화는 더 이상의 놀라운 문화적 정교함은 없었지만, 그 명맥은 계속 이어졌다.

캄보디아 사회와 문화에 대한 몇몇 세부적인 해설은 19세기 말, 학문에 관심을 가진 프랑스 관료들의 저작에 기록되어 있다(특히 에이모니어[1900] 와 르끌레어의 다양한 연구들). 이런 연구들은 프랑스 보호령이 이미 시작된 이후에 생산되었지만, 그 중 많은 정보는 이전 세기에도 적용할 수 있다. 대체로 그 장면들은 주달관이 13세기에 쓴 것과 실질적으로 다르지 않다. 그래서 광범위한 서구와의 접촉 이전 토착 크마에 사회의 더 많은 세세한 설명을 제공하기 위해, 19세기 크마에 사회의 층위에 대한 에이모니어의 기술에 대한 간략한 설명(특히 1900년 3장과 4장을 보라)이 여기서 엉꼬 사회조직에 대한 논의의 보조자료로 제시될 것이다.

프랑스 보호령 이전의 사회-정치적 구조는 기본적으로 세 개의 계층으로 나눌 수 있다. (1) 왕족, 고위 관료, 왕실 사제들, (2) 자유평민, 그리고 (3) 노예들. 가장 높은 계급은 다음과 같이 구성되어 있다. (a) 왕은 절대적인 군주이다. (힌두 교리상 화신(化神)으로서든, 상좌부불교에서 전생에 쌓은 공덕 때문에 그 자리에 태어났든) 그의 지위가 갖는 신성한 권리에 대한 믿음에 따라 그의 권위가 인정되었다. 그는 국가의 상징과 화신일 뿐만 아니라, 사실상 최고 입법자, 판사, 토지의 주인, 인민의 주인, 종교 수호자의 권한을 가진 국가의 근원이었다. 이론상 그의 의지는 자신의 양심과 왕으로서의 행위와 의무에 관한 힌두교와 불교의 법을 지킴으로써 제한되었다. 실제로는 강력한 영주나 관료, 왕실 내 음모, 대중의 의견에 따라 감소하였다. (b) 왕가는 왕의 5대손까지를 포함했다. 이들은 (면세와 부역 면제를 포함하는) 특권을 가졌고, 왕이 그들을 공적인 지위에 앉힐 수도 있었다. 5대손 이상의 자손들은, 엄밀히 말하면 더 이상 왕가의 구성원이 아님에도 불구하고, 세금과 부역을 면제받고, 그들의 우두머리와 함께 다소 뚜렷한 집단을 구성했다. (c) 바꾸Baku는 왕실의 중요한 의례를 책임지는 소수의 특별한 사제들로 자신들이 인도 브라만의 후예라고 주장하는 집단이다. 그들은 왕이 왕자 없이 승하했을 때 권좌에 오를 수 있고, 세금과 부역을 면제받았다. (d) 정부 관리들은 그들의 직함과 책무의 정도에 따라 등급이 매겨진 계층으로 구성되어 있다. 가장 중요한 지위는 5명의 최고 장관(총리, 법무부 장관, 궁전, 창고, 재무부 장관, 해군, 해운 장관, 전쟁 및 육상교통 장관)과 주지사들이다. 그들은 법령의 전달과 집행, 세금 징수와 부역 노동 부과, 분쟁 판결과 같은 행정 업무에 대해 일차적으로 책임진다. 실제로는 하급 지방 공무원, 지방의 면장 같은 부하 직원들이 많은 부분을 책임지지만 말이다. 이러한 관리들은 자유 평민 중에서 선택했고, 왕이 장관과 주지사들을 지명하면, 그들이 자신의 수하를 지명했다. 이론적으로는, 모든 자유민이(심지어, 노예들도) 이 지위에 오를 수 있었고,

승계는 혈통과 가문을 따르지 않는다. 그러나 실제로, 정부 직책, 특히 중요한 것들은, 좀 더 잘 교육받은, 왕실이나 엘리트와 연줄이 있는 사람에게 돌아갔다. 따라서 고관은 그 내부에서 태어났고, 하층 계급 역시 그렇다. 이 관리들은 부역과 생산과 수입을 제외한 개인 세금을 면제받았다. 총리와 주지사는 그들이 거둔 세입에서 약간의 부수입을 얻었다. 지방관은 또는 민중으로부터 거둔 세금의 일정 부분을 가져가기도 했다.

두 번째 주요한 계층인 자유 평민은 농민으로 구성되었다. 그들은 실로 왕실과 민족을 지탱하는 이들이었다. 그들은 이론적으로는 왕이나 다른 권력자들의 불의에 불평할 권리가 있다고 하지만, 상층 권력이 이장과 면장을 포함한 관리를 지명할 때, 그들은 정부의 일이나 법률의 실행에 어떠한 실질적인 목소리도 내지 않았다. 그들은 또한 다양한 조세와 부역을 책임져야 했다. 그들은 매년 90일간의 부역을 져야 했고, 전쟁 기간에는 18세에서 50세까지의 모든 신체 건장한 남성이 무기한 군역을 져야 했다. 그리고 (특히 쌀) 생산의 10%를 세금으로 내야 했고,[14] 개인적인 수입에 대한 세금도 내야 했다. (다른 부차적인 징수도 있었는데, 예를 들면 톤레쌉에서 물고기를 잡을 때 쓰는 그물, 농사지을 강둑 밭 임대료, 산림 개간과 생산 등이 그것이다). 이러한 세금 수입이나 산물들은 이러한 세금이 수입의 주요한 부분을 차지하는 왕의 재무부나 창고, 지방관, 그리고 다양한 하급 관료들(예를 들어 왕실 곡물 창고장,

---

14 실제로 쌀에 부과되는 세금은 그보다 많은데, 그 이유는 수확량의 10분의 1이 왕에게 특별히 바쳐졌고, 다른 관료들에게 돌아갈 고정세 또는 비례세, 예상되는 손실 및 저장상의 낭비 등이 있었기 때문이다. 쌀을 수출할 때도 세금이 부과되었다.

지방 하급 관리, 세리 등)에게 분배되었다. 실로, 왕은 농민과 관리들에게서 거둔 전체 수입과 양식 등을 재무부나 창고에 두었다.

농민들은 최소한의 권리만 갖는다. 첫째, 왕이 모든 토지의 궁극적인 주인이라 할지라도, 사용되지 않거나, 3년 이상 경작되지 않은 땅에 대해서는 어떠한 공적인 범위에서든 사용권을 갖는다. 그러한 토지에 대한 3년 이상의 지속적인 사용권은 독점적 경작권, 상속, 증여, 매매, 임대권, 가상의 개인적 소유권이 성립된다.[15] 이러한 시스템은 분명 왕에게 이익이 되는데, 쓸모없는 토지가 생산적인 것이 되고, 그는 그 산물의 일부를 받기 때문이다. 그러한 토지는 또한 이전에는 사람들이 살지 않던 영토로 인구가 팽창하는 초기에 적합하다. 그러나 기름진 강둑 토지들은 왕실 영토의 일부이고, 왕의 노예들이 경작하거나 임대했다. 둘째, 평민은 귀족이나 고관 중에서 보호자를 선택할 권리뿐만 아니라 의무 또한 지게 된다. 후견인은 그의 수혜자를 보호하고, 소송 과정에서 그들을 대표해야 하며, 어려운 시기에 도움을 줘야 하고, 세금 징수에서 불의가 발생하지 않도록 해야 하며, 그들의 불평을 적절한 권력자에게 전달할 의무 등을 지고 있다. 그는 또한 세금을 안전하게 징수하고 부역, 군역 부과를 책임지는 행정 대리인 역할을 한다. 반대로, 수혜자는 순종, 복종, 간헐적인 서비스와 선물을 그 보호자에게 바쳐야 한다. 평민은 또한 그에게 명성과 특권을 주고, 내전이 일어났을 때, 그를 보호하는 강력한 사병 역할을 한다. 이론적으로, 이것

---

15 왕의 토지 소유권이 본질적으로 상징적일 뿐인지 아닌지, 개인 및 사유재산이 이 용익권 제도에서 항상 효과적으로 존재했는지에 대해 프랑스 학자들 사이에 약간의 논란이 있다. 브루엘 Bruel(1924), 모리존 Morizon(1934), 클라인피터 Kleinpeter(1937), 리클립스 Ricklefs(1967)를 참조하라.

은 호혜적인 권리와 의무의 자애로운 결합으로 보인다. 실제로는, 후견인의 기본적인 충성은 그들의 수혜자들보다는 국가나 그들 자신에게로 향하고, 후자는 전자에게 받은 것보다 더 많은 것을 바친다. 이 시스템이 정부 행정(예, 세금 징수)에 도움이 되는 동시에, (때로 고의로 후원을 약화하려고 시도한) 지방 관리의 권한을 줄임으로써 이 시스템과 상충한다는 점이 흥미롭다. 언제 이 후원이 시작되었는지, 그리고 그것이 고대 왕국에서 얼마나 중요했는지는 불분명하지만, 19세기 말기, 후원자는 힘을 잃었고, 대부분 단순한 세금 징수자가 되었다.

마지막으로, 가장 낮은 계층인 노예들은 크게 두 부류로 나눠진다. 채무자는 이자가 원금과 같게 되면 일시적으로 채권자의 노예가 된다. 그 빚을 다 갚아야 자유를 얻을 수 있었다. 영구적인 노예는 다양한 방법으로 충원되었다. 부족민 포로, 전쟁포로와 그 후손들, 부모가 노예로 판 개인들, 범죄자들(과 때로는 그들의 가족과 후손들까지), 기형인들이 여기에 해당한다. 노예라도 가질 수 있는 권리를 설명한 많은 법이 있었고, 억압은 지나치게 가혹하지는 않았다. 두 유형의 노예제는 19세기 말에 폐지되었다.

프랑스 보호령 시대

1864년, 캄보디아는 침략을 방어할 도움을 얻는 대가로 국내외 문제를 다룰 특정한 권리와 권력을 넘기고 프랑스 보호령이 되었다. 캄보디아, 라오스, 안남과 통킨(현 남/북 베트남)은 프랑스령 인도-차이나를 형성했다. 이어지는 85년간의 프랑스 정권하에서, 많은 정치적, 경제적, 사회적 변화가 **도입되었다**. 그러나 특히 농민 문화의 대부분은 널리 근본적으로 **변화되지** 않은 것으로 보인다. 엉꼬 부조에 새겨진 일상생활과 심지어 현대 캄보디아 마을에서 보이는 장면 사이의 유사성은 수 세기 동안 상당한 연속성을 갖고 있음을 보여준다. 그동안 발생한 변화는 질적이라기보다는 양적인 것으로 보인다. 많은 전통적인 형태와 가치의 중요한 변화는 중앙정부와 엘리트, 지식인 사이에서 일어났다. 그러나 농민은 아마도 그것을 고대 왕국의 왕조 변화와는 다른, 지배 그룹의 몇몇 단순한 변화 정도로 보았을 것이다. 프랑스의 관료는 상대적으로 그 수가 적었고, 마을 사람들은 기본적으로 그들에게 냉담하고 보통은 무시했다. 그러나 농민 수준에서 약간의 영향을 미칠 수 있는 (아래에 설명할) 몇몇 혁신이 있었다.

정치 영역에서, 권력은 토착 군주에서 프랑스 식민정부 권위 아래 있는 프랑스 총독에게로 이동했다. 왕의 공적 기능과 권력은 최소화되었지만, 백성들 사이에서 그는 상징적으로 엄청난 중요성과 인기를 유지했다. 중앙정부의 다른 변화 중에는 몇몇 행정 구조의 개편, 입법부 조직, 법규 개정 및 재정 시스템 수정 등이 있다. 기존 토착 행정 조직과 인력의 원칙 대부분은 유지되었지만, (일부 변경 및 권한 축소에도 불구하고) 이것은 실제 간접 통치 체계는 아니었다. 토착 관리들은 프랑스의 식민지부와 프랑스 중앙정부에 의해 통제받는 프랑스 지역 관료들에게 완전히 복종했다.

다소나마 농민에게 직접 영향을 미친 정치적 조직상의 변화는 다음과 같다. (a) 스록(srok, 군)은 영토 단위를 좀 더 선명하게 정의하기 위해 쿰(khum, 면)으로 나뉘었다. 그러나 면은 주민이 직접 선출할 수 있는 자리이긴 하지만, 주민들이 상대해야 할 또 하나의 공무원을 제공하는 것에 불과란 인위적인 조직이었다. 이장도 현재는 선출된다. (b) 쿰 제도뿐만 아니라, 관료전(영지)의 폐지는 농민이 개인적인 보호자보다는 중앙정부를 바라보게 하려는 정부의 시도였다. (c) 과세가 좀 더 규칙적으로 이루어졌고, 돈이 왕실 창고나 관리 개인보다는 중앙정부로 전달되었다. (d) 법률 위반에 대한 처벌이 경감되었고, 모든 형태의 (종종 많은 농민을 포함하는) 노예제가 폐지되었다.

경제적인 영역에서 프랑스는 기본적으로 캄보디아를 다양한 천연 산물들의 보고인 농업 국가로 유지했다. 프랑스가 (예를 들어, 수출을 늘리고, 운송 시설을 대폭 개선해) 특정한 경제 부문을 개선하고, 경제적 확장을 추구했지만, 인도차이나를 프랑스 제조 상품의 시장으로 유지해야 했기 때문에, 산업화는 장려되지 않았다(Micaud 1949, 224). 따라서 이전보다 곡물 국내 판매나 수출이 더 가능해지고 빈번해졌지만, 농민 경제체제는 대체로 변하지 않은 채 유지되었다.

다른 변화도 마을 사람들에게 영향을 미쳤다. (a) 프랑스는 왕이 모든 땅의 궁극적인 소유자라는 고대의 전통을 철회하고, 공식적으로 사유재산의 탄생을 입법화했다. 토지 소유권의 중요성은 앞서 언급한 생산물에 대한 세금에서 토지 자체에 대한 세금으로의 전환뿐만 아니라 토지 보유를 등록하는 지적 시스템(많은 농민이 여전히 세금을 피하고자 모든 소유를 인정하지 않았다)의 구축으로 더욱 커졌다. (b) 농업, 임업, 축산업을 강화하고 개선하기 위한 많은 서비스(예, 농업학교와 실험장, 수의학 서비스, 산림 서비스)가 만들어졌지만, 지역 수준에서 실제적이거나 광범위한 영향은 거의 없었던 것으로 보인다. 동물 전염병은 줄어들었지만, 전통적인 기술과 작물이 재배에 계속 사용되었다. 실제로 다양한 작물 생산이 증가했으며, 고무와 같은 품목의 경우, 프랑스의 자극 때문이었을 것이다. 그러나 매년 수확하는 쌀의 양이 늘어나는 것은 인구 증가와 토지 개간이 그 이유 중 일부일 수 있다. 정부는 더 많을 토지를 사용할 수 있도록 수로를 파도록 장려함으로써 밭 경작자들에게 이익을 주었다(Delvert 1961, 391). 또한, 농민이 중국 상인이나 대부업자로부터 돈을 빌리는 것을 줄이기 위해서 1933년 신용 프로그램이 도입되었지만, 아주 최근까지 정부 신용 기구가 그다지 널리 퍼진 것 같지는 않다. (c) 예술학교의 탄생은 사실상 사람들의 무관심 속에서 사라져간 다양한 공예품을 되살렸다. 따라서 몇몇 농민들은 파트-타임 또는 전업 장인이 되었다.

프랑스가 농민들에게 다양하게 영향을 미친 변화나 혁신을 가져온 다른 영역들도 있다. (a) 도로와 철도, 우편과 전신 등의 건설을 통해 통신과 교통이 비약적으로 개선되었다. 그러한 상호 작용이 제2차 세계대전 이후에만 상당히 증가한 것으로 보이지만, 이는 마을 사이의 통신과 여행이 훨씬 더 원활해졌다는 것을 의미한다. (b) 교육 시설 확충으로 더 많은 사람이 공부할 수 있게 되었고, 중등이나 기술학교에서 고등 교육이나 전문 교육받을 기회와 전통적인 교육 과정이 확장되었다는 것을 의미했다. 그러나 얼마나 많은 농민(특히 여성)이 이 확대된 교육 기회를 활용할 수 있었는지는 불확실하다. (c) 일부 보건 시설의 개선(광범위한 예방 접종)은 전염병을 억제하고, 농민의 수명을 늘리는 데 도움을 주었다.

토착 사회구조는 노예제 폐지를 제외하고는 최상층과 하층에서 본질적으로 같게 유지되었다. 엘리트와 농민은 계속해서 자기충족적이고, 자기 영속적인(그 안에서 계속해서 충원되는) 집단이고, 한 계층에서 다른 계층으로의 이동이 눈에 띄게 증가하지는 않았다. 상류층은 프랑스의 위대한 전통이라고 불리는 것의 영향을 받아 유럽의 가치와 생활 스타일을 익혔다. 그러나 그들은 여전히 특권과 명성을 유지했으며, 기본적으로는 대중에게 냉담했고, 여가생활이나 정부 고위직 근무에 전념했다.

그러나 새로운 중산층에는 몇몇 발전이 있었다. 보호령 이전에 등장하기 시작했을지도 모르지만, 식민 통치 기간 중산층은 더 완전한 발전을 이루었다. 프랑스 아래, 많은 상업적, 전문적, 여타 화이트칼라 직종이 새로 만들어지거나 증가했고, 점차 그들 자체의 계층을 형성했다(의지가 있거나 자격을 갖춘 크마에의 부재로 기본적으로 중국인과 기타 소수자들이 이 계층을 점유했다). 이 새로운 계층이 사회계층 체계에 추가된 것이 농민에게 즉각적인 영향을 미치지는 않았지만, 새로운 이동 가능성을 열었다. 이제 마을 사람들과 엘리트 사이 격차를 해소하는 데 필요한 거대한 도약 대신 농민들이 훨씬 더 쉽게 이동할 수 있는 좀 더 가까운 계층이 생긴 것이다. 사실, 최소한 보호령 기간, 훈련과 교육 기회의 제한과 관심 부족으로 극소수의 크마에만 이 새로운 계층으로 진입했다. 그러나 미래에는 좀 더 많은 사람이 계층 상승을 할 수 있고, 하려고 할 것이라고 기대할 수 있다. 효과에 있어서, 사회적 구조는 식민지 기간 어느 정도 느슨해졌고, 독립이 쟁취된 후, 훨씬 더 약화되었다.

독립

캄보디아가 프랑스로부터 점진적으로 벗어난 것은 제2차 세계대전 기간이었다. 그 당시 캄보디아는 법적으로는 여전히 프랑스의 지배 아래 있었지만, 군사적으로는 민족주의와 독립을 부추기는 일본에 점령당했다. 정치적 자치에 대한 욕구는 전후 캄보디아 지도자들의 주된 관심거리가 되었고, 여러 어려움 속에서도 프랑스와의 일련의 협상이 1954년 완전한 독립 쟁취로 끝나면서 마침내 절정에 이르렀다.

그때부터 캄보디아는 주로 국내외 정치의 물결을 유능하게 헤쳐 나간, 전 국왕이자 때로는 총리인 노로덤 쎄이하눅의 지도력 아래 있었다. 이 나라는 유불리에 따라 두 블록의 원조를 받아들이면서 서방(미국과 유럽)과 동방(러시아와 공산주의 중국) 사이에서 신중한 길을 가려고 노력하면서 중립주의자라는 평판을 얻었다. 캄보디아에 가장 중요한 관심은 수년간 외국 권력의 지배 끝에 힘들게 얻은 독립을 유지하는 것이었다. 국내 문제와 관련, 쎄이하눅의 정책은 국내 개발 및 개선 중 하나였다. 국민에게 엄청난 인기를 얻은 그는, 결국 그들의 복지에 대한 진정한 관심이 있는 것 같았다.

현대 캄보디아

1959년 캄보디아 총인구는 약 4,845,000명이었다(Delvert 1961, 306).[16] 최근 인구가 매년 약 2.5%씩 성장하고 있지만(Steinberg 1959, 28), 나라 전체로 보면, 시골 지역에는 1㎢당 약 61명이 거주하고(Delvert 1961, 305), 영양 밀도(인구 대 경작지의 비율)는 논 1에이커(약 1,224㎡)당 2명이라고 한다(Dobby 1960, 306).[17] 그러나 그러한 수치는 몇몇 지역에는 사람이 전혀,

---

16 캄보디아의 모든 인구 수치는 제한된 인구 조사 기술과 적용 범위로 인해 대략적인 수치일 뿐이라는 점을 강조할 필요가 있다.
17 인구와 평균 인구 밀도에 관한 다른 추산들은 자드로즈니(1955, 93, 95), 고루 (1945, 177-80), 긴스버그(1958, 312, 426), 스타인버그(1959, 28-30)를 참조하라.

또는 사실상 살지 않는 반면 다른 지역, 특히 강변 지역과 프놈뻰 주변은 사람이 빽빽하게 살고 있다는 사실을 모호하게 만드는 기만적인 수치이다. 인구 분포를 좀 더 자세히 살펴보면, 밀도는 어떤 지역에서는 ㎢당 30-40명으로 낮지만, 메콩 유역에서는 200-500명으로 높을 수 있다(Delvert 1958, 102; 1961, 11장).[18] 그러나 일반적으로 캄보디아는 여전히 개간되지 않았거나, 사람이 살지 않는 땅이 많고, 앞으로 몇 년 동안 인구 증가를 유지할 것으로 보인다.

인구통계

이 총인구는 크마에, 베트남, 중국인, 짬-말레이, 유럽인들, 인도인들 등 다양한 종족 집단으로 구성되어 있다. 이 집단들의 실제 인구수는 어떤 집단은 개략적인 숫자만을 파악할 수 있고, 다른 집단은 아예 전혀 알 수가 없다. 그러나 비율에 대한 일부 개념은 추정치를 편집한 다음 표에서 얻을 수 있다.

(1) 문화적으로든, 숫자상으로든 지배적인 집단은 물론 크마에이

크마에	3,351,979 (1950년 기준)
베트남족	319,5967 (1950년 기준)
중국인	217,928 (1950년 기준)
짬-말레이족	73,000 (1955년 기준)
산족	54,000 (기준 미상)
태국계와 라오스계	20,000 (기준 미상)
인도인	2,500 (기준 미상)
유럽인	4,464 (1950년 기준)[19]

---

18 델버트의 인구 밀도 추정치는 껌뽕 스쁘, 껌뽕 츠낭, 쁘레이 벵과 스와이 으리응에서는 30-40/㎢, 꺼ㅎ 톰과 따까에우에서는 100~200/㎢, 베트남에서 끄러쩨까지 메콩강 유역은 200-500/㎢나 그 이상이다.

다. 인구의 약 87%를 차지하고 있는 그들은 기층 농민과 나라의 지배 계층 대부분을 형성한다. 크마에 주류는 저지대 농민과 어부들이다. 도시 크마에들은 주로 귀족, 공무원, 종교인이며, 상업 분야에는 상대적으로 적다.

(2) 베트남인들은 인구의 8%를 차지하는 캄보디아에서 가장 큰 소수자 집단이다. 지리적인 근접성 때문에 수 세기 동안 군사적, 경제적 압력으로 베트남에서 상당한 이민자들이 유입되었다는 것은 놀랄 일도 아니다. 프랑스인들은 베트남인들을 대농장 농업 노동자, 화이트칼라나 가사 노동자로 들여왔다. 현재 그들은 시골 지역 농민, 대농장 노동자, 또는 어부로 살고 있다. 그리고 도시에서는 정부나 기업의 점원이나 사무직원, 소규모 상인, 전문직 종사자와 유럽인을 위한 가사도우미로 살고 있다. 베트남인들은 자신의 공동체에서 생활하고 고유한 문화 전통을 유지함으로써 민족 정체성과 사회적 분절을 유지해 왔다. 게다가, 캄보디아와 현재 베트남 사이 고대로부터 계속된 적대적 양상 때문에, 베트남인들은 크마에 정부와 일반인들에게 적이나 적대세력으로 생각되어 왔다(7장을 보라).

(3) 많은 동남아 사회처럼, 중국인은 캄보디아에서 의미 있는 소수자이다. 역사적으로 그들은 중국 외교 사절과 교역상이 고대 크마에 왕국(중국 황제에게 조공을 바치던)을 오가던 서기 1세기부터 캄보디아와 접촉해 왔다. 그리고 현재 중립국 캄보디아는 공산

---

19 델버트(1961, 14, 24, 26)는 개인적인 추정치를 다음과 같이 제시한다. 크마에 족은 약 400만, 중국인은 220,000명, 베트남인은 230,000명, 짬-말레이인은 90,000명. 그는 캄보디아와 베트남 사이 적대적인 정치적 관계 때문에 베트남인 인구가 감소했다고 지적한다.

중국과 친밀한 관계를 맺고 있다. 주로 남부 출신인 중국 이민자들은 수 세기 동안 계약 노동자, 상인, 난민 등으로 계속 유입되었으며, 지금까지 인구의 약 5%를 차지한다. 그들은 주로 상업에 종사한다. 크고 작은 사업가, 상점 주인, 양곡상, 은행가, 대부업자, 어업, 제재업자, 무역업자, 호텔과 식당의 소유주 등… 중국인들이 상점 주인이나 작은 상인들로 시골 생활에 자리 잡고 있지만, 후추 재배자와 소수의 농부를 제외하고 농업에 종사하는 사람은 극히 드물다.

일반적으로 중국인에 대한 크마에의 태도는 다소 양면적이지만, 베트남인에 대해 부정적인 감정이 뚜렷한 것에 비한다면 중국인들을 좀 더 선호하는 것 같다. 한편으로, 중국인은 캄보디아 정부가 자기 국민이 차지하기를 바라는, 국가 경제에서 중요한 역할을 차지한다. 더욱이 그들은 구별된 전통, 공동체, 학교, 사원, 협회 등을 가진 나라 안에 있는 외국 문화의 고립영역이다. 그러나 베트남인과 달리 중국인에 대한 뿌리 깊은 적대적 감정은 없고, 오히려 중국인의 상업 능력과 재정적 성공에 대해 마지못해 찬사를 하는 일도 때로 있다. 수년 동안 상당한 정도로 중국-크마에 사이 결혼이 발생했고, 그 후손이 하나나, 여러 부모 집단으로 흡수되었기 때문에 정확한 숫자를 파악하는 것은 불가능하지만, 상당한 수의 캄-중 혼혈이 존재할 것이다.

(4) **짬-말레이**(또는 캄보디아 정부가 크마에 이슬람이라고 규정한 이들)는 말레이시아나 인도네시아에서 온 이민과 현 베트남 남부 지역에 있었던 고대 참파 왕국 후손의 조합이다. 인구의 약 1%를 차지하고 있는 이들은 신체적으로나 문화적으로 기본적으로 크마에와 비슷하다. 한 가지 중요한 차이가 있는데, **짬-말레이**는 불

교도가 아니라 이슬람교도이고 그들 삶의 다양한 부분들이 크마에와 다르다는 점이다. 그들은 껌뽕 짬과 껌뽇 지방에 집중된 구별된 공동체에 살고, 목축, 장사, 도축, 어업, 농업, 목재상, 운송업, 상인 등으로 살아간다. 캄보디아 정부는 완전한 시민권을 갖고 있고, 크마에 왕족과 동등한 지위의 지도자를 갖도록 허용된 짬-말레이인들에 대해 관대하다.

(5) 주로 캄보디아 동부의 더 고립된 고지대에 집중된 소위 소수민족으로 불리는 이들은 인구수는 적지만 민족학적으로 중요한 부분을 차지한다. 크마에는 그들을 하나의 집단으로 취급해, 때로는 그들을 무시하려고 프농, 또는 야만인이라고 부른다. 그러나 그들은 서로 구별된 문화를 지닌 다수의 집단이다. 예를 들어 *라데*Rhade와 *자라이*Jarai는 모계, 말레이-폴리네시아 어를 사용하고, *스띠응*Stieng, *꾸이*Kuoy, *삐어*Pear는 부계, 몬-크마에 언어를 사용한다. 크마에와 달리 소수민족은 인도와 중국 문화의 영향을 크게 받지는 않았다. 그들은 마을과 친족 그룹이 주된 사회조직을 구성하고, 생계는 화전 경작을 기반으로 한다. 질병이나 크마에와의 동화에도 소멸하지 않은 그룹의 경우, 결혼, 무역, 군인, 노동자 등으로 고용되어 더 큰 사회와 상호작용한다. 그러나 많은 그룹이 지리적, 사회적 고립으로 아주 넓은 범위의 자율성을 유지한다.

(6) 그 외에도 규모가 아주 작은 다른 소수 종족 집단이 있다. 라오스인과 타이인들은 주로 서북쪽에 빈농으로, 버마인들은 보석을 캐는 광부, 세공업자, 상인으로 살고 있다. 인도인들은 의류상과 같은 사업 분야와 정부에서 일한다. 유럽인들은 기본적으로 프랑스인과 다양한 나라들의 외교관들로 구성되어 있다.[20]

정착 패턴

캄보디아의 정착 패턴은 대략 도시, 군읍, 마을이라는 개략적인 세 가지 카테고리로 나눠진다. 도시는 각각 다른 종족 집단, 계급, 직업군으로 구성된 인구의 크고 복잡한 정착지로 특징지어진다. 자신뿐 아니라 주변 지역(아마도 국가 전체)을 위해 수행되는 다양하고 복잡한 활동과 기능들, 차별화된 구조와 구역(비즈니스, 주거 등). 아마, 수도 프놈펜만 진정한 도시로 불릴 만하다. 몇몇 주도들은 프놈펜과 비슷한 점이 극히 미약하게나마 있기도 하지만, 그들이 그 지역을 대표한다는 기능과 인구와 구조가 다양하다는 점에서 '덜 발달 된' 도시라고 간주할 만하다.

군읍은 도시와 아주 유사한 특성이 있지만, 훨씬 더 제한된 규모를 가지고 있는 곳이라고 표현될 수 있다. 일반적으로 군읍은 주요 도로상에 있다. 하나 이상의 종족 집단(일반적으로 크마에 외에 중국인 또는 깐쩐[21]으로 구성된 인구가 1,000명을 넘는다. 그리고 시장, 학교, 관공서와 같은 전문적인 시설이 존재한다. 따라서 그것은 바로 주변 시골 지역의 정치적, 경제적, 그리고 자주 교육의 중심지로 작동한다.[22]

---

20 캄보디아에 있는 소수자 그룹에 관한 더 많은 논의나 더 세부적인 논의는 르끌레어(1890, 36~44), 모리죤(1936, 62~91), 자드로즈니(1955, 95-100, 13장, 319-21), 스타인버그(1959, 33-53), 톰슨과 아돌프(1955)를 참조하라. 다양한 부족 그룹에 대한 다른 출처를 보려면 독자는 엠브리와 도트슨(1950), 르바, 히키, 머스그레이브(1964)를 참조하는 것이 가장 좋다. 일반적인 인구 및 인구 통계에 대한 추가 데이터는 자드로즈니(1955, 89-95, 100-105), 특히 델버트(1961, 11장, 14장)를 참조하라.
21 '깐'은 혼혈, '쩐'은 중국이라는 의미로, 크마에와 중국인 사이 혼혈을 뜻한다.
22 도시와 읍(타운)에 관해서는 자드로즈니(1955, 95), 델버트(1961, 217-18), 긴스버그(1955)를 참조했다. 델버트의 '시장-마을'은 내가 읍이라고 부른 것과 본질적으로 같다.

마을은 주민들이 주관적으로, 성부는 객관적으로 하나로 이름 지은 단위에 함께 속하는 것으로 인식되는 가구의 집합체로 정의될 수 있다.[23] 좀 더 자세하게, 군, 읍이나 도시와 달리 마을은 일반적으로 주된 종족이 있거나 전체가 한 종족 그룹으로 이뤄져 있으며 평균 수백 명의 인구를 가지고 있다. 또한, 대부분 같거나 비슷한 직업을 가지고 있어서 시간제 일자리나 전문직을 제외하고는 직업적인 다양성이 거의 없다. 내부에 계급적인 구분이 없고, 불교 사원이 있을 수도, 없을 수도 있다는 점 말고는 구조적으로 현저한 차이가 거의 또는 전혀 없다.

인구 밀도가 높고 토지를 사용해야 할 필요성 때문에 경계 지역 없이 거의 합쳐진 것처럼 보이는 주요한 강변 지역을 제외하고 대부분 마을에는 다소 명확하게 정의된 공간적 경계가 있다. 마을의 배치에는 세 개의 기본적인 패턴이 있는 것으로 보인다. (1) 가옥들이 비교적 서로 가깝고 도로나 수로를 따라 펼쳐져 있는 선형, (2) 넓게 펼쳐진 땅으로 둘러싸인 대략 원형, 또는 직사각형 모양의 집들의 공동체인 밀집형, (3) 다소 불규칙한 방식으로 집들이 서로 흩어져 있는 산재형, 이러한 한 공동체의 정착 패턴은 주로 자연환경(예, 강을 따라 선형 마을이 일반적으로 나타남)과 인구 밀도(예, 인구 밀도가 높은 지역에서는 산개한 형태의 마을이 발견된다)에 따라 결정된다.[24]

초기에는 캄보디아의 많은 지역의 마을 구조, 특히 벼농사 지역

---

23 이점에 관한 추가 논의는 다음 장을 참조하라.
24 더 세부적인 정착 패턴에 관해서는 델버트(1961, 204-18)과 고루(1945, 181)를 참조하라. 또한 CMCC 카테고리 #49에는 레이아웃(주민 수 등)에 대한 간략한 설명을 포함하는 다양한 마을에 대한 수많은 설명이 포함되어 있다.

의 마을 구조가 집들이 흩어져 있거나 고립된 주택들과 같은 작은 마을 패턴이었던 것 같다. 이것은 과거에 일어났던 점진적인 인구 증가와 일치한다. 개인들은 미개척된 땅을 개간하기 위해 떠나고, 아이들은 결혼하고는 부모의 집 근처에 새로운 보금자리를 만든다. 그렇게 마을에 새로운 가정이 만들어졌다(Delvert 1961, 204). 오랜 전통은 너무 커진 마을에는 불행이 닥친다고 말하고 있고, 19세기 법률은 서로 너무 가까이 집을 짓지 못하도록 했던 것 같다(Leclère 1898, 382, 404). 그러나 이 패턴은 현재는 두 가지 이유로 상대적으로 드물다. 첫째, 1947~1954 사이 베트남으로부터 베트민이 침범하자 정부와 민중은 방어와 안전을 위해 좀 더 크고, 집중되고, 접근 가능한 공동체로 재편성해야 했다. 작은 마을들을 더 큰 단위로 묶고, 고립된 가족들을 정착촌으로 옮기고, 통신 경로 상에 공동체들을 위치시키는 다양한 재정착 프로그램이 남부에 있는 모든 주에서 시행되었다(Delvert 1961, 207-208, Steinberg 1959, 31). 둘째, (베트민의 침범에) 영향을 받지 않은 지역에 있는 마을에서는, 도시나 다른 지역으로의 이주 때문에 발생하는 실질적인 감소는 없었지만, 인구의 자연적 증가 때문에 성장했다. 자신의 땅과 마을에 대한 강한 유대감과 미숙련자를 위한 경제적 기회가 마을 밖에서는 부족하다는 점, 그리고 기본적인 지역주의로 인해 그들은 태어나거나 이웃한 공동체 내에서 각 세대 간에 적절한 인구 비율을 유지한다. 정확한 수는 알 수 없지만, 현재 캄보디아의 대다수 마을은 적어도 수백(300-400 정도?) 그리고 종종 더 많은 (때로는 천에 가까운) 주민이 있는 것으로 보인다.

민족의 사회-정치적 구조

정부의 구조

캄보디아 정부는 법률상으로는 유럽의 많은 나라와 크게 다르지 않은 입헌 군주제이다. 그 정점에는 거대한 상징적 의미와 대중으로부터의 많은 존경과 충성을 요구하는 것 말고는 중요한 기능도, 실질적인 힘도 거의 없는 세습적인 지위인 왕이 있다. 왕은 왕실위원회(그의 남성 직계가족 구성원)와 왕위위원회(왕실 가족위원회 의장, 총리, 두 입법기관의 위원장과 고등법원장, 그리고 두 불교 종파의 종정)의 보조와 조언을 받는다. 실제 권력은 국회 다수당의 수장으로서 그 자리에 오른 총리에게 주어진다(자발적으로 총리가 되기 위해 왕위를 포기한 전 왕 노로돔 쎄이하눅의 손에서 이 직책은 극도로 강력해졌고, 엄청난 지지를 받고 있다). 총리는 내무부, 외무부, 법무부, 국방부, 농업부, 공공사업부, 교육부 등 다양한 부처를 총괄하는 12명의 내각을 선출한다. 총리와 내각은 국가 정책을 수립하고, 입법화된 법령을 집행하는 데 필수적이다. 중앙정부의 핵심을 완성하는 것은 양원제 입법부이다. 상원은 왕이 임명하거나, 다른 정부 관리들이 선출하거나, 직업, 무역단체가 선출한 왕국 위원회이다. 그들은 공식적인 입법권은 없지만, 그 자문을 통해 상당한 영향력을 행사할 수 있다. 국회(하원)는 국민에 의해 4년 임기로 선출된 의원으로 구성되며, 유권자 3만 명당 한 명의 대표를 선출한다. 그들은 일반적으로 1년에 두 번 회의를 열며, 법을 제정할 수 있는 유일한 권한을 갖고 있다.

이 계층 구조는 다음으로 다양한 하급 공무원과 지방 정치의 수장들, 예를 들어, 주지사, 군수, 면장, 이장으로 확장된다. 마지막

두 개를 제외한 모든 직위는 같은 직급의 공무원에서 내무부가 선발하여 임명한다.[25]

사회적 계층

사회적 계층과 관련해, 부나 권력, 명성, 직업의 차이에 따라 주, 객관적으로 차별화된 개인의 집단을 지칭하는 데 '계급'이라는 용어를 사용한다면, 캄보디아는 계급 구조로 되어 있다고 말할 수 있다. 아마 상단과 하단만 명확하게 정의할 수 있고, 그들 스스로가 분명하게 인식할 수 있겠지만, 관찰자는 전체 사회 내부의 세 가지 넓은 계층을 대략 묘사할 수 있을 것이다. (a) 엘리트 그룹은 왕실 가족과 그들과 관련된 귀족을 중심으로 한다. 또한, 정부의 고위 관료와 종교 조직의 고위층, 그리고 아마도 매우 부유한 크마에, 깐쩐 사업가나 전문가를 포함한다. (b) 최하층 그룹은 농촌의 농민, 장인, 어부와 시골에서 올라와 계급이 거의 바뀌지 않은 도시에 사는 비숙련 노동자들로 구성된다. (c) 중간 그룹이라고 할 만한 것은 사회적 스펙트럼의 명백한 양극 사이에 남아 있는 개인들의 집단이다. 이 계층에는 사업가, 상인, 전문가(교사, 의사 등), 중하급 정부 관료, 상업적 화이트칼라 노동자 등이 포함된다. 현재, 이 그룹에는 중국인, 베트남인, 크마에 같은 민족들이 섞여 있다.

상층과 하층이 대부분 자체적으로 영속적인 속성이 있지만(대부분 가족이 그 계층에 속하면 그 후손들 역시 그 계층에 속하는 편이라는 말), 약간의 사회적 이동이 가능하다. 높은 지위에 있는 사

---

25 정치 조직에 관한 세부 내용은 자드로즈니(1955, 8-9장), 스타인버그(1959, 8~11장), 스미스(1964)를 참조하라.

람들은 정치적, 재정적 역전을 통해 은혜(여기서는 상층부, 혹은 왕의 은혜)로부터 떨어질 수 있으며, 반대로 농민의 자녀는 충분한 동기, 교육, 행운 등으로 높은 지위에 오를 수 있다. 그러나 그런 사례는 상대적으로 드물다.[26]

나라의 경제적 기반

캄보디아는 농촌 경제가 지배적이다. 두 가지 주요한 형태의 농업(농민 스스로 이 둘을 구분한다)이 특정 작물에 대한 강조를 기준으로 구분된다. 그리고 사람 자체도 다르다. 먼저 무엇보다, 쌀 생산은 전체 경작지의 80%를 차지하고, 일부 건식 경작도 있지만, 주로 저지대 습지에서 재배된다. 쌀을 재배하는 농민 대부분은 상대적으로 적은 토지와 제한된 수확량으로 인해 가끔 시장에 적은 양의 잉여분을 판매하기는 하지만, 주로 가족이 먹을 작물을 재배하는 것으로 보인다. 그러나 상대적으로 인구밀도가 낮고 1인당 토지 보유량이 많은 특정 지역에서는 지역 내에서 필거나, 국제적인 무역을 위해 상당한 양의 쌀을 생산하기 때문에, 캄보디아는 동남아 지역 쌀 수출국 중 하나로 명성을 얻고 있다. 둘째, 주로 메콩 강, 바싹 강, 톤레 쌉 강둑을 따라 소위 *쩜까*(밭)로 불리는 농지에서는 옥수수, 콩, 땅콩, 사탕수수, 콩, 바나나, 코코넛, 면화, 담배, 모시, 케이폭과 같은 채소, 과일, 섬유 작물에 초점을 맞춘다. 어느 한 지역 사회나 가정은 쌀 농사하는 사람들처럼 주로 가족 노동력

---

26 사회계층에 관해서는 스타인버그(1959, 7장), 두 보이스 Du Bois(1949, 2장)를 참조하라.

을 사용해 일 년 내내 각각 다른 계절과 다른 밭에서, 약간의 쌀과 함께 그러한 다양한 작물을 재배한다. 그러나 벼농사와 달리, 특히 비식용 식물을 기르는 쩜까 농업은 시장에 매우 적합하도록 구성된다. 쩜까 농사 지역 마을의 일반적인 경제조직은 연간 작업주기, 밭의 배치, 물 관리 시스템 유지 관리, 시장과의 긴밀한 관계, 더 높은 연간 소득 등 다양한 측면에서 쌀 재배 마을의 경제 조직과 다르다(쩜까 경제에 관한 내용은 특히 Delvert 1961, 13장을 참조하라). 마지막으로, 앞서 언급한 것 외에도 실제로는 세 번째 유형의 재배 활동이 있다. 후추와 고무 농장의 대규모 생산이다. 그러나 이러한 농장은 프랑스나 중국이 소유, 운영하고, 대부분 베트남 계약 노동력을 활용한다.

모든 캄보디아 농부는 가족의 생계를 위해 자신의 논이나 근처의 물웅덩이, 또는 개울에서 약간의 물고기를 잡는다. 스와이 서리 호수, 강 또는 해안에 사는 사람은 전적으로 어업에 종사할 수 있지만, 이들은 크마에보다는 베트남인일 가능성이 크다. 조직화된 상업적 활동으로서의 어업은 주로 정부로부터 스와이 서리나 시암만에 있는 어장에 대한 권리를 임대하는 중국 어업권 소유자에 의해 통제된다. 전국 총생산량은 상당히 규모가 크고, 신선한 생선, 건어, 또는 어묵, 기름으로 판매된다. 어획량의 1/3에서 1/4이 수출된다.

다른 중요성이 좀 덜한 경제활동은 다음과 같다. (a) 목재와 다른 임산물(수지, 오일 등)은 중요한 수출품이다.[27] 이러한 자원을 악용

---

27 캄보디아의 주요 수출품은 주로 프랑스와 그 동맹국, 기타 동남아시아 국가(예: 말라야 및 이전 남베트남), 홍콩, 미국, 필리핀으로 보내는 쌀, 옥수수, 목재, 고무, 생선이다(Ministère du Plan 1958, Steinberg 1959, 229).

하는 것은 주로 중국과 베트남의 영업권자들이다. (b) 거의 모든 농업 공동체는 짬을 내서 공예 기술을 연마하는 소수의 사람이 있다. 그러나 어떤 경우에는 마을 전체가 옷감 짜기, 바구니나 돗자리 만들기, 금속공예(청동, 은, 금), 목공예 등과 같은 수공예품을 어느 정도 전업으로 만들기도 한다. 실제, 어떤 지역들은 특정한 공예품을 전문화했다. 이러한 가내 수공업 산물은 지역 내외 시장 모두에 내놓는다. (c) 대규모 제조업 등 산업은 아직 초기 단계이다. 원료 가공(예, 정미소, 알코올 증류소, 제재소)이 기본이지만, 벽돌이나 담배와 같은 일부 품목도 생산한다. 이 분야는 정부가 특히 발전시키고자 하는 경제 영역이다. (d) 상업적인 목축은 몇몇 주에서 주로 짬-말레이 사육자들이 업으로 한다. 개별 크마에 가족은 판매를 위해 돼지나 닭 몇 마리를 키우기도 한다. 소와 돼지는 국가 수출의 일부를 차지한다.

요컨대, 캄보디아는 두 부문이 균등하게 균형 잡히지 않았지만, 때때로 이중경제라고 부르는 것을 가지고 있다. 농업 부문이 여전히 우세하고 '서구화된 부문'(예를 들어 제조업)은 여전히 기껏해야 초기 단계이다. 더욱이 크마에 대부분은 여전히 농사를 짓고 있고, 마케팅과 다른 상업적 측면은 주로 중국인이 장악하고 있다. 캄보디아 정부는 산업 확장, 천연자원의 추가 개발, 점점 더 많은 크마에가 기술이나 상업적인 분야로 이동, 농민 생활 수준의 개선 등과 같은 국가 경제의 많은 부분을 발전시키려고 하고 있다. 그리고 이러한 목표를 실현하기 위해 해외 원조와 투자, 기술지원, 다양한 국가와의 무역협정 체결, 농업 신용 확대, 협동조합 발전 등을 적극적으로 시도해왔다. 그러나 지금까지 경제 성장과 현대화는 다소 느리고, 불균등하다.[28]

종교

역사 시대 초기 크마에는 수 세기 동안 토착 종교 시스템을 유지했을 뿐만 아니라, 여러 외래 종교 전통을 받아들이고 채택했다. 힌두교, 좀 더 정확하게는 시바교와 비슈누교와 더불어 대승불교를 고대 왕국의 여러 통치자가 그들 모두를 동시에, 또는 각각 다른 시기에 섬겼다. 힌두교와 그와 관련된 이데올로기와 우주론은 초기 크마에 문화를 형성하는 데 무척 중요했지만, 조직화된 종교 시스템으로서 그것은 그 이후로는 쇠락하여 옛 기억이 되어 버렸다. 브라만 성직자의 궁정 의식, 문학, 드라마, 생애주기 및 기타 의식의 세부 사상, 힌두 신에 대한 인식 등이 현대 생활의 다양한 측면에 그것과 별개의 개별 요소만 남아 있다.

캄보디아에 들어온 마지막이자, 궁극적으로 가장 중요한 종교는 테라바다(상좌부) 불교였다. 싱할라식 테라바다는 아마도 13세기에 캄보디아에 들어왔는데, 버마에서 왔고, 아마도 타이를 잠식한 것보다는 그 강도가 약했다. 테라바다가 대승불교와 힌두교를 점진적으로 대체하는 것과 관련된 정확한 연대기나 과정에 대한 역사적 기록이 명확하지는 않다. 그러나 14세기 후반, 캄보디아는 테라바다로 개종했고, 심지어 이웃 라오스까지도 개종시켰다.

테라바다는 현재 캄보디아의 국교이다. 국가 차원에서 왕은 불교

---

28 경제에 대한 자세한 내용은 모리존(1936, 3-4부), 로버퀸(1944), 고루(1945), 두 보이스(1949, 37-42), 자드로즈니(1955, 10-11장), 긴스버그(1958, 414), Ministère du Plan(1958), 스타인버그(1959, 12-17장), 도비(1960, 19-20), 특히 델버트(1961, 9, 12, 13, 17장), CMCC(40.010). 또한 경제 조직의 다양한 사항은 4장에서 더 자세히 논의될 것이다.

도의 상징적 지도자이며, 두 종단(모하니까이와 톰마윤니까이)[29] 종정을 왕위 승계 위원회의 위원으로 위촉했다. 종교 활동과 불교 대학, 빨리(pali) 고등학교를 포함한 기관들을 감독하는 종교부도 있다. 지역 수준에서 종교를 충실하고 경건하게 받아들이는 민중의 가치체계와 행동에 불교 계율과 실천이 널리 퍼져 있다. 1950년대 중반, 종교적, 교육적, 사회적, 중심지 역할을 하는 불교 사원이 2,500개 이상 있었고, 불교 교리를 가르치는 선생이자, 모범인 승려는 37,500명 이상 있었다.

불교가 공식적이고 지배적인 종교이지만, 크마에 문화에도 상당한 중요성을 지닌 민간 신앙과 공존하며 얽혀 있다. 이 오래된 토착 종교 시스템은 다양한 정령, 조상, 수호자, 유령, 악마 같은 신령에 대한 믿음을 기반으로 하고, 그 자체의 의례와 전문가가 있다.

크마에를 개종시키는 데 주목할 만한 성공을 거두지는 못한 각각 다른 종파의 기독교를 소개하려는 시도도 있었다. 많은 수의 로마 가톨릭 교회가 있지만, 그 회중(신도)들은 대부분 베트남 사람이나 유럽인이다. 몇몇 개신교 선교부가 존재하고, 특정 종족 그룹 내에 몇몇 개종자가 있기도 하다.[30]

---

29 불교의 이 두 종단에 관한 논의는 5장을 보라.
30 고대 왕국의 종교에 관한 자세한 내용은 브릭스(1951), 쎄데스(1948) 참조. 위에서 논의한 종교의 다른 측면에 관해서는 에이모니어(1900, 3장), 마티니(1955a, 1955b), 자드로즈니(1955, 7, 12장), 스타인버그(1959, 5, 125, 255장)를 참조하라. 기타 세부 사항과 참고문헌은 5장에서 찾아볼 수 있다.

언어

크마에 언어는 언어학적으로 오스트로-아시아아족, 몬-크마에 언어 그룹으로 분류되는데, 여기에는 버마의 몽족과 동남아에 흩어져 있는 다양한 종족 그룹의 언어(예를 들어 Sedang, Mnong-Gar, Rhadé, Jarai 등)들이 포함된다(P. Benedict 1947). 크마에 언어에 관한 완전한 설명은 전문 언어학자에게 맡기는 것이 가장 좋을 것이고[31] 여기서는 그 몇 가지 모습을 이야기하려고 한다. 간단히 말해, 크마에 언어는 30개의 모음과 21개의 자음을 가지고 있는 상대적으로 복잡한 음소 체계를 가진 성조가 없는 언어이다. 삽입사를 제외하면, 형태는 상당히 단순하며 동사의 시제, 활용형, 관사, 성별의 복잡성이 부족하다(그런 부분에서 단순하다). 구문은 영어의 단어 순서와 크게 다르지 않다. 어휘는 어떤 면에서는 단순하고, 어떤 면에서는 복잡하다. 일부 단어는 문맥에 따라 다양한 의미로 쓰인다. 다른 경우에는 한 가지 행동, 일, 개념이 특정 상황에 적합한 여러 단어를 가질 수도 있다(예, '운반하다'는 동사는 무엇이 운반되는가, 어떻게 운반되는가에 따라 다양한 형태를 띤다. 동사 '먹다'는 행위자가 동물인지, 승려인지, 귀족인지, 아니면 평범한 사람인지에 따라, 공식적으로 말하는지 편하게 말하는지에 따라 다르다). 어휘는 (특히 정부, 문학, 명예로운 칭호 범주에서)

---

31 특히 마스페로(1915), 마티니(1942~45, 1955c), 판과 노(1958), 캄베포트(1950), 패너와 메네트리어(1922) 참조. 주요 캄보디아-프랑스어 사전은 구스돈(1930)이다.
32 마티니는 초기 크마에어가 상당히 단순한 '선사 시대' 문화에 적합했지만, 인도에서 도입된 정교함은 산스크리트어와 빨리어(1955c, 428) 차용이 필요했다고서

산스크리트어, 포르투갈어, 말레이어와 태국어 파생어를 포함한다.[32]

크마에어가 복잡한 또 다른 이유는 특정 지위에 있는 개인과 대화하거나 그런 사람에 관해 이야기할 때 사용하는 단어 시스템이 여러 개 있다는 점이다. 이러한 크마에 언어의 다양한 형태는 다음과 같다. (1) 왕족에게 또는 왕족에 관해 말할 때 사용하는 단어, (2) 불교 승려에게 또는 승려에 관해 말할 때 사용하는 단어, (3) 평범한 사람 사이에서 일반적인 담화에 사용되는 단어. 사람들은 이러한 시스템을 명확하게 정의하고 인식한다. 일반인은 왕실 언어에 대해 수박 겉핥기 정도로만 말고 있지만, 승려에 관한 용어는 잘 알고, 현명하게 사용한다. 세 번째 체계, 일반적 담화에서 '공식적'인 크마에어와 '구어체' 크마에어라고 부르는 것 사이 구별도 있을 수 있다. 전자는 교과서적 크마에어라고 부를 수 있다. 즉 적절하고, 예절 바르며, 문어체에 가까운 발음, 교육받지 않은 사람에게는 익숙하지 않은 산스크리트어나 빨리어에서 파생된 단어들. 특히 공식적인 상황에서 주로 도시에 사는 교육 받은 사람들이 사용하고 농민들은 공무원과 같은 상위계층 사람들과 대화할 때, 그들 교육 수준이 허락하는 한 '적절한' 용어를 사용할 것이다. 구어체 크마에는 특히 많은 단어의 발음이 문자로 쓰여진 것과는 다르

제안했다. 이 과정은 필요에 따라(특히 과학 및 기술 분야) 일반적으로 빨리어 또는 산스크리트어를 기반으로 하는 새로운 크마에 단어의 혁신을 담당하는 프놈펜의 빨리 고등학교 특별 위원회를 통해 현재까지 계속되고 있다.
33 예를 들어, 각각 '공식', '구어체' 크마에 단어 발음의 다음 예를 비교해 보라. 쁘람(5) - 페암, 로떼(달구지) - 아떼, 으로삘(바쁨) - 로삘, 으록(찾다) - 호, 목(오다) - 마오, 엉꼬오 - 엉꼬, 또한 츠멉(조산사) - 스몹, 츠마(고양이) - 스마에서와 같이 '공식' ch가 구어체에서는 s가 되는 경우도 있다.

다는 점, 특히 'r' 발음은 삭제되거나 다른 음소로 변경되고, 마지막 음소는 종종 생략된다.[33] 그리고 정중한 대화에서는 사용되지 않는 단어나 표현이 자주 사용된다. 이러한 유형의 발화는 마을 사람이든 교육받은 도시 사람들이든 그들의 가족이나 친구들 사이의 일상적인 대화에서 사용된다. 물론 '공식적' 크마에어와 '구어체' 크마에어 사이의 구별이 독특한 것은 아니다. 그러나 그 두 크마에 언어 사이의 차이가 너무 커서, 예를 들면, 마을 사람들은 종종 공식적인 크마에 언어를 사용하는 라디오 방송을 이해하지 못한다.[34] 그래서 쎄이하눅 국왕은 대중 연설에서 평범한 사람들을 이해시키려고 습관적으로 '구어체' 크마에어를 사용한다.

크마에어는 6세기 인도 남부에서 유래된 경전에 기록되었다. 이 언어에는 두 가지 유형의 글쓰기 방식이 있다. 정부, 문학 등 대부분 일상적인 목적으로 사용된 쯔리응Chrieng과 종교 경전, 비문, 빨리어, 또는 강조를 위해 사용한 무울mul이 있다(Martini 1955, 427 참조). 크마에 언어를 로마자로 표기하려는 시도가 있었지만, 대부분 성공하지 못했다.

프랑스어는 캄보디아의 주요 유럽어로 제2언어이다. 크마에 인구의 10% 정도가 이중 언어를 사용하는 것으로 추정되지만 (Zadrozny 1955, 108), 이 수치는 아마도 부풀려진 것 같다. 많은 상류층 사람과 지식인은 실제로 프랑스어를 능숙하게 구사하지

---

34 그 반대의 경우에는 '공식적인' 크마에어로 교육을 받은 후 마을에서 사용되는 '구어체' 크마에어, 특히 다르게 발음되는 단어를 인식하는 데 익숙해지는 데 한 달 이상이 걸렸다.
35 예를 들어, 내가 도착했을 때 스와이 마을 전체에는 프랑스어를 어느 정도 유창하게 구사하는 주민이 한 명뿐이었다. 그러나 서리에서만도 많은 소년 소녀가 이제 학교에서 프랑스어를 배우기 시작했다.

만, 화이트칼리에서 농민 계층으로 가면 유창함의 수준이 최저로 떨어진다. 그러나 최근 교육의 확대로 프랑스어를 초등학교 3학년부터 가르치면서 이중 언어를 사용하는 인구가 증가할 것 같다.[35]

중국인과 베트남인 같은 다양한 소수 종족 집단 구성원은 일반적으로 자국어, 크마에어, 프랑스어를 사용하면서 이중 언어, 심지어는 다중언어를 사용할 수 있다. 일부 크마에들은, 심지어 농민들까지도 베트남인, 중국인과의 다양한 접촉을 통해, 단어나 표현 몇 개 정도라 하더라도, 베트남어, 중국어에 관한 최소한의 지식을 가지고 있다.[36]

---

36 스타인버그(1959, 33)는 '베트남어와 그 정도는 덜하지만, 중국어가 시장의 공용어이다. 캄보디안들은 '베트남인과 중국인 상인과 흥정할 때와 같은 그러한 불쾌하고 난폭한 판매에서 자신들의 언어를 멀리하고, 베트남어를 사용한다. 내가 본 크마에가 크마에어로 중국인, 베트남인, 중국계 캄보디아인 상인과 매우 활발하게 흥정이 이루어진 시장에서는 확실히 그렇지 않다. 크마에, 특히 마을 사람들은 그들이 자랑스러워하는 숙련된 협상을 수행할 만큼 다른 언어를 충분히 알지 못하지만, 모든 상인은 고객을 상대할 만큼 크마에어를 충분히 알고 있다.

제3장

스와이 마을

프놈뻰 중앙 식품 시장 근처에는 덜컹거리는 차체를 감춰보려는 듯 화려한 색상으로 칠해 놓은 낡은 버스가 줄지어 서 있다. 껌뽕 뚜얼로 가는 버스에 탑승한 여행자는 스와이로의 여정을 시작한다. 승용차로는 30분 정도면 가겠지만, 버스는 도중에 여러 정거장에 멈춰서 승객을 하차시키고 다른 승객을 태우거나, 또는 간식을 먹고 싶은 운전자가 잠시 쉬기도 해서 대략 1시간 이상 소요된다. 프놈뻰에서 출발하면 현대적 느낌의 대형 아파트, 벽돌 빌라, 공항을 지난 다음 조용한 시골로 들어선다. 야자수와 우기에는 녹색, 건기에는 갈색을 띠는 논이 수 마일에 걸쳐 펼쳐져 있고 중간중간 집과 상점, 먼 마을로 이어지는 길, 고요한 불교 사원이 나타난다. 마침내 버스는 스와이에서 가장 가까운 마을인 껌뽕 뚜얼 시장으로 향한다.

여행자는 여기서 시골 자전거 택시인 르목remorque을 타고 3km를 더 들어가야 스와이 마을에 도착한다. 마을 길을 따라 늘어선 상점들을 지나 초등학교, 절, 마을 그리고 역시나 빼놓을 수 없는 논과 야자수를 빠르게 지나면, 르목은 큰 도로에서 스와이 서리로 이어지는 길에 도착한다. 짐보따리들을 모아들고 우기에는 진흙, 건기에는 먼지가 쌓인 짧은 길을 따라 걷기 시작한다. 소를 몰고 가는 사람이나, 방앗간에 쌀을 빻으러 가는 사람, 다른 곳으로 가는 사람을 아직 마주치지 않았다면, 길가의 큰 물웅덩이에서 낚시하거나, 물놀이하거나, 소를 목욕시키는 사람들은 꼭 볼 수 있을 것이다. 촌락은 나무와 덤불로 둘러싸여 바깥에서는 거의 보이지 않지만, 그 길을 가다 보면 어느새 스와이 서리의 입구를 표시하는 얼기설기 만들어진 문을 통과한다. 초가집과 나무집 사이를 들어서자, 일하던 사람들이나 다른 사람 집에 앉아 이야기를 나누던 사람들이 쳐다보면서 '어디서 오는 길이야?', '뭘 가지고 왔어?'라고 묻는다. 아이들이 달려오고 개들은 떠들썩하게 짖는다. 여행객은 이제 스와이 마을에 도착했다.

스와이 마을: 배치

스와이 마을은 프놈뻰에서 남서쪽으로 약 30km 정도 떨어진 껀달 주, *꺼ㅎ톰* 군, 프레앙 면에 속해 있다. 마을은 스와이 마을과 껌뽕 뚜얼 시장 마을, 불교 사원(오왇 썸낭 - Wat Samnang), 이웃 마을 *따 짜*Ta Chas와 *썬단*Sandan을 연결하는 작은 도로를 따라 1km 이상 펼쳐져 있다. 또 인근에는 국립 사범학교인 껌뽕 껀뚜얼 교육센터가 있다. 스와이의 거의 모든 집은 이 도로 남쪽에 있으며 보통 도로에서 안쪽으로 수십 미터에서 수백 미터 떨어져 있다(도로 바로 앞에 몇 집이 있기는 하다). 마을의 동쪽 끝에는 또 다른 불교 사원인 *오왇 스와이*Wat Svay가 있으며, 길 건너편에는 작은 중국 상점이 있다. 전체적으로 볼 때 마을의 기본적인 정착 패턴은 선형이다. 그러나 마을의 일부 구역에는 12채가 넘는 집들이 상당히 넓은 번화가를 형성한다. 모두 합쳐서 168개의 집에 약 790명의 주민이 살고 있다.[1] 스와이 마을 사람이 소유한 논은 마을 사방에 있지만 대부분은 남쪽으로 1km 이상 뻗어 다른 마을 사람들의 논과 접한다.

스와이 마을 사람들은 마을을 셋으로 구분한다: '동리'(*품 까은*,

---

1 인구가 계속 변하기 때문에, 이 수치는 1959년 5월의 추정치일 뿐이다. 부록 C도 참조하라.

east). '중리'(품 껀달, center)과 '서리'(품 레잎, west).[2] 이것들이 내가 동네로 명명하기로 한 구역이다. 스와이 마을의 세 동네들은 공간적으로 뚜렷하게 구분되어 있다. 스와이 서리는 띠 모양의 넓은 수풀 지대로 다른 지역과 분명히 구분되고, 스와이 동리와 중리는 둘 사이를 흐르는 마른 개울 바닥 위의 작은 다리로 구분된다.[3] 동네가 중요한 사회적 단위가 될 수 있지만(아래 참조), 마을 전체는 여러 면에서 뚜렷한 독립체를 구성한다. 첫째, 마을은 다른 마을과 공간적으로 분리되어 있다는 점에서 영토적 실체이다. 울타리나 기타 명확한 경계 표시는 거의 없지만, 스와이 마을 거주 지역을 다른 마을과 구분하는 토지(논밭 또는 수풀)가 있다. 둘째, 정부의 관점에서 스와이는 이장 한 명과 다른 관리들 관할 아래 있는 하나의 행정 단위이다. 마지막으로 스와이는 그들이 사는 마을의 이름으로 사용하는 사람들에게 분명한 실체이다. 비록 커뮤니티 활동이 상대적으로 적고 공유 토지도 없지만, 주민들은 자기 마을에 애착과 동질감을 느끼고, 친척과 친구가 거주하는 장소, 재산이 있는 장소로 깊은 애착을 느낀다.[4]

---

2 '품'이라는 용어에는 델버트(1961, 201-3)에서 논의한 바와 같이 여러 가지 의미가 있다. 가장 일반적으로 "마을"로 번역된다(품 스와이 = 스와이 마을에서와 같이). 그러나 이 경우와 같이 마을 내의 작은 마을이나 구역을 나타낼 수도 있다. 그리고 한 출처에 따르면, 이 단어는 집이 하나만 있어도 사람이 거주하는 모든 장소를 지정하는 데 사용된다(Delvert 1961, 202에서 인용한 Porée-Maspero).
3 한때 서리 남동쪽에 네 번째 마을이 있었지만, 늪지대 건너편에 위치하여 접근이 어려워 몇 년 전에 버려졌다. 그 주민들은 스와이 다른 지역으로 이주했다.
4 비록 스와이 마을이 이러한 측면에서 묘사되는 데에는 주목할 만한 것이 아닐지라도 델버트(1961, 201-4, 214)는 정의하기가 더 어려운 다른 마을이 있다고 지적한다. 어떤 경우에는 마을의 경계를 구분하기가 어렵고 때로는 정부가 정의한 품이라고 불리는 행정 단위가 사람들이 '품'이라고 생각하는 것과 일치할 수도 있고 일치하지 않을 수도 있다.

간단한 역사. 마을의 기원에 대한 특별한 전설이나 이야기는 없지만, 먼 옛날, 이 지역을 여행하던 왕이 수많은 망고나무[5]가 있어 잠시 쉬어갔기 때문에, 이 지역을 스와이 덤낙이라고 불렀던 것으로 추측한다. 그 왕의 이름도, 마을의 유래 연대도 기억하는 사람은 없다(마을이 언제쯤 생겼는지 모른다). 사람들은 그저 스와이 마을이 아주 오래전부터 있었다고 말하고, 나도 스와이 마을이 언제 생겼는지 정확한 연대나 상황에 관해 분명하게 기록된 공식 기록을 찾지 못했다.

인구의 정확한 분포와 밀도는 의심할 여지 없이 시대에 따라 다양했지만, 스와이 마을이 위치한 지역에 여러 세기 동안 사람이 살았다는 역사적 증거가 있다. 캄보디아 남부 강변과 그 주변은 최초 왕국 푸논 기간 인구 중심지 중 하나였으며(Briggs 1951, 13), 스와이 마을에서 멀지 않은 여러 고대 유적은 푸논 이후 여러 왕국에서도 이 지역에 더 많은 인구가 거주했다는 것을 보여준다.[6] 엉꼬 시대에 왕국의 수도와 사람들의 거주 중심지가 캄보디아 북부로 옮겨갔지만, 프놈뻰과 그 주변은 15세기 중반 엉꼬가 버려진 후

---

5 '스와이' (망고)는 나무, 지형 등을 따라 마을 이름을 짓는 캄보디아 전역에서 매우 흔한 이름이다(Delvert 1961, 203의 공동체 이름을 참조). 사실, 나이 든 주민들은 예전에는 셀 수 없이 많은 망고 나무가 있었다고 말하곤 하지만, 스와이는 현재 비교적 망고나무가 없는 편이다.
6 스와이에서 남동쪽으로 약 50km 떨어진 엉꼬 보레이Angkor Borei는 6-8세기 동안 푸논의 수도이자 때때로 쩬라 왕국의 수도였던 것으로 생각된다(Briggs 1951, 13, 34-35, 48, 52, Coedès 1948, 117, 124). 바티 인근 지역에는 11세기 쏘리야워르만 I세의 것으로 추정되는 사원과 12~13세기 쩨이워르만 7세가 지은 휴게소가 있는 프놈 찌소(스와이에서 남쪽으로 약 25km)와 6세기 비문이 있는 따 픔이 있다.(Coedès 1948, 105, 230, 274, 296~97, Briggs 1951, 31, 149, 193, 214 참조). 스와이에서 10km도 채 떨어지지 않은 똔레 바띠(Delvert 1961, 538)에도 13세기 유적이 있다. 또한 바띠, 껀달 스똥 지역에서 "사람들이 계속 살았던 것 같다"고 제안한 델버트(1961, 537)를 참조하라.

다시 크마에 수도의 중심지가 되었다(Coedes 1948:394, Giteau 1957, 123, 166). 19세기 후반, 꺼ㅎ 톰 지역과 인근 바띠 지역은 이 나라에서 가장 인구가 많은 지역이었다(Delvert 1961, 429-430). 에이모니어(1900, 206)는 이때의 꺼ㅎ 톰에 관해 다음과 같이 설명한다.

> '꺼ㅎ 톰'은 사실상 남쪽 **쁘렉 또우잇**과 북쪽 **쁘렉 떼눌** 사이에 있는 작은 메소포타미아와 같은 지역이다. 그 땅은 곳곳에 울창한 숲과 팜나무로 덮여 있으며 어떤 곳은 광활한 지역의 모든 토지를 논으로 경작하는 지방의 중심에 있다. 목초지가 없어 주민들은 짐승이 거의 없으며 종종 논둑에 있는 풀밭에 물소나 소를 매 놓는다… 주민들은 아주 성실해서 건기엔 팜슈거를 만들고, 농사일을 서로 돕는다. 그들은 무리를 지어 이쪽 집에서 잠깐, 다른 집에서 잠깐 일하면서 주인이 차린 밥을 먹는다. 일반적으로 독한 술과 모욕적인 언행을 삼가고 재가신자와 관련된 종교적 계율을 지킴으로써… 불교적 경건의 측면에서는 모든 이웃을 능가한다. [저자 번역]

따라서 오늘날 알려진 이 마을이 19세기까지 존재하지 않았을지라도, 스와이 마을 주변에는 상당 기간 사람이 거주했을 가능성이 없지 않다. 19세기 말엽, 스와이 마을에는 자체 불교 사원(오왇 스와이)이 있었고, 따라서 그 당시 공동체는 그 자체 마을 이름을 갖고, 사원을 건설하고 지원할 만큼 충분히 컸을 것이라고 추론할 수 있다. 나이 든 주민의 추정에 따르면, 약 50년 전 마을 인구는 아마도 지금의 절반 이하였을 것이다. 노인들은 가옥과 주민의 급증에 관해 다음과 같이 말했다.

내가 어렸을 때, 마을은 컸지만(마을 자제의 면적이 넓었다는 뜻) 집은 그다지 많지 않았다. 게다가 그 집들은 여기저기 흩어져 있었다. 그러나 그 후, 한 자녀가 집을 지었고, 다른 자녀가 집을 지었고, 손자들이 집을 지었고, 그래서 지금은 집이 많다. 많은 곳이 공터였던 때를 아직도 기억난다.[7]

프랑스 보호령의 등장은 주민의 기억 속에 있지 않으며 스와이 마을 자체에 특별한 영향을 미친 것 같지 않다. 제2차 세계대전과 일본의 점령 역시 마을 사람들의 삶을 방해하지 않았다 (몇몇 남자는 일본인을 위해 간단한 일을 하고 고용주와 우호적인 관계를 맺었다). 최근 마을 사람들이 기억하는 가장 현저하고, 종종 다시 생각하게 되는 사건은 전쟁 이후의 혼란기였다. 캄보디아가 프랑스로부터 독립을 추구하던 2차 세계대전 이후, 마을 사람 중에는 소위 *크마에 이싸락*(자유 크마에) 민족주의 운동을 따르는 사람들이 있었고, 그들은 대체로 평온했던 마을의 일상에 폭력적인 소용돌이를 일으켰다(7장 참조).

---

[7] 델버트(1961, 207, Bellan 인용)는 이것이 "작은 마을"(그의 의미에서는 주거지 또는 작은 마을의 작은 집단)이 형성되는 일반적인 방식이라고 말한다. 자녀들은 부모의 집 근처에 새 집을 짓고 몇 군데 후에 여러 세대에 걸쳐 한 지역에 흩어져 있는 작은 마을을 발견한다(따라서 그는 작은 품의 주민들, 심지어 더 큰 주민들이 친척이 되는 것이 일반적이라고 지적한다). 스와이와 관련하여 별도의 작은 마을이 존재하는 것을 마을의 성장과 연관시키고 싶은 유혹이 있다. 인구 밀도가 가장 높고 마을 사원이 있는 동리는 마을에서 가장 오래된 부분이며, 증가하는 인구는 중리와 최종적으로 서리(후자가 가장 작음)로 분열되었을 가능성이 있다. 그러나 이것은 단순한 추측이다. 마을 사람들은 어떤 마을도 다른 마을보다 오래되지 않았으며 세 마을 모두 적어도 지난 75년 동안 존재했다고 분명히 말했다. 더욱이 델버트(1961, 539)는 이 지역에서 작은 마을 패턴이 흔하다고 지적한다.

이싸락을 제외하고 스와이 마을의 최근 역사에서 유일하게 특이한 또 다른 사건은 마을 바로 근처에 국립 사범학교가 설립된 것이다. 이 사범학교는 1958년 3월에 개교했으며 주로 경제적인 영역에서 마을에 영향을 미쳤다. 스와이 서리 주민 일부는 논과 야자수가 학교 자리에 포함되자 팔아야 했고, 보상이 충분하지 않다는 생각에 약간 억울해했다. 그러나 이제 마을 사람들은 학교에 대해 찬성하거나 최소한 중립적인 태도를 보인다. 학교는 마을 사람들에게 일용직 일자리나 정규직 일자리를 제공했고, 오락거리(마을 사람들은 학교 행사에 초대받지 않지만, 관중으로 받아들여짐)와 사교의 장을 제공했을 뿐만 아니라 학생에 관한 소문도 마을 사람들이 입에 담는 화젯거리가 되었다. 또한 학교를 통해 주민들은 최소한 교육이 사회적 이동을 위한 중요한 통로라는 인식을 하게 되었다.

스와이 서리

낯선 사람이 스와이 마을 어느 곳이든 걸어 들어가 자신이 어디에 있는지 물으면 마을 사람은 '스와이 마을 phum Svay'이라고 대답할 것이다. 확실히 마을 사람들은 전체 마을에 대한 어느 정도의 동질감과 애향심을 갖고 있다. 그러나 지역 사회에 익숙한 사람들과 대화할 때는 마을 내 동네('다음 주에 동리에서 결혼식이 있을 것이다', '중리에 사는 쏙이 프놈뻰에 갔다' 등)로 구분하는 것이 더 일반적이다. 더욱이 일상적인 상호작용의 대부분은 대개 동네에서 친척이나 이웃 사이에서 발생한다. 농사를 짓지 않고 사람도 살지 않는 좀 넓은 땅 때문에 지리적으로 나머지 마을과 분리된 서리 거주자들은 특히 그렇다. 스와이 동리와 중리 주민들(특히 이 두 작은 마을 사이의 다소 모호한 경계에 사는 사람들)은 서로를 자주 볼 수 있지만, 스와이 서리 주민들은 지역 사회의 다른 지역에 있는 사람들을 방문하기 위해 약간의 품을 들여야 한다(그럼에도 그런 품을 들인 왕래가 이루어진다). 여러 면에서 스와이 서리는 그 자체로 작은 마을과 매우 흡사하며 촌락 정체성이 강하다('우리는 스와이 서리에 있다', '우리 서리'). 그리고 이 연구는 주로 스와이 서리를 다룰 것이다.

배치. 서리는 국도에서 십여 미터 떨어져 있으며 논과 사범학교 건물에 의해 도로와 분리되어 있는데, 나무와 관목이 가리고 있어 고속도로에서는 거의 보이지 않는다. 구불구불한 작은 길로 몇 분 걷거나 논 제방을 따라 있는 지름길로 마을에 접근할 수 있다. 가장 서쪽에 있는 집에서 30미터 남짓 떨어진 작은 길을 따라가다 보면 낚시, 목욕, 수영, 가축 씻기는 데 사용되는 큰 물웅덩이가 있다. 좀 더 작은 웅덩이 2개는 우기 동안 많은 물을 제공한다(그리고 마을 내에는 식수, 요리 및 목욕용으로 쓰는 우물이 3개 있다). 항공 사진을 보면 한때 꽤 큰 개울이 사람이 거주하는 지역 남쪽 경계를 따라 흘렀음을 알 수 있다. 그러나 그 개울은 마을 동쪽 끝에 있는 늪지대를 제외하고는 이제 대부분 논이 되었다(지도 참조).

스와이 서리 집들은 동-서로 도시의 몇 블록 정도 되는 길이, 약 한 블록 정도에 해당하는 너비 정도 되는 직사각형 형태의 땅에 자리 잡고 있다. 마을 사람들은 낮게는 약 60센티미터에서 높게는 2.5미터나 그 이상인 나무나 콘크리트 기둥 위에 맞배지붕 집을 짓고 사는데, 일반적으로 가난한 가족은 사탕수수 줄기로, 보통은 나무와 초가로, 부유한 가정은 기와지붕에 나무로 벽을 세워 짓는

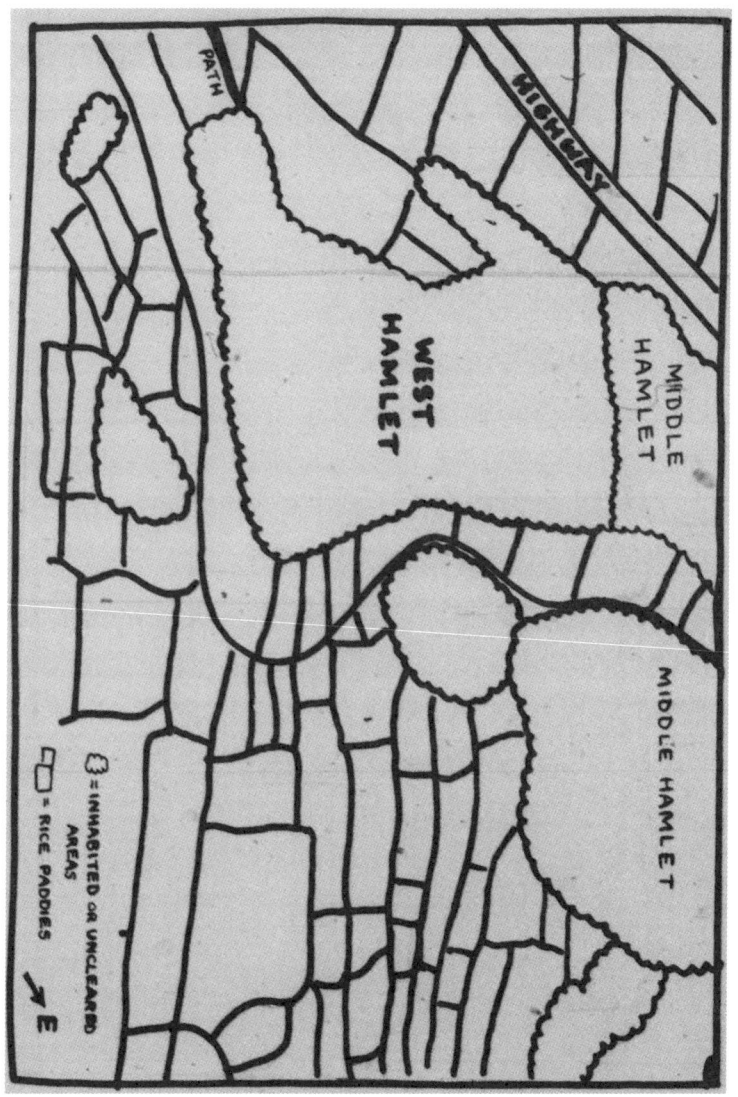

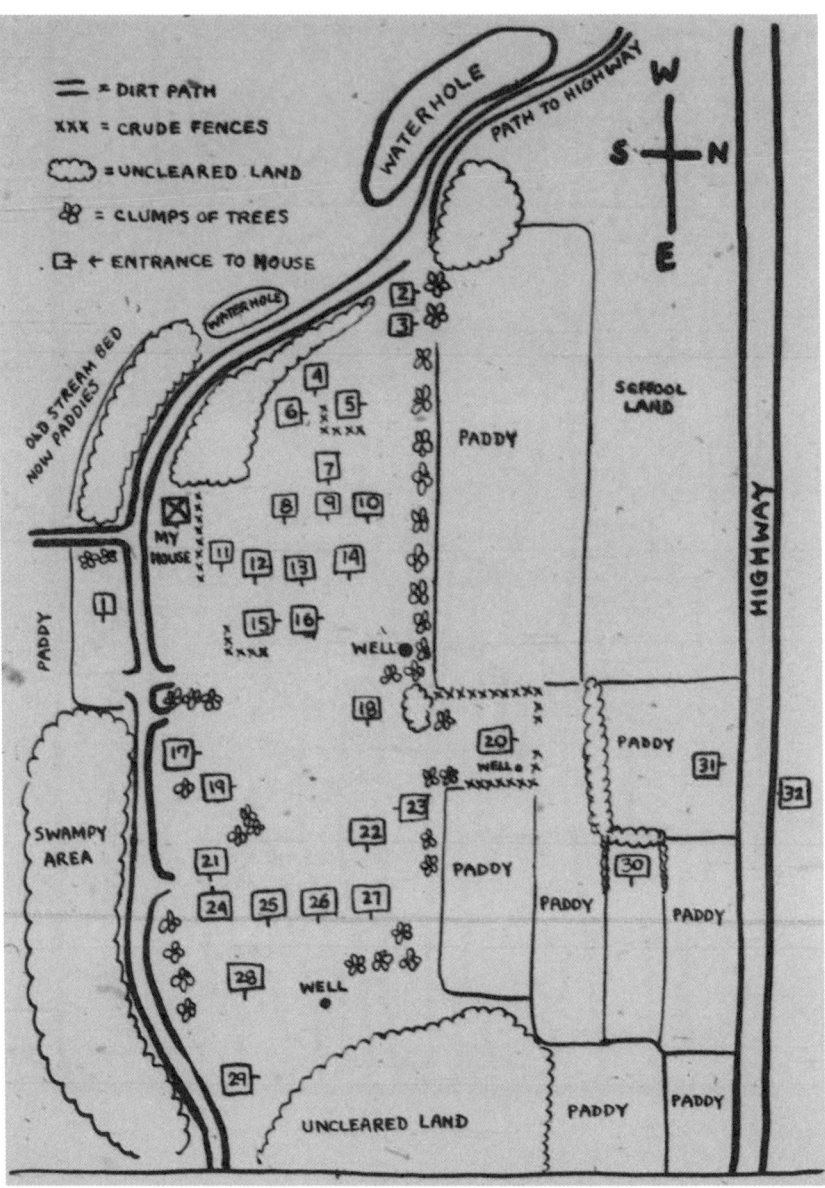

다. 정사각형이나 직사각형 형태의 집은 약 3.5미터×6미터에서 6 ×9미터까지 그 크기가 다양하다(P.41, 23줄. 건축에 관한 더 자세한 내용은 Delvert 1961, 181-198, 도판 31-33; Bitard 1955 참조). 부유한 사람들은 방이 여러 개인 집을 지을 수도 있다. 그러나 대부분은 밤에 가족 구성원의 프라이버시를 위해 천, 팜나무 잎 또는 나무로 된 몇 개의 칸막이로 어설프게 나눠지지만, 실제로는 하나의 큰 방으로 된 집에 산다. 때때로 집 자체에 주방 공간이나 부분적인 공간이 있는 집도 있지만, 대다수는 집 밖, 그러니까 집 아래나 옆에서 요리한다. 옷을 보관할 수 있는 트렁크나 옷장, 잠을 자거나 손님이 올 때만 펼치는 매트, 앞에 작은 제단이 있는 부처상, 작은 등유 램프나 주방용품과 같은 잡다한 생활용품만 있는 아주 허름한 집이 대부분이다 (테이블, 의자, 서양식 침대는 잘 사는 마을 사람들 집에만 있다). 집 아래 공간 또한 삶의 필수적인 부분이기도 하며 - 요리 및 식사, 쌀 저장, 쟁기와 같은 큰 물건 보관, 가축 사육 등. 한낮의 더위 속에서 휴식을 취할 수 있는 곳 등 - 다양한 방법으로 사용된다.

주택은 그 집 주인이 이용할 수 있는 토지 규모와 개인의 취향에 따라 서로 매우 가깝게 위치한 것도 있고(몇 미터만 떨어져 있음) 상대적으로 멀리 떨어져 있는 것도 있다.[8] 집 사이에 흩어져 있는

---

[8] 다른 집과 상대적으로 떨어져 있는 집이라도 여전히 쉽게 접근할 수 있는 거리에 있다. 왜냐하면 안전하고 외로움과 지루함을 피하려고 다른 집과 가까이 사는 것이 바람직하다고 여겨지기 때문이다. 크마에 농민들이 고립된 집을 선호한다고 생각하는 델버트(1961, 205)와 다른 사람의 소유지에 너무 가까이 건물을 짓는 사람은 불행이 닥치면 벌금을 내야 한다고 명시한 오래된 법률(Leclère 1898, 2:404-5)을 참조하라. 주택부지 및 기타 토지에 관한 기타 법령은 르끌레어(1898, 1:382-85, 2:360, 404-8)를 참조하라.

것들은 나무, 덤불, 그리고 허브와 채소의 작은 텃밭 정도이다. 때때로 조잡한 울타리나 나무들은 한 가족의 재산을 다른 가족의 재산과 구분한다(마을 내 모든 토지에는 각각의 소유자가 있기 때문이다). 야생 식물 덤불이 촌락을 일종의 자연적 담처럼 거주 지역을 둘러싸고 있으며, 특히 불모지가 광범위하게 펼쳐져 있는 동쪽과 서쪽에는 더욱 그렇다. 촌락의 남쪽에는 눈에 보이는 모든 곳이 불규칙하게 나눠진 논이 펼쳐져 있고, 너른 들에는 논둑에서 자라는 키 큰 트나온나무[9]를 비롯 각종 덤불과 나무가 우뚝 솟아 있다. 다른 들판은 고속도로 반대편 일부를 포함해 북쪽에 자리한다. 스와이 서리 사람들이 소유한 벼 논은 약 28ha 정도이다. 그러나 이 논들은 모두 인접해 있지는 않고, 다른 촌락이나 이웃 마을 사람들이 소유한 들판 여기저기 흩어져 있다.

1959년 12월, 서리에는 약 30채의 집에 160명 정도의 주민이 살고 있다. 실제 숫자는 다소 차이가 있을 수 있는데 이 작은 인구 집단 내에서도 출생, 사망, 결혼, 이혼, 친척을 데려오는 등 계속 변화가 있기 때문이다. 게다가, 남성들이 일용직을 위해 떠나고, 방문자가 명확하지 않은 기간 머무는 등 일시적인 인구 변화는 더 많다(스와이 서리 인구에 대한 더 자세한 분석은 부록 C 참조).

사회조직

스와이 서리의 전반적인 사회조직은 명확한 구조가 없어 깔끔한 방식으로 묘사하기가 어렵다. 오히려 다양한 자재로, 다양한 형태

---

9 수액을 채취해 설탕을 만들 수 있는 팔미라 팜나무를 가리킨다(역자 주).

와 크기로 지을 수 있는 시골 주택처럼 지역 사회 주민 사이 사회적 유대는 다양하고, 상대적으로 비구조적이다. 가족과 가구 외에 잘 정의된 그룹도 없고, 명확한 사회적 계층도 없으며, 주민 간 상호관계를 규정하는 엄격한 규범도 없다. 그러나 집이 일정한 기본 설계에 따라 지어지는 것처럼 마을 사회구조에서도 어떤 형태와 패턴을 찾아낼 수 있다. 가족과 가구를 제외하고 의미 있는 공식적인 그룹은 없지만, 후자는 마을 생활의 기본적인 사회, 경제적 단위를 구성하고, 그리고 친족 관계는 대인 관계에 명시적이거나 미묘한 영향을 미칠 수 있다. 공동체 내에서 엄격한 위계가 존재하지는 않지만, 어떤 사람은 다른 사람들보다 더 높은 지위를 차지하고 더 큰 존경을 받는다. 상호관계를 규율하는 강력한 제재는 상대적으로 적지만, 행위에 대해 더 크게 또는 더 적게 통제력을 행사하는 특정한 규범이 있다. 이 절에서는 이러한 점을 더 자세히 살펴볼 것이다.

가족과 친족 조직

친족은 다른 문화와 달리 크마에 농민사회의 조직과 기능에 있어 중요하지 않지만, 마을 생활에서 대인 관계의 중요한 기반 중 하나이다. 많은 농촌 사회는 아마도 가까운 친족들로 이루어진 무리에서 생겨났을 것이고, 다음 세대 결혼한 자녀와 다른 친척들이 새로운 가정을 이루면서 성장했을 것이다(Delvert 1961, 207). 따라서 크마에 마을 사람 대부분이 혈연관계나 다양한 촌수의 친척으로 서로 관련이 있는 것은 드물지 않았다(Delvert 1961, 207, CMCC 49.002, 49.017, 49.023). 스와이 서리에서는 32가구 중 22가구가 다양한 관계의 친족을 이루며, 나머지 가족은 촌락에 있는 적어도 한두 가구와 관련이 있다(표 1 참조).

모든 크마에 마을이 이렇지 않을 수도 있다(공동체가 대부분 친족이 아닌 사람들로 구성되어 있음을 시사하는 Zadrozny 1955, 313 참조). 평판 좋은 개인이 마을에 사는 것에 대한 법적 제한이 없기도 하고, 또한 울프(1955, 1957)가 '폐쇄된' 농민 공동체라고 부르는 특성이 외부인을 의도적으로 배제하는 것도 아니기 때문이다. 그러나 마을 사람들은 일반적으로 친척이나 친구가 없는 곳을 불신하고 두려워하기 때문에(제7장, Pym 1959, 164 참조) 결혼하거나, 이미 혈연관계가 있거나, 원래 거기 사는 가족 중 일부와 친분을 쌓지 않는 한 다른 공동체로 이주할 가능성은 매우 낮다.[10] (실제로 촌락에서 태어나지 않은 모든 스와이 서리 주민은 결혼이나 가까운 친척이 이곳에 살아서, 또는 예전에 이 촌락에 살던 부모로부터 땅을 물려받았기 때문에 공동체에 왔다). 친족망은 마을 밖에도 뻗어있다.

크마에 친족은 기본적으로 양계적이다. 부계 또는 모계 혈통은 특정 측면에서 강조될 수 있다. 예를 들어, 개인의 성 family name(법적 및 행정적 문제를 제외하고는 거의 사용되지 않지만, 1910년 법령으로 제정됨 [Steinberg 1959, 78])은 아버지를 따른다. 왕실의 공식 사제인 바꾸Baku의 구성원은 남계로 계승된다(Aymonier 1900, 63). 그리고 (다른 관행과 함께) 많은 연구자가 고대 크마에 모계의 잔존물이라고 생각하는 거주 패턴, 친족 용어 체계의 일

---

10 델버트(1961, 198~99)는 캄보디아 농민들이 거주지를 쉽게 바꾸는 것에 대해 언급했다(Gourou 1945, 380도 참조). 이는 일부 지역, 특히 들판이나 주택 부지로 토지를 쉽게 이용할 수 있는 인구 밀도가 희박한 지역에서는 해당될 수 있다. 그러나 결혼 후 배우자의 공동체로 이사하거나 다른 곳에서 취업하기 위해 이사하는 것은 확실히 스와이 마을 사람들의 전형적인 모습은 아니다.

부는 모계에 강조점을 둔다(P.45. 18줄. 예를 들어 Coedès 1953; Condominas 1953, 602; Thierry 1955: Groslier 1957, 14; O'Sullivan 1962).[11] 여기서 고대 크마에 사회가 모계였는지 논의하기에는 너무 복잡하다. 그러나 크마에 가족은 일반적으로 재산 소유 및 상속, 혈연 용어 및 거주 패턴, 혈족에 대한 인식 및 행동과 관련하여 부계나 모계에 중 한쪽에 큰 비중을 두지 않는다. 한쪽 또는 다른 쪽으로 치우치는 것은 일반적으로 절대적인 규칙 때문이 아니라 특정 상황 때문이다. 크마에 가족 시스템은 많은 다른 양계 시스템 사회와 같이 상당히 유연하기 때문이다.

크마에 친족 관계의 일반적인 특징은 머독 Murdock이 동남아 전역에 널리 퍼져 있는 양계 또는 에스키모 유형의 인지적 사회조직이 가지는 특징과 일치한다(Murdock 1960, 6, 14 참조).

(1) 1차 친족 단위는 핵가족 또는 대가족의 소규모 가족 단위이다. (주의) 나는 머독과 같은 방식으로 '대가족'이라는 용어를 사용하지는 않는다.

(2) 일부일처제가 우세하다. 일부다처제는 법적으로 허용되지만, 실제로는 드물다.[12]

(3) 같은 대generation라면 촌수와 상관없이 결혼이 허용된다(4촌, 6촌, 8촌 등).

---

11 고대 크마에들의 모계 여부는 여기에서 길게 논의하기에는 너무 복잡한 문제이다. 일반적으로 나는 고대 왕국 시대에 '모계 혈통이 … 사회가 고수해야 할 이상이었고 실제로 특정 신성하고 의식적인 상황에서는 고수했지만, 친족의 양계 조직은 일반적으로 효과적이었고 그 이후로 거의 완전히 효과적이게 되었다.'(1962, 94). 그의 분석이 정확하다면 고대 크마에는 베푸 Befu(1963a)의 단선-양자 사회의 유형 IV에 속할 수 있다.
12 나는 '확대가족'이라는 용어를 머독과 같은 방법으로 사용하지 않는다.

(4) 기주지가 신거제직neolocal이거나 (머독의 용어로) 양거제적 ambilocal이다. 강한 처거제uxorilocality 경향이 있지만, 그것을 강제하는 확고한 규칙은 없다.

(5) 공동체 내혼이나 외혼에 관한 규칙은 없다.

(6) 가족 외에 양계적으로 확장하는 '개인적 친인척'만이 있다.

(7) 사촌 용어는 관계 지시 호칭 측면에서 에스키모이고(직접 면접 호칭 측면에서는 하와이어이지만) 숙질 관계 용어는 직계적이다 (부록 E 참조).

이러한 점들은 아래에서 자세히 논의될 것이다.

결혼 규칙, 선호 및 패턴

결혼의 다양한 측면: 배우자 선택의 특정 요소, 일부다처제 및 일부일처제, 결혼 예식은 6장에서 논의될 것이다. 여기에서는 일반적 결혼 규칙과 패턴에 관한 두 가지 요점, 즉 근친상간 금지와 공동체의 내혼 및 외혼 패턴을 살펴보겠다.

근친상간 금지. 배우자 선택에 있어 논란의 여지가 없는 유일한 규범은 근친상간 금지이다. 현대와 특히, 고대 법전은 모두 친척 간의 결혼이나 간음을 명시적으로 금지한다.[13] 마을 사람들은 친척과의 성관계나 결혼을 생각할 수도 없다고 여긴다. 구체적으로, 혈

---

13 현대 민법(Clairon 연도 미상, 57~58 참조)은 핵가족 구성원과 양자 사이의 결혼을 절대적으로 금지하는 반면, 이모/삼촌과 조카/조카 사이의 결합은 법무부에 항소하고, 의회, 장관, 또는 왕의 승인을 얻은 후에만 허용된다. 그러나 왕족은 왕의 승인을 얻은 경우, 이복 형제자매, 부모의 형제자매 또는 형제자매의 자녀와 결혼할 수 있다(Aymonier 1900, 62, Steinberg 1959, 84, Clairon 연도 미상, 58). 법은 또한 근친상간 관계에서 태어난 아이는 "도덕적, 생리적 이유"로 인해 법적으로 인정되지 않을 것이라고 명시하고 있다(Clairon 연도 미상, 79). 옛

통에 의한 것이든, 입양으로 맺어진 관계든 상관없이 부모, 자녀, 형제자매, 조부모, 손자녀, 숙모와 삼촌, 조카(결혼 친족, 예를 들어 아내의 조카도 다소 가망 없는 것으로 간주됨)(CMCC 42.003 참조, 42.004). 예를 들어, 그들은 다른 사회에서 형제, 자매 사이 근친상간[14]에 대한 내 이야기에 놀라거나 역겨워했다. '여기서 그런 짓을 하면 마을에서 쫓겨날 것입니다... 이를 금지하는 법률이 있습니다.' (한 마을 사람은 전 왕이 이모를 '아내로 삼았다'고 속삭였지만, 이것은 왕족의 특권으로 예외로 받아들여졌다.)

그러나 사촌을 포함한 다른 친족과의 결혼은 허용되며 드문 일도 아니다(예, 릿Rith과 나라Nara[20번 집]는 사촌 사이이다).[15] 자매연혼 sororate도 가능하고(예를 들어, 낌 Kim은 죽은 아내의 동생과 결혼했다),[16] 형제 둘이 자매 둘과 결혼하는 방식도 마찬가지이다(이 경우, 형제 중 형이 자매 중 언니와 결혼해야 한다).

법률은 다양한 종류의 근친상간과 규칙 위반에 대한 다양한 처벌에 관해 매우 상세한 사항을 제공했다. 가혹한 처벌(과중한 벌금, 재산 몰수, 결혼 무효)을 받은 용납할 수 없는 근친상간 범주에는 핵가족 구성원, 조부모, 손자녀 간의 관계, 그리고 특정 기타 동맹(예: 가족 관계인 두 여성과의 일부다처제)이 포함되었다. 특정 다른 친척(이모부터 5촌 친족의 전처까지)과의 결혼은 근친상간으로 여겨졌지만, 벌금을 지불한 후에 유지되도록 허용되었다. 특정 근친상간 금지 조항은 서로 가상의 친족 관계를 맺은 사람, 전직 승려, 자신의 종교적 명령을 수여하거나 습관적으로 그에게 자선을 베풀거나 서약을 한 사원 근처에 살았던 사람에게도 적용되었다. 위 내용에 대한 자세한 내용은 르끌레어(1894, 395-404, 1898, 1:290-94, 324~25), 데긴(연도 미상, 23~26), 에이모니어(1900, 62-63)를 참조하라.

14 적절하게 높은 지위에 있는 배우자를 찾을 수 없어서 결혼하라는 명령을 받은 왕실 형제와 자매에 대한 크마에 이야기는 CMCC(41.001)를 참조하라. 그러나 형제자매들은 그들에게 사랑의 묘약이 투여될 때까지 결혼을 성사시킬 수 없었다.

15 CMCC(42.003)에는 더 멀리 떨어져 있는 사촌이 배우자로 인정될지라도 첫 번째 사촌과 결혼할 수는 없다고 명시되어 있다. 데긴(연도 미상, 24)는 남자의 부모가 여자의 부모보다 나이가 많은 경우에만 사촌간의 결혼이 허용된다고 말한다.

16 데긴(연도 미상, 25), 스타인버그(1959, 84)에 따르면 동성결혼의 경우 법적 허가를 받아야 한다. 이전 법률에서는 첫 번째 결혼에서 자녀가 태어나면 순연혼과 시동생과의 결혼을 처벌했다(Leclère 1894, 397; 1898, 1:292).

공동체 내혼, 공동체 외혼. 마을 내혼이나 외혼의 제한을 두는 규정은 없다. 어떤 이들은 마을-내혼을 선호한다. 왜냐하면 결혼 당사자들이 서로를 알고 있으며, 각자의 장단점을 결혼 전에 이미 정확히 알고 있기 때문이다. 한편 어떤 이들은 마을 내혼이나 마을 외혼 그 어느 쪽이 더 낫다기보다 결혼 당사자의 성격과 같은 것들이 더 중요한 요소라고 말하기도 한다.

사실, 동네와 마을 외혼이 압도적으로 많기는 하다. 지난 70년 넘는 기간 스와이 서리에서의 결혼 중 3/4 이상이 마을 외혼이었고, 90% 이상이 동네-외혼이었다(표 3.1 참조).[17] 마을 외혼에 대한 두드러진 선호도가 없어 서리에서의 높은 빈도수의 이유가 확실한 것은 아니지만, 몇 가지 요인들은 있을 것이다. 먼저, 서리의 인구가 적어 적당한 상대자들 고르기 위한 결혼 대상자가 많지 않기 때문이다. 이 요인은 동네 외혼에 대해서는 충분한 설명이 될지 몰라도, 마을 외혼에 대한 설명이 되기는 어려울 것 같다. 왜냐하

〈표 3.1〉 지난 70년간의 공동체 내/외혼

동네 외혼: 96건 (90.6%)	동네 내혼	10건 (9.4%)	마을 내혼: 23건 (21.7%)
	동네 외 마을 내혼	13건 (12.3%)	
	마을 외혼	83건 (78.3%)	
	총결혼 수	106건 (100%)	

(주의: 결혼 총수에는 현재 스와이 서리에 사는 주민들과 그들의 부모, 형제, 그 동네에서 태어난 자녀들(지금은 사망했거나, 이사를 나갔다고 해도)을 포함하는 숫자다. 여기에는 이혼으로 끝난 3건의 결혼과 명확하지 않거나 기록에 없는 9건의 결혼은 포함되지 않았다.)

---

17 다른 캄보디아 마을들에서 마을 외부자와의 결혼이 일반적인지에 대한 정보는 나에게는 없다.

〈표 3.2〉 공동체 외혼 건수

다음 출신과 스와이 서리 출신 사이 결혼 수:	
스와이 내 다른 동네	12명 (18%)
5km 반경 내 다른 마을	33명 (49%)
5~30km 거리에 있는 마을	11명 (16%)
프놈펜	3명 (5%)
30km 이상 떨어진 다른 동네	8명 (12%)
총	67명 (100%)

(주의 : 이 표에는 배우자들의 정확한 출생 마을이 기록되지 않은 외부자와의 결혼 건수는 제외되었다.)

면 스와이 전체로 보면 꽤 인구가 많고, 현재 청년과 젊은 성인들의 남녀 성비가 거의 비슷하기 때문이다.

두 번째로 동네-외혼 관련 스와이 서리 젊은이들의 관심사에 한해, 더 중요한 점은 바로 이웃에 사는 소년/소녀들은 너무 오래 알아 온 친한 사이라서 로맨틱한 관심의 대상이 될 수가 없다는 것이다. 청소년들이 결혼이나 원하는 반려자에 대해 이야기할 때, 그 동네에 사는 또래의 특정 인물에 대한 외모나 인격적인 매력에 대해 인정하기도 한다. 하지만 대개 그들을 결혼 상대자로는 여기지는 않는데, 그들이 거의 친척 같은 사이이거나 허물없는 친구 사이이기 때문이다. 반대로, 불교 행사에서 힐끗 본 낯선 예쁜 사람이나 다른 마을에서 방문한 친구의 매력적인 친구가 더 흥미를 끈다. 모든 결혼이 로맨틱한 끌림으로 이루어진 것은 아니다. 그러나 상대적으로 잘 모르는 구혼자 또는 약혼 후보자의 장점은 미화되고, 단점은 드러나지 않거나 미미한 것으로 알려지지만, 이웃에 사는 친구들의 단점은 속속들이 다 알려져서, 마을 밖의 후보자들이 더 매력적으로 보일 것 같다. 셋째, 실용적인 경제적 고려가 때때로 주요 관심사가 될 수 있다. 대개 스와이 서리에 있는 한 가족이 소유한 논은 매우 적은데, 이는 세대가 갈수록 더 심해지는 세분화(구획화, parcellization) 때문이다(4장 참조). 따라서 논이 거의 없고/없거나 자손이 많은 가족은 그들의 자녀가 더 유리한 재산을 소유하고 있거나 농사를 짓지 않고 정기적으로 임금을 받는 직업을 가진 다른 커뮤니티의 사람과 결혼할 것을 권장한다.[18] 그리고 그런 자녀들은 대개 결혼 후에 동네나 마을을 떠난다. 따라서 경제적으로 유리하거나 정서적으로 만족스러운 마을-외혼은 다음 세대의 모든 자녀를 적절히 보살필 만한 충분한 토지가 없는 가족의 경우 가족의 일원이 지역을 떠나는 계기가 되기도 한다.

마지막 부분은 보충 설명이 필요하다. 인구 과잉과 제한된 토지 자원을 고려할 때, 지난 70여 년 동안 결혼을 통해 동네로 들어온 사람이 나간 사람보다 약간 많다는 것은 놀라워 보인다. 그러나 고려해야 할 몇 가지 요인들이 있다. 첫째, 유입자 대비 유출자 비율은 시기에 따라 변했다. 동네의 인구가 상대적으로 적어서 더 많은 주민을 쉽게 흡수할 수 있었던 50~70년 전에는, 마을에 결혼을 통한 유입자 수가 유출자 수보다 많았다. 그러나 지난 수십 년 동안 유입자와 유출자의 비율은 거의 비슷했다. 둘째, 스와이 서리 내

---

18 수치를 인용하진 않았지만, 족보를 조사한 결과 세 자녀가 있는 모든 가정에서 적어도 한 명 이상의 자손이 마을-외-결혼으로 그 동네를 떠난 것으로 나타났다. 그리고 자녀가 다섯 명 이상이면 자손 대다수가 결혼과 함께 마을을 떠났다. 한 가지 예를 들어, *까에우* Kaiu와 *분* Bun은 약 1ha의 논과 자녀 8명을 두고 있다. 이미 결혼한 자녀 6명은 모두 마을-외-결혼을 했고, 1명을 제외하고 모두 스와이를 떠나 땅을 상속하지 않았다. 그 동네에 남아 있는 결혼한 딸은 부모님의 밭을 함께 사용하고, 그녀의 남편은 인근 마을에 그가 계속 일할 수 있는 땅이 조금 있다.

어떤 가정은, 특히 일반적으로 인구 과잉인 인근 지역 다른 마을의 일부 가정들보다 논이 더 많았거나 여전히 더 많다. 이와 관련한 많은 예들이 있는데, 꼬잎Kouch은 인근 마을, 자녀가 7명인 매우 가난한 가정 출신이었는데, 거의 1ha의 땅과 부모의 집을 물려받은 티다Thida와 결혼해 이 동네로 왔다.[19] 따라서 마을-외혼과 결혼 후 더 윤택한 배우자의 마을에 정착하는 것은 가용 토지 자원과 일치하는 패턴을 보여주며, 인구를 이동시키거나 흩어지도록 하는 요인이 된다.[20] 셋째, 처가에 사는 경우가 많아 결혼 유입이 지속되고 있다. 일반적으로 남성이 자신이 태어난 집을 떠나지, 여성이 떠나는 것은 고향 집이 다른 지역으로 이사해 가는 경우를 경우 외에는 드물다. 따라서 마을 외혼의 경우 남성이 부인의 공동체로 옮기는 것이 일반적이다.[21]

또 다른 관심 가는 점을 소개하자면, 스와이 서리에서 마을 외혼의 3/4 이상은 스와이에 있는 다른 동네이거나 15km 반경 이내에 있는 마을 출신 사람과의 결혼이었다. 더 나아가 결혼 배우자의 절반은 반경 5km 내 마을 출신이었다(표 3.2 참조). 다시 말하지만, 가까운 마을 출신과 결혼해야 한다는 규칙이나 확고한 전통

---

19 내가 족보 데이터를 가지고 있는, 결혼해서 스와이 서리로 들어온 20명 중 13명은 자녀가 5~9명인 가정 출신이었다.
20 정확한 수치를 인용하진 않았지만, 스와이 서리에서 반경 5km 내에 있는 마을 출신과 마을-외-결혼한 스와이 서리 주민 가운데 결혼 후 유입된 부부의 숫자가 스와이 서리 배우자의 고향 커뮤니티로 이사한 사람들보다 더 많다는 사실은 주목할 만한 일이다. 마을에서 30km 이상 떨어진 인구가 덜 밀집한 타 지역민과 결혼할 때 배우자의 커뮤니티로 이사 간 스와이 주민들이 같은 거리만큼 떨어진 지역에서 그 동네로 결혼과 함께 유입된 사람들보다 두 배 더 많았다.
21 예를 들어, 결혼으로 스와이 서리로 들어온 50명 중 32명은 남성, 18명은 여성이었으며, 결혼으로 이사 나간 44명 중 33명은 남성이고, 11명은 여성이었다.

은 없는 것 같지만, 그런 결혼이 많이 발생한다는 것은 몇 가지 요인으로 설명이 될 수 있을 것 같다. 마을 사람들은 일반적으로 낯선 사람과 알려지지 않은 지역에 대해 매우 의심쩍어하지만(8장 참조), 인접한 마을 간에는 그 마을 간 세대에 걸친 결혼으로 생긴 친족 관계와 친근한 유대 관계망을 통해 스와이와 연결되어 있다. 이 마을 중 한 곳 출신은 여러 면에서 매력적인 배우자가 된다. 첫째, 그/그녀는 한 동네 사는 거주자보다 더 많은 관심을 불러일으킬 만큼 충분히 알려지지 않았을지 몰라도, 그/그녀는 아마도 인근 지역에 있는 친척들이나 친구들에 의해 좋은 평판을 받을 수도 있다. (사실, 다른 마을의 그러한 친척들과 친구들은 종종 그들의 젊은 친척이나 지인 중 한 명을 스와이의 누군가에게 맞선으로 소개함으로써 마을-외혼을 장려한다) 둘째, 배우자 동네로 이사 가야 하는 사람도, 빠르고 쉽게 집으로 돌아와 가족과 오랜 친구를 만날 수도 있다. (사실, 스와이와 인근 마을 사이 가까운 친척들 간의 빈번한 방문은 매우 흔한 일이었다.) 결혼 후 인근의 다른 지역에 거주하게 될 사람은 그 지역에 이미 친척이 있을 것이다. 예를 들어, 따 짜 출신의 쏙 Sok이 26번 집 쓰레이뻰Sreypich과 결혼했을 때, 그의 사촌이 사실상 옆집(21번 집 헹Heng)에 살고 있었다. 셋째, 누군가 먼 지역 출신과 결혼하여 그곳으로 이사한다면, 그는 스와이에 있는 논은 일절 상속받지 못하게 될 가능성이 매우 크다. 하지만 가까운 마을 출신과 결혼하여 그곳으로 이주한 사람은 별 어려움 없이 일할 만큼 아주 가깝게 있을 것이기 때문에 논 일부를 상속받을 것이 분명하다. 사실 스와이 서리에 있는 상당수의 가정은 인접한 마을 근처에 밭을 소유하고 있고, 스와이를 둘러싸고 있는 논 일부를 다른 동네/마을 사람들이 소유하고 있기도 하다.

거주 패턴과 가족, 가구

크마에의 기본적인 지역 친족 그룹은 가구(한집에 사는 사람들)이다. 스와이의 가족구성은 매우 다양한데(표 3.3 참조), 이는 결혼 후 각각 다르게 이주하는 양상과 다양한 친족이 한 지붕 아래로 모이는 서로 다른 상황을 반영한다. 하지만 가장 흔한 것은 핵가족과 대가족stem families으로 두 형태의 합이 스와이 모든 가구의 75%에 이른

〈표 3.3〉 스와이의 가구 구성

가족 구성 형태	스와이 서리	다른 동네	합계
I. 핵가족	18(56%)	61(49%)	79(50%)
(a) 부부와 미혼 자녀들	17	54	
(b) 한 부모(사별, 이혼)+미혼 자녀들	1	7	
II. 확대가족			
1. 대(stem) 가족	8(25%)	31(25%)	39(25%)
a. 부모+미혼 자녀들+기혼 자녀+고인의 배우자+자녀들[a]	7	29	36
b. 미혼여성+기혼인 여자 조카+고인의 배우자+자녀들	1	2	3
2. 다른 형태의 확대가족들	3(9%)	26(21%)	29(18%)
a. 부모(들)+미혼 자녀들+사별/이혼한 자녀+고인의 자녀들	0	9	39
b. 홀아비/과부, 핵가족, 또는 핵심인과 그 분기 가족 또는 부부의 형제/자매(들)+고인의 배우자+자녀들	2	10	12
c. 남/여 조카가 있는 위와 같은 가족+고인의 배우자+자녀들	1	4	5
d. 할머니나 손주가 있는 위와 같은 가족	0	2	2
e. 몇 명의 다른 친척들과 결합된 한 부부	0	1	1
III. 결혼한 부부만	2(6%)	3(2%)	5(3%)
IV. 미혼인들(Single persons)	1(3%)	2(1%)	3(2%)
V. 기타(각주 8-3)[b]	0	3(2%)	3(2%)
합계	32 (99%)	126 (100%)	158 (100%)

주의: 이 표는 1959년 12월 기준이다. 글에서 이야기하고 있는 바와 같이, 가구 구성은 시기에 따라 달라질 수 있다.
 a. 이 형태를 대가족에 넣은 이유는, 그 모든 이유와 목적이 기능적으로 대가족과 일치하기 때문이다.
 b. 이 카테고리에는 두 미혼 자매가 함께 사는 가구와 미혼의 두 여성이 함께 사는 가구, 총 2가구가 포함되었다.

다. 이를 포함한 여러 사항은 아래에서 다루도록 한다.[22]

계속 진행하기 전에 앞으로 사용할 용어들에 대해서 언급해야만 하겠다. 거주나 가족의 다양한 형태에 대한 용어의 정확한 의미에 대한 합의가 항상 있었던 것은 아니기 때문이다(P.51, 5줄. 예를 들어 Adam 1948; Goodenough 1956; Fisher 1958: Bohannan 1957: Ayoub and Lieberman 1962; Murdock 1949 참조). 따라서 나는 머독(1949), 피셔(1960), 아담(1948), 보하난(1963)에서 차용 또는 채택한 특정 용어를 어떻게 사용할지 정확하게 언급할 것이다.

거주 형태

(a) 신거제 : 한 배우자의 가족으로부터 분리하여 새로 집을 짓고 정착

(b) 처거제 : 부인의 가족들과 함께 사는 부부 (처가 마을 거주 : 처가가 아닌 처가가 있는 마을 내에 거주하는 부부)

(c) 부거제 : 남편의 가족들과 함께 사는 부부(시댁 마을 거주: 시댁이 아닌 시댁이 있는 마을에 사는 부부)

(d) 이모네 거주 : 남편/부인의 이모와 함께 거주하는 부부

(e) 형제네 거주 : 남편/부인의 형제와 함께 거주하는 부부 누이네 거주: 배우자의 여자 형제와 함께 사는 것

---

22 아래의 논지에서 나는 굿이너프(1956), 피셔(1958), 바너스(1960)를, 그리고 거주 패턴의 조사와 분석을 다듬은 다른 사람들의 의견을 인용할 것이다.

가족 형태

(a) 핵가족: 부모와 미혼 자녀들로 구성된 두 세대
(b) 대가족: 부모와 미혼 자녀들 및 결혼한 자녀와 그/그녀의 배우자와 고인의 자녀들로 구성된 두~세 세대
(c) 확대가족: 핵가족보다 큰 모든 형태의 가족, 예를 들어 부모와 미혼 자녀들 이외 친척을 포함하는 구성(분기 가족도 확대가족의 한 형태로 간주될 수 있다).[23]

거주 규칙과 형태. 스와이에서는 결혼 후 어떠한 형태로 가족을 구성하는 것이 이상적인지 정해진 규칙이나 합의가 있는 것은 아니다. 선호하는 거주 형태에 대한 태도는 환경에 따라 다양하며, 나이에 따라서도 달라질 수 있다. 상당수의 부부, 특별히 젊은 부부들은 분리된 주거지에서 사는 핵가족이 이상적이라고 느낀다. "(이런 거주 형태에서는) 더 많은 공간이 있고… 한집에 사는 다른 친척들과 다툴 일도 없다… 자신이 좋아하는 것을 할 수 있고… 자신이 소유한 집에서 편안함을 느낀다… 등등"(Aymonier 1900, 34 참조). 하지만 다른 부부들은 배우자의 부모(나 다른 친척)와 함께 사는 것이 더 유익하며, 부부만의 분리된 거주 형태보다 낫다고 여길 수도 있다. (어떤 경우에는 선택이 아닌 필요에서 비롯된 조건을 합리화 할 수도 있지만,) 확대가족으로 사는 많은 사람은 매우 만족하고 있다고 주장한다. "집에 함께 있는 것이 즐겁습니다… 어머니는 제가 요리할 때나, 아이들을 돌볼 때 도와주세요…

---

23 레비스트로스(1960)와 울프(1966)도 이런 식으로 '확대가족'이라는 용어를 사용하지만, 머독(1949, 1957년)은 그렇지 않다. 크마에들은 그들 스스로 다른 종류의 가족을 지칭하는 별도의 용어를 가지고 있지 않다.

우리는 밭에서 일할 사람들이 더 많아요… 부모님이 늙으시면 부모님을 모셔야죠… 등등." 그리고 왕성하게 일할 나이가 가까웠거나, 좀 지난 나이가 든 부부는 처가 또는 시댁 거주가 좋다고 느낀다. "왜냐하면 결혼한 자녀가 우리 집에 살기 위해서나 집 보는 걸 돕기 위해서 또는 논에서 일하기 위해 오는 것은 좋은 일이지요. 손주들이 집에서 노는 것을 보는 즐거움도 있답니다." 요약하자면, 결혼 후 거주에는 실제로 두 가지 기본 이상이 있다: 부부만의 분리된 주거 형태 또는 배우자의 부모와 같이 사는 형태가 그것이다. 부부만의 분리된 주거에 대한 선호가 강할 수 있지만, 그것이 실제로 지배적인 규범으로 여겨질 수는 없다(예, Zadrozny 1955, 313, Murdock 1957, 680, Condominas 1953, 589).

결혼 후 거주의 실제 사례는 이러한 태도를 반영한다. 스와이 서리의 부부 중 약 절반이 부부만의 분가한 데 반해, 나머지 부부들은 그와 다른 다양한 거주 형태를 취했다. 1959년 스와이 서리의 통계표는 다음과 같은 패턴을 보여준다.[24]

부부만의 분리된 거주	17쌍	(47.2%)
처가 거주	11쌍	(30.6%)
시댁 거주	5쌍	(13.8%)
이모네 거주	2쌍	(5.6%)
언니네 거주	1쌍	(2.8%)

---

24 이 표에서 다음 사항에 유의한다. (a) 아래에 '부부'로 분류된 이들 중 일부는 현재 홀로 되었을 수 있다. (b) 처가 또는 시댁 거주로 분류된 부부 중 일부는 부부만의 독립된 거주로 나타날 수 있다. 하지만 사실 그들은 처음 결혼했을 때 배우자의 부모와 함께 살기 위해 이사했는데, 그 후 부모는 죽고, 부부만 그 집에 남게 되었다. 이 경우, 부부의 결혼이 시작된 상황에 따라 분류했다. (c) 스와이 서리의 두 커플은 분류 방법에 관한 문제로 인해 표에 포함되지 않았다.

핵가족. 핵가족 가정은 부부 단독 가구나 기존 대가족에서 노인 부부의 사망으로 생겨날 수 있다. 어쨌든 핵가족은 다양한 정서적, 경제적, 도덕적, 법적인 관계에 따라 함께 결속된 크마에 사회에서 가장 근본적인 사회집단으로 여겨질 수 있다. 마을 생활에서 가장 강력하고 오래 지속된 관계는 남편과 아내, 형제자매, 부모와 자녀 간의 결속에서 발견된다. 가족 내 자녀 다수가 출산해 여러 가족으로 분리된 후라도 이전의 구성원들은 종종 서로에 대한 깊은 정서적 유대와 잦은 접촉을 유지한다. 법률 조항과 문화적 규범에 따르면, 가족 구성원들은 문제가 발생하면 특별한 도움뿐만 아니라 일상적인 지원과 의리, 배려를 제공해야 한다(일반적으로 그렇게 한다). 또한 핵가족은 종종 생산과 소비의 기본 경제 단위로, 생계 활동에 협력하고 생산, 소득 및 재산을 공유한다(4장 참조). 핵가족은 또한 종종 다양한 노동에 있어서 단일 사회 단위의 역할을 한다(고 간주된다). 예를 들어, 협동 노동 교환에서 답례는 기본적으로 한 특정 개인이 다른 개인에게 지급하는 방식이 아니라 한 가족(또는 가구)이 다른 가족에게 빚진 노동의 총량으로 계산되기도 하고, 불교 의식이나 생애주기 의식에 기부할 때 선물은 종종 가족 전체가 제공하며, 그리고 마을 활동에서 각 가족이나 가정은 일정량의 돈이나 노동을 제공한다. 마지막으로, 그것(핵가족)은 일반적으로 구성원들이 한 지붕 아래에서 먹고, 자고, 함께 일하는 주거, 식탁 공동체 단위이다.

 서로에 대한 가족 구성원의 권리와 의무, 그리고 그들 사이 관계의 본성은 여러 가지 방식—민법의 법령, 불교의 계율과 가르침, 후손들의 행동을 감시하는 조상의 혼령들(*메바*meba)에 대한 믿음, 가족 내의 적절한 행동에 관한 일반적인 문화적 규범—으로 정의되고 승인된다.[25] 물론 실제 행동은, 특히 크마에 문화가 일반적으로 규범에 대한 엄수를 요구하지 않을 때, 이상적인 표준에 항상 부합하는 것은 아니다. 그러나 핵가족 내 관계는, 멀리 떨어져 있는 친척들과의 관계에서와 같은 정도의 자유와 개인적 선택을 허용하지는 않는다.

(a) **남편과 부인**. 배우자 관계에서의 정서적 내용은 부부에 따라 다르다는 것은 당연하다. 어떤 이들에게 결혼은 본질적으로 필수적인 문제나 편의의 문제로 보이며, 그 부부들은 조화롭지만 무덤덤하게 함께 일하며 산다. 어떤 부부들은 부부간의 애정을 공적으로 드러내는 것이 통례가 아니긴 하지만, 서로 간의 깊은 감정과 배려를 분명하게 드러내기도 한다. 이를테면, 부인이 병들면 남편은 슬퍼할 것이고, 부인은 남편의 인격과 능력을 칭찬할 것이고, 배우자들은 서로에게 장난스러운 별명을 붙여주기도 하는 등이다. 가장 금실이 좋은 부부도 때때로 다툰다는 것은 당연하다. 그러나 뿌리 깊은 불일치 또는 장기간의 명백한 불화는 대개 이혼으로 이어지기 때문에, 배우자 간에는 최소 서로에 대한 관용에서 최대 서로에 대한 사랑이 있다.

법규에 따르면 남자는 아내, 자녀, 가정 문제에 거의 절대적인 권한을 가진 '가장'이며, 여성에게는 주어지지 않는 어떤 특권을 가지고 있다(Clairon 연도 미상, 65~67 참조). 불교 교리 또한 남성에게 우월한 지위를 부여한다(4장 참조). 그러나 법과 종교의 가르

---

25 법률 조항과 불교 교리에 관해서는 데긴(연도 미상), 르끌레어(1890, 1898, 1899), 링잇(1952), 티에리(1955), 클레론(연도 미상), 버트(1955)를 참조하라.

침을 면밀하게 살펴보면 여성은 남편에게 충실하고 순종하며 최소한의 법적 능력이 있지만, 많은 권리와 특권을 부여받는다.(예를 들면, 여자는 이혼 절차를 시작할 수 있고, 남자는 절에 들어가거나 첩을 두려고 할 때 부인의 허락을 받아야만 하며, 남자는 법에 따라 그의 아내에게 음식과 거주 및 물질적이고 도덕적인 지원을 해야 하고, 불교 규범에 따라 존중과 배려를 해야 한다(Clairon 연도 미상, 64~65, Burtt 1955, 110). 그리고 마을 생활에서 남성과 여성, 남편과 아내의 상대적 지위는 사실상 같다. 남편은 엄밀히 말하면 가족의 경의와 존경과 순종의 대상이 되는 최고 권위자다. 그러나 농민 아내는 결코 완전히 유순하고 복종하는 존재가 아니다. 가족을 유지하는 데 있어서 아내의 역할은 결정적이고 그 활동은 다양하다—아내는 아이들과 가정을 돌보는 데 일차적인 책임이 있다. 그녀는 들판에서 함께 일하는 동료이자, 가계 재정을 관리하고 책임지는 사람이다. 그녀는 많은 금융 거래를 현명하게 처리하고, 종종 돈을 벌기 위해 자영업을 하기도 한다. 그녀는 자신의 권리로 재산을 소유하고 처분할 수 있다.[26] 그녀는 남편이 죽거나, 집을 떠나있거나, 무능력해진 경우 등의 상황에서 가정에 대해 명시적인 법적 권한을 갖게 된다. 그 결과 아내와 어머니는 가족 내에서 명백하고 은밀한 상당한 권위를 행사한다(P.54, 2줄. 여성의 지위에 관해서는 4, 5, 6장 특히 Thierry 1955, 그리고 Aymonier 34-35; LeGallen 1929, 221; Monod 1931, 31; Stemberg 1959, 78; Ward 1963, 479).

---

26 실제로 어떤 처가살이의 경우, 특히 남편이 다른 마을에서 온 경우, 그 가족이 이용하는 주요 재산은 부인이 가질 수 있다.

(b) 부모와 자녀. 법적 조항에는 자녀의 유형(합법적, 불법적 또는 입양), 부모의 권한 및 익숙한 통제로부터의 자녀들의 해방과 관련한 부모와 자녀 간의 관계에 관한 수많은 조항이 있다(P.54, 8줄 Clairon 연도 미상, 75-79, 87-90, 104-105, 111-113; LeGallen 1929, 220: Aymonier 1900, 34; Leclère 1890, 65 참조). 대개 부모들에게는 '어린 자녀를 위험으로부터 보호하기 위해' 강력한 권한 — 엄격한 순종과 존중에 대한 권한, 신체적이거나 과도하지 않은 다른 수단을 통한 훈육과 체벌의 권한, 자녀의 재산을 관리하거나 이용할 권한, 자녀의 결혼을 승낙하거나 거부할 수 있는 권한 등— 이 부여된다(Clairon 연도 미상, 87). 부모는 또한 법적으로 자녀를 교육하고, '양육할' 의무를 진다(Clairon, 연도 미상, 87~88). 그리고 부모는 종교적 가르침과 문화적 규범에 따라 도덕적인 안내자의 역할을 해야만 하며, 적절한 결혼을 하도록 감독하고, 자녀들에게 미래의 복지를 (유산을 통해) 제공해야 한다. 이에 따라 자녀는 부모의 명예를 지키며, 존경하고, 노년을 지원하며, 적절한 장례를 치러줘야 할 의무를 진다(Burtt 1955, 110, Aymonier 1900, 85, CMCC 42.003 참조).

마을 생활의 현실에서 부모-자녀 관계는 법률 및 종교 규범이 정한 것보다 덜 공식적이고 더 너그럽다. 부모는 자녀들을 관용으로 대하고 더 많은 애정을 쏟으며, 그런 자녀들은 부모들에게 큰 기쁨과 즐거움을 선사한다(6장 참조). 자녀를 향한 관심은 다양한 방식—부모는 자녀에게 그들이 할 수 있는 한 제일 좋은 음식과 옷을 주고(때로는 감당하기 어려울 만큼 하기도 한다), 자녀들이 적절한 교육을 받고 더 나은 결혼을 하는 것에 대해 걱정하며(그리고 대부분 경우 자녀의 성향과 욕구를 고려하여 불쾌한 행동을 하도록 강요하지 않는다), 일반적으로 모든 자녀를 공평하게 대우하고 미래의 복지를 제공하기 위해 거주와 상속에 관한 결정을 내리고, 사별한 또는 이혼한 자녀를 다시 가족으로 받아들이는 등—으로 나타난다.

그 대가로 부모들은 일반적으로 자녀들로부터 복종, 존경, 헌신을 받는다. 비록 젊은이들이 때때로 부모에게 반항하고 무례하게 굴기도 하지만, 자녀들이 자라면서 부모의 판단과 권위를 존중하고 복종할 뿐만 아니라, 부모를 비롯한 다른 가족 구성원들의 복지에 높은 관심을 보인다.[27] 예를 들어, 청소년기나 젊은 성인 자녀들이 종종 가족 소득을 보충하기 위해 일용직으로 일한다거나, 남성들이 승려가 되어 자기 부모와 자신 모두를 위한 선업을 쌓는다거나, 자녀들은 부모의 승인 없이 결혼하는 경우가 거의 없고, 젊은 남녀가 자기가 원하는 대로 결혼을 할 수 있다는 이상에도 불구하고, 부모들이 그들을 위해 결혼을 주선해 주시도록 한다거나(6장 참조), 자녀들이 노후에 부모님을 부양하거나 부모님 사후에 적절한 장례를 치러드리는 데 강한 의무감을 느낀다거나 (자기 집으로 부모를 모셔 와서 그들과 함께 살거나 부모와 떨어져 산다면 부모님들이 살 수 있도록 생활비를 보냄으로써) 하는 등이다.[28]

자녀는 부모 중 살림의 중심이고, 더 사랑이 많은 어머니와 더 교

---

[27] 기독교인 자녀는 왜 자신이 다른 가정이 아닌 그 가정에서 태어났는지 모르기 때문에, 불교의 윤회설이 친밀한 유대관계를 형성한다는 르끌레어의 가설(1899:531~532)을 참조하라. 불교도는 자신이 그 부모의 아들이, 자기 자녀들의 아버지가 될 자격이 있고, 그의 부모가 자신을 아들로 둘 자격이 있음을 안다…'

[28] 실제로 고대법과 현대법 모두 돌아가신 부모의 '마지막 질병' 시기에 부모를 돌보지 않거나, 장례식에 참석하지 않은 자녀가 상속받지 못하도록 규정하고 있다 (Clairon 연도 미상:123-124, Leclere 1898:348-351, 355 참조).

류가 잦고 정서적 유내감도 더 깊다. 아버지와도 정이 들 수 있지만, 대개 아이들이 어릴 때 공공연하게 사랑을 표현하던 아버지들은 아이들이 나이가 들수록 권위적으로 변한다. 어느 부모도 지나치게 엄격하지는 않지만, 아버지는 성마르며 덜 관대하고, 즉각적인 복종을 요구하며, 어머니보다 더 빨리 꾸짖는 경향이 있다. 아들이 아버지의 다양한 일을 함께 하기 시작하면 아버지와 아들 사이의 관계는 더 가까워질 수 있지만, 아들들은 항상 엄마를 따뜻하고, 감싸주는 인물로 볼 것이다. 이와 비슷하게, 딸이 청소년기가 되어 가사나 다른 집안일을 엄마와 함께 하게 되면 엄마와 딸 사이의 유대감은 더 깊어진다. 특히 엄마가 비교적 젊을 때, 두 사람 사이에는 모녀 관계보다는 같은 여성이라는 동질성에서 오는 격의 없는 관계가 형성된다(버마의 비슷한 사례에 관해서는 Nash 1965, 151이하 참조). 처가살이가 더 많아진 것은 여성이 집과 엄마를 떠나기를 꺼린 결과에 따른 것이라는 마을 사람들의 설명은 모녀 관계의 친밀함을 보여주는 확실한 증거가 된다. 그리고 일반적으로 엄마와 아이들의 유대감은 부모가 이혼할 때 아이들이 거의 대부분 엄마와 함께 가는 것을 선택했다는 사실과 '엄마보다 아버지를 빼앗기는 것이 낫다', '화형보다 익사가 낫다'(CMCC 42.003)거나 '아버지는 친구 천 명, 어머니는 아버지 천 명 가치'라는 속담에서도 드러난다(Leclère 1899, 352).

부모-자녀 관계가 중단될 수도 있다. 예를 들어, 삐Pii의 아버지는 아들이 어렸을 때 가족을 버렸다. 가정을 버린 아버지 외에도 술주정뱅이, 건달, 혹은 나쁜 성격을 가진 아버지들의 사례들도 있고, 아이들에게 상처와 슬픔으로 기억되는 아버지의 사례들도 있다.[29]

반대로, 부모들은 그들을 공격했거나 중대한 위법행위로 유죄판결을 받은 자녀를 부인하거나 상속을 거부할 법적 권리가 있지만, 실제로 자녀를 철저하게 의절하는 일은 극히 드문 것 같다. 그러나 일반적으로, 부모와 자식 간의 유대감은 아마도 마을 생활에서 가장 강하고 오래 지속되는 관계일 것이다.[30] 누군가 결혼하고 출산해 자기가 원래 소속된 가족들보다 우선하는 자신만의 가정을 이루었다고 하더라도, 부모를 향한 뿌리 깊은 감정과 의무감은 지속되며, 이는 서로를 방문하고, 도움이 필요할 때 서로 돕고, 계속 관심을 보이는 것에서 나타난다.

(c) **형제자매**. 이상적으로는 형제간의 관계가 애정 어린 조화, 관대함, 상부상조, 그리고 서로 간의 관심과 같은 것이어야 한다. 나이 든 자녀는 부모를 도와 그들의 어린 형제자매에게 도덕적인 안내, 물질적인 지원, 그리고 보호를 제공해야 한다. 한편 동생들은 손위 형제/자매들을 존경하고 공경해야 한다.[31] 이러한 규범은 자기에게 주어진 책임을 다하는 손위 형제/자매가 권위와 책임을 지고 부모를 대신해 아기나 동생을 돌보는 사례가 많은 어린 시절부

---

29 하지만 일반적으로 문화의 전형인 범죄를 기꺼이 용서하거나 잊으려는 의지가 자주 있다(infra 참조). 예를 들어 삐가 성장한 후, 그는 잃어버린 아버지를 찾기 위해 거의 1,500km를 찾아다녔다.
30 또한 고대의 법규에 따르면 존속 살해와 영아 살해, 특히 전자는 가장 가증스럽고 변명할 수 없는 드문 범죄로 규정되어 있다. 존속 살해는 '1만 세계의 영혼들과 악마들'에 의해 처형되고 고통당할 뿐만 아니라 '가족과 왕국에 가장 큰 불행—콜레라, 천연두 및 열병이 많은 사람과 모든 버팔로를 죽이는—이 닥칠 것이다.'(Leclere 1894:352).
31 즉, '모든 어린 동생들을 뒷받침해야만 하는 장자/녀에게 상속의 두 몫을 주는 식민지 이전의 법과 전통(Aymonier 1900:85)과 결혼 예식의 한 부분으로 자녀를 키우는 데 중요한 역할을 하는 아버지, 어머니, 큰 언니(누나)를 상징하는 코코넛 꽃 3줄기(Poree-Maspero et al. 1958: 56, 61.)

터 형성된다. 형제/자매간 애정과 우애는 장려되고, 가족 구성원들(형제/자매간, 부모 자녀 간 모두) 간의 심각한 불화는 조상의 영혼에 의해 처벌받는 것으로 여겨진다.

  사실, 형제/자매간의 유대는 최고로 밀접하고 오래 지속될 수 있다. 스와이 서리에는 잡담, 농담, 신뢰를 교환하기 위해 끊임없이 서로의 집을 방문하는 형제/자매들이 여럿 있는데, 그들은 밭일할 때도 서로 돕고, 다른 일을 할 때도 서로 돕는다. 형제/자매들은 그들의 감정과 의무감 또한 다양한 방법으로 표현한다. 다른 커뮤니티에 사는 형제/자매들은 자주 또는 정기적으로 만나려고 노력하는데, 이는 지리적인 근접성이나 서로 간의 친밀함에 달려 있다. 형제/자매들은 매사에 서로 돕는다. 예를 들면 손위 자녀들은 들판에서 일하거나 날품으로 일해서 어린 동생들의 생계에 도움을 주며, 때때로 가난하거나 부모님이 돌아가셨을 때 동생을 자기 가정에 데려가기도 한다. 형제/자매는 또한 특별한 도움이 필요할 때 서로 돕는데, 돈을 (대개는 무이자로) 빌려준다든지,[32] 누군가 아프거나, 가난하거나, 고아가 되거나, 또는 어떤 형태로든 도움이 필요할 때 형제/자매의 자녀들을 돌보아 준다든지, (농번기에 손을 보태거나, 생애주기 관련 행사를 준비하는 데 도움을 주는 것과 같이) 특별히 바쁜 시기 동안 도움을 제공하는 등의 방법으로 서로 돕는다. 마지막으로, 형제/자매들은, 특히 부모가 사망했을 때. 서로를 위한 도덕적 지침과 중재자 역할을 하기도 한다. 이를테면 어떤 이는 자기 형제/자매들 사이의 다툼을 화해시키려고 할 수도

---

32 19세기에 같은 핵가족 구성원들 간 돈을 빌릴 때 이자가 없었다. 스와이 서리 사람들의 여러 대부 형식—4장에서 다룰 것임—중에서 상당수는 형제/자매들 간의 대출이라는 점에 주목하라(Leclere 1898 I:458-462, Aymonier 1900:86 참조).

있고, 또는 행실이 나쁜 형제/자매의 행실을 고치려고 장황한 말을 늘어놓거나 간청할 수도 있다.

같은 성별과 가까운 연령대의 형제/자매들의 사이가 가장 친밀하다.[33] 남매들 사이에도 굳건한 유대관계가 형성될 수 있다. 그러나 성별이 같은 형제/자매들은 관심사나 활동이 비슷하기에 형제들 사이나 자매들 사이의 유대가 더 강하다.

형제/자매간의 애정 어린 화합의 규범을 충족시키는 사례가 많다. 그러나 무관심도 형제/자매 사이 관계 중 하나일 수 있다. (형제/자매들이 서로를 적극적으로 싫어하지는 않지만, 상대적으로 상호관계와 유대감이 거의 없는 경우) 또는 최악의 경우, 완전히 파탄이 난 듯한 관계도 있다. 어린 시절과 청소년기에 형제자매 간의 다툼은 흔하지만, 대개는 젊은이들 사이에서 예상할 수 있는 일시적인 것이다. 그러나 성인 형제자매 간의 분쟁은 훨씬 더 심각하며 오래 지속되거나 심지어는 영구적인 적대감으로 이어질 수 있다. 예를 들어, 로운Rouen(8번 집)과 뷔레악Vireak(1번 집)은 아들들 간의 주먹다짐 때문에 몇 년 동안 서로 말도 섞지 않았다. 둘은 모두 상대방의 아이가 잘못했다고 느꼈고, 사과를 요구했다. 그 결과, 로운과 뷔레악뿐만 아니라 그들의 가족 전체가 그 이후로 어떠한 접촉도 조심스럽게 피하고 있다. 서로 다투었던 형제/자매들은 대개 다른 가족 구성원들의 충고와 조정, 그러한 다툼을 용납하지 않는 여론에의 복종, 또는 조상영의 공격에 대한 두려움으로 화해하기 마련이기 때문에 이렇게 지속적인 불화는 다소 이례적이

---

33 예: 자드로즈니(1955:315)는 형제/자매들 간의 결속은 그들의 관계가 성역할과 상속이 측면에서 '경쟁적'이기 보다는 '보완적이기 때문에 더 강한 것이 아닐까라는 의견을 제시한다.

다. 하지만 마을 사람들에 따르면, 복합적인 요인(싱속에 대한 분쟁, 자녀들에 대한 언쟁, 당연시되는 이기심 또는 무분별함으로 인한 분쟁)들에 의해 발생하는, 성인이 된 형제/자매들 간의 격렬한 충돌은 결코 드문 일이 아니다. 일반적으로 형제/자매 사이의 관계는 영국 친족 관계에 대해 퍼스(1956:63)가 설명한 것과 유사하다. 더 먼 친척 사이보다 형제/자매 사이에 긍정적이든 부정적이든 더 강한 감정이 있게 마련이고, 형제/자매 사이란 무시될 수도 있지만, 그들은 매우 빈번하게 어떤 강렬한 감정적 태도의 장이자 사회적 관계의 중요한 장이다.

확대가족. 스와이 모든 가구의 약 25%를 대가족이 차지하고 있다. 그것은 두 가지 주요한 이유에서 발생한다: 첫째, 많은 부부가 새집을 짓는 비용 때문에 따로 살기를 포기하거나 연기해야 하기 때문이고, 둘째, 노부모들은 그들의 노후에 노동력과 지원을 제공할 결혼한 한 자녀가 집에 남아 있기를 바라기 때문이다.

첫 번째 점에서, 크마에의 오랜 전통에 따르면 결혼을 앞둔 남자는 자신과 신부를 위해 (그 집이 처의 부모도 모실 수 있는) 새로운 집을 지어야 한다.[34] 그러나 마을 사람들은 집 짓는 비용이 너무 많이 들기 때문에 이 관습은 오늘날 거의 지켜지지 않는다고 말한다.

---

34 스와이 주민들은 이 집에 대해 신혼부부들의 집을 마련하기 위한 것이라고 말했다. 그러나 다양한 출처(Thierry 1955:148~154, Lingat 1952 II: 48-49, Clairon 연도 미상:119-120)는 소위 "결혼 주택"의 소유와 폐기에 관한 모호성에 대해 논의한다. 이 작가들에 따르면, 약혼자는 전통적으로 이 집을 장래의 처부모에게 제공한다고 한다. 1944년 이전의 법원 판결은 그 집이(젊은 부부가 그 집에서의 거주권을 분명히 가지고 있음에도 불구하고) 실제로 아내 부모의 재산이며 그들의 노년에 집을 보증하기 위한 것이라고 판결했다. 그들이 죽자 그 집은 딸

사실, 새집을 짓는 재정적 부담은 대부분의 젊은 남성들이 감당할 수 없을 정도로 항상 아주 무거웠으며 현재 스와이에 살고 있는 세 쌍의 부부만이 결혼과 동시에 새로운 집으로 이사했기 때문에 그 전통은 오랫동안 실제로 이루어지는 절차라기보다는 좀 더 이상적인 것으로 보인다. 그러나 지난 수십 년 사이에 새로운 집을 짓는 비용이 엄청나게 비싸졌다는 것은 부인할 수 없다.: 나무로 된 벽 (과 초가지붕이나 기와지붕)이 있는 평균 크기의 집은 10,000리엘에서 50,000리엘에 달하는 데 반해, 전체를 풀로 지은 아주 작은 집을 짓는 데도 약 500리엘이 든다(Delvert 1961, 193 집 짓는 비용 참조).[35] 또한, 마을 내에 집터를 상속받지 못한 경우, 집터를 사야 하는 추가 비용이 든다. 따라서, 요즘의 거의 대다수의 경우 약혼자는 새집을 짓는 대신 상징적으로 '집값'이라고 불리는 금전적인 선물을 소녀의 가족에게 건넨다.[36] 그리고 만약 부부가 결혼하기 전에 새집이 지어질 경우, 전통과는 달리 여성의 가족이 그 건축에 재정적인 도움을 줄 가능성이 크다.

두 번째 요인과 관련하여, 결혼한 자녀 중 한 명이 반드시 부모 집에 머물러야 한다고 요구하는 명확한 규범은 없지만,[37] 매우 흔

에게 물려주었다(혹은 딸이 죽자, 사위가 아닌 다른 상속자에게 물려주었다). 그러나 이후, 이러한 관점은 젊은 부부에게 주택의 소유권을 주기 위해 바뀌었고 비록 아내의 부모가 그 집에 대한 명확하고 평생 가는 거주권을 가지고 있지만, 그들의 공동 재산으로 여겨졌다: "그 집은 오고 가는세대를 피난시킬 운명이다."(Thierry 1955:153). Lingat(1952 I:48)에 따르면, 태국에서도 '결혼주택'의 이러한 관습이 (분명히 쇠퇴하기는 하지만) 존재한다는 것에 주목하라.

35 도시 지역에서 신거제가 보편적이라고 언급한 1953:313과 달리, 재료, 노동력, 주거지가 (아파트의 비용은 말할 것도 없고) 더 비싼 프놈펜에서는 주택 건축 문제가 더욱 심각하다. 따라서, 몇몇 도시 정보원에 따르면, 도시에서는 모거제 또는 부거제가 매우 흔하다.

36 사실, 이 돈은 다양한 결혼식 비용으로 사용된다(4장 참조).

한 일이며, 마을 전체에서 노부부 세 쌍과 과부 두 명만 그들끼리 산다. 결혼한 자녀가 부모와 계속 같이 사는 것은 특히 부모가 미망인이고 일반적으로 남성이 필요한 일이나 여성이 해야 하는 집 안일을 처리하기 위해 성별이 다른 젊은 사람이 필요할 때 일어난다. 그러나 부모가 모두 살아있는 때도 일어날 수 있다.

  어떤 자녀가 부모와 함께 머무를지는 확실히 예측할 수 없다. 딸일 가능성이 크지만, 아들일 수 있고, 출생 순서의 장녀, 막내 또는 중간에 낀 자녀일 수 있다. 오히려, 누가 남을 것인가는 주어진 상황에 따라 결정되는데, 어떤 자녀가 그의 형제자매보다 부모에 의해 더 헌신적일 수도 있고, 가진 게 거의 또는 전혀 없는 사람과 결혼했을 수도 있고, 어린 형제들이 결혼했을 때 집을 떠나기엔 너무 우애가 깊기 때문일 수도 있고, 아니면 단순히 제일 마지막에 결혼했다거나 그냥 혼자 살기 때문일 수도 있다. 이유가 무엇이든, 누가 남아 있든, 노부모를 보살펴야 하는 부담이 크지만, 그/그녀는 부모가 사망할 때, 가족의 집과 부모가 보유했던 논을 물려받을 것이라 기대한다.

  부부가 아내나 남편의 가족과 함께 살기로 선택해야만 할 때, 결정은 어떤 공식적인 기준이 아니라 주어진 상황에 의해 결정된다 : 두 집 중 어느 집에 더 여유 공간이 있는지, 어떤 배우자가 토지나 재산을 (더 많이) 상속받았는지 혹은 받을 것인지, 어느 쪽 부모가 결혼한 자녀와 더 함께 살고 싶어 하는 욕구나 필요가 강한지 등 등. 그러나, 모거제 쪽으로 치우친 경향이 있다.[38]

---

37 또한 둘 이상의 결혼한 자식과 사는 것도 가능하지만, 상대적으로 드물다. 스와이의 또 다른 동네에 사는 한 가구는 두 명의 결혼한 딸이 집에 있다. 스와이 서리에서는 과거 두 가구가 기혼 자녀 2명을 몇 년 동안 함께 살게 했다.

많은 자료들이 캄보디아의 전통적인 관습은 아내의 가족과 함께 또는 가까운 곳에 사는 일시적이거나 영구적인 처거제라고 언급했다(P.58, 아래서 13줄. Aymonier 1900, 34, 215; Lingat 1952-1955, 2:48-49; Zadrozny 1956, 317; Tierry 1955, 123, Murdock 1957, 680; CMCC 42.004 '결혼 가옥'에 관한 논의 역시 처거제 시사). 스와이 서리의 예를 보면, 크마에 마을 사람들 사이에 실제로 처가에 사는 경우가 많다. 38쌍의 부부 중 11쌍은 현재 처가에 살고 있고, 8쌍은 다른 형태의 거주처를 세우기 전에 일정 기간 처가에 살았으며, 다른 7쌍의 부부는 신거제로 분류되지만, 남편이 처가 쪽으로 온 경우이다. 따라서, 스와이 서리의 부부들 중 거의 70%는 넓은 의미에서 (부인의 가족과 함께 또는 가까운 곳에서) 처가에 살았거나 살고 있으며, 그중 50%는 실제로 아내의 가정에서 살거나 살았다.

마을 사람들은 처거제의 빈도에 주목하지만, 처거제에 대한 확고한 규칙이나 명확한 선호가 없었던 것은 분명하다고 말한다. 오히려 여성이 남성보다 자신이 안전하다고 느끼는 살던 집을 떠나기 싫어하기 때문에 처거제가 흔하다고 느끼는 것이다.[39] 마을 사람들이 딸에겐 특별히 관심을 기울여야 한다고 말하는 것을 볼 때, 그들의 설명은 타당해 보인다. 아들에게 꼭 애정이 덜한 것은 아니지

---

38 티에리(1955:98-99 Leclere 인용)에 따르면 옛 법전에는 남편이 가장이라고 명시돼 거주지를 정했다. 그러나 아내가 지금과 같이 그 문제에 대해 확실한 발언권을 가지고 있었을 가능성이 높다. 예를 들어, 스와이 서리의 한 젊은 여성이 남편과 이혼한 이유는 남편이 처가가 아니라, 시부모와 함께 살기를 원했기 때문이었다.
39 일부 저자(예를 들어, Aymonier 1900:34, Thierry 1955:123, CMCC 42.004)는 처거제는 약혼자가 일하러 오고 때로는 결혼 전에 미래의 처가갓에서 사는 오래된 전통에서 자연적으로 생겨난 결과라고 제안했다. (6장 참조)

만, 딸들은 더 많은 보호와 관심이 필요한 것으로 여겨진다. 청소년기부터 여성들은 끊임없이 마을의 안전한 곳에서 벗어나지 말거나 동행 없이는 아무 데나 가지 말라는 주의를 받는다. 따라서 그들은 마을 사람들이 일반적으로 갖는 고립된 시각 때문에 재강화된 어떤 소심함을 발달시킨다(8장 참조). 사춘기 소녀들은 종종 결혼하면 가족(특히 어머니)과 친구들이 항상 함께하고 쉽게 도움을 요청할 수 있는 가정과 공동체의 편안함과 따뜻함을 떠나야 할 수도 있다는 것을 걱정한다. 그래서 특히 딸이 젊은 나이에 결혼하면 부모들은 딸이 이사하는 것을 꺼린다.[40] 반면에, 남성들은 훨씬 더 많은 자유를 누리면서, 하고 싶은 대로 하고, 원하는 곳도 마음대로 갈 수 있다. 그리고 남성들은 더 모험적이고 의기양양해서 새로운 사람들을 만나거나 새로운 장소를 가는 데 거리낌이 없다.

부거제(남편의 부모 집에 거주)는 처거제보다 빈도가 훨씬 낮지만, 스와이 서리에서 세 번째로 흔한 거주 형태이다.[41] 비교를 위해, 스와이 서리에서 두 거주 형태의 빈도수 비교가 아래에 제시되

〈표 3.4〉 스와이 서리에서의 처거제와 부거제

	처거제	부거제
영구적인 부(처)거제 부부	11	4
일시적인 부(처)거제 부부 (현재 거주를 옮긴 사례)	8	4
신거제를 실천하고 있으나, 외혼으로 부(처)거제로 분류할 수 있는 부부	7	6
총계	26	14

---

40 버마, 태국, 라오스, 말라야, 자바에서도 일시적 또는 영구적 모거제는 비슷한 이유로 흔하며(예를 들어, Nash 1965:51~52, DeYoung 1955:23-24, Kaufman 1960:29, 1961:21, Ayabe 1961:13, Djamour 1959:80, Koentjariningrat 1960:102 참조), 크마에와 같은 다양한 거주 패턴을 보여주고 있다.
41 CMOC.42.004는 부거제 1년에 모거제 1년을 따르는 것이 관례라는 것을 암시하지만, 다른 출처나 내 연구에서는 입증되지 않았다.

어 있다.

20번 집에서 발견되는 것과 같은 상황 때문에 부거제가 실천된다. 릿과 그의 아내는 부모님이 나이가 많고 도움이 필요하고, 릿의 형제(다른 나머지 자녀)가 프놈펜에서 일하면서 살고 있으며 또 부모의 집과 기타 재산을 상속받으려고 부모와 함께 살고 있다. (더구나 릿의 아내는 형제자매가 8명이었는데, 형제, 자매 4명은 여전히 마을이나 집에 거주하고 있었고, 그녀가 상당한 양의 토지를 상속받거나, 집을 상속받을 가능성이 없었기에, 이 경우 처거제가 불가능했다.)

한 제보자는 '농부는 보통 아내 집에 들어가 사는 데 직업이 있는 사람은 남편 집에 들어가 산다'라고 했다. 이 관찰은 어느 정도 믿을만한 것이 사실이다. 남자가 농업이 아닌 일에 고용되거나 다른 직업(예: 군인, 정비사 또는 교사)을 가지고 있을 때 아내는 남편이 일하는 곳에 거주해야 한다. 때때로 이것은 완전히 새로운 지역에 살아야 하지만, 만약 젊은 여성이 도시에 별도의 거주지를 마련할 수 없을 것 같은 도시인과 결혼한다면 커플은 남편 부모의 집에 살 수도 있다.

직계가족 안에서 사는 사위나 며느리가 부모에게 존경을 보이고, 성실하게 노력하면 친자녀처럼 받아들여지게 되어 시부모(장인, 장모)의 관심과 배려를 받게 된다. 때로 긴장감이 있을 수도 있다. 예를 들어, 시가에 사는 아내는 결혼 첫해 다른 곳에 있는 그녀의 가족과 친구들이 그리워 외로울 수도 있고, 젊은 커플은 자기 집에서보다 부모와 함께 살기 위해 눈치를 봐야 할 수도 있다. 그러나 일반적으로, 확대가족에서의 심각한 갈등은 그 마찰이 견딜 수 없게 되면 가구가 분열될 수 있고, 아마도 분열될 것이기 때문에 갈

등을 최소화하거나 조용히 참고 지낸다.

　대가족은 구성 및 상황에 따라 2개 단위 또는 1개 단위로 운영되기도 한다. 부모가 모두 살아 있고 원기가 왕성할 때(예: 20번 집) 또는 혼자된 부모가 활동적이고 집에 아직 미혼 자녀가 있을 때(예: 7호 및 17호) 원가족에게는 일종의 분리 형태를 유지할 수 있는 별도로 움직일 수 있는 가족 구성원들이 있다. 이런 경우 대가족이 항상 공동으로 움직이는 것은 아니다. 벼 재배에 관한 한, 가구 전체가 가족의 논(기술적으로는 부모나 결혼한 자녀의 것일 수 있다)의 용익권(타인의 소유물을 사용, 수용할 권리)을 가지고 있으며, 모든 건강한 구성원들은 논일에 협력한다. 그러나 대가족 내에 있는 두 핵 단위는 어떤 과업에는 협력하고 나누지만, 한 지붕 아래에서도 곡물창고가 다르고, 따로 식사하며, 별개의 예산을 유지하는 등 다양한 활동에서 별개로 행동한다.

　그러나, 가정에 혼자된 부모가 있고 결혼한 자녀가 한 명만 남아있거나(예: 26번 집), 부모 중 한 명 또는 두 명 또는 모두가 질병이 있거나 연로하고(예: 10, 12번 집) 집에 다른 미혼 자녀가 없는 대가족의 경우 하나의 사회적, 경제적, 공생 단위를 형성할 것이다. 이 경우 전 가구가 공동 곳간을 유지하고, 함께 식사하며, 모든 생산물과 수입을 공유하고, 의례 등에 하나가 되어 움직이는데, 이는 별도의 식사, 예산 등을 유지하는 것이 맞지 않거나 불가능하기 때문이다. 이때 젊은 부부는 노부모가 어린아이인 것처럼 부양하고 봉양한다.

　여기서 주목할 점이 있는데, 실제적인 대가족이 이모네 집에 사는 것을 통해서도 생겨날 수 있다는 것이다. 비록 이모네에서 사는 것이 높은 빈도로 발생하지는 않지만, 허용할 수 있는 패턴으로 인식되어야 한다. 스와이 마을 전체에는 이모와 함께 살고 있는 부부의 사례가 네 건(서리에는 두 건) 있다. 노처녀인 한 사례만 빼고는 모든 경우에 함께 사는 이 이모는 아내의 이모이다. 여기서 두 가지 짚어볼 것이 있다. 첫째, 모계를 따라 효심의 범위가 확장되어 이모는 종종 어머니의 대리로 여겨진다. 동네 안에서 일상적 상호작용에 있어서 이모와 조카 간에는 따뜻한 애정이 분명히 존재하며, 여성이 자매의 자녀(또는 자녀들)를 임시나 영구적으로 함께 살기 위해 데려가는 것은 드물지 않다. 둘째, 혼자 사는 나이 든 여성은 사실상 조카에게 딸 역할을 맡기고 결혼과 동시에 그녀와 함께 살게 함으로써 준비된 가족을 가지게 될 수 있다. 이는 그녀(혼자 사는 이모)가 대안적 의지처가 없으면[42] 노후 문제에 대한 훌륭한 해결책을 제시해 주며, 또 이런 상황은 고아이거나 가난한 가정의 젊은 부부에게도 유익이 된다.

스와이 서리의 두 사례의 경우 이모네 거주와 관련된 더 복잡한 요소들도 있을 수 있다. 13번 집, 노처녀 완나Vana는 네 자녀 중 한 명이었다. 두 형제가 결혼과 동시에 이사를 하였고, 그녀의 자매(16번 집에 살았지만, 지금은 프놈펜에 사는)는 불륜과 사생아 출산 등 은밀하고도 안 좋은 과거를 가지고 있다. 완나는 부모님의 집과 논밭을 물려받았고, 친자식을 갖지 못한 채 여동생의 사생아(딸들) 중 한 명과 그 조카의 남편(고아)을 데려갔다. 두 사람 모두 그녀를 '어머니'라고 부르며, 모든 면에서 '조카 손주들이 완나를 할머니로 여긴다'고 생각한다. 형태와 기능에 있어서, 이 가구

---

42 스와이에는 모두 40세 이상의 미혼 여성이 6명 있고, 3명은 같이 사는 기혼 조카가 있다. 나머지 세 명 중 한 명은 오빠와 함께 살고 다른 두 명은 일종의 레즈비언 관계일 수도 있고 아닐 수도 있다.

는 진짜 대가족과 정말 구별이 안 된다. 25번 집은 다른 상황을 보여준다. 이 부부는 가난에 쪼들리고 다른 갈 곳이 없어서 (이혼한) 아내의 이모와 함께 살고 있다. 13번 집과는 달리 이 가구는 선택보다는 우연과 필요로 함께 던져진 두 가족(이혼자와 자녀, 부부와 자녀)이 있다.

부부(혹은 혼자된 사람)가 결혼한 아들 또는 딸의 집에서 사는 경우도 있다. 이것은 분명히 부부의 결혼 초기보다는 말년에 발생한다. 스와이 서리에서는 이러한 형태의 예가 없지만, 다른 촌락의 대가족 중 부모가 결혼한 자녀와 함께 살기 위해 오는 사례가 없지는 않다(기혼한 딸의 가정으로 이사한 혼자된 노인의 알려진 사례는 4건이다.). 그러나 일반적으로 노부부(혹은 혼자된 개인) 대부분은 결혼한 자녀가 자신(들)과 같이 살도록 했다거나, 노부부만 살기로 해서 이러한 종류의 주거는 상대적으로 드문 것으로 보인다.

다른 종류의 확대가족. 스와이 가구의 5분의 1은 다양한 구성의 확대가족이다(표 2 참조). 이들은 과부(홀아비), 부부, 핵 또는 직계가족이 어떤 친척을 거의 영구적으로 그 가정에 받아들일 때 형성된다. 법에 따르면 조부모, 부모, 형제자매, 자녀의 배우자(자녀가 사는 동안) 및 손자 손녀가 명백한 도움이 필요한 경우, 머물 집이나 재정적 원조를 할 수 있는 사람은(Clairon 연도 미상, 112~114) 식비와 잠자리 등 필수품을 제공해야 한다. 법령을 제쳐두고라도, 마을 사람들은 피난처가 필요한 가까운 친척을 돕는 것이 도덕적인 의무라고 생각한다.

집에 들이는 사람 중에서 가장 빈도수가 높은 경우는 집주인의 형제자매, 조카, 조부모나 손자 손녀들이다. 그 친척은 어리거나 미혼이며, 모든 자녀를 적절히 부양할 수 없을 만큼 가난한 집안 출신이거나 고아이다. (예를 들어, 6번 집은 어른이기는 하지만 어머니가 돌아가신 후 자립할 수 없다고 생각하는 청각장애를 가진 아내의 남동생을 받아들였다) 배우자와 자녀가 있는 결혼한 친족이라도 가난하고 별다른 부양책이 없으면 잠자리를 내어 준다. (예를 들면, 11번 집에서는 아내의 여동생과 그 남편을 받아들였는데, 그녀의 남편은 도시에서 간혹 씨클로를 운전하지만, 그 벌이로는 생계를 유지하지 못하기 때문이다) 어떤 가족들은 심지어 두 가족 이상의 다른 친척들과 함께 산다. (예를 들어, 스와이 동리의 한 가족은 한 남자와 그의 아내, 그리고 그 아내의 남동생, 여동생, 그리고 조카로 구성되어 있다.)

친척을 가정에 들이는 '후원자'(Fisher 1958)가 거의 항상 여성이라는 점이 흥미롭다.[43] 자립이 어려운 친척을 받아주는 사람은 대부분 언니이거나 이모인데, 어머니와 가장 가까운 대리인이 어려움에 부닥친 친척을 찾아 구제하는 것은 놀라운 일이 아니다. 만약 이모(여자 친척)가 없거나 그녀가 도움을 줄 여유가 없다면, 대리부(오빠나 삼촌)가 선택될 수 있다. 조부모는 법전(Clairon 연도 미상, 93)에 따라 고아가 된 손주들을 사랑하는 인물이고 가장 적절한 보호자임에도 불구하고, 나이가 많을 가능성이 크고, 부가적인 책임이 예상되기 때문에 후원자가 되는 경우가 적다.

친족의 거주 기간은 상황에 따라 달라지기 때문에 예측하기 어렵

---

[43] 손자 이외의 친족들이 가족으로 받아들여진 사례 18건 중 16건이 여성 '후견인'과 관련되었다. 말레이시아인, 쟈바인, 버마인 사이에서도 비슷한 일이 발견된다. 쟈무어(1959:63-64), H. 기어츠(1961:34, 41-41, 44-46), 네쉬(1965:153) 참조.

다. 고아는 보통 친척이 입양하고,[44] 보호자(입양한 친척)가 자녀가 없거나 자기 자녀가 결혼하여 멀리 떠났으면 결혼 전까지 또는 심지어 그 이후에도 보호자의 집에 남아 있을 가능성이 있다. 혼자되거나 이혼한 사람은 재혼할 때까지(보통 그렇듯이) 몇 년 동안 머물 수도 있다. 결혼한 부부가 그 자매의 집에 거주하는 경우, (몇 년이 될 수 있음에도) 보통 부부가 자립할 수 있을 때까지 함께 사는 것이 일반적인 관행이다.[45] 마지막으로, 노처녀 또는 노총각은 친척의 집에서 여생을 보낼 수 있다.

핵·대가족에 비교해 확대가족 가계의 운영은 이처럼 구성이나 사

---

44 고아들뿐만 아니라 부모에게 버림받거나 서출이거나 부모가 기꺼이 입양보낸 아이들도 입양될 수 있다. 이러한 입양은 두 가지 유형이 될 수 있다. (1) 정식 입양의 경우, 입양자는 특정 법적 요건을 충족하고 공식 입양 증명서에 서명해야 한다(Clairon 연도 미상:85-86 참조). 그러면 입양된 자녀는 합법적인 자녀의 모든 권리와 의무를 갖는다(입양에 관한 오래된 법령에 대한 Lecleer 1890:59, 1898 11:571-573 참조). (2) 또한 일반적인 것은 비공식 입양인데, 어떤 가족이나 사람에게는, 이것이 법적 편의는 이행되지 않지만, 개인이 자연적인 혹은 법적 지위를 가졌다는 사회적 인식이 있다. 때때로 입양자는 친척과 친구들에게 입양을 선언하는 작은 의식을 열 수도 있지만, 팡파르는 전혀 없을 수도 있다.
입양이 일어나는 가장 일반적인 상황은 (1) 불임 부부가 아이를 입양할 때, (2) 미혼인 이모(고모)가 조카를 '입양'할 때, (3) 고아가 된 친척을 입양할 때이다. 합법적인 입양이 이루어진 경우, 아이는 입양 부모로부터 상속받을 수 있는 모든 권리를 갖는다(친부모가 특별히 상속하지 않는다고 하지 않는 한 친부모로부터도 마찬가지다.) 그러나 '비공식적인' 입양의 경우 상속은 입양인의 규모와 특정 상황에 따라 달라진다.
엄격한 의미에서 입양은 개인이 원가족 이외의 가구에 거주하는 여러 다른 상황과 구별되어야 한다. 첫째, 고아가 되거나 다른 도움이 필요한 사람은 친족과 함께 대략 영구히 살 수 있지만, 가구 안에서 입양아의 지위를 갖지는 않는다. 그러한 경우는 입양보다는 후견인으로 간주되는 게 적절하다. (후견의 성격 및 실행을 다루는 법률 코드에 대한 자세한 내용은 Clairon 연도 미상:92~100 참조.) 둘째, 아이들은 때로 부유하거나 외로운 친척과 함께 오래 살도록 보내지지만, 입양보다는 아이를 '빌려 준다'거나 '빌려 온다'는 성격에 가깝다. 마지막으로, 개인이 가상의 친족 관계를 가정하는 토와towaa 관계가 있다. 이것은 다른 곳에서 논의된다.
45 결혼한 형제자매와 그 가족으로 구성된 영구적 확대 가정이 드문 이유는 (1) 가구 대부분은 두 쌍의 다산(가임) 부부와 그 자식들을 수용할 만큼 크지 않으며,

정이 다양하기 때문에 일반화하기 어렵다. 다만 일반적으로 친족 거주자가 미혼이거나 혼자되었거나 이혼했을 때는 미혼 자녀로 취급돼 가정에 통합될 가능성이 크다고 보는 것이 맞다. 그러나 친족 거주자가 결혼하여 직계 가족을 데리고 오면, 가구 내의 다른 핵단위들은 일부 직계가족에서와 같이 별개로 행동할 수 있다.

기타 유형의 가구. 핵가족, 대가족 또는 확대가족 외에도 부부만 살거나, 독신, 또는 친족이든 친족이 아니든 둘 또는 그 이상의 구성원으로 이루어진 가구가 있을 수 있다. 스와이에서는 이런 사례는 드물다(표 2 참조). 1인 가구는 다음의 두 가지 이유로 드물다 (마을 전체에 단 3건의 사례가 있는데, 모두 배우자와 사별했거나 이혼한 개인임). 첫째, 한 사람이 집안일과 농사일을 감당하기 어렵다. 혼자 사는 사람은 이웃 친족과 친구들의 도움에 크게 의존하거나 (예: 스와이 서리의 싸렛은 단지 작은 논을 경작하고 생계를 위해 잡일을 했으며, 그리고 그 작은 동네에서 형제와 친구들에게 자주 밥을 얻어먹었다), 고용 노동과 소작에 의지한다. 둘째, 극도로 '외롭고', '불행하게', 그리고 혼자 사는 것이 어쩐지 부자연스럽게 여겨진다. 따라서 혼자가 된 사람들은 일반적으로 친척의 가구에 합류한다. 그러나 일부는 독립적인 성향 때문이거나 받아주는 친척이 없어서 혼자 남아 있기도 한다.

---

(2) 형제 관계는 가까울 수 있지만, 유대감이 덜 견고하고, 직계가족으로 묶인 부모~자녀 관계에 비해 스트레스를 더 잘 받아 관계가 깨질 가능성이 더 높기 때문일 수 있다. 그러나 스와이에는 10년 이상 지속된 공동 가족의 두 사례가 있다. Murdock(1960a, 4, 14)은 크마에와 같은 '양계적 에스키모' 유형 사회에서는 노년층에 두 명 이상의 결혼한 형제자매로 구성된 대가족이 "항상 결여되어 있다"고 말한다.

부부나 보통 친족인 두 사람으로 구성된 2인 가구도[46] 비슷한 문제에 직면한다. 그들은 혼자 사는 사람보다 더 쉽게 집안일들을 감당할 수 있지만, 이런 가족(부부가 연로하거나, 모두 여성인 경우)도 농사를 위해서는 외부의 도움에 의존해야 한다.

가계의 발달 주기 및 기타 변화. 가구 구성의 중요한 특징은 시간이 지남에 따라 그것이 매우 가변적이라는 것이다. 일부 변화는 가족의 발달 주기(Goody 1958)에서 자연스럽고 예상할 수 있는 과정이다. 하지만 가구는 친척이 단기간 또는 장기간 머물 때는 더 예측할 수 없거나 일시적인 변화를 겪을 수 있다.

주거 이력을 조사해 보니 주거 형태는 크게 세 가지이며, 그 결과 가계 발달 주기에서 크게 두 가지 유형의 가족이 있다. 부부가 선택할 수 있는 주요 방안은 다음과 같다.

(1) 젊은 부부는 결혼 초기에 즉시 신거제를 확립할 수 있으며, 따라서 신혼 가족은 결혼 기간 내내 배우자의 원가족과 분리되어 산다. 이는 스와이 서리 38쌍 중 7쌍에서만 발생했다.

(2) 젊은 부부는 몇 년 동안 일시적으로 처가 쪽이나 시가 쪽에서 살다가 결국 별도의 가정으로 이사할 수 있다. 현재 부부만 따로 거주 중인 부부 중 절반 이상인 10쌍은 배우자의 부모 중 한쪽과 1년에서 25년(평균 10년) 동안 함께 살았다.

부부는 한 가지 또는 여러 가지 요인으로 인하여 부모 집에서 벗

---

46 스와이에는 전체적으로 두 자매가 함께 사는 경우가 2건, 노처녀 친구가 한 집을 공유하는 사례가 1건 있다. 또한 미망인(어)과 자녀 한 명으로 구성된 세 가구가 있다.

어나 독립하게 되었다. 예를 들어, 부부가 아이를 낳으면서 부모 집은 점점 혼잡해질 수 있고, 특히 부모가 아직 미혼 자식을 집에 두고 있는 경우, 결혼 후 집에 있어야 할 필요가 있거나, 집에 있고 싶어 하는 형제자매 때문에 불가피하게 나가야 하는 경우, 마침내 집을 짓기 위한 충분한 돈을 모았을 경우, 아내가 결혼 몇 년 후에 부모님과 떨어져 사는 것에 대해 더 자신감을 가지는 경우 등등이 있다.

(3) 젊은 부부는 결혼 초기부터 처가 쪽이나 시가 쪽에 거주하면서, 부모가 사망한 후에 그 집을 받을 기대감으로 앞으로도 계속해서 그렇게 남아 있으려 할 수 있다. 15쌍의 부부가 이런 패턴을 따랐고, 그들 중 9쌍은 정말로 부모 집을 자신들의 집으로 상속받았다.

결과적으로 다음 세대가 결혼할 때 대부분의 자녀는 즉시 또는 궁극적으로는 신거제 패턴(1), (2)를 따를 것이다. 그리고 거의 항상, 각 가구에서 한 명의 자녀는 부모 집에 영구 거주하는 세 번째 형태(3)를 따를 것이다.[47] 따라서, 거주 주기는 시간이 지나면서 반복되며, 동네에 계속 있었던 오래된 집과 새로운 집이 확산되는 것을 쉽게 추적할 수 있다. 세기가 바뀔 무렵, 스와이 서리에는 약 16채의 집이 있었고, 소수를 제외한 나머지 집이 여전히 존재한다(다수가 전부 또는 부분적으로 개축되었다). 현재 총 32채의 주택이 있는데, 이 중 절반 정도는 11쌍이 결혼 초기 처가살이나 시댁살이를 한 이후 새로운 집을 지으면서 지난 10년 사이에 세워졌으

---

47 이러한 기본 패턴에 대한 예외는 이전 절에서 언급되었다. 예를 들어, 이모네에 사는 경우나 부부가 모든 자손을 떠나보내는 경우도 있다.

며, 두 미망인은 기혼 자녀에게 살던 집을 주기 위해 완전히 새로운 집을 지었으며, 한 이혼남은 자신을 위해 새집을 지었다.

거주의 선택과 패턴, 발전 주기, 마을의 성장에 대한 이러한 추상적인 진술은 다음의 예에서 구체적인 실례를 제시할 수 있다.

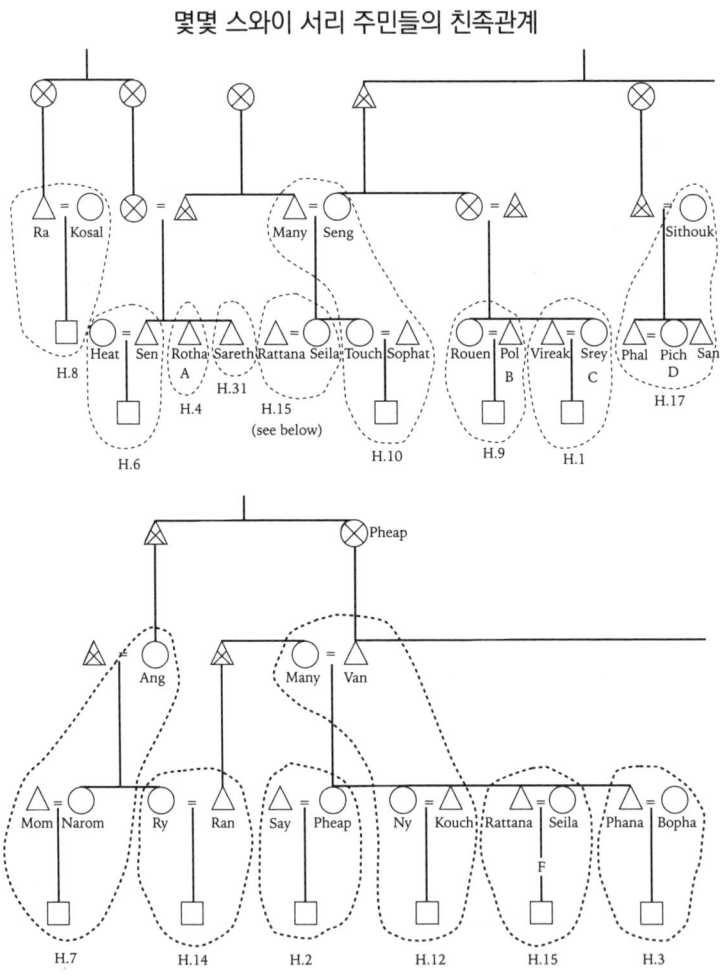

몇몇 스와이 서리 주민들의 친족관계

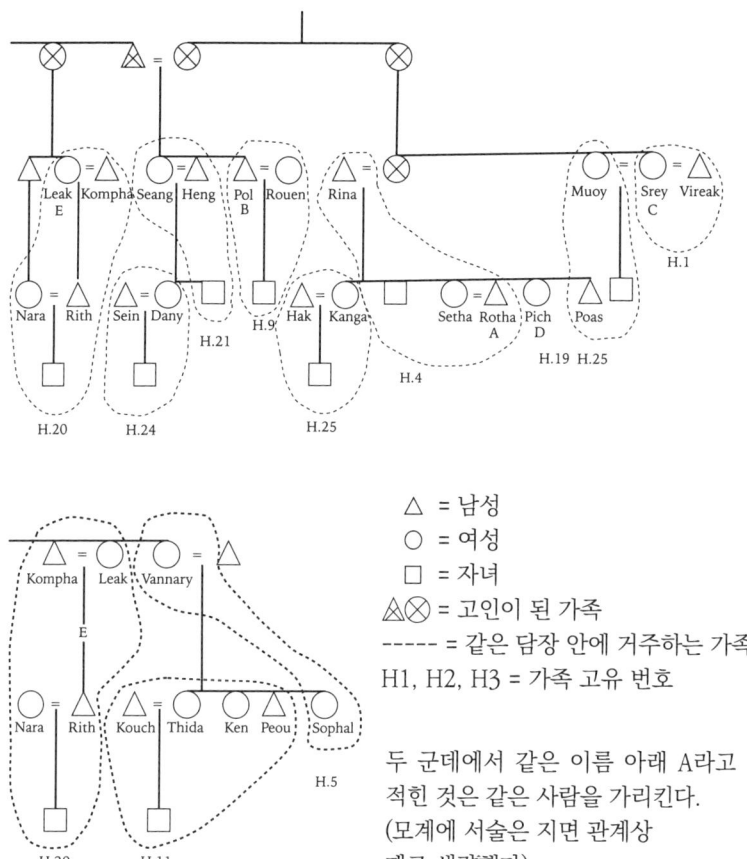

스와이 서리 거주 1세대인 피읍Pheap은, 이웃 마을 남자와 결혼하여 12번 집을 새로 지었다(부부만 거주). 그녀와 그녀의 남편에게는 완Van, 꼼페아Kompha, 완나리Vannary, 세 명의 자녀가 있었다. 두 번째 세대에서는, 1907년 완이 결혼했을 때[48] 그와 그의 아내(다른 마을 출신)는 12번 집에서 그의 부모와 함께(미혼인 두 동

---

48 이 날짜를 비롯해서 여기에 언급된 날짜들은 대략적인 것이다.

스와이 마을 · 173

생과 같이) 살았다. 꼼페아는 1915년 결혼하면서 즉시 새집을 지어 나가기로 했다. 그는 많은 토지를 받아서 현재 집(20번 집) 자리에 집을 지었기 때문이다. 완나리는 1921년에 마지막으로 결혼했고, 큰오빠가 집에 굳건히 버티고 있었기 때문에 그녀는 남편과 함께 친정 옆에 11번 집을 지었다.

세 번째 세대에서는, 주요 세 가구의 구성이 다양하게 변했고 다른 가족과 가구가 생성되었다. 20년 전 재건된 12번 집에서 완과 그의 아내는 7명의 자녀를 낳았다. 가장 나이가 많은 세 사람은 마을밖 사람과 결혼해 동네를 떠났다. 피읍은 1935년에 결혼했고, 중년이 된 그녀의 부모가 도움을 필요로 했기 때문에 그녀와 그녀의 남편은 처가에 살았다(당시 집에는 미혼자녀가 세 명 있었다). 라따나는 1944년 결혼했으며, 피읍이 집에 살고 있었기 때문에 아내의 부모와 함께 10번 집에서 살게 되었다. 판나는 1951년 결혼했는데, 집 지을 돈도 없고 처가는 좁아서 집에 머물렀다. 그래서 1951년부터 1955년까지 12번 집은 완 부부, 피읍 부부와 다섯 자녀, 판나 부부, 그리고 또 다른 미혼 딸로 다소 붐볐다. 결국 판나는 자기 집(3번 집)을 지을 만큼 돈을 모았을 때 이사했다. 피읍 부부는 그녀의 여동생 니Ni가 1957년 결혼할 때까지 그녀의 나이 든 부모를 돕기 위해 12번 집에 남아 있었다. 니의 남편은 다른 마을에 많은 자손을 둔 가난한 가정에서 자랐기 때문에 그녀가 집에 남아 부모를 부양하기로 결정되었다. 피읍과 그녀의 가족은 20여 년의 긴 처가생활 이후, 그들의 집을 지어 나갔다(2번 집)(그러는 동안, 라따나는 처가를 떠나 그의 부모님 집 근처에 14번 집을 새로 지었다). 현재 12번 집은 완 부부, 니 부부와 갓난아이가 살고 있다. 그동안 완의 다른 자손들이 2, 3, 15번 집을 세웠다. 12번 집은 의심할 여지 없이 부모가 죽은 후 니에게 상속될 것이다.

꼼페아 부부가 두 아들을 낳은 20번 집은 상황이 훨씬 간단했다. 큰아들 릿은, 집이 넓었고, 어머니가 자기 일을 도울 젊은 여성을 데리고 있고 싶어 했고, 처가에 살 수 있는 상황이 아니었기 때문에(그의 아내의 집은 형제, 자매가 많아 북적거릴 뿐만 아니라 그녀가 상속받을 유산도 거의 없었다) 집에 남아 있었다. 작은아들이 프놈뻰으로 이주해서 릿과 그의 가족은 여전히 20번 집에 있고 결국 그 집을 물려받게 될 것이다.

11번 집에서는, 완나리와 그녀의 남편이 5명의 자녀를 두었다. 장녀, 티다는 1940년 결혼해 부모와 함께 남았다(4명의 형제자매는 아직 미혼). 몇 년 후, 두 아들이 결혼해 다른 마을로 아내와 함께 살러 갔다. 또 다른 딸 *까엔*Ken은 1956년 결혼해 남편이 사고로 사망할 때까지 어머니(당시 미망인), 언니와 함께 1년 정도 살다가 재혼해 한동안 프놈뻰으로 떠났다. 완나리, 결혼하지 않은 딸(쏘팔), 티다 부부, 그리고 4명의 자녀로 11번 집은 다소 비좁아졌다. 그래서 1958년 완나리는 티다에게 집을 내주기로 결심하고 자신과 쏘팔을 위한 다른 작은 집(5번 집)을 지었다. (나중에 스와이로 돌아온 까엔은 가난했기 때문에 어머니와 함께 지내지 않고, 그 자매가 사는 11번 집으로 이사했다. 엄마와 쏘팔이 사는 5번 집은 좁았고, 또 아마도 쏘팔이 곧 결혼해서 어머니와 살 것이기 때문이었다.)

그래서, 12번 집의 원래 부부는 결국 다른 6가구를 만들어 냈다. 그리고 한 가족의 후손들에 대해 묘사된 다양한 과정들, 즉 어디에 살 것인가에 대한 결정, 시간에 따른 주거의 변화, 가족구성의 변화, 그리고 새로운 주택의 건축이 마을의 많은 다른 가구들에서도 똑같이 나타난다.

다양한 이유로 친족이 가구로 받아들여질 때 생기는 가구를 구성하는 데 있어서의 예상치 못한 변화는 이미 논의된 바 있다. 이러한 사례 외에도 더 주의해서 자세하게 다뤄야 할 다른 항목들이 있다.

첫째, 비교적 어린 나이의 미망인이나 이혼녀는 거처, 생계유지, 안전을 위해 그녀의 원가족에게 돌아가는 것(친정살이였을 경우에는 남는 것)이 일반적이다 (6장 참조).[49] (부모가 죽었거나 그녀를 받아들일 수 없는 경우, 이모나 형제에게 갈 수도 있다) 이러한 패턴은 홀아비들과 이혼한 남성들 사이에서는 흔치 않다. 왜냐하면 남성들은 일반적으로 벌이가 있고, 재혼할 때까지 자신을 더 잘 건사할 수 있기 때문이다.

둘째, 또 다른 일반적인 관습은 가족이 가난하고 모든 자식을 충분히 부양할 수 없기 때문이거나, 친척이 '외로운' 상태이기 때문에 아이를 친척(대개 조부모나 이모)과 함께 오래 살도록 보내는 것이다. 예를 들어, 1번 집의 딸 중 한 명은 1년 중 약 9개월 동안 다른 지방에 사는 이모와 함께 산다. 왜냐하면 자기 가족은 6명의 다른 아이를 부양해야 하기 때문이다. 그리고 운Un의 일부 자녀(25번 집)는 어머니와 다른 곳에 사는 큰이모 사이에서 번갈아 가며 산다.

셋째, 가족들은 가구 구성원의 일시적인 증가나 감소를 경험하는데, 변화 기간은 길게는 몇 달, 짧게는 며칠 또는 몇 주 정도 될 수 있다. 어떤 가족은 자녀들을 학교에 보내거나, 직계가족에 속한 노부모들이 다른 기혼 자녀들을 장기간 방문하러 떠나거나, 아버지

---

[49] 이는 자바(H. Geertz 1961, 34)와 말레이(Djamour 1959, 128)에서도 흔하다.

나 아들이 임시로 도시에 일하러 가는 동안 일시적으로 그 수가 줄어들 수 있다. 반대로, 요양차 오거나, 생애주기 의식에 참석하거나, 불교 절기를 지내거나, 농번기에 도움을 주거나, 단순히 방문의 즐거움을 위해 오는 친척들을 받을 수 있다.

따라서 스와이 서리에서는 1년 사이에 가구의 규모나 구성이 여러 번 바뀌었다. 출산, 사망 또는 결혼을 한 몇몇 가구를 제외하고, 많은 다른 가구들은 친척들의 방문으로 증가하거나 일시적으로 감소했고, 핵가족 3가구는 기한이 없어보이는 장기체류를 위해 형제, 자매를 받아들여서 확대가족이 되었다. 더 놀라운 것은 스와이 중리와 동리의 20개 표본 가족 사이에서 일어난 변화다. 4개의 핵가족은 평생 살기 위해 다양한 친척들이 이주해 왔고, 2개의 확대가족은 같이 살던 친척을 잃었으며, 2개의 직계가족은 친정살이하던 결혼한 딸(그리고 그녀의 신생 가족)을 잃었다. 그리고 한 직계가족은 딸이 이혼해 사위를 떠나 보냈다.

가족과 집안을 넘어선 친척

마을 사회에서 가족과 가구를 넘어서는 더 크고 조직적인 친족 집단은 없다.[50] 마을 사람들의 가계에서 같은 조상을 가진 혈족 그룹을 찾아낼 수는 있으나, 이들은 협력적 성격을 띠지 않으며, 부모 중 어느 한쪽 혈통으로만 내려온 그룹도 아니다. 그들은 공동 소유 재산이 없으며, 특정 한 그룹으로서 오랫동안 지속되지 않고, 같은 조상을 향한 뚜렷한 기억이나 퍼스(1956, 14)와 미셸

---

50 그러나 에이모니어(1900, 57, 61-65)가 19세기 후반에 묘사한 것처럼 왕가, 한때 왕족이었던 개인, 왕실 사제(바쿠)는 더 명확하게 친족을 그룹화하고 있는 것으

(1965, 981)이 말한 바와 같이 상황에 따라 부분적이고 임시로 모이는 것을 제외하고는 집단적인 모임도 없다. 다만 '개인적 혈통(Leach 1950, 62)'이라고 불리는 것이 있을 뿐이다. 즉, 혈통 그룹에 속한 개인은 본인과 이 그룹이 상호 연결되어 있다고 여기는 것이다. (Murdock 1949, 1960, Goodenough 1957, 1962, Davenport 1961, Mitchell 1963 참조).[51] 이 친족 집단은 정확한 경계나, 구성원의 자격, 기능으로 엮어진 조직이 아니다. 오히려 사람 대 사람보다는 '연합의 장'(Geddes 1954, 47) 성격을 띠고 있는 것으로 간주된다.

로 나타났다. 첫째, (Goodenough 1955, Davenport 1959, Firth 1959에 의해 개념화된 것처럼) 왕실은 다는 아닐지라도, 비단일계 혈통 그룹의 특성 중 일부를 가졌다. 그것은 통치 군주와 5촌 이내이고 사춘기 의식에서 왕족으로 성별된 모든 사람들로 구성된 집단(브라만 반사-Brahman Vansa)이었다. 비록 그 집단은 토지나 재산에 대한 집단적 소유권을 갖고 있지는 않았지만, 그 지도자(왕)는 모든 토지에 대한 궁극적인 소유권을 가지고 있었고, 그와 그의 친척 모두 왕실 영역 토지 생산물로 생계를 유지했다. 이 그룹은 군주라는 칭호가 일반적으로 구성원 중 한 명이 계승한다는 점에서 사실상 특정 권력 영역을 통제했다. 그룹은 또한 세금 면제와 같은 특정 특권을 보유했다. 그러나 다른 의미에서 브라만 반사는 왕의 제한된 개인 친족에 더 가깝고, 주로 왕위 계승자를 선택할 수 있는 그룹을 정의하기 위한 목적으로 파악되었을 수 있다(Firth 1959 참조). 둘째, 5촌 이상이지만 왕과 부계로 연결된 개인들도 자체 브라만 반 Brahman Van으로 명명되어 리더를 갖고 그 구성원이 세금 면제, 명예 작위 등과 같은 특정 특권을 소유한 명명된 그룹을 형성했다. 셋째, 바쿠 또는 왕실 사제(고대 인도 브라만의 후손으로 간주됨)는 '남성을 통해' 구성원이 계승되는 그룹을 형성했다(Aymonier 1900, 63). 바쿠는 또한 왕궁에서의 의례적 의무, 독특한 머리 스타일, 가정 내 특정 전통 관습뿐만 아니라 특별한 직위와 특권도 가졌다. 에이모니어가 설명한 대로 이러한 그룹이 여전히 기능하는지 불분명하다. 스타인버그(1959, 88)는 바쿠가 그렇다고 제안한다. 그러나 그의 설명이 업데이트 없이 단순히 에이모니어나 기타 이전 출처에서 가져온 것인지는 확실하지 않다.

51 나는 여기에서 친척이 무엇인지 아닌지에 대한 장기간의 고찰을 원하지 않는다. 이 주제는 상당한 토론을 불러일으켰다(예를 들어 위에 인용된 참고 문헌에 추가하여 Freeman 1961, Befu 1963a, Murdock 1964, Mitchell 1965, Appell 1967 참조). 나의 직접적인 목적을 위해 친족은 위에 정의된 대로 보는 것이 가장 좋다.

여기서 숙고해 보아야 할 첫 번째 질문은 '어떤 개인이 친족으로 간주되는가?'이다. 이 질문에는 두 가지의 차원이 있다. 친족에 대한 법적 정의와 친족인지 아닌지에 대한 일반적인 개념(친족 용어 체계에서 친족 지시를 포함)이다. 첫 번째 점과 관련하여, 르끌레어는 법률토론에서 캄보디아 친족에서 드러나는 기본적인 관계에 관해 서술했다(1890, 57-44). (1) 혈족 관계적 친족은 직계 혈연관계나 다른 이에게서 태어난 사람들 사이에 형성되는 유대와 평행 혈연관계 또는 같은 그루터기에서 나왔지만 서로 후손이 아닌 관계(57, 58). (2) 친인척 관계적 친족 배우자의 혈족과 배우자의 관계를 포함하는 관계. (61) 그리고 마지막으로 (3) 입양에 의한 친족, 개인이 공식 또는 비공식적으로 가족으로 입양되거나 두 사람이 서로를 가상의 친족으로 입양할 때 형성되는 유대.[52] 르끌레어는 계속해서 이렇게 이야기했다:

> 캄보디아 입법자는 친족 관계를 정의하지 않았으나, 상속과 결혼에 관해서는 적법한 상속인이나 결혼할 수 없는 친족에 대해 언급할 때, 혈통 계열상 사촌과 같은 계열의 친인척에 관해서는 인정하는 것 같다. 10분의 1을 상속받을 수 있는 사촌 외에는 친척으로 인정하지 않는 것 같다(Leclère 1890:58).[53]

그러나 사실 근친상간이나 친족에 대한 모욕 및 상해에 관한 것

---

52 르끌레어는 또한 승려와 그에게 계를 내린 사람이나 습관적으로 시주하는 사람 사이에 존재하는 일종의 친족 관계를 나열했다 (1890, 62~63). 르끌레어에 따르면 승려가 평신도 생활로 돌아오면 이 사람들의 모든 친척 여성에 대해 근친상간 금기를 준수해야 한다. 이런 풍습이 아직도 유효한지는 모르겠다.
53 현대 민법에서도 마찬가지이다.

같은 특정 고대 법령에서는 오촌이나 육촌 정도의 친족에 대해서도 거론하고(Leclère 1890, 63; 1898, 293, 299-300, 320 참조), 시부모의 부모, 사촌의 남편, 누나의 남편의 자매와 같은 개인도 친척의 범주로 언급한다.[54]

르끌레어는 계속해서 다음과 같이 말한다.

> 사실상 캄보디아인들에게 친족의 개념은 매우 넓으며 캄보디아인에게 다음과 같은 말을 듣는 것은 드문 일이 아니다. 이 사람은 내 친척이지만, 사촌보다 8배 더 멀다. 이전에 결혼을 통해 맺은 결연 관계에 대한 기억은 오래도록 지속되지만, 종종 어떤 종류의 관심이나 동기도 부여되지 않는 경우가 많다. 남녀 모두 어린 나이에 결혼한다. 그들은 40대가 되면 벌써 조부모가 되며 60대에는 증조부모가 된다. 그리하여 그들은 할아버지 형제의 자녀, 삼촌의 자녀 등을 잘 알고 있고, 사촌네 자녀의 출생과 성장을 어린 시절부터 가까이에서 지켜본다. 그리하여 혈연관계에 대한 기억은 오래 유지되고, 가깝고 먼 친척에 대해 떠올리기는 쉬운 일이다. 요약하자면, 관례상으로야 4촌을 넘어서도 가능한 먼 친척까지도 알고는 있지만, 법률상으로 친족 관계는 4촌까지만 인정이 된다. 그 이상의 친족 관계는 법적 효력이 없다. (Leclère 1890, 58~59)

르끌레어는 평균적인 크마에 친족관계를 과장한다. 적어도 스와

---

54 현대 민법은 친족의 범위를 다음과 같이 정의한다: (a) 직계 관계 - 부모와 자녀는 1촌, 조부모와 손자는 2촌이다. 증조부모와 증손자는 3촌이다. (b) 방계 관계 - 형제는 2촌, 삼촌/고모, 조카는 3촌, 사촌은 4촌이다(Clairon 연도미상, 91 참조). 르끌레어가 5차 또는 6차 친족 관계를 의미하는 것은 불분명하지만, '나'의 사촌과 6촌의 자녀를 의미할 수 있다(규범과 민법의 혈연관계 정도에 대한 Webster 1951, 176 참조, 또한 Leclère 1898, 2:480 참조).

이 서리 마을 사람들에게는 그렇다. 그러나 그가 주장한 일반적인 지적은 옳다. 법적 효력의 범위를 벗어나거나 뚜렷한 혈연관계가 없는 혈족이라서 종종 정확한 관계를 표시할 수 없는 경우에도 친족으로 간주한다.

이론적으로, 캄보디아인은 직계 조상을 공유하는 것으로 알려진 사람을 친척(벙-뻐오운, 형/누나/ 언니-동생)[55]으로 인정한다. 비록 5대 조상이나 후손, 그리고 12촌까지 확장되는 친족 용어가 있지만, 촌락에서는 관습적으로 공통 조상이나 거기서 뻗어나간 다른 친척을 기억해 내거나 추적하는 데 관심을 기울이지 않는다(가족 명칭에 대한 용어의 자세한 범례는 부록 E를 참조하라).[56] 마을 사람들의 계보는 일반적으로 1-2세대 조상 세대와 후손 자녀 세대만 포함하는 좁은 범위에 국한된다. 마을 사람 대부분은 먼 조상은 고사하고 조부모나 그 형제의 이름조차 기억하지 못한다. 심지어 부모의 형제까지도 '그들은 내가 어렸을 때 돌아가셨다', '그들은 멀리 산다', '기억하기에는 너무 옛날 일이다'라고 이야기하며 뚜렷하게 기억하지 못한다. 반면, 고모, 이모 그리고 삼촌들은 어느 정도 명확하게 기억한다. '나'의 세대에서 마을 사람들은 사촌의 범위 바깥에 있는 사람과 연결되는 정확한 방식에 대해 확신

---

55 벙-뻐오운(문자 그대로 '연장자-연하자')이라는 용어는 다양한 의미가 있으며(부록 E 참조) 그 하나는 '친족' 또는 '친족들'이다. '니읕'이라는 용어가 때때로 '친척'을 의미하는 데 사용되기도 한다.
56 CMCC(42.003) 및 에이모니어(1900, 83)은 일곱 번째 세대에 있는 조상의 모든 후손이 서로 친척이라고 명시한다. 그러나 실제로는 그러한 광범위한 계보가 기억되지 않는다(아마도 왕족을 제외하고). 예를 들어, 사촌에 대한 친족 용어가 공통 조상의 존재를 명시적으로 언급하더라도(첫 번째 사촌 = '같은 할머니', 두 번째 사촌 = '같은, 한 명의 증조부모' 등), 두 번째 사촌의 이름을 지정할 수 있는 마을 사람들은 그들은 공통의 증조부모를 언급하기보다는 그들의 부모가 서로의 사촌이었다는 관점에서 그들의 관계를 기억할 가능성이 가장 높다.

을 갖지 못하고 단순히 '우리는 [정확히는 모르겠지만] 병-뻐오운입니다'라고 말할 뿐이다. 사실상, 크마에도 우리 사회와 마찬가지로, 6촌 관계가 정확히 무엇인지에 관해서는 약간의 혼란이 있다. 어떤 사람들은 '부모가 사촌인 관계'라고도 설명하고, 다른 이들은 사촌의 자녀를 칭하기도 한다. 8촌이라면, 마을 사람들은 그런 관계가 존재했다는 사실 자체를 잊어버리거나, 일종의 모호한 친족관계라는 정도만 알 것이다. 사촌 범위 밖의 친척에 관해 물으면, 마을 사람 사람들은 이렇게 대답하곤 했다. "그들은 너무 멀리 떨어져 있어서… 우리는 그들을 더 이상 알지 못합니다."

후손 세대에 대한 성인의 지식은 직계뿐만 아니라 방계에 관해서도 더 광범위하고 정확할 가능성이 높다. 예를 들어, 많은 마을 사람이 사촌의 자녀, 형제자매의 손자, 또는 사촌의 손자를 언급할 수 있다. 자기보다 윗세대는 종종 대부분 친숙해지기 전에 죽기 때문에, 윗세대보다는 자손에 관해 더 잘 안다는 것이 놀라운 일은 아니다. 그러나 르끌레어가 주장한 바와 같이, 어른들은 일반적으로 형제자매나 그 밖의 친척들의 자손에 대한 기억이 매우 또렷하다(고령자들이 특히 후손이 다른 곳에 사는 경우에 정확한 이름과 수를 기억하는 것까지는 주저할지라도 말이다). 그러나 고령자들은 혈연관계에 대한 지식을 자녀 세대에게 전달하지 않는다. 예를 들어, 완나리 할머니의 족보에 따르면 쩐다Chenda와 쓰레이 몸Sreymom은 8촌이지만, 두 사람은 서로 정확히는 모르고, '친족'이라는 정도만 알고 있다. 사실상, 완나리 할머니 자신도 다른 마을 사람들처럼 젊은이들이 8촌이라는 사실을 정확히 밝힐 수 없었을 것이고, 혈연관계의 범주에 포함된 연관성에 대한 민족지학자의 설명을 따르려고 할 때면 절망에 빠져 손을 내저을 것이다.

르끌레어는 인척 관계가 친족 관계에 있어 중요한 부분을 차지한다고 주장하였다. 강한 유대감과 도덕적 의무는 혈족 사이에 존재하지만, 마을 생활에서 친척의 배우자와 배우자의 친척은 종종 혈족과 같은 관점에서 간주된다는 점을 유의해야 한다. 이것은 특히 부모의 형제의 배우자(용어상 혈연관계인 이모나 삼촌으로 똑같이 불림)에게 해당한다. 또한 일반적으로 충성심, 애정, 존경 및 특정 의무가 있는(또는 있어야 하는) 배우자의 부모나 형제/자매에 해당한다.[57] 지리적 근접성과 개인적인 요소에 따라 친밀한 유대와 감정은 사촌의 배우자 아내의 자매의 남편, 조카의 남편의 어머니 심지어 자매의 남편의 형제의 아내와 같이 훨씬 더 먼 친척까지 확장될 수 있으며 혈족만큼이나 중요한 역할을 하게 될 수 있다.[58]

친족에 대한 행동. 친족에 대해 엄격하게 정의되거나 의무적인 행동 규범은 없다. 마을 사람들은 '아랫사람에게는 친절하고 윗사

---

[57] 일부 고대 법률은 시부모나 사촌의 배우자와 같은 친족에 대한 모욕이나 상해를 동족 친척에 대한 학대만큼 가혹하게 처벌했다(Leclère 1894, 155, 205; 1898, 1:298-99, 320-21, 324 참조). 그리고 근친상간 금기를 누나의 남편의 여동생이나 "5촌" 친족의 전처럼 멀리 떨어진 관계까지 확대했다(근친상간에 대한 이전 섹션 참조). 또한 르끌레어 1898, 2:91-92에서 캄보디아 친족관계에 대한 추가 논평을 참조하라.

[58] 스나이더는 미국에서의 양키 친족 용어에 관한 논의에서 (1965, 294-95), 앞서 언급한 것과 같은 다양한 혈연 관계가 종족 네트워크를 더 자주 형성하거나 개인의 친척 네트워크에 더 자주 끌려 들어갈 수 있다고 언급했다. 캄보디아인 사이에서도, 개인의 상황과 감정에 따라 이같은 경우가 분명히 있으며, 특히 캄보디아인이 종종 먼 혈연 친척의 유대를 잃지만, 여동생의 남편의 형제와 같은 연결을 더 쉽게 추적할 수 있는 경우가 있다. 스나이더는 이러한 외인들이 '정말 친척인지'에 대한 의문을 제기하며, 외인들이 친척의 정의에 포함되어야 하는지에 대한 논란이 있었다(예: Mitchell 1963, 351; 1965, 984, Freeman 1960, 71도 참조할 것). 캄보디아 마을 사람들에게는 외인들이 분명히 많은 사람의 개인적인 친척과 '친밀한' 친척으로 간주해야 한다.

람에게는 존중을 담아 행동해야 한다.' '친척 간에는 매사에 서로 도와야 한다'라고 이야기한다. 그러나 이러한 주장은 대개 실제 행동이라기보다는 이상적인 기대임이 분명하다. 개인은 친족에게 원하는 대로 행동할 자유가 있으며 특정 친척과의 상호 작용 정도는 개인의 선호가 가장 크게 작용한다(더 세부적인 이야기는 이후의 장에서 할 것이다). 그럼에도 친족은 (그것이 조직된 그룹이 아닐 경우) 사회적 범주를 형성하기도 한다. 반대로 친족이 아닌 경우에도 친척 사이에 통용되는 강한 도덕적(때로는 법적인) 의무 또는 권리가 존재하기도 한다. 그것은 다음과 같다.

(1) **애정과 존중**. 세속적·종교적 규범은 모두 친족 사이에 서로 사랑하고 존중하도록 하거나, 적어도 심각한 다툼과 분열을 만들지 말라고 장려한다. 마을 사람들은 일반적인 말다툼에는 당황하는 정도이지만, 친족간의 다툼은 불교의 가르침과 민간 신앙의 조상-영(메바Meba)이 견지하는 친족간의 화목한 관계 규범에 어긋나기 때문에 특히 싫어한다. 후자(조상-영)는 특히 친족간의 분쟁을 화해시키는 데 특히 강력한 힘을 발휘한다. 메바가 분쟁 당사자보다는 무고한 가족이나 친척에게 질병을 가져와 불화를 처벌한다고 믿기 때문이다(CMCC 59.077, 42.004 참고). 이러한 제재와 더불어, 고대의 법전에는 종조부(조부모의 형제) 딸의 남편과 같이 먼 친척에 대한 각종 모욕, 상해(비방, 협박, 저주, 구타, 법정 고발 등)에 대한 다양한 처벌이 기록되어 있다(자세한 사항은 Leclère 1894, 155-156, 203-206, 208-210, 216, 219, 298-300, 320-321, 324, Aymonier 1900, 83 참고).[59]

이러한 제재에도 불구하고 친족간의 악감정이 생기곤 한다. 예를 들어, 니어리Neary와 싼San은 사촌지간으로 사소한 일로 다툰 뒤 마을 사람들이 화해시키려 했지만, 몇 달 동안 서로 말을 하지 않았다(그들은 마침내 조상-영으로부터 올 엄벌이 두려워 마지못해 화해하려고 했다). 그러나 대개는 우호적인 관계가 불화 관계보다 더 많다. 이러한 우호는 개인적인 선호에 따라 사소한 친절함에서 깊은 애정까지 다양할 수 있다. 일반적으로 핵가족을 넘어선 가장 따뜻한 유대는 조부모와 손자, 이모/삼촌과 조카 그리고 사촌 사이에 존재한다. 조부모와 손자는 항상 다정하고, 너그러운 관심과 지속적인 사랑의 관계로, 조부모와 손자가 서로 다른 마을에 살 더라도, 만남을 이어가려고 특히 노력한다. 고모/이모와 삼촌이 그 부모보다 나이가 많을 경우(옴이라 부름), 존경을 담아 대해야 한다. 그러나 그들 부모보다 나이가 어릴 경우(고모와 이모는 밍, 삼촌은 뿌라 부름), 종종 조카들과 일종의 농담을 주고받는 관계가 되며, 애정은 신체적·언어적 장난으로 활기 있게 표현된다. 더욱이 위에서 언급한 바와 같이, 부모의 형제, 특별히 이모는 부모의 대리 역할이 되기도 한다. 아울러 어려서부터 같이 자란 사촌은 종종 아주 친밀한 친구가 되기도 한다.

  친족이 특별한 애정을 가진 유대관계가 되는 것은 마을 사람이 실제로는 혈연관계가 없는 (또는 먼 친척인) 특별히 친한 친구를 종종 친족 용어로 언급한다는 사실에서도 나타난다. 특별한 우정의 연대를 표현하기 위하여 쏙Sok은 옆집 사는 이웃을 '내 조카'라

---

59 친족을 법정에서 고발하는 경우 피고인이 가까운 친족(부모, 조부모, 친형제 자매, 연장자, 배우자, 시부모)인 경우에만 처벌되었다. 그러나 다른 종류의 '모욕이나 상해'는 '6촌' 정도 먼 친척과 관련된 경우 처벌되었다. 처벌의 성격과 심각성은 관련 당사자 간의 관계 정도에 따라 다르며, 금전적 벌금부터 다양한 종류의 체벌이나 공중에 공개하는 것에 이르기까지 다양하다.

고 칭하거나 *뷔레악*Vireak이 특별한 동료를 '내 동생'이라고 칭하며 각별한 우정의 끈을 드러내기도 한다(부록 E를 참고하라).

(2) **도움이 필요할 때 지원.** 친족은 다양한 도움이 필요할 때 거의 항상 가장 먼저 생각나는 사람들이다. 마을 사람들은 먼저 부모, 형제, 또는 자녀에게 도움을 청하는 경향이 있다. 그러나 직계가족이 도움을 줄 수 없거나, 먼 친척이라도 더 친밀감을 느끼는 경우라면 그 친척에게 자주 의지하기도 한다. 도움을 구하는 종류는 다양하다. (a) 벼농사,[60] 생애주기 의례 준비, 집 짓기와 같은 일이나 질병 등 곤란한 시기에 노동 등의 지원이 필요할 경우 등이 있다. (b) 물건과 돈이 부족한 사회에서 돈이나 물건을 꿀 일이 많다. 옷과 도구 같은 물건들 또는 과일과 물고기 같은 음식들은 친족들(때로는 친족이 아닐 때도) 사이에서 관대하게 빌려주거나 공유한다. 마을 사람 대부분은 여분의 현금이 거의 없고, 상환이 신속하게 이뤄질지 불확실해 돈을 빌려주는 데 더 신중한 편이다. 그러나 친족들 사이에서 돈을 빌려주거나 빌리는 일은 어느 정도는 일어나며 정확한 상환을 요구하는 비즈니스의 관계라기보다는 '공유' 성격으로 생각된다. 친족이 정말 빡빡한 성격이 아닌 이상 이자를 요구하는 경우는 없다. 상환 날짜도 정확하게 정해지지 않는다.[61] 사람들은 일반적으로 자신이나 배우자의 가족 중 누군가에게

---

60 벼농사를 위해 형성되는 협동조합의 규모와 구성은 다양하다. 그룹의 규모가 크면 친족과 비친족이 모두 포함된다(4장 참조). 그러나 소규모 협력 그룹(가족 외부의 사람들이 포함됨)은 일반적으로 가까운 친척으로 구성된다. (예를 들어, 자주 함께 일했던 한 여성 그룹은 두 자매, 그들의 딸, 조카, 조카의 시어머니로 구성되었다.) 또한 작업 그룹에서 작은 마을에 거주하지 않는 사람을 보면, 그 사람은 거의 항상 밭 주인의 친척이다. 또한 델버트 1961, 219에서 상호 지원은 일반적으로 친족 간에 교환된다고 한 점을 참조하라.

돈을 빌리는 것을 선호하지만, 사촌이나, 먼 곳에 사는 부유한 친척에게서 돈을 빌리기도 한다. (c) 마지막으로 음식과 보금자리가 필요한 친척에게 그것을 제공하기도 한다. 각박한 시절, 궁핍한 마을 사람들은 먼저 가족을 찾는 경향이 있다. 그러나 후자에게 도움을 받을 수 없게 되면 다른 친족에게 도움을 청하는 경우도 있다. 고모와 삼촌에게 입양된 고아나 시부모와 사는 과부가 그런 경우이다.[62]

(3) **생애주기 및 행사 참여**. 친족에게 가장 중요한 의무 중 하나는 서로의 생애주기 의례에 참여하고, 의례 준비를 돕는 것이다. 특별히 결혼식과 장례식이 그렇다. 이런 의례는 친족들이 실제로 한순간에 한 장소에 모이는 몇 안 되는 행사 중 하나이다. 결혼과 장례 의식은 멀리서 와줄 친척을 포함해 많은 친척이 참석한다.[63] 때로는 이러한 예식 또는 의례에서 어떤 친척은 특정한 역할을 맡기도 한다. 예를 들어 약혼식과 결혼식 중매자는 대개는 친척들이며, 신부와 신랑의 하객들은 일반적으로 형제자매 또는 사촌들이고, 가까운 친척들은 고인의 시신을 화장하기 전까지 밤새 장례식에 함께하는 것이 일반적이다. 친족 대부분은 의례에서 결정적인

---

61 친족 간의 돈 빌리기와 대출을 다루는 옛 법률에 대해서는 르끌레어 1898, 1:458-62 및 에이모니어(1900, 86)를 참조하라. 같은 핵가족 구성원에게 돈을 빌리면 이자를 받을 수 없다. 다른 친족 간의 대출에 대한 이자는 관계 정도에 비례하여 다양했다. 신용과 부채에 관한 제4장도 참조하라.
62 법원은 친척에게 다른 지원 수단이 없는 경우 어떤 종류의 친족이든 부양하도록 명령할 수 있다(Clairon 연도 미상, 113-14). 또한 고아를 위한 '가족 회의'(방계 친척이나 친척이 포함될 수 있음)에 관한 클레이온(연도 미상, 94~96)을 참조하라.
63 예를 들어, 산의 결혼식에는 먼 지역에 사는 여러 이모, 삼촌, 사촌들이 참석했다. 그리고 스와이 서리의 쓰레이와 모이는 스와이 동리의 한 노부인의 장례식에 달려갔다. 그녀의 죽은 아들은 쓰레이와 모이의 자매 중 한 사람의 첫 남편이었기 때문에 가까운 친척(벙 틀라이)으로 간주되었다.

역할을 하지는 않지만, 다양한 허드렛일을 맡아 처리하고, 행사의 재정에도 크게 도움을 준다.

상당한 수의 친척들이 모이는 또 다른 행사로는 크마에 설 명절과 죽은 자를 위한 프쭘번이 있다. 이 시기에는 집을 떠나있던 사람들은 고향마을로 돌아가거나 일가친척을 방문하는 것이 일반적인 일이자, 전통이다. 주로 이러한 명절을 통해 혈연으로 맺어져 있지만 흩어져 살던 가족 구성원들은 다시 한자리에 모인다. 이런 행사들로 인해 부모의 형제나 자매, 형제/자매의 자녀들과 같은 다양한 친척들과 남은 한 해 동안 거의 볼 수 없을지도 모르는 사촌들도 서로 만날 시간을 갖게 된다.

(4) 서로의 행동에 대한 책임. 더 큰 친족 집단은 개인의 친족까지 확장되는 보상이나 보복 제도가 없기 때문에, 서로의 행동에 대해 책임지겠다는 명시적이거나 확실한 약속도 없다. 그러나 앞서 언급한 바와 같이 조상-영은 친족간의 다툼뿐만이 아니라, 개인의 잘못[64]도 질병과 같은 형태로 다른 구성원이 처벌받을 수도 있어, 어떤 의미에서는 누군가 잘못을 저지르면 자신의 친족을 고려해야 한다(예를 들어, Leclère 1898, 1:156에서는 간통한 여자의 아주버니/시동생이 자신의 범죄로 인해 병에 걸린 사례를 인용하고 있다. CMCC 42.004, 59.107도 참고하라). 그러므로 개인은 친족의 질병(심지어 죽음까지)에 대해 책임져야 할 상황이 발생하지 않도록 특정 행동 규범을 준수해야 할 의무가 있다. 그리고 친척이 병에 걸리면 죄를 지은 자는 자신의 죄를 고백하고 친척의 질병을 치

---

64 그러한 행위는 대개 음행(예: 간음, 혼전 성관계)이거나 부모가 자녀가 사랑하는 사람과 결혼하는 것을 허용하지 않는 상황이다.

료하기 위해 조상의 영혼에 제물을 바쳐야 하는 도덕적 의무가 있다. 만약 그 병든 친척이 죽게 된다면 범죄를 저지른 사람은 살인자나 다름없는 것으로 간주된다. 조상의 영을 두려워해도 친족 간의 모든 불화를 막지는 못하지만, 많은 다툼을 화해시키고, 범죄를 억제하는 역할을 했다는 점은 언급할 만하다.

(5) **상속권 권리**. 사실상 마을에서 거의 모든 재산은 자손에게 분배된다(4장 참조). 그러나 사망한 친척에게 자녀가 없거나 생존 부모, 조부모, 형제자매 또는 배우자가 없는 경우 직계가족이 아닌 친척도 사망한 친척의 재산에 대해 법적으로 재산 상속을 청구할 수 있다. 이 경우 민법에 따르면 이모, 삼촌 또는 사촌이 상속인이 될 수 있다(Clairon 연도 미상, 125~126).[65] 사실 이러한 경우는 마을 생활에서는 아주 드물긴 하지만, 때때로 미혼의 조카 딸이 고인과 함께 살며 실질적인 딸 노릇을 했다면 그 조카에게 재산을 상속할 수 있다.

친척과의 교류. 스와이 서리 마을 사람들은 혈연으로 맺어진 50명 이상의 친척(그들의 배우자를 포함하여)이 있다. 대체로 그들은 친척들의 이름과 거주지까지도 말할 수 있다.[66] 많은 사람이 그들이 매일 만나는 촌락 내에 가깝거나 친척과 먼 친척들이 있고, 인근 지역에 상당히 자주 접촉하는 다른 친척이 있다. 그러나 혈연관

---

65 조카딸이나 첫째, 둘째, 셋째, 넷째 사촌을 가능한 상속자로 지정하는 과거 법 규정은 르끌레어(1898, 2:480)를 참조하라.
66 계보상 친족(출산 가족 제외)이 가장 많은 경우는 163명이었다. 가장 작은 사람은 단 한 명의 친척이 있었다. 족보상 마을 사람들은 평균 50명의 친척이 있지만, 계보는 실제 많은 마을 사람들이 알고 있는 배우자의 친척이나 형제자매의 처가와 같은 친척에 대한 지식이 포함되어 있지 않다. 더욱이 마을 사람들은 정확한 연관성을 알 수 없어 자신의 족보에 나오지 않는 많은 사람을 친족으로 인정하는 경우가 많다.

계와 지리적으로 가깝다고 해서 표면적인 상냥함과 유쾌한 대화를 뛰어넘는 깊은 감정적 유대와 친밀한 관계를 보장하지는 않는다. 친족과 개인과의 교류를 논의할 때 고려해야 할 가장 중요한 점 하나는 일부 친족에게 깊은 감정과 중요한 접촉을 갖고 다른 이에게는 그렇게 하지 않을 자유가 개인에게 있다는 사실이다. 이 친족 안에서의 개인적인 선택(Firth 1956, 44)은 다양한 요인에 기반하므로 어떤 사람의 '친밀한' 친족에 누가 포함될지 예측하기는 어렵다. 앞 절에서 열거한 친족에 대한 다양한 의무, 특히 애정 어린 감정에 관한 의무는 조부모와 손주, 이모와 삼촌, 조카와 조카딸, 사촌, 배우자의 직계가족에게 가장 강력하게 적용된다. 그러나 이 범위를 넘어, 때로는 그 범위 내에서도 개인의 감정과 의무감은 크게 다를 것이다.[67] 몇 가지 예를 들면 뷔레악은 사망한 처형의 남편이기 때문에 가까운 친척인 *리나*Rina를 가장 사랑하는 친척 하나로 간주한다. 그는 필요할 때만 이야기하는 다른 시누이와 조카는 싫어한다. 그리고 그는 누이와 남편을 완전히 피한다. *라타나*Rattana는 자기 형제나 처남보다는 처제의 남편을 자주 방문하고 같이 일하기도 한다. 그리고 쓰레이는 다른 사촌들보다 시외숙모(남편의 어머니의 형제의 아내)와 더 친하다.

---

67 동남아시아와 다른 지역의 다른 양자 그룹에도 유사한 친족 선택 제도가 존재한다. 예를 들어, 자바인에 대해서는 H. 기어츠(1961, 2)과 콘차라니므랏(1960, 114)를 참조하라. 말레이인에 관해서는 쟈무어(1959, 31-34). 버마인에 관해서는 랜드 다약의 책에 있는 게디스(1954, 43, 47), 네쉬(1965, 68~69)와 워드의 책에 있는 미 미 카잉(1963, 105, 108), 태국인에 관해서는 워드 책에 있는 헹스(1963, 434), 필리핀인에 관해서는 워드 책에 있는 폭스(1963, 348), 일본인에 관해서는 존슨(1964, 841), 영국인에 관해서는 퍼스(1956, 16, 44, 62-63)와 봇(1957, 222)을 참조하라. 또한 미쉘(1963, 350; 1965, 983), 리치(1950, 61), 굿이너프(1961, 1345-46), 라이시터(1958)의 논의도 참조하라.

친족 간의 이러한 개인적인 호불호에 영향을 미치는 요인 중 가장 중요한 것은 아주 간단하게 개인적인 경험과 성격 차에서 비롯된다. 예를 들어, 뷔레악은 한 처제가 수년 동안 베풀어 준 호의에 감사하지 않는다고 느껴 그녀를 싫어하고, 더 나아가 그녀의 딸인 조카딸이 그의 아이들에게 무례하고 공격적이기 때문에 싫어한다. 한편 그는 관대하고 동정심이 많은 사람이라는 특징이 있는 또 다른 처형과 그녀의 남편에게 헌신적이며, 마음이 맞고 존경할 만한 리나에게 가장 깊은 애정을 품고 있다. 대체로 사람들은 특정 친족에 대해 양가적이거나 부정적인 감정을 갖는 것에 대해 죄책감을 느끼고, 그것을 노골적으로 표현하는 경우는 거의 없다. 그리고 예의 바른 모습이 유지되는 한, 사람들은 원하는 대로 생각하고 느낄 자유가 있다.

지리적 근접성은 특정 친족과의 친밀성을 결정하는 또 다른 요소가 될 수 있다. 분명 같은 지역이나 가까운 곳에 사는 친척과 만나기가 더 쉽고, 그러한 반복적인 상호 작용은 서로를 좋아하는 사람들 사이에서 깊은 유대감을 더 강화할 수 있다(즉, Homans 1950). 대체로 멀리에 살아 거의 잘 만나지 않는 친척들과 강한 유대를 갖기는 다소 어렵다. 많은 마을 사람이 다른 곳에 사는 방계 친척에 관해 놀라울 정도로 많이 알고 있지만, 다른 지역에 있는 친척을 완전히 잊어버리는 사람들도 있다(부모의 형제자매나 사촌처럼 가까운 친척이라도 '멀리에 살고, 나는 그들을 모른다'고 하는 경우도 있다). 또한 어떤 상황에서는 (특히 작은 마을 속에서) 가까운 데 사는 먼 친척이 먼 곳에 사는 가까운 친척보다 더 중요해질 수 있다(Goodenough 1962.9와 비교).

반면 잦은 접촉이 부정적인 감정과 긍정적인 감정 모두를 강화할 수도 있다. 따라서 거주지가 가깝다는 단순한 사실이 반드시 정서적 친밀감으로 나타나는 것만은 아니다. 심지어는 작은 마을 안에서도 서로 피할 수 있다. 또한 마을 사람이 멀리 떨어져 사는 친척과 깊은 감정적 유대관계를 맺는 것 또한 가능하며 드문 일도 아니다. 비록 그들이 자주 만나지는 못하더라도 방문하든가 명절 또는 다양한 가족 행사에 만나기도 하고 서신왕래를 통해 접촉이 유지될 수 있다. 그래서 뷔레악은 100m 정도 떨어진 데 사는 누나와 처남과는 아무런 왕래가 없지만, 프놈뻰에 있는 처형에게는 일 년에 네다섯 번 정도는 깊은 애정을 표현한다.

중요함이 덜해질 수 있는 다른 요소들은 아래와 같다. 첫 번째, 위에서 언급한 바와 같이 엄마의 친족들(특히 이모들)은 종종 더 수용적이고 친절하다고 느끼며 외가 쪽 친척들과 더 친밀한 유대를 형성한다. 두 번째, 사회적 지위의 강력한 차이는 친족 관계에 영향을 미칠 수 있다. 이따금 마을에서 태어난 누군가가 눈에 띄게 높은 사회적 위치를 가진 도시인이 되는 경우가 있다. 이러한 경우, 그와 그의 원가족 사이 유대관계는 강력하게 유지된다. 다른 마을의 친척(사촌)과의 유대는 약해질 수 있지만, 시골 친척의 도움 요청을 속물근성이라며 차갑게 대하거나 거부하는 것은 용납되지 않는다(사실 어떤 도시인들은 마을 친척들을 향해 특별한 향수를 느끼는 경우가 있어 그들이 어려운 상황에 놓여 있을 때 도움을 주기도 한다). 마을 사람들은 성공한 친척을 향해 다양한 감정을 품고 있다. 어떤 사람들은 (특히 상대적인 나이가 더 많은 경우라면) 신분의 차이에도 전혀 개의치 않고, 어떤 사람들은 부유한 친척을 돈만 바라는 시선으로 바라볼 수도 있다. 그러나 강한 유대감은 서로 자주 오가며 사회적으로 평등한 관계일수록 더 쉽게 형성되고, 그런 점에서 사회적, 지리적 거리는 강한 유대감의 발전을 방해할 수 있다.

따라서 각 개인은 가족 구성원의 측면에서뿐만 아니라 특정 친족과의 다양한 종류의 정서 및 상호 작용과 관련하여 서로 다른 '개인적 친족'을 가지고 있다. 퍼스(1956, 45)와 미쉘(1965, 983)[68]의 주장을 확대하여 보면, 사회적 접촉이 멀거나 산발적이고 감정이 중립적이거나 부정적인 '주변 친척', 때로 사회적 접촉을 유지하고 정서가 긍정적이지만 그렇다고 깊지는 않은 '유효한 친척', 그리고 목적이 분명하고, 가까우며 자주 만나고 감정이 깊은 '친밀한 친척'이 있다. 서로에게 친한 친척이라고 여겨지는 사람들은 같은 공동체에 살면서 끊임없이 관계를 맺는다. 그들은 바쁜 계절에 논에서 함께 일하고, 여가에 서로의 집에 드나들며 비밀, 가십 농담을 주고받는다. 남는 음식이나 출산 보조 등 물품이나 도움을 서로 신속하게 빌려준다. 사원 축제 또는 프놈뻰과 같은 장소로 함께 여행한다. 그러나 그들 중 누가 친밀한 친척이 되는지를 예측하기는 어렵다. 쌍방관계에 대한 논의에서 흔히 사용되는 그물이나 네트워크의 비유를 따른다면(Pehrson 1957, Bott 1957, Barnes 1960, Befu 1963, Mitchell 1965의 예시 참고), 크마에 마을의 네트워크는 정서적 유대와 도덕적 의무로 긴밀하게 묶여 있는 직계가족과 결혼으로 맺어진 가족을 중심으로 그들을 긴밀하게 묶

---

68 퍼스와 미쉘은 주로 접촉 빈도에 관해 이야기하며 빈도는 영향에 따라 달라진다는 의미를 담고 있다. 그러나 스와이 서리 주민들의 경우 퍼스와 미쉘이 설명한 도시 환경과 달리 같은 작은 공동체에 사는 친척들과 매일 접촉할 수 있다. 그러나 그러한 상호 작용은 매우 피상적일 수 있으며 반드시 감정적 애착을 의미하는 것은 아니다. 반면에 위에서 언급한 것처럼 자주 보이지 않는 친척에 대해서는 큰 애정을 가질 수도 있다.

고 있다. 그러나 관계의 나머지, 즉 다른 친족들은 느슨하게 엮어져 있으며 사람들은 원하는 대로 그 관계망을 느슨하게 하거나 조일 수도 있다. 그리고 조부모, 부모의 형제자매 그리고 사촌과 같은 가까운 친척을 그물의 중심으로 끌어당길 수 있지만, 관계망 밖에 있는 먼 친척들을 자유롭게 그리고 자주 모을 수도 있다.

요약하자면, 크마에 사이 개인적 혈연은 그다지 가시적인 현상이 아니다. 이것은 명확하게 엮어진 것이 아니며 어떤 공식적인 조직도 아니고 전체 구성원의 일부만 주기적으로 임시로 모이는 경우를 제외하고는 하나의 그룹으로 포착되지 않는다. 그러나 친족이 마을 사람들의 삶에서 중요한 역할을 한다는 것은 분명하다. 첫째, 개인이 도움이 필요할 때 요청할 수 있는 직계가족보다 훨씬 더 광범위한 인력풀을 제공한다. 마을 사람들은 친족이 아닌 이웃이나 친구에게 도움을 요청할 수 있지만, 후자는 친척처럼 응답해야 할 도덕적 의무감이 강하지 않다. 그리고 친척이 '잠재적 동원' 그룹을 구성한다는 사실은(Firth 1965, 13) 다양한 경제적, 사회적, 의례적 활동을 지원하는 단체나 공식화된 협력 수단이 부족한 사회에서 특히 중요하다(Geddes 1954, 73, Freeman 1960, 73, Befu 1963, 1332, Johnson 1964, Murdock 1964, 130 참고할 것). 둘째, 친족 관계는 개인에게 일정한 안정감과 안전함을 제공한다. 마을 사람들은 대체로 사교적인 성격이어서, 혼자 있는 것을 꺼리고, 익숙한 사람들과 함께 하는 것을 가장 행복해하고, 모르는 사람에게 위협을 느낀다. 직계가족은 당연히 가족 구성원에게 강한 안정감과 소속감을 준다. 그러나 이러한 안정감은 적어도 도움과 애정, 보호를 기대할 수 있는 (아마도) 따뜻하고 보호적인 사람들이 더 많이 있다는 것을 알면 더욱 커진다. 개인은 그곳에 친족이 없는 한 미지의 지역으로 모험을 떠나는 일은 극히 드물며[69] 어쩔 수 없이 낯선 지역을 여행하거나 머물게 된 마을 사람은 대개 누군가와 가상의 친척관계를 만들려고 한다는 것은 주목할 만한 일이다. 마지막으로, 일부 다른 양계제 사회와 유사하게(예를 들어, Geddes 1954, 15, Kaufman 1960, 26, Eggan 1960, 45 참조), 공동체 내에서 겹치는 개인 친족이 특정 응집력을 제공하는 데 도움이 되는 것 같다. 지역 주민들을 하나로 묶는 규범이나 활동은 상대적으로 적고, 지역 사회에 대한 마을 사람들의 충성심이 주로 그의 동료 주민인 친척과 친구들과의 관계에 기반을 두고 있는 것처럼 동네나 마을에 존재하는 연대의 상당 부분은 그것이 친족(그리고 친족의 친척과 친구들)의 집합체라는 사실에서 비롯된다.

친족이 아닌 이웃과 친구들

비록 많은 스와이 서리에 거주하는 사람들이 (때로는 미약하지만) 서로에게 궁극적으로 엮여 있지만, 친족이 아닌 이웃과 친구 또한 마을 주민들의 사회적 관계에서 중요한 부분을 차지한다. 이전 장에서 사람들이 일반적으로 친척과 교류하도록 강요받지는 않지만, 일부 친척과는 긴밀한 관계를 맺고, 다른 친척은 무시할 수 있음을 언급했다. 이 연장선에서 마을 주민은 친족이 아닌 사람을 특별한 애정과 상호 작용의 대상으로 선택할 자유도 있다.[70]

---

69 카우프만(1960, 25)은 태국에서 유사한 상황을 보고했는데, 이는 먼 친족이 주로 다른 공동체의 사람들을 연결하는 역할을 한다고 시사했다.

이상적으로 마을 사람들은 마을 공동체 안의 친족이 아닌 동료 주민들에게 특별한 감정을 품고 있다. 친족간의 감정과 상호작용에 대한 이상적인 규범과 마찬가지로 마을 사람들은 서로를 좋아하고 도와야 하며,[71] 동료 주민들은 '나쁜' 이방인과는 달리 신뢰할 수 있는 '좋은' 사람이라는 느낌을 공유한다. 물론 실제로는 개인의 취향이 지배한다. 스와이 서리와 같은 작은 공동체에서조차 옆집 가족과는 명목상의 관계만 맺는 데 반해, 촌락 반대편에 있는 누군가에게 특별한 애정을 느끼기도 하고, 이웃 사이에 주기적으로 이런저런 마찰이 발생하기도 한다.

친밀한 우정의 관계는 습관적으로 서로의 집을 방문하거나, 함께 일하거나, 상부상조하는 것으로 보이는 (친족 또는 비친족으로 구성된) 6명 이상 사람의 쌍 또는 더 큰 그룹에서 발생할 수 있다. 우정으로 묶인 그룹 중 일부는 상당히 명확한 경계와 '구성원'을 가지고 있는 데 반해, 다른 그룹은 경계가 모호하고 구성이 다양하다. 두 경우 모두 시간이 지남에 따라 그 구성은 다툼이나 이주 등으로 인해 변하기도 하지만, 그 무리는 주로 같은 성별로 이루어지거나, 동년배이거나, 성격이 비슷한 사람으로 구성된다.

표면상 우정의 주요 기능은 순수한 사교와 좋은 사람과 함께 하는 기쁨이다. 사춘기 소녀 5명으로 구성된 한 집단은 옷이나 남자

---

70 자드로즈니(1955, 313)는 "가족 수준을 넘어서는 사회적 상호 작용의 상당 부분이 친족이 아닌 이웃과 이루어지는 것 같다"고 기술하고 있는데, 이는 크마에 마을 내에 친척인 가족이 거의 없다는 가정에 근거한 것이다. 그러나 지역 사회는 주민의 다수 또는 대부분이 친척인지 여부에 따라 다르다.
71 르끌레어(1898, 2:187-90, 308-19)에 따르면 19세기 후반에는 경찰이 부패하고 태만했기 때문에 화재, 도난, 기타 어려움이 발생하면 반경 123m 내의 이웃이 도움을 주어야 하고, 그렇지 않으면 처벌을 받아야 했다.

들에 대한 명랑한 대화를 나눈다. 음악에 특별한 관심을 가진 다섯 명의 청년 그룹은 거의 매일 연주 연습을 위해 모인다. 그리고 네 명의 기혼 여성으로 이루어진 또 다른 모임은 여가에 서로의 집에서 뒷담화를 즐긴다. 그러나 친구들은 그저 즐기기만을 위한 무리가 아니다. 그들은 각종 품앗이의 원천이기도 하다. 단짝이나 구성원들은 다양한 방법으로 호의나 도움을 교환하는 것으로 보인다. 서로의 밭에서 품앗이하고, 서로의 생애주기 행사에서 노동을 주고받기도 하며 투병이나 출산할 때와 같이 도움이 필요한 어려운 시기에 도움을 주고, 서로 필요한 것을 빌려준다.[72] 자녀의 혼사를 위해 서로 중개인이 되기도 하고, 도시에서 일할 때면 함께 살기도 한다. 따라서 가까운 친구들은 서로가 어려운 때에 도움을 요청할 수 있는 또 다른 관계망의 원천을 구성하며, 이것은 친족과 이웃이 서로 도울 것이라는 이상이 있지만, 그들이 원하지 않는 경우 실제로 그렇게 하도록 강요할 강력한 제재가 없는 사회에서 특히 중요하다.[73] 친구를 의지할 수 있는 이유는 제재보다는 우정의 감정이 더 도움이 되기 때문이다. 그러나 포스터는 다음과 같이 말했다. "우정은 이상과 실제 행동 사이에 오래 지속되는 간격이 거의 존재하지 않는다는 점에서 다른 관계와는 다르다. 친구가 더 이상 우호적이지 않으면 제도는 해체된다(1961, 118)." 그러므로 스와이 서

---

72 주의: 그러나 친족이 아닌 친구들이 서로 돈을 빌리는 경우는 비교적 드물다.
73 포스터(1961b), 핏첸(1961), 울프(1966)는 개인이나 가구 사이의 '자발적', '계약적', 기본적으로 '일시적' 관계가 농민사회에서 일반적이라고 시사했다. 이는 스와이 서리의 경우 본질적으로 사실이지만, '단기 목적'을 위한 임시 '연합' 형성에 대한 울프의 논의(1966, 80, 91)는 주로 협력적인 노동 그룹과 특정 토와(아래 참조) 관계에 적용된다. 그렇지 않으면 스와이 서리에서의 우정(호의와 도움의 교환과 함께)은 울프가 암시하는 고의적인 계산보다는 감정의 문제로 더 많이 발생하는 것 같다.

리 주민에게 친구란 진실로 중요한 도움의 원천이지만 그 관계가 친밀하고 다정할 때만 유효하다.

이상적으로는 친족이 수행하거나 이행해야 하는 일부 역할을 대신 수행하는 친족이 아닌 사람의 역할은 토와towaa라는 관계로 알려진 제도에서 공식화된다.[74] 이 관행에서 친구들은 서로를 비공식적으로 (서로가 혈연을 나눈 관계는 아니나 마치 가족과 같이) 입양하고 부모와 자식 또는 형제자매와 같이 가상의 친족 관계를 형성한다. 토와 관계는 여러 가지 방법으로 이루어질 수 있다. 첫째, 두 사람이 서로를 매우 좋아하게 되어 그들 간의 관계를 단순한 우정 이상의 관계로 만들고자 할 수 있다. 만약 그 두 사람 사이에 나이 차이가 크면 더 어린 사람이 나이가 많은 사람에게 (또는 흔치는 않지만, 그 반대로도) 토와 부모(또는 자녀)가 되기를 요청할 수 있다.[75] 또는 나이가 비슷할 경우 그중 한 명이 다른 이의 부모에게 자신의 토와 부모 관계가 되어달라고 요청해 친구와 토와 형제가 될 수 있다. 둘째, 여행하고 있거나 잠시 집을 떠나게 된 사람은 토와 부모가 되어달라고 요청할 사람과 친구가 되거나 그런 요청을 들어줄 만한 사람을 찾을 것이다.[76] 이러한 방식으로 그는 낯선 지역에 있는 동안 안식처, 동료, 보호를 찾을 수 있는 신뢰할 수

---

74 르끌레어 1890, 59-60에서는 '끌로'라고 불리는 '친근한 결합' 또는 '입양에 의한 일종의 친족 관계'에 대해 이야기하는데, 이는 토와 관계와 매우 유사하다. 구스돈 1930, 1:850; 42, 137, 1388에서는 토와(토와라는 단어의 서술 형태로 보인다)가 합법적이거나 신성한 입양을 암시한다고 말합니다. 예를 들어 어으뿍 토와 = 양아버지 또는 대부를 의미한다.
75 토와 부모는 마다이 토와 = 토와 어머니, 어으뿍 토와 = 토와 아버지를 가리킨다. 그러나 실제 호칭에서는 토와 자녀에 대해 토와 부모를 '어머니', '아버지' 또는 '이모', '삼촌', '형제자매'와 같은 다른 친족 용어로 부를 수 있다.

있는 친구와 안전한 거처를 확보할 것이다. 셋째, 고아이거나 부모 중 한 명을 잃은 사람은 집에 있든 없든 대리 부모를 찾을 수 있다. (참고로 친부모님이 살아있어도 이와 같은 부모가 있을 수 있다.)

많은 스와이 서리 사람들은 토와 관계를 맺고 있거나 이전에 맺었었다. 몇 가지 예를 들자면, 뷔레악에게는 두 명의 토와 부모가 있었다. 한 명은 이웃 마을 따 짜에 살고 있는 오랜 세월 동안 그에게 아버지와 같은 관계였고, 많은 조언을 해주었던 노년의 남성이었고, 다른 한 명은 뷔레악이 그 지역을 여행하는 동안 병에 걸렸을 때 그녀의 집으로 데려가 돌봐 준 먼 지방의 여성이었다. 리윽Leak 할머니(20번 집)는 약 10명쯤 되는 토와 아들이 있었으며 그들 중 대다수는 그 인근 사원에서 승려가 되기 위해 다른 지역에서 온 청년이었다. 시토욱Sithouk 할머니(17번 집)는 두 명의 토와 아들이 있다. 그들 중 한 명은 친아들의 친한 친구였다. 그는 몇 달은 프놈뻰에 있는 친척들과 함께 살고 나머지 시간은 사실상 가족 구성원으로 받아들여 준 씨토욱 할머니의 가족과 함께 사는 고아였다. 다른 젊은이는 사범학교에서 공부하는 동안 시토욱의 토와 아들이 되었는데, 그는 다른 주에 살고 있지만 가끔 시토욱을 방문하곤 한다.

토와 관계는 여러 가지 특징이 있고 그중 일부는 앞서 제시한 예에서 분명하게 드러났다. (1) 토와 관계는 다소 약하고 보통 일시적인 방식이지만, 참 부모와 자녀 관계 속에서 오는 따뜻함, 안정

---

76 말레이의 유사한 관행에 대해서는 쟈무어(1959, 31)를 참조하라. 포스터 1961a가 설명한 대로 메소-아메리카의 꼼빠드라고(대부모-대자녀) 관계도 때때로 이러한 상황에서 만들어진다.

감, 양육을 재현하려고 노력한다. 토와 부모는 토와 자녀가 보호받을 수 있는 장소와 음식 그리고 동반자, 조언, 옷이나 물품 같은 물질적 선물을 받을 수 있는 제2의 가정을 구성한다. 그 보답으로 토와 자녀는 가상의 부모에게 돈, 음식 또는 기타 항목을 선물하고 가사 활동에 노동력을 제공할 수도 있다. (2) 토와 관계의 강도, 상호 작용 정도와 기간은 개별 상황에 따라 다르다. 그녀의 승려토와 자녀들의 경우 그들은 리옥 할머니의 집에 와서 먹고 이야기하고 잠을 잘 때는 한 번에 몇시간 또는 며칠 동안 그녀와 지내지만 그들이 고향으로 돌아간 후에는 연락이 끊기기도 한다. 이같이 토와 관계는 상대적으로 편안하지만, 한시적인 관계이기도 하지만,[77] 관계가 오랜 기간 지속되어, 유대감이 깊어질 수 있는 토와 관계의 예도 있다. 예를 들어 시토욱과 일년내내 가족의 일원인 그녀의 토와 아들의 경우가 있다. 토와 관계는 여행을 가거나 일시적으로 다른 곳에 거주하는 동안 맺게 되면 그 관계가 필연적으로 짧을 수밖에 없긴 하나, 토와 부모와 그 자녀들은 항상 서로를 다정한 기억으로 떠올리며, 너무 멀리 살지 않는다면 연락을 유지하려고 노력한다. (3) 사람들은 한 명 이상의 토와 부모와 한 명 이상의 토와 자녀를 가질 수 있다. 더욱이 남성은 다른 곳으로 여행하거나 거주할 기회가 더 많아 토와 부모가 필요해 토와 자녀가 될 가능성이 더 높다. 반면에 여성은 본성상 남성보다 더 따뜻하고 자상하며 동정심이 많아 토와 부모가 되어 달라는 요청을 더 자주 받는다.[78]

---

[77] 그러나 리옥은 그녀의 승려 토와 아들 중 한 명은 자기가 죽어 가고 있다고 생각했을 때 그를 보러 오라고 구체적으로 그녀에게 (사람을) 보냈다고 회상한다.

"그룹화"

크마에 마을 생활의 두드러진 점은 토착적이고 전통적이며 조직적인 협회, 클럽, 파벌, 또는 비-친족 원칙에 따라 형성된 모임이 부족하다는 것이다. 스와이 서리에서 공식조직으로 알려진 유일한 조직은 20세에서 50세의 건장한 남성들로 구성된 지역 민병대(7장 참조)로, 이것은 마을 주민들이 자발적으로 시작한 것이 아니라 중앙정부에 의해 조직되었다.[79] 이것 외에 마을에서 발견되는 유일한 '그룹'은 이전 장에서 언급한 우정 집단, 특정 목적을 위해 소집되고 시간이 지남에 따라 구성이 변경되는 협력 작업 집단이며, 이따금 만들어지는 수명이 짧은 파벌이 있다.

(1) 벼농사의 특정 단계에서 가족만으로는 충분한 인력을 공급할 수 없을 때, 주로 농업 노동을 위해 협동 작업반을 조직한다. 작업반은 집을 짓거나 공동 우물 파기와 같은 다른 목적을 위해 구성될 수도 있다.

쟁기질, 모내기, 수확 및 타작을 위한 농업 작업 집단은 그 크기와 구성이 다양하다. 작은 집단의 구성원은 일반적으로 우정 집단을 형성하고 관습적으로 일년내내 그리고 매년 서로 협력하는 친

---

78 토와 어머니의 남편은 자동으로 토와 아버지가 된다. 그러나 일반적으로 예비 토와 자녀가 가장 먼저 접근하고 애정과 보살핌의 주요 원천이 되는 사람은 바로 여성이다.
79 스와이 서리 어린이 몇 명은 보이스카우트 및 걸스카우트와 유사한 청소년 조직에 속해 있지만 이는 마을이 아닌 지역 학교에 기반을 두고 있다. 쩜까 또는 과일, 채소 재배자들은 분명 관개와 관련된 기구를 갖고 있다(Delvert 1961 참조). 그러나 그 외에 크마에 마을에는 상호 대출, 부조를 위한 조직, 불교 사원에서 조직한 클럽 또는 정당 협회와 같은 다른 동남아시아 농민사회에서 볼 수 있는 협회가 전혀 없다.

족 및 친한 친구이다. 그러나 내규모 작업팀은 일반적으로 특정 시간에 특정 작업을 수행할 수 있는 사람으로 구성되기 때문에 매우 다양하며, 따라서 친밀한 친척이나 가까운 친구가 아닌 사람들을 포함할 가능성이 크다. 이 모든 팀은 등가 노동 교환의 원칙에 따라 운영된다.[80](농사일에 있어서 협동 노동에 대한 더 많은 논의는 4장을 참조)

집 짓기와 같은 일은 가족의 가까운 친척과 친구들이 대부분의 일을 도와주기 마련이지만, 다른 사람들도 종종 최소한의 도움 정도는 줄 것이다. 이러한 서비스는 식사를 대접한다거나, 그러한 도움을 받은 사람들이 미래에 호의를 보답할 때가 있을 것이라는 암묵적인 기대로 보답받는다.

(2) 파벌싸움은 스와이 마을에서는 드물며, 만약 파벌싸움이 생기더라도 사람들을 서로 대립하는 세력으로 집단화하는 것은 일시적이고 다소 모호할 수 있다. 최근 마을의 역사 속에서 파벌싸움의 사례는 두 번뿐이다. 파벌의 가장 명확하고 중요한 사례는 제2차 세계대전 이후 *이싸락*Issrak 반군 활동 당시 발생했다. 스와이 주민 중 일부(소수인 것처럼 보임)는 이싸락 대의에 동조했고 많은 사람이 실제로 반군에 가담했지만, 나머지는 중립적이거나 반-이싸락이었다. 그러나 이싸락과 비-이싸락이 서로 싸운 명확하게 정의된 두 진영이 아니라는 점에 유의해야 한다. 반군에 가담한 남성들은 구별되는 그룹을 형성했지만, 이싸락이 아니거나 반대인 마을 사

---

80 모든 건장한 성인 남성이 정부 프로젝트에 일하기 위해 작업반에 소집될 수 있다는 점에서 요역 노동의 흔적도 있지만(7장 참조), 이 상황은 여기서 논의되는 상황과 다르다. 또한, 사원에서는 사원 건축 활동에 자원봉사자를 모집할 것을 요청하는 경우가 있다.

람들은 비교적 조직되지 않았으며 최선을 다해 일상생활을 영위했다. 이싸락 조직원들은 가끔 이싸락이 아닌 이웃을 위협하기도 했지만, 일반적으로 반군에 동조하지 않는 사람들에 대한 박해는 없었다. 사실 이싸락과 비-이싸락은 대부분 같은 공동체에서 비교적 평화롭게 공존한 것으로 보인다. 현재 이싸락 운동은 단지 하나의 기억일 뿐이며 이전에 있었던 분파주의는 모두 사라졌다.

파벌싸움의 유일한 또 다른 예는 파벌 간의 대립에 대한 더 명확한 예를 제공하지만, 다시 한번, 파벌에는 명확한 조직이 없었고 갈등은 매우 짧았다. 스와이 서리 마을 사람들은 모하니까이Mohanikay와 톰마웃니까이Thommayutnikay라는 서로 다른 종파에 소속된 두 개의 불교 사원에 다닌다. 서리 가구 절반이 두 사원에 똑같이 자주 다니지만, 톰마웃니까이에 더 충성스럽다거나 모하니까이에 더 헌신적인 가족들도 있다(5장 참조). 마을 사람들은 서로 다른 종교적 열심에 대해 인정하지만, 일반적으로 두 종파 사이의 차이는 매우 미미해 재가신자들에겐 큰 의미가 없다. 그러나 1959년 종교 노선을 따라 파벌싸움이 잠깐 벌어졌다. 서리 마을은 매년 추수 후 두 사원의 승려들을 초대하여 축제를 벌이는 관례가 있었다. 그러나 특별히 이 해에는 수확량이 적어서, 마을 사람들은 두 사원의 승려들을 위한 별도의 잔치를 두 번 여는 대신 한쪽 사원의 승려들만을 위한 식사에 드는 돈만 기부할 수 있을 것 같다고 생각했다. 모하니까이 지지자들은 톰마웃 승려들만 초대한다면 기부하기를 꺼렸고 톰마웃 추종자들은 모하니까이 승려들만 초대하는 것에 반대했다. 어느 쪽도 물러서지 않았고 수확 후 축제는 열리지 않았다. 그러나 추수 후 축제 기간이 지나면서 그 문제는 잊혀졌고, 어느 쪽도 서로에게 원한을 품지는 않는 것 같다.

이렇게 파벌싸움이 상대적으로 적은 이유는 확실하지 않지만, 공동체 내의 일반적인 대인 관계의 특성에서 몇 가지 단서를 찾을 수 있다. 마을 생활은 완벽하게 조화롭진 않으며, 개인 간의 분쟁이 발생하는 것은 인지상정이다. 자녀, 어린 형제자매, 배우자 사이의 사소한 다툼과는 별개로 논밭 물싸움(4장 참조), 상속재산 문제, 상대방 자녀의 품행 문제 등 다양한 이유로 어른들 사이의 충돌도 수시로 발생한다. 그러나 우선 그러한 싸움은 상대적으로 드문 것 같다(과거에 발생한 다른 사례에 대해서 듣기는 했지만, 내가 스와이 서리에 머무는 동안 어른들 사이에 명백한 분쟁은 세 번밖에 없었다). 대체로 일부 농민 집단에 존재한다고 하는 끊임없는 말다툼과 비방은 거의 없었다(예를 들어, 메소-아메리카에 대한 Foster 1961a 및 1961b 참조). 둘째, 그러한 싸움의 행동 패턴은 일반적으로 관련된 사람들 간의 직접적인 대결이 아니다. 오히려 마을 사람 중 한 명이 화가 나 혼자서 자신의 고충에 관해 소리 지른다. 이 독백은 특별히 누구를 향하는 것 같지 않지만, (감정을 상하게 한 당사자 포함)[81] 마을 전체가 들을 수 있을 만큼 충분히 크다. 이것은 분쟁 당사자가 서로 맞부딪히는 직접적인 다툼을 벌이는 것을 피하려는 의도이지만, 때로 분쟁 당사자들은 몇 주, 몇 달, 심지어 몇 년 동안도 서로 말을 하지 않을 수도 있다. 어떤 사람들은 (특히 친족 사이에 발생하는 경우) 그러한 다툼을 중재하려고 시도할 수 있으며, 소수의 사람은 분쟁 당사자 중 한쪽 편을 들 수 있다. 그러나 더 일반적으로 구경꾼은 싸움에 얽히기보다는 단순한 관찰자

---

81 버마나 태국 농민들에 대해서도 유사한 행위가 언급된다. 네쉬 1965, 81~84와 필립스 1965를 참조하라.

로 남을 것이다. 이처럼 다툼을 멀리하는 것은 한편으로는 싸움이 불교의 조화 계율을 어기는 것이라는 생각 때문이고, 다른 한편으로는 쓸데없이 불쾌한 상황에 관여하는 것을 꺼리기 때문이다. 공개적인 대립과 불편한 상황에 대한 이러한 혐오와 개인주의적 행동에 대한 특정 경향을 고려할 때(아래 참조) 본격적인 파벌싸움이 드물다는 것은 그리 놀라운 일이 아니다.

요약하자면, 가족과 가구는 스와이 서리에서 유일하게 영속적이고 명확하게 정의된 단위이다. 더 큰 규모의 조직된 친족 집단이나 공식적인 협회나 동호회가 없는 반면, 오후 파벌, 작업 집단, 또는 파벌과 같은 집단은 회원자격이 변하거나 불명확하고 일시적인 연합이 되는 경향이 있다.[82]

사회적 지위

어떤 관점에서 보면 스와이 서리는 주민들이 뒤르켐 Durkheim(1947)이 말한 '사회적 분자'처럼 서로를 복제하는 동질적인 공동체이다. 서리 모든 주민은 인종적으로나 문화적으로 크마에이다. 대다수는 쌀농사를 짓고 다른 직업을 가진 사람들도 기본적으로 시골 농민이다. 또한 모두 불교도이다. 가족이나 가정 외

---

82 포스터(1961b, 1177, 1180)는 스와이처럼 가족과 가구가 유일하게 지속적이고 잘 구분된 집단인 중미 마을에 관해 이야기한다. 그는 다른 조직된 그룹이나 협회(특히 더 큰 친족 그룹)가 부족한 이유는 더 큰 그룹에 대한 경제적 필요가 없으며 정치 구조, 종교 및 법이 지역 사회의 원주민이 아니라 더 큰 외부 계층 구조에 의해 조직되기 때문일 수 있다고 시사한다. 스와이 경우도 마찬가지이다(대규모 작업 파티에 대한 경제적 필요성이 있기는 하지만, 이는 일 년 중 특정 시기에만 해당한다).

에 개인을 구별하는 지속적이고 잘 정의된 집단은 없다. 공동체 내에서 지위 차이는 극명하지 않다. 인간의 본질적인 평등을 강조하는 불교 사상과 더불어 그러한 동질성은 행동과 태도에서 기본적인 평등주의를 증진하는 데 도움이 된다. 다른 사람들보다 더 존경받고 더 많은 영향력을 행사하는 사람들이 있긴 하지만, 마을 사람들 스스로 '우리는 농사꾼이다', '우리는 모두 가난하다', '우리는 모두 똑같다'고 말하는 것처럼 그들의 권위는 압도적이지 않으며 그들을 이웃과 나누는 큰 간극도 없다. (노인에 대한 예의는 제외하고) 마을 사람들은 특별한 형식이나 예의 없이 서로를 대한다. 사회적으로 평등한 사람들 사이의 대화는 자유롭고 쉬우며, 때로는 희롱, 놀림, 조롱, 분노, 큰 목소리로 가득 찬 거의 거칠고 구르는 어조를 가지고 있는데, 이것은 마을 사람들이 정부 관료, 승려 또는 기타 사회적 윗사람에 대해 취하는 부드럽고 겸손하며 손에 모자를 든 태도나 중국인이나 베트남인에게 때때로 나타내는 미묘한 겸손과는 현저한 대조를 이룬다. 불교가 세속적 재물과 권력이 정신적인 가치만큼 중요하지 않다는 점을 강조하다 보니, 오늘날에는 더 높은 사회경제적 지위를 성취하고자 하는 욕망이 있긴 해도 사람들은 그 목표를 마을 안이 아니라 외부에서 성취하고자 한다. 마을 사람들은 공동체 내에서 높은 지위를 차지하기 위해 경쟁하는 데 관심이 없다.[83] 더욱이 부나 권력을 가진 사람은 이웃에게 관대함과 사심 없는 관심을 보일 때 가장 존경받는다. 타인에 대한 이러한 자비와 도움은 위기의 순간뿐만 아니라 평범한 일상에서, '가진 자'뿐만 아니라 '가지지 않은 자'에게도, 몇 미터 정도의 밧

---

[83] 예로는, 울프의 '열린' 농민 커뮤니티의 상태 관계(1955)가 있다.

줄에서부터 보석에 이르기까지 수많은 물건을 자유롭게 빌려주고 빌리는 데서 종종 나타나는 주요한 덕목이다. 과자 한 묶음을 요리한 여자는 자기 가족이 그런 간식을 살 형편이 안 되더라도 하나 달라는 아이에게 기꺼이 줄 것이다. 음식을 차릴 때 우연히 전화를 건 친구를 주저 없이 식사에 초대한다.

재물이나 권세가 있는 사람도 재산을 과시하지 않는다. 비공식적인 힘을 가진 사람은 필요할 때만, 또는 다른 사람들이 그렇게 하도록 요청받았을 때만 영향력을 행사하며, 자기 과시를 위해서 그렇게 하지는 않는다. 그리고 현란한 과시적 소비도 없다. 어떤 집은 분명히 다른 집보다 더 크고, 더 잘 지어지고, 가구가 더 잘 갖춰져 있고, 어떤 사람들은 다른 이들보다 더 많은 장신구나 휴가용 옷을 가지고 있다는 사실을 알아볼 수 있다는 것 외에는 평범한 관찰자가 마을 주민 중에서 누가 부자인지 가난한지 구분하기 어려울 것 같다. 마을 전체에서 가장 부유한 부부인 맙Map 할아버지(27번 집)는 자신의 초가지붕을 꿰매고, 쎄톨Sethol 할머니는 찢어지고 누추한 블라우스를 입는다. 이것은 부(富)에 눈살을 찌푸리고, 가난을 이상화하는 진정한 '빈곤 숭배'(Wolf 1955, 1957)가 있다는 것을 의미하는 것이 아니다. 실제로 부를 소유하는 것은 선망의 대상이 되며 많은 사람(특히 젊은이)은 부자가 되기를 바란다(Steinberg 1959, 28, 272 또한 참조). 그러나 동시에 상대적으로 부유한 마을 사람들은 부유하다는 이유만으로 뽐내거나 특별한 대우를 받지도 않는다.

그러나 이러한 근본적인 평등주의에도 불구하고 마을 생활을 편견 없이 바라보면, 주민들 간에 지위의 차이가 존재하고 당연히 마을 사람들이 다양한 특징으로 서로 구별된다는 점에 주목해야 한다. 어떤 한 사람의 지위(또는 Merton의 용어[1957, 369]에서 '역할 세트')는 그가 행동하는 방식과 다른 사람들이 그에게 어떻게 행동하는지를 좌우하는 다양한 요소의 모자이크와 같다. 이러한 특징 중 일부는 상대적으로 중요하지 않으며 주로 동등한 지위의 사람들 사이에서 적절한 행동 양식을 이끌어 내는 역할을 한다. 그러나 어떤 특징들의 조합을 통해 어떤 사람은 동료들 사이에서 특별하게 구별되는 지위를 획득하고, 동등한 사람들 사이에서 (그들과는 다른) 특별한 지위를 갖기도 한다. 다음은 주민 역할 세트의 주요 구성 요소에 대한 간략한 설명이다.

(1) **성별**. 크마에 마을 사람들은 일부 (다른) 사회에서와 같이 노동과 행동 패턴에 있어 성별에 따른 구분이 엄격하지는 않다. 많은 활동은 남녀 모두가 수행할 수 있다. 많은 경우 남성은 때때로 대개는 여성의 작업이라 인식되는 일을 수행할 수도 있으며 그 반대의 경우도 마찬가지이다. 그러나 특정 활동은 (예: 남성만 승려가 될 수 있음과 같이) 특정 성별로 엄격하게 제한되거나 한 성별에 더 적합하다고 생각되거나(예: 남성은 논을 갈고 여성은 가사를 돌본다), 또는 한 성별에 더 전형적이다(예: 일반적으로 여성은 남성보다 더 계속해서 종교 활동에 헌신한다). 일반적으로 남성은 세속법전과 불교 교리 모두에서 우월한 사회적 지위를 차지한다. 여성은 사실, 마을 생활에서 상당한 수준의 평등, 발언권 및 독립성을 갖는다. 그러나 여성이 대개는 남성에게 복종하고, 일반적으로 남성보다 행동과 이동의 자유가 적다 하더라도, 가족 내에서 큰 권위를 행사할 수 있다. 하지만 공동체 전체에서 공식적인 권한을 얻지 못하는 것도 사실이다. 성별은 또한 상호관계의 패턴에 영향을 미치므로 가족 밖에서 마을 사람들은 이성보다 동성 사람과 더 많

은 관계를 맺는다. 이것은 주로 성별 분업으로 정의되는 작업 집단(예: 남성 쟁기질 집단과 여성 모내기 작업 집단)뿐만 아니라 우정에 기반한 모임과 마을 내에서 훨씬 더 일상적인 상호관계에서도 분명하다.

(2) **나이**. 벙-뻐오운 또는 형(누나/언니)-동생은 중요한 친족 용어이지만, 다양한 친족을 구별하는 것 이상의 의미가 있다. 상대적인 나이 차이는 일반적으로 행동에 영향을 미친다. 이상적으로는 자신보다 나이 많은 사람은 존중과 존경심으로 대해야 한다. 이 개념의 필연적 결과로, 태어난 연도에 따라 나이 많은 사람(특히, 50대 이상)은 젊은 사람들로부터 특별한 예의와 존경을 받아야 한다. 이러한 규범은 보통 부모 또는 조부모 세대와의 상호관계에서 잘 관찰된다. 그러나 대체로 자신보다 나이가 약간 많은 사람에게 특별한 예의를 표하지는 않는다.

사람들이 같은 성별의 사람들과 가장 많이 교류하는 경향이 있는 것처럼, 대체로 같은 연령대의 사람들과 더 자주 교류하고 친밀한 우정을 쌓는 경향이 있다. 이러한 경향은 어린이, 청소년, 노인에게서 가장 강하게 나타난다. 그러나 청장년 사이의 우정과 작업 집단에는 종종 다양한 연령대의 사람들이 포함된다.

(3) **직업이나 전문 분야**. 지역 사회의 거의 모든 사람이 농부일 때, 직업은 동료 마을 사람들을 구별하는 데 그다지 중요한 특징이 아니다. 농업이 아닌 직업으로 생계비 일부나 전부를 버는 마을 사람들(4장 참조)도 그들의 생활 양식과 행동 방식이 이웃 사람들과 근본적으로 비슷해 특별히 칭송받거나 비난받지 않는다. 그러나 마을 사람이 자신보다 명백하게 더 높은 사회경제적 수준에 있는 직업을 가진 사람(예, 학교 교사 또는 하급 관료)을 만난다면, 그는

사회적 하급자로서 상급자에게 절제된 예의를 취하는 것이 당연하다고 생각한다.

예를 들어, 마을 주민이 특별하게 숙련된 직공, 예를 들어 옷감을 짜는 데 탁월한 사람이나, 전문 목수로 어느 정도 명성을 얻을 수는 있지만, 그러한 능력은 *싸롱*Salong(크마에 전통 치마)을 사거나 집을 짓고자 하는 경우에만 중요하다. 전문화와 관련해 훨씬 더 중요한 것은 의례지도자(아짜)와 주술사(꾸루)로 그들은 가끔 특별한 명성과 존경을 받는다. 지식이 풍부하고 능숙하다고 여겨지는 의례지도자(아짜)는 대중적인 명성을 얻고, 자기 마을뿐만 아니라 이웃 마을 사람들의 초대를 받기도 한다. 그러한 명성은 숙련된 주술사도 얻을 수 있는데, 그들에 대한 존경은 때때로 두려움에 기인하기도 한다.

(4) 공적 지위. 특정 정치 공직, 즉 면장이나 이장, 농촌 방범 대장의 직책은 전문 공무원이 아닌 마을 사람이 맡는다(7장 참조). 그러나 스와이를 예로 들자면, 그 직책에 있는 사람이 어느 정도 강력한 사람이 아닌 이상 직책이 자동으로 명성을 부여하지는 않는 것 같다. 마을 사람들이 대개는 이장을 거치지 않고 그의 지위와 임무를 활발하게 수행한다는 평판으로 상당한 존경을 받는 면장에게 직접 가는 바람에 스와이 이장은 독립적인 권위를 갖지는 않는다. 스와이 서리에서는 지역 방범 대장은 사실 권한과 의무가 미미하지만, 마을 젊은이들의 사회관계의 중심 역할을 해 존경받는다. 그러나 스와리 서리의 주요 권위는 실제로는 공식 직책을 갖지는 않은, 비공식적인 지도자 역할을 하는 사람에게 있다. 정치적 공직은 그러나 면 단위 이상이 되면 매우 중요하다. 그러한 직책은 중앙정부의 관료들이 맡고 있으며, 마을 사람들은 이들에게 자동

으로 존경을 표한다.

(5) 부(富). 주관적·객관적 관점에서 마을 사람들 사이에 부의 차이가 있다. 그들 스스로 이러한 차이를 다음과 같이 분류한다. (a) *네악 미은*(부유한 사람): 많은 논, 돈, 보석과 좋은 집, 좋은 옷 등을 가진 부유한 사람. (b) *네악 꾸어썸*(충분한 사람): 1년 내내 먹고사는 데 충분한 논이 있는 상대적으로 부유한 사람. (c) *네악 끄러*: 연말(다음 추수 전)까지 먹을 음식을 사야 할 수도 있는 가난한 사람들, (d) *네악 또알*: 밭이 없거나 아주 작은 땅뙈기만 있어서 매일 생계를 유지하기 힘든 가난한 사람들보다 더 가난한 사람들.

촌락 사회에서 부를 평가하는 주된 기준은 소유한 논의 크기이다.[84] 이 논에서 생산된 농산물은 그들의 주식일 뿐만 아니라, 남는 쌀은 현금으로 바꾸어 좋은 집, 더 많고 좋은 옷, 보석, 풍부하고 다양한 음식, 집안 사치품, 자녀를 위한 중등 교육, 도시로의 잦은 여행 등 다른 편의 시설(과 부의 표현)을 위해 사용한다.

스와이 서리 주민은 서로를 다음과 같이 분류한다.

(a) 27번 집에 사는 맘과 *쎄똘*은 전 마을에서 가장 부유한 사람으로 통한다. 그들은 논 4ha, 트나온 나무 100그루를 소유하고 있고, 다양한 가구들을 제대로 갖춘 나무와 타일로 만든 스와이 서리에서 가장 넓은 집을 갖고 있다. 그들의 아들은 프놈뻰에서 의료기술자(임상검사 기사, 의료사)로 일한다.

---

84 부자들은 또한 많은 수의 트나온 나무를 소유하는 경향이 있지만 이 나무는 실제로 수입이 거의 없다(수액 채취를 위해 그것을 임대할 수 있지만, 임대료는 적고 수액 채취 자체는 가난한 사람들만 하는 일이다. 4장 참조). 소를 키우는 데 돈이 들기 때문에 소를 많이 소유하는 부를 의미할 수도 있지만, 노인들이 종교적인 이유로 동물을 키울 수 없어 그 자체로는 부유함의 명확한 기준이 될 수 없다.

(b) 4-5가구는 '충분히 가신 사람'이라고 한다. 한 사람을 제외하고 약 2ha의 논을 갖고 있고(예외인 한 사람은 꾸루로 자신의 전문 분야에서 추가 수입을 얻는다), 몇몇은 상당히 많은 트나온 나무를 갖고 있다. 대부분은 일반적으로 보통 집보다는 큰 나무와 타일로 만든 집에 살고, 두 마리 이상의 소를 키운다.

　(c) 가구 대부분은 약 0.5에서 1ha에 이르는 논을 갖고 있고, 다양한 수의 트나온 나무와 소를 갖고 있으며, 다양한 재질과 크기의 집(보통 나무와 초가, 또는 완전히 초가)에 산다.

　(d) 약 여섯 가족 또는 부부는 '가난한 것보다 더 가난한' 것으로 알려져 있다. 세 가족은 논이 전혀 없고, 다른 가족들은 최소한의 논(예: 600㎡, 2,000㎡)만 소유했다. 그들은 초가집에 산다.

　그러나 이처럼 부의 차이가 알려져 있음에도 불구하고, 상대적인 풍요는 지역 사회 내 일상적인 상호관계에 큰 영향을 미치지는 않는다. '가난한 것보다 더 가난한' 사람은 멸시받지 않으며 (오히려 생계를 위해 전혀 노력하지 않는 게으름뱅이가 아닌 이상 그들을 동정하거나 불쌍하게 여기는 경향이 있다), '부자'라고 해서 부를 기반으로 자동으로 명성을 얻지도 않는다. 실제로 마을 사람들은 스스로 모두 가난하다고 여기는 경향이 있고(상대적으로 부유한 사람들도 자신을 '가난한 사람'이라고 주장할 것이다) 실제로 마을 내부의 편차는 마을 사람과 부유한 도시인 사이의 차이와 비교할 때 상대적으로 미미하다.

　(6) **개인의 기질과 성격**. 마을 주민의 기질과 성격은 그의 지위에 있어서 중요한 요소일 수 있으며, 마을 사람들이 그를 대하는 방식에 영향을 미칠 수 있다. 강인함이나 재치와 유머에 대한 평판과 같은 특정한 성격 특징이 그 사람을 구별된 존재로 만들 수도

있다. 그러나 더 중요한 것은 결혼 상대자 선택, 지방 공무원 선출, 가상의 친족 관계 형성, 공동체에 새로 온 사람의 수용과 같은 다양한 상황에서 나타나는 개인의 인격에 대한 평가이다. 인성을 평가할 때 가장 자주 듣는 말은 '뜩쩬 러어(좋은 성격)'와 뜩쩬 악끄러ㄱ(나쁜 성격)이다.[85] 좋은 성격의 주요 특징은 다른 사람에 대한 관대함과 사심 없는 관심, 따뜻함과 태생적으로 좋은 기질, 싸움, 음주, 음행과 여타 다른 죄에 대한 혐오, 가족에 대한 헌신, 부지런함, 종교적 헌신, 그리고 정직이다.[86] 이기심, 나쁜 기질, 술 취함, 절도, 불교 행동 규범 위반, 가족 의무 무시, 부정직 등과 같이 좋은 인격에 반대되는 것들이 나쁜 인격으로 규정된다.[87]

현저하게 좋은 성품을 가진 사람은 바람직한 배우자, 친구, 입양으로 맺어지는 친척, 중매인으로 선호되고, 특별한 애정과 존경의 대상이 될 뿐만 아니라 비공식적인 권위를 가진 인물이 될 수도 있다(Steinbedrg 1959, 277-278 참조). 반대로, '나쁜 성격'의 특성을 보이는 사람은 위와 같은 대상이 되기에 바람직하지 않다고 여겨진다. 그들은 가족에게 질책받을 수도 있고 험담의 대상이 될

---

85 '쩬'이라는 용어는 '그 사람은 악한 영혼을 가지고 있다' 또는 '그녀는 선한 마음을 가지고 있다'와 같은 구절에서 '영혼'이나 '마음'이라는 용어를 사용하는 것과 비교할 수 있는 감정의 중심이라고 부를 수 있는 것을 가리킨다.
86 샤프 등(1953, 108-9)이 나열한 것처럼 태국 마을 사람들이 서로의 명성을 평가하는 데 사용하는 자질.
87 "나쁜 성격"의 가벼운 특성(게으름이나 음주 중독 등) 중 일부만을 갖고 있는 사람, 낮은 평가를 받지만, 완전히 불명예를 누리지는 않는 사람, 가장 강력한 행동 규범을 어기고(예: 살인자) 완전히 모욕 당하는 사람을 구별해야 한다. 예를 들어, 스와이 서리에서 유일하게 진짜 무능한 사람은 음주, 도박, 일반적인 경솔함으로 그의 형제와 친구들을 정기적으로 화나게 만들었다. 그러나 그런 행동을 하지 않으면 그는 용인되었고 심지어 사랑받기까지 했다. 다른 극단에서는 이사락 반군으로서 절도와 심지어 살인까지 저지른 한 명의 추방자가 지역 사회에서 "쫓겨났다".

수도 있다. 게으르거나 술주정뱅이로 알려진 남성의 구혼은 거부된다. '나쁜 성격'을 가진 것으로 입증된 사람은 정치적 공직 후보로 적합하지 않고, 마을로 이사하는 것도 거부된다. 특정 법규는 범죄자나 주정뱅이로 알려진 사람들에 대한 권리를 거부한다. 그리고 극도로 나쁜 성격을 가진 사람은 실제로 공동체에서 배척당할 수도 있다.

높은 지위. 마을 사람들은 전체로서 국가 안에서는 분명한 사회경제적 계층을 형성하지만, 공동체 자체에는 사회계층이 없다. 다만 특정한 개인은 다른 사람보다 더 높은 명성을 얻을 수 있다. 앞에 열거된 모습들은 다양한 방식으로 사람들을 구분한다. 그중 어떤 속성은 다른 것보다 더 중요하고, 그 속성들의 특정한 조합은 공동체 내의 지위를 좌우할 수도 있다. 가장 중요한 특성은 다음과 같다(반드시 중요한 순서는 아니다.) 나이, '좋은 성품', 종교적 헌신, 활기차고 강인한(그러나 공격적이지는 않은) 성격. 이보다는 덜 중요하지만, 상당히 중요한 요소로는 부와 공직을 갖는 것이다. 높은 지위에서 발견되는 특정한 자질의 조합은 지역 사회마다, 심

---

88 이용할 수 있는 유일한 비교 데이터는 CMCC(49.002)가 보고한 씨음리읍 지방의 쌀 재배 마을에서 나온 것이다. 이 공동체의 주민들은 사원을 유지하기 위해 많은 돈을 썼고, 죽기 전에 12년 동안 수도사였고, 그 지역에서 가장 부유한 사람으로 '좋은 인품'을 갖고 있었고 거의 모든 주민의 친척이었던 나이 많은 "위대한 평신도"에게 조언과 싸움에 대한 판결 등을 구하러 갔다. 다른 두 명의 "존경받는 노인들"도 있었지만, 그들은 그만큼 부자도 아니고 좋은 성격도 아니어서 덜 존경받았다. (어떤 다른 주민들은 마술사, 훌륭한 요리사, 숙련된 장인, 시인과 재치로 명성이 높다고 언급되기도 한다.) 요약하면, 작가는 높은 명성을 위한 중요한 자질로 나이, 좋은 인품, 종교적 헌신, 부('부를 갖는 것은 권위를 갖는 것')를 강조한다. 부를 지나치게 강조하는 것 같지만, 부 자체가 저절로 명성을 가져오는 것은 아니지만 종교적 활동에 많은 시간과 돈을 투자하거나 공직에 출마하는 등 명예로운 활동을 추구할 수 있게 해주는 것은 사실이다.

지어 한 마을 안에서도 다를 수 있다.[88] 스와이 서리에서는 특별히 존경받는 몇몇 사람이 있다. 각각은 다소 다른 속성이 있는데, 이 사람들에 대해 간략하게 설명하면 높은 지위에 있는 사람들의 종류와 그들이 행사하는 영향력에 대해 어느 정도 알 수 있을 것이다.

(1) *꼼페아*. 일반적인 합의에 따르면 스와이 서리에서 가장 중요한 사람은 록 따 꼼페아이다. 그는 공식적인 직위는 없지만, 마을의 진정한 지도자이며 상당한 정도의 비공식적인 권위를 가지고 있다. 66세인 그는, 젊은 시절 7년간 출가 생활을 했고, 불교 행사의 헌신적인 지지자이며, 의례지도자(아짜)로서 치유와 생애주기 의례나 다른 개인적인 행사에 참석해 달라는 초대를 많이 받는다. 그는 또한 상당히 부유하고(네 악 꾸어썸) 부드러우면서도 활기차고, 통솔력이 있어서 유능한 방식으로 활동을 조직하고 지시할 수 있다. 그리고 아마도 가장 중요한 것은 꼼페아가 널리 칭송받을 정도로 탁월하게 좋은 성품을 가지고 있다는 것이다(Ebihara, 1966 참조).

그는 상당한 존경과 특정한 권력을 모두 요구한다. 공동체의 중요한 문제는 그의 동의 없이는 진행되지 않는다(예를 들어, 꼼페아가 프놈펜에 가고 없었기 때문에 스와이 서리의 추수 축제 계획이 몇 주 지연되었다). 그는 서리 마을 사람들의 수많은 문제나 위기를 감독하고 돕는다(예를 들어, 중병이나 사망 시에 그가 가족의 가까운 친척인지와 관계없이 일반적으로 그가 의사를 데려오도록 사람을 보내거나, 부재중인 가족에게 사람을 보내고, 적절한 의례를 조직하는 책임을 맡는다). 주민들은 그의 의견에 주의를 기울였다(예를 들어, 내가 처음 마을로 이사했을 때, 주민들이 나에게 즉시 떠나라고 하지 않은 것은 나에게 기회를 주라는 꼼페아의 훈계 때문이었다). 주민들은 그의 가족을 끊임없이 방문했고, 작은 선물도 주었다. 그리고 그는 사람들이 예상할 수 있는 것뿐 아니라, 비상식적으로 보이는 요구를 할 수도 있다(예를 들어, 한밤중에 꼼페아가 많은 남자를 깨워, 아프거나 죽어 가는 이웃의 다른 지역 사회에 사는 친척을 데려오라고 지시하기도 했고, 프놈펜에 있는 자기 아들을 위한 집 짓는 일을 돕도록 명령했다). 한 남성은 미소를 지으면서 '꼼페아가 당신에게 무언가를 하라고 하면, 그걸 하세요.'라고 말했다.

(2) 맙. 언뜻 보기에 록따(존경하는 할아버지) 맙은 스와이 서리에서 가장 명성 높은 사람으로 보인다. 그는 서리에서 가장 나이가 많고, 가장 부유하며, 아주 독실한 불교도이며, 24년 동안 면장으로 일했다. 맙은 실제로 굉장히 존경받는다. 많은 마을 사람들은 그를 부르는 친족 용어에 경의를 표하는 '선생님'이란 단어를 덧붙인다. 그는 꼼페아와 함께 지역 사회 일에 대해 협의하고, 그의 의견은 무게감이 있게 다루어진다. 그리고 마을 사람들은 그가 존경받아 마땅한 훌륭한 어르신이라는 데 동의한다. 그러나 그는 아마도 두 가지 이유로, 권위와 애정 측면에서 꼼페아에 이어 두 번째 지위를 차지했다. 맙이 좋은 성품을 갖고는 있지만, 꼼페아가 갖고 있는 한 가지 중요한 특성이 그에게는 부족하다. 따뜻함으로 나타나는 타인에 대한 너그러운 관심과 도움이 필요한

사람을 돕는 신속성이 그것이다. 맙은 항상 멀리 떨어져 있고 냉담했다. 이는 현재 그가 나이를 많이 먹었고(완전 노인은 아니지만, 그는 거의 마을의 젊은 사람들을 따라잡을 수 없다), 내세의 종교적 관심사에 다시 몰두했기 때문이다. 그리고 과거에는 면장이라는 직책 때문에 지역 사회의 일반적인 복지에 관심을 가졌음에도 불구하고, 개별 마을 사람들의 사생활에 깊이 관여하지 못했기 때문이기도 하다.

(3) 판나Phanna. 앞선 사람들과 달리 판나는 젊고(30세) 다소 가난하며 어두운 과거를 갖고 있다. 그러나 그는 약간의 공식적, 비공식적 권위를 갖고 있다. 서리 농촌 방범 대장으로서, 그는 마을과 면의 지역 대표로 활동하며, 종종 정부가 시작한 공동 활동에 대한 책임을 맡는다. 또한, 그는 종종 젊은 기혼 남성들이 대화를 위해 그의 집을 찾는 스와이 서리 여론의 중심이다. 판나는 외향적이고, 활기차고 쾌활하며 꼼페아와 마찬가지로 사람들을 지휘하고 조직하는 능력을 보여준다. 그는 평판이 좋고, 후배들은 그의 의견을 존중한다. 그러나 그가 과거에 이싸락 반군으로 활동했기 때문에 어떤 마을 사람들(특히 나이 든 사람들)은 약간의 양가적 감정이나 혐오감을 갖고 있다. 일부에서는 그가 이싸락 운동 기간 악행을 저질렀다고 넌지시 비치지만, 그 이후로 그는 존경할 만한 삶을 살았고, 공동체의 일원으로 받아들여졌다.

일반적으로 스와이 서리에 관한 한, 나이, '좋은 성품', 종교적 신앙심, 지도자를 맡을 능력이 높은 명성을 가진 사람들의 가장 중요한 특성인 것 같다. 그러나 판나 사례에서 보여주는 것처럼, 첫째, 젊은 남성이 지역 사회의 한 부분에서 제한된 존경과 권위를 얻을 수 있고, 둘째, 파란만장한 과거를 가진 개인이 자신의 방식을 개선하면, 존경받고 평판이 좋은 인물이 될 수 있다.[89] 후자는 크마에 사회가 갖는 더 일반적인 특징의 일부이다.

> 어떤 범위 내에서 마음대로 상태를 전환하고 과거와 완전히 단절할 수 있는 능력과 자유는 매우 중요하다(Steinberg 1959, 276-77).
> 상태의 변화는 명확하게 갑작스러워야 한다…. 그리고 공개적으로 발표되어야 한다… 그렇게 사람이 변하면, 이전 역할의 의무와 책임에 얽매이거나, 그가 옹호한 정책과 조치에 대해 책임이 있다고 간주되는 것을 원치 않는다(273).[90]

판나가 정부에 대항한 반군에서 공식적으로 임명된 (사소하지만) 정부 직책을 가진 사람으로 변한 이야기는 전혀 이상한 일이 아니다. 반군 지도자가 충성의 대상을 바꿔 중앙정부의 충성스러운 관리로 다시 받아들여진 이야기나(Steinberg 1959, 274 참조), 국왕의 은덕에서 멀어진 저명한 사람에 관한 반대 사례처럼, 이런 유사한 상황이 사회의 최고위층에서도 발생한다. 다소 다른 맥락에서, 많은 크마에 남성이 경험하는 재가신자에서 승려로의 출가(그

---

89 그러한 생각은 노년에 쌓은 공덕이 과거의 죄악을 보상하거나 능가할 수 있다는 불교의 관념과도 일치한다.
90 L. 행커스L. Hanks(1962)에 따르면 이러한 변화는 태국 사회에서도 흔히 발생한다.

리고 보통 다시 재가신자로의 환속)에는 갑작스러운 지위 변화도 포함된다.

개인주의와 공동체

개인주의. 몇몇 인류학자들은 크마에족과 이웃하고 유사한 일부 동남아시아 문화권에서 개인주의적 행동 경향이 두드러진다고 지적했으며(예를 들어, 버마에 관한 Nash 1965, 161, 태국에 관한 Embree 1950, Sharp et al. 1953, 26, Benedict 1952, Phillips 1965, 말레이에 관한 Fraser 1960, 122, 219-23 참조), 개인주의는 크마에의 특징이기도 한 것으로 알려져 있다 (Steinberg 1959, 272, 276-77). 이 개인주의는 두 가지 측면이 있다. 첫째, 더 큰 단위보다 개인을 강조한다는 점에서 개인주의이고, 둘째, 행동의 개인차에 대한 사회적 관용의 의미에서 개인주의이다.

일부 저자는 개인에 대한 강조가 일면 각 사람이 자신의 공덕과 죄업을 쌓아 연속적인 윤회에서 자신의 운명을 결정한다는 불교 교리 때문이며, 따라서 모든 사람은 궁극적으로 자신에 대한 책임이 자신에게만 있다고 주장하기도 한다.[91] 불교의 영향력을 부인할 수는 없지만, 말레이 무슬림도 개인주의적 성향이 강한 것으로 알려져 있어(Fraser 1960 참조), 개인주의의 원인에 대해서는 다른

---

91 네쉬(1965, 161)는 버마 농민에 관해 말하면서 불교의 개인주의가 "국내 조직 수준 이상의 그룹 형성… 집단 노력 및 협력"을 방해한다고 말한다. (Embree [1950, 188]는 또한 일본과 달리 태국의 "농업을 위한 덜 밀접하게 짜여진 협동 조직 패턴"의 요인으로 이를 보고 있다.) 그러나 불교가 개인주의뿐만 아니라 집단 행동과 통합도 장려하는 몇 가지 방식에 대한 논의는 5장을 참조하라.

문화적 특징을 살펴보는 것 역시 중요하다. 예를 들어, 적어도 크마에 사이에서 개인주의는 재산의 개인 소유권, 가족과 가구를 넘어선 더 큰 조직의 부재, 연중 특정 시기를 제외하고는 단독이나 가족 단위로도 수행할 수 있는 생계 활동, 이론적으로 남성과 연장자에게 부여된 지배권 등에도 불구하고 여성과 아이들이 가족 내에서 목소리를 낼 수 있다는 점과 같은 요인으로 더욱 장려된다.

개인에 대해 강조한 결과는 행동의 변화에 대해 허용적인 태도로 나타난다. 크마에는 엠브리(1950)가 말한 태국인의 '느슨하게 구조화된 사회 시스템'이라고 부른 것과 굉장히 비슷하다. 다양한 종류의 이상적이고 올바르며, 관습적인 행위가 캄보디아의 법규, 불교의 계율과 가르침, 덜 공식화되었음에도 확고한 전통이나 행동 규범에 명시되어 있다. 그러나 동시에, 규범을 준수하는 데 있어 발생하는 차이에 대해 상당히 관용적이다. 특정 상황에서 어떤 규범은 융통성 있게 적용되거나 무시될 수도 있다. 심지어, 어떤 규범들은 강력한 것이라도 노골적으로 깨질 수도 있다. 그러한 행동의 수많은 예들에 대해 이미 언급했거나 다음 장에서 언급할 것이다. 예를 들어, '모든 친척에 대한 동등한 감정으로 대해야 한다는 것이 이상적으로 여겨지지만, 사람들은 호불호에 따라 친척들을 대한다.' '균등 상속이 이상적이라고 하지만, 종종 상속은 불공평하게 분할된다.' '혼전 순결이라는 도덕규범에도 불구하고 신부가 임신하는 경우가 종종 있다.' 실제 행동과 이상적 규범 사이의 괴리는 크마에뿐 아니라 모든 문화에서 흔한 일이다. 그러나 크마에(태국도 마찬가지) 마을 사회는 다른 나라들보다 통제가 덜 엄격하고, 변화에 대한 관용이 더 큰 것 같다. 문화 규범을 준수하는 것은 대부분은 주로 개인의 양심, 여론에 대한 민감성, 또는 문제를 피하려는 욕구에 달려 있다(Steinberg 1959, 277 참조). 분명 그러한 제약의 강도는 사람이나 상황에 따라 달라질 것이다. 어떤 사람들은 매우 경건하고 세심하게 종교적 계율을 지키거나, '수치'를 당할 가능성에 매우 민감하거나, 악행에 대해 조상신이 보복할까 두려워한다. 반면 어떤 사람들은 특정 상황에서든 일반적으로든 그러한 것에 대해 더 무관심하거나 무심하다. 예를 들어, 남자들 대부분은 불교에서 술을 금한다고 해도 결혼식이나 명절에 술을 조금 마시는 것이 실제로는 중대한 죄가 아니라고 생각하지만, 독실한 사람은 술을 아예 마시지 않고, 또 어떤 사람은 과음을 하기도 한다.

게다가 행동에 대한 외부 제약이 상대적으로 약하고 할 수 있다. 특정 행위, 특히 강간이나 살인과 같은 동료에 대한 범죄는 가해자가 실제로 체포, 기소, 재판 및 유죄판결을 받거나(일어날 수도 있고, 그렇지 않을 수도 있다),[92] 이웃에게 극도의 비난과 배척을 유발할 정도(예를 들어, 한 마을 사람의 전남편은 이싸락 반란 동안 절도와 살인을 저질렀다는 이유로 스와이 서리에서 쫓겨났다.)로 중대한 범죄인 경우, 형법으로 처벌된다. 그러나 사회구조를 심각하게 훼손하지 않는 일탈 행위는 일반적으로 부정적인 여론을 불러일으키는 정도에 그친다. 그러한 반대와 비난은 뒷담화에 그칠 뿐, 본인 앞에서 대놓고 거론되지는 않는다. 왜냐하면 마을 사람들은 불쾌한 사람들과 불쾌한 상황에 불필요하게 연루되는 것을 경계하고,

---

92 여러 사건에 따르면 범죄 행위(예: 절도)를 저지른 것으로 의심되거나 알려진 개인을 공식적인 고발이라는 불편한 위치에 놓이고 싶지 않아서 공무원에게 보고하지 않는다.

그 자신이 형제 지킴이가 아니라고 생각하기 때문이다.[93] 마을 사람 대부분은 사실, 자신에 대해 험담할 가능성을 빠르게 느끼고 반응한다. 그들은 여자아이가 화장을 너무 짙게 한 것은 아닌지 걱정하는 것과 같은 사소한 일에도 '구설수'에 오를까 두렵다는 말을 자주 한다. 이런 점에서 특히 모든 말이 삽시간에 퍼져나갈 수 있어 비밀이 유지되기 어려운 작은 마을에서 여론은 참으로 강력한 힘을 발휘한다. 그러나 뻔뻔한 사람은 그가 무슨 잘못을 저질렀든지 굴하지 않고 제 갈 길을 갈 것이고, 그의 이웃들은 서로 뒷담화하는 것 말고는 그 상황에 대해 아무 조치도 취하지 않을 것이다. 이에 대한 예로 눈에 띄게 당당한 한 처녀가 있는데, 모든 정황이 그녀가 프놈펜에서 온 남자의 정부라고 이야기한다. 그러나 고소당하거나 비난받을 것이 두려워 아무도 그녀나 그녀의 가족을 공개적으로 비난하거나 책망하지 않았다. 그리고 그녀(자신이 누구의 애인이라고 명시적으로 언급한 적은 없다)는 단순히 '친구'에게서 받았다며, 계속 새 옷과 선물을 들고 나타났다. 더 심각한 것은 젊은 시절, 여러 번 불륜을 저지르고, 3명의 사생아를 낳고 키웠으며, 또 다른 사생아를 낙태했거나 영아 살해했던 것이 의심되는 한 노부인 사례이다. 이 불굴의 여인은 관습을 반복해서 어겼으며, 이웃 사람들로부터 극심한 비난을 받았지만, 아무도 그녀를 말리거나 (도덕과 법에 위배 되는 중대한 범죄인) 낙태나 영아 살해 혐의

---

93 가끔은 만약 잘못된 사람이 사실 형제나 다른 가까운 친척(특히 어린이)이라면, 사람은 그를 꾸짖을 수도 있다. 하지만 가까운 친척조차도 개입이나 대립을 피할 수 있다. 이러한 행동은 분쟁에서 흔히 볼 수 있는 것과 유사하며, 다투는 이들이 서로 직접적으로 대립하지 않고 다른 사람들에게 불평하면서 자기 불만을 표현하는 것과 유사하다.

로 고발하지도 않았다.

　마지막으로, 마을 사람들은 처음에는 강력한 규범에서 벗어난 일탈에 대해 거부감을 보일 수 있지만, 시간이 지나면 기꺼이 용서하고 잊는 경우가 많다. 이것은 앞서 논의된 판나의 경우에서 명백해진다. 또한 극단적 비행으로 서리에서 배척당한 남자(이 역시 앞서 언급했다)의 경우에서도 그 점은 명백하다. 그의 이혼한 아내와 딸은 여전히 스와이 서리에 살고 있고, 딸의 결혼을 계기로 마을 사람들은 그를 결혼식에 초대할 만큼 마음이 누그러졌다(사실, 이전 이웃들을 만나는 것이 두려워 그는 이 초대를 거절했다). 또한 범법자는 앞서 이야기한 것과 같이 갑작스러운 지위 변화에 의지하거나 그가 나중에 많은 종교적 공덕을 쌓아 현재의 죄를 보상할 것이라는 생각으로 스스로 일탈 행동에서 벗어나기도 한다는 점도 기억해야 한다.

　균형을 맞추기 위해, 행동의 다양성에 대한 관용에 관한 이러한 논의가 크마에 마을 사회가 파편화되어 있다거나 무정부적임을 의미하는 것은 아니라는 점을 강조해야 하겠다. 삶의 어떤 측면에서는 행동 규칙이 불분명하지만, 다른 영역에서는 명확한 규범이 있을 수는 있다. 하지만, 강력하게 부정적인 제재 없이 변형이나 심지어 위반을 허용한다는 의미에서 '느슨한 구조'가 있음을 인식해야 한다. 그러나 일반적으로 마을 생활은 질서 있고, 비교적 조화로운 편인데, 이는 '느슨하게 구조화된 시스템'에서도 일정한 구조가 있음을 의미한다. 지금까지 기술된 극단적인 일탈 사례는 비교적 드물고, 마을 사람들은 대부분 결혼식에서 술에 취하거나, 형제자매와 다투는 등 개인 생활에 영향을 미칠 수는 있지만, 사회 질서를 심각하게 교란하지는 않을 정도의 사소한 일탈 정도만 저지르는 '착한 사람들'이다. 불교의 주요 계율은 행동에 대한 중요한 이정표이며(5장 참조), 조상신과 여론에 대한 두려움은, 실제로 사람들 대부분이 일상을 살아가는 시간 대부분 동안 질서를 따르도록 촉구하는 규범적인 역할을 한다.

공동체. 공동체 결속력과 연대가 어느 정도로 존재하는지 다소 논쟁의 여지가 있다. 크마에 농민 경제 연구에서 수많은 마을을 조사한 델버트는 다음과 같이 말한다.

> 품(마을이나 촌락)이 작든 집이 수백 채 있든 한 가지 사실은 분명하다. 시골 공동체가 없다는 것이다. 마을 회관도 없고, 공동 재산도 없다. 그러나 캄보디아 농민은 질투심 있는 개인주의자는 아니다. 상호 부조는 굉장히 빈번하다…. 그러나 이것들은 (강둑 관개 협회)라는 특별한 사례를 제외하고, 이것들은 상호 부조 계약은 항상 이웃과 일반적인 친척을 포함한다. 집단에 의해 강요되는 관행은 없다. 이 상호 부조는 품이 작거나, 외딴곳에 있거나, 규모가 작을 때, 품으로 제한된다. 마을이 크면 상호 부조는 이웃 가족 사이에서만 적용된다… 그러나 정착지의 유형에 상관없이 마을 공동체는 없다(Delvert 1961, 218-19, 저자 번역).

일반적으로, (나중에 논의될 마지막 부분을 제외하고는) 델버트의 지적은 특히 규모가 커서 전체 마을의 응집력이 떨어지거나, 공동으로 작업하기 어려운 마을인 전체 스와이에 적용할 수 있다. 더욱이 스와이가 일부 다른 품처럼 행정적으로 나눈 것이 아니라 자연 마을로 보이지만, 마을 정치 조직은 약하게 발달해 있다. 공동체가 유지 관리를 담당하는 마을 사원이 있지만, 많은 주민(특히 서리)은 실제로 다른 데 있는 사원에 가거나 시주도 그곳에 더 많이 한다(5장 참조).

가장 작은 촌락, 특히 마을의 나머지 부분과 떨어져 있고 그 자체로 가상의 작은 공동체를 형성하는 스와이 서리에서조차 촌락 전체를 포함하는 활동은 상대적으로 적다. 유일한 공동 작업은 다음과 같다. (1) 마을의 안전 유지를 책임지는 모든 신체 건강한 남성으로 구성된 지역 방범대, (2) 모든 가족이 금전 및/또는 노동력을 쏟는 우물 건설과 같은 간헐적인 공공사업, (3) 비정기적인 사원 의식 후원, (4) 모든 주민이 돈을 기부하고 승려와 다른 손님을 위한 집단 호스트 역할을 하는 연례 추수 축제, (5) 가뭄, 전염병 또는 기타 재난이 닥쳤을 때 공동체가 부처와 민간 신을 달래기 위해 하는 의식.[94] 그러나 어떤 이는 지역 방범대와 많은 공공사업이 중앙정부가 권장하고, 불교 의식을 위한 지역 사회의 노력은 사원에 의해 촉구된다는 점에 주목한다. 추수 축제와 위기 시에 하는 의식만이 공동체 자체에서 추진한다.

그러나 공동 작업이 부족하고, 강력한 공동체 조직이 없음에도 불구하고, 스와이 서리 주민들은 일반적으로 마을, 특히 서리에 대한 충성심과 애착심을 갖고 있다는 것은 분명하다. 한 사람이 태어나거나 결혼 후 거주하게 되는 공동체는 무엇보다도 가족, 친족, 친구가 있는 곳이다. 마을 사람들은 마을 경계 내에서 신체적, 정서적 안정을 느끼며, 마을 경계를 넘어 미지의 영역으로 모험을 떠

---

94 다른 공동체에서는 단체로 물고기 잡기, 방죽 건설, 프놈펜에서 매년 열리는 물 축제에 참가려고 배를 만드는 것과 같은 다른 공동 활동이 있을 수 있다. 델버트는 관개 시설이 있는 강둑 마을이 다른 마을보다 더 조직적인 공동생활을 하긴 하지만 여기에서도 '집단생활'이 그다지 발전하지 않았다고 지적한다(1961, 216-17).

나는 것을 종종 불안해한다(8장 참조). 같은 마을에 사는 주민은 다른 마을에 사는 '나쁜 사람'과 달리, '좋은 사람'으로 여겨진다. 소녀들은 혼인 후 다른 지역에 사는 것을 꺼리는 경우가 많으며, 강인한 남성들도 먼 지역으로 여행을 떠날 때는 약간의 경계심과 두려움을 안고 간다. 공동체에 대한 애착은 마을 안팎에 있는 자신의 토지에 대한 유대감으로 더욱 강화된다. 가장 중요한 생계 수단인 토지는 매우 소중한 재산으로, 상속 없이는 얻기 어렵기 때문에 마을을 쉽게 포기하거나 떠나지 못하게 하는 이유이기도 하다. 그러나 땅은 그들이 가장 애착하는 것은 아니다. 왜냐하면 생계를 위해 스와이에서 다른 곳으로 나갔다가, 비록 논이 없어 거주할 땅도 사야 하고 최소한의 생계를 꾸릴 수밖에 없었지만, 그래도 고향에서 가장 행복하고 편안하다고 느끼기 때문에 결국 고향에 돌아온 쌈Sam과 같은 사람의 예가 있기 때문이다.

마을 사람들은 우리와 그들, 우리 품과 다른 품, 좋은 사람과 나쁜 사람을 구분할 때, 촌락이나 마을을 하나의 단위로 생각하고 그것과 동일시한다. 마을은 어떤 영역 안에 있는 단순한 집들의 집합 이상이다. 델버트가 말했듯이, 마을(또는 촌락)은 대부분의 활동이 발생하는 핵심 그룹 또는 틀이 만들어지고, 매일, 매년, 때로는 평생 상호작용하는 사람들 사이에 특별한 유대가 형성되는 곳이다. 마을이나 촌락이 긴밀하게 결속되어 있거나 공동체 연대에 대한 압력이 강하다고 말할 수는 없다. 그러나 친족 관계망과 친밀한 우정의 유대가 공동체 전체에 걸쳐 짜여 있고, 비록 그물망이 느슨하고 유연하며 산만하지만, 주민들을 하나로 묶는 구실을 한다.

마을은 세속적인 공동체뿐 아니라 종교적인 공동체를 형성할 수도 있다. 이것은 스와이 서리에서는 두 개의 불교 사원이 있어 마을 주민들의 사원에 대한 헌신이 나뉘어져 있어 이러한 현상이 뚜렷하게 드러나지 않는다. 그러나 충성할 사원이 하나만 있는 마을에서는 주민들이 재가신자를 구성하고 다양한 종교적 활동을 위해 한 단위로 협력하도록 요청받을 수 있다. 그러한 경우 델버트(1961, 220)가 말했듯 '사원은 ⋯ 피정의 장소, 모임의 장소, 집합의 장소로, 진정한 마을 회관의 역할을 한다. 어떤 마을에서는 정기적으로 공동 제사를 바치는 마을 수호신이 있다(Porée & Maspero 1938, 227, Porée-Maspero et al. 1950, 27-31 참조). 스와이에는 그런 마을 수호신이 없지만, 마을 사람들이 개인적인 문제에는 개인적으로, 가뭄과 같은 광범위한 재난이 발생했을 때는 관습에 따라 마을 전체가 하나가 되어 달래는(제사하는) 특별한 네악 따(5장 참조)가 있다.

일반적으로 나는 크마에 농민에 관해 '거주지의 형태가 어떻든 마을 공동체는 없다'(1961, 219)라고 델버트가 진술한 것에 이의를 제기하고 싶다. 적어도 스와이 서리에서는 마을 사람들이 공동체 의식을 가지고 있으며 느슨하게 짜여 있지만, 진정한 공동체를 형성하는 다양한 사회적, 경제적, 정치적, 종교적 유대로 묶여 있다고 말하는 것이 타당해 보인다.

제4장

경제구조

스와이 서리의 경제, 그리고 연간 생활 리듬은 논농사를 기반으로 한다. 적은 면적에서 일모작을 하는 지역이기 때문에 이곳의 벼농사는 자급을 위한 것이지 판매를 위한 것으로 보기는 어렵다. 나머지 식량 자원은 텃밭을 가꾸거나 물고기를 잡거나 몇몇 나물들을 모아 보충한다. 가정에서 자체 수급이 불가능한 생필품들을 사는 데 쓸 현금은 여러 비농업 활동으로 마련하는데, 주민들은 팜 슈거를 만들기도 하고 돼지나 닭을 치거나 임시직 일거리를 찾기도 한다. 주민 대부분은 생계를 유지하기 위해 걱정과 노력을 기울여야 하며, 남는 식량이나 저축할 돈이란 꿈도 꿀 수 없는 것이다. 앞으로 소개할 스와이 서리의 경제활동은 프놈펜 남부와 서부 지역의 농경 마을들과 크게 다를 바가 없다고 보면 된다(Delvert 1961, 449-52, 537-44 참조).

쌀 재배

동남아시아 대부분이 그렇듯이 캄보디아인들의 삶에서도 벼농사를 빼놓을 수 없다. 이는 국가 경제의 주를 이루는 활동일 뿐 아니라 동시에 가장 오래되고 전통적인 활동이다(Delvert 1961, 323). '쌀은 이들의 주식이다', '(쌀)밥을 먹는다(냠바이, 냠: 먹다 / 바이: 밥)'라는 말이 식사한다는 말로 쓰이고 배고프다는 말도 '(쌀)밥 고프다(클리은 바이, 클리은: 배고프다)'라고 말할 정도다. 쌀은 또한 다양한 예식 도구로도 사용된다. 하지만 다른 문화권에서와 달리 스와이 서리 주민들은 쌀에 신성한 성질을 부여하지는 않는다[1](예, 태국에 관한 J. Hanks 1960 참조).

---

1 그러나 19세기 캄보디아 코드 Codes Cambodgiens의 기사에서는 '쌀의 거룩

캄보디아의 벼농사는 크게 세 가지로 나뉜다. (1) 강우에 의존해서 물을 얻는 우기 벼농사, (2) 강이나 하천의 범람에 의존하는 부도(뜬 벼) 농사, (3) 건기에 재배되는 벼농사. 일부 지역에서는 이 중 두 가지(심지어 세 가지까지)를 혼용해 2모작을 하기도 하지만 스와이 및 주변 지역에서는 우기에 하는 1모작이 가장 일반적이다(Delvert 1961, 324, 329-32, 358-65, Gourou 1945, 253-55, 387-88). 캄보디아 벼농사를 기술한 여러 문서를 보면 스와이 서리에서 쓰이는 농법과 기술의 여러 측면은 우기 벼를 재배하는 캄보디아 마을 대부분과 같은 것은 물론, 여타 동남아시아 사회의 습식 농법과 흡사하다.[2] 그렇지만 스와이 지역의 벼농사 방식 중 일부는 특정 환경에 따라 달라지는데 이는 이 마을이 위치한 지역의 특성이지, 이를 나라 전체로 일반화하기에는 무리가 있다.

토지 소유

스와이 서리 주민들이 경작하는 논이 차지하는 면적은 총 28ha 정도로 마을을 기준으로 남, 북, 서쪽으로 뻗어있다(경작지 일부는 다른 마을에 속해 있을 수도 있다). 각 경작지는 개인 소유(부부 공

한 어머니'(Leclère 1898, 2:361)를 언급하고 있으며 델버트(1961, 343)는 벼농사 중 '쌀에 영혼을 불어넣는' 정령숭배 의식을 언급하고 있다. 에이모니어(1900, 37)는 법적, 지적 저작물에서 쌀에 힌두교의 부의 신 이름을 변형한 이름이 부여되었다고 말한다. 이로 인해 고루(1945, 255)는 쌀이 크마에게 일종의 신성한 의미를 갖는다고 말한다. 포레-마스페로(1962a, 20-21)도 쌀의 영혼 또는 정신에 대해 말한다.

2 캄보디아 벼 재배에 대해서는 특히 델버트(1961), 고루(1945), 모리죤(1936), 포레-마스페로(1962a, 32~38), 에이모니어(1900, 36-37), CMCC(21.023, 21.066) 참조. 동남아시아의 다른 지역의 쌀 농업에 대해서는 태국은 도비(1960, 178-79), 피셔(1964, 75), 라자드혼(1961), 카우프먼(1960, 41-47), 말레이는 스위프트(1965), 쿡(1961), 라오스는 카우프먼(1961), 베트남은 히키(1964, 135-48)를 참조.

동명의로 된 경우는 제외하고)지만, 가족이나 한 가구 전체가 농사에 동원되곤 한다. 경작지를 취득하는 가장 기본적인 방법은 유산 상속으로써, 부모가 아들과 딸 모두에게 땅을 물려주는 방식이다. 동네 이웃에게서 매입하는 것도 가능하며 위치가 가깝다면 옆 동네 사람에게서 사들이기도 한다. 하지만 그 금액을 선뜻 낼 사람이 많지 않아 그런 상황이 자주 벌어지지는 않는다(구체적인 내용은 '재산과 유산' 부분 참조). 공한지나 무주지를 5년간 계속하여 개간하거나 사용하다가 그 땅을 취득하는 것도 법적으로 가능하다 (Clairon 연도 미상, 183, Delvert 1961, 490-491). 하지만 스와이에는 그렇게 확장할 만한 땅이 남아 있지 않다.

19세기 후반, 프랑스가 도입한 토지 등록과 소유 증서 정책이 지금까지 이어지고 있다(Steinberg 1959, 206, Delvert 1961, 490 참조). 모든 면/읍(쿰)에는 지적부 산하의 토지관리소가 마련되어 있다. 기술적으로 모든 지주는 자신의 소유권을 증명하기 위해 '토지대장'을 갖고 있어야 한다. 하지만 실제로는 토지 등록 절차를 건너뛴 채 사는 주민들이 많다. 번거로운 탓도 있겠지만, 무엇보다 토지세를 내고 싶지 않아서다.[3]

땅을 돈 주고 빌리는 일은 스와이에서는 볼 수 없는 광경이다. 하지만 '쁘러와 스라에'라고 불리는 전통적인 소작 형태가 존재하며 이는 캄보디아 전역에서 찾아볼 수 있다(Delvert 1961: 503~504). 자기가 소유한 농지의 전부 혹은 일부를 경작하고 싶

---

[3] 토지가 아닌 농산물에 세금을 부과했던 식민지 이전 시대에 마을 사람들은 종종 수확량 일부를 숨기려고 노력했다(Kleinpeter 1937, 97). 식민정부는 생산물보다는 토지에 대한 세금이 그러한 탈세를 완화할 것으로 생각했지만(Kleinpeter 1937, 98), 실제로는 그렇지 않았다. 델버트(1961, 490)도 토지 등록이 완전히 성공적이지는 않았다고 지적한다.

지 않은 이들(예를 들어, 노부부이거나 꽤 넓은 토지를 소유한 경우, 혹은 다른 곳으로 이주했지만 토지를 가지고 있는 경우)은 다른 이에게 토지 용익권을 넘기기도 한다. 스와이 서리에서 토지를 사용하는 비용은 보통 수확물의 절반이며 이따금 특정 금액에 버금가는 농작물로 대체되기도 한다. 1959년 스와이 서리에서 소작은 다음과 같은 형태로 협의했다. (a) 뽐과 언(27번 집) - 노부부로 4ha에 달하는 토지(스와이 서리 및 다른 마을)를 소유하고 있으며 자기 소유의 땅이 거의 없거나 아예 없는 열한 가족에게 소작을 주었다. (b) 분(20번지)은 프놈펜으로 이사 간 형 소유의 땅을 경작하고 있다.

스와이 서리 사람들이 소유한 토지는 그 규모가 작은 편으로 각 가정이 가진 논의 크기는 평균 1ha도 되지 않는다. 토지의 대략적인 분포는 다음과 같다.[4]

1ha 이하	1~2ha	2ha 이상	4ha 이상
14가정	10가정	4가정	1가정

네 가족은 논을 갖고 있지 않다. 1ha 이하의 경작지를 소유한 가족 중, 5,500m^2 이하 네 가정, 5,500-6,800m^2 세 가족, 6,800-9,000m^2 세 가족, 9,000~10,000m^2 네 가정이 있다.

스와이 서리 주민들이 소유한 경작지 크기의 평균은 캄보디아의 벼농사 인구 전국 평균인 세대당 2.2ha보다 적다. 물론 지역에 따

---

[4] 어떤 경우에는 정확한 토지 면적이 불확실하거나 정부 관리가 등록되지 않은 토지에 대해 알게 될 것이라는 두려움 때문에 마을 사람들이 보유한 토지에 대한 보고가 과소평가할 수 있다는 점에 유의해야 한다. 따라서 스와이 서리의 평균 보유 규모는 1ha에 가까울 수 있다.

라 세대당 5에서 10ha인 곳도 있고 ½ha인 곳도 있다는 점은 유의할 필요가 있다(Delvert 1961, 470-74, Gourou 1945, 383, 385, Steinberg 1959, 298도 참조할 것). 하지만 스와이 서리의 통계는 이웃 마을들과 비교할 때 유별나지 않다. 예를 들어 이웃한 면 *바꾸*의 경우 소유주의 83%가 1ha 이하의 논을 가지고 있다(Delvert 1961, 684). 국가 전체를 놓고 본다고 해도 1956년에 실시한 인구 조사에서 토지소유주의 55%가 1ha 미만의 경작지를 갖고 있었다. 캄보디아 중부 지역만 놓고 본다면 세대당 평균이 2ha에 미치지 않는다(Delvert 1961, 491, 495-496).[5]

스와이는 가구당 소유한 토지의 규모만 작은 것이 아니라, 과도하게 많이 나눠졌다는 것도 문제다. 스와이 서리 주민들이 경작하는 땅 28ha가 장장 146필지로 나누어져 있으니 말이다. 한 가구가 경작하는 대지의 수는 평균 다섯필지로 작게는 한 필지부터 많게는 스무 필지까지 이른다. 게다가 한 가구가 경작하는 대지들이 한군데 모여 있는 것도 아니다. 서로 다른 위치에 흩어져 있어 가깝게는 집에서 30미터 거리에도 있지만 멀게는 1km 이상 떨어져 있을 때도 있다. 부부의 양계상속과 촌락이나 마을 외혼의 결과, 주민들이 다른 동네나 이웃 촌에 땅을 가지고 있는 경우도 많다. 같은 이유로 바로 인접한 곳에 있는 논이 다른 동네나 인근 마을

---

5 델버트(1961, 496)는 껀달 지방에서 농민 토지 소유자의 100%가 5ha 미만의 경작지를 소유하고 있다고 지적한다. 캄보디아 전체에서도 10ha 이상의 토지(보통 사원, 왕족, 전직 공무원 또는 부유한 상인 소유)가 전체 자산 수의 약 1%에 불과하다(Delvert 1961, 195-500). 토지가 없는 농민의 정확한 수는 알려져 있지 않지만, 분명히 매우 적다. 소작농이나 고용된 노동력을 사용하는 부재지주 또는 지역 지주 시스템은 일부 지역에서는 중요하겠지만, 인구가 가장 많은 지역의 농민 중 90-100%가 자신의 토지를 소유하고 있어, 국가 전체에서는 중요하지 않다(자세한 내용은 Delvert 1961, 500-509 참조).

사람 소유인 경우도 흔히 볼 수 있다.

지도 4. 논

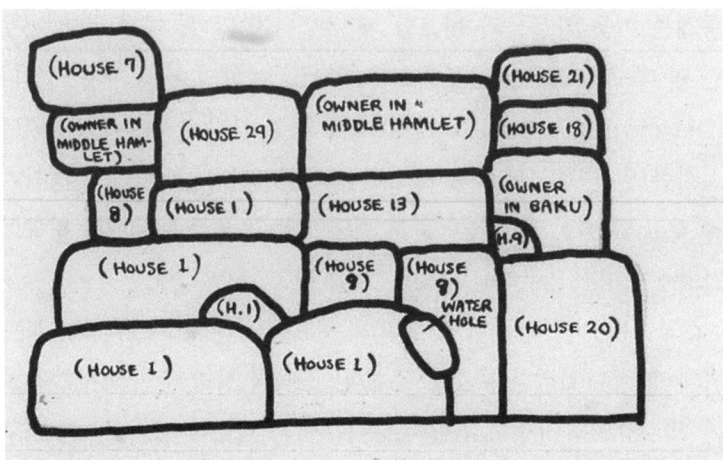

A. 스와이 서리 남부 토지 개략도 : 땅 구획과 소유주 표시
   (세대수는 괄호로 표시)

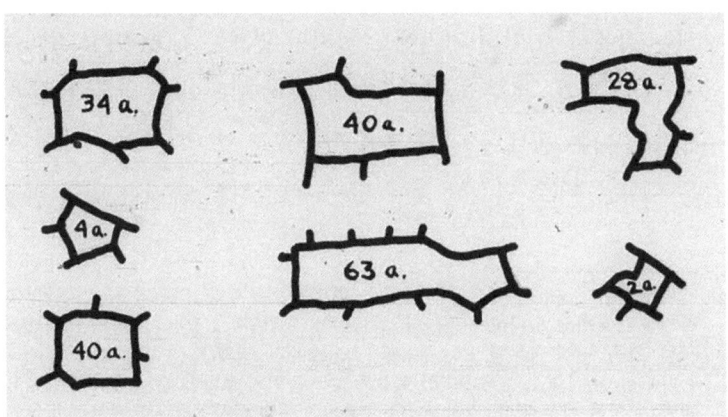

B. 일부 논의 실제 모양과 크기 (토지대장에서 발췌)

일반적으로 과도한 구획화와 소규모 경작지 모두 프놈뻰보다 남부에 있는 지역의 특징이기도 하며 여러 가지 서로 얽힌 요인들의 결과이기도 하다. (1) 프놈뻰 주변에 있는 주들(특히 껀달과 따까에우)은 고대부터 사람들이 거주해 온 곳으로 지난 세기부터 인구 밀도가 높은 편이었다(P.99, 4줄. 현재 껀달스떵 군은 km²당 거주민이 170-190명에 달한다. Delvert 1961, 435, 447, 449, 492, 542). (2) 거주지 밀집 지역이기에 토지 매입이 아니고서는 경작지를 늘릴 방법이 없었다. 하지만 이는 일반 주민들에게는 버거운 일이었다.[6] (3) 양계 상속과 모든 자녀에게 공평하게 나눠준다는 이상적(현실에서는 언제나 그럴 수 없다)인 균등 상속 제도는 세대가 지날수록 땅이 더 쪼개질 수밖에 없음을 의미한다.

스와이의 구획된 경작지들은 인접하고 편평한 논의 형태로써 흙으로 북돋운 논둑으로 구분되어 있다.[7] 계단식 논은 아니지만, 땅의 만곡을 따라 늘어서 있어 어떤 논은 주변의 논보다 30cm 정도 높이 솟아 있기도 하다. 경작지의 모양은 제각각이고(지도 4B 참조) 크기도 다양하여 스와이 서리에는 110㎡에서 9,000㎡까지 있으며 또 다른 곳에서는 8×10m에서부터 크게는 85×100m까지

---

6 실제로 스와이 서리 주변에는 논으로 쓸 수 있을 것 같은 잡목이 무성한 땅이 몇 군데 있다. 그러나 마을 사람들은 이 나무들은 정리가 어렵고 물이 부족해 재배하기에 적합하지 않다고 주장한다. 또한 이 토지의 대부분은 기존 논에서 이미 만족스러운 수익을 낸 사람들의 소유이다. 또한 이 개간되지 않은 땅은 방목지로서, 그리고 장작과 유용한 식물의 공급원으로서 유용하다.
7 고루(1945, 380)와 긴스버그(1958, 428)에서 미사용 토지로 분리된 비연속 논 사진을 참조하라. 고루는 자기 지도가 캄보디아에서 가장 활발하게 경작되는 지역 하나의 항공 사진이라고 말하지만, 이러한 유형의 구획은 스와이 지역의 특징이 아니다.
8 캄보디아 다른 지역의 구획 종류와 크기에 대해서는 델버트(1961, 328-29, 676-77)를 참조하라.

도 있다.[8] 논둑의 높이는 30cm 혹은 그보다 좀 더 높으며 폭은 그보다 더 넓은데, 왜냐하면 야자나무를 비롯한 각종 나무나 덤불과 풀, 그리고 클로버와 같은 여러 식물군을 지탱해주는 공간인 동시에 종종 농부들이나 가축들의 통로로 사용되기 때문이다. 이러한 식물들은 의도적으로 심은 것들도 있지만 그보다는 개간되기 전에 재배되던 식물이나 초목이 자라났거나, 그 잔재인 경우가 더 많다. 이러한 나무와 덤불들은 거름기를 빨아 먹고, 벼에 그늘이 지게 만들고 그 뿌리가 논둑을 망가뜨린다는 점에서 골칫거리다. 하지만 다른 한편으로는 일꾼들이나 가축들에게 시원한 그늘을 만들고, 밭일 중간에 쉴 곳이 되어주며 경작지의 경계선 역할을 하기도 하며 어떤 경우에는 과실을 맺거나, 먹거리, 약재 등으로 쓰일 농산물을 내기도 한다(Delvert 1961:326-327 참고).

　마을 사람들은 논을 위치 기준이나 관개용수량에 따라 다양한 유형으로 구분하여 다음과 같이 부른다. (a) 오: 물이 풍족한 논. 스와이 서리에서는 촌락의 남쪽 접경지대가 여기에 해당한다. 강바닥과 높이가 비슷해 우기에는 물이 차오를 정도로 경작지에 물을 넘치게 공급할 수 있다. (b) 프러뻬앙: 마을에서 조금 떨어진 곳으로 물이 충분한 곳으로, 스와이 서리에는 이런 곳이 많지 않다. (c) 비으: 물이 대단히 많은 논. 종종 물이 너무 많아 벼가 심어지지 않을 때도 있다. 그런 경우 낚시터가 되거나 연꽃밭이 되기도 한다. (d) 쓰라에: 논을 부르는 가장 일반적인 용어로, 적정량의 물이 있는 논을 부르는 이름이다. 스와이 서리의 논 대부분은 이 유형에 해당한다. 이뿐 아니라 다른 특정 이름이 붙기도 하는데, 예를 들어, 다수의 소유지를 가진 경우 '옛 논'이라는 식으로 구분해 부르기도 한다.

스와이 서리의 주민들은 토양의 질에 따라 땅을 부르는 이름은 둘로 구분된다. 하나는 사토(모래가 섞인 흙)라는 뜻의 *데이-크싸잉*이며, 다른 하나는 '습논(꼰뎅)' 또는 뻘논이라고 불리기도 하는 땅으로 부드럽고 가벼운 흙에 덮여 있다. 마을 사람들에 따르면 촌락 주변의 논 대부분이 습논이며 '데이크싸잉'도 약간은 있다고 한다.[9] 쟁기질이나 모내기의 과정은 토양의 종류에 따라 달라지는 경향이 있지만 두 종류 모두 토양 비옥도는 중약 정도 된다.[10]

농사 주기

캄보디아 이 지역의 우기는 5월이나 6월 초에 시작된다. 최소 하루 한 번은 하늘이 캄캄해지고 숨 막힐 정도로 대기가 무거워지면서 개미들이 피할 곳을 찾아 줄지어 이동한다. 강풍이 갑작스레 몰아치면서 나무들이 한바탕 뒤흔들리고 나면 굵은 빗줄기가 쏟아지면서 약 한 시간 남짓 폭우가 이어진다. 신이 난 아이들은 빗속으로 뛰어나와 웅덩이를 첨벙거리고 여자아이들은 지붕의 홈통으로 쏟아져 내리는 물줄기 아래서 머리를 감는다. 비가 오는 시간은 집집마다 옹기종기 모여 앉아 수다를 떠는 시간이다. 소낙비 덕분에 불어오는 시원한 바람을 즐기는 때이기도 하다. 비는 말라붙은 웅덩

---

[9] 스와이 서리의 거주 지역에서 서쪽으로 약 100야드(약 91미터) 떨어진 곳에서 채취한 토양 샘플은 W. 꼼피 씨(프놈펜 주재 미국 해외 전략국 농업부 소속)의 간단한 분석을 통해 비옥도가 낮고 산도성가 낮으며 배수가 잘 안되는 충적토로 특징지어졌다. 토양 유형에 대한 추가 논의는 델버트(1961, 90-97, 354-55), 자드로즈니(1955, 63-64), 고루(1945, 64-65), 도비(1960, 300-5와 5장)를 참조하라.
[10] 스와이 서리 주변 토양의 평범함은 논에 부과되는 세금에서도 나타난다. 세금은 토지의 작물 재배 가치에 따라 달라지며, 정부는 비옥한 강둑 토지에 대한 1등급부터 경작지지 않은 개간되지 않은 토지에 대한 10등급까지 10개의 범주로 분류된다(미국 해외 전략국 농업부, 프놈펜 주재원 게이롤드 워커의 개인 발언). 스와이 주변의 토지는 대부분 6등급이나 5등급, 즉 중간 품질의 토지로 분류된다.

이나 물 항아리들을 채우고 바짝 말라 생기 잃은 땅을 흠뻑 적신다. 땅이 부드러워져 경작할 수 있게 되면 드디어 농사철이 시작된다. 농사철은 이때를 시작으로 수확하여 곳간에 저장되는 12월이나 1월까지 8~9개월간 이어지는데 각 단계에 해야 할 일이 있어 마을 사람들의 삶도 이 리듬에 맞춰 돌아간다.(연중주기는 부록 I 참조)

(I) 논 준비 시기

 5월이 되면 가끔 소나기가 내리면서 우기의 시작을 알린다. 그러면 마을 사람들은 땅을 갈고 씨 뿌릴 준비를 시작한다. 간단한 괭이, 삽, 마체테 등으로 수로를 고치거나 새로 짓고 잡초를 제거하는데, 언젠가 비가 많이 오면 고인 물을 퍼내거나 물고기 잡을 통발을 놓는 데 쓰일 논둑을 파놓기도 한다. 덤불과 가지를 이용하여 울타리도 세워야 한다. 돌아다니는 가축들이 제멋대로 들어오지 못하게 막기 위함이다. 이따금 밭에 불을 붙여 작년 추수 후 남은 그루터기들을 깔끔히 정리하는 일도 있지만, 사실 그보다는 그 그루터기들을 그대로 둔 채 땅을 갈아엎는 경우가 더 흔하다. 퇴비 용도로 덤불이나 지푸라기들을 한데 쌓아두거나 태우기도 하고 소들이 오래전에, 혹은 막 새로 싸놓은 똥을 밭 곳곳에 뿌려 두기도 하며 가끔은 굵은소금을 밭 전체에 뿌리기도 한다.

 가장 먼저 준비되어야 할 경작지는 못자리이다. 볍씨를 뿌려 나중에 논에 옮겨 심을 모를 키우는 작업이다. 못자리는 일반적으로 작은 규모라 물은 걱정하지 않아도 될 만큼 충분한 편이며, 위치도 대부분 마을 근처에 있다. 못자리 준비가 끝날 때쯤, 다른 논들도 비슷한 시기에 준비를 마친다.

(II) 쟁기질과 써레질

고대 전통에 따르면 어경절Royal Ploughing Ceremony 이전에는 밭갈이를 시작할 수 없다. *뷔싹보찌어*(석가탄신일, 득도일, 열반일이 합해진 날 – 역자 주)가 있는 달의 하현달 넷째 날이 그날이다(5월 중 하루). 이 힌두 애니미즘 의례에서 왕(요즘은 왕의 대리인)은 쟁기로 논을 가는 시범을 보이고 지신을 비롯한 신들에게 제물을 바치며 장차 있을 추수와 왕국의 안위를 위한 예언을 전한다.[11] 그렇지만 스와이 서리 주민들은 이러한 상징적 행사쯤은 가볍게 무시하는 편이다. 왕의 의식보다는 날씨에 따라 농사를 시작한다. 쏟아지는 비가 불규칙적이고 아직은 그다지 심하지 않을 때부터 이미 몬순의 시작이다. 땅을 흠뻑 적셔 부드럽고 일하기 좋게 만들 정도로 비가 내리고 나면 마을 사람들은 그 틈을 타서 언제 찾아올지 모르는 가뭄에 대비하여 땅이 마르고 굳기 전에 얼른 갈아 둔다.

캄보디아식 쟁기는 나무로 만들지만, 보습은 쇠붙이로 되어 있다. 가벼워서 사내 어깨에 쉽게 멜 수 있을 정도다. 논이 집에서도 꽤 떨어져 있고 게다가 여러 군데 흩어진 경우라면 이런 가벼운 농기구가 더욱 유리할 것이다.[12] 쟁기는 소 두 마리가 같이 끄는데, 갈 수 있는 땅의 깊이는 겨우 몇 인치에 불과하다. 하지만 그 정도면 땅을 갈아엎어 논에 골고루 물을 보내기엔 충분하다. 게다가 고랑이 얕다는 것은 진흙땅에서는 장점으로 작용하기도 한다. 경토

---

11 왕실 경작 의식에 대한 자세한 내용은 포레와 마스페로(1938, 155-56), 포레-마스페로 등(1950, 33-36), 에이모니어(1900, 46) 참조. 태국 마을 사람들의 '첫 번째 쟁기질' 의식(카우프만 1960, 201) 중 일부는 크마에 의식과 유사하다.
12 쟁기 제작에 대한 자세한 내용은 델버트(1961, 221-23), 포레-마스페로(1962a, 30) 참조. 이러한 종류의 쟁기는 베트남으로 확산되었으며(Hickey 1964, 136) 태국에서 사용되는 것과도 유사하다(Rajadhon 1961, 57 그림 다음).

의 표층이 매우 얇아 더 무거운 쟁기를 썼다가는 그 밑에 숨은 단단한 불모지만 파헤치고 마는 꼴이 될 것이기 때문이다(Delvert 1961, 223). 논은 서로 다른 패턴으로 두세 번 간다.[13] 경작을 쉽게 해보겠다고 모퉁이를 원만하게 도는 습관이나 밭이나 수로의 모양을 울퉁불퉁하게 만들었다간 경지가 유실될 수도 있다(P.101, 2줄. Delvert 1961, 341; Gourou 1945, 380; Ginsberg 1958, 427).

쟁기질이 끝났으면 써레질 차례다. 써레질은 같은 날에 바로 뒤이어 하기도 하고 다음 날 하기도 하는데, 이는 논의 규모나 시간, 에너지, 노동력 등에 따라 다르다. 써레(로아 혹은 호아)는 기다란 막대기에 달린 거대한 갈퀴 모양을 하고 있다. 써레는 쟁기보다도 가벼워서 농부는 써레가 더 효과적으로 땅을 고를 수 있도록 써레의 막대기에 올라타기도 한다. 쟁기질과 같은 패턴을 따른 써레의 날이 땅을 한층 더 촘촘하게 빗어 고르게 한다. 써레질의 마무리를 위해 막대기를 뒤집어 평평한 면으로 땅의 거친 면을 고루 펴 논을 평평하게 만들어 주어야 한다. 논으로 물이 골고루 들어오게 하기 위함이다. 못자리를 써레질할 경우, 마지막 써레질에서 부드러운 진흙에 씨 뿌릴 고랑 자국을 내기 위해 막대기에 나뭇잎 다발을 묶기도 한다.

쟁기질과 써레질이 꼭 필요한 두 단계가 있다. 첫째, 못자리는 5월 말과 6월 초까지 내내 여러 차례 갈아야 한다. 이는 상대적으로 수월한 작업이다. 경작지도 쟁기질과 써레질을 두 번씩 반복하긴 한다(대부분 며칠 간격을 두고 하는 작업이다). 가구마다 못자리가

---

13 스와이 서리에서 관찰된 쟁기질 패턴은 쟁기질의 다른 측면도 논의한 델버트 (1961, 339, 341)가 언급한 것과 유사하다.

한 개나 두 개씩 필요하기 때문이다. 그 후로 6월 말이나 7월이 되면 못자리의 볏모들이 모내기할 준비가 된다. 모내기를 위해서는 모든 논이 쟁기질과 써레질을 마친 상태여야 한다. 마을 남자들이 가장 바빠지고 일이 고되지는 때가 이 두 번째 단계다.

(Ⅲ) 못자리 만들기

매해 수확하는 쌀에서 파종용 볍씨는 따로 떼어 놓는다. 춘궁기에 남겨둔 것까지 다 먹을 수밖에 없었던 가족은 파종용 볍씨를 이웃에게 빌리거나 사야 한다. 주민들에 의하면 4탕(대략 88kg)[14]의 쌀이면 1ha의 땅에 파종하기 충분하다고 한다(비교: Delvert 1961, 340).

파종 시기는 5월 중순부터 6월 사이로 각기 다양하다. 볏모가 언제 준비가 되느냐에 따라 또 뿌리는 볍씨의 종류에 따라 달라진다. (탈곡하지 않은) 볍씨는 다음과 같은 방식으로 파종을 준비한다. 우선, 햇볕에 잠시 말린 후 꼬박 하루를 물에 담가 부드럽게 만들어 싹을 틔운다. 마지막으로 볍씨가 충분히 발아하도록 두었다가 이틀간 말린다(Delvert 1961:340, CMCC 21, 023, 21.066 참고). 파종은 가족 중 여성 한두 명이 도맡아 하는데 논고랑을 따라가면서 볍씨를 한 움큼씩 뿌린다. 물이 과하지 않은 상태로 며칠간

---

14 가공되지 않은 쌀(쓰러으)은 타우tau와 탕tang으로 계량되며, 두 타우가 1탕이 된다. 델버트(1961, 12, 340)는 1탕을 20~22kg으로 계산한다. Institut d'Emission des Etats du Cambodge, Laos, et Vietnam, 부록 II, 1959에서는 이를 30리터로, 델버트(1961, 12)는 40리터로 보았다. 1kg=2.2파운드이고 1리터=0.02837부셸(Heath's New French Dictionary 1932, 582)이면 다음과 같다. 1탕=20-22kg=48.4파운드=30-40리터=0.851-1.135부셸.(제분된 쌀에는 다른 단위를 적용한다. 아래 참조)

그렇게 내버려 둬야 뿌리를 더 잘 내린다. 그렇기에 이때 논에서 물은 거의 빼야 한다. 수로를 끊어 인접한 논으로 흘러 들어가도록 방향을 틀거나, 그렇지 않으면 일일이 퍼야 한다.[15] 하지만 그 이후엔 땅에 수분이 필요하기에(이때도 물론 과도하지 않아야 한다) 빼낸 물을 다시 되돌려 보내는 작업이 필요하다(이때는 앞서 설명한 방식을 거꾸로 하면 된다). 혹은 비가 충분히 내리기를 바라는 수밖에 없다. 파종 후 일주일이 지나면 그간 햇볕에 말라 우중충한 갈색을 띠던 논이 어느새 고운 연녹색으로 바뀐다. 그렇게 몇 주가 지나고 나면, 그리고 모든 일이 순조롭게 진행된다면, 벼는 30cm 혹은 그 이상으로 자라났을 것이며 그 색은 건강해 보이는 진녹색을 띠고 있을 것이다.

여기서 언급한 바 있듯이 예민한 못자리 과정을 거치지 않아도 되는 벼농사 방식이 한 가지 있다. 어떤 논에서는 그 해의 추수 과정에서 땅에 떨어진 볍씨가 이듬해 우기에 저 혼자 발아하여 자라는 일도 있다. 이를 무어라고 부른다. 그런 모는 나중에 뽑아서 순서에 따라 모내기하거나, 그 자리에 그냥 두어 자라나게 한다. 스와이 서리에서 무어를 하는 곳은 몇 군데 되지 않는다.

파종 볍씨의 종류. 스와이 서리 주민들에게 볍씨 종류를 묻는다면 25가지는 댈 것이다. 그 종류는 형태(길이, 모양), 색(희고 어두움), 맛 등을 비롯한 특징들에 따라 나누어진다.[16] 각각 볍씨마다 부르는 이름들도 제각각인데 물리적 형태(예를 들어, 오리알 모양을

---

15 용두레(스나얼)은 윗부분과 한쪽 끝이 없는 나무 상자이거나 수평으로 반으로 자르고 끝부분을 제거한 큰 금속 캔이다. 그것은 밧줄로 삼각대에 걸려 있고, 남자는 상자에 부착된 손잡이를 밀거나 당기거나 열린 끝 반대쪽에 있는 캔을 물속으로 휘두르거나 물 밖으로 내보낸다. 델버트(1961, 224, 340-41)는 용두레가 캄보디아에서 가장 일반적인 관개 도구라고 말한다.

닮았다 하여 *뽕띠어 꼬온*이라고 불리는 볍씨)를 따라 붙여진 이름이 있는가 하면 시적인 이름(아름다운 여인이라는 뜻의 *니어리 싸앋*)이 붙은 것도 있고 혹은 두 가지 모두가 섞인 경우(흰 고양이라는 뜻의 *츠마 써*)도 있다. 이 모든 것은 크게 두 종류로 구분할 수 있다. 첫째, (a) 일반미로써 이는 스와이 서리에서만 18종 이상 재배되고 있는 아시아 재배종 Oryza sativa이다. (b) 또 다른 하나는 '찹쌀, 쓰러으 덤납(혹은 쓰러으 트납)'로 디저트용 쌀이다. 이는 대략 8종 정도 재배되고 있다. 모든 가구는 두 종류 모두 재배한다. 일반 쌀은 대량 추수를 목적으로 하지만 후자는 불교 절기에 절에 가져가거나 관혼상제에 쓰일 전통 음식을 만들거나 혹은 가족들이 소비할 간식을 만들기 위해 소량만 재배한다. 두 번째 구분 방식은 농사주기에 더 중요한 의미를 갖는 방식으로 다음과 같이 구분된다. (a) '가벼운 벼'라는 뜻의 쓰러으 쓰랄은 스와이 서리에는 약 다섯 종류가 재배되고 있다. (스와이에서 '가벼운' 쌀로 분류되는 찹쌀 종류들과는 별도이다) (b) '무거운 벼'라는 뜻의 쓰러으 틍운은 12종 정도가 재배되고 있다. 무게를 제외한(실제로 '무거운' 벼가 '가벼운' 벼보다 무겁다) 이 두 종류의 가장 큰 차이는 재배 기간이다.[17] 가벼운 벼는 재배 기간이 5~6개월 정도로 짧다. 스와이 서리에서 재배되는 종들은 5월 중순에서 6월 중순 사이에 심고 10월 말에서 11월에 추수한다. 반대로 무거운 벼는 익기까지 6~7개월이 소모되며

---

16 이처럼 풍부한 품종의 쌀은 캄보디아 전역에서 흔히 볼 수 있지만, 인식되는 이름과 수에는 지역적 차이가 있다(Delvert 1961, 332~38, Porée-Maspero 1962a, 26-27, Morizon 1936, 98-99 참조). 델버트(1961, 352)는 예측할 수 없는 강수량과 다양한 토양 품질을 고려하여 다양한 유형을 선택하는 것이 농민에게 최대의 성공 기회를 제공한다고 말한다.

17 델버트 1961, 333에서 제시한 세 종류의 쌀 분류.

추수 시기는 12월이다. 또한 가벼운 벼는 자라는 동안 물도 덜 필요로 하는 대신, 무거운 쌀은 수확량이 확실히 많다.

대부분의 가구가 이 두 가지 벼농사를 모두 하려고 하는 편이다. 가벼운 벼는 재배량이 비교적 적지만, 전년도에 수확한 쌀이 떨어졌는데 올해 추수는 아직 때가 되지 않아 기다려야 할 시기에 맞춰 거둬들일 수 있다는 장점이 있다. 하지만 이따금 어떤 가구는 비축한 쌀이 빨리 사라지기 때문에 가벼운 쌀만 재배하기도 하고, 또 다른 가구는 12월까지 기다리는 것이 별로 문제가 되지 않아 무거운 쌀만 재배하기도 한다. 농부가 소유한 논의 유형에 따라 종을 달리하여 재배하기도 한다. 가벼운 쌀은 물이 많은 논에 심지 않는다. 그랬다간 벼가 너무 빨리 익어서 농사철 막바지에 논에 남은 물에 잠겨 썩을 수도 있기 때문이다. 반대로 무거운 쌀은 자라는 속도가 늦기 때문에 바로 그런 논에 심어야 한다(Delvert 1961, 335 참조).

주민들은 맛, 식감, 요리법 등을 고려하여 가볍거나 혹은 무거운 벼의 종자를 선택한다. 또한 자신이 심기로 작정한 종자 외에 다른 종자에 대해서는 별도로 사거나 빌리기도 하는데, 볍씨를 남겨두지 못하고, 그 해에 다 먹어치운 경우 특히 그렇다. 일반적으로 한 농가 당 최소 두 가지(하나는 일반미이고 다른 하나는 찹쌀)에서부터 가진 땅이 상대적으로 큰 경우, 많게는 5~6가지의 서로 다른 종자를 심는다. 못자리와 모내기 모두에서 주민들은 가급적이면 서로 다른 종자를 서로 다른 시간에 따라 구분하여 심으려고 한다. 논이 여럿이라면 다른 논에, 그렇지 않다면 같은 논이라도 구역을 나눈다. 모를 쪄 모내기하는 과정에서 서로 다른 종들이 뒤섞이기도 하지만 말이다.

(Ⅳ) 모내기 준비

볍씨는 가벼운 종자라면 모판에서 4주가량, 무거운 종자라면 6주까지 자라게 둔다. 모내기할 때가 되면 마을의 일꾼들은 약 한 달간 바삐 움직여야 한다. 그중 필수적으로 해야 할 두 가지가 있는데, 모내기할 논을 쟁기질하고 써레질하는 것은 남자들 몫이며, 모를 찌는 것은 여자들 몫이다. 농사일이란 아주 바삐 움직이고, 힘을 합해야만 가능한 일이다. 여자들은 못자리의 모를 뽑고 남자들은 논을 간다. 마침내 모내기가 끝나 한숨 돌리려고 하면 이번엔 또 새로운 논에 모내기할 준비로 서둘러야 한다. 모든 논이 초록빛으로 가득해지는 순간이 올 때까지 끝도 없이 되풀이되는 과정이다. 모내기가 한창인 6월과 7월이 농사철 중 가장 바쁜 농번기라고 할 수 있겠다.

A. 논갈이. 이 시점에서 마을의 남자 어른과 청소년들은 각 가구가 소유한 논의 나머지 부분에도 채비를 서둘러야 한다. 소작인이거나 혹은 소가 없는 다른 지주에게 고용된 경우, 남의 소유지를 같이 갈 때도 있다. 땅의 성질에 따라 다르지만, 점토질의 땅은 적어도 한번은 쟁기질과 써레질을 마쳐야 하며, 모래 성질의 땅은 최소 두 번의 쟁기질과 써레질을 해야 한다.

이 과정이 진행되는 속도를 맞추는 데는 여러 요인이 작용한다. 쟁기질하는 계절은 덥고 습하다. 그러므로 대부분의 노동은 시원한 새벽부터 아침나절 사이에 마친다. 뜨겁게 내리쬐는 한낮에는 남자건 소건 무조건 쉬어주어야 한다. 각자의 체력이나 성향에 따라 늦은 오후나 해질녘 사이에 추가로 쟁기질과 써레질을 하는 일도 있다. 델버트(1961:234~235)는 그렇게 업무량을 나누어 하루 8시간 일하는 경우 소 한 마리가 하루에 갈 수 있는 땅은 0.2ha 정도라고 생각한다(물론 소는 하루에 0.66ha까지 갈 수 있다). 그러므로 1ha의 땅을 가졌다면 쟁기질 5일에 써레질 하루 반이 필요하다(구획이 나누어져 있다면 조금 더 걸릴 것이며 두 번 갈아야 하는 모래 성질의 땅이라면 기간이 두 배 필요하다)(Delvert 1961, 347).[18] 상대적으로 큰 노력을 들이는 것처럼 보이지 않을지라도 농사에 들어가는 노동량이 고르게 분포되어 있지 않다는 점을 주목할 필요가 있다. 그 이유는 두 가지다. 첫째, 6월과 7월 사이 내릴 강수량을 가늠할 수가 없다. 6월은 여전히 우기의 시작점이라 불규칙적으로 비가 오거나, 비가 와도 찔끔찔끔 내리는 경우가 많다. 7월은 '작은 건기' 기운이 남은 기간(이 상태가 8월까지 이어진다)이라 앞선 두 달보다 비가 더 적게 내릴 수도 있다. 건기가 길어지는 현상은 캄보디아 곳곳에서 찾을 수 있는데 그중에서도 특히 스와이 지역에서 흔히 볼 수 있다(Delvert 1961, 45). 그러므로 땅을 갈 수 있을 정도로 비가 충분히 내린 것 같으면 얼른 최대한 쟁기질을 해두어야 한다. 안 그랬다간 건기가 계속되는 불상사가 일어나 아무것도 못 하는 상황에 놓일 수도 있다. 둘째, 논갈이는 못자리에서 모를 낼 시점과 딱 맞게 일어나야 한다. 모내기는 모래 성질의 땅이라면 최종 쟁기질과 써레질이 끝나자마자 이루어져야 하기 때문이며, 점토질 땅은 며칠 기다렸다가 모내기해야 하기 때문이다. 그러므로 쟁기질은 상대적으로 짧은 정해진 기간 안에 압축적으로 끝내야 하는 일이며 다양한 못자리가 5월 중순부터 6월 중순 사이 서로 다른 시간에 마련되었다는 사실, 그렇기에 모

---

18 황소가 하루에 수행할 수 있는 작업량이 제한되어 있고, 기후 조건과 벼 성장 주기의 필요 사항 때문에 델버트(Jacques Marinet 인용)는 한 쌍의 황소 또는 물소로 경작할 수 있는 땅은 최대 4ha라고 생각한다. (Delvert 1961, 235, 342).

내기할 준비가 되는 시기도 서로 다를 수 있음을 고려해야 한다.

이러한 고려 사항들 때문에, 그리고 개인의 소유지 규모에 따라, 혹은 일을 빠르고 쉽게 마치고 싶은 마음 혹은 그래야 할 필요에 따라 남자들은 종종 힘을 모아 쟁기질과 써레질을 하기도 한다. 2~6명(더 많은 사람이 투입되기도 한다)의 남자들이 무리를 이루어 돌아가면서 서로 품앗이해 주는 방식이다. 쟁기질 팀은 주로 친척들이나 가까운 친구들, 가까운 이웃으로 구성된다.[19] 주로 같은 동네 사람이지만 종종 다른 동네 사람들과 같이 일하기도 한다. 그에 대한 대가는 서로의 땅에서 일해준 시간을 대충 계산한 만큼 되돌려 받는 방식이다. 추가로 어느 땅이건 쟁기질하는 땅의 주인은 같이 일하는 동료들에게 간단한 식사와 담배 등을 제공하는 것이 관례다.[20] 이렇게 협력하게 되면 농사 준비를 위해 쓰는 각자의 노동 시간을 엄청나게 줄일 수 있다. 예를 들어 쑤응이 소유한 0.8ha의 땅을 남자 여섯 명이 한 시간 정도 써레질을 했다고 치자. 만일 이를 혼자 했더라면 하루 종일 걸려야 끝냈을 분량이다. 그렇게 농번기에는 시골마다 장정들이 우아한 곡선의 쟁기를 끌며 서로의 밭을 갈아주는 아름다운 협동의 장면을 종종 볼 수 있다. 배가 물

---

19 그러한 그룹은 다양한 방식으로 조직될 수 있다. 어떤 사람은 나가서 의도적으로 쟁기질 파트너를 찾고, 마음에 드는 사람의 도움을 구할 수 있다. 또는 함께 쟁기질하기로 합의하는 것은 친구, 친척, 이웃 사이(또는 그들 사이)에서 더 비공식적이고 자발적으로 이루어질 수 있다. 예를 들어, 자신의 쟁기질 노력의 진행 상황에 대한 일상적인 대화 중에 누군가가 일을 좀 더 빨리 끝내기 위해 함께 뭉쳐서 일을 하자고 제안할 수 있다.

20 이러한 식사에는 쌀, 죽, 국, 다양한 요리가 포함될 수 있으며 때로는 술도 포함될 수 있다. 1959년에 스와이 서리 마을 주민들은 추가 식량 비용이 많은 가족에게 너무 큰 비용이기 때문에 협력적인 쟁기질 교환에서는 쌀죽과 건어물만 제공해야 한다는 데 서로 동의했다. 그러나 실제로 많은 경우, 특히 직장 동료가 친척이거나 좋은 친구라면 계속 약간의 쌀을 밥으로 주었다. 분명히 스와이의 다른 동네 주민들은 계속해서 좀 더 정성을 들인 식사를 내줬다.

위로 미끄러져 가듯 왔다 갔다 하다 보면 어느새 땅이 편평해지고 물이 고르게 퍼진다. 써레질이 끝나면 일을 마친 기쁨에 남자들은 자기 소를 끌어다가 논을 돌며 경주도 하는데 그때는 한껏 흥이 올라 지르는 함성 소리를 들을 수 있고 소들이 질주할 때 튀어 오르는 물방울들의 향연도 장관이다.

스와이 서리 가구 전체의 1/3이 땅은 가지고 있으나 소가 없거나 있어도 한 마리밖에 없다는 점을 유념할 필요가 있겠다. 쟁기질하려면 소 두 마리가 필수로, 소 두 마리 없이는 경작이 아예 진행되지 않는다. 그렇기에 그런 가족은 외부의 도움을 얻어 논을 갈아야 한다. 대안은 여러 가지가 있다. (1) 쁘러와 스라에, 즉 소작을 줄 때 경작에 대한 완전한 용익권과 책임까지 주는 경우다. (2) 또 다른 쁘러와로는 쁘러와 스뽕이 있는데 여러 농업 활동에 대한 상호 부조를 기반으로 하고 있다. 예를 들어, 뽓 할머니는 소를 키우지 않아 른 씨에게 논을 갈아달라고 부탁했다. 대신 뽓 할머니는 른 씨의 모내기를 해주고 수확 때에도 추수 일을 돕는다. (3) 소가 없다면 다른 사람(주로 이웃이나 친척이다)을 고용하는 방법도 있다. 쟁기질과 써레질을 맡기고 임금을 지불하는 식이다. 아침나절 노동의 대가는 대부분 20리엘에서 30리엘 선이다. (예를 들어 11호 집이 이웃 마을인 따짜에 사는 처남을 고용하고 280리엘을 지불했다.) 우기에 소가 필요 없는 쩜까(밭농사) 농부에게서 소 두 마리를 농사철 내내 700~800리엘에 빌리는 것도 가능한 방법이긴 하나 비용이 많이 들어 실제로 이렇게 하는 집은 많지 않다. (4) 마지막으로, 소를 한 마리만 가진 집이 비슷한 처지에 놓인 다른 집과 품앗이를 하는 방법이 있다. 두 가구가 한 팀이 되어 서로의 논을 번갈아 가며 일하는 방식이다. 처남 매부 사이인 른과 써가 매년 이런 방식으로 농사를 짓는다. (5) 이따금 농사철이 시작될 즈음 대부를 받아 소를 사려는 경우도 있다. 추수 후에 같은 가격에 되팔아 볼 셈인 것이다.

B. 모 찌기. 남자들이 논갈이로 한창일 때 여자들이 할 일은 모를 뽑아서 옮겨심는 것이다. 모 한 움큼을 모판에서 뽑아 끈으로 묶는다. 모 윗부분의 몇 인치가량은 잘라내어 모내기 후 바람에 밀려 쓰러지거나 폭우가 쏟아질 때 꺾이지 않도록 해야 한다. (그뿐 아니라 잘라낸 모는 두었다가 나중에 필요할 때 소의 먹이로 쓰기에도 좋다) 그렇게 만들어진 모 묶음들은 밤새 물속에 세워서 담가둔다. 그런 다음 논둑에 세워 또 하룻밤을 마르도록 둔다. 모내기에 적합도록 뿌리가 단단히 내리게 하기 위함이다(Delvert 1961:342, CMCC 21.023 참고). 그런 후 장대에 달아 어깨에 메고 못자리에서 다른 논으로 옮긴다.

(V) 모내기(스똥)

스와이 서리에서 가장 바쁜 모내기 철은 7월로 그중에서도 7월 후반이라고 볼 수 있다. 때에 따라 비가 산발적으로 내려 논에 댈 물이 충분히 모이지 않아 논갈이가 늦어지는 경우 모내기가 8월까지 이어질 때도 있다. 모래 성질의 땅이라면 논갈이 이후 바로 모내기가 되어야 한다. 마을 사람들 말에 따르면 땅이 빨리 '굳기' 때문이란다. 반면 점토질의 땅은 논갈이 후 며칠을 기다렸다가 모내기 작업을 해야 한다. 새벽에 논을 갈고 오후에 모내기하는 것이 이상적이나 실제로는 오늘 논을 갈았다면 내일 모를 옮겨심는 것이 일반적이다.

모내기는 주로 성인 여성과 여자 청년들의 몫이다. 남자 청소년들이 도울 때도 있고 이따금 힘이 남아도는 성인 남성들이 나서서 돕기도 한다. 많은 사람이 함께 농사를 짓는 광경은 캄보디아 전역에서 흔한 일인데, 짧은 기간 내에 많은 논에서 모내기를 마쳐야 하기 때문이다. 모내기 철이 되면 마을이 이상하리만치 조용해진다. 여자들이 몽땅 논에 나가 있기 때문이다. 여자들은 모 묶음을 다발로 한 팔에 들고 부드러운 리듬을 타며 허리를 구부렸다가 일어섰다가 뒤로 물러섰다가를 반복하며 모를 한 묶음씩 진흙에 꽂는다. (구멍은 손가락을 이용해서 내는 것이 보통이지만 땅이 단단한 경우에는 꼬챙이를 쓰기도 한다) 한 명이 한 줄을 맡아 논의 양쪽 끝에 한 명씩 서서 출발하는데 각 줄은 네다섯 묶음 너비로 떨어져 있다.[21] 모는 약 15cm 간격으로 심어야 한다. 나이가 있는 여자들은 오랜 경험을 통해 숙련된 농부들이라 이제 막 스뚱하는 법을 배운 젊은 여자들보다 한참 앞서나가기 마련이며 종종 그들의 서툰 실력을 놀려먹기도 한다. 뜨거운 날씨와 고된 노동에도 불구하고 여자들(종종 남자들도 섞여 있다)은 수다를 떨고 어린 여자들은 노래를 부르며 누군가 던진 농담이나 누군가의 우스꽝스러운 춤 동작에 웃음소리가 터져 나오기도 한다. 일꾼들은 쉬기도 여러 차례 하는데 (특히 자기 논이 아닌 경우라면 더욱 그렇다) 논둑 나무 그늘에 앉아서 쉬면서 땅 주인이 제공하는 물을 마시거나 구장 잎을 씹거나 담배를 피운다. 때에 따라 무리가 너무 크지 않다면 쌀죽을 간식으로 내기도 한다.

---

21 델버트(1961, 344), 모리존(1936, 100), CMCC(21.023) 참조. 스와이 서리 마을 사람들은 벼를 너무 가깝게 심으면 잎은 많이 나지만 낟알은 많지 않고, 너무 멀리 심으면 땅이 황폐해진다고 말한다. 그러나 때때로 벼를 가깝게 많이 심지만, 나중에 뽑아서 덜 심어진 논 다른 부분에 다시 심기도 한다.

모내기에 참여하는 일꾼 무리의 규모와 구성은 다양한데 일할 논의 크기가 얼마나 큰지, 모내기에 걸릴 시간이 얼마나 될지에 따라 다를 수 있다. 모내기 철의 처음과 끝에는 노동량이 그리 많지 않다. 그래서 집에 일할 여자들의 일손이 충분하거나 땅 크기가 중간 크기 정도라면 가족 안에서 알아서 하거나 아주 가까운 친구나 친척 몇 사람만 불러서 해결한다. 그 경우 두 명에서 네 명 정도면 충분하다. 하지만 모내기가 한창일 때는 마을 사람들 모두 당장 모내기를 마쳐야 할 일의 양이 아주 많아지기 때문에 여자 일꾼 여섯 명에서 스무 명씩 팀을 짜서 움직이기도 한다. 이때는 촌락 내 일할 수 있는 모든 여자(14세 이상)가 매일 동원되는데 각기 다른 규모와 구성의 그룹으로 나뉘어서 네 논, 내 논 할 것 없이 모내기에 뛰어든다.[22] 쟁기질을 협동으로 했던 것처럼 여자들도 그날의 노동량을 계산하여 빚진 만큼 돌려주는 원칙에 따라 같이 일한다. '당신이 내 논에서 일해주면, 나나 우리 식구 중 누군가가 당신네 논일을 도와줘야지요.' 하지만 이러한 엄격한 상호주의도 농번기 중에는 무너지기도 한다. 여자들이 거대한 노동력 풀을 만들어 일손이 필요한 곳이면 어디든 가서 일하는 방식으로 바뀌기 때문이다. 그러다 보면 결국 상호주의적 책무도 저절로 이행되기 마련이다.

---

22 나는 여성들이 어떻게 서로 다른 크기와 구성의 그룹으로 조직되었는지 정확히 알 수 없었다. 그들에게는 모내기팀 리더나 감독자가 없다. 오히려, 누구의 논을 갈아서 모내기할 준비가 되었는지는 날마다 알려졌고, 이 논에서 소유자에게 노동력을 빚지고 있거나 그 대가로 상호 지원을 기대하면서 농사를 기꺼이 도우려는 사람들로 구성된 적절한 규모의 그룹이 모내기를 했다. 여성은 대개 다음 날 자신이 어떤 밭에서 일할 것인지를 알고 있었고 때로는 며칠 전에 미리 알고 있었다. [1990년대에 마을 사람들은 예비하라에게 그들이 서로에게 제공한 벼 묶음의 수를 세어 교환에 대해 당시 그녀가 확인할 수 있었던 것보다 더 엄격하게 계산하고 있다고 말했다.]

이따금 형편이 좀 더 넉넉한 집이거나 혹은 그런 품앗이에 참여할 수 없거나 그럴 마음이 없는 경우에는 모내기(및 추수) 일꾼을 고용하기도 한다.[23] 고용된 일꾼들은 주로 다른 마을에서 온 여자들로 가진 땅이 작아 자기 집 일을 끝내고 돈을 더 벌고자 하는 가난한 집 사람이거나 사치품을 살 돈을 마련하고 싶은 젊은 여자들이나 소녀들이다(Delvert 1961, 485, Gourou 1945, 384 참고). 여자 여섯 명에서 열다섯 명이 무리 지어 이 마을에서 저 마을로 이동하며 일을 찾는 모습은 흔히 볼 수 있는 광경이다. 주로 심거나 거둔 작물의 양에 따라 임금을 주는데 잘 곳과 먹을 것이 제공되느냐 여부에 따라 그 금액이 결정된다. 물론 고용주와 고용인들의 협상 기술도 금액 결정에 한몫한다. 펭Pheng은 근처 *쩨이*Chey 마을에서 온 소녀 15명과 여자들에게 논 두 개에서 한 쫑룩(볏가리)[24]에 못 미치는 벼의 모를 뽑고 옮겨심는 일을 한 대가로 200리엘을 줬다. 더불어 그는 점심 식사를 제공했다. 저녁과 숙소는 필요하지 않았는데 여자들이 일을 마치고 집으로 돌아갔기 때문이다.

들베르(1961, 347)는 논 1ha마다 모내기에 15일이 걸리고 모를 쪄서 모내기하는 데에도 3일이 걸린다고 추산하지만, 들베르가 이때

---

23 1959년에 노동력을 고용한 사람은 *뻥*(30번 집)과 *싸오*(29번 집)뿐이었다. 뻥은 모내기꾼과 추수꾼을 모두 고용했으며 매년 그렇게 하는 것 같다. 그는 큰 재산(2ha)을 소유하고 있으며 적당히 부유한 것으로 생각된다. 또한 아내가 몸이 좋지 않아 다른 노동력을 제공할 사람은 아들 둘뿐이다. 싸오는 약 1ha의 토지를 소유하고 있으며 평균적인 재산을 가지고 있다. 그러나 그의 아내는 1959년에 매우 아팠고, 그에게는 논에서 일할 사람이 사춘기 딸 한 명밖에 없었다(또한 이 가족에게는 가까운 친척도 없고 심지어 특히 친한 친구도 없다). 델버트(1961, 487)는 일꾼을 고용하는 것은 대규모 토지 보유의 기능이라기보다는 작업을 신속하게 완료해야 하는 시기에 충분한 노동력이 부족하기 때문이라고 말한다.
24 슬룩 slŭk은 일정한 수의 줄기가 들어 있는 모 묶음이다. 델버트(1961, 12, 344) 참조. 예비하라는 쩡룩(chong-ruk)을 슬룩으로 잘못 쓴 것 같다. 슬룩은 나뭇잎이나 종이를 세는 단위이고, 쩡룩은 볏섶 한 무더기를 의미한다.

여기에 노동력이 얼마나 투입되었다고 계산한 것인지는 불분명하다.

(VI) 모내기와 추수 사이의 기간

모내기를 모두 마치면 마을 사람들은 한가한 시간을 즐긴다. 11월 말이나 12월이 되어 추수철이 되면 다시 바빠질 것이기 때문이다. 어떤 남자들은 몇 주씩 마을 비우고 프놈뻰이나 다른 곳에 가서 임시 일거리를 찾기도 한다. 추수 때까지 빈궁하게 지낼 수밖에 없는 가족을 먹여 살리기 위해서이다. 또 어떤 이들은 다른 지역에 사는 친척들을 방문하기도 한다. 결혼식이나 큰 명절, 불교 절기도 10월과 11월에 몰려있어 축제 분위기가 된다(부록 I 참조).

한편 논에서도 할 일이 몇 가지 있는데 특히 모가 아직 어린 상태라면 더욱 그렇다. 하지만 고되거나 시간이 많이 드는 일은 아니다. (1) 논에 뒤끓는 작은 논 게들을 잡아야 한다. 게가 어리고 여린 벼 줄기를 끊기 때문이다(그래서 결국 죽고 만다)(Delvert 1961, 356, Gourou 1945, 410, CMCC 21.066 참고). 이 유해 동물들이 일으키는 손해는 같은 논의 더 잘 자란 다른 쪽에서 모를 옮겨 심거나 모내기 때 남은 모를 다시 심는 방식으로 메울 수 있다. 나중이 되면 논 게는 그다지 방해가 되지 않는다. 벼가 자라면서 단단해지기 때문이다.[25] (2) 벼가 자라지 못하게 방해하는 잡초나 풀을 뽑기도 하는데, 이 작업은 일관적이지 않고 두서없이 진행된다. (3) 수로 고치는 일도 해야 한다. (4) 논의 수위가 일정한 수준을 유지하도록 조절할 필요가 있다. 많으면 논둑을 막아서 줄이

---

25 델버트(1961, 356-57)는 또한 7~8년 주기로 나타나는 벌레, 메뚜기, 벼 재배에 대한 다른 위협인 새에 대해서도 언급한다. 그러나 스와이 서리 마을 사람들은 게가 위협적이라고만 말했다.

거나 모자라면 물이 풍부한 다른 논(인접한 논이어야 가능한 얘기다)에서 물을 끌어다 대야 하고 또 때로는 물을 퍼 나르는 작업을 해야 한다.

8월에서 11월 사이의 농촌 풍경은 실로 아름답다. 우기에 칙칙한 회갈색이던 것과 대조적으로 논밭은 초록빛 바다로 변한다. 어린나무의 연두색부터 성숙한 벼의 강렬한 초록색까지 다양한 빛을 띠는 벼들이 산들바람만 불어도 이리저리 파도를 친다. 수로를 따라 걷는 마을 사람들이 익어가는 각양각색 벼에 관해 들려준다. 벼의 키가 크고 잎이 짙은 녹색을 띠는 무성한 논에 이르자, 그는 '아주 좋군!'이라고 외친다. 또 다른 경작지에 이르니 벼가 듬성듬성 자라고 키도 작고 그 색도 병든 것 같은 연한 노란색이다. 어떤 것은 갈색으로 변하여 죽어 가는 중이거나 이미 죽은 것도 있다. 그러자 그는 고개를 절레절레 흔들더니 '좋지 않아'라고 중얼거린다. 마을 사람들이 입을 모으는 건강한 벼 생산을 위한 두 가지 주된 요소는 (1) 충분한 물, (2) 토질 비옥도다. 그들의 식견은 정확하다. 이것이 경제지리학자인 들베르(1961, 352 이하)가 지적하는 캄보디아 벼농사의 주된 문제였기 때문이다.[26]

두 요소 중 후자인 거름 문제는 비교적 쉽게 해결할 수 있다. 밭을 갈기 전 혹은 후에 재, 가축의 똥, 소금을 논에 뿌리면 된다. 이 작업은 쟁기질하는 중에도 이루어질 수 있다. 소가 가면서 신선한 똥을 떨어뜨리면서 그 밑으로 풀과 오래된 벼들이 갈아 묻히기 때문이다. 마지막으로 거름을 뿌리는 작업은 추수 이후에 이루어진

---

26 델버트(1961, 352-58)는 캄보디아 벼 재배의 주요 미해결 문제는 (1) 물, (2) 영양이 필요한 평범하거나 열악한 토양, (3) 게, 곤충 등과 같은 해충, (4) 평범한 수확량이라고 느꼈다.

다.²⁷ 하지만 마을 사람들은 모든 논에 균등하게 거름을 주지 않을 수 있다(모판이 가장 큰 관심을 받는다). 한 논에서도 거름을 골고루 뿌리지 못한다. 그러다 보니 한 논에서도 어디는 거름이 잔뜩 뿌려져서 유달리 푸르고 무성한 곳이 있는가 하면 그렇지 않은 구석이 있음이 쉽게 눈에 띈다.

(스와이 서리의 경우 비옥도 유지를 위해 일부러 휴경하는 논이 없다는 점을 유념할 필요가 있겠다.²⁸ 가구당 소유한 경작지가 적다는 것을 고려하면 그리 놀랄 일은 아니다. 1959년에 자기 논을 경작하지 않고 둔 두어 가정이 있었다. 하지만 그것은 정성을 들일 만한 가치가 없을 정도로 땅의 크기가 작았기 때문이거나 땅 주인에게 논을 갈 시간이나 힘이 없었기 때문이다. 실제로 마구 자라버린 논들은 소 먹일 꼴이 드물어 찾기 어려운 시절에 좋고 작은 초장이 되기도 한다.)

하지만 물 문제는 심각하다. 왜냐하면 주요 수자원인 비를 주민의 힘으로 통제할 도리가 없기 때문이다. 그 해 농사에 충분한 비가 내릴 것인지의 문제는 영원히 끝나지 않을 걱정거리다. 스와이가 7, 8월에도 '작은 건기'를 겪는 지역에 속할 뿐만 아니라, 캄보디아에서 가장 비가 덜 내린다는 강우측량소에 가까이 자리해 있기 때문이다.²⁹

---

27 다른 지역에서는 정미되지 않은 벼 덩어리, 기름 짜고 남은 유박, 연못의 진흙으로 거름을 만들었다(Delvert 1961, 335, Zadrozny 1955, 298-99). 화학 비료는 1951년 이후 상대적으로 부유한 사람들이 일부 지역에서만 사용했다(Delvert 1961, 335). 크마에들은 분뇨를 절대 사용하지 않는다.
28 델버트(1961, 355)는 휴경이 캄보디아에서 널리 행해지고 있다고 말한다.
29 델버트(1961, 45-49, 352-53, 539)에 따르면 캄보디아 벼 재배의 주요 장애는 벼 농업에 필요한 만큼 강우량이 충분하지 않다는 것이다. "작은 건기"에 비가 늦게 시작하거나 부정기적이고, 충분하지 않을 때가 많고, 약할 때도 있으며, 너무

8월에 내리기 시작해서 11월 초까지 이어지는 비는 벼농사에 특히 중요하다. 강우도에 따르면, 8월은 프놈펜 남부에 있는 이 지역에 비가 적게 내려 1959년 8월의 스와이는 여느 해보다도 덥고, 건조했다고 한다. 그렇지만 9월과 10월에는 캄보디아 어디서나 풍족하게 비가 내린다. 어떤 해에는 스와이 서리의 남부와 남서부로 이어지는 강줄기와 샘이 인접한 촌락으로 흘러넘쳤고 1959년 10월 중순쯤에는 그 물이 내가 사는 집 뒤쪽 길로 넘쳐 들어와 2주간 홍수가 나기도 했다.

그렇다고 오로지 강우량만 중요한 것이 아니다. 농사의 각 단계에 적절한 시기에 비가 와주는 것 역시 중요하다(Gourou 1945, 75, Delvert 1961, 353, Dobby 1960, 291). 어떤 때에는 강우량이 넉넉해 쟁기질하기에도 부족함이 없고 식물을 어느 선까지 성숙시킬 수도 있지만, 지독한 건기는 농사 주기에 지장을 주고 작물을 망친다. 우기에 가뭄이 길어지면 주민들 사이에 염려도 늘어서 초자연적인 힘을 빌려서라도 비를 내리게 하려고 시도하기도 한다. 다른 한편, 비는 해로운 면도 있다. 과도한 비는 어떤 지역에 홍수를 일으키기도 하며, 특히 모내기를 막 마친 직후라면 그 피해는 더욱 심각해진다. 키가 작은 모들은 그대로 물에 잠겨버리기 때문이다. 또한 수확기가 다 되어 내리는 비는 결코 반가운 손님이 아니다. 농부들에게 시름만 안겨줄 뿐이다.

빨리 끝나거나 너무 오래 지속되기도 한다. 이러한 문제는 특히 프놈펜 남부 지역, 특히 국내에서 가장 건조한 지역인 *껌뽕 뚜올*(스와이에서 몇 킬로미터 떨어진 곳)에서 뚜렷이 나타난다(Delvert 1961, 721, 그림 3 참조). 도비(1960, 265-67, 270, 290-91)는 부적절하거나 예측할 수 없는 비가 태국 중부 및 기타 인도차이나 주에서도 벼 재배에 문제를 일으킨다고 지적한다. 울프 1966, 27도 참조하라.

농사짓기에 딱 적당한 양의 비가 내렸다 치더라도, 여전히 물 분배 문제가 숙제로 남는다. 이것을 통제하기는 거의 불가능하다. 스와이 서리의 관개수로 기술은 지극히 단순하고 제한적으로,[30] 이는 캄보디아의 어떤 곳도 크게 다르지 않다. 추가적인 물에 접근할 수 있는 이들은 몇 되지 않는데 그 이유는 그들의 논이 둠벙이나 강의 경계와 맞닿아 있어 여기서 우기 동안 물을 채울 수 있기 때문이다. 이러한 수원에서 물을 퍼 나를 수도 있고 수로를 끊어 물길을 바꿀 수도 있다. 하지만 이러한 수원에서 오는 물은 멀리까지 보내기는 어렵다. 촌락 남쪽의 논들은 약간 위로 솟아 있기 때문이다. 그 밖의 사람들은 철저히 내리는 비에만 의지하여 농사에 필요한 물을 마련해야 하며, 수위를 일정하게 조절하기 위해서는 물을 퍼내거나 퍼담는 작업을 하거나 물이 물길을 따라 흘러주기를 기대하는 수밖에 없다. 하지만 이것은 자기 논이 다른 논과 가까울 때나 인접한 땅 소유주로부터 물을 빼거나 더 넣을 수 있도록 허락을 받을 때만 가능하다. 주인으로부터 그러한 허가를 받지 못하거나 혹은 인접한 밭에 손해를 입혀 부주의 명목으로 싸움이 일어나기 일쑤다. 면장 말로는 그에게 판결해 달라고 들고 오는 온갖 사건 중 물 문제로 일어나는 분쟁이 제일 많다고 말한다.[31] 남의 밭에

---

30 현대 캄보디아의 초보적인 관개 기술은 고대 앙코르의 인상적인 수력 시스템과 현저한 대조를 이룬다(Groslier 1957, 24-25, 40-41, 1958, 108-12, Delvert 1961, 224 참조). 현재 크마에 농민들은 용두레(스와이에서와 같이), 일부 지역에서는 물레방아, 일부 지역에서는 간단한 운하를 사용하여 밭의 물을 빼거나 채운다(Delvert 1961, 224-26, 354 참조). 그러나 관개 기술은 강변 쩜까 농사꾼들 사이에서 더욱 발전했다(Delvert 1961, 389~94 참조).
31 원고가 심하게 화를 내거나 피해 규모가 큰 경우, 면장은 원고가 요구한 금액을 가해자에게 지급하라고 명령한다. 그러나 분노도 피해도 크지 않다면 면장은 단순히 원고를 달래고 가해자를 징계하려고 노력할 것이다. 또한 부주의하거나 고의로

서 의도적으로 물을 훔치는 것(은근슬쩍 수로를 끊거나 물을 퍼가는 방식)은 상대적으로 드물다. 하지만 가장 흔하게 일어나는 범죄는 자기 논과 남의 논 사이에 있는 수로의 물줄기를 끊어 고기잡이 통발을 설치하는 것이다. 그렇게 되면 남의 논에 있는 물이 빠져나올 수밖에 없다. 한 스와이 서리 주민의 무심한 행동은 또 다른 부주의의 실례이다. 그는 추수를 준비하며 그의 논에 남은 물들을 빼내어 인접한 논으로 흘려보냈는데 그로 인해 이미 추수를 마치고 묶어둔 이웃집 벼들이 몽땅 젖어버리는 일이 일어났다.

사족이지만, 절대로 사소한 문제가 아닌 점은 스와이 서리에서 벼농사와 관련된 주술적 종교의식을 치르는 경우는 거의 찾을 수 없다는 점을 유념할 필요가 있겠다.[32] 과거 불교의 쯔러쭘 절기(프츰번) 때가 되면 쯔럼이라고 불리는 물건을 논에 세워 풍작을 기원했다. 쯔럼은 끝에 떡과 쌀을 채운 바구니 같은 것을 매달고 그 주변에 닭머리를 매단 대나무 막대기이다.[33] 하지만 이러한 풍습은 약 7년 전에 중단되었다. 쯔럼을 만들려면 닭을 죽여야 했는데 (이 닭들의 내장은 내년도 운세를 점치는 데 사용되었다) 이는 불교의 가르침에 따르면 죄에 해당하기 때문이었고 또한 비용도 많이 들었기 때문이었다. 현재 스와이 서리에 남아 있는 주술적 풍습은

다른 사람의 밭에서 물을 훔치거나 허가 없이 물이 다른 사람 논에 들어가도록 허용한 9세기 법률(Leclère 1898, 1:370, 397, 400)을 참조하라.
32 이 점에 있어서 스와이 서리가 얼마나 예외적인지 모르겠다. 포레-마스페로 등(1950), 델버트(1961) 참조. 특히 포레-마스페로(1962a)는 벼 재배와 관련된 다양한 관습과 의식을 언급한다. 그러나 그가 논의한 관행이 얼마나 많고 어느 정도인지는 완전히 확실하지 않다. 포레-마스페로는 "의식"(1962a)에 대한 광범위한 연구에서 실제로 현대 크마에 마을 사람들 사이에서도 관찰했다.
33 포레-마스페로 등(1950, 56)과 델버트(1961, 343)가 비슷한 관습을 언급했다. 후자는 이 관행을 "쌀에 영혼"을 주는 것이라고 말한다.

두 가지뿐이다. 첫째, 이들은 네악 따가 논에 살고 있어 논 게들이 어린 볏대를 끊지 못하도록 막는 일을 돕는다고 믿는다(Delvert 1961, 357 참고). 둘째, 가뭄이 길어지면, 마을 사람들은 근처 절에서 스님들을 모셔다 식사 대접한 후 부처님께 기도하여 비를 내려달라고 부탁한다. 또한 논 근처에 세워진 네악 따 제단에 과일을 바치고 향을 피우며 비를 내려달라고 빈다. 스와이 서리의 벼 재배가 어째서 다른 지역보다 더 '세속적'인 면이 있는지에 관해서는 분명치 않다. 전통 풍습(쯔럼과 같은) 중 일부가 이런저런 이유로 사라져 버렸다. 하지만 또 다른 중요한 점은 주민들의 다양한 염려들을 생각하면 스와이 서리 사람들은 기본적으로 수확에 대해 낙관적인 자세를 가진 것 같다. 다른 지역에서 행해지는 각종 종교적 의식에 대해 질문을 하면 주민들은 그런 의식은 다 토양이 박한 곳 사람들이 풍작을 기대하기 어렵거나, 자연환경을 해치는 위험 요소를 걱정해서 하는 행위라고 일축하곤 한다. 그러면서 스와이 서리는 매해 풍년이라 괜찮다고 말한다.

모내기와 추수 사이 논에서 일어나는, 그렇지만 경작과는 무관한 중요한 활동 두 가지를 더 언급해야겠다. 첫 번째는 논 낚시이며 두 번째는 집에서 기르는 가축의 꼴로 쓰기 위해 논두렁의 풀을 베어가는 일이다.

(Ⅶ) 수확(쯔톤)

12월 초가 되면 논마다 새로운 색을 입는다. 한창 자라는 중인 벼는 환하고 깊은 초록빛을 띠고 완전히 익은 벼는 뿌연 황녹색을 띤다. 이때는 우기의 끝물이다. 11월 전반부에는 여전히 비가 내리기는 하지만(주로 밤에만 내린다) 후반부로 갈수록 비는 점점 잦

아든다. 11월 초에 내리는 비는 풍작에 필요하지만, 그 후로 내리는 비는 벼에 해롭기에 농부들을 불안하게 하는 비다. 밤에 내리는 비가 싹 사이로 들어가 꽃가루를 씻어버릴 뿐 아니라(Delvert 1961, 47) 가녀린 볏대에 간신히 매달린 잘 익어 무거운 벼 낟알을 물속으로 떨어뜨릴 수 있기 때문이다(그렇게 물에 빠진 벼들은 도정할 때 잘 부서지며, 먹을 수는 있지만 '맛있는' 쌀이 되지는 못한다). 비는 추수를 마친 직후에도 골칫거리가 되곤 하는데 타작하려고 논에 세워둔 볏단들이 젖어버려 타작에 앞서 한바탕 말리는 소동을 벌여야 하기 때문이다.

스와이 서리의 수확은 11월에서 1월 초까지 느긋한 속도로 이어지는데 대부분의 벼는 12월에 거둬들인다(비교: Delvert 1961, 347). 수확을 준비하기에 앞서 많은 경우 (항상 그런 것은 아니지만) 일을 편하게 하려고 논에서 물을 뺀다(물이 저절로 줄지 않은 경우에만 필요하다). 또한 기다란 대나무 장대로 벼들을 휩쓸면서 벼들이 땅을 향해 같은 각도로 눕게 만드는데 이 역시 수확하기 쉽게 하려는 것이다. 물론 이렇게 해도 벼가 꼿꼿이 서 있을 수도 있다. 실제로 곡식을 거둬들이는 것은 낫으로, 스와이에서는 우아한 S자 형태로 구부러진 나무로 된 낫을 쓰는데 구부러진 한쪽에 짧고, 쇠 날이 달려 있고 다른 한쪽은 손잡이다(Delvert 1961, 226-337, Porée-Maspero 1962a, 29, 31-32 참고). 오른손에 낫을 들고 S자 꼭대기를 이용해 벼를 한 움큼 모아 이를 왼손으로 붙든다. 그리고는 낫을 기술적으로 뒤집어 칼날이 그렇게 쥔 벼의 볏대를 끊어낸다. (타작을 쉽게 하려면 이삭 쪽으로 볏대를 어느 정도 남겨 베어내는 것도 중요하다. 아래 참조) 그렇게 잘린 벼는 일반적으로 느슨하게 단으로 묶어 마른 논바닥에 눕혀 놓거나 집으로 가져간다.

  수확은 남, 여 모두의 일이기는 하나 여자들이 하는 것이 더 일반적이다. 남자들의 주 업무는 타작이기 때문이다. 다른 지역에서는 수확을 위해 큰 규모의 협동이 일어나는 것이 흔하며(Delvert 1961, 344 참조) 스와이의 다른 마을들에서도 종종 볼 수 있는 광경이다. 하지만 수확은 모내기에 비해 점진적인 속도로 이루어진다. 논마다 벼 익는 속도가 제각각이기 때문이며 익더라도 당분간 그대로 둬도 상관없기 때문이다(하지만 너무 익은 벼의 경우 쌀알이 빠져나와 땅에 떨어지는 일이 있을 수 있다). 그러므로 스와이 서리에서는 협동으로 일하는 단위가 비교적 작은 편이며 주로 친구들이나 친척들로 집단을 이루어 일한다(여섯 명 이하로 이루어진 작은 집단이다). 그렇지만 각 가정이 자기 집 수확을 알아서 해결하는 것이 더 일반적이다. 집안의 여자들이 아침 일찍 돗자리와 먹을 것을 들고 논에 나가 저녁 시간이 되도록 일하며 여자 어른과 청소년들이 일하는 사이 아이들은 그 주변에서 뛰논다. 들베르(1961, 345)는 추산하기를 여성 노동력만 사용할 경우, 1ha의 땅을 수확하는 데 대략 열흘 정도가 걸릴 것이라고 한다.

  소유지가 크거나 가용 노동력이 충분하지 않은 경우, 다른 마을에서 추수꾼들을 불러오기도 한다. 임금은 수확한 볏단에 따라, 그리고 땅이 말랐는지 젖었는지에 따라, 그리고 일꾼들을 위한 숙식 제공 여부에 따라 달라진다. 통상적으로 숙식 제공 없이 마른 논의 경우 쫌룩(볏가리) 하나에 25리엘이며 젖은 논(일하기가 훨씬 어렵다)이라면 60리엘이다. 숙식이 제공되는 경우라면 임금은 더 낮아진다(Delvert 1961, 486 참조).

(Ⅷ) 타작

벼가 마른 상태라면 즉시 타작이 가능하다. 하지만 젖은 논에서 거두었거나 혹은 비에 젖은 상태라면 하루, 이틀 동안 말려야 한다. 가능만 하다면 하루 중 이른 시간에 수확하고 늦은 오후나 선선해지는 밤에 타작하는 것이 이상적이다. 하지만 사실상 타작은 언제든 편한 시간에 하면 된다. 가족이 먹을 것을 싸서 논에 나가 종일 할 수도 있고, 아니면 비는 시간을 활용해서 혼자 타작을 마칠 수도 있다. 타작은 일반적으로 논(마른 논)에서 하는데 집에서도 하려고들면 할 수 있는 일이다. 이 작업은 어른과 청년 남자들의 몫이지만 여자들이 타작하는 모습을 보는 것도 그리 드문 일은 아니다. 남편이나 남자 형제들이 피곤하거나 다른 일로 바쁘다면 그럴 수 있다. 타작도 품앗이로 하기도 하는데, 두 명에서 여섯 명 남짓 혹은 그보다 더 많은 사람이 무리를 지어 품앗이를 돈다(타작하는 벼의 주인이 담배와 음식을 제공한다). 하지만 소유한 땅이 너무 많지만 않다면 각자의 가정에서 자기네 타작을 알아서 끝내는 것이 일반적이다.

스와이 서리에서 사용하는 타작 방식은 '바옥 쓰러으' 방식으로 나무판에 대고 볏단을 때려서 낟알을 털어내는 타작 방식이다.[34] 이 타작판은 가로 20, 세로 30인치 정도 되며 땅에서 약 45도 각도로 기울여 세워놓는다(타작판을 앞뒤로 높이가 다른 길이의 다리

---

34 델버트(1961, 345)는 이 탈곡 방법이 프놈펜 남서부 지역에서 우세하며 가구당 평균 2ha 미만의 소규모 농사와 관련이 있다고 한다. 캄보디아 전역에서 흔히 사용되는(스와이에서는 사용되지 않음) 또 다른 탈곡 방법은 소가 짓밟게 하는 것이다(자세한 내용은 Delvert 1961, 345-46 참조). 황소 한 마리가 쌀을 밟고 타작하는 것이 바옥 쓰러으 방법을 사용하는 한 사람이 타작하는 것보다 양이 적다는 점이 흥미롭다(같은 책).

위에 비스듬히 얹는 방식이다). 볏단은 '뜨러비을'이라고 불리는 도구로 붙든다. 나무나 대나무로 된 원통형 손잡이 두 개를 길게 놓고 야자수 잎 섬유를 이용해 볏단 묶음의 끝을 두른다. 볏단을 머리 높이로 들어 올린 후 타작판에 내리치는 동작을 반복하다 보면 낟알들이 돗자리에 떨어지면서 평평한 바닥에 고루 내려앉는다. 볏대만 남은 볏단들은 한쪽으로 모아두었다가 나중에 가축의 여물로 사용된다. 돗자리에 쌓인 낟알들을 쓸어모아 쌓아두는 것은 여자들 몫이다. 낟알들 사이의 지푸라기들을 일일이 집어서 빼내고 쭉정이들이 완전히 떨어져 나가도록 잘 흔들고 비벼야 한다. 그런 후 벼를 바구니에 담아 집으로 가져다가 말리고 키질하여 보관한다. 들베르 (1961, 345-346)는 이 타작 방식으로 하루에 150-250kg의 벼를 생산할 수 있으며, 1ha의 땅에서 수확한 벼를 타작하여 운반을 마치기까지 8일 정도 걸린다고 한다(가족의 노동력만 사용했을 때).

벼 이삭에서 낟알을 터는 또 다른 방법이 있는데 이는 추수철의 초반에 사용할 수 있다. 작물 중 일부만 먼저 익어, 집으로 가져온 볏단의 양이 많지 않을 때 사용하는 방법으로 벼를 돗자리에 깔고 발로 밟아 타작하는 방식이다. 이는 '바엔 쓰러으'라고 부르는데 적은 양을 타작할 때만 쓸 수 있다(Delvert 1961, 345-346 참고).

(IX) 키질, 저장, 도정

A. 키질. 스와이 서리에서 쓰는 까부르기(이 일은 여자들 몫이다) 방식은 여럿이다.[35] (1) 낟알을 담은 바구니를 머리 위로 올린

---

35 이들 방법 중 처음 두 가지는 캄보디아 전역에서 일반적이다(Delvert 1961, 346). 그러나 델버트는 키질 기계에 관해 언급하지 않으므로, 얼마나 많은 지역에서 그것을 사용했는지 확실치 않다.

후 땅을 향해 쏟아부어 바람이 겨를 날리게 하는 방식이다. (2) 둥글넙적하게 짠 채반에 낟알을 담아 흔들어 키질하는 방식. 낟알을 공중으로 튀어 올려 바람으로 겨가 날린다. (3) 단순하면서도 효과적으로 키질을 할 수 있는 풍구 '뜨발복'이 있다.[36] 기본적으로 커다란 직사각형의 나무 상자 형태의 이 장비는 한쪽 끝이 열려 있고 다른 한쪽 끝은 크랭크 손잡이를 잡고 돌리는 외륜 방식으로 되어 있어 미니 풍동장치 역할을 하도록 고안되어 있다. 한 사람이 상자 위쪽 깔때기로 낟알들을 부으면 반대편에서 또 다른 사람(주로 남자다)이 크랭크를 돌려 인공 바람으로 겨를 까불어 내보낸다. 그러면 낟알들이 상자 바닥에 있는 틈을 이용하여 그 밑에 깔린 돗자리 위로 쏟아져 나온다. 스와이 서리에서 뜨발복을 가진 것은 두 가구뿐이다. 그들은 기꺼이 그리고 자주 다른 마을 사람들에게 이 기계를 빌려준다.

B. 저장. 키질을 마치면 벼는 각 가정의 곳간에 저장될 준비를 마친 것이다. 저장고는 주로 짜서 만든 보관함이거나 돗자리들을 엮어 만든 창고 같은 것이다. 보관하는 장소는 주로 집 아래 기둥 사이이거나(작은 받침대 위에 올려놓는다), 가끔은 집 안에 보관하기도 하고, 아주 드물지만, 별도의 창고에 따로 두기도 한다. 크기가 작은 통이나 바구니들이 사용되는 일도 있는데 쌀의 종류가 다른 경우도 그렇고 또 큰 친척 공동체 안에 속한 핵가족 단위마다 별도

---

36 뜨발복은 약 20년 전 처음으로 스와이 서리 사람들의 관심을 끌었다. '크랭크 손잡이가 있는 회전식 키질 기계'는 이미 기원전 40년에 중국에서 알려졌으나 약 14세기가 지나서야 유럽에 전해졌다(Singer, Holmyard, and Hall 1956, 98, 770). 이 장치는 중국 이민자에 의해 캄보디아에 도입되었을 수 있다. 씽어, 홀미야드, 홀(1958, 10) 글에 있는 그림. 8은 영국 키질 기계의 사진으로 크마에 기계와 매우 유사하다.

의 저장공간을 두는 경우도 여기에 해당한다. 또한 내년 농사를 위해 종자를 따로 보관하기도 한다. 마을 사람들은 누구나 튼튼한 저장고를 마련하고자 하지만 이 저장 기간에 개미 떼나 쥐(동네에 사는 고양이들 덕분에 쥐의 번식이 어느 정도 억제되고 있는 것은 사실이긴 하지만 말이다), 혹은 닭들이 쌀을 먹어치우곤 한다.

들베르(1961, 346)는 1ha 땅에서 생산된 쌀을 말리고 저장하는 데 3일이 걸린다고 계산한다(짐작건대 여기에는 키질 작업도 포함되었으리라).

C. 도정. 도정할 일이 생기면 곳간에서 먹을 만큼의 쌀을 가져다가 도정에 앞서 돗자리에 넓게 펴서 네다섯 시간 동안 말린다. 요즘 스와이 서리에서는 쌀을 싣고 따짜 쪽으로 몇 백 미터에 있는 중국인이 운영하는 모터 달린 기계가 있는 정미소에 가 손쉽게 도정한다. 그들은 돈을 받지 않고 도정을 해주는데 그렇게 나오는 쌀겨를 가져다가 돼지 먹이로 팔 수 있기 때문이다.[37]

좀 더 전통적인 방식으로 껍질을 벗기고 도정하는 것도 여전히 마을 안에서 행해지고 있지만 좀처럼 만나보기는 어렵다. 그 방식들은 다음과 같다. (1) 커다란 나무절구(뜨발복). (2) 뜨발껀. 수작업으로 표면이 물결 모양으로 생긴 두 개의 납작한 원통 사이로 벼를 긁어내는 방식. (3) 뜨발쪼안(디딜방아). 나무로 된 몸통 끝에 절구공이를 매달아 지렛대처럼 쓰는 거대한 절구. 사람이 이 몸통의 끝을 오르락내리락 밟으면 절구공이가 움직여 바닥에 시멘트와 자갈에 둘러싸인 구멍을 찧는 방식이다. 또한 뜨발 껀 머싸으

---

37 델버트(1961, 229, 338, 347)는 기계식 탈곡기와 도정기가 1954년 이후 시골에서 급증했으며 농민들이 이를 점점 더 많이 사용하고 있다고 지적한다.

(맷돌)라는 쌀가루 빻는 기구도 있다. 두 개의 무거운 돌판 사이에 낟알을 넣고 찧는 방식이다[38](도정기 구조에 대한 자세한 내용은 Delvert 1961, 228~229 참조).

(X) 짚단 옮기기와 거름하기

연간 농사를 마무리하려면 해야 할 마지막 작업 두 가지가 있다. 첫째, 타작을 마친 후 논에 쌓아둔 대량의 말린 짚단(낟가리)은 가축 여물로 사용해야 한다. 논은 여기저기 구멍이 생겨 울퉁불퉁해졌고 짚단을 잔뜩 실은 수레를 끌어다가 집에 쌓아놓느라 논두렁은 다 망가진 상태다.

둘째, 이제 수확을 마친 논은 수염을 짧게 깎은 것 같은 비쩍 마른 모습을 하고 있는데(특히 물이 잘 공급되지 못한 곳이 특히 그렇다) 여기에 거름을 뿌리기도 한다. 연중 이 시기에 가장 흔히 사용되는 거름은 소똥이다(소가 풀을 뜯거나 말뚝에 묶여 있을 때 수거한다): 생선의 머리, 꼬리, 뼈도 많이 나오는 철이다. 쌀겨도 쓴다.

이런 잔일을 마치고 나면 마침내 일년 농사가 끝이 난다(1959년 스와이 서리에서는 농사철이 1월 말에 끝났다). 그러면 마을 사람들에게 이후 몇 달간이 친척들과 어울려 노는 시간이다. 하지만 해야 할 일들이 아예 없는 것은 아니다. 쁘러혹을 만들고 망가진 초가지붕을 엮어 수리하고 소를 위해 풀을 베고 팜설탕를 만드는 등이 그것이다. 하지만 마을에는 한결 한가로운 분위기가 감돈다. 이때는 또한 오락의 계절이다. 친척 방문을 위해 멀리 여행을 가기도 하고 결혼식에 참석하거나 이동 극단, *라응 네악 따* (접신 의례

---

38 이 도구는 태국에서 사용되는 도구와 거의 같다. 카오프만(1960, 부록), 라자드혼(1961, 1장 부록, 39-41번, 47번 사진) 참조.

spirit possession ceremony)를 구경 가기도 하고, 무엇보다도 이 시기에는 즐거운 캄보디아 새해 명절을 빼놓을 수 없다. 날씨도 달라진다. 1월과 2월에는 낮에는 여전히 더워도 새벽녘에는 몸이 떨릴 정도로 추워서 불을 피우거나 얇은 면 스카프로 몸을 둘러야 한다. 하지만 3월과 4월이 되면 날은 다시 뜨겁고 후텁지근해진다. 그리고 5월이 되면 아직은 불규칙적으로 첫 비가 내리는데, 그러면 새로운 농사 주기가 시작된다.

여러 가지 근거로 추정할 때, 한 가구가 소 두 마리로 1ha의 땅을 경작할 경우, 앞서 묘사한 농업 활동들을 모두 마치려면 60~80일 정도가 소요된다.[39] 앞서 소개한 수치들을 다음과 같이 정리해 보았다:

	Delvert'의 추산[a]	Baudoin의 추산[b]
쟁기질 2번	10일	16일
써레질 2번	3일	8일
못자리 만들기, 볍씨 뿌리기, 관리	8일	2일
모 뽑기, 모 옮기기	3일	20일
모내기	15일	
추수	10일	20일
타작, 벼 옮기기	8일	16일
벼 말리기, 저장	3일	
총 일 수	60일	82일

a 델버트(1961, 347).
b M. F. 보드윈, La Culture du Riz au Cambodge(날짜나 출판사는 제공되지 않음), 델버트(1961, 348)를 인용함. 델버트(같은 책.)는 캄보디아 Mission Française d'Aide Economique의 책임자인 M. 로비가 제시한 또 다른 70일 추정치를 언급함. (일본과 중국의 재배에 관한 수치는 울프 1966, 28 참조.)

---

39 델버트가 언급한 "일수"란 하루 약 8시간을 일한 날을 의미한다. "가족노동" 구성원 수는 명시되어 있지 않았다.

이 수치와 관련하여 유념해야 할 두 가지가 있다. 첫째, 들베르는 보두앵의 수치를 가리켜(넌지시) '착취집단'에서나 볼 수 있는 수치라며, 구획된 땅일 경우 그 수치가 더 올라갈 것이라고 언급한 바 있다. 둘째, 들베르의 수치는(어쩌면 보두앵의 수치도) 품앗이는 고려하지 않은 것일 수도 있다. 그렇지만 품앗이로 절약한 시간은 같은 시간 도움을 돌려줌으로써 비등해진다. 그러한 협동의 주목적이 할 일(특히 쟁기질과 모내기 작업)을 정해진 시간 내에 최대한 빨리 끝내는 것이기 때문이다.

1ha의 땅에 농사를 짓는 데 80일이 걸린다고 치더라도, 그리고 누군가 스와이 서리의 많은 주민은 1ha에 못 미치는 땅을 가지고 있다는 점(그래서 노동의 양도 줄어든다는 점)을 지적한다고 하더라도 쌀농사를 짓는 데 걸리는 총 날짜는 일 년 전체에서 작은 부분을 차지할 뿐이다(이러니 캄보디아 소작농들이 게으르다는 무지해 보이는 논평에 신빙성이 더해질 수밖에 없다). 그렇지만 그들이 사용할 수 있는 기술이 단순한 것밖에 없음을 고려할 때 이때의 노동은 극도로 고된 노동이라는 사실, 그리고 어떤 단계(예를 들어 모내기 단계)는 지극히 짧은 시간 내에 그 일을 마쳐야 한다는 점을 기억해야 한다(말 그대로 허리가 부러질 정도의 노동량이다). 그렇기에 그 이후에 오락과 놀이가 이어질 수밖에 없는 것이다. 더 나아가 스와이 서리를 비롯하여 중부 지방에 자리한 다른 마을 사람들은 쌀농사로만은 입에 풀칠할 수 없기에 남들이 오락과 놀이로 시간을 보낼 때 현금을 벌어 가족들을 먹여 살리기 위해 다른 일을 찾아야 한다(예를 들어 도시에 나가서 임시직을 찾거나 텃밭을 가꾸거나 낚시 등을 한다). 집을 수리하고 가축을 먹이는 등과 같은 덜 중요해 보이지만, 꼭 해야 하는 일들도 있음은 말할 것도 없다.

쌀 생산 및 용도

마을 사람들은 평균적인 해라면 ha당 생산량이 40탕(880kg), 풍년이면 50탕(1,100kg), 대풍년이면 60탕(1,320kg)쯤 될 것으로 추측한다.[40] 하지만 스와이 서리의 1959년 농사는 거의 모두가 지극히 평작이었다고 대답했다. 그들은 모두 강수량 부족을 탓했다. 이 해의 ha당 생산량은 평균 31탕(682kg)으로 이는 풍년의 3분의 2, 대풍년의 절반밖에 안 된다.[41] 스와이 서리 주민들이 가진 땅의 평균 크기가 가구당 0.88ha라는 점을 고려할 때 1959년 스와이 서리 가족이 곳간에 저장한 쌀은 평균 27탕(594kg)이다. 하지만 이런 평균 수치는 오해의 소지가 있다. 이것은 적은 논을 가진 여러 가구가 수확한 15탕부터 27호 집이 4ha의 땅에서 거둔 200탕(이중 절반은 소작농들에게 돌아갔다)까지 넓은 범위에서 도출한 것이다. 각 가구가 쌓아두는 쌀의 양은 다양한데 이는 땅의 크기와 토양의 성질, 재배한 벼의 종류, 그리고 작물에 양분을 공급할 물과 비료의 양이 한 데 엮여 결정된다.

그 해 추수가 절대 스와이 서리 역사상 최악은 아니었다. 다만,

---

40 마을 사람들의 계산은 전국 평균 생산량이 ha당 약 1,000kg이고, 연간 생산량은 각 지역의 토양에 따라 ha당 약 450-2,000kg이라는 델버트(1961, 357-58)의 진술을 고려하면 상당히 정확해 보인다(674-75도 참조). 긴스버그(1958, 314), 자드로즈니(1955, 264), 모리존(1936, 101), 베이커(1958, 9)도 유사한 추정치를 제공한다(0.5톤을 말한 Steinberg 1959, 199 참조). 캄보디아의 수확량은 일본의 수확량보다 훨씬 적지만 다른 동남아시아 국가의 수확량과 대략 비슷하다(UN 경제 조사에 기초한 피셔(1964, 73)의 표 참조. 그러나 이 보고서에서 캄보디아에 관한 수치는 언급된 특정 연도인 1954-55년에 강우량이 적어서 비정상적으로 수확량이 적었기 때문에 매우 오해의 소지가 있다[Steinberg 1959, 198]).
41 미국 해외 전략국 농업부 게이롤드 워커의 개인적 발언)와 프놈펜 주재 미국 대사관 경제부(윌리엄 토마스의 개인적 발언)에 따르면 1959년 강우량은 대체로 정상이었고 작물은 껀달, 껌뽕 스쁘, 뽀삿 일부 지역을 제외하고 캄보디아 전체에서 평균보다 양호했다.

쌀이 넘쳐나서 일부를 팔아야 했던 가구들도 있었던 풍년을 기억하는 마을 사람들도 있다. 1959년 마을 사람들은 수확 때문에 일반적으로 우울했다. 어떤 주민들은 고개를 절레절레 흔들며 이렇게 말했다. '올해 농사는 꼭 먹을 만큼만, 그리고 내년 농사를 위해 필요한 종자를 남길 정도네요.' 어떤 가족들의 곳간이 곧 텅 비게 되리라는 것은 자명한 사실이었다. 스와이 서리는 근근이 살아가는 수준이지, 시장 경제가 살아있다고 보기 어려운 지역이다. 쌀농사도 각 가구가 자급자족을 위한 것으로, 이를 내다판다는 것은 어쩌다가 있는 일로, 판다고 해도 적은 양이며, 실제로 그렇게 하는 가구는 얼마 되지 않는다. 쌀은 또한 음식 이외의 목적으로도 사용된다.[42] 이렇다 보니 각 가구당 내다 팔 만큼의 쌀이 남아돌 수가 없다. 쌀이 어떻게 다양한 방식으로 사용되는지를 관찰하다 보면 스와이 서리가 왜 생업 경제로 돌아가는지를 이해할 수 있게 된다.

(1) 먹거리로서의 쌀. 쌀은 캄보디아 식단에서 대단히 중요한 역할을 하며 매끼 빼놓지 않고 등장한다. 스와이 서리의 경우, 쌀죽은 가난한 이들에게는 아침 식사요, 점심 식사다. 쌀밥(*바이*)[43]은 저녁에 내거나 가끔 형편이 되면 점심에 죽 대신 내기도 한다. 냄비 바닥에 눌어붙은 누룽지는 간식거리가 된다. 또한 특별한 행사

---

42 이는 분명 캄보디아 벼 재배자 대부분에게 해당된다. 캄보디아에서 재배되는 전체 쌀량의 대부분은 가족 소비(및 기타 필요)를 위한 것이다. 판매되고 수출되는 곡물 대부분은 특정 지역에서 나온다(Zadrozny 1955, 256, 264, Steinberg 1959, 198, Delvert 1961, 329, 360, Dobby 1960, 314). 도비(1960, 349-50)에 따르면 자급 농업은 동남아시아 전체의 약 3분의 2에 대한 규칙이기도 하다.
43 쌀은 상태에 따라 여러 가지 용어를 사용한다. 재배하는 중이거나 껍질을 벗기지 않은 벼는 쓰러으이다. 도정했지만, 익히지 않은 쌀은 엉꺼이다. 그리고 일반 밥은 *바이*이다. (또한 Porée-Maspero 1962a, 18-19, 26-27 참조)

가 있는 날에는 찹쌀로 다양한 디저트와 떡을 만들기도 한다. 물론 이따금 특별 간식으로 만드는데, 그럴 때면 게 눈 감추듯이 사라지고 없다.

마을 사람들의 말로 추정컨대 성인의 1개월 쌀 소비량은 백미로 1~1.5따으(약 15~22.5kg), 연간 180~270kg이다.[44] 들베르(1961, 154)가 캄보디아의 쌀 소비량 1인 1일 600~700g, 혹은 연간 220kg이라고 한 것과 비교해 크게 다르지 않다(Clark and Haswell 1964, 79 참조). 다양한 변수가 존재하기에 가구당 소비량의 평균을 찾기는 더 어렵다. 쌀 소비량은 다음과 같은 요인으로 달라질 수 있다. (a) 가족의 규모와 나이대와 성별 구성. (아주 어리거나 나이가 많은 경우 일반적인 성인들보다 소비량이 적고, 또 남자가 여자보다 더 많이 먹는다고 볼 수도 있겠다.) (b) 수확한 쌀의 규모와 가족의 수 사이의 상관관계: 소유한 논은 작은데 먹을 입은 많은 경우, 혹은 흉년이 들어 좀 더 넉넉한 가정보다, 혹은 풍년이었던 해와 비교해 먹을 것이 부족한 경우. 하지만 대체로 스와이 서리의 쌀 소비량은 적게는 두세 명의 성인으로 구성된 가장 소규모 가족이 연간 소비하는 36따으(540kg)부터 많게는 두 명의 성인과 대여섯 명의 자녀로 구성된 가장 큰 가족의 72따으(1,080kg) 이상까지로 볼 수 있다(가구당 소비량을 더 높게 잡은 Delvert 1961, 346, 360 참조). 그러므로 경작지 규모가 작다는 것을 고려할 때 스와이 서리 가구 대부분은 보통 쌀 생산량이 간신히 가족이 먹을 만큼이 되지만, 그중에는 결코 먹을 만큼도 생산하

---

44 정미(엉꺼)는 껍질을 벗기지 않은 벼(쓰러으)과 무게 단위가 다르다. 전자는 타우로 계산되는데, 델버트(1961, 12)는 타우가 대략 15kg이라고 말한다. 마을 사람들은 쓰러으(껍질을 벗기지 않은 쌀) 2타우가 정미 1타우와 같다고 한다.

지 못하는(그래서 식량 살 돈을 마련하기 위해 바깥에 나가 이런저런 일을 해야 하는) 집도 있다는 뜻이다. 1959년과 같은 해는 보통보다 약간 못한 해였고 가구 대부분 그 해 생산량을 다음 해 농사를 마치기도 전에 전부 소진할 수밖에 없었다.

(2) **파종을 위한 쌀**. 앞서 언급했듯이 수확을 마치면 다음 해 파종을 위해 볍씨를 따로 떼어둔다(물론 그전에 먹어버리는 일이 생기기도 한다). 1ha의 땅에 뿌리기 위해서는 3-5탕(66~110kg) 정도의 볍씨가 필요하다.

(3) **종교적 시주와 절기를 위한 쌀**. 종교적 행사나 절기를 위해 쌀이 사용되는 일이 종종 있다. 스와이 서리에서 매일 아침 탁발승에게 흰쌀밥을 지어 시주하는 가정은 두셋에 불과하다. 하지만 다양한 불교 절기가 되면 모든 가족이 특별한 음식을 만들어 스님들에게 바친다. 찹쌀로 만든 떡이 가장 흔하다. 또한 수확을 마친 후에는 벼를 산처럼 쌓는 행사(매년 오왈 스와이에서 주관하지만 오왈 썸낭에서 열릴 때도 있다)가 열리는데, 많은 스와이 서리 주민들이 각자가 가진 양에 따라 할 수 있는 만큼(작게는 몇 움큼에서 한 바구니 혹은 그 이상으로) 모은다. 그러면 절은 그 벼를 팔아서 건축 비용을 마련한다.

종교적으로 공덕을 쌓는 이런 행사 외에도 개인적인 행사를 치르는 데에도 쌀을 바친다. 관혼상제뿐 아니라, 병을 치료하기 위해 제사를 하기도 한다. 그러한 행사에 크고 작은 규모의 쌀이 사용된다. 손님을 접대하고, 귀신들에게 제물을 바치고, 제사상에 올리는 등 각종 제사의 절차상 쌀이 쓰인다.

(4) **현금 대용으로써의 쌀**. 대부분 주민이 현금을 넉넉하게 갖고 있지 않기 때문에 쌀은 종종 물건을 사거나 빚을 갚는 등의 경우에

현금 대용으로 사용된다. 쌀을 화폐처럼 사용하는 것을 두고 '도'라고 부르는데 주로 작은 단위의 거래에서 볼 수 있다. 이와 같은 '물물교환'의 경우, 쌀은 깡통에서부터 특정 종류의 바구니까지 다양한 방식으로 무게를 재는데, 모두 쌀 1따으에 비례한다. 1959년 1따으는 25리엘이다. 가끔 상인들이 쌀에 상응하는 다른 품목을 요구하기도 하는데, 예를 들어 쌀 한 바구니는 같은 크기의 생선 두 바구니와 맞바꿀 수 있다(Delvert 1961, 171 참조). 쌀은 또한 빚을 갚거나 이자를 내는 데도 흔히 쓰이는데, 쌀을 꿨든, 돈을 꿨든 마찬가지이다. 큰 빚을 지는 것은 스와이 서리에서 일반적인 일은 아니지만, 가난한 가족이라면 수확한 즉시 빚쟁이들이 찾아와 쌀을 가져가는 광경은 흔히 볼 수 있다.

(5) **판매를 위한 쌀**. 스와이 서리에서 매년 꽤 넉넉한 양의 쌀을 판매할 수 있는 가구는 4ha의 땅을 경작하는 27번 집 노부부 가족뿐이다. 마을의 나머지 주민들에게 쌀을 판매한다는 것은 어쩌다가 찾아오는 극히 드문 기회에 불과하거나 그나마도 아예 전무한 가구도 많다. 1ha 이상의 땅을 가진 이라면 평균적 해라면 소량(몇 탕 정도)이나마 판매할 수 있고 풍년이라면 그보다는 조금 더 많이 팔 수 있을 것이다. 예를 들어 1957년, 1ha의 땅을 가진 1번 집은 수확한 쌀의 3분의 1(20탕 정도)을 1,000리엘에 팔았고, 1958년, 2ha 땅을 가진 9번 집은 수확량의 절반(40탕 정도)을 2,000리엘에 팔았다(두 해 모두 비교적 풍작이었다). 하지만 1959년에는 수확 직후 40탕의 쌀을 2,000리엘에 팔고 다음 해 마을 사람들에게 쌀을 얼마쯤 더 팔았던 땅 부자 27번 집을 제외하고는 두 가구를 포함해 동네의 어느 가구도 쌀을 전혀 팔지 못했다.

이웃에게 쌀(대부분 소량이다)을 팔기도 하는데, 더 흔한 것은 옆 마을 썬단에 사는 중국계 캄보디아인들에게 파는 것이다. 때로는 다른 지역에서 오는 크마에 쌀 중개상들에게 쌀을 넘기기도 한다.[45] (전에는 마을 사람들이 직접 쌀을 프놈뻰으로 들고 나가 팔기도 했는데 중개상을 건너뛰기 위함이었다. 하지만 1959년에는 수레를 끌고 프놈뻰에 진입하는 것을 금지하는 법령이 생기면서 그마저도 곤란해졌다. 여전히 버스로 실어 나르는 것은 가능한데도 말이다.)[46] 쌀 가격에 영향을 주는 요인은 여러 가지다. 국제 쌀 시장, 전국적인 풍작/흉작 여부, 쌀의 종류와 품질(찹쌀 그리고 일반 쌀 중에서도 특정 종류는 더 비싸다), 그리고 판매 시기(수확 때가 제일 싸다) 등이 그것이다. 1959년, 수확 후, 한 달쯤 뒤 썬단에서 온 상인이 보통 품질의 쌀 19탕을 1,000리엘을 주고 사 갔다.[47] (비교하자면 전년도에는 20탕의 쌀이 1,000리엘에 팔렸고 그보다 4년 전에는 1,000리엘로 살 수 있는 쌀의 양이 10탕에 불과했다. 그 해는 캄보디아 전역이 극도의 흉년이었다) 마을 사람들은

---

45 헹(21번 집)은 어린 시절 소규모 쌀 중개인이었다. 똔레바띠나 껌뽕스쁘 등과 같은 인근 지역을 돌면서 그는 10월과 11월에 마을 사람들을 방문하여 필요한 사람에게 돈을 빌려주고 1월에 돌아와 빚(및 이자)을 쌀로 받았다. 그런 다음 그는 쌀을 가족 소비로 사용하거나 스와이와 인근 마을에 판매했다(그러나 프놈펜에서는 제외). 그는 매우 제한된 양의 쌀(아마도 1년에 15-20탕 정도)을 취급했지만, 소규모 사업으로 거의 100%의 이익을 얻었다고 주장한다. 중국과 중국-캄보디아 상인, 쌀 중개업자, 쌀 마케팅 활동에 대한 논의는 델버트 1961, 510-14를 참조하라.
46 델버트(1961, 515)에 따르면, 최근 몇 년간 교통수단이 증가하고 마을 주민들이 직접 거주하거나 도로 주변에 사는 경향이 증가하면서 수도 인근 지역에 거주하는 농민들이 프놈펜에 쌀을 직접 판매하기 시작했다고 한다.
47 이 상인들은 프놈펜에서 정미를 타우당 58~59리엘에 판매할 것으로 예상했다. 벼 19탕은 정미 19타우와 같아서, 이는 그들이 27호에서 구입한 쌀을 즉시 팔면 102-21리엘의 이익을 얻을 수 있다는 것을 의미한다. (1959-60년 및 그 이전 연도의 프놈펜 쌀 도매 및 소매 가격 목록은 Ministère du Plan 1961, 82-83; 1958, 100, 102를 참조하라.)

평균적으로 쌀 1탕이면 50리엘 정도로 어림잡는다(참고: Delvert 1961, 360, 517, 들베르는 여러 곳에서 1탕을 40리엘로 보았다). 기다렸다가 나중에 쌀을 판다면 더 나은 값을 받을 수 있다. 수확 직후에는 2탕에 100리엘로 쳐준다면 5월까지 기다렸다가 팔면 1.5탕만 내줘도 같은 값을 받을 수 있다. 하지만 주민 대부분은 수확 직후에 쌀을 팔아버리는데, 곳간에 자리가 없고, 쌀을 그렇게 두었다가 괜한 손실만 생길 것을 염려해(예를 들어, 가족들이 헤프게 먹게 되거나 혹은 벌레나 닭, 쥐가 쌀을 먹어치우기도 하기 때문이다) 차라리 곧장 시장에 내다 파는 편을 택하는 것이다. 들베르는 마을 사람들이 최악의 조건에서 쌀을 판다는 점을 지적했다. (1) 값을 제일 낮게 쳐주는 수확기에 쌀을 판다(농사가 늦어지는 지방은 2월이나 3월에 수확하기도 하는데, 이 경우는 국제 쌀 시장이 이미 포화상태가 된 시기이기 때문에 더 심각하다). (2) 동네 상인들에게 판다. 부피가 큰 쌀을 다른 지역으로 실어 나를 교통수단이 마땅치 않다는 이유에서다. (3) 상인이나 중개인들이 담합해 쌀 매입가를 정해놓았다. 억압받고 무지한 농부들은 좀처럼 이를 따지고 들지 못한다(1961, 512).[48]

그러한 문제를 줄여보고자 왕립협력청(Royal Office of Cooperation, 농부들과 소규모 장인들을 위해 공정한 신용과 협동조합을 만들어 주는 일에 관여)은 농부들이 농사로 공정한 수입을 올릴 수 있도록 도울 협동조합을 세우는 데 관심을 기울여 왔다. 하지만 1955년 기준, 캄보디아에 만들어진 조합의 수는 3개

---

[48] 농산물을 판매하는 것과 관련된 이러한 문제는 일반적으로 농민들 사이에서 흔히 발생한다. 울프(1966, 45) 참조.

뿐이다(더 자세히 알고 싶다면 Steinberg 1959, 191-193, 207-209 참조). 내가 스와이를 떠나기 직전인 1960년대 초에는 오왈썸낭 근처에 건물 하나가 세워질 것이라는 말이 있었다. 쌀 농업협동조합으로 마을 사람들이 좋은 값을 받고 쌀을 팔 수 있는 곳이라고 하였다. 하지만 실제로 이 협동조합이 세워져 운영되었는지에 대해서는 나도 아는 바가 없다.

기타 식량원

텃밭과 나무

 스와이 서리에서 벼농사를 제외한 유일한 농업 활동은 텃밭 가꾸는 일과 과실수 기르는 일이다. 과일은 제한적이기는 하나 주민들에게 주요 식량원이다. 다섯 가구를 제외한 모든 가구가 집 근처에 텃밭 한 군데씩(혹은 그 이상)은 가지고 있다. 마을 내에 가지고 있는 땅의 크기와 텃밭 가꾸는 일에 관심이 있는지에 따라, 작게는 몇 평방 미터에서 크게는 다양한 식물을 고루 키울 수 있을 정도로 큰 경우도 있다. 과실수를 비롯한 다른 나무들은 주로 집 근처에서 키우지만, 마을 곳곳에 불규칙적으로 분포되어 있어 마을에 시원한 초록빛을 선사하고 나그네가 쉬어갈 수 있는 그늘을 만든다. 이런 나무들(주로 야자나무)은 종종 논두렁이나 촌락 경계선의 정돈되지 않은 땅에서도 자라는 모습을 볼 수 있다.

 주민들이 쌀농사에 들이는 수고와 정성에 반하여(어쩌면 바로 이 점 때문에), 과일이나 채소 키우는 일은 등한시하는 것을 볼 수 있다. 나무들은 새들이 쪼아먹을까 봐 열매에 작은 바구니를 뒤집어 씌우는 정도 외에는 거의 관심을 받지 못하지만, 무성하게 잘 자라는 편이다. 아무리 그래도 텃밭 가꾸는 일은 노동을 요하는 일이다. 괭이와 삽으로 땅을 파야 하고, 때에 맞춰 씨앗을 뿌리거나 모종을 심어야 한다. 종종 두엄도 뿌려줘야 하고, 잡초도 뽑아주고, 건기에는 물도 뿌려줘야 한다.

이러한 텃밭과 나무를 가꿔 주민들은 각종 허브(바질, 민트, 페퍼), 채소(감자, 수세미, 콩, 오이), 그리고 특히 과일(망고, 바나나, 파파야, 구아바, 오렌지)을 얻는다(부록 F 참조). 모두 각 가정의 식탁에서 환영받는 것들로, 이것들은 맛 내는 데 쓰거나 양념으로 쓰이기도 하고, 생으로 먹기도 하고, 다양한 요리의 재료로도 사용된다. 트나옫 열매와 코코넛은 마시면 시원한 음료가 되고 트나옫 열매를 발효시키거나 끓이면 팜설탕이 되기도 하며, 요리 재료로도 쓰인다. 또 다른 목적으로 쓰이는 것들도 있다. 어떤 식물은 음식뿐 아니라 약재로도 쓰인다.[49] 트나옫 나무의 잎은 초가지붕이나 돗자리, 혹은 각종 바구니를 엮는 데 사용되기도 하고 그 수염뿌리로는 밧줄이나 빗자루를 만들기도 한다. 빈 코코넛 껍질은 유용한 조리도구로 변신하는데 국자, 그릇, 혹은 숟가락으로도 사용된다. 바나나 잎은 음식물을 감싸 운반하거나 요리하는 데 쓰이고 담뱃잎 대용으로 쓰이기도 하며 제사에 쓰이는 물건을 장식하는 데 쓰이기도 한다. 바나나 나무의 몸통은 돼지 사료로 쓰이거나 각종 의례에서 쓰일 도구 만드는 데 사용되기도 한다(후자에 대한 구체적인 내용은 Porée-Maspero et al 1950:11~12, 1958:16 참조).

마을 안에서는 식용이 아닌 식물도 몇 가지 기르는데, 구장 나무

---

[49] 예를 들어, 민트와 바질을 다른 재료와 섞어 으깨서 물에 끓이면 '몸을 따뜻하게' 해 준다. 구아바는 요리해 즙을 낸 후 복통에 마신다. 슈가 애플 껍질을 두드려서 액체와 섞어 설사에 마신다.

(일부는 빈랑나무도 있다), 대나무, 케이폭(판야) 나무, 막르어 나무가 그것이다. 후자는 베리과 열매가 열리는 나무로 으깨어 물에 담그면 그 검푸른 색으로 옷감을 염색하는 데 쓰인다(Delvert 1961, 145-147 참조). 케이폭은 종종 거두어들이지 않고 내버려 두었다가 불쏘시개로 사용하기도 한다. 대나무는 이 마을에서 가장 중요한 재료 하나로 사람들은 대나무를 엮어 울타리를 세우고, 바닥을 깔고, 바구니를 만들고, 바구니를 지고 나를 막대와 틀을 만들며, 물고기를 잡을 통발이나 작살을 만들기도 하며, 필터나 공구의 손잡이를 만들기도 하고, 억새 지붕을 서로 잇는 '실'로 사용하기도 하며, 바구니를 깁는 데 쓰기도 한다. 어린 죽순은 그대로 먹기도 하지만 대부분 더 크도록 내버려 둔다. 다 자란 대나무는 식량으로 쓰이는 것보다 더 유용하게 쓰이기 때문이다. 그보다는 사람들이 무리 지어 6-7km를 가 사람들이 살지 않는 곳에서 야생으로 자라난 어린 대나무 순을 채취하기도 한다.

모든 가구가 이런 식물들을 다 키우지는 않는다. 하지만 한 가정에서 자란 것은 친척이나 이웃(특히 과일을 나누는 곳이라면 어린 아이들이 몰려들 수밖에 없다)과 후하게 나눈다. 혹은 조금씩 이웃 마을 사람들에게 팔기도 한다. 이따금 과일이 남아도는 때가 있으면 껌뽕 뚜얼 시장에 가져다가 파는 때도 있지만, 텃밭이나 과실수에서 난 수확물은 대체로 가족이나 그 지역에서 소비되곤 한다.[50]

재배하는 식물과 나무 외에도 대량의 야생 식물이 사람의 손을 타지 않고 자라고 있다는 점 또한 유념할 필요가 있다. 이러한 풀,

---

[50] 이웃 마을 따 짜의 일부 쌀 농부들은 주로 시장용 옥수수를 상당히 많은 양으로 재배한다. 캄보디아의 다른 지역에서 쌀 농사꾼의 2차 경작(텃밭은 제외)의 종류에 대해서는 델버트(1961, 365-70)를 참조하라.

덩굴, 선인장, 고사리, 덤불, 나무들이 서로 뒤엉켜 촌락의 동쪽과 서쪽의 개간 되지 않은 땅을 뒤덮고 있는 것을 볼 수 있다. 이들은 논두렁에서도 (혹은 건기 중에는 논 한가운데서도 버젓이) 자라고 있다. 이러한 식물 중 일부는 꽤 쓸데가 많다. 풀은 가축 사료로 쓰이고, 약재나 상처 치료용으로 쓰이는 식물이나 나무도 있으며, 어떤 나무는 깎아서 이런저런 물건을 만드는데 쓰이기도 하고, 물론 먹을 수 있는 식물이나 열매도 있다.

물고기잡이

마을 사람들에게 쌀 다음으로 중요한 식재료는 물고기다. 생선 조리 방법은 다양하다. 신선한 상태로 말려서 혹은 훈제해서 쓰기도 하고 굽거나 졸여서 찌개를 끓이거나 국에 넣기도 한다. 잘게 갈아 젓갈을 만들기도 하고, 기름을 짜내기도 한다. 들베르(1961, 155)는 1인당 연간 생선 섭취량이 20kg에 달한다고 보았다(고기 섭취량은 그 절반도 되지 않는다는 점과 대비된다). 일 년 내내 먹는 식량이고 거의 매끼 상에 올라오기 때문에 물고기를 잡는 것만으로는 부족해 중국인 가게나 읍내의 시장, 혹은 행상인에게서 사야만 한다. 하지만 8월쯤 논에서 물이 넘치면 물고기를 잡을 수 있는데 이 상황은 수확 때까지 이어진다. 또는 동네 경계선에 있는 세 개의 웅덩이를 잘 이용한다면 2월까지 이어질 수도 있다.[51]

스와이 서리에서 볼 수 있는 물고기잡이 기술은 다양하다. (1) 낚싯줄과 갈고리를 이용한 낚시는 가장 간단하고 흔한 방법이다. 아

---

51 나는 스와이에서 잡힌 물고기의 학명을 모르지만, 캄보디아에서 흔히 볼 수 있는 물고기 종에 대해서는 델버트(1961, 150)를 참조하라.

이, 어른 할 것 없이 누구나 할 수 있고, 뜨거운 오후의 땡볕을 피해, 혹은 저녁 선선한 바람 불 때, 낚시를 즐기며 동시에 식량을 구한다는 장점 때문이다. 장비는 지극히 기본적인 것들만 갖추면 된다. 대나무 막대기 혹은 그에 준하는 나무 막대기, 줄, 식물로 만든 찌, 금속으로 된 낚싯바늘, 그리고 생선 젓갈과 밥, 가끔 개구리로 만든 미끼만 있으면 된다. (2) 뜨루는 대나무 살로 만든 긴 원통형의 통발로 한쪽 끝이 깔때기 모양으로 열려 있어 물고기가 들어갈 수 있다. 이 용도는 실로 광범위하다. 논두렁이 끊기는 지점에 통발을 밤새도록, 또는 종일 설치해놓고 기다리기만 하면 된다(앞에서 언급했듯이 그렇게 통발을 설치하고는 종종 이웃과 시비가 붙을 때도 있다. 다른 집 논 물이 다 빠져버리는 일이 일어나기도 해서이다). (3) 엉롯(가래치기)은 종류가 약간 다른 통발인데 둥그런 등갓 모양을 하고 있다. 대나무로 만들고 위아래가 모두 뚫려 있다.[52] 엉롯을 넓은 부분을 물속으로 밀어 넣어 엉롯에 걸려든 물고기를 손을 집어넣어 잡아들이는 방식이다. (4) 고리버들로 커다랗게 짠 채반은 팜설탕 만들 때 쓰는 도구지만 얕은 물 속을 헤치며 작은 물고기를 잡아들이는 데 유용하다. (5) 스와이에는 특별한 낚시 그물이 없지만, 재주 좋은 마을 사람들은 낡은 모기장으로 물고기를 잡아들이기도 한다. (6) 마지막으로, 1월과 2월이면 마을 남쪽에 있는 두 작은 웅덩이의 물을 빼서 물고기(이때는 주로 큰 고기들이다)를 잡는다. 커다란 양동이나 휘발유 드럼통의 양쪽 끝에 긴 줄을 매달아 두 명의 남자가 붙들고 물을 퍼낸다. 웅덩이가 거

---

52 엉롯과 뜨루를 만들거나 설치하는 법에 대한 자세한 내용은 델버트(1961, 164-65, 부록 24, 26과 그림)를 참조하라. 둘 다 캄보디아 전역에서 흔히 볼 수 있는 생계 어로를 위한 도구이다.

의 마를 때쯤 바닥에서 퍼덕이는 고기는 손으로 잡으면 된다. 23번 집에 사는 넨 씨의 웅덩이에 고인 물을 다 빼내면 동네에 사는 남자, 여자, 아이 할 것 없이 모두 모여들어 진흙 속에서 맨손으로 물고기 잡기에 여념이 없다. 직접 잡은 자잘한 물고기는 가져가도록 허락한다. 다만 큰 고기는 가정당 한 마리씩만 가져갈 수 있다. 쓸만한 크기의 나머지 물고기들은 넨 씨에게 돌려줘야 한다. 마을 사람들에게 후하게 인심을 베푼 셈이다. 또한 물을 퍼내는 데 공헌한 남자 넷도 몫을 챙겨 가야 한다. 그렇게 넨 씨의 수중에 들어오는 물고기는 휘발유 드럼통의 절반 정도가 된다. (그때쯤이면 웅덩이에 다시 물을 붓는다. 가축을 씻기고 목욕시키는 곳으로 사용되는 곳일뿐더러 내년에도 또 고기를 잡아야 하기 때문이다.)

요리를 해서 즉시 먹을 것이 아니라면 잡은 물고기 대부분은 쁘러혹(prahuėk, 프랑스 문서에서는 종종 prahoc이라고 표기되어 있다) 담그는 데 사용된다. 소금에 절여 발효시킨 생선 젓갈로 캄보디아 음식 문화에서 빼놓을 수 없는 재료다. 그 자체로도 즐기지만, 다양한 요리와 국에서 재료로 넣어 활용하기도 한다(단백질, 칼슘, 요오드가 풍부하여 영양가도 높고, 신선한 고기나 말린 생선과 비교하면 질소와 인산도 대량으로 들어있다[Zadrozny 1955, 232, Delvert 1961, 151]). 집집마다 쁘러혹은 반드시 갖춰둬야 해서 많은 가정이 쁘러혹을 만들기 위해 신선한 생선을 일부러 사기도 한다. 주로 1월이면 트럭에 생선을 가득 싣고 마을마다 돌아다니며 장사하는 중국인이나 베트남인 상인들(이따금 짬쪽이나 크마에 상인들도 있다)에게서 산다.[53] 쁘러혹 한 대야를 만들기 위해서는 신선한 생선 두 대야가 필요하다. 작은 생선들을 잘게 잘라 물과 섞어서 손으로 으깨고 치댄다. 소금을 잔뜩 뿌린 후 넓게 펴서 햇볕에 하루쯤 말린다. 그런 후 소금을 더 넣고 절구로 찧어 도기로 만든 항아리에 눌러 담아 다시 햇볕에 이틀을 말린다(쁘러혹 만드는 과정과 관련해서는 Delvert 1961, 150~151와 Gourou 1945, 407-408 비교하여 참조). 그런 후 다시 통에 담아 발효되도록 두면 일 년 이상 그대로 두고 먹을 수 있는 상태가 된다(그렇게 만든 쁘러혹은 얼마 안 가 소진되어 결국 집에 남은 쁘러혹을 찾기가 어렵다). 뜩뜨러이라고 불리는 액체형 젓갈도 있다. 베트남 느억맘의 캄보디아 버전이라고 볼 수 있는데 이는 담근 젓갈 위에 뜬 액체를 모아 만든다. 캄보디아 요리에서 빼놓을 수 없는 중요한 재료다(생선 기름도 병에 담아 판다).

물고기 말고도 다양한 수생동물 역시 식재료가 된다. 그중 가장 중요한 것 하나가 우기에 물이 찰랑거리는 논에서 잡히는 작은 게다. 나뭇가지들 위로 올라가게 하여 잡거나 게 구멍으로 보이는 흔적을 헤집어서 잡기도 하고, 물고기를 잡으려고 놓은 덫에 걸려들기도 한다. 그런 게로는 국을 끓인다. 동네 남쪽에 있는 밭이나 늪 지대에서는 우렁이(국거리)나 개구리(삶아서 먹거나 구워 먹거나

---

53 스와이가 아닌 일부 지역에서는 많은 마을 사람이 12월, 1월, 2월에 큰 배를 타고 강으로 여행하여 쁘러혹을 만드는 데 필요한 생선을 사거나 물물교환하거나 잡는다. 1월에 똔레 쌉과 메콩강을 따라 여행했을 때, 나는 여러 지점에서 쁘러혹을 만드는 여러 단계의 일을 하기 이해 강둑을 따라 수많은 사람이 모여드는 것을 보았다. 그러한 고기잡이에 대한 논의는 델버트(1961, 169-71)를 참조하라. 그는 무엇보다도 트럭이 생선을 시골 시장으로 쉽게 운반하고 베트남과 짬족 어부들이 종종 잡은 고기를 농민들에게 가져오기 때문에 그러한 물고기 파는 큰 배가 요즘 덜 빈번하다고 지적한다. 스와이 서리를 찾아온 상인들은 프놈펜 북서쪽 똔레 쌉 지역 출신이었다.
54 돈을 벌기 위한 시간제 비농업 활동은 다른 동남아시아 마을 사람들에게도 흔하다(예를 들어 Kaufman 1960, 54-66의 태국 마을, Nash 1965, 214-23의 버마 마을, Wolf 1966, 45 일반적인 농민사회에서의 사례 참조).

국에 넣어 먹는다), 뱀(삶아서 먹는데 닭고기보다 맛있다고들 한다)을 잡을 수 있다. 하지만 이들은 밥상에 정기적으로 올라오는 식재료는 아니다. 어쩌다 한 번씩 일부러 사냥해야 먹을 수 있는 음식이다. 가난한 가정이거나 남자들이 주로 잡으며 가끔 어린아이들이 장난으로 잡기도 한다. 하지만 마을 사람의 눈에 띄어 우연히 잡히는 경우가 더 흔한 일이다.

기타 소득원: 비농업 일거리

 이 마을은 어느 정도 자급자족이 가능하다. 쌀농사, 텃밭, 과실수, 낚시 정도로도 가족이 먹을 적당한 양의 식량을 구하기에는 충분하기 때문이다. 지금도 수많은 기구와 도구, 건축 자재를 비롯한 여러 물건을 마을에서 직접 제작하고 있다. 하지만 땅과 물에서 자라는 과일만으로는 한 가족의 영양을 책임질 수 없다. 그렇다 보니 촌락에서 나지 않거나 나기는 하는데 양이 충분하지 않은 식재료는 사야만 한다. 공장에서 만들어 시장에 나온 기성품에 의존하는 비율도 높아지는 추세다. 게다가 어느 집이든 때마다 특별히 돈 쓸 일이 생기기 마련이다. 관혼상제와 같은 통과의례를 치르느라 돈을 빌려야 한다든가 소를 산다든가 할 때 말이다. 그럴 때 주민들은 현금이 필요하다. 스와이 서리 주민들의 경우, 남아도는 쌀이 넉넉히 있어 돈이 될 만큼 충분한 양을 팔거나 혹은 이를 꾸준한 수입으로 잡을 수 있는 상황이 아니기에, 이 지역에 사는 다른 마을 사람들도 그러하듯, 이들 역시 현금을 마련하기 위해 잡다한 부수입 거리를 찾거나 임시직으로나마 일자리를 구해야 한다.[54] 돈을 벌 수 있는 경로는 여럿이다. 팜설탕을 만들거나, 공예품 등을 만드는 전문기술을 활용하거나, 프놈펜 같은 도시에서 임시직을 찾거나, 자잘한 식재료들을 팔기도 하며(판매용 돼지와 닭 사육에 관한 내용은 축산업 부분 참조), 마을 남자들이 하는 비농업 일거리를 찾아 온종일 일하기도 한다(부록 G참조).

팬 야자나무와 팜설탕 제조

팬 야자수, 혹은 트나온 나무는 캄보디아 어디를 가든 볼 수 있는 전형적인 풍경의 필수 요소이다. 늘씬하게 위로 쭉 뻗은 나무줄기 끝에 좁고 기다란 잎들이 터져 나온 듯한 모습은 스와이 곳곳에서 볼 수 있다. 마을 안팎으로 자라고 있음은 물론 논의 수로 위로도 뻗은 모습 덕분에 자칫 지루할 수 있는 편평한 논밭에 입체감을 준다. 나무마다 주인이 따로 있으며 유산으로 물려받거나 서로 팔고 사기도 한다. (19가구) 25명이 400그루의 트나온 나무를 소유하고 있다(부록 G 참조).

어떤 주민에게 소유물 중 무엇이 가장 중하냐고 물으니 이렇게 대답했다. '다음(나무) 트나온이죠. 벼농사는 일 년에 한 번밖에 못하지만, 다음 트나온으로는 할 수 있는 게 아주 많아요. 먹기도 하고 쓸데도 많고요. 그것도 일년내내 말이죠.' 팬 야자수는 실제로 마을 사람들의 삶 속에서 다양한 상품과 도구를 만드는 중요한 재료이다. 잎사귀는 서로 엮어 지붕으로 얹거나 벽을 세우는 데 쓰고 짜서 돗자리나 그릇, 상자, 바구니 등을 만들기도 하며, 잎줄기의 수염뿌리는 꼬아서 밧줄을 만들고, 말린 잎과 줄기는 땔감으로 사용한다(나무는 매년 그 철이 끝날 무렵 이런 방식으로 자기의 임무를 다한다). 나무를 베면 몸통은 집 지을 때 쓸 목재로 남기고(혹은 지역에 따라 속을 파서 배를 만들기도 한다) 펄프는 가축을 먹이는 데 사용한다. 2월 말부터 5월 사이에는 열매도 열린다. 트나온 열매를 깨뜨려 열면 과즙을 담은 과육이 나오는데, 이를 신선한 상태로 먹거나 마시고 혹은 다양한 음식에 식재료로 들어가기도 한다. 씨앗은 따로 모아서 몇 달간 쌓아두면 싹이 나는데 이를 깨뜨려 열면 부드럽고 달콤한 과육이 나온다. 그렇게 먹고 남은 열매의 찌꺼기는 가축의 먹이가 된다. 마지막으로 나무 꼭대기의 뿌리처럼 생긴 부분에서는 과즙이 나오는데 이를 그대로 먹기도 하고 발효시켜 술을 빚기도 하며 끓여서 팜설탕을 만들기도 한다(P.124, 13줄. Vialard-Gourou 1959, 42, Delvert 1961, 10장 참조).

팜설탕 제조는 과거에 많이 했었지만, 지금도 어느 정도는 계속되는 중으로 프놈펜 남서부 지역의 주요 수입원 역할을 한다.[55] 다음 트나온에서 설탕을 만들어 내는 것은 세기 초부터 시작되었을 것으로 추정되는데, 이 지역은 19세기에 이미 인구 밀도가 높았기에 벼농사 외에도 다양한 자원을 개발하려는 노력이 있었을 것이기 때문이다(Delvert 1961, 301). 스와이 서리에 사는 기혼 남성의 60%는 살면서 이를 직업으로 삼으려고 한다. 최근 들어 스와이 서리 지역에서 다음트나온 농업은 덜 중요해졌는데 그 이유로는 크게 두 가지를 볼 수 있다.: (1) 도시에서 할 수 있는 덜 위험한(그렇지만 노동의 강도는 별 차이가 없) 일거리를 찾을 기회가 증가하고 있다. (2) 수년 전 스와이에서 다음트나온에 기어 올라가 수액을 받던 남성이 나무에서 떨어져 사망하는 끔찍한 사고 이후 주

---

[55] 또한 마을 사람들은 때때로 남는 과일, 싹 틔운 씨앗, 신선한 주스를 동료 주민, 32번 집이 운영하는 길가 식당, 사범학교 학생들 또는 프놈펜 시장에 판매한다. 그러나 이러한 판매로 얻는 수익은 일반적으로 아주 적다(예: 씨앗 6개는 1리엘에 판매되고 주스 한 컵은 8리엘에 판매된다).

민들이 꺼리게 되었다(사실, 오래된 법률에 따르면 다음트나온에 올라가 일하는 남자들은 세금을 면제받았다. 죽은 거나 다름없다고 취급했기 때문이다[Delvert 1961:292]). 1959년에 이 촌락에서 팜설탕 만드는 일을 한 이들은 남자 네 명(모두 가난한 집 남자들이다)뿐이었다. 1960년 초반에는 아무도 그 일을 하려 들지 않았다. 다른 임시직 일을 찾을 수 있었기 때문이었다.[56] 하지만 여전히 궁핍한 이들에게는 그 노동을 참아낼 만큼 좋은 수입원이다(Delvert 1961, 293, 301).

팜설탕 철은 10월 하순이나 11월부터 이듬해 5월까지 이어지는데(주로 건기를 이용한다고 보면 된다), 수액 채취는 1월까지 기다리는 것이 보통이다. 쌀 수확을 마친 후에 해야 하기 때문이다. 소유한 다음트나온이 수액을 채취할 정도로 충분하지 않은 가정이라면 다른 집에서 다음트나온을 빌리기도 하는데 이때는 나무 한 그루당 한 철에 10리엘을 낸다(다른 지역의 임대료를 알고 싶다면 Delvert 1961:298; 1958:102 참조). 사람들은 기다란 대나무 장대를 이용해 나무에 기어 올라가 양쪽에 작은 발 디딜 곳을 만들어 나무 몸통에 단단히 묶는다. 다음트나온 꼭대기는 늘씬하고 뿌리같이 생긴 것이 위로 뻗어 나와 있는데 줄기 끝을 칼로 긋고 빈 대나무 통을 갖다 대면 수액이 대나무 통 속으로 뚝뚝 떨어진다. 이 일은 극도로 고된 일인데 여기저기 흩어져 자라는 다음트나온 15~25 그루를 다니며 이 작업을 해야 하기 때문이다. 어떤 때에는

---

56 델버트(1961, 299-301)는 팜나무 수액 채취가 베짜기와 같은 가내 수공업이나 껀달 지방 마을 주민들이 프놈뻰에서 임시로 일하면서 캄보디아 전역에서 중단되었다고 말한다. 그는 이러한 감소의 주요 원인은 수액을 끓여서 설탕을 만드는 데 필요한 장작이 부족하기 때문이라고 생각한다. 하지만 스와이 서리에서는 마을 근처에 야생 식물이 풍부해 눈에 띄는 연료 부족은 없어 보였다.

서로 꽤 멀리 떨어진 곳에 있는 것도 있다. 다음트나온은 일반적으로 10~20미터 높이로 수액이 가득 찬 통을 들고 내려와 빈 통으로 바꿔 가기 위해 하루 중 한두 번은 오르내려야 한다. (한번은 한 남성이 촌락에서 8분 거리에 있는 일곱 그루의 나무를 1시간 반 동안 돌며 수액을 채취했다) 그렇게 채취한 수액은 집으로 가져와 커다란 무쇠솥에 넣고 화로에 올려 4-5시간 정도 끓인다. 우윳빛 수액이 꼭 당밀처럼 갈색빛 나는 끈적한 시럽으로 변할 때까지 끓여야 한다. 그리고는 엿처럼 될 때까지 나무 주걱(틀에 넣고 주걱에 밧줄을 감아 빙글빙글 돌린다)으로 힘차게 저어주어야 한다. 마지막으로 단지에 담아 딱딱하게 굳히거나 반쯤 굳은 상태로 둔다.

  마을 사람들은 나무 한 그루가 생산해 내는 수액의 양이 얼만큼인지, 팜설탕 한 단지 만들 때 드는 나무의 수와 노력의 양, 그리고 철마다 만들어지는 팜설탕 항아리의 개수, 혹은 그렇게 팜설탕을 팔아 벌어들이는 총수익이 얼마인지 등에 대해 정확한 답을 주지 못한다. 한 달이라는 시간 동안 여러 나무에서 하루에 조금씩 채취해다가 단지를 조금씩 채운 후 하나 혹은 여러 개의 팜설탕 단지를 내다 파는 방식이기 때문이다. 예를 들어 *치응*Cheang처럼 일 년(실제로는 1월에서 5월까지)에 18~20 그루의 나무에서 수액을 채취하며 사나흘에 한 단지씩 만들 수 있다고, 그래서 그 철에 총 50단지 정도를 만들었다고 말하는 게 전부이다.[57] (한 철에 90-100 항아리를 생산한 해도 있었다고 한다. 그러려면 수액 채취가 적어도 11월이나 12월에는 시작되어야 하며 엄청난 노력이 들어가는 일

---

57 팜 설탕 수액 채취와 가공에 대한 자세한 내용은 델버트(1961, 10장), 모노드(1931, 47-48), 포레와 마스페로(1938, 236-37), 에이모니어(1900, 37) 참조.

이다. 1959년 5월, 이 지역의 중국인 상인들은 팜설탕 한 항아리 (삐응, 36kg)에 70리엘씩 주고 사 갔다. 치웅 씨의 단지 크기라면 3개는 모아야 한 삐응(큰 항아리)이 된다. 그러니 50단지면 1,190리엘 정도의 매출을 올릴 수 있다.[58] 물론 여기서 나무 다섯 그루를 빌린 값, 50리엘은 제해야 한다. 실제로 삘Pil이 어림잡아 계산한 것은 다음트나옫 한 그루가 생산하는 팜설탕의 양에 대한 들베르의 계산과 얼추 맞아떨어진다(1961, 293-294, 팜살탕 제조와 관련한 수입과 지출은 296, 298-299 참조.)

1960년 1월, 캄보디아 정부가 스와이와 그 지역 다른 마을 사람들이 소유한 다음트나옫의 숫자를 조사했던 것은 흥미로웠다. 이는 정부가 직접 팜설탕을 구입하고 가공하려는 계획과 연관이 있었다. 비슷한 시기, 미국 재외공관이 다음트나옫 협동조합 설립의 가능성을 알아보기도 했다. (유니세프의) 기초교육 프로젝트는 이 지역 주민들을 모아 회의를 열고 다음트나옫 생산량을 늘릴 방법에 대해 논하기도 했다. 이 모두는 최근 들어 스와이를 비롯한 다른 마을에서 점점 더 등한시되고 있는 다음트나옫 농사를 활성화하려는 시도로 볼 수 있다.

가내 수공업 및 기타 전문 분야

일부 마을 사람들은 장인, 특별한 훈련이나 재능이 필요한 다른

---

58 일단 판매되면 스와이의 팜설탕은 껌뽕 뚜올 시장으로 갈 수도 있지만, 프놈펜으로 가서 100리엘 이상의 가격으로 판매되거나 추가 정제될 가능성이 더 높다. 팜설탕 정제는 캄보디아의 최신 산업 중 하나이며, 캄보디아 최대 규모의 단일 공장에서는 500명 이상의 근로자를 고용하고 있다(Steinberg 1959, 214). 과거에는 상당한 양의 팜설탕이 베트남으로 수출되었지만, 현재는 국내에서 많이 소비된다 (Ministère du Plan 1958, 124).

기술로 추가 수입을 올릴 수 있다. 전문 분야란 공식적인 견습과 노력이나 비공식적인 부모와 친구의 교육을 통해 습득할 수 있는 기술로, 일반적으로 건기나 벼를 돌볼 필요가 없는 짧은 시기에 마을 사람들이 필요에 따라 드문드문 그런 일들을 한다.

(1) **가내 수공업**: 스와이 서리에는 다음과 같은 장인들이 있다.

(a) **목수**. 마을의 거의 모든 성인 남자는 최소한 기초적인 목공 능력을 갖추고 있으며 몇몇은 상당한 수준의 목공 능력을 갖추고 있다. *다엔*(28번 집)과 *리나*(4번 집)는 집 짓고, 가구 만드는 자세한 지식과 기술을 갖춘 전문 목수로 인정받고 있다. 리나는 자신을 전업 목수라고 생각한다. 그러나 목수가 필요한 사람이 거의 없어 이 두 사람 모두 목수 일로 안정적인 수입을 얻을 수 없다. 다엔은 운 좋게도 상당한 땅을 가진 아내가 있지만, (땅이 없는) 리나는 궁핍한 생활을 하며 함께 사는 사위가 생활비를 일부 지원해 준다. (스와이 다른 동네에도 여러 명의 목수가 있다. 한 목수는 내다 팔 낫을 만들고 프놈뻰에서 관광 상품으로 팔 소형 쟁기를 만들어 안정적인 수입을 얻는다.)

(b) **베짜기**. *나라*(20번 집)는 스와이 서리에서 유일하게 베를 짜는 사람이지만, 다른 동네에 약 6명이 더 있다.[59] 이것은 일반적으로 어머니에게서 딸에게 전해지는 여성의 기술이다. 베짜기는 주로 건기(가끔 경작 기간 중 여가)에 행해지며, 나라의 경우 급하게 돈이 필요하지 않기 때문에 하루에 몇 시간 정도만 한다. 큰

---

59 프놈뻰 남쪽 지역은 특히 꺼 톰과 기타 지역의 비단 짜기로 유명하다. 그러나 이러한 활동은 최근 몇 년간 치솟는 견사 가격으로 인해 분명히 감소하고 있다. 이것과 베 짜기의 다른 측면에 대한 자세한 내용은 델버트(1961, 276-86)를 참조하라.

직사각형 베틀을 사용하여(구조에 대한 자세한 내용은 Delvert 1961:276 참조) 면 스카프(끄러마)와 여러 종류의 비단 사롱(검정 썸봇과 풍부한 단색 파무엉 포함) 등 다양한 것을 짠다. 여유롭게 일하는 두언Dun은 스카프를 짜는 데 한 달, 썸봇을 짜는 데 두 달, 파무엉을 짜는 데 몇 달이 걸린다. 그녀가 짠 베 대부분은 가족을 위한 것이지만, 때때로 마을 사람들에게 팔기도 한다. 그녀가 짠 베는 보통 재료비보다 1/3 정도 비싸다. 스카프는 약 30리엘, 썸봇은 약 200리엘, 파무엉은 약 450리엘에 판매된다(가격은 비단실의 가격에 따라 다소 차이가 있다). 1960년 나라는 면보다 비단을 선호했고, 프놈펜에서 비단실을 구할 수가 없어서 베 짜기를 중단하기도 했다.

(스와이에 존재하는 몇 안 되는 다른 가내 공업은 다른 촌락의 몇몇 가족이 하는 특별한 종류의 소-목줄 만들기이다. 긴 밧줄은 도료로 덮여 있고 다양한 색상의 금속 조각으로 장식되어 있다. 이 목줄은 캄보디아 남서부 전역에 [목줄의 폭에 따라 6-10리엘에 팔렸다] 판매된다.)[60]

(2) 기타 전문 분야.

(a) 종교 전문가. 꼼페아(20번 집)와 썸낭(22번 집)은 재가신자이지만 의례를 집례하는 아짜이고, 꼬썰(8번 집)은 꾸루 또는 마술사이다. 그들은 모두 전문 지식과 기술을 가지고 있으며 인기와 재능

---

60 스와이의 다른 동네에서 조사한 20가구 중 11가구는 위에서 설명한 다양한 종류의 활동을 한다. 두 가족은 소 목줄을 만들고, 한 가족은 소 목줄을 판다. 4가구가 팜 설탕을 만든다. 두 가구가 베를 짠다. 또한 한 가족은 잡다한 물건을 팔고, 다른 가족의 남자는 기계공이라는 별난 일을 한다.

에 따라 다양한 목적을 위해 상담이나 예식 진행을 위해 초대받는다. 특별히 돈을 벌기 위해 아짜나 꾸루가 되는 것은 아니지만, 그들의 관행은 일반적으로 최소한의 금액 정도의 추가 수입을 얻는다. 그들이 받게 되는 것은 그들이 제공한 서비스와 주는 이의 사정에 따라 (돈과 과일이나 쌀 등 현물) 다양하다. 그들은 제공한 서비스와 주최자의 형편에 따라서 다양한 금액의 돈과 현물(과(예: 결혼식 주례를 위해 꼼페아는 50-100리엘, 바나나 2송이, 떡 16개, 코코넛 2개, 양초 5킬로그램을 받는다)을 받는다.

(b) 악공. 이 작은 마을에는 하나 또는 그 이상의 악기를 연주할 수 있는 남자가 여섯이나 된다. 연주하고, 악기를 만들어 팔고, 이런저런 행사에서 연주해서 버는 것이 전부인 학(25번 집)만 전문적인 전문 악공으로 간주된다. 음악은 기본적으로 다른 모든 남자가 즐기는 취미활동이기도한데, 모두 가끔 100-200리엘에 결혼식이나 기타 행사에 고용되어 연주하기도 한다(종종 친구를 위해 무료로 서비스를 기부하기도 하지만 말이다).

(인근 마을에 사는 다른 두 명의 다른 전문가는 '따짜'의 나무꾼과 '썬단'의 조산사이다. 전자는 나무를 베어 벌목하는 대가로 50리엘을 받고 후자는 [가족이 감당할 수 있다면] 좀 더 받겠지만, 보통은 전자와 비슷한 금액과, 구장, 양초, 식료품과 같은 전통적인 선물 같은 것들을 받는다.)

임시직

(1) 삼륜-자전거 택시(씨클로) 운전. 프놈뻰은 비교적 가깝고 최근 몇 년 사이 버스로 접근할 수 있게 되었기 때문에 도시는 임시고용의 원천이다. 이 지역 스와이 서리 및 기타 마을에서 온 많은

남자는 걷기나 모내기에서 수확 사이의 기간 수도에 가서 한 번에 몇 주 또는 몇 달 동안 씨클로(자전거 택시)를 운전한다.[61] 마을에 있는 아홉 명의 남자가 한 번쯤은 씨클로를 몰아 본 적이 있는데, 모두 상대적으로 가난한 가정 출신이다.[62]

씨클로는 앞바퀴가 2개, 뒷바퀴가 1개 있다는 점을 제외하면 본질적으로 큰 세발자전거이다. 씨클로 운전은 무엇보다 운전대 앞에 있는 손님이 탈 자리(또한 짐을 실을 수 있음)에 붙어 있는 자전거 페달을 밟기 위한 체력과 튼튼한 다리가 필수이다. 씨클로 운전자가 되는 절차는 비교적 간단해 보인다. 먼저 경찰로부터 면허를 취득하고 프놈펜에 있는 여러 회사 중 한 곳에서 씨클로를 빌린다. 그러나 종종 씨클로보다 운전하려는 사람이 더 많아 사람들은 씨클로를 빌려 줄 사람을 못 찾거나, 뇌물을 줘야 하고, 면허를 얻는 데 필요한 자료를 제대로 제출하지 않아 면허를 받는 데 어려움을 겪기도 한다. 일반적으로 씨클로를 빌리는 데는 하루에 30-40리엘로, 약 100리엘을 선불로 내면 향후 임대료에 적용된다(Delvert 1961, 450 참조). 씨클로를 임대한 남자는 승객을 찾기 위해 거리를 누비며 하루에 10-15시간 정도 일한다. 보통 요금은 탑승 시간과 운전자와 승객의 협상 능력에 따라 2-10리엘(보통 팁 없음)이다. 그들은 체력과 운에 따라 하루에 10-70리엘의 순이익(임대료 지불 후)을 벌 수 있다. 월수입은 800-1,500리엘이며 평균 약

---

61 델버트(1961, 450)는 꺼 톰 지역과 인근 바띠 지역의 농민들이 건기 동안 대부분 프놈펜에서 씨클로 운전사, 물통 옮기는 사람, 부두 일꾼으로 일한다고 지적했다. 태국 방콕의 씨클로 운전자에 대한 비교 연구는 텍스토(1961)를 참조하라.
62 쌈(19번 집)은 스와이 서리로 다시 이사하기 전까지 4년 동안 전업 사이클로 운전사로 일했다. 꼬일과 뻐으(둘 다 11번 집)는 마을에서 보내는 시간보다 프놈펜에서 보내는 시간이 다소 많은 거의 전업 운전사이다.

1,000리엘이다(Delvert 1961, 450-451, 그는 임대료와 음식값 약 10리엘을 제외하고 하루에 약 40-50리엘 정도 번다고 추정한다). 일부 수익은 식사, 간식, 도시 생활의 유혹(영화, 여성 등)에 쓰고, 도시를 오가는 버스 요금(남자는 보통 1주일 또는 2주에 한 번씩 임금을 가지고 집에 돌아옴), 교통 법규 위반으로 인한 범칙금을 내고 나면 남는 게 없다(다행히 스와이 서리 남자는 항상 도시에서 친척이나 친구와 함께 지내기 때문에 주거에는 문제가 없다). 그럼에도, 씨클로 운전으로 비교적 짧은 시간에 많은 돈을 벌 수 있다. 예를 들어, 1959년 *뷔레악*(1번 집)은 4주간의 운전으로 약 1,200리엘을 벌어들였다. *찌어*(18번 집)는 5주 동안 일한 후 1,500 리엘을 받았다. *싸른*(31번 집)은 5주 동안 1,000리엘을 벌었다.

  시골 지역에서는 르목이 짧은 거리를 여행할 때 씨클로를 대신한다. 이것은 일반 자전거나 오토바이로 끄는 여러 승객 및/또는 짐을 실을 수 있는 개방형 택시다. 껌뽕 뚜얼에서 자전거형 르목은 하루 15리엘에, 오토바이형 르목은 하루 40리엘에 빌릴 수 있다. 르목은 오토바이로 끈다는 점에서 씨클로보다 운전하기 쉽다. 껌뽕 뚜얼의 시장이나 버스 정류장에서 승객을 기다리거나 고속도로를 돌아다닐 수 있다. 그리고 밥을 먹으러 집에 들를 수도 있다. 그러나 1km를 가는 데 통상 승객 1명당 약 2리엘의 요금, 껌뽕 뚜얼에 있는 수많은 르목과 경쟁해야 한다는 점 때문에 수익은 일반적으로 '씨클로 운전'만큼 크지 않다. 르목 운전을 시도한 스와이 서리의 유일한 남자인 *싸엔*(24번 집)은 4주 동안 약 700리엘을 벌었다. (Delvert 1961, 516, 현장 근로자들이 많은 곳에서 일한 한 르목 운전수는 1년에 약 12,000리엘을 벌 수 있다고 말한다.)

(2) 막노동. 도랑 파기, 도로 건설, 건축 자재 운반, 벽돌 쌓기, 파이프 비틀기 등 거의 모든 육체노동(보통 비숙련)을 의미한다. 일반적으로 건물을 세우는 이 직업은 프놈뻰, 인근 사범학교, 때로는 사원 등 여러 곳에서 할 수 있다. 농한기에는 남녀 모두 그러한 일자리를 찾을 수 있다. 6명의 남자가 프놈뻰에서 막노동꾼으로 일했고, 16번 집에 살았던 두 명의 젊은 여성은 지금 도시에서 막노동으로 어머니를 부양하고 있으며, 약 12명의 젊은 남녀가 가끔 사범학교에서 일했다. 청년들은 오왈 썸낭에서 임금을 받고 일했다. 임금은 일의 정확한 성격에 따라 다르지만, 일당은 대략 프놈뻰에서는 약 20~25리엘, 학교에서는 15-20리엘, 사원에서는 35리엘 정도이다.

(3) 흙 운반. 스와이와 이웃 마을의 주민들은 사범학교에서 건물을 짓는 데 사용할 흙을 파서 운반하는 일을 임시로 할 특별한 기회가 있었다. 1959년 6월, 9월, 10월의 짧은 기간 동안 약 10가구가 이 일에 참여했다. 그 후 1960년 12월 중순부터 1월 초까지(벼가 거의 수확되었을 때) 학교의 대규모 건축으로 스와이 서리의 5가구를 제외한 모든 사람이 고용됐을 뿐만 아니라 수 킬로미터 떨어진 마을의 일꾼들도 왔다. 마을 주변에 임시 판잣집이 생겨나고 일자리를 얻기 위한 경쟁이 치열해졌다. 마을 사람들은 흙 운반으로 하루에 수백 리엘을 벌 것으로 생각했고, 여러 가족이 소를 사거나 특별한 소 수레를 만들기 위해 빚을 내기도 했다.

실제로, 한 가정은 하루에 약 65~75리엘을 벌 수 있었다(수레 한 대당 4리엘을 받음). 10명으로 구성된 강인한 한 가족은 총 30일 동안 일해 약 2,000리엘을 벌었다. 어떤 사람들은 1,000-1,500리엘을 벌었다. 어떤 경우에는 소를 사거나 수레를 만들면서 발생한 부채 때문에 남는 게 없었다. 어떤 사람들은 소먹이를 사야 하고, 일꾼 품삯, 흙을 파낼 땅 임대료(흙을 파낼 수 있는 토지를 소유하지 않은 사람은 다른 사람의 땅에서 흙을 파는 데 하루에 10리엘을 냈다)를 내야 해서 더 적은 금액에 만족해야 했다. 그러나 대다수의 가구가 이 고용을 통해 다소 이익을 얻었다[63] (그리고 몇몇은 흙을 나르러 온 '외지인'에게 음식과 음료를 팔아 몇 리엘이라도 더 벌었다).

소품 판매

가끔 누군가 쌀, 과일, 구장 잎, 닭, 생선 등 약간의 물건들을 마을 사람들에게 판매하는 때가 있다. 게다가 몇몇 가족이 다양한 간식(조리한 요리, 놈 빵, 팜 씨앗, 말린 생선 등)을 준비해 주로 사범 학교 학생들에게 판매하고, 남은 것은 스와이의 동료 마을 사람들이나 이웃 마을에 판매하기도 한다(다른 마을 사람들도 그렇게 하고 종종 간식을 팔러 스와이에 온다). 그런 음식은 싸게 팔리기 때문에(예를 들어, 놈빵 하나에 1~2리엘, 작은 건어물 5개에 1리엘) 순수익이 별로 없다. 어떤 가족도 매일 간식을 팔지는 않고, 재료와 시간이 있을 때나 소액의 돈이 필요할 때만 그렇게 한다. 때때로 다른 촌락이나 마을의 여성들이 스와이 서리에 와서 사롱이나 블라우스를 팔기도 한다. 그들은 사롱이나 블라우스를 사서 약간의 이익을 위해 팔거나 수수료를 받고 판매한다.

---

63 스와이와 인근 지역 사회가 사범 학교에서 임시로 고용되는 특별한 기회를 갖는 경우는 드물지만, 토지 소유가 제한적인 이 지역 전체에서 비농업 고용과 추가 수입원을 찾는 일반적인 양상이 보편적이다(Delvert 1961, 300-301, 450-51 등 참조). 학교가 없었다면 스와이 서리 주민들은 돈을 벌기 위해 쉽게 다른 쪽으로 눈을 돌릴 것이라고 예상하는 것이 합리적이다.

전업 비농업 고용

스와이 서리의 몇몇 남자는 필요에 따라 또는 선택에 따라 일종의 전업 비농업 직업에 종사한다. (a) 쏙(26번 집)은 한 달에 약 2,000리엘을 받고 사범 학교에서 운전사로 일한다. 그의 아내가 논을 소유하고는 있지만, 그는 농부도 아니었고 농사일을 해본 적도 없다(논은 사람을 고용해서 경작한다). 쏙은 석탄 장수, 씨클로 운전사, 얼음 장수, 막노동꾼, 병원 안내원과 같은 다양한 직업을 가졌던 특이한 이력으로 유명하다. (b) 최근에 고향 스와이 서리로 돌아왔지만, 여기에서 논을 상속받지 않은 쎈(6번 집)도 한 달에 약 1,200리엘을 받고 학교에서 요리사와 주방 도우미로 일한다. 그 역시 농부가 된 적이 없고 실제로 숙련된 금 장인이지만, 지금은 대가족을 부양하기 위해 꾸준히 수입을 얻을 수 있는 정규 직업을 선호하여 기술을 포기했다.

(c) 학(25번 집)은 전문 음악가로 프놈뻰의 한 학교에서 수년간 음악을 공부했다(이전에는 수도의 기차역에서 사무원으로 일했다). 그와 그의 아내 모두 땅이 없어 하루 200리엘에 결혼식이나 다른 축제에서 각종 악기를 연주하는 것으로 궁핍한 생활을 보충하며, 가끔 악기를 만들어 팔거나(이윤 또는 한 악기에 100-300리엘), 때로는 이발사로 일하기도 한다. 그는 극도로 가난한 사람으로 여겨지며 일부 마을 사람들은 그가 더 안정적이거나 더 수익성 있는 일자리를 찾기 위해 노력하지 않는 것에 의아해한다.

(d) 쌈(19번 집)도 논이 없으며 프놈뻰에서 수년간 막노동을 하거나 씨클로를 운전했다. 특별한 기술도 재능도 없는 그는 사범학교에서 막노동꾼으로 시시때때로 일하며, 거의 빈곤에 처해 있다.

(e) 쁘로와 노ㅎ(32번 집)는 약간의 논을 갖고 있고, 과거에는 농

사를 지었지만, 4년 전 그들은 스와이 서리에서 큰 도로를 따라 간식거리를 팔기로 했다. (그들은 또한 30번 집에 사는 노ㅎ의 형제를 고용하거나 소작을 줘 계속해서 논농사를 짓는다) 이들이 일하는 가게는 마을 사람들, 사범학교 사람들, 학생들, 여행자들을 위해 국수, 과일, 과자, 음료수를 팔 뿐만 아니라 더운 오후나 선선한 밤에 이들이 편히 쉴 수 있는 곳이다. 주인은 가게에서 한 달에 약 500리엘을 번다고 추정한다. 그들은 최근에 초가 가판대 대신 테이블과 의자가 있는 적당한 크기의 나무 구조물을 지었다. (또 다른 마을 사람들인 낫[31번 집]은 음료와 과자를 판매하는 또 다른 길가 가판대를 열 계획이었다. 그러나 그는 오히려 낭비하는 사람이었기 때문에 그가 지은 가판대에서 음식을 팔 만큼 자금을 모으지 못했다.)

또한 스와이 서리의 다른 많은 남자가 과거에 비농업 분야의 전업 직업을 가지고 있었다. 이러한 직업 중에는 군인, 금속 작업자, 금장색(쎈 외에 두 사람), 프놈뻰의 농업학교에서 유지 관리하는 시범 후추 공장에서 일하는 사람, 쌀 중개인과 인쇄업자가 있다. 게다가 스와이 서리에서 이주한 많은 사람은 비농업 직업을 가졌거나, 그런 사람과 결혼했다. 실험실 기술자, 프놈뻰 궁전의 의전관, 학교 관리인, 군인, 버스 운전사, 막노동꾼, 정비사, 호텔의 버스 보이 등. 마을에서 육체노동이나 사무직 일자리로의 이러한 이동은 앞으로 증가할 가능성이 있다.

가축 기르기

마을 사람의 가장 중요한 소유물 하나는 벼농사에 필수적인 쟁기질과 써레질, 수레를 끄는 동물인 소이다. 1959년 5월에 이 마을에는 20가구에 총 45마리의 소가 있었다(부록 G 참조). 가구당 평균 2마리의 소를 키우고 있었는데, 이는 쟁기나 수레를 끌도록 하기 위한 것이다. 11가구는 다음과 같은 이유로 소를 키우지 않았다. (1) 어떤 집은 소를 살 돈이 부족했다. (2) 불교의 계율을 엄격히 준수하는 노인들은 동물을 기르려고 하지 않았다. 왜냐하면 짐승을 키우려면 종교에 쏟을 노력과 관심을 쏟아야 하고, 대개 결국 도살될 것이기 때문이다. (3) 일부 가구에는 토지가 없거나 농사를 짓지 않아서 가축이 필요하지 않거나 필요할 때는 사람을 사서 일할 수 있었다. (4) 어떤 가족은 가축을 기르기보다 그것을 키우고 있는 형제나 사위의 노동에 의존하는 편이 낫다고 생각할 것이다.

스와이 서리와 이웃 마을의 소는 보스 타우르스Bos taurus(인도 혹소)의 변종이거나 그 변종과 제부 zebu(등에 혹이 있는 소, 중국·인도산)의 잡종이다(물소는 캄보디아에서도 흔하지만, 밭농사를 짓는 마을 사람들이 더 많이 사용한다). 소는 부분적으로는 종교적 제재(모든 생물의 신성함에 대한 불교의 가르침과 동물을 학대하는 모든 사람을 벌하는 동물의 수호신) 때문에, 그러나 대부분은 소가 농사에 필수적이므로 농사일을 위해 잘 보살펴야 한다는 사실을 마을 사람들이 알기 때문에 다른 어떤 가축보다 더 나은 보살핌을 받는다. 소를 키우는 사람은 소가 영양 부족이나 과로, 질병의 징후를 보일 때 걱정하는 등 끊임없이 관심을 보인다. 목초지에서는 조심스럽게 보호되고 집에서는 밧줄로 묶여 있다. 쟁기질 기간 소는 한 번에 몇 시간만 일하고, 일이 끝난 후나 더운 날에는 항상 철저히 목욕시키고 빗질해 준다.

소를 먹이는 것은 중요한 과제이자 문젯거리이다.[64] 농사가 시작되기 전 장마철에는 소는 논과 논둑에서 풀을 뜯을 수 있다. 그러나 농사가 시작되면 먹이기가 어려워진다. 스와이 서리 주민들은 현재 사범학교에 속해 있는 풀이 무성한 부지에서 소를 먹일 수 있지만 이 지역은 촌락의 모든 소를 기르기에는 너무 좁다. 따라서 마을 사람들은 건초만으로는 충분한 양분을 제공하지 못한다고 느끼기 때문에 풀이나 다른 채소를 얻기 위해 노력을 많이 기울여야 한다. 어떤 사람들은 10-20km 떨어진 습지대로 가서 풀과 초목을 수레로 가져오려고 하룻길을 마다하지 않는다. 사람들은 논둑에서 풀을 베어 집에 있는 소를 먹인다. (농사철에는 어떤 논 주인은 눈둑에 짚단으로 표시해 논 주인 외에는 풀을 벨 수 없다는 것을 표시한다): 또는 최후의 수단으로 풀을 사서 먹이기도 한다. 대체로 마을 사람들은 실제로 일 년 중 수개월 동안만 활용하는데도 소를 키우는데 드는 어려움을 감수한다(여행용으로 사용되던 소 수레는 르목과 버스로 대체되어, 이제는 주로 농사에만 사용된다).[65]

다양한 소의 나이, 크기, 힘, 때로는 색깔은 항상 사람들 사이에서 활발한 대화의 대상이 되며 소를 거래할 때 상당한 토론의 대상

---

64 캄보디아 축산의 이러한 측면과 기타 측면에 대한 자세한 내용은 델버트(1961, 233-61)를 참조하라. 또한 스타인버그(1959, 200), 고루(1945, 247), 르끌레어 (1898, 2:357-78, 385-95, 419-21)는 동물 관리, 길 잃은 가축, 가축 절도 도난, 소로 인한 손해 등에 관한 고대 법률 규정을 제공한다.
65 델버트(1961, 245, 255)는 일부 지역의 마을 사람들이 벼농사가 나면 소를 팔아 건기 동안 소를 먹일 걱정을 더는 드물지 않다고 말한다. 그런 다음 재배가 다시 시작되면 소를 구입한다. 이는 통킹 삼각주 하류에서도 발생한다(Gourou 1945, 241). 그러나 스와이 서리에서 마을 사람들은 돈이 절실히 필요한 경우를 제외하고는 먹이를 주는 어려움에도 불구하고 일년 내내 소를 키우는 것을 선호했다.

이 된다. 이러한 거래는 일반적이다. 1년 동안 다섯 가구는 새 소를 샀고 다른 다섯 가구는 소 한 마리 이상을 교체했다. 오래된 자동차를 더 좋은 모델로 교환하는 미국 사람들처럼, 여기서는 소를 팔아 그 돈으로 다른 소를 사는 데 보탠다. 1959-60년에는 이러한 구매와 교체가 평소보다 더 많았는데, 이는 많은 마을 사람이 (사범학교에 쓸) 흙을 운반하기 위해 튼튼한 황소를 샀기 때문이다. 그러나 평년에도 소 마릿수에는 항상 변동이 있었다. 어떤 사람은 돈 때문에 소를 팔지 않을 수 없다. 다른 사람은 소 한 마리를 살만큼 돈을 모았을 수 있다. 어떤 소는 너무 늙어서 더 젊고 강한 놈으로 대체되어야 할 수도 있다. 그리고 때때로 (다시 자동차의 경우와 마찬가지로) 단순히 다른 '모델'을 얻는 즐거움 때문에 소를 사고파는 사람도 있다. 소의 가격은 일반적인 상태(나이, 성별, 크기, 근육 조직 등)에 따라 다 큰 녀석의 경우 약 2,000-7,000리엘이다. 스와이 서리 마을 사람들은 일반적으로 건강하고 다 자란 수소를 2,500-4,500리엘에 사고판다. 이처럼 소는 때때로 마을 자체 내에서도 거래가 이루어지지만, 그보다 더 빈번하게 다른 지역 사회(때로는 아주 먼 곳) 또는 프놈펜에 있는 사람들과 거래된다.[66]

늙은 소는 싸게 팔려(약 1,000-1,500리엘) 소고기로 도축되지만, 불교의 살생 금지 관념이 강해 마을 사람들이 직접 소를 도축하는 일은 전혀 없다. 캄보디아 전역에서 소 도축업을 하는 무슬림 짬족 중 한 명이 껌뽕 뚜얼에 살고 있다. 마을 사람들이 도축해서

---

[66] 자금이 부족할 때 소를 사는 문제는 위레악이 소를 산 이야기에 잘 나타나 있다. 경작 시즌이 시작될 때 그는 황소 한 마리만 가지고 있었고 한 겨리를 만들려면 황소 한 마리가 더 필요했다 모아놓은 돈을 버스 요금에 낭비하고 싶지 않은 그는 쓸 만한 소를 찾기 위해 프놈펜과 다른 지역까지 총 140km를 걸어갔다.

먹는 경우는 소가 늙어서 죽었거나, 사고(예: 차에 치임)로 죽은 경우이다. 그렇지 않으면 모든 쇠고기는 시장에서 사 먹는다(비용 때문에 비교적 드물게 산다).

가축 중에서 두 번째로 중요한 것은 돼지와 닭으로, 둘 다 주로 잡아먹기 위해서라기보다는 현금 수입원이기 때문에 기른다. 몇몇 예외를 제외하면, 이 동물들은 돈이 필요한 매우 가난한 가정이나, 죽일 동물을 키우는 것을 꺼림직하게 여기게 하는 불교의 가르침을 기꺼이 무시하는 가난한 가정에서만 키운다[67](돼지와 가금류 모두 남성이 아니라 여성이 돌보는 것이 흥미롭다. 이것이 노동의 성별 분업에서 순전히 편의의 문제일 수도 있지만, 불교 사상에서 남성보다 지위가 낮은 여성에게 종교적으로 의심되는 임무를 할당하는 데 종교적 요소가 작동한 것은 아닌지 의심스럽다).

캄보디아 돼지는 긴 몸통과 만곡한 것을 특징으로 하는 독특하게 생긴 동물이다. 1959년 5월과 1960년 3월 사이에 8~10가구에서 돼지 12-19마리를 사육했다. 한 가정을 제외하고는 이 모든 가정이 가난했다.[68] 돼지는 때때로 집 근처에 대충 만든 우리 안에 갇혀 있지만, 일반적으로는 푸성귀나 버려진 쓰레기를 찾아 마을을 자유롭게 돌아다닌다. 이 짐승이 스스로 찾아 먹는 것 말고도 사람들

---

67 또한 델버트(1961, 156)를 참조하라. 그는 불교의 살생 금지가 캄보디아에서 "작은 가축"이 별로 중요하지 않게 된 주된 이유라고 말한다. 그는 또한 '종교 활동이 활발한 곳에서는 신자와 승려들의 비판에 직면하여 돼지 사육을 포기하는 경향이 분명하다'고 말한다. 패너와 잉거쏠 Pfanner and Ingersoll(1962, 345)도 참조하라. 패너는 "가축 사육은 판매용이라 할지라도 죄악된 직업으로 간주되어" 버마 남부 마을에 가금류와 돼지 사육을 도입하려는 시도가 실패했다고 지적한다.
68 캄보디아 전역에서 돼지는 가난한 크마에 농민이나 중국인이 사육한(Delvert 1961, 158). 돼지 사육에 대한 추가 논의는 델버트(1961, 156~59)와 자드로즈니(1955, 291)를 참조하라.

은 남은 음식, 다양한 과일, 바나나 싹과 줄기나 쌀겨와 물로 만든 죽을 먹인다. 돼지는 먹이를 주고 우리에 가둬놓는 것 말고는 소처럼 특별한 관심이나 사랑을 받지 않는다(이상하게 돼지와 닭은 소처럼 동물을 지키는 수호신의 보호를 받지 못한다).

마을 사람은 돼지를 직접 키우지 않는다. 오히려 돼지 한 떼를 싣고 마을에서 마을로 여행하는 껌뽕 뚜얼의 중국 상인이나 프놈뻰에서 온 중국 상인에게서 구매(및 재판매)한다. 마을 사람은 나이와 크기에 따라 200-600 리엘 범위에서 새끼나 어린 돼지를 산다. 약 3개월에서 7개월의 기간이 지나 동물이 다 자라고 살찌게 되면 500-1,500리엘 정도에 다시 중국인에게 판다. 1959년에는 1합(60kg) 돼지 한 마리에 1,000리엘을 받았다. 때때로 아주 좋은 이익을 얻을 수 있다. 예를 들어, 15호 집은 300리엘에 작은 돼지를 사다가 나중에 1,500리엘에 팔았다.[69] 물론 약 6개월 동안 돼지를 먹여야 하지만 대부분 공짜로 구할 수 있는 것들이다. 물론 돼지가 사고나 질병으로 죽을 수도 있지만, 전자라면, 고기를 먹거나 판매해 손실 일부를 만회할 수 있다(실제 돼지를 도축하는 것은 항상 중국인이고, 그렇지 않으면 돼지고기는 항상 시장에서 구입한다).

마을의 닭은 병아리가 태어나고 죽고, 다 자란 닭을 팔거나 사 오는 일 등에 따라 그 수가 크게 달라진다. 그러나 1959년 6월에는 8가구가 26마리의 닭을 기르고 있었다(대부분은 병아리이고 수탉보다 암탉이 더 많음).[70] 그것들은 때때로 집 아래 대나무로 만든

---

[69] 델버트(1961, 158)는 돼지 한 마리당 평균 이익이 약 800리엘이며, 새끼 돼지의 가격은 약 100리엘이고, 70kg의 돼지 한 마리는 940리엘에 판매된다고 한다. 스와이 서리를 상대하는 상인들은 다 큰 돼지에는 더 좋은 가격을 제시하는 듯했지만, 어린 돼지를 더 많이 요구했다.

작은 반원 형태의 울에서 키우지만, 보통은 곡물창고에서 떨어질 수 있는 곤충, 곡물 부스러기, 식물 및 곡식 조각이나 야외에서 먹을 수 있는 작은 조각을 찾아 먹도록 마을에 풀어놓는다. 어떤 사람들은 먹이기도 하지만, 대게는 벼가 너무 귀해서 닭을 줄 게 없기도 하다. 닭이 알을 낳으면 먹지 않고 부화시켜 병아리를 키운다(고양이나 개에 자주 먹히거나 알 수 없는 질병으로 죽어 병아리의 사망률은 높은 편이다).

  주인은 자기 닭을 거의 먹지 않는다. 보통은 닭을 직접 키울 생각이 있거나, 특별한 날 맛 있는 요리를 준비하려는 마을 사람들에게 판매한다. 닭값은 작거나 어린 닭의 경우 16~20리엘, 중간 중닭의 경우 25~40리엘, 크고 실한 닭은 89~90리엘이다. 먹으려고 닭을 사는 경우 시장에서 손질된 닭보다는 신선할 것이 틀림없다는 이유로 살아있는 닭을 선호한다. 그러나 불교에서 살생을 죄라고 규정하기 때문에, 닭을 어떻게 죽여야 하는지가 문제가 된다. 세심한 사람은 길 건너편에 있는 가게나 껌뽕 뚜얼에 사는 중국인에게 이 작업을 해 달라고 요청할 수 있다. 그러나 일반적으로 불교의 계율은 흥미로운 방식으로 우회된다. 너무 어려서 불교의 가르침을 완전히 따르지 않고 아직 자신의 죄에 대해 완전히 책임이 없다는 가정 아래 닭을 죽이는 일은 아이들에게 맡겨진다.

  마을의 다른 가축은 애완용으로 키우는 개와 고양이뿐이다. 그것들의 개체 수는 새끼가 태어나거나 자연사하거나 길에서 차에 치

---

70 델버트(1961, 159)는 사실상 모든 농민 가족이 팔거나 소비하기 위한 것이 아니라 단지 의례를 한두 마리의 닭을 가지고 있다고 암시한다. 스와이 서리의 경우는 그렇지 않다(일부 크마에 마을 사람들도 오리를 키우지만, 오리는 베트남인과 중국인이 더 일반적으로 사육한다[Delvert 1961, 156, 160]).

여 죽는 등 시간에 따라 그 수는 변하지만 대게 여러 가정에서 10여 마리의 개와 고양이를 기른다. 마을 사람들은 다른 개와 싸운 흔적들을 가진 수척한 이 생물을 애정을 갖고 보살피지는 않는다. 한 마을 사람의 말에 따르면 개는 남은 음식이나 잡아먹을 수 있는 것이라면 '닥치는 대로 아무거나' 먹는다. 마을 사람들은 집을 지킬 목적으로 개를 키우는데, 개는 낯선 사람이 마을에 들어올 때마다 엄청난 소란을 피우며 그 목적을 훌륭하게 수행한다. 고양이는 개보다 훨씬 나은 대우를 받고 때로는 남는 음식을 먹기도 하지만, 이 짐승도 스스로 먹이를 찾아야 하고 때로는 길 잃은 병아리를 덮치거나 누군가의 부엌에서 물고기를 훔쳐 먹기도 한다. 고양이는 또한 쌀 창고에 있는 쥐를 잡아서 설치류 수를 낮은 수준으로 유지하는 데 도움을 준다.

재정

일반적으로 핵가족은 마을 생활에서 생산과 소비의 기본 경제 단위이다. 그 구성원들은 협동하여 논을 경작하고 식량이나 소득을 얻기 위한 여타 활동을 하고, 이러한 노력으로 얻은 수익은 가족 전체를 지원하는 데 사용되고 가족 내에서 공유된다. 그러나 이러한 일반화에는 주목해야 할 두 가지 조건이 있다. (1) 일부 대가족 또는 확대가족의 경우, 가구 전체가 벼를 기르고 다른 일을 하는 데 협력할 수 있지만, 대가족 내의 각 핵가족이 별도의 곡물 창고와 재정을 갖는다. 그러나 다른 대가족 또는 확대가족의 경우, 특히 힘든 노동을 할 수 없는 노부부나 홀로 남겨진 부모가 가장이라면 전체 가구가 함께 예산과 곡물 창고를 마련한다. (2) 동거 미성년 또는 임시 직업에 종사하는 동거 미성년이나 미혼 자녀는 가족이 아무리 가난하더라도 임금의 일정 부분을 스스로 간수하도록 허용될 수 있다. 그러나 그 아이는 항상 가족을 부양하는 데 자발적으로 어느 정도의 금액(때로는 전부)을 내놓는다.

가족의 회계 담당자는 아내와 어머니이다. 그녀는 남편이나 아이들이 번 돈을 받아 보관하고 나눈다. 혹시나 누군가 미리 말하지 않고 가족 적립금에서 몇 리엘이라도 가져가면 난리를 친다. 고대부터 캄보디아 여성은 다른 금융 활동도 활발히 해왔다.[71] 소, 닭, 때로는 논, 남편의 개인 재산이나 남자들이 습관적으로 사용하는 도구의 매매를 제외한 나머지는 모두 여성이 처리한다.

필수품을 살 돈을 약간 집에 보관해야 하지만, 마을 사람들은 도난을 두려워해 집에 많은 현금을 두려고 하지 않는다. 프놈뻰에는 큰 은행이 여러 개 있지만, 은행 절차에 익숙하지도 않고 도시와 거리도 멀기 때문에 마을 사람들은 한 번도 이용해 본 적이 없다. 대신 일반적으로 반지, 목걸이, 펜던트, 팔찌, 귀걸이 등 (때로 세미 보석이나 보석으로 세팅된) 금 장신구를 구입하는 방법으로 저축한다.[72] 장신구는 비싼데, 포함된 금의 양에 따라 가격이 천차만별이다(1959년에 금 1찌chi 또는 3.75g에 400리엘이었다). 단순한 금팔찌는 최소 600리엘이며 긴 금목걸이는 3,000리엘까지 올

---

71 주달관의 진랍풍토기에서는 13세기 캄보디아에서 "상업에 종사하는 것은 여성들"이었고 그들의 "상업적 적성" 때문에 중국 이민자들과 결혼했다고 말한다(Pelliot 1951, 27, Thierry 1955, 27 참조). 돈을 만지고, 물건을 파는 역할을 하는 여성은 동남아시아의 다른 지역에서도 흔히 볼 수 있다. 예를 들어, 와드(1963, 128[버마], 246[라오스]), 쟈무어(1959, 42[말레이시아]), H. 기어츠(1961, 123-25[자바]) 참조.

72 이러한 보석 구매는 동남아시아의 다른 곳에서도 흔히 볼 수 있다. 예를 들어, 퍼스(1964, 23-24), 헬펀(1964a, 97)은 라오스, 스위프트(1964, 136-37)는 말레이시아에서 같은 사례를 보고했다.

라갈 수 있다. 그럼에도 보석은 사실 합리적인 투자이다. 필요한 경우 쉽게 전당 잡히거나 팔 수 있으며, 계속 착용하고 있어 거의 도난당하지 않는다(남성들도 반지나 목걸이를 착용할 수는 있지만, 보통은 가족 내 미혼 소녀들이 착용한다). 가장 가난한 가정을 제외한 모든 가정은 적어도 한두 개의 장신구를 갖고 있다.

수입과 지출

(1) 소득. 식품 및 기타 필수품의 상당 부분을 자급자족하지만, 사야 할 물건이나 갑자기 써야 할 상황이 많아 현금은 절대적으로 필요하다. 다양한 현금 수입원에 관해서는 이전 절에서 이미 언급했지만, 돈을 버는 다양한 방법을 요약하면 다음과 같다. 비정기적으로 또는 제한적으로 판매하는 남는 쌀, 잉여 농산물이나 과일 판매, 돼지와 닭 판매, 공예품, 특수 노동 기술 또는 재능 판매, 팜설탕 판매, 프놈뻰에서의 씨클로 운전 또는 르목 운전, 흙 운반, 조리된 식품의 비정기적 판매, 다른 가구에 고용된 농업 노동, 팜 야자수 임대, 마지막으로 긴급 상황에서 소, 주택 자재, 토지, 보석 또는 기타 재산의 판매. 분명히 어떤 가정도 매년 이 모든 방법으로 여윳돈을 벌 생각을 하지 않는다. 그러나 땅이 많지 않거나 부양해야 할 가족이 많은 사람은 일반적으로 돈을 벌기 위해 매우 열심이다. 예를 들어, 땅이 적어 대가족을 부양할 수 없는 2번 집은 팜설탕 제조, 돼지 사육, 씨클로 운전(아버지와 아들 모두), 껌뽕 뚜얼에서 임시로 일하거나 흙을 운반한 적이 있다. 다른 가정들, 심지어 부유한 축에 속하는 일부 가정들조차도 필요와 이용할 수 있는 노동력에 따라, 어떤 해에는 1개에서 몇 개의 보충 수입원을 갖는 것은 드문

일이 아니다(부록 G 참조). 4ha의 논을 가지고 있어 매년 쌀을 파는 27번 집만이 다른 수입 창출 활동을 할 필요가 없었다.

벼 경작 외에도 이러한 다양한 활동은 스와이 서리 사람들만 하는 것은 아니다. 델버트(1961, 449-452, 522, 540-542)는 인구가 밀집하고 토지 소유가 적은 프놈펜 남부 지역 전체에서 같은 상황이 발생한다고 언급한다. 실제로, 비농업 활동(가장 일반적으로 팜설탕 만들기, 공예품, 도시 임시 고용, 판매용 돼지 사육)이 이 지역의 소작농 가족 총수입의 1/4 이상을 차지할 수도 있다. (스와이의 기준에 따르면 상당히 부자인) 2~3ha의 땅을 가진 가정에서도 생계를 위해 여윳돈을 벌 수 있는 수단이 필요한 경우가 종종 있다(Delvert 1961, 528-531 참조).

스와이 서리 가족의 총 연간 수입에 대한 정확한 수치는 일일 수입과 지출에 대한 자세한 기록 없이는 산출하기 어렵다. 그리고 불행히도 나는 이 수치를 체계적으로 수집하지 않았다. 마을 사람들은 '돈이 들어오는 즉시 무언가를 위해 써버리기' 때문에 자신들이 일 년에 얼마나 버는지 정확하게 알지 못한다. 그러나 그들은 실제 현금 수입이 가능한 다양한 자원(논의 크기와 부수적인 활동)에 따라 대부분의 가정에서 연간 약 1,000에서 4,000리엘로 다양하다고 추정한다. 이러한 추정치는 아마도 쌀을 팔지 않고, 돈을 벌어들이기 위해 소수의 활동에 참여하고, 1959년에 그랬던 것처럼 (사범학교에) 흙을 퍼다 파는 일처럼 장기간에 걸친 고용에 의지하지 않았던 가구에게는 크게 잘못된 것이 아니다.[73]

전 프놈펜 주재 미국 대사관 경제학자, 윌리엄 토마스와의 개인적인 대화에서 얻은 정보로는 캄보디아 정부의 또 다른 추산에 따르면 캄보디아의 평균 연간 소득은 가구당 약 90달러, 또는 1959

년 공식 환율 기준, 약 3,150리엘이다.

또 다른 수치는 델버트(1961, 524)가 제시한 것으로, 농업 분야 평균 연간 수입은 1인당 1,700리엘 또는 가족당 약 8,619리엘이다(Delvert 1961, 531-532 및 부록 X 참조). 이는 분명히 스와이 서리 가정의 예상 소득보다 훨씬 높지만, 델버트의 소득 계산에는 소비 여부에 상관없이 가족이 생산하는 쌀 총량, 먹기 위해 잡은 생선의 양, 역시 잡아먹기 위해 기른 닭 등과 같은 것들의 금전적 가치가 포함되어 있다는 점에 유의해야 한다(Delvert 1961, 524~531의 가족 예산 참조). 그러한 항목을 계산에 넣지 않으면 그가 묘사한 가족의 소득은 스와이의 그것과 더 비슷해진다. 델버트 (1961, 532)는 또한 소득에 지역적 편차가 있다고 명시한다. 밭농사를 짓는 사람이 쌀농사를 짓는 사람보다 훨씬 더 많이 번다(스와이 마을 사람들도 이 사실을 인정했다). 생계를 위해 다른 활동을 해야 하는 프놈펜 남쪽의 쌀 재배자가 소득은 낮다. 그러나 소득은 벼농사가 유일한 수단일 때 가장 낮다(Gourou 1945, 532-533 참조).

(2) 지출. 마을 사람들이 연간 소득에 대한 정확한 개념이 없다면, 그들은 한 해에 얼마를 지출하는지에 대해서도 마찬가지일 것

---

73 예를 들어, 1959년 3월부터 1960년 3월까지 스와이 서리의 평균-빈곤 수단에서 두 가족의 현금 소득에 대한 대충 계산하면 다음과 같다.

1번 집		15번 집	
팜설탕 판매	약 700리엘	돼지 판매	약 1,200리엘
시클로 운전	약 2,500리엘	일용직 논동	약 250리엘
흙 퍼 나르기	약 2,000리엘	흙 퍼 나르기	약 1,800리엘
총액	약 5,200리엘a	총액	약 3,250리엘b

a 만약 흙을 퍼다 파는 일이 없었다면, 총액은 3,200리엘이다.
b 만약 흙을 퍼다 파는 일이 없었다면, 총액은 1,450리엘이다.

이다. 앞서 언급했듯이, 돈이 생기면 바로 지출하는 습관 때문이다. 그러나 우리는 그들이 어디에 지출하는지, 주요 항목을 검토할 수는 있다. (a) 음식은 일반적으로 가족의 예산에서 가장 필수적인 항목이다. 한 주부가 말한 것처럼 '옷과 다른 물건은 가끔 사지만, 음식은 매일 먹는다.' 마을 사람들의 먹는 것 중 일부는 집에서 구하지만, 지역에서는 양이 부족하거나 전혀 없어 구입해야 하는 식료품이 많다. 마을 사람들은 생산되고 소비되는 쌀의 양, 집에서 재배한 채소와 과일의 양이나 종류, 고기 없이 소찬만 먹는 가장 기본적인 정도만 감당할 수 있는지 또는 고기, 차와 같은 '고급' 음식을 얼마간 살 수 있는지 등과 같은 특정한 상황을 결정할 수 있는 가족의 전반적인 재정 상황에 따라 음식이 전체 가계 소비에서 1/3에서 1/2, 때로는 조금 더 차지한다고 추정한다.[74] 가족이 사는 가장 일반적이면서도 필수적인 식품은 다음과 같다. 다양한 형태의 생선(젓갈 및 기름 포함), 조미료(예: 소금, 식초, 식용유 또는 지방), 일부 채소(예: 양파, 옥수수) 및 행상에서 판매하는 간식. 다른 채소와 과일(예: 두리안, 파인애플), 조미료(예: 간장, 마늘, 카레 재료), 국수와 밀가루, 고기, 다양한 종류의 달콤한 과자, 그리고 차나 술 등 제품들. 그러나 대부분 가정에서는 이러한 식품은 대개 사원 행사, 명절, 생애주기 의례 등과 같은 특별한 행사를 위해 가끔 사는 편이다. 델버트(1961, 532, 154-155)는 프놈뻰 남쪽 지역의 가난한 농민 가족이 쌀을 제외하고 연간 생선 15~30kg, 돼지고기 2-4kg, 닭고기 2-4kg, 쇠고기 1-2kg을 소비

---

74 델버트 1961, 524-32에서 인용한 예산에서 가족이 식품이나 기타 품목에 지출한 소득의 비율 참조.

한다고 추정했는데, 이 수치는 대다수 스와이 서리 사람들에게도 해당될 것이다.

(b) 또 다른 필수 구매 품목은 의류로 지출의 1/3에서 1/4로 추정된다. 한 가족이 소비하는 금액은 어느 가정이 상대적으로 풍요한지와 가족 구성원이 몇 명인지에 따라 다르다. 여성의 사롱과 블라우스, 남성의 반바지와 셔츠나 속옷, 남녀 공용 끄러마(스카프)와 같은 일상복은 아주 자주 입기 때문에, 1년 정도밖에 못 입는다. 또한 아이들은 학교에 갈 때 단정한 옷을 입어야 하며, 모든 가정에는 멋진 옷이 몇 벌씩 있다. 사춘기 소녀들에게 필수라고 여겨지는 미용실 파마도 의류 카테고리에도 포함될 수 있다.

(c) 마을 사람들이 모든 과세 대상 재산을 신고하지 않는다고 하더라도 세금은 피할 수 없어서, 매년 충분한 돈을 모을 때마다 조금씩 나눠서 납부한다. 1959년에는 토지, 1ha에 30리엘, 소 한 쌍에 10리엘, 수레 1대에 6리엘, 자전거 1대에 6리엘, 빈랑나무 1그루에 1리엘의 세금이 부과되었다.

(d) 램프용 등유, 거의 모든 기혼 여성이 하는 멀루/슬라 씹기에 필요한 슬라 열매(빈랑, 아레카 넛), 멀루 잎(베텔 잎), 라임, 남성용 담배와 궐련, 수선이나 재봉에 필요한 실, 아이들 학용품 등이 자주 사야 하는 기타 필수품이다.

(e) 적어도 일 년에 한두 번, 모든 가족은 불교 사원과 승려에게 최소한의 금액이라도 보시한다. 사실, 대다수 가족은 스와이 근처의 두 사원에서 열리는 3개에서 12개 또는 그 이상의 행사에 참석할 수 있다. 소규모 행사에서는 상대적으로 적은 금액을 보시할 수 있다(예: 향 조금이나 몇 리엘 정도). 그러나 주요 불교 축일에는 관습적으로 특별한 음식을 바치고(특별한 재료를 구입하기도 함)

종종 약간의 돈, 또는 작은 선물(양 초, 담배 등)도 시주한다. 실제 현금 기부는 상대적으로 적지만, 연중 시주에 드는 총지출은 다른 시주물품, 특히 음식 만드는 데 드는 비용을 합산하면 상당할 수 있다.[75]

앞서 말한 것 외에도 드물게 사거나 특정 가정에서만 사는 다른 품목이나 서비스도 있다. 여기에는 다음과 같은 것들이 포함된다. 가정용품(예: 침구, 가구, 주방용품), 농업 및 기타 작업 도구, 동물, 일꾼 고용, 운임, 여가 활동, 의약품 또는 의료서비스(예: 조산사나 의료 종사자에 대한 지불), 생애주기나 기타 행사 후원(이러한 행사에 손님이 왔을 때 금전적 선물), 기타 품목 및 서비스(예: 보석, 화장품, 전문 사진사가 찍은 사진, 악기, 노래책).

스와이 서리의 주민들은 아직 다른 동남아시아 마을에서 흔한 물질적 품목(예: 비누, 연유, 재봉틀, 라디오)을 많이 가지고 있지 않다(예: 태국 마을에 관한 Kaufman 1960, 55-59, 220-221, Sharp et al 1953, 208-209, 219-220). 그러나 이런 물품 구매는 의심할 여지 없이 몇 년 동안 증가했다. 그리고 크마에 마을 사람들은 집에서 무언가를 만드는 데 드는 시간과 노동력을 절약하기 때문에, 그것들이 분명히 싸거나 집에서 만든 물건보다 더 효율적이거나 효과적이기 때문에(예: 양철 캔의 심지에 대비되는 압력 램프), 또는 그것들이 위신의 상징(예: 손목시계)이기 때문에, 갖고 싶은 다양한 상품에 점점 더 노출되고 있다. 특히 젊은 세대는 이러한 것들에 많이 끌리고, 많은 부모조차도 그들이 더 많은 편리함

---

75 델버트의 예산(1961, 524-32)에서 사원 시주는 중산층 두 가족 지출의 6%와 15%를 차지했고, 부유한 가족의 경우 6%를 차지했다. 한 가구(단일 적자 가구)는 사원에 기부하지 않는다고 보고했다.

과 사치를 누릴 수 있기를 바란다. 따라시 현금에 대한 욕구와 필요성도 증가하지만, 번 돈 대부분은 여전히 음식과 의복과 같은 생필품에 사용해야 한다. 마을 사람들은 1939년 1에서 1957년 85로 꾸준히 상승하고, 노인들이 아무 통계적 증거 없이 자주 언급했던 생활비의 상승과 싸워야 해 이런 일이 계속될 가능성이 크다.

신용 및 부채

스와이 서리 주민 대부분의 재정은 수입과 지출 사이에 불안한 균형을 이루고 있어 비상 상황이나 큰 현금을 지출할 필요가 있을 때 그 균형이 쉽게 깨어진다. 가계 재정을 불안하게 하는 가장 일반적인 상황은 다음과 같다. (1) 흉작, 또는 가족을 부양하기에 땅뙈기가 너무 좁아 식량이나 종자용 쌀을 사거나 빌려야 할 때, (2) 각종 경조사에 경조금을 내야 할 때, (3) 소나 다른 값비싼 품목을 살 필요가 있거나, 사고자 할 때, (4) 성인 가족 구성원이 중병이나 장기간의 질병으로 가족의 노동력을 감소시킬 때(이런 경우엔 병원비, 약값 등이 추가로 필요함)(Delvert 1961, 517 또한 캄보디아 농민들의 부채에 대한 주요 이유로 이들 중 처음 세 가지를 들었다. Firth 1964도 참조). 그런 상황에서 필요한 돈을 마련할 수 없으면 마을 사람들은 쌀이나 돈을 빌리거나, 집에 있는 뭔가를 팔아야 한다.

식량이나 종자용 쌀은 되도록 친족이나 돈이 좀 있는 이웃에게서 모두 빌릴 수 있지만, 종종 쌀 중개인에게 빌릴 수도 있다. 그러한 대출은 일반적으로 다가올 추수에 대한 약속을 기반으로 원래의 부채와 이자를 현물로 갚는 방식으로 이루어진다. 보통 쌀 40kg을 빌리면 쌀 50-60kg로 갚아야 한다.[76] 좀 더 일반적으로는 쌀을 사기 위해 돈을 빌리는데, 이는 이웃 주민들도 남는 쌀이 거의 없기 때문이다.

쌀을 살 돈이나 기타 비용은 여러 곳에서 빌릴 수 있다. 친척이나 친구, 추수 때 갚기로 하고 쌀 중개인, 상인이나 대부업체(예: 껌뽕 뚜얼의 보석상)에서 빌릴 수도 있고, 값어치 나가는 물건을 전당포 (예: 보석, 자전거)에 맡길 수도 있다.[77] 친척에게 돈을 빌리면 일반 적으로(항상 그런 것은 아니지만) 이자가 거의, 또는 전혀 없어 사람들은 그편을 선호한다. 흙을 퍼 나르기 위해 황소를 사거나 수레를 만들어야 했던 사람들은 대부분 친척에게 돈을 빌렸다(예를 들어, 4번 집에 사는 *로아따*는 쌀 30타우(약 600kg)으로 갚기로 하고 6번 집에 사는 그의 동생 쎈에게서 1,000리엘을 빌렸다). 그러나 보통 친척들이 훨씬 더 잘 사는 것은 아니었기 때문에, 종종 쌀 중개인이나 대부업자들에게서 필요한 돈의 일부 또는 전부를 빌려야 한다.

---

76 이것은 시즌 끝에 상환되는 쌀이나 기타 식량 대출에 대해 1.5 대 1의 상환을 명시한 19세기 법령을 따른다 (다음 해에 상환되는 경우 2 대 1).(Aymonier 1900, 86). 그러나 퍼스(1964, 30-31)가 지적한 바와 같이, 대출을 받은 재배 시즌 초기의 쌀 가치가 그것을 갚는 추수기의 쌀 가치보다 높다는 점을 생각하면 이자라고 보이는 것이 사실은 그렇지 않을 수도 있다. 그러나 델베트(1961, 517)는 쌀 중개인이 대출 조건을 설정할 때 이 사실을 고려한다고 지적한다.

77 정부 대출 기관도 있지만(Steinberg 1959, 207-9, Delvert 1961, 518 참조), 이들 중 어느 것도 많은 수의 농민에게 접근해 중국 및 기타 사채업자의 역할을 줄이는 데 큰 성공을 거두지 못했다. 확실히, 스와이 서리 주민들은 정부 대출 제도를 이용하지 않았다. 스타인버그(1959, 205-6)는 토지를 담보로 사용할 수 있으며 대출금이 상환되지 않으면 사채업자가 토지의 전체 용익권을 얻을 수 있다고 말한다 (현재 중국인 등 외국인은 토지에 대한 실제 소유권을 보유할 수 없다. 캄보디아 시민권자로 귀화했거나 크마에인과 결혼하여 배우자의 이름으로 토지를 등록한 경우에만 그렇게 할 수 있다). 그러나 이러한 관행은 스와이에서는 분명하지 않았다. 델베트에서도 이에 대해 논의하지 않았기 때문에 그러한 토지 담보 대출이 캄보디아 전체에서 일반적인지 여부는 알 수 없다.

후자로부터 돈을 빌리는 것은 종종 이자율이 상당히 높다. 부채를 돈으로 갚는 경우 채권자는 일반적으로 매월 일정한 이자율을 정한다. 예를 들어, 껌뽕 뚜얼의 보석상에게서 100리엘을 빌리면 다 갚을 때까지 한 달에 5%의 이자를 내야 한다(상환할 수 있는 부분에 대한 고려 없이 대출 원금에 대해 이자를 계산하기 때문에 전통적인 이자율 계산 방법에 따르면 때로는 실제 이자율이 연 120%가 되기도 한다(경제학자, Marvin Gelfand와의 개인적인 대화에서). 이러한 부채는 일반적으로 매월 이자를 내기만 하면 장기간 유지된다.[78] 만약 마을 사람 중 누군가가 다가올 추수 때 쌀로 상환할 계획으로 수확 4-6개월 전에 돈을 빌리면 쌀 중개인은 돈을 빌리려는 사람의 논/밭을 조사해 잠재적 수확량을 평가하고 대출 조건을 결정한다. 수확량이 너무 적으면 대출이 거부될 수 있다. 돈을 빌리게 되면 갚아야 하는 쌀의 금액은 수확기 쌀 예상 가격에 대한 채권자의 추정에 따라 달라진다. 1959년에는 추수 전에 빌린 100리엘을 일반적으로 추수 때 쌀 6타우로 갚기로 했다. 쌀 시장에서는 수확 시 쌀 4타우가 약 100리엘쯤 해서 실제로 갚는 돈은 100리엘에 50리엘 이자를 더한 것이다(따라서 5개월간 대출을 했다면 이자는 월 10%이다).[79]

이것은 캄보디아 농민이 가혹한 중국 대부업자에게 영구적으로 빚을 지고 있다고 종종 명시하거나 내포하고 있다(P.139, 아래 3

---

78 그러나 19세기 법에서는 이자가 원래 대출 금액과 같아지면 채권자는 채무자가 새로운 채권자를 찾지 않거나, 그의 빚을 (자신뿐만 아니라 가족도) 노예 계약으로 바꾸거나, 아니면 단순히 나라를 떠나지 않는 한, 채무자를 매물로 내놓을 수 있었다(Aymonier 1900, 98). 부채 노예 제도는 현재 폐지되었지만, 델버트(1961, 518~20)는 채무자나 그 가족이 채권자를 위해 일해 빚을 갚는다고 지적한다.
79 대출 조건에 대한 자세한 내용은 델버트(1961, 516-17)를 참조하라. 그는 이자

줄. Steinberg 1959, 205-206; Morizon 1936, 186 참조). 사람들이 종종 부채를 인정하는 것을 꺼리기 때문에 농민들의 부채 규모를 정확하게 계산하는 것은 불가능하다. 그러나 1952년에 세워진 공공신용사무소(Public Credit Office)의 조사는 700,000명의 농민 중 3/4이 평균 1,000리엘의 부채가 있다고 추정했다. 그러나 델버트는 채무자의 수가 지역에 따라 다르며, 일부 지역에서는 인구의 10%, 다른 지역에서는 78%까지 다양하다고 밝혔다 (1961, 419). 그의 연구에서 드러난 놀라운 사실 중 하나는 프놈펜 주변의 벼농사 지역에 부채가 없다는 것이다.

> 도시로부터 반경 30km 이내, 특히 남쪽의 농민들은 신용이나 외상으로 구매하지 않습니다. 돈을 벌기 위해 그는 도시에 물건을 팔러 가거나 프놈 으로 가서(쿨리, 사이클, 목수, 석공으로) 일하거나 수공예품(직물)을 더 생산하거나, 물고기나 축산업 제품을 판매합니다(계란, 오리, 돼지, 소). 수공예품 판매, 축산, 도시에서의 노동, [이주]를 위한 이동은 소농에서 벗어날 수 있는 매우 효과적인 수단입니다. 이 지역은 캄보디아에서 가장 인구가 많은 지역 중 하나이며, 가장 가난한 곳에 속합니다… [그러나] 부채는 다른 곳보다 훨씬 더 드뭅니다(Delvert 1961:522).

델버트의 결론은 일반적으로 스와이 서리의 상황에 의해 뒷받침된다. 대부분 가족은 소유한 것이 적고 결코 부자는 아니지만, 부채는 드물거나 상대적으로 적은 경향이 있다. 마을 사람 대부분은

율이 보통 한 달 평균 약 12%이며, 100리엘을 빌리면 쌀 6-10타우로 갚는 것이 일반적이라고 말한다(19세기의 이자율 및 기타 대출 조건에 대해서는 Aymonier 1900, 86, Leclère 1898, 1:458-62, 466, 468 참조).

대부업자나 중개인에게 체납하는 것을 매우 싫어한다. 그것은 그들을 압박하는 '부담'으로 작용한다(친척에 대한 부채는 다른 관점에서 친척들 사이 '공유'로 여겨지지만). 따라서 많은 사람은 필요할 때 허리띠를 졸라매거나, 여분의 돈을 벌 수 있는 수단을 찾거나, 황소, 보석류, 집 자재, 가구, 나무, 심지어는 아주 위급한 상황에서는 땅과 같은 가치 있는 재산을 팔아서라도 가능하면 채무를 피하려 한다. 물론, 어쩔 수 없이 돈을 빌리거나, 원하는 것을 얻기 위해 자발적으로 빚을 지게 되는 때도 있다. 그러나 그때도 대부분 단기적으로 즉각적인 위기를 넘기기 위해 (Firth 1964, 29-30, Zadrozny 1955, 295 참조) 상대적으로 적은 금액(일반적으로 2,000 리엘 미만)만을 빌릴 뿐이다. 게다가, 일단 빚을 지게 되면 스와이 서리 사람들은 최소한의 필수품으로 생계를 꾸리거나, 추가적인 수입원을 더 열심히 찾거나, 또는 일부 재산을 팔아서, 가능한 한 빨리 그 부담을 없애려고 한다. 종종 그들은 (비록 나중에 다른 부채가 발생할 수도 있지만) 1년 정도 안에 빚을 청산하는 데 성공한다.

  1959년 스와이 서리에서는 흙 퍼서 파는 일을 하려는 가족이 소나 수레를 만들 재료를 사야 해서 부채가 평소보다 많았다. 빚을 지고 있는 8가구 중 5가구는 이를 위해 돈을 빌렸고, 한 가구는 농사철 소를 사기 위해, 2가구는 그 전 해 식량과 볍씨가 필요해서 돈을 빌렸다. 이 중 6가구는 1959년 수확한 쌀, 흙을 퍼다 팔아 번 돈, 더 이상 필요 없어진 소를 팔아 빚(1,000-2,000리엘 사이)을 완전히 청산했다. 두 가족은 친척에게 계속 500-1,000리엘을 빚지고 있었지만, 친척으로부터 빌린 돈은 천천히 갚아도 된다. 그러나 문제는 대부분의 가구가 벼 수확량의 대부분이나 거의 전부를 대부업자나 친척에게 갚아야 해서 다음 해에 먹을 쌀을 사거나 빌려야 하는 상황에 직면했다는 것이다. 이 가족 중 일부는 채무상황에 대처하기 위해 더 애를 쓸 테고, 1년 이내에 빚을 갚을 것이다. 예를 들어, 꼬읽은 쌀을 사 먹으면서, 평소보다 더 오래 프놈뻰에서 씨클로 운전을 하고, 필요하다면 소를 팔아서 친척들에게 진 빚을 천천히 갚을 것이다.

반면에 가진 재산이 너무 적어 빚의 악순환에 빠진 가족도 두세 가족이 있다. 일곱 명의 가족이 600㎡의 땅을 가진 2번 집은 (팜설탕 만들기, 돼지 사육, 시클로 운전, 흙 퍼다 팔기, 잡일 등 부업에도 불구하고) 식량을 위해 매년 돈과 쌀을 빌려야 한다. 수확량 대부분을 빚을 갚는 데 쓰고, 이듬해에 다시 돈을 빌린다.[80] 이런 상황은 이제 큰아들이 씨클로 운전으로 돈을 벌 수 있는 나이가 되면서 다소 개선되었다. 그러나 대부분 자녀가 성장할 때까지 가족은 곤경에 처할 가능성이 크다. 성인 4명과 어린 자녀 3명이 3,400㎡의 땅을 가진 10번 집도 힘든 시간을 보내고 있다. 이 가족도 1959년에는 모든 수확을 빌린 쌀과 돈을 갚는 데 사용했다. 비록 함께 있는 사위 쏘팟이 소가 없는 사람들을 위해 소작을 하고 쟁기질을 활발하게 하고는 있지만, 가족에게는 다른 수입원이 없다(가끔 아버지가 연주하는 일을 하기는 하지만). 이 가정도 부업을 하거나 노부부가 사망하여 가계 규모가 줄어들 때까지 매년 부채를 지게 될 가능성이 크다.

빚과는 별개로, 여기서는 외상으로 사는 것이 일반적이다. 주민

---

80 2번 집에는 건축 부지로 사범학교에 팔아야 하는 2,500㎡의 토지가 더 있었다. 따라서 그들은 주로 지난 2년 동안에만 생계 문제를 겪었다.

들은 대개 교환권이나 구매 가격의 상당 부분은 상품을 구매할 때 계산하며, 잔액은 가까운 시일(일반적으로 한 달 내외)에 계산한다. 이러한 합의는 마을 사람들 사이의 거래(예: 소를 사는 거래), 가끔 도로변의 중국인 가판대에서의 구매(또는 껌뽕 뚜얼에서 구매자가 상인에게 잘 알려진 경우), 결혼식과 장례식을 위한 물품 구매에서 이루어질 수 있다.

여기에서 마을 사람들과 거래하는 중개인과 대부업자들, 흔히 그들은 소작 농민들을 착취하여 돈버는 데만 혈안이 되어 있는 무정한 중국인이라는 선입견이 생길 수 있다(P.141, 아래서 11줄. 극단적인 사례는 Monod 1931, 35-36, 42-45 참조). 사실, 스와이 서리에 오는 쌀 중개인들은 중국인들뿐만 아니라 동료 크마에인[81], 또는 중국계 캄보디아인(문화적으로 크마에인 경우가 많음)일 가능성이 크다. 그리고 그들은 마을 사람들과 매우 우호적이고 따뜻한 관계를 유지하고 있다. 껌뽕 뚜얼의 대부업체 또는 전당포 중개인도 중국인이며 고객을 정중하고 정직하게 대한다.[82] 사실 마을 사람들이 다른 곳으로 갈 수 있어 마을 사람들과 원만하고 공정하게 행동하는 것이 상인에게 유리하다. 게다가 대부는 종종 오랜 관계를 통해 상인이 얻은 사전 지식에 근거한 채무자의 신뢰를 바탕으로 이루어진다. 관계의 다른 한 편에서는, 마을 사람들은 빚을 부담으로 생각하고, 부채에 얽매여 있는 것을 좋아하지 않는다. 그러

---

81 자드로즈니(1955, 296)는 크마에 상인-대금업자가 제2차 세계대전 이후 상대적으로 최근에 발전한 것일 수 있다고 제안한다. 그러나 스와이 서리의 한 남자는 30여 년 전에 쌀 중개업자였으며 스와이 마을 사람들은 오랫동안 크마에 쌀 상인과 거래하는 데 익숙해져 있었다.
82 캄보디아의 중국 상인에 대한 간략한 논의는 델버트(1961, 522-23)와 스타인버그(1959, 42~44)를 참조하라.

나 빚을 지게 되면 다른 제도를 모르거나, 달리 의지할 곳이 없어, 원망 없이 대출 조건을 받아들이는 것이지 스스로 욕심 많은 괴물의 먹잇감이 된 것이라고 느끼지 않는다. 마을 사람들은 상인들과 대부업자들을 좋아하거나 싫어하지 않고 단지 그들을 사무적으로 편리한 판매와 대출처로 바라본다.

큰 그림에서 보면, 그러한 상인들은 전반적인 경제에서 필수적인 역할을 한다. 다른 농민사회 안에서도 이 중개인들은 마을 사람들에게 신용과 자본을 제공할 뿐만 아니라 도소매, 저장, 운송, 가공을 수행한다(Mintz 1959, 23, Delvert 1961, 511-513). 한 가지 관점에서 보면, 금리는 너무 높고, 마을 사람이 아닌 상인이 쌀 가격(보통 낮은 가격)을 결정하는 것은 상당히 부당해 보인다. 그러나 다른 관점에서 보면, 쌀을 사는 상인은 국내(및 국제)시장이 쌀로 포화 상태(그래서 저렴한 가격이 요구됨)인 시기에 그것을 처리하기 위해 구매한다는 사실을 알아야 한다. 이러한 높은 이자율과 이윤은 상인의 사업 간접비의 여러 측면을 부담하기 위해 사용된다(그도 일반적으로 도매업자 및 수출 회사와 같은 그보다 높은 수준의 거래에서 신용으로 거래하기 때문이다). 상인은 마을 사람들에게 다양한 서비스를 제공한다(자세한 내용은 Delvert 1961, 511~513 참조).

구매 및 판매 거래

캄보디아의 공식 교환 수단은 물론 리엘riel로 알려진 통화이지만, (앞서 언급한 바와 같이) 일부 교환에서는 쌀 물물교환도 관례이다. 또 다른 물물교환은 소 한 마리를 다른 소로 교환하는 것과 같은 단순한 교환이다. 모든 거래에서 흥정은 필수적이고 즐거운 요소이다. 원가제는 주로 외국인을 대상으로 하는 프놈펜에 있는 특정 매장에만 한정된다.

다양한 품목(및 노동)의 구매 및 판매는 세 가지 주요 영역에서 이루어진다. (a) 마을 내 또는 마을간 교환, (b) 마을과 소도시의 교류(즉, 껌뽕 뚜얼), (c) 마을과 대도시(즉, 프놈펜). 처음 두 가지는 스와이에 다양한 물적 요구를 해결하는 데 매우 중요하다.

(a) **마을 내 또는 마을 간 교환**. 예를 들어, 소량의 농산물, 수공품, 닭, 소, 간식 및 전문가의 서비스와 같은 많은 것들이 이웃이나 지인 간의 직접 거래를 통해 마을 내에서(심지어 서리 안에서도) 매매된다. 이러한 매매는 스와이 서리 주민과 인근 또는 먼 마을 사람들 사이에서도 흔히 발생한다. 구매자가 자신이 원하는 것을 갖고 있다고 알려졌거나, 그렇다고 생각되는 판매자를 찾기도 하고, 판매자가 이 마을에서 저 마을로 다니며 자신의 제품을 판매할 수도 있다(예: 돗자리나 낫 등을 파는 노점상인들이 종종 스와이 서리에 온다).

(b) **시장 소도시**. 스와이에서 몇 킬로미터 떨어진 껌뽕 뚜얼은 2개의 작은 도로와 1개의 국도가 만나는 지점 근처에 자리한, 작지만 활기찬 시장이 있는 소도시이다. 소도시의 중심에는 고기, 생선, 옷감, 향신료, 음료, 다양한 과일과 대부분이 주변에서 가져온 신선한 농산물인 채소를 파는 상인의 노점과 가게로 붐비는 두 개의 큰 시장이 있다. 시장 외부에는 과자, 청량음료, 빵 노점상, 행상인, 그리고 돗자리 위에 소량의 과일과 채소를 펼친 마을 사람들과 같은 많은 다양한 판매자들이 있다. 시장 양쪽에는 도로를 따라 펼쳐진 소규모의 포장마차 상점들이 있는데, 어떤 상점들은 다소 전문화된 반면, 어떤 상점들은 거의 미국의 벼룩시장처럼 다양한

상품들을 판다. 사람들이 여기서 살 수 있는 물품이나 서비스로는 남녀노소를 위한 옷감과 사롱 등 의류, 신발, 생활용품, 도구와 다양한 철물, 휘발유와 등유, 약품, 장난감, 보석류, 문구류, 담배, 화장품, 미용실, 도살장, 벽돌장, 사진사, 재단사, 보석상, 행사를 준비하는 데 필요한 음향 장비, 접시, 테이블, 의자, 물품 대여상 등이 있다.

소도시에 있는 가게와 노점 외에도, 껌뽕 뚜얼 밖에서 일하며 그 지역의 마을들을 자주, 혹은 가끔 도는 여러 행상이 있다. 스와이에 거의 매일 오는 한 노인은 야자잎과 야자열매, 라임, 사탕, 소금, 건어물, 거울, 실, 핀, 장난감, 등유 등 다양한 물품들을 바구니에 담아 나른다. 그가 파는 물건은 매일 다르다. 일주일에 몇 번씩은 한 노파가 과자를 비롯한 조리된 음식들을 판매하고, 또 한 소녀는 과일이나 다른 농산물을 판매한다. 일 년에 몇 번씩 염료 제조자가 자전거에 끓는 검은 염료를 담은 냄비를 들고 올 수도 있다. 이 모든 행상은 (껌뽕 뚜얼의 가게 주인들과 마찬가지로) 중국인이고, 온종일 일한다.

그러므로 껌뽕 뚜얼은 스와이와 이 근처의 다른 마을에 중요한 경제적 기능을 한다. 첫째, 인근과 멀리 떨어진 지역에서 모여든 다양한 먹거리와 재료, 그리고 도시에서 내려온 가공품이나 수입품 등을 마을 사람들에게 제공한다는 점이 무엇보다도 가장 중요하다.[83] 둘째, 마을 사람들이 중간상인의 개입 없이 농산물이나 상

---

83 민쯔Mintz(1959, 21 외)의 '수평적'/'수직적' 교환 참조. '평등한 계급' 간의 수평적 교환은 엄밀히 말하면 앞서 논의한 마을 내 또는 마을 간 교환과 마을 사람들이 시장에서 직접 상품을 판매하는 상황에 적용된다. 그러나 인근 쩜까 마을의 과일과 채소 또는 다른 지역의 마을 장인이 만든 수공품이 껌뽕 뚜얼 상인의 중개를 통해

품을 판매할 수 있는 직거래장을 마련한다. 셋째, 마을 사람들에게 많지는 않지만, 일자리를 제공하기도 한다. 후자의 두 기능은 스와이 서리에게 상대적으로 중요하지 않다.[84]

마을-마을간 교류와 마을-소도시 간 교류를 어느 정도 매개하지만, 그 성격상 후자에 더 가까운 것이 중리 길 건너에 있는 작은 가게이다. 두 중국인 가족(크마에 마을 사람들과 사회적, 지리적으로 분리되어 있음)이 운영하는 이 가게는 등유, 담배, 사탕, 과자, 소금, 설탕, 가끔 소량의 생선과 같은 매우 제한된 품목만을 취급한다. 이곳의 본질적인 기능은 껌뽕 뚜얼 수퍼마켓과 비교할 때 작은 구멍가게의 그것과 다르지 않다. 마을 주민들은 시내보다 가격이 몇 리엘 비싸기 때문에 이 가게에서 물건을 사지 않지만, 생필품이 떨어졌지만 시내에 갈 수 없거나 급할 때, 단기 외상으로 사고 싶을 때는 이 가게를 찾는다. 가게 주인들은 또한 가끔 마을 사람들이 만든 팜설탕을 구매하는 역할도 한다.

(c) 도시. 프놈뻰에는 여러 개의 대형 시장이 있고, 국내 물품과 수입품 모두를 파는 다채로운 상점과 매장이 있다. 프놈뻰의 물품 가격은 보통 껌뽕 뚜얼 보다 싸지만, 프놈뻰으로 가는 데 약간의 시간과 버스 요금이 들기 때문에 도시에서 물건을 사는 경우는 드물고 보통 껌뽕 뚜얼에서는 구할 수 없는 특정 물품(예: 더 좋은 품

스와이 마을 사람들에게 판매될 때 일종의 수평(또는 지그재그) 교환이 있다. 수직적 교환은 상품의 생산자와 소비자가 서로 다른 계층에 있는 도시로의 상품 이동을 '위로' 또는 (주로 여기의 경우처럼) 도시에서 '아래로' 이동하는 것을 포함한다.

84 스와이 서리 주민들이 캄퐁 뚜얼에서 판매할 잉여 상품을 풍부하게 보유하고 있는 경우는 드물지만, 이런 일이 가끔 발생한다. 고용과 관련하여 네 명의 남성이 읍내에서 직업을 가졌다. 금 장인, 금속 세공인(둘 다 몇 년 동안), 목재 야적장 근로자, 르목 운전사였다.

질의 옷, 직조용 비단실) 등을 살 때 프놈뻰에 간다. 중간상인의 개입 없이 직접 농산물을 판매하는 경우는 더 어렵다. 앞서 언급했듯이, 스와이 서리는 때때로 프놈뻰의 상인들에게 쌀을 직접 팔았지만, 소달구지가 도시로 들어가는 것이 금지된 이후 이러한 관행이 줄어들었다(다른 지역에서 온 마을 사람들이 버스를 타고 쌀을 가져오기도 한다). 그러나 프놈뻰은 스와이 서리 주민들에게 임시 일자리를 제공하고, 시골에서 이주하는 사람들에게 더 영구적인 일자리를 제공한다는 점에서 매우 중요하다.

재산과 상속

재산에 대한 감각은 마을 생활에서 고도로 발달한다. 커뮤니티 안팎의 거의 모든 것(모든 나무, 모든 길이의 밧줄, 약간의 물에서 산란하는 모든 물고기)은 궁극적으로 주인이 누구인지 알 수 있다. 소유물의 주요 유형의 속성은 다음과 같이 구분할 수 있다. (1) 토지: 논, 주택지 및 마을 내에 위치한 특정 부동산, 마을 밖 미경작지, 물웅덩이 (2) 나무, (3) 주택과 가구, (4) 다양한 장비, 기구 및 공구, (5) 소와 다른 가축, (6) 보석, (7) 의류와 같은 개인 소지품. 이러한 항목은 상속, 구매 또는 증여를 통해 취득할 수 있다. 소유권이 확립되면 법에 따라 재산권은 (일부 스와이 서리 마을 **사람들**이 사범학교 건축을 위해 토지를 팔아야 했던 경우처럼 공공 **이익**이나 비상사태의 경우 정부에 의해 몰수될 수 있는 경우를 **제외하**고는) 절대적이며, 영구적이다. 또한 재산은 소유자의 **의사에 따른** 대출, 임대, 매각, 증여 또는 상속으로 이전된다.

재산 소유권은 보통 본질적으로 매우 개별적이다. 공동소유의 사례도 발생하며, 일반적으로 남편과 아내가 함께 노동력을 투여했거나 자원공유를 통해 재산을 구입하거나 취득한 경우이다. 다른 사람(예: 형제, 자매)과 재산을 공유하는 것이 법적으로 가능하지만, 실제로 그러한 상황은 마찰과 최종적인 불화로 이어질 수 있기에 매우 드물다. 결혼생활에서도 재산(공동소유는 제외)은 궁극적으로 분리된 상태로 유지된다. 각 배우자는 자신이 결혼할 때 가져온(또는 결혼 중 상속받은) 모든 물건에 대한 소유권을 가지고 있다. 결혼 기간 남편과 아내는 자유롭게 서로의 재산을 활용하고, 생산물이나 수익을 나누며, 보통 어떤 항목이 어떤 배우자의 소유물인지, 혹은 공동재산인지에 대해서는 거의 생각하지 않는 것이 사실이다. 그러나 배우자의 동의 없이는 그(그녀)의 재산을 처분할 수 없다. 그리고 이혼의 경우, 각 배우자는 결혼 초기에 소유했거나 결혼 중 취득한 모든 재산을 되찾는다. 혼인 중 공동으로 벌어들인 재화나 재산은 서로 균등하게 분배된다(이혼 시 재산 처분에 대한 자세한 내용은 제6장 참조). 배우자가 사망한 경우, 생존한 미망인은 상속인 자격이 있는 자녀나 기타 가까운 혈족이 없는 경우가 아니라면 사망한 배우자의 재산에 대한 소유권을 승계하지 않고 유언을 집행하고 그것들을 사용할 권리만을 갖는다.[85] 마을 생활에서는 미성년 자녀라도 선물로 받은 소유물이든, 자녀 자신의 수입으로 구입한 소유물이든, 상속으로 획득한 것이든 어느 정도 소유권이 있는 것으로 인식된다.[86]

---

85 결혼 재산에 관한 법률에 대한 비교 연구는 링앗(1955, 특히 2권) 참조.
86 예를 들어, 1번 집에 돈이 필요할 때, 18세 딸의 팔찌를 전당포로 담보로 삼으라고 부모에게 말했을 때, 그들은 딸이 자기 수입과 재산으로 보석을 샀기 때문에 그들 맘대로 팔찌를 팔 수 없다고 말하며 이를 거부했다.

토지는 마을 생활에서 가장 소중한 소유물이므로 논의할 가치가 있다. 또한 토지 소유권 및 사용에 관한 특정 사항은 다른 자산 항목에도 적용된다. 1884년 프랑스 행정부는 모든 땅에 대한 왕실 소유권 개념을 무효화하고 사유 재산제를 확립했다. 국가나 사원에 속하는 미사용 토지가 일부 지역에 여전히 있지만 개인 재산의 범위와 중요성은 점점 커지고 있다.[87]

여러 세대에 걸쳐 살아왔으며 인구 밀도가 높은 스와이와 그 주변의 모든 토지는 누군가의 소유이다. 촌락에 속한 공유지나 여러 사람이 공동으로 소유한 토지(배우자 공동소유 제외)는 없다. 토지에 대한 소유권은 주로 상속을 통해 승계되고 때로는 매매를 통해 취득된다.

토지 매매는 비교적 드물다.[88] 택지를 원하는 사람에게 마을 내 토지는 큰 망설임 없이 팔릴 수 있지만, 논 매매는 일반적으로 주인이 매우 궁핍하거나, 마을에서 이주하거나, 재산을 물려받을 자손이

---

87 식민지 이전 캄보디아에서는 왕이 자기 영토 내 모든 것(땅, 사람, 물)에 대한 최종 소유자라고 했다. 그러나 개인은 왕의 영토, 영속지에 속하지 않거나 사원, 관리 또는 왕실 농노가 점유하지 않은 토지에 대해 토지를 개간하거나 및/또는 연속 3년간의 용익권을 얻거나, 공무원에게 적절하게 통지하거나 세금을 납부하는 방법으로 거주하고 일하고 양도(상속, 판매 또는 임대)할 수 있었다. 그러한 권리는 토지가 사용되는 한 유지되고 토지가 3년 연속 버려진 경우에만 소멸된다(Aymonier 1900, 82-83). 개인이 단지 토지의 용익권을 갖고 있는지, 아니면 고대 크마에 사이에 진정한 개인 소유권이 실제로 존재했는지에 대해 여러 저자들이 상당한 논의를 벌였다. 그의 질문에 대한 다양한 관점을 검토하려면 클라인피터(1937), 모리죤(1934), 델버트(1961), 브루엘(1924)을 참조하라. 또한 리클레프스(1967)를 참조하라. 브루엘을 제외한 모든 사람은 비록 왕이 법적으로나 이론적으로 최종 소유자였지만 개인의 토지 소유권은 모든 실제적인 목적을 위해 존재했다고 주장한다. 클라인피터(1937)는 또한 시간이 지남에 따라 캄보디아에서 재산 개념의 발전과 다양한 영향에 대한 흥미로운 토론을 제공한다.

88 스와이 서리 주민들이 경작하는 논 약 146필지 중 약 20필지만 구입을 통해 취득했고 나머지는 상속받았다. 32채의 집터 중 2채만 매입한 것이고 나머지는 상속된 것이다.

없거나, 정부에서 강제로 살 때만 일어난다. 이에 대응하여, 대부분의 마을 사람은 땅을 사는 데 필요한 돈이 턱없이 부족해 땅을 사는 일이 그리 흔하지 않다. 땅값은 땅의 크기뿐만 아니라 위치나 질에 따라 달라진다. 주택부지 매매에 있어 위치는 중요한 요소이다. 신작로변이나 근처에 있는 부지는 이동 경로에 접근하기 쉽기 때문에 선호되며 따라서 더 비싼 반면, 도로에서 멀리 떨어진 곳에 있는 부지는 선호도가 낮고 가격이 싸다(신작로에서 몇백 미터 떨어진 스와이 서리 내, 18번 집은 약 15×30미터의 부지를 수천 리엘[27번 집에서]에 구입했다). 논 가격을 결정하는 데는 위치보다 토양의 질이 더 중요하다. 우수한 논밭 1ha의 가격은 3만-4만 리엘에 달할 수 있는 데 반해, 품질이 떨어지는 논은 1/10가격에 살 수 있다. 스와이 주변의 밭은 일반적으로 ha당 5,000리엘에서 8,000리엘 사이이다(정부는 사범학교를 짓기 위해 수용한 토지에 대해 ha당 5,000리엘을 줬으며, 마을 사람들에게 이를 인색하다고 생각했다).

정부에 대한 토지 매각을 제외하면, 토지는 거의 항상 지역 사회 안에서 누군가에 의해 매매된다. 간혹 땅이 스와이 근처에 위치한 경우, 인접 마을의 누군가로부터 그 땅을 매입할 수도 있고, 아니면 이전 거주자나 마을로 이사하려고 하는 스와이 거주자의 친척들에게 땅을 팔 수도 있다. 외국인(예: 중국인)을 제외한 모든 사람이 스와이의 토지를 구매할 수 있어, 판매를 제한할 방법은 없다(예: 울프 1955, 1957년에 논의된 '폐쇄된 공동체'). 하지만 실제로는 마을 사람들의 배타성과 낯선 사람에 대한 불신 때문에 주민들과 전혀 모르는 사람이 토지를 사서 마을로 이사하려고 할 가능성은 거의 없다.

용익권(타인의 토지 또는 건물을 일정한 목적을 위하여 사용·수

익힐 수 있는 물권)은 현실적이며 민법(Clairon 연도 미상, 189-193 참조)과 마을 생활 모두에서 인정된다. 스와이 서리에서는 다음과 같은 종류의 용익 약정이 일반적이다. (1) 용익권은 암묵적일 수 있으며 소유자의 허가를 요청할 필요는 없다. 예를 들어, 가족 또는 가구 구성원은 일반적으로 서로의 재산을 자유롭게 사용한다. 건기에는 소가 논에서 풀을 뜯을 수 있다. 마을 내 탁 트인 공간은 계속해서 지름길, 놀이터 등으로 사용된다. 물웅덩이에서는 소를 씻기거나 작은 물고기를 잡을 수 있다. 그러나 타인의 재산에 대한 이러한 무상사용은 소유주가 독점권을 주장하고자 하는 중대한 순간에 갑작스럽게 취소될 수 있다는 점에 유의해야 한다. 이에 대한 몇 가지 예가 있다(그중 일부는 이전에 언급됨). (a) 연중 대부분의 기간 소는 논에서 풀을 뜯거나 꼴를 얻을 수 있다. 그러나 소 꼴을 구하기 어려운 특정 달에는 논 소유주 외에는 논둑에서 풀을 베는 것이 금지된다. (b) 이와 유사하게 마을 사람들이 종종 작은 마을 옆에 있는 여러 웅덩이에서 물고기를 잡지만 물고기가 가장 크고 가장 많은 장마가 끝나는 시기 주인이 물웅덩이를 울타리로 막아버리면 주인 외에는 아무도 거기서 물고기를 잡을 수 없다. 어떤 물웅덩이의 물을 빼면 그 웅덩이 안에 있는 물고기는 웅덩이 소유자의 정당한 재산으로 간주된다. (c) 마을 서쪽의 미개간지는 **보통** 사람이 살지 않는 곳으로 보이며 마을 사람들이 자유롭게 휴식을 취하거나 야생 식물을 채집할 수 있다. 그러나 흙 운반 작업이 진행 중일 때, 이 땅의 소유주들은 마을 사람에게 흙을 파내거나 심지어 단지 차를 타고 건너가는 데도 수수료를 요구했다.

(2) 용익권은 특별한 약정이나 임대료 지불 없이도 소유자가 부여할 수 있다. 예를 들어, 다른 마을에서 온 흙 운반꾼들은 허락만

받는다면 여러 사람의 땅에 임시 거처를 설치할 수 있으며 임대료는 부과되지 않는다. 토지 이외의 물건도 친척이나 이웃에게 무료로 빌려주는 경우가 많다. 예를 들어, 모이Moy(25번 집)는 이사 간 여동생의 집을 자유로이 사용하고, 신부는 결혼식에서 친구나 친척들로부터 장신구와 옷을 빌리고, 27번 집은 마을 사람들의 생애주기 행사에 빌려주려고 놋쇠 징을 구입했다.

(3) 사용에 대한 일부 지불을 조건으로 소유자가 용익권을 부여할 수도 있다. 스와이에서는 돈을 받고 땅을 빌려주는 일은 없지만, 소작농 계약은 일반적이다. 그러나 다음 트나온은 종종 돈을 받고 임대된다. 또한 소가 없으면 소도 빌릴 수도 있다.[89]

상속

캄보디아의 상속제도에 대해 논의할 때 두 가지 수준을 고려해야 한다. (1) 민법의 광범위하고 상세한 법 규정(Clairon 연도 미상, 122~163, Lingat 1952~55, 2;130-135, 169-171),[90] 그리고 (2) 우리의 주요 관심사인 마을에서 덜 정형화되고 단순한 상속 패턴이다. 둘 다 (법전은 전통적 관행에 크게 기초하고 있기 때문에) 동일한 근본 원칙을 활용하지만, 마을 사람들 간의 상속은 민법에서 논의된 일부 상황처럼 복잡해지는 경우는 거의 없다. 그러나 상속 분쟁은 마을 생활에서 종종 발생하고, 때로는 공무원이나 법원

---

89 특정 품목의 임대는 상업적인 시도로 수행될 수 있다고 언급될 수 있다. 예를 들어, 이웃 마을의 여성은 결혼식 의상을 위해 옷과 기타 장신구를 대여하고, 캄퐁 투얼의 중국인은 생애주기 행사를 위해 마을 사람들에게 의자, 테이블, 접시, 확성기, 축음기 등을 대여한다.
90 상속에 관한 19세기 및 그 이전의 법률에 대해서는 르끌레어(1898, 1:340-43, 347-56, 361-72, 383, 467; 2:32, 38, 45, 480-82, 525, 550-51, 587-88), 에이모니어(1900, 85) 참조.

의 판결을 받아야 하는 경우가 있으므로 특정 사항에 대해 설명하기 위해 공식적인 법규를 참고할 것이다.

마을 생활의 기본이자 이상적 원칙은 다음과 같다. (1) 남녀 모두 어떤 재산이든 물려받을 수 있으며, 특정 유형의 재산이 특정 성별에게 전달되어야 하는 규칙은 없다. (2) 상속은 분할 가능하다. 유산은 일반적으로 여러 상속인에게 분할될 수 있고 분할된다. (3) 자녀는 으뜸가는 상속자이다. 모든 합법적인 자녀나 입양된 자녀에게 동등하게 상속되며 성별과 출생 순서는 중요하지 않다. (생존 배우자가 자녀를 대신하여 고인의 유산에 대한 유언 집행자 및 용익권자가 된다.) (4) 고인에게 자녀가 없는 경우 상속은 사망자의 부모에게, 후자가 이미 사망한 경우 사망자의 형제자매에게 상속된다.[91]

상속의 실제 사례를 논의하기 전에 먼저 재산의 양도 시기와 방식에 대해 언급하겠다. 논은 부모가 사망할 때까지 기다리지 않고 대개는 자녀가 결혼할 때 양도되는 경우가 대부분이다. 실제로 때로는 자녀가 청소년기 후반이 되면 자신의 논을 지정받기도 한다.

---

91 이전 범주의 상속인이 모두 존재하지 않는 상황을 제보자는 상상하기 어려웠다. 그러나 법률에서는 고인에게 자손이 없는 경우 상속인의 순서를 다음과 같이 명시한다. (a) 부모, (b) '조상', 조부모로 추정, (c) 형제자매(의붓형제자매 친형제자매의 절반만 상속), (d) 생존 배우자, (e) 숙모, 삼촌, 사촌, (f) 상속인이 없을 경우 국가(Clairon 연도미상, 125~126). '대리'라는 법적 원칙에 의해 추가적인 문제가 발생한다. 즉, 이미 사망한 잠재적 상속인의 자손이 사망한 부모(부모가 입법자의 자녀 또는 형제자매인 경우)에게 상속을 청구할 수 있는 '대리'의 법적 원칙에 의해 추가 혼론이 발생한다. 예를 들어, X가 사망한 딸에게서 태어난 아들과 손주를 남기고 사망한 경우, 손주들은 X의 유산 중 죽은 어머니의 몫을 요구할 수 있다(Clairon 연도 미상, 125~27). 친척이 아닌 사람도 재산을 상속받을 수 있다. 그러나 법에 따라 고인의 재산 중 절반만이 친족이 아닌 사람에게 양도될 수 있다. 나머지 절반은 상속을 받지 못한 경우를 제외하고 생존 배우자와 자손의 부양을 위해 보관되어야 한다(Claron 연도 미상, 142~43, Lingat 1952-55, 2:171).

신혼부부는 새로운 가정을 꾸리기 위한 자원이 필요해 집터로 쓸 토지, 나무, 부모의 집, 보석 등과 같은 다른 재산도 받는 경우도 많다.[92] 그렇지 않으면 다른 재산(예: 아직 미혼 자녀)에 대한 처분 의사를 부모는 죽기 전에 자녀에게 알려야 한다. 1920년 이후로 유일하게 법적으로 유효한 유언장은 서면 유언장(상속인이 아닌 증인 2명의 입회하에 하위 지구장에게 지시하거나 유언자 본인이 직접 작성)뿐이다(Clairon 연도 미상, 135~38). 마을 사람들은 상속인 사이에 발생할 수 있는 분쟁을 피하기 위해 서면 유언의 가치를 알고 있지만, 가족과 신뢰할 수 있는 연장자 또는 친구에게 말로 하는 구두 유언이 여전히 일반적이다.

그럼에도 불구하고, 분할할 수 있거나 분할할 수 없는 특정 재산(예: 집 또는 작은 논)과 관련하여 유언 없이 사망하는 경우나, 특정 재산의 분할에 대해 상속인 간에 의견이 일치하지 않는 경우(특히 구두 유언장)가 있다. 상속인은 재산을 매각하고 돈을 동등하게 나누거나 재산을 공평하게 나누는 데 동의하는 것과 같은 만족스러운 해결책을 찾을 수 있다. 그러나 상속인이 원만한 합의에 도달하지 못하고 상속에 대한 다툼이 흔한 경우에는 먼저 그 문제를 관할 면장에게 맡겨야 한다. 그의 판결이 상속인에게 받아들여지지 않으면 다음으로 군수와 상의하고, 또는 최후 수단으로 지방 항소 법원에 상소한다.[93]

부양해야 할 배우자와 자녀가 있는 경우, 개인의 사망했다고 해

---

92 자녀가 결혼할 때 토지나 주택이 구두로 '제공'될 수 있지만, 많은 경우 소유권 이전과 관련된 번거로움 때문에 부모가 사망할 때까지 토지는 공식적으로는 부모의 이름으로 계속 등록된다. 그러나 그 자녀는 토지의 완전한 사용권을 갖게 된다. 마찬가지로, 집이 아이에게 말로 상속되더라도 부모(젊은 부부 포함)가 계속해서 집에 거주할 수 있다.

서 그/그녀의 모든 재산이 즉각 분할되는 것은 아니라는 점에 유의해야 한다. 자녀가 있는 미망인은 처분할 수 없지만, 자손을 위해 사망배우자의 재산에 대한 관리인이 되고 용익권을 갖는다. 법에 따르면 미망인은 재혼하거나 첩이 되거나 '무가치하게' 생활하지 않는 한 배우자 재산의 1/3(홀아비인 경우, 2/3)에 대한 소유권도 받는다. 그러나 남편이 살아 있는 동안 그녀를 간통죄로 고소하지 않는 한 그녀는 공유 재산의 1/3을 받을 수 있지만, 혼인에서 낳은 자녀가 없으면 과부는 남편의 재산을 유업으로 삼을 수도 없고 다른 정당한 상속자에게 주어야 한다(Cairon 연도 미상, 128~130, Lingat 1952-1955, 2:130-135, 169~170을 참조하여 생존 배우자, 특히 과부의 권리와 의무에 대한 자세한 내용을 확인하라).

이제 마을 생활에서 상속의 실제 사례와 패턴에 관한 질문으로 돌아가서 실제로는 이상적인 원칙 중 일부를 따르고 다른 원칙은 따르지 않는다.

(1) 남성과 여성 모두 실제로 모든 종류의 재산을 증여하고 상속한다. 예를 들어, 다음 소유권 및 상속 사례를 참조하라.

---

93 문제가 법원에 도달하는 경우 법은 상속인(또는 대리 원칙이 적용되는 경우 가족의 분지) 수만큼 유산의 지분을 설정하도록 규정하고 있으며 이는 현지 관행과 상속인 다수의 희망, 재산의 성격에 따라 결정된다. 그런 다음 상속인은 부동산의 여러 부분에 대해 제비를 뽑는다. 재산의 가치가 현저하게 감소하지 않고는 유산을 분할할 수 없는 경우, 상속인 중 한 사람이 다른 사람에게 정당한 부분의 가치를 상환한다는 조건으로 재산을 상속한다. 재산분할에 합의가 이루어지지 않으면 재산을 매각하고 그 수익금을 상속인에게 나누어준다(Clairon 연도미상, 156).

a. 논

남성 소유, 아버지로부터 상속	4건
남성 소유, 어머니로부터 상속	4건
남성 소유, '부모'로부터 상속[94]	8건
여성 소유, 아버지로부터 상속	6건
여성 소유, 어머니로부터 상속	10건
여성 소유, 부모로부터 상속	5건

b. 마을 내 토지

남성 소유, 아버지로부터 상속	2건
남성 소유, 어머니로부터 상속	6건
남성 소유, 부모로부터 상속	4건
여성 소유, 아버지로부터 상속	5건
여성소유, 어머니로부터 상속	10건
여성소유, 부모로부터 상속	1건

c. 주택 (및 가구 등)

남성 소유, 어머니로부터 상속	3건
여성 소유, 아버지로부터 상속	2건
여성 소유, 어머니로부터 상속	10건
여성 소유, (부모)로부터 상속	1건

수치에서 분명히 알 수 있듯이, 특히 주택과 관련하여 상속자와 상속인의 수가 여성이 남성보다 약간 많다는 통계적 경향이 있다.

이 측면은 처거제 경향과 일치한다. 마을 사람들은 여성이 남자보다 결혼 후 집에 더 자주 남아 있어 집이 일반적으로 딸에게 넘어간다고 알고 있지만 이것이 정해진 규칙은 아니다. 예를 들어 여

---

94 '부모'로부터 상속에서 '부모'라는 용어는 정보 제공자가 재산이 아버지에게서 상속받았는지 어머니에게서 상속받았는지, 두 부모 모두 일부 재산의 공동 소유자인지 확실하지 않음을 나타낸다.

성용 장신구와 베틀과 같은 물건은 딸에게, 도구와 소는 아들에게 가는 경우가 많다. 그러나 항상 그런 것은 아니다[95](일부 제보자는 보석은 보통 성별에 상관없이 좋아하는 자녀나 자녀들에게 준다고 말했다).

(2) 상속은 상속인이 한 명만 있는 경우를 제외하고 항상 분할 가능하다.

(3) 자녀는 실제로 유산의 1차 상속인이지만, 자녀들에 대한 균등 상속의 이상이 지켜지지 않는 경우가 실제로 자주 발생한다. 많은 부모는 상속이 항상 재산의 유형은 아니더라도 가치 측면에서 같아야 한다는 원칙을 따르려고 한다. 예를 들어, 뷔레악(1번 집)과 그의 두 형제의 경우 논은 뷔레악과 그의 형제에게 균등하게 분배된 데 반해, 부모의 집(모든 가구, 도구 등이 포함됨)과 마을 토지는 그의 여동생에게 주어졌다. 마을 사람들은 실제로 개인의 편애나 개인의 상황에 의해 좌우되는 불평등한 상속이 많이 발생하기 때문에 유산이 자녀에게 어떻게 분배될지 정확히 예측하기 어렵다는 것을 인정할 것이다. 발생할 수 있는 주요 고려사항은 다음과 같다.

(a) 결혼 후 부모의 집에 살거나 부모를 자기 집으로 모셔 돌아가실 때까지 연로한 부모를 부양하고 돌본 자녀는 다른 자녀보다 더 많은 몫을 받게 된다. 자녀가 계속 부모와 사는 경우 가족 주택과 집에 딸린 것을 모두 상속받는 것이 일반적이다(토지 및/또는 형제, 자매가 상속한 것과 유사한 기타 재산에 추가).[96] 예를 들

---

95 자드로즈니(1955, 313)의 진술 참조: '딸들은 가재도구, 돈, 보석과 같은 재산을 더 많이 상속받는 경향이 있다. 일반적으로 아들은 더 많은 토지를 받는다.'

어, 꼼페아와 리윽(20번 집)에게는 두 아들이 있다. 그 중 한 명은 프놈펜에 살고 있고, 릍Rith은 부모님과 함께 남아 가족과 함께 부모를 모시고 있다. 릍은 이미 부모의 논에서 약 5분의 3을 받았고, 부모가 사망하면 부모의 집과 그 안에 있는 모든 것, 주택 부지와 마을의 기타 토지, 나무, 소, 작업 도구 전부와 보석 등을 더 물려받게 된다. 이것은 그의 어머니가 말했듯이 '그의 의무는 너무 무거웠다'라고 여겨지기 때문에 적절한 것이다(3장에서 언급했듯이, 출생 순서나 성별[97]에 따라 어떤 아이가 집에 남아 부모를 돌볼 것인지에 대한 명확한 예측 가능성은 없지만, 아들보다 딸일 가능성이 더 크다).

(b) 결혼하면서 마을에서 나가는 자녀는 논밭을 받을 수 없으며, 특히 가족 재산이 적거나 자녀가 많은 경우에는 더더욱 받을 수 없다. 수많은 예 중 하나를 들자면 쓰레이(1번 집)는 8명의 자녀 중 하나였다. 결혼 후 다른 지방으로 이사한 그녀의 형제 중 4명은 논을 받지 못했다(장신구와 같은 동산은 얻었지만). 논과 다른 땅은 스와이에 머물렀던 쓰레이와 다른 3명의 형제에게 동등하게 분배되었다.

그러나 앞의 일반화에는 몇 가지 자격이 있다. (i) 결혼해 가까운 마을로 이사하는 자녀는 일을 할 수 있을 만큼 가까이 거주할 것이기 때문에 적어도 작은 토지를 받을 수 있다. 따라서 결혼하여 스

---

96 집과 그 모든 가구, 식기, 도구 등은 물론 집 부지와 종종 가축도 한 패키지로 한 상속인에게 가는 경우가 많지만, 해당 상속인은 일부 품목을 형제자매나 기타 가까운 친족에게 나누는 경우가 많다.
97 식민지 이전 전통은 에이모니어(1900, 85)에 따르면, '법으로 승인된 고대 **관습**은 모든 남동생을 부양해야 했던 장남에게 두 배의 몫을 주고, 노후에 부모를 **부양**하는 진정한 기둥인 막내에게는 두 배의 몫을 준다.'는 점 참조.

와이 서리에 온 많은 사람, 특히 그들이 따짜나 츅 등 이웃 마을 출신일 때 그들은 자기가 태어난 마을 근처에 본인 소유의 논이 있다. (ii) 부모의 재산이 충분하면 먼 지역으로 이주한 자녀도 논을 상속받아 친척이 소작하게 할 수 있다(예: 20번 집에 를은 프놈뻰에 사는 형제가 상속한 논을 소작한다). (iii) 때때로 이주하는 자녀는 논이 아닌 마을 안 토지를 상속받을 수 있다. 예를 들어, 쎈(6번 집)은 아내의 마을에 살러 갔기 때문에 결혼할 때 논을 얻지 못했지만, 결국 마을 안에 있는 땅을 조금 받았다.[98]

(c) 자녀가 비교적 부유한 사람과 결혼하거나 최소한 가족을 부양할 만큼 충분한 논을 소유한 사람과 결혼하는 경우 더 적은 몫을 받거나 상속받지 못할 수도 있다. 특히 자녀 수에 비해 부모의 재산이 적은 경우에는 더욱 그러하다. 일례로 *판나*(3번 집)는 결혼 후 스와이 서리에 남아 있던 4명의 형제자매 중 한 명이다(3명의 자녀는 다른 곳으로 이사함). 그는 거의 1ha의 논을 상속받은 중리 출신의 여성과 결혼했기 때문에 논을 받지 못했다. 스와이 서리의 다른 세 형제는 각각 작은 논을 받았다.

(d) 자녀가 더 적은 상속을 받을 수 있는 또 다른 상황은 자녀가 사망하기 전에 부모가 자녀를 위해 화려한 결혼식 또는 새집을 마련할 자금을 준비한 경우이다. 따라서 부모가 사망하면 아직 결혼하지 않은 자녀가 더 많은 유산을 받을 수 있다. 왜냐하면 그들의 결혼은 아직 이루어지지 않았고 일반적으로 그들의 미래가 보장되

---

98 위에서 설명한 세 가지 상황으로 인해 스와이서리에서 태어난 개인(또는 스와이 서리 부모에게서 태어난 사람)이 결혼 후 다른 곳으로 이주한 후 나중에 동네로 돌아와 그들이 지역 사회 내에서 상속받은 토지(논이나 집터)를 활용하는 경우가 많이 있다.

어야 하기 때문이다.[99]

(e) 앞서 살펴본 모든 불평등한 상속 분할 사례는 연로한 부모를 부양해야 하는 가장 무거운 짐을 지고 있는 자녀들은 그들의 노력에 대한 보상으로 더 많은 몫을 받고, 이주나 성공적인 결혼으로 땅이 필요하지 않은 자녀들은 논을 거의 또는 전혀 받지 않는 등 다양한 요인을 고려하여 여러 자녀의 형편을 고르게 하려는 부모의 공정한 노력의 결과이다. 그러나 부모가 재산 분할에 있어 상당히 자의적일 수 있으며, 가장 좋아하는 자녀 또는 자녀들에게 더 많은 상속 재산을 줄 수도 있다. 이상적으로는 모든 자녀가 똑같이 사랑받지만, 마을 사람들은 한 명 또는 일부의 자녀를 특별히 좋아하는 것이 드문 일은 아니라고 솔직하게 말한다. 대부분 가장 사랑받는 자녀는 노년에 부모를 돌보는 자녀이지만, 항상 그런 것은 아니다. 예를 들어, 뽈 *pol*의 형은 노년에 부모와 함께 살며 부양했지만, 부모가 느끼기에 모든 자녀 중에서 가장 사랑스럽고 사려 깊다고 생각되는 자녀는 뽈이어서 다른 형제들보다 더 큰 논을 받았다. 반대로, 부모와 말다툼하거나, 무례하거나 배은망덕한 모습을 보이거나, 도움이 필요할 때 도움을 주지 않거나, 장례식에 참석하지 않은 자녀에게는 거의 또는 전혀 주지 않는 상황도 있을 수 있

---

99 한 정보원은 또한 결혼한 첫 아이가 다른 아이들이 최종적으로 얻게 될 것보다 약간 더 많은 땅을 받는 경우도 있다고 말했다. 그 이유는 부모가 행복한 행사에서 열의와 관대함으로 넘쳐흘렀거나, 부모가 나중에 더 많은 자손을 낳을 수 있고, 그로 인해 가족의 첫 번째 결혼 당시 토지의 균등한 분할로 보였던 것이 혼란스러워졌기 때문이다.
100 실제로 현대와 고대 법률 모두 고인에 대한 범죄, 특히 고인의 마지막 질병에 대한 돌봄을 소홀히 하거나, 장례식에 참석하지 않은 상속인에 대해 상속을 박탈하거나 상속을 덜할 것을 명시적으로 규정하고 있다(Claron 연도 미상, 123-24, Leclère 1898, 1:348-51, 355 참조).

다.[100]

(4) 마지막으로, 개인이 후손을 남기지 않고 사망하는 경우, 법률 및 관습에 따라 그의 재산은 먼저 사망자의 부모에게 돌아가야 한다. 부모가 이미 사망한 경우라면 상속은 사망자의 형제들에게 넘어간다. 그러나 마을 여론은 형제들이 유산을 보유하지 말고 팔아서 고인을 위한 화려한 장례를 치러야 한다는 의견이 지배적이다. '성격이 나쁜 사람'이 자신과 자녀들을 위해 재산을 유지하는 것으로 알려졌지만, 그런 행동은 용납되지 않는다.

제5장

종교

상좌부불교는 크마에 농민이 성실하고도 독실하게 믿고 있는 캄보디아의 국교이다. 그러나 마을의 종교와 의례 생활은 불교뿐만 아니라 힌두와 전통적 토착 민속종교 요소가 혼합된 것으로 보는 것이 타당하다. 한때 일부 고대 왕국에서 지배적이었던 힌두교는 (당시 백성들이 완전히 이해하고 수용한 적은 없었겠지만,) 의례, 상징, 세계관 영역에서 개별적으로 남아 현재까지 이어지고 있다.[1] 그러나 마을 사람들이 여전히 확고하게 따르는 의례나 실천뿐만 아니라, 다양한 초자연적 존재도 크마에의 가장 오래된 종교인 민속종교에서 나온다. 관찰자가 마을의 종교적 신앙과 실천의 다양한 요소를 하나 또는 그 이상의 종교 전통으로부터 파생된 것으로 구별해 낼 수는 있겠지만(물론 때로는 어렵다) 마을 사람들은 그것들이 서로 분리된 것으로 생각하지 않는다. 오히려, 일반 크마에 사람들에게 붓다와 귀신, 사원에서 기도하는 것과 귀신에게 기도하는 것, 승려와 영매는 모두 원래 단일한 종교 체계의 일부이며, 필요에 따라 시의적절하게 이용하는 것일 뿐이다.[2] 그러나 설명의 편의를 위해 나는 불교와 민간신앙을 구별해서 논의할 것이다.

---

[1] 예를 들어, 힌두 신과 여신에서 파생된 특정 마이너한 신(*떼와다*)에 대한 믿음, 의식에서 흰 면사 사용, 나가(크마에: *니윽*) 상징 등. 스타인버그(1959, 73~74)도 참조하라.

[2] 레드필드가 큰 종교적 전통과 작은 종교적 전통이라고 부른 그러한 혼합은 다른 테라와다불교 문화에서만이 아니라(예를 들어 싱할라에 대한 오베예세크레(1963), 버마에 대한 브롬(1963), 네쉬(1963), 태국에 대한 카우프만(1960), 네쉬 등(1966)의 다양한 기사 참조. 일반적으로 농민들 사이에서도 흔히 볼 수 있다(Redfield 1956, Wolf 1966 참조). 고러 Gorer(1967)도 참조.

불교(쁘레아 뽄 싸스나)[3]

사원과 거기 사는 사람들

불교 사원과 승려는 캄보디아에서는 흔한 풍경이다(1950년대 캄보디아 승려는 약 37,000명에서 68,000명, 사원은 2,500개에서 2,800개에 이른다(Martini 1955a, 409, Delvert 1961, 139). 모든 마을에는 그 안에 사원이 있거나 적어도 가까운 데 사원이 있다(사원 분포에 대해서는 Delvert 1961, 219-220 참조). 스와이 마을 사람들은 사실 마을 동쪽 끝에 있는 사원인 오왈 스와이와 껨뽕뚜얼 가는 길로 서쪽 2km 정도에 있는 오왈 썸낭, 두 사원 모두에 다닌다.

각각의 공간적 배치와 크기는 다를 수 있지만, 사원 경내는 일반적으로 다음과 같은 특징이 있다. (1) 사원 경내를 둘러싼 돌담이나 시멘트 담장(입구가 여러 개 있음)은 세속과 성스러운 세계 사이를 실제적이면서도 상징적으로 나누는 역할을 한다. (2) 중심 건물인 뷔히어는 아치형 기와지붕이 있고, 채색된 돌이나 시멘트로 지어졌다. 출입구는 동쪽에 난 문 하나뿐이지만, 지반보다 높게 지어져 사방에 계단이 있고, 그 안에 불상과 다채로운 장식이 있는 화려한 제단이 있다. (3) 쌀라Salaa는 하나 이상이 있을 수 있고, 여러 방향 또는 사방에 문이나 창이 있으며, 종종 작은 제단을 모셔놓은 지붕 있는 구조물이다. 쌀라는 여러 가지 목적으로 사용되는데, 예를 들어 승려들이 밥을 먹고 손님을 접대하는 공간으로 사용

---

3 쁘레아 뽄 = 신성한 부처, 싸스나 = 종교, 빨리어 붇다싸스나에서 유래. 다른 캄보디아 종교 용어가 파생된 오리지널 빨리어와 산스크리트어에 관해서는 네쉬 등에서 머스그레이브 Musgrave의 용어집(223쪽 이하)을 참조.

된다. 또 많은 의례의 상당 부분이 뷔히어가 아니라 쌀라에서 열린다. 그리고 교실이나 숙박객을 위한 잠자리 역할도 한다. (4) 승려용 기숙사도 하나 이상 있는데, 그것은 개별 승려들을 위해 여러 개의 공간으로 나뉘어 있고, 목재나 시멘트로 만들어진다. (5) 일반적으로 승려들이 목욕할 수 있는 연못이나 물웅덩이가 있다. 이 외에도, 사원 경내에는 주방, 학교 건물, 승려를 섬기거나 명상하러 오는 사람들을 위한 작은 쉼터, 죽은 자의 유골이나 중요한 고인을 기리는 기념물, 몇몇 토착령을 모시는 제단이 있다.[4] (오왈 스와이의 배치는 지도 4를 참조하라). 보시금이나 기부로 자금이 모여야 작업이 진행되기 때문에 각종 건물이 신축 중이거나 재건축 중인 경우가 많다. 그러나 건물과 경내 전체는 잘 관리되고 있으며, 대개의 사원들이 그렇듯 나무들을 비롯한 다양한 식물들은 깔끔하고, 다채로우며, 고요함을 뽐낸다. 넉넉한 부지와 거의 숲과 같은 울창함, 그리고 활발하게 오가는 원숭이들로 인해 오왈 썸낭은 그 분위기를 즐기기 위해 프놈뻰에서 소풍 오는 방문객까지 있을 정도이다.

각각의 오왈(사원)은 다음과 같은 구성원들로 이루어져 있다. (1) 승려들(문자 그대로 '승가의 주인' 또는 승려의 형제단[Leclere 1899, 394])은 사원에서 부여하는 지위에 따라 위계가 구별된다. 승단에서 임명한 주지승(*짜우 아티까*, 때로는 *메 오왈*으로 불림)은 종교적, 세속적 법률에 따라 사원의 인력, 재산, 일반적 유지 관리를 감독하는 주요한 책임을 진다.[5] 그는 두 명의 호법승, 좌법승

---

4 사원부지, 건축물, 인테리어, 불상, 제단 장식, 종교 그림 등에 대한 자세한 논의는 르끌레어 1899, 433-95 참조.
5 임명 방식과 사원 수준 이상의 종교 계층 조직에 대한 논의는 마티니(1955b, 416-

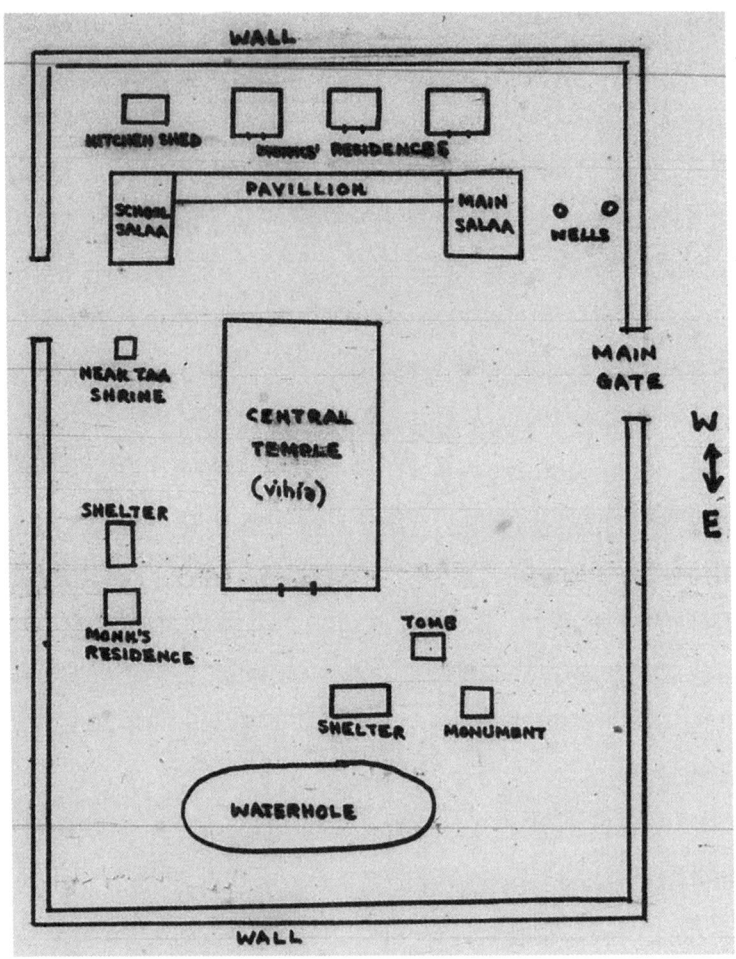

---

24) 참조. 이 조직은 두 가지 의미에서 자율적이다. 첫째, 캄보디아 승려들은 다른 테라와다Theravada 불교 국가들과 구조적으로 아무런 관계가 없다. 둘째, 캄보디아의 두 종교 조직(아래 참조)은 각각 자신의 종승, 다양한 계급, 세속적인 정치적 구분과 유사하게 지방, 지역, 마지막으로 지역 단위로 구분되는 지역 협의회를 통해 유사하지만 별개의 계층 구조를 유지한다. 또한 다양한 종류의 승려에 대한 다양한 용어에 대해서는 마티니(1955b)와 르끌레어(1899, 393-94)를 참조하라.

(꾸루 쏟 캉 츠웨잉)과 우법승(꾸루 쏟 캉 쓰담)의 도움을 받아 법회를 집례한다. 나머지 승려들은 20세 이상으로 완전한 계를 받은 비구와 20세 이하의 *싸마니*samani(사미승) 또는 *니인*niin으로 나뉜다(비구와 사미는 비공식적으로는 그들이 사원에 머문 기간에 따라 선후가 결정된다. 그러나 이것은 그들이 자리에 앉거나 줄지어 걷는 순서로만 나타난다). 계를 받거나 환속하는 것이 상당히 단순하고, 남성이 일정 기간 승려 생활을 하는 것이 일반적인 패턴이기 때문에 승려의 수는 어느 사찰이든 유동적이다. 1959년 12월, 오왈 스와이는 사미승을 포함 10명의 승려가 있었으며, 오왈 썸낭은 23명(이 중 다수는 다른 사원의 승려로, 이 사원에는 공부하러 온 이들이다)의 승려가 있었다. 그러나 주지승과 두 호법승은 (사실상 언제든지 떠날 수 있지만) 관례상 수년 동안 승려 생활을 하고 수도 생활에 전념하는 남성이다.[6]

(2) *꼬온 써 록*(문자적으로는 승려의 제자)는 승려를 섬기고, 종교적 지도를 받으며, 자신과 부모를 위해 '덕'을 쌓도록 사원에 보내진 약 7세에서 12세 사이의 어린 소년들이다. 대부분이 근처의 마을에서 온 이 소년들은 사원에서 먹고 자면서 요리와 서비스, 청소와 세탁, 여행 중 승려의 물건을 나르는 등 다양한 방법으로 승려를 돕는다. 그런 일을 하지 않을 때 소년들은 승려로부터 종교 교육을 받고, 공립학교에서 세속 교육을 받는다. 1959년 12월, 오

---

6 예를 들어, 오왈 섬낭의 주지 스님은 승단에 오른 지 32년이 되었으며 현재 모하니까이 승려들의 지방 의회 의원이다. 오왈 스와이의 주지승은 44년 동안 승려로 지냈다. 그는 오왈 스와이에서 출가했고, 프놈펜에 있는 불교 연구소에서 몇 년 동안 공부한 후 오왈 스와이의 주지로 돌아왔다. 두 사찰의 보조스님들은 출가한 지 8~10년 정도 된 사람들이었다.

왓 썸낭에는 9명의 꼬온 써 록이 있었고, 오왓 스와이에는 10명이 있었다.

(3) 일반적으로 여러 성인 재가신자들도 사원에 거주한다. 연로한 남녀는 수일에서 수개월 동안 사원에 머물면서 기도와 명상뿐만 아니라 승려들을 위한 각종 잡일을 하여 공덕을 쌓는다. 캄보디아 불교에는 비구니가 없다. 그러나 머리를 밀고, 흰옷을 입고, 승려에 버금가는 경건하고 금욕적인 생활을 하며, 승려와 사원에 다양한 봉사를 하는 돈찌Don Chi라는 여성들이 있다(Martini 1955a, 414).[7] 때때로 그들은 후자(경건하고 금욕적인 생활)를 위해 와서 혼자 조용히 기도할 수 있는 고립된 은신처에 머문다(Martini l955a, 414, Leclere 1899, 424~425 참조). 승려들이 먹고 남은 음식을 먹는 꼬온 써 록과는 달리 이들은 자기 음식을 스스로 해결해야 하지만, 사원 경내에 있는 작은 쉼터에서 생활한다. 1959년 12월, 오왓 썸낭에는 재가신자 6명이 머물고 있었고, 오왓 스와이에는 4명이 있었다.

(4) 마지막으로, 사원에 거주하지는 않지만, 중요한 구성원 중 하나인 *아짜*가 있다.[8] 그들은 승려와 재가신자, 종교적 세계와 세속 세계의 가교역할을 하는 재가신자 지도자이다. 주지는 다양한 사람들로부터 주민들이 가장 좋아하고 존경하는 사람이 누구인지에 대한 의견을 반영하여 아짜를 지명하고, 형식적으로 군수와 도지

---

7 캄보디아 불교에는 비구니가 없다. 그러나 머리를 삭발하고, 흰색 옷을 입고, 승려에 필적하는 경건하고 금욕적인 삶을 살고, 승려와 사원에 다양한 봉사를 하는 돈찌라고 불리는 여성들이 있다(Martini 1955a, 414).
8 이 용어는 종교 의례 문제에 대해 특히 잘 알고 있으며 생애주기 의식과 같은 사적인 의식을 집행하지만, 사원에 소속되어 있지 않은 남성에게도 적용된다. 아짜 오왓('사원 아짜')이라는 용어는 사원에서 공식적인 지위와 책임을 맡은 사람들을 구별하는 데 사용된다.

사의 승인을 받아 임명한다. 아짜의 주요한 책임은 의례에서 재가신자의 기도를 이끌고, 사원 축제의 조직, 진행을 지원하고, 사원과 그 재산에 대한 전반적인 관리를 돕는 것이며, 일반적으로 사원과의 관계에서는 재가신자의 대변인, 세속 세계와의 관계에서는 승려들의 대리인 역할을 하는 것이다. 아짜로 일하는 기간은 그의 바람이나 능력에 따라 다르지만, 일반적으로는 수년 정도이다. 오왈 썸낭에는 두 명의 아짜가 있다. 낮은 지위의 아짜(오른쪽 아짜)는 아짜(큰 아짜)의 다양한 임무를 보조하고, 그의 부재 시 대리 역할을 한다.

오왈 썸낭과 오왈 스와이에서의 삶은 주로 율장vinaya의 질서 있고 훈련된 일상을 따르는 것으로, 다른 상좌부불교 국가에서의 사원 생활과 비슷하다(P.157, 8줄. 예를 들어 태국과 버마에 관해서는 Pfanner and Ingersoll in Nash et al. 1966; Kaufman 1960, 131-135, Nash 1965, 147-148 참조). 승려들은 아침 7시쯤 제공되는 아침 식사 전후로 기도문을 암송(쏟 토와Sot Tova)하고, 오전에는 주지가 시킨 일들을 한다. 일부는 사원을 청소하고, 다른 일부는 공부하고, 손님과 이야기하고, 학교에서 가르치고, 인근 지역에 탁발을 나가기도 한다. 11시에 음식을 가져오거나, 단순히 방문한 재가신자와 함께 두 번째이자 하루 중 마지막 식사를 한다. 정오 이후에는 차나 물과 같은 음료는 허용되지만, 단단한 음식은 먹을 수 없다. 승려들은 간단한 기도문을 암송하고 침실에 들어가는 10시나 11시까지 여가에 다양한 허드렛일을 한다.[9] 다른

---

9 승려들의 일일 일정과 복장, 소지품에 대한 자세한 내용은 르끌레어(1899, 413~17, 420-24), 스타인버그(1959, 66), 마티니(1955a, 413-15) 참조.

사원의 승려가 올 정도로 교육 시설들로 유명한 오왈 썸낭에서는 다양한 종교 및 세속 과목(예: 지리, 역사, 종교 교리, 빨리어)를 가르치고 배우는 데 많은 시간을 할애한다.

승려의 일상은 매주, 격주, 연간 또는 기타 준수해야 할 일이 생기는 데 따라 달라진다. 예를 들어, 매주 있는 *틍아이썰*(성일, 아래 참조), 매월 두 차례 있는 승려들이 서로에게 죄를 고백하기 위한 모임(P.157, 25줄. Leclère 1899, 428-432; Martini 1955a, 415 참조), 승려들이 사원을 떠나는 것이 금지되는 우안거(7월에서 10월까지 우기 동안 승려들이 사원에 머물면서 수행하는 기간-번역자 주), 다양한 연례 불교 성일 준수, 승려가 초대되는 결혼식과 장례식과 같은 마을 행사, 다른 사원에서 유명한 승려가 방문하는 것과 같은 특별한 경우가 그것이다.

승려는 항상 10개의 주요한 계율을 준수해야 한다. (1) 동물(또는 식물까지도) 죽이지 말라. (2) 도둑질하지 말라. (3) 어떠한 성적 행위도 하지 말라. (4) 취하게 하는 음료를 마시지 말라. (5) 거짓말하지 말라.[10] (6) 정오 이후에는 먹지 말라. (7) 춤, 노래, 연극 등과 같은 관능적인 활동을 보거나 참여하지 말라. (8) 향수를 뿌리거나 화장하지 말고, 장신구를 걸치지도 말라. (9) 높은 침대에서 자거나 높은 자리에 앉지 말라(설법하는 기도 의자 제외).[11] (10) 금이나 돈을 만지지 말라(P.157, 아래 7줄. Leclère 1899, 311-325; Martini 1955a, 411 참조). 율장의 승려를 위한 행동 규칙(*빠띠목*)에는 모두 합쳐서 227개의 '죄'가 있는데, 이는 승려가 반드시 피

---

10 마티니(1955a, 411)는 약으로 사용하는 술은 허용된다는 점을 지적했다.
11 그러나 나는 마을 생활에서 흔히 볼 수 있는 약간 높은 단에 앉아 먹거나 이야기를 나누는 승려들을 본 적이 있다.

해야 하는 것들이다. 여기에는 위에서 열거한 10가지 금지 명령뿐만 아니라 홀로 여성과 한 방에 있지 않기, 절대 홀로 여행하지 않기 등의 다양한 규칙을 포함한다. 위반에 대한 처벌은 음행과 같이 환속해야 하는 가장 중대한 것에서부터, 가벼운 실수에 대한 단식, 조급함과 같이 사소한 범죄에 대해 동료 승려들 앞에서 수치를 당하는 경미한 것까지 다양하다(징계에 관해 자세한 내용은 Leclère 1899, 428-432 참조). 사실, 10가지 계율과 빠티목이 열거한 가장 큰 죄들을 제외하고는 전체 227개의 규칙을 엄격하게 준수하지도 않고, 승려들이 절대적으로 모범적인 것도 아니다. 젊은 승려들은 독경 중에 말을 더듬거나 하면 킥킥거리며 웃는 것으로 알려져 있다. 한 사원의 주지는 듣는 것이 금기시될 만한 미국의 산아제한에 관심이 있었다. 승려들은 나에게 담배나 잡지와 같은 필수적이지 않은 공양을 직간접적으로 요구했다. 때때로 승려들이 혼자 여행하는 걸 볼 수 있다. 특히, 톰마웃을 따르는 사람들은 모하니까이 승려들이 빠띠목을 너무 느슨하게 준수한다고 비난하기도 한다.

그럼에도 불구하고, 승려는 불교의 살아있는 구현이자 영적 모체로서 최고의 존경을 받는 존재로 금욕적이고 훈련된 삶을 따른다. 그들은 세속적인 세상과 분리되어 더 높은 경지에 있다. 그들은 특별한 구역에 살고, 투표하지 않으며 일반 법원에서 재판을 받을 수 없다. 그리고 그들은 독특한 복장을 한다. (재가신자가) 승려와의 상호작용을 규율하는 특별한 에티켓도 있다. 예를 들어, 재가신자는 승려에게 또는 승려에 대해 말할 때, 특별한 언어를 사용해야 한다. 이러한 언어 형태는 승려들이 자기들끼리 말하거나 다른 승려들에 대해 말할 때도 적용된다. 승려에게 인사를 하거나 떠날 때, 재가신자는 무릎을 꿇고 합장(쏨뻬악) 한 후, 세 번 땅에 절

을 해야 한다. 물건을 건넬 때는 존경심을 가지고 양손으로 건네야
한다. 승려보다 머리가 높지 않도록 주의해야 한다(땅에 앉아 있는
승려를 지나갈 때 웅크리고 걷는 것 포함). 승려가 길이나 계단을
지나는 데 방해가 되지 않도록 즉시 한 발짝 물러나야 한다.[12] 이는
마을 사람들이 모든 승려를 냉정하고 동떨어진 존재로 여겨 완전
히 조심스럽게 행동해야 한다고 생각한다는 의미는 아니다. 재가
신자들은 승려들과 일상적인 대화를 나누며 수다를 떨거나 농담을
건넬 수도 있고, 심지어는 그들 앞에서 야단법석을 피우며 제멋대
로 행동할 수도 있다. (예를 들어 하루는 축젯날 똘Thol이 승려에게
음식을 공양하는 동안 로아타Rotha가 그에게 똥침을 놓기도 했다).
많은 승려, 특히 법력과 함께 인간성을 드러내는 승려에 대한 공통
적인 감정은 두려움보다는 애정 섞인 존경이다. 많은 마을 사람은
유난히 따뜻하고, 활기차고 지적인 오왈 썸낭의 주지를 깊이 사랑
하고 존경했다. 마을 사람들에 대한 그의 특별한 사랑과 관심은 수
줍어하는 아기에게 과일을 주거나, 사원 축제에서 얼핏 본 낯선 얼
굴의 (다른 동네에서 온) 친척의 이름을 묻는다거나, 또는 아주 단
순하게, 그가 모든 대화를 마칠 때 띠는 미소와 유쾌한 유머와 같
은 사소한 행동 속에서 끊임없이 드러났다.

모하니까이와 톰마윳니까이

무엇보다 먼저 캄보디아 불교가 모하니까이(큰 무리)와 톰마윳니

---

12 또한 승려들은 버스에서 중국인이나 베트남 운전자들에게도 선호하는 좌석을 제
공받는다. 또한 승려들은 일반적으로 버스, 기차, 사이클로 등을 무료로 이용할 수
있는데, 그 이유는 운전기사가 승려들에게 무임승차를 제공함으로써 공덕을 쌓기
때문이다.

까이(교리에 집착하는 무리)이라는 두 종단으로 나뉜다는 것을 지적해야 할 것 같다. 모하니까이는 둘 중 더 오래되고 더 큰 승단으로 전체 승려 수의 90% 이상, 모든 사원의 94% 이상을 차지한다 (Martini 1955b, 416-17). 톰마윳은 1864년 태국 담마윳 사원에서 공부한 캄보디아 승려에서 시작되었으며, 모하니까이보다 더 정통적이고 엄격하다고 자처한다. 톰마윳 승려의 수는 1955년에 1,600명 미만으로 추산되었으며(Martini 1955b, 417) 사원은 주로 프놈뻰과 지방의 주도에 자리 잡고 있다. 그러나 이 종단은 왕과 고위층이 따르기 때문에 중요하다. 두 종단은 기본 교리와 경전을 공유하지만, 별도의 승단 조직을 갖추고 있다. 또한 톰마윳이 그들이 느끼기에 좀 더 순수하고 엄격한 형태의 테라바다로 돌아가려고 시도하면서 승려의 행동(아래 참조)에 몇 가지 사소한 차이점이 발생한다(또한 Leclère 1899, 402-3, Zadrozny 1955, 128, Martini 1955b, 416-18, Steinberg 1959, 70-72 참조).

이 두 종단이 스와이에 자리하고 있다는 것은 흥미롭고 다소 이례적이다.[13] 오왈 썸낭은 모하니까이이고, 오왈 스와이는 약 70년 전에 모하니까이에서 톰마윳니까이로 종단을 바꿨다. 이 변화의 정확한 이유는 불분명하다. 분명한 것은 사원의 주지가 모하니까이를 떠나 톰마윳 승려로 계를 받기로 결정했다는 것이다. 승려 중 일부는 그를 따랐고, 나머지는 다른 모하니까이 사원으로 흩어졌다.

마을 사람들은 모하니까이와 톰마윳니까이의 차이가 사소한 정도라고 생각한다. 그들은 톰마윳 승려는 손에 발우를 들고, 빨리어

---

13 실제로 반경 약 5km 이내에 두 종단을 대표하는 다른 사원이 많이 있다. 따라서 스와이에서 발견되는 두 종단에 대한 이중 또는 분열된 충성이 이 지역의 다른 마을에도 존재할 가능성은 거의 없다.

로 경전을 암송하고, 여성의 손에서 직접 물건을 받지 않으며, 다른 남성과 동행하지 않고 아무 데도 갈 수 없고, 영화나 공연을 관람하지 않고, 돈을 가지고 다닐 수 없다고 말한다. 반면 모하니까이 승려는 발우를 어깨에 메고 캄보디아 발음 빨리어로 암송하고 때에 따라서 이미 언급한 톰마웃 승려에게는 금지된 행동을 하는 것으로 알려져 있다.[14] 톰마웃니까이를 따르는 사람들은 모하니까이 승려의 덜 엄격한 행동에 대해 종종 우월한 톤으로 거만하게 말하기도 한다. 그러나 마을 사람 대부분은 '그들은 사실 같다'고 결론 내리고, 두 종파의 차이점은 그저 외형적인 것에 불과하다고 결론 내린다.

모하니까이와 톰마웃니까이가 근본적으로 유사하다는 인식 아래 스와이 서리 15가구는 두 사원에 똑같이 자주 참석하거나(축제가 있는 곳이라면 어디든 간다) 같은 가족 구성원일지라도 각각 다른 사원에 헌신하기도 한다(남편은 이 사원에, 아내는 다른 사원에 헌신하는 등으로). 그러나 반면, 서리의 나머지 가족들은 한쪽 종단에 강한 애착을 느낀다. 스와이 서리에는 동쪽에 있는 집들은 톰마웃니까이, 서쪽에 있는 집들은 모하니까이라는 오랜 전통이 있다.

---

14 마티니(1955b, 417)는 '더 큰 경건함과 순결'로 돌아가려는 톰마웃의 시도를 제외하고, 탁발 그릇을 들고 다니는 방식과 빨리어의 발음이 두 종단 사이 주된 차이라고 지적한 반면, 르끌레어(1899, 403)는 그릇을 들고 다니는 방법만을 언급하고 있다. 따라서 마을 사람들이 언급한 다른 차이점은 승려들이 행하는 것을 보거나 들은 것에 대한 개인적인 경험에서 나온 것임이 분명하다.

15 한 종파 또는 다른 종파에 대한 개인 또는 가구의 충성은 가족의 남자들이 어느 종파의 승려였는지, 부모가 어떤 사원에 참석했는지, 현재 가족 구성원이 어느 사원에 참석했는지 및/또는 선호하는지에 대한 질문에 의해 결정되었다. (응답이 특정 사원을 지정하는 경우 다른 사원에 가본 적이 있는지 물었다.) 그리고 오왈 스와이와 오왈 썸낭에서 열리는 다양한 행사에 마을 사람들이 의식에 참석한 기록을 통해 알 수 있다.

사실, 이 마을의 동쪽 10가구는 톰마윳니까이인 오왈 스와이에 헌신한다.[15] 이 특정 종단에 대한 헌신은 특정한 사원에 참석함으로써(어떤 사람은 절대 다른 사원에 가지 않지만, 다른 사람은 '요청이 있으면' 또는 주요한 축일에는 가기도 한다), 그리고 그가 헌신하는 종단에 사미나 비구가 되도록 아들을 보내는 것으로 나타난다. 모하니까이와 톰마윳니까이 사이에서 어디에 헌신할지에 대한 선택은 어떤 종단의 절에 그 부모가 참석했는지, 가족의 남성이 어느 종단의 승려였는지, 때로는 단순하게 어떤 사원과 승려가 더 나은지, 어떤 쪽이 좀 더 편안한지 등에 따라 결정된다. 분명하지는 않지만, 톰마윳니까이 가족 대부분은 마을에서 부유한 축에 속하며, 그들이 종교를 기반으로 모하니까이를 비판하는 것은 일반적으로 평등한 마을 생활에서는 표현할 수는 없지만, 다른 상황에서 그들이 느낄 수 있는 우월감의 표현일 수 있다.[16] 모하니까이 종단이 좀 더 대중적이고, 스와이 서리에서 확실히 더 인기 있는 종단이다.

　마을 사람들은 서로 다른 사원에 다닌다는 것을 알기는 하지만, 그 차이는 상대적으로 미미하고 일상적인 관계를 방해하지는 않는다. 톰마윳니까이 신봉자들은 모하니까이 승려들에 대해 폄훼하는 발언을 할 수 있고 모하니까이 신자들은 오왈 스와이의 승려들이 냉정하고, 냉소적이며, 동정심이 없다고 비판할 수 있다(사실 이런 말들은 자기 종단에 속한 사람이나 어느 편에서도 속하지 않는 인류학자에게만 한다). 그러나 그 구분은 그다지 강력하지 않은데,

---

16　프놈펜의 왕족과 상류층은 톰마윳으로 알려져 있음을 기억하라. 사실, 쎄이하눅 자신도 한때 오왈 스와이에서 승려로 아주 짧은 기간을 보냈다. [사실 오왈 스와이에서 계를 받은 사람은 쎄이하눅이 아니라 그의 삼촌이었다.]

예를 들어 한 사원에 헌신적인 부모는 그들 자신은 가지 않더라도 자녀가 다른 사원에서 열리는 행사에 참석하는 것을 허용하지 않을 정도는 아니며, 남편과 아내는 가족 간의 불화를 일으키는 것이 아닌 한 다른 종단에 헌신적일 수 있으며, 또한 자기 자녀가 특정 종단의 사람과만 결혼할 것을 강요할 정도는 아니다. 그러나 드문 경우지만, 1959년 스와이 서리의 자원이 부족해 관습적인 추수 축제를 개최하지 못한 사례(3장에서 논의됨)와 같이 서로 다른 사원에 대한 헌신이 상대편에 대한 반대로 결집될 가능성도 있는 것 같다. 톰마읏니까이 사람들은 모하니까이 승려들만 초대된다면 행사에 기부하는 것을 거부했고, 모하니까이 사람들은 톰마읏 승려들만 초대해서 잔치를 베푼다면 단호하게 지원을 거부하겠다고 했다.

마을 생활에서 사원의 기능

여러 가지 측면에서 '사원은 시골 생활의 중심이다(Delvert 1961, 220).' 첫째 그리고 무엇보다, 사원은 도덕적 중심이다. 사원과 그 승려들은 불교의 가르침을 보여주고 전파할 뿐 아니라 재가신자가 공덕을 쌓을 다양한 기회를 제공한다. 둘째, 사원은 주요한 사회적 중심이기도 하다. 다양한 연례 불교 축제와 각종 행사는 대규모 흥겨운 모임, 많은 사람이 한데 모여 즐길 기회를 마을 주민들에게 제공하는 주요한 원천이다. 벼농사의 단계와 함께 불교 명절은 1년을 주기로 한 마을의 주요한 지표이다. 셋째, 사원은 교육기관으로서 그 중요성을 유지하고 있다. 사원 학교나, 승려로서 보내는 기간은 농사꾼 자녀들에게는 유일한 교육 기회이다. 현대에도 승려 선생과 사원 학교는 공적인 학교 시스템의 일부로서 여전히 작동 중이다. 넷째, 사원은 기타 다양한 서비스를 제공한다.

(I) 도덕적 중심으로서의 사원: 불교 신앙과 실천

테라바다 신학과 교리의 복잡한 내용은 (아마도 오랜 시간 승려로 산 사람이나 지적 호기심이 있는 사람을 제외한) 보통 마을 사람들에게는 거의 알려지지 않았다. 그러나 특정 기본 개념은 사원에서의 설법, 붓다의 삶에 대한 암송, 기억에 의존한 노래나 기도 또는 학교에서의 수업을 통해 모두에게 알려져 있다. 그리고 마을 사람에게 직접적으로 의미 있는 기본 개념은 18세 소녀의 말속에 간결하게 나타난다. '부유한 미국 사람으로 다시 태어나기 위해서 올해는 서너 개의 깐튼 축제에 가야 할 것 같아요.' 이 말 속는 몇 가지 중대한 아이디어가 깔려 있다. 개인은 윤회의 굴레 아래 있고, 보통 재가신자는 니르바나(크마에로는 *니삐은*nipean: 열반)을 증득할 희망이 거의 없다. 그러나 다음 생에서 더 나은 삶을 살 기회는 이번 생에서 수행한 선행의 양에 따라 결정된다. 즉, 율법(*쯔밥*chbap)에 따라 생활하고, 죄(*밥*bap)를 멀리하고, 다양한 방법으로 공덕을 쌓아서 개인은 더 의로운 길로 나아가는 것이다.[17]

마을 불교에는 신적인 존재들이 있다. 보통 사람들은 부처를 일종의 신으로 간주하며, 위기가 찾아오면 승려와 공물을 포함하는

---

17 쯔밥이라는 용어는 일반적으로 종교적인 법률보다는 세속적인 법률에 적용되지만, 마을 사람들은 민사 행동 규범뿐만 아니라 도덕적(종교적) 규범을 지칭하는 데에도 이를 사용할 수 있다.
18 이러한 떼와다 중 일부는 원래 불교 판테온에 동화된 힌두교 신들다. 여기에는 쁘레아ㅎ 에이쏘, 쁘레아ㅎ 니어리예이, 쁘레아ㅎ 언, 쁘레아ㅎ 쁘롬 및 쁘레아ㅎ 쏘마나꾸가 포함된다. 이들 중 처음 4개는 각각 시바, 비슈누, 인드라, 브라흐마에 해당한다. 쁘레아ㅎ 쏘마나꾸가 누구인지는 모르겠다. 그것은 보살을 가리킬 수도 있다. 일부 마을 사람들은 또한 조상의 영혼이 떼와다에 속한다고 말했으며 스타인버그(1959, 74)는 "많은 시골 캄보디아 사람들에게 떼와다(원문 그대로)는 네악 따(정령숭배적 영혼)의 세계로 합쳐진다"고 말한다.
19 불교 우주론에 대한 논의는 모노드(1931, 13-24), 포레와 마스페로(1938, 189~93), 콘즈(1959, 49-51) 참조.

의례를(승려가 참여하는 예식과 공양을) 통해 도움을 요청한다. 또한 하급 신, 천상의 존재인 떼와다,[18] '아주 선한 존재', '저기 위에 사는 존재'들이 있다.[19] 그러나 붓다와 떼와다 모두 운명의 주관자라기보다는 평범한 사람들이 본받아야 할 고귀한 행동의 본보기이다. 모든 인간은 그가 현생에서 쌓은 공덕과 죄를 합산하여 미래에 인간으로서 더 낮은 지위나 높은 지위에 태어날지, 동물로 태어날지, 지옥에 떨어지게 될지가 결정된다.

공덕을 쌓는 방법은 다양하다.

(A) 비구(또는 사미)가 되는 것이 남자가 공덕을 쌓는 최고의 방법이며, 자기 부모의 공덕을 쌓는 행위이기도 하다.[20] 계를 받는 것(부어ㅎ)은 캄보디아 문화에서 이상적인 것으로, 스와이 서리에서 17세 이상의 남성 3/4이 실천했다. 여기서는 몇 달 정도의 짧은 기간(대체로 우안거 기간) 승려가 될 수도 있지만, 스와이 서리 남자들이 사원에 머문 평균 기간은 3년으로, 가장 짧은 기간은 1년, 가장 긴 기간은 8년이었다.[21] (24명은 모하니까이 종단에 들어갔고, 6명은 톰마윳니까이에서 계를 받았다. 스와이 서리 남성들은 보통 오왈 썸낭이나 오왈 스와이에 들어가지만, 일부는 인근이나 프놈펜에 있는 다른 사원으로 가기도 했다.)

---

20 모노드(1931, 61-62) 와 포레-마스페로 등(1958, 179)에 따르면, 12세의 남자는 어머니를 기리기 위해 몇 달간 사미가 되어야 하고, 나중에는 아버지를 위해 보통 1년 동안 성인 비구승으로 계를 받아야 한다. 사원으로 두 번 속세를 떠나는 것에 관한 개념은 스와이 서리에 알려져 있긴 하지만 꼼페아(20번 집)만이 실제로 이것을 수행했다. "[나의] 어머니를 위해" 사미승으로 3년을 보내고 "[나의] 아버지를 위해" 비구승으로 2년을 보냈다.'
21 19세기 후반에 르끌레어는 남성이 승려로서 1년 미만을 보내는 경우는 드물며 더 짧은 기간은 받아들여지지 않는다고 지적했다. 그는 또한 수도원에서 수도 기간이 이전보다 줄어들었다고 말했다(1899, 401-2, 424).

승려가 되기는 상당히 쉽다. 기본적으로 봉사하려는 마음을 갖고 있고, 수계식에서 다양한 질문에 긍정적으로 답할 수 있으면 된다. 사원에 들어가기 전에 후보자는 사원 아짜의 지도 아래 승려를 위한 계율과 다양한 기도를 공부하면서 몇 달을 보낸다. 사원에서 실제로 계를 받기 전, 후보자의 집에서 머리와 눈썹을 밀고, 친척과 친구들을 초대해 잔치를 열고, 조상과 여러 혼령들에게 드리는 제사와 여러 의례적 행동들을 더 할 수도 있다. 수계를 받는 당일 젊은 부처가 그의 지위(왕자)과 세속적인 부유함을 포기하는 모습을 상징적으로 재현한다. 후보자는 승복과 각종 도구, 승려에게 바치는 예물을 든 친척과 친구들의 다채로운 행렬에 둘러싸여 화려한 옷을 입고, 양산 아래 말을 타고 사원으로 향한다. 사원에서는 주지가 후보자에게 전통적으로 상좌부 수계에서 던지는 질문을 한다. 당신은 20세입니까? 당신에게 발우(승려가 탁발할 때 쓰는 그릇)가 있습니까? 당신의 가사(승복)는 완성되었습니까? 나병, 염증, 간질 같은 질병이 있습니까? 당신은 노예입니까? 당신은 남성입니까? 당신의 부모님(결혼한 경우, 아내)은 동의했습니까? 당신은 빚이 있거나 왕에게 봉사해야 할 의무가 있습니까? 당신은 *이예악*(신화적 거인)이나 *니윽*(나가)이 아닌 진짜 인간입니까? 수계식의 나머지는 수련 승려의 가사 입기, 빠띠목 227계 암송, 기도 등이다. 사미가 되는 어린 소년들은 의식이 더 간단하고 수계를 위한 질문을 하지 않는다는 점을 제외하고는 일반적으로 같은 절차를 거친다(P.162, 아래 18줄. 이러한 의례와 수계에 관해서는 Leclère 1899, 405-412, Monod 1931, 63-65; Poreé and Maspero 1938, 179-180; Poreé-Maspero et al. 1950, 39-42, 1958 45-48; Martini 1955a, 410-411 참조).

승려가 환속하고자 할 때는 단순하게 주지에게 알리기만 하면 된다. 기도와 간단한 의식을 하고, 승려에게 음식을 공양한 뒤 사원을 떠나고 싶다고 의식적으로 선언하면, 다시 재가신자로 돌아간다(P.162, 아래서 12줄. 자세한 내용은 Leclère 1899, 402, Porée-Maspero et al. 1958, 48 참조).

(B) 재가신자나 승려가 될 수 없는 여성이 공덕을 쌓을 수 있는 중요한 수단은 설법을 듣고, 기도하고, 붓다의 생애에 대해 암송하는 등 다양한 불교 계율과 각종 행동 규범을 준수하는 것이다. 일부 마을 사람들은 상좌부 교리의 기본이 되는 사성제와 팔정도[22]를 어느 정도 설명할 수 있지만, 대부분에게는 올바른 행동을 수행하라는 일반적인 명령 정도에 불과하다. 평범한 마을 사람들에게 훨씬 더 중요한 것은 자기 행동이 공덕인지, 죄악인지 판단하는 데 주요한 지침이 되는 10가지 기본 계율이다. 이 계율은 재가신자가 독신일 필요는 없지만, 부도덕한 성관계를 삼가야 한다는 점을 빼면 승려들이 준수하는 10개 주요 계율과 같다. 그 중 재가신자는 살생, 도둑질, 음행, 거짓말, 음주를 금하는 전반부 5계(썰 쁘람)만은 항상 준수해야 한다. 나머지는 틍아이-썰(계의 날)이나 경건한 사람들에게만 적용된다.

사람들은 보통 썰 쁘람을 각각 자기 입맛대로 지키지만, 마을 행동에 실로 강력한 영향을 미친다. (1) 살생 금지는 가장 강력한 계

---

22 네 가지 진리(사성제)는 (1) 만물의 덧없음으로 인해 존재는 필연적으로 고통스럽다. (2) 고통은 그러한 것에 대한 욕망 때문에 발생한다. (3) 그러한 욕망을 소멸함으로써 그러한 고통을 피할 수 있다. (4) 욕망은 여덟 가지 올바른 길(팔정도), 즉 올바른 이해, 올바른 목적, 올바른 언어, 올바른 행동, 올바른 직업, 올바른 노력, 올바른 경계, 올바른 집중을 따르면 멈출 수 있다. (Zadrozny 1955, 123-24, De Bary et al. 1958, 95-96 참조)

율이다. 살인은 보편적으로 가장 큰 죄와 공포로 간주된다. 4장에서 언급했듯, 동물 도살도 혐오스러운 것이고, 그래서 이 작업은 짬쪽이나 중국인 푸줏간에 맡긴다(개구리, 게, 뱀, 곤충, 물고기와 같은 생물은 대부분이 아주 쉽게 죽이고, 닭은 가끔 그러기도 하면서 말이다). 사실, 특히 독실한 사람, 그중에서 노인들은 나중에 결국 그것들이 죽게 될 것이라서 애완동물을 제외한 모든 가축은 기르지 않으려고 한다. (2) 마을 사람들이 항상 낯선 사람에게 도둑맞는 것을 두려워하지만, 도둑질은 마을 내에서는 별 문제가 되지 않는다. (3) 부도덕한 성관계에에 관한 계율은 때때로 깨진다. 임신한 신부의 결혼식은 감출 수가 없어 대중적인 수치와 비판적인 소문과 함께 치러지고, 실제 마을 남자들 사이에서는 드물긴 하지만, 남성의 간통에 대해서는 다소 허용적이다(남성과 여성의 부도덕한 성관계에 대한 잣대가 다르다). 강간과 사생아에 관한 이야기도 가끔 있다. (4) 이런저런 이유로 선의의 거짓말과 기피(예를 들어, 세금을 피하려고 모든 토지를 등록하지 않는 행동)를 넘어선 거짓은 거의 없었다. (5) 술을 금하는 것은 특히 남성이 등을 돌리기 쉬운 계율이다. 금전에 여유가 있을 때, 남성들이 맥주나 술을 조금 마시며 휴식을 취하는 것은 드문 일이 아니며, 결혼식이나 신년 등의 행사에 여유가 된다면 술도 포함된다. 그러나 과도한 음주는 분명 혐오스러운 일로 간주되며, 어떤 사람의 '나쁜 성품'에 대해 이야기할 때 끊임없이 입에 오른다.

(C) 퉁아이-썰을 지키고 매년 열리는 다양한 불교 축제나 사원 행사(예: 다른 사찰에서 방문하는 중요한 승려의 설법)에 참여하는 것은 공덕을 쌓는 또 다른 수단이다.

상현 8일과 15일과 하현 8일 15일은 퉁아이-썰(문자적으로는

'계율의 날'), 또는 성스러운 날이라고 부를 수 있는 그런 날이다. 이날은 전국적으로 소고기와 주류 판매가 금지된다. 지역적으로는 이날이 틍아이-썰이라는 것을 전혀 모르는 사람부터 아주 엄격하게 이날을 지키는 독실한 신자들에 이르기까지 틍아이-썰을 지키는 태도는 다양하다. 원래 이날 사람들은 사원에 가서 승려에게 '거룩한 계율'을 내려 주도록 정중하게 구해야(쏨 썰) 하고, 사원에 남아 승려들의 설법과 독경을 들으며 하루를 보내야 한다(P163, 아래서 10줄. Leclère 1899, 382-383, Martini 1955a, 415 참조). 또는 맙 할아버지처럼, 화를 내거나 심사가 뒤틀리는 걸 피하거나 걷다가 곤충을 밟아 죽이지 않도록 집에서 조용히 쉴 수도 있고, 정오 이후에는 액체만 마시고, 명상과 기도로 시간을 보낼 수도 있다.[23] 그러나 사실, 일반적으로는 노인들만 틍아이-썰에 절에 가거나 10 계율을 모두 지키려고 엄격하게 노력한다. 활동적인 성인 대부분은 사원에 가기에는 이런저런 일에 너무 시달리고(좀 더 독실한 사람들은 한두 시간 정도 사원에 들를 수도 있지만), 보통 젊은 층은 이날을 아예 무시한다. 마을 사람들은 다양한 사원 행사에 참석하기 위해 훨씬 더 노력을 기울이지만, 여기에도 참여도는 다양하다 (다음 절 참조).

(D) 공덕을 쌓는 마지막 방법은 음식, 돈, 다양한 물건 또는 노동을 사원이나 승려에게 바치는 것이다. 잉거솔(1961)이 간결하게 요약한 태국의 상황은 캄보디아에도 그대로 적용된다. '승려들은

---

23 사실상 모든 집에는 부처님을 위한 제단이 있다는 점에 유의해야 한다. 작은 선반이든 큰 테이블이든 제단은 일반적으로 부처 그림 아래에 배치되며 향, 양초, 때로는 종이꽃 및 기타 장식품으로 간단하거나 정교하게 장식된다. 이곳에서는 집에서 기도하거나 공양을 올릴 수 있으며, 승려들을 집에 초대하는 경우에 주의가 집중된다.

물품을 재가신자에 의존하고, 재가신자는 선을 위해 승려에게 의존한다.' 즉, 종교적인 인물, 활동, 기관에 물질적인 지원이나 서비스를 제공하는 대가로 재가신자는 영적인 지원을 받는다. 그러한 기여는 다양한 시기에 다양한 방법으로 이뤄진다. (1) 그들은 사원에 사는 소년과 일시적으로 거주하는 노인이 하는 것처럼 승려에게 특별한 서비스를 제공할 수 있다. (2) 특별한 작업을 위해 사원에서 도와달라고 요청할 때 도와주는 방법도 있다. 예를 들어, 약 5km 떨어진 사원에서는 사원으로 통하는 새로운 길을 만들 일꾼들을 불러 모았다. 그리고 오왈 썸낭에서 한번은 고위 승려 시험을 치르러 오는 승려들에게 공양할 음식을 가져와달라고 마을 사람들에게 요청하기도 했다. 두 경우 모두에 스와이 서리 주민들은 도움을 주었다. (3) 일주일에 몇 번씩 승려들이 스와이 서리에 탁발하러 온다. 그러나 실제 촌락의 몇몇 집(노인이 있는 가족)만이 쌀과 때때로 다른 음식을 약간 공양한다. (4) 결혼식, 장례식, 집들이 의식, 제사, 치병 의식 또는 추수 후 지역 축제 등에 집이나 마을에 승려들을 초대해 기도나 축복을 받을 수 있다.[24] 그런 행사에서 승려는 종종 돈, 담배, 향, 양초와 같은 선물과 근사한 식사(룩찬)를 대접받는다. (5) 마지막으로, 사원에서 열리는 모든 행사나 축제에 마을 사람들이 돈을 시주할 수 있고, 그리고(또는) 노동력을 제공할 수 있다. 틍아이-썰이나 다른 작은 행사에는 약간의 음식이나 아주 적은 금액(몇 리엘)을 시주한다. 중요한 연례 불교 축제에는

---

[24] 싸엔 깐튼 san katien이라고 불리는 그러한 의식에는 승려들을 집으로 초대하여 훌륭한 식사를 하고 죽은 가족을 위해 기도하는 것이 포함된다. 승려와 조상신 모두에게 공양을 드린다. 이 의식은 후원자들에게 공로를 가져다줄 뿐만 아니라 '죽은 자가 열반을 향해 나아가는 데 도움을 준다'고 생각된다. ('죽은 자를 위한 중보기도' 개념에 관한 Leclère 1899, 384-85도 참조하라.)

마을 사람들이 일반적으로 특별한 요리와 득식 형태의 음식, 약간의 돈, 향과 같은 작은 물품, 그리고 아마도 노동 서비스를 제공한다(다음 장 참조). 그들은 또한 기도, 설법 등을 통해서도 추가적인 공덕을 쌓는다.

마을 사람들의 일반적인 종교적 신념과 활동에 대한 논의의 한 부분으로 종교적 경건함은 나이와 성별에 따라 다르다는 점에 주의하라. 어린아이들은 사원을 포함한 거의 모든 곳을 어머니와 같이 다니기에 어린 나이에 종교에 익숙해진다. 부모들은 유아들에게도 승려에 대한 올바른 예절과 복종을 가르치려고 한다. 3-4세 어린아이들이 소꿉놀이나 가게 놀이하듯, 다리를 한쪽으로 제대로 접고, 손을 모으고, 그들 자신만의 방식으로 기도문을 읊으면서 '사원놀이'를 하는 모습은 흥미로웠다. 어린아이들은 좀 더 분명한 형식을 가진 의례에 대해 상당히 빨리 배우지만, 불교 사상을 깨닫는 것은 이보다 더 느린 과정이며, 계율을 완전히 준수하는 것은 좀 더 나이가 들어야 요구된다. 이것에 대한 가장 분명한 예는 이미 4장에서 언급되었다. 선악을 판단하기에는 아직 너무 어리다는 가정 아래 닭을 죽이는 일을 종종 어린이에게 맡긴다. 캄보디아 부모는 일반적으로 꽤 관대해 어린아이가 특별히 불교 규범을 따르도록 훈육하지도 않는다. 그러나 아이가 8~9세쯤 되어 집에서 점차 훈육 대상이 되고, 절에서 하는 설법을 더 잘 이해할 수 있게 되고, '도덕' 과정이 있는 학교에 다니게 되면 점차 불교 계율에 대해 의식하고 내면화하기 시작한다. 청소년기가 되면, 몇몇 소년들은 사원에 들어가고, 소녀들은 사원에 음식과 서비스를 바치는 일을 돕는다. 그들은 이제 공덕 쌓기를 완전히 알아채고 자기 스스로 공덕을 축적하기 시작했다는 의미에서 종교적으로 '어른'이 된다.

신앙심은 개인이 육체적, 정신적으로 여가가 더 많아지는 노년기에 절정에 이른다. 활동적이고 활력이 넘치는 좀 젊은 성인 세대는 일반적으로 종교에 신경은 많이 쓰지만, 세상의 염려가 그들에겐 더 무겁게 다가온다. 그날이 퉁아이-썰이든 아니든 모내기는 해야 한다. 약간 남는 현금은 사원에 시주하기보다는 애들 옷 사는 데 써야 한다. 너무 지쳐서 사원 행사에 참석할 수 없는 사람도 있다. 공덕을 쌓으려는 열망이 있기는 하지만, 실제 현실과 긴급한 상황이 선한 의도를 압도하기 일쑤이다. 사람의 운명은 신앙이 결정하지만, 그들은 가난하고 고되게 노력해야만 살아갈 수 있는 현생에서 살아남아야 한다. 그러나 그들의 자녀가 결혼하여 생계의 근심과 수고를 떠맡게 되면, 재가신자가 승려를 섬기듯, 그들의 효심이 노인의 신앙생활을 보장할 수 있게 된다. 그들이 고된 노동과 근심에서 해방되고, 공덕의 최종 집계하는 날이 점점 다가오면, 노인들의 신심은 고양되고 종교적으로 헌신하는 시간이 늘어난다. 폐경이 지난 여성은 세속적인 허영심을 버리기 위해 머리를 자르거나 깎는다. 남성과 여성 모두 퉁아이-썰을 더욱 준수하게 되며 크고 작은 모든 종교 행사에 참석한다. 그들은 젊은이들이 종종 귀찮게 여기거나 참석할 시간이 없어 빠지는 모든 기도와 설법에 끝까지 참석한다. 어떤 노인들은 기도와 명상을 위해 오랜 시간 동안 사원에 머문다. 이 말년에 많은 양의 공덕을 쌓으면서, 노인들은 이 세상에 있는 동안에도 많은 존경을 받는다.

신앙심은 성별에 따라서도 약간 달라진다. 불교에서 여성은 남성보다 종교적으로 지위가 낮다. 그들의 성별은 아마도 이전 생에서 공덕을 조금밖에 못 쌓았기 때문일 것이다. 더욱이 여성은 승려가 될 수도 없고, 여러 가지 금기로 인해 승려들과 긴밀한 접촉조차

하지 못한다. 여성은 자신에 대한 갖가지 차별 속에서 생을 시작하기 때문에, 그것들을 보상하기 위해 더 열심히 노력해야 한다. 음식이 아마도 마을 사람들이 사원에 바치는 주요한 보시라는 사실은 여성들이 종교에 더욱 헌신적인 이유를 설명하는 적절한 이유로 보이며, 이런 이유가 아마도 종교 의례에 눈에 띄게 여성이 많다는 것에 대한 설명이 될 수 있을 것이다. 마을 사람들이 사원에 바치는 주요한 보시인 음식도 여성들이 만든 것이기도 하다. 종교 의례 중 몇몇 규모가 작은 행사에는 거의 여성과 소수의 노인만 참석한다(Martini 1955a:415 참조).

남자들은 일반적으로 사원에서 지냈던 경험 때문에 불교에 대해 더 많이 알고 있다. 하지만 이런 방법으로 많은 공덕을 쌓거나 얻을 수 있었기 때문에, 대부분의 활동적인 성인 남성과 남성 청소년들은 가장 중요한 연례행사에만 참여하는 경향이 있으며, 중요한 연례행사가 아닌 경우에는 '너무 피곤하다', '아내가 가족을 대표해 간다'는 등의 핑계로 불참한다. 어릴 때부터 종교에 대한 끊임없는 헌신과 복종이 특장인 여성에 비해 남성은 특정 계율을 어길 가능성이 더 큰데 술이 그 대표적인 예이다. 일반적으로 남성은 노년으로 갈수록 좀 더 적극적으로 종교적 계율을 준수하는 방향으로 나아가는 것 같다. (남성들은 대개 타성에 젖어 생활하다가 노년이 되어서야 비로소 좀 더 적극적으로 종교 생활에 뛰어드는 것 같다.)

(II) 사회적 중심으로서의 사원

다양한 불교 축제는 일반적으로 단조롭고 힘든 마을 생활의 변화를 알리는 기준점이 된다(연간 주기에 관한 부록 I 참조). 주민들은 주요 연례행사를 몇 달 전부터 학수고대하며 기다린다. 표면상 이러한 축제에 참여하는 주된 이유는 참석과 기여를 통해 공덕을 쌓기 위함이다. 마을 사람들은 때때로 더 많은 공덕을 쌓으려고 해당 지역에 있는 다른 사원의 의례에 참석하기 위해 여행하기도 한다. 그러나 특히 젊은 세대에게 있어서 이러한 의식에 참석하는 강력한 동기는 그것이 사람들을 만나고, 축제의 화려함과 흥분을 맛보는 등 유흥의 기회가 되기 때문이다. 중요한 휴일에는 다양한 지역사회(바로 인근의 마을과 때로는 프놈뻰의 부유한 사람들도 포함)의 사람들이 모여들고, 이는 마을 사람들이 일상에서 만나지 못하는 지인들을 방문하여 수다를 떨거나 새로운 사람들을 만날 기회이다. 사원 축제에서 주고받는 자유분방하고 남을 전혀 개의치 않는 시선은 종종 청혼과 마을외혼으로 이어지기도 한다. 특히 흥미로운 것은 이때가 젊은 남성과 여성이 서로를 볼 기회라는 점이다. 주요 축제(특히 새해, 쁘러쭘, 깐튼, 본 프까)에 사원 경내는 음악과 함께 들뜬 분위기가 만들어진다. 밝은색 깃발, 배너가 있고, 장사꾼들은 꽃장식과 청량음료, 과자, 과일, 심지어 풍선과 장난감도 판매한다. 때때로 축제 저녁에는 음악, 인도 영화 또는 희극과 노래 프로그램 등 순수한 오락 거리가 있을 수도 있다.[25] 대개 사원의 축제 분위기는 서구 세계의 엄숙한 교회 예배와는 거리가 멀다. 기도하는 동안에도 아이들은 시끄러운 놀이를 하며 쌀라를 드나들고 사원 주변을 자유롭게 뛰어다닐 수 있다. 젊은이들도 소녀들을 보기 위해 살라 주변을 돌아다니거나 밖에 서 있다. 기도 사이 잡담

---

25 그러나 승려들 자신은 그러한 활동에 참여하는 것을 금지하는 계율 때문에 그러한 오락을 보는 것이 허용되지 않는다. 승려들(모하니까이 오왓 썸낭의 승려 포함)은 그러한 여흥이 시작되면 항상 조심스럽게 기숙사로 물러난다.

소리가 도란도란 들리기도 한다. 승려들도 노래를 부르지 않을 때는 담배를 피우거나 잡담한다. 따라서 불교 의식은 단순한 종교적 의식이 아니라 진정한 축제이다.

주된 연례 사원 축제들은 다음과 같다.[26]

(1) 쫄츠남(신년)은 4월 중순이고, 그 정확한 날짜는 왕실 점술가가 결정한다. 일년 중 '가장 크고, 가장 행복한' 휴일로 여겨지는 쫄츠남에는 사원과 마을 모두에서 3일간 축하 행사를 연다. 마을 사람들은 매일 아침 음식과 제물을 사원에 가져가고 저녁에는 설법이나 암송을 듣고, 마을에서는 음악과 춤, 게임, 일반적인 오락을 즐긴다. 새해는 전통적으로 사람들이 고향으로 돌아가거나 친척을 방문해 가족과 친구들이 재회하는 시간이라서 사원에는 많은 인파가 모인다.

(2) 뷔싹 보찌어는 붓다가 탄생한 날, 깨달음을 얻은 날, 열반에 든 날을 기념하는 날이고, 뷔싹월(보통 5월) 보름에 열린다. 이날 아침 마을 사람들은 음식과 제물을 가지고 사원으로 가서 간단한 기도에

---

26 나는 이 휴일에 행해지는 의식에 대해 완전한 설명을 제공하려고 하지 않을 것이다. 자세한 내용은 특히 포레-마스페로 등(1950), 르끌레어(1899, 363-80), 또한 에이모니어(1900, 45-46), 포레와 마스페로(1938, 229-33), 자드로즈니(1955, 336-43), 핌 Pym(1959, 141-47; 1960, 81-90, 159-67)을 참조하라. 그러나 포레-마스페로 등 (1950, 프놈펜의 왕궁이나 사원에서 행해진 의식에 대한 관찰과 다양한 사람들이 작성하여 Commission des Moeurs et Coutumes du Cambodge[캄보디아 도덕 및 관습위원회]에 제출한 기록에서 발췌)은 종종 내가 오왈 썸낭과 오왈 스와이에서 관찰한 것보다 훨씬 더 정교한 의식을 보고한다(나는 쫄 츠남, 쫄 워싸, 쩨인 워싸를 제외한 모든 연례 축제의 일부에 참석했다).. 그들의 데이터와 내 데이터의 차이는 여러 가지 이유로 인해 발생할 수 있다. (a) 포레-마스페로 등은 다양한 분야에서 사라진 이상적인 전통 관행을 설명하는 것일 수도 있다. (b) 모든 캄보디아 의식은 광범위한 개요 내에서 다양한 요소를 포함, 제외 또는 수정하는 데 어느 정도의 변화를 허용하는 것 같다. 지리적으로나 사회적으로 위대한 전통에서 벗어난 농촌 사찰은 특히 이상적인 패턴에서 벗어날 수 있다.

참여한다. 저녁에는 좀 더 길게 기도하는데, 여러 승려가 돌아가면서 붓다의 일생을 밤새도록 암송한다. 가장 헌신적인 마을 사람들은 밤새도록 사원에 있지만, 대부분은 몇 시간 내에 자리를 뜬다.

(3) 쫠 *워싸*는 승려들이 우안거에 들어가는 날로 7월 보름이다. 우안거는 승려들이 3개월 동안 사원 밖으로 나가지 못하는 수행 기간이다(부모의 병환과 같은 긴급한 상황은 제외이다). 쫠 워싸 전날 저녁에는 사원에서 기도와 설법이 있다. 이튿날 아침 마을 사람들은 쌀과 다른 음식과 시주 물품을 사원에 가지고 가서 승려들이 십계와 다양한 기도를 암송하는 것을 듣는다. 승려들은 우안거 기간 계속 켜져 있는 '우안거 양초'에 불을 붙인다.

(4) 죽은 자를 위한 축제인 쁘러쭘(프쭘번)은 9월 말에서 10월 초 사이에 있다. 음력 9월(베뜨라봇) 하현 1일(16일)에 후손과 먹을 것을 찾아 지상으로 올라온다고 믿어지는 죽은 자의 영혼을 위한 축제가 시작된다. 쁘러쭘의 주요 의식이 시작되기 전 2주 동안 거의 매일 사람들은 음식이나 다른 시주 물품을 승려에게 바치고, 저녁에는 사원에서 설법을 듣고 기도한다. 사원에서는 특정 촌락이나 마을 사람들에게 특정한 날에 음식을 가져오도록 요청하고, 마을 사람들은 일반적으로 이 요청에 성실하게 응한다. 사실, 톰마웃 신도들조차 '요청을 받았기 때문에' 드물게 모하니까이의 오왈 썸낭으로 (또는 모하니까이가 오왈 스와이로) 가는 것이 일반적이다. 주요한 쁘러쭘 의례가 벌어지는 날은 사람들이 한 해 동안 가장 간절하게 기다리는 행사 중 하나이다. 사원 경내는 화려하게 장식되고, 대개는 엄청난 인파가 몰린다. 마을 사람들이 평소에 시주하는 것 외에도 쁘러쭘 명절 전통에 따라 특별한 진미를 승려에게 바친다. 찹쌀에 고기를 섞거나 바나나를 싸서 만든 일종의 떡인 *언썸*을

삶거나 찐다. 쌀밥은 승려와 죽은 자의 영혼에게도 제공된다. 정오 식사 후, 승려들은 '죽은 자를 위한 특별한 기도'(방스꼴)를 한 후, 재가신자와 함께 평소에 하는 기도를 한다(1959년, 다음 날 저녁에도 오왈 썸낭에서는 짧은 시간 동안 부처의 삶에 대해 암송하고, 기도한 후, 축제의 일환으로 인도 영화를 상영했다).[27]

(5) *쩨인 워싸*는 10월(아숫) 보름으로, 승려들이 우안거를 끝내는 날이다. 그 기본 절차는 쫄 워싸와 같다. 또한, 승려들은 서로의 죄를 고백하고 붓다의 생애 중 특별한 부분을 암송한다.

(6) 우안거를 마친 승려에게 선물을 주는 축제인 깐튼은 음력 10월(아숫) 하현 1일부터 음력 11월(까으덕) 보름 사이에 아무 때나 열 수 있다. 새해, 브러쭘과 함께 깐튼은 일 년 중 가장 유명한 축제 중 하나이다. 깐튼의 주요 목적은 승려에게 새 승복을 제공하는 것인데, 이는 장마철 진흙으로 제자들의 옷이 더러워졌을 때 붓다가 시작했다고 전해진다(Porée-Maspero et al. 1950, 59). 실제로는 이 축제에서 승려와 사원에 다양한 선물을 주는 것이 관례이다.

깐튼을 조직하는 개인 또는 그룹은 큰 공덕을 쌓는다. 이 의식에서는 다음과 같은 여러 가지 방법으로 시주할 수 있다. (a) 부유한 개인이나 부부가 승려를 위한 선물을 사는 비용 대부분을 대고, 친척, 친구들이 나머지를 돕는 방법, (b) 가족, 기업, 또는 관공서와

---

27 포레-마스페로 등(1950, 54-56)은 프쭘 동안 집이나 마을에서 일어나는 여러 의식을 설명하고 있지만, 스와이에서는 이러한 의식이 실행되지 않는다. 한때 스와이 서리 마을 사람들은 닭을 죽이고 그 내장을 살펴보며 내년의 징조를 알아보곤 했다. 그들은 또한 좋은 수확을 얻기 위해 논에 쌀 떡, 수프, 쌀, 닭 머리 바구니가 담긴 말뚝을 놓았다. 그러나 한 제보자에 따르면 '닭을 죽이는 것은 죄'이기 때문에 이러한 관행은 약 6, 7년 전에 중단되었다. 또한 많은 가족들이 닭을 사는 데 드는 비용을 감당할 수 없었을 것이다.

같은 개인 그룹이 후원하는 방법,[28] 또는 (c) 사원의 회중인 전체 마을 사람들이 후원하는 방법 등이 그것이다. 1959년, 오왈 썸낭의 깐튼은 한 때 이 지역의 군수였으며, 사원을 매우 좋아했던 프놈뻰 출신의 한 부자가 후원했고, 그의 가까운 친척과 친구들도 돈과 물품을 시주했다. 오왈 스와이는 그 해 깐튼에 후원자가 없어서, 마을 사람들에게 음식과 돈을 기부하라고 요청했는데, 프놈뻰의 일부 부유한 사람들과 그 지역 정부의 여러 관리가 마을 사람들로서는 감당할 수 없는 선물을 가져왔다.

승려와 사원을 위한 선물은 다양하고 호화로우며 단순히 새 승복을 제공하는 것을 훨씬 뛰어넘는다. 승려 개개인에게 주는 선물은 승복뿐만 아니라 향, 담배, 비누, 각설탕, 차, 간단한 의약품과 같은 품목을 올려놓은 금속 쟁반을 밝은 노란색 셀로판지로 포장한 꾸러미이다(꾸러미 하나의 비용은 약 400리엘). 주지승을 위한 특별한 꾸러미에는 다른 것과 거의 같은 품목이 들어 있지만, 꽃이나 구슬로 정교하게 장식되어 있으며 가격은 800-1,000리엘이다. 사원 전체에는 등유 램프, 돗자리, 접시, 냄비, 스토브, 베개, 우산, 항아리, 기도 의자 등과 같은 다양한 품목을 선물로 주었다. 1959년에 오왈 썸낭은 약 30,000리엘 정도의 물품을 시주받았고, 오왈 스와이는 이보다 훨씬 적었다. 여기에 보시금도 더해진다. 오왈 썸낭은 1959년 깐튼에 69,210리엘, 오왈 스와이는 18,000리엘의 시주가 모였다. 이 돈은 사원 유지와 건축 공사에 사용된다. 마을 사람들이 바친 것은 적은 금액의 돈이나 작은 물품 정도였는데, 가

---

28 깐튼 시즌 동안 신작로에서는 종교 깃발로 장식된 버스와 그들이 후원하는 깐튼 행사 가는 길에 사람들로 가득 찬 것을 흔히 볼 수 있다.

난한 그들이 승려를 위해 그렇게 값비싼 선물을 사거나 많은 보시금을 할 여유가 거의 없다는 것이 분명하다. 마을 사람들은 특별한 음식을 요리하고, 나르고, 상을 차리는 일로 후원자와 프놈뻰 등 다른 지역에서 사원을 찾아온 수많은 방문객을 대접한다.

깐튼은 음악과 혼잡한 군중으로 가득 찬 매우 다채로운 행사이다. 승려와 사원을 위한 선물은 쌀라에 화려하게 전시된다. 테이블과 의자가 있는 거대한 텐트는 손님들이 편안하게 식사할 수 있도록 배치되어 있으며, 정오 식사 후에는 큰 행렬이 형성된다. 북과 전통 악기 또는 현대 악기로 구성된 악단이 다양한 선물, 보시금, 향과 꽃을 든 후원자들을 비롯한 많은 사람을 뷔히어로 이끈다. 축제 주관자는 사람들과 함께 뷔히어를 세 번 돈 후 시주를 바치고 후원자의 간단한 연설을 듣고 기도에 참여하기 위해 뷔히어로 들어간다(1959년 오왈 스와이의 깐튼은 승려들의 '깐튼 설법' 전날 밤에 사원의 축제를 돕기 위해 인근 마을 정부 관리 그룹으로 구성된 아마추어 놀이꾼들이 노래, 음악, 농담 및 희극 공연 프로그램을 선보였다).

(7) 트붜으 본 프놈 쓰러우는 벼를 수확한 직후(보통 1월 하순)에 거행한다. 이 의식은 불교에서 필수적인 부분이 아니며 모든 사원에서 매년 열리지는 않는다(예: 1959년에 오왈 스와이에서는 한 번 열렸지만, 오왈 썸낭에서는 열리지 않았다). 이 간단한 의식에서 마을 사람들은 소량의 벼(몇 줌에서 한 바구니 이상까지)를 가져와서 말 그대로 쌀라에 작은 '벼의 산(프놈 쓰러우)'을 만든다(이 쌀은 나중에 팔아 사원 건축 자금으로 모아둔다). 평소처럼 기도와 설법을 한다.

(8) 미윽 보찌어는 붓다의 최초 설법을 기념하여 미윽월(2월) 보

름에 열린다. 행사의 의식은 사실상 뷔싹 보찌어와 같다.

(9) 본 프까는 문자적으로는 '꽃의 제사'로 사원의 기금을 모으는 축제이다. 본 프까는 우기를 제외하고는 언제든 열 수 있고, 심지어 원한다면 일 년에 한 번 이상 열 수도 있다. 그러나 일반적으로 사원에서는 휴경기에 이러한 축제를 매년 한 번만 연다. 마을 사람들은 감당할 수 있는 만큼(일반적으로 약 20-200리엘) 시주하고 깐튼 때와 같이 프놈뻰의 부유한 기부자가 오고 다른 마을사람들은 방문객을 위해 식사 대접하는 일로 봉사한다. 수많은 도시민[29] 덕분에 오왈 썸낭은 1959년 본 프까에서 80,000리엘을 모금했다(오왈 스와이는 내가 사는 동안 그런 축제를 열지 않았다).

주요 공휴일과 다양한 소규모 행사를 더 하면, 1년 동안 한 사원에서 약 12개 이상의 행사가 있는 것 같다. 그러나 그 행사들 모두 똑같이 많은 군중이 모이는 것은 아니다. 참석인원은 여러 요인에 따라 다르다. 어떤 공휴일이 가장 중요하거나 재미있다고 여겨지는지, 어떤 사원이 행사를 개최하는지, 기부금을 낼 수 있는지, 또는 단순히 가고 싶은지 등이 그러한 요인일 것이다. 어떤 가정에서는 모든 사원 행사에 적어도 한 사람이 참석할 수 있지만, 어떤 가족은 두세 번 정도만 참석할 수도 있다. 가족 대부분은 아마도 1년 동안 약 6번 정도의 사원 행사에 참여할 것이다.[30]

---

29 지역 사원에 나타나는 도시민들은 그 지역에서 태어났거나, 한때 인근에서 일했거나 직책을 맡았던 사람들, 사원에 관해 잘 알고 있는 사람들(예를 들어 오왈 썸낭은 프놈뻰 사람들에게 피크닉 장소로 유명하고, 오왈 스와이는 한때 쎄이하눅이 잠시 승려 생활을 한 것으로 알려졌다), 단순히 시골 사원을 관대함의 대상으로 선택한 사람들일 것이다. 그런 사람들은 또한 친척이나 친구들을 자주 데리고 온다.
30 예를 들어, 5개의 대표적인 사원 행사(두 사원의 프츔 전(pre-Pchum) 행사, 오왈 썸낭의 프츔, 오왈 스와이 또는 오왈 썸낭은 깐튼, 오왈 썸낭의 승려집회)에 참석한 기록에 따르면, 스와이 서리의 4가구는 이 행사 중 1개에 참석했고, 3가구가

새해, 쁘러쭘, 깐튼은 한 해의 주요 축제로 여겨지며 남녀노소를 불문하고 수많은 인파가 몰린다. 그러나 부처님의 최초 설법 기념일(미윽 보찌어)이나 승려가 계를 받는 날(삐티 범 부어ㅎ 니윽)과 같이 실제로 불교 교리에서 큰 의미가 있는 다른 휴일에는 상대적으로 적은 사람만 방문한다. 이런 의식에는 일반적으로 노인과 성인 여성만 참여한다. 청소년들은 '재미가 없어서', 성인 남성은 '너무 바빠서' 가지 않는다. 예를 들어, 오왈 스와이 뷔싹 보찌어에는 200여 명이 참석했는데, 여성이 남성의 약 4배에 달했다. 여성 대부분은 기혼이거나 노인이었고 몇몇 소녀들도 참석했다. 반면 남성은 대부분, 중년이나 노인이었다. 스와이 서리 사람 중 약 8가구가 이 행사에 참석했다. 대조적으로 오왈 썸낭에서 열린 깐튼에는 스와이 서리 29가구를 포함하여 남녀노소 1,000명 가까운 군중이 모였다.

오왈 썸낭에는 일반적으로 두 가지 이유로 오왈 스와이보다 더 많은 군중이 모인다. 첫째, 해당 지역의 모하니까이 신도 수가 톰마웃 신자보다 많다. 둘째, 어느 쪽인지 확고한 의지가 없는 가족은, 선택의 여지가 있을 때면[31] 그 축하 행사 규모가 더 크고, 경내가 '더 쾌적하기' 때문에 일반적으로 오왈 썸낭을 선호한다(예: 오왈 썸낭의 쁘러쭘은 스와이 서리 21가구의 사람들이 모였고, 같은

2개 행사에 참석했으며, 8가구가 3개 행사에 참석했고, 9가구가 4개 행사에 참석했으며, 7가구가 5개 행사에 모두 참석했다(평균 참석 횟수는 3개였다).
31 바로 근처에 두 개의 사원이 있기 때문에 두 오왈이 같은 날 의식을 거행하거나, 의식이 다른 날에 열리더라도 가족이 두 사원에 시주할 것이 없는 경우 그러한 선택을 해야 하는 경우가 많다. 가족의 충성심이 분열되거나 치우치지 않는 경우, 같은 날 두 절에서 행사를 하는 문제는 가족 중 일부를 한 사원으로 보내고 일부는 다른 사원으로 보내면 해결될 수 있다(가정이 두 사원 모두에 시주할 여유가 있는 경우).

날 열린 오왈 스와이의 쁘러쭘에는 단 6가구의 사람들이 참석했다. [두 가구는 두 사원 모두에 가족 대표를 보냈다]). 마지막으로, 특정 의식 참석 여부에 대한 개인적인 성향과는 별개로 (종교 신심에 대한 나이와 성별 차이에 관한 이전 논의 참조) 가족이 행사에 참석하느냐 여부는 가족의 재정 상황에 따라 달라질 수 있다. 소수의 가족은 어느 사원에서든 거의 볼 수 없는데, 이것은 그들이 신심이 부족하기 때문이라기보다는 대부분 경비가 부족하기 때문이라고 생각한다. 보시금이 몇 리엘 정도로 적을 수도 있지만 (가족의 식량을 고갈시키거나 적어도 상당한 금액의 비용이 들 수 있는) 특별한 음식을 요리해서 가거나, 예를 들어 향 몇 개비보다 값어치 있는 시주를 할 수 없다면 약간 당혹감을 느끼게 된다.

(III) 교육 중심지로서의 사원

사원 학교나 승려였던 동안 받은 가르침은 한때 마을 사람들을 위한 주요한 교육 기회였고 때로는 유일한 교육 기회였다. 스와이 서리의 글을 읽고 쓸 줄 아는 18세 이상 남성 35명 중 4명을 제외한 모든 사람은 승려일 때 크마에 기초(때로는 다른 과목도 수박 겉핥기식으로 배웠다)를 배웠다. 나머지 4명의 남성은 세속 공립 학교에 다녔다. 승려였던 한 남성도 몇 년 동안 공립 교육을 받았다.[32] 성인 남성 문맹률은 승가 생활을 하지 않은 것과 직접 관련된다. 어떤 사람은 '나는 승려가 될 수 없어서 글을 읽을 수 없다'라고 말했다. 마찬가지로 스와이 서리의 18세 이상 여성들은 모두

---

32 읽고 쓸 줄 아는 다른 네 사람은 공립 세속 학교에 다녔다. 승려였던 한 사람도 몇 년간 공립학교를 다녔다.

문맹이다. 이는 한때, 집 안에서의 교육이 정규 교육보다 중요하다고 여겨졌기 때문이기도 하지만, 또 다른 측면으로는 여성들은 사원 학교에 가거나 승려가 되는 것이 금지되어 있었기 때문이기도 하다.

오왈 썸낭에 있는 학교는, 껌뽕 뚜얼 근처에 공립학교가 있어, 현재 승려와 사미승 교육용으로만 사용되지만, 오왈 스와이에 있는 학교는 세속 교육 시스템의 일부가 되었다. 교과 과정은 공립학교의 1~3학년에서 가르치는 과목을 포함하고 현재 교직원은 재가신자 2명과 승려 1명이 있다.[33] 그 학교는 또한 소년과 소녀 모두에게 열려 있다. 실제로 스와이 서리 학령기 아동의 80% 이상이 오왈 스와이에 있는 학교에 다니는데, 그 이유는 껌뽕 뚜얼에 있는 학교보다 가깝기 때문이다. 따라서 사원은 이제 종교 교육뿐 아니라 세속 교육의 중요한 원천이 되었다.

(IV) 사원의 기타 기능

방금 논의한 사원의 세 가지 주요 기능 외에도 사원과 그 승려들은 마을 사람들을 위해 다양한 서비스를 제공한다. (1) 사원은 때때로 일자리를 제공한다. 자원봉사 노동을 사용하기도 하지만, 지속적인 건물 개보수를 위해 때때로 일꾼을 고용한다. (2) 사원 쌀라는 전통적으로 낯선 지역을 여행하는 손님을 위한 안전한 숙소 역할을 했다. (3) 승려가 일반적으로 라디오, 잡지 및 기타 매체에 접근할 수 있고 많은 경우 다른 마을 사람보다 더 많은 교육을 받았기 때문

---

33 사원 학교의 이전 커리큘럼과 현대화에 대해서는 모노드(1931, 133-34), 비로도우, 빠짜마봉, 홍(1955), 자드로즈니(1955, 133-0), 뗄버트(1961, 140) 참조.

에 사원은 정보와 뉴스의 공급처가 될 수 있다.[34] (4) 어떤 승려들은 마을 사람들이 필요로 하는 특별한 기술이나 지식을 가지고 있다. 예를 들어 오왇 썸낭의 한 승려는 다양한 기계 장치의 전문 수리공으로 알려졌고, 어떤 승려는 치료 기술, 점성술 계산 등에 대한 지식을 가지고 있다. (5) 사원은 주요한 생애 의례(통과의례)에 필요한 그릇과 식기류를 구입하거나, 대여할 여력이 없는 마을 사람들에게 이를 빌려주기도 한다. (6) 마지막으로 사원은 가난한 집안의 스님과 사원 소년들을 먹여 살릴 수 있는 구빈원 역할을 한다고 흔히들 말한다. 이것은 특정한 개별 사례에는 사실이겠지만, 일반적으로는 고려할 가치가 없는 것이기도 하다(아래 참조).

마을 생활에서 불교

불교의 계율과 교리가 마을 생활에 영향을 미치는 다양한 방식은 이미 앞 장과 절에서 언급했다. 불교와 다른 사회문화적 제도 사이의 모든 상호관계를 탐구하는 것은 이 장의 범위를 벗어난다. 그러나 나는 특별히, 몇몇 토론 주제였던 이 종교 체계와 경제 조직 사이 관계 중 일부를 여기서 좀 다뤄보려고 한다(P.172, 아래 8줄. Pfanner and Ingersoll 1962; Nash 1965, 157-163, Spiro 1966 및 아래서 언급하는 자료들 참조).

가끔 문헌에서 불교가 많은 남성이 사원에 머물고, 자신의 운명을 받아들인다는 교리는 경제적 성공을 추구하는 개신교 윤리에

---

[34] 오왇 썸낭과 스와이의 승려들은 때때로 국가 행사에 대한 소식을 전달하는 채널 역할을 하는 것 외에는 정치적 문제에 아무런 역할도 하지 않았다고 언급할 수 있다. 그러나 지식인과 엘리트 사이에 정당과 갈등이 발생하는 프놈펜에서는 승려들이 정치운동과 논쟁에 참여해 왔다. 그러나 왕이 이러한 경향을 낙담시키고 비판했다(Steinberg 1959, 301-2).

반대되며, 사람들이 많은 음식과 돈을 시주하기 때문에 경제 발전의 걸림돌이나 방해물이라고 말하거나, 적어도 암시한다(P.172, 아래 2줄. Kleinpeter 1937, 76-78, 82-85; Gourou 1945, 381; Delvert 1961, 140-142). 이러한 주장은 어느 정도 일리가 있긴 하지만, 마을 단위에서 그 현실은 원래 생각했던 것보다 더 복잡해서 이러한 일반화를 제한 없이 받아들여서는 안 된다.

첫째, 불교 국가 전체를 볼 때 그 많은 승려는 노동력 상당 부분을 차지하는 것으로 보인다(Delvert 1961, 140에 따르면 캄보디아 남성 인구의 1/10에 해당). 그러나 스와이 서리에서 누가 왜 승려가 되지 않았는지 주목해 보면 흥미로운 점을 발견할 수 있다. 18세 이상 남성 중 승려가 된 적이 없었던 9명에게는 다음과 같은 상황이 있었다. 세속적인 문제에 훨씬 더 관심이 많았던 두 사람(예: 전문적인 음악가)을 제외하고 이 사람들은 아버지가 돌아가셨거나 형제 또는 형제들이 승려였거나, 가족이 가난해 논이든 다른 일자리에서든 일해야만 했던 가족 출신이다. 이 남성들은 모두 가난한 집 출신이고, 그들 대부분은 현재 아내 집에 살고 있다. 따라서 사원이 가난한 이들의 안식처가 될 수는 있지만, 승려가 가족의 밭에서 일하거나 다른 일을 해서 정기적인 수입을 송금할 수 없는 것도 사실이다. 따라서 가족의 관점에서 볼 때 남성은 가족에게 그가 필요하면 승려가 되지 않는 것이 일반적이다.[35]

---

35 공정함을 위해 반드시 언급되어야 할 사실은 승려였던 많은 남성이 가난한 가정에서 왔으며, 종종 동일한 환경에서 왔다는 것이다. 그러나 이러한 경우에는 남자들이 일시적으로 사원에 머물 수 있도록 몇 가지 조치가 취해졌다(예를 들어 처남이 가족에게 필요한 노동을 제공한 경우도 있었다). 또한 처가살이가 일반적인 거주 패턴이기는 하지만 여기에 인용된 사례에서는 특히 남성의 자원 부족으로 발생했다. 또한 남성을 승려로 보내는 것은 그 사람이 아직 노동력이나 수입에 거의 또

둘째, 사람들은 자기가 가진 부를 시주하는 것을 칭찬할 일이라고 생각한다. 종교적 헌신은 일반적으로 세속적 목적으로 활용될 수도 있는 자원을 흡수한다. 그리고 여분의 식량이나 돈, 특히 우연히 얻거나, 남는 돈은 종종 (항상 그런 것은 아니지만) 덕을 세우는 데 사용된다.[36] 예를 들어 11번 집이 복권에 당첨되었을 때 가족은 전혀 부자가 아니어서 다른 목적으로 돈을 사용할 수 있었지만, 그들은 그것을 깐튼 의식에 사용했다. 그러나 실제로는 가족이 감당할 수 있는 만큼만 시주하는 것이 일반적이다. 대개 마을 사람들이 시주하는 금액은 소규모 행사의 경우 몇 센트, 대규모 축제의 경우 약 1달러로 그다지 많지 않다. 좀 더 일반적으로는, 서비스, 특히 음식의 형태로 이루어진다. 후자가 중요하다. 마을 사람들이 생활 주기와 관련된 의례나 사원 행사와 같은 아주 특별한 경우에만 시주하는 음식은 그들이 준비할 수 있는 특별한 요리(치킨 카레, 쇠고기, 달콤한 진미 등)의 형태이다. 승려들이 식사를 마치면, 항상 상당한 양의 음식이 남는데, 마을 사람들은 이것들을 모아서, 다른 가족이 가져온 다양한 요리와 함께 나누어 먹는다. 따라서 사원 축제는 일반적으로 쌀과 생선으로 이뤄진 그들의 일반적인 식단에 고기와 몇몇 특별한 음식을 '소규모 재분배 시스템'을

는 전혀 기여하지 않는 어린이이거나 아주 어린 청소년이거나 사원에 있는 기간이 매우 짧으면 가족에게 그렇게 힘든 것은 아니다. 하지만 스와이 서리에서는 이러한 패턴 중 어느 것도 흔하지 않았다. 승려였던 남성 중 청소년기 중후반이 절에 입문하는 일반적인 연령이었으며, 승려로 지낸 기간은 최소 1년 이상이며 대개는 그 이상이었다. 같은 주장을 하고 있는 드영(1955, 169)과 모어맨(1966, 147)도 태국의 가족들이 승려가 될 남성을 내버려 둘 여유가 없다는 점에 대해 비슷한 의견을 제시하고 있다.

36 4장의 "재정" 부분 참조. 또한 버마 및 태국 마을이 시주에 지출한 예산의 비율을 보여준 패너와 인솔(1962), 네쉬(1965, 160), 카우프먼(1960, 221) 참조.

통해 보완하는 몇 안 되는 행사 중 하나이다. 따라서 현금과 봉사 형태의 시주는 공덕을 쌓는 데 중요한 반면, 음식을 시주하는 것은 마을 사람들의 입과 위장까지 즐겁게 하는 공덕이 된다. 서양 속담에 빗대 보자면, 이 경우 마을 사람들은 공덕이 있어서 그것을 먹는 것이다.

공덕 쌓기에 시주하는 것은 두 가지 점에서 순전히 영적인 보상 이상의 것이다. 첫째, 사원은 전통적으로 교육기관뿐만 아니라 사교 센터, 숙소 등으로 지역 사회를 위한 다양한 사회봉사를 수행해 왔다. 시주는 따라서 정부 기관의 공공 서비스를 위해 세금으로 지출되었을 수 있는 돈을 대신한다. 둘째, 불교 교리에 따르면 매우 장기적인 관점에서 공덕을 위한 보시금이 다음 생에서 더 나은 (더 부유한) 삶을 가져온다고 생각되기에, 일종의 '미래를 위한 투자'로 간주되기도 한다.[37]

마지막으로, 자신의 운명에 순응한다는 불교의 교리가 농민이 더 나은 사회경제적 지위를 향해 나아가는 것을 막는다고들 한다. 수십 년 전쯤 어떤 농민이 아주 큰 야망을 가졌다고 해서 사회적 이동이 가능했을지는 좀 의심스럽다. 순응만이 가능한 유일한 대응책이었을 것이다. 그러나 현재는 세속 영역이 신성한 영역에 상당한 영향을 미치는 흥미로운 발전이 진행되고 있다. 나는 마을 사람들이 일반적인 어조로 이렇게 말하는 빈도에 충격을 받았다. '우리는 너무 가난합니다', '우리는 그렇게 열심히 일해도 고작 이거 법니다', '쌀농사 짓고 사는 게 참 힘드네요.' 부분적으로 이것은 단순히 자신의 운명에 대한 현실적인 인식으로 볼 수 있다. 하지만

---

37 비슷한 점에 관해 최근 스피로(1966)가 언급했다.

이 '고단하고 힘난한 운명은 하루에 한 번뿐이다'라는 말에는 슬픔, 때로는 쓰라림, 시기심도 담겨 있다. 중요한 사실은 현대 캄보디아 사회에서는 사회적 이동이 어느 정도 가능해졌다는 것이다. 전통적 위계질서가 느슨해짐에 따라 출생뿐만 아니라 업적을 통해서도 더 높은 지위를 얻을 수 있게 되었다. 공교육의 확대로 농민들은 사회 계층의 주요한 이동 수단인 교육에 좀 더 쉽게 접근할 수 있게 되었다. 순응의 교리는 실제로 도시 지역으로의 지리적 이동이든 기계공, 학교 교사, 하급 관료 등 상층으로의 사회적 이동이든, 변화에 대한 희망을 억누르지는 않는다는 것이 점점 더 분명해진다. 흥미로운 의문은 이러한 세속적 직업(그리고 필요한 훈련)에 대한 열망이 미래 사원에 들어가는 남성의 수에 영향을 미칠지 여부이다. 내 표본이 너무 작아서 단순한 제안에 불과하겠지만, 스와이 서리에 대한 다음 수치를 참고하라.

나이	출가 경험이 있는 남자 수	출가 경험이 없는 남자 수
50세 이상	13	0
40 ~ 49세	5	2
30 ~ 39세	8	2
20 ~ 29세	7	4
10 ~ 19세	1명이 현재 동자승	12

실제로 가장 어린 그룹 중 두 번째 열에 있는 사람들(20-29세)은 가난, 무관심, 세속 교육에 대한 염려로 사원에 들어갈 즉각적인 계획이 없다. 더욱이 점점 더 많은 소비재를 사용하게 되고 또 그것이 필요한 시대가 되면서 소비재를 갖는 것은 성공과 명성의 상징이 되었다. 따라서 현금 수입은 현대 생활에서 훨씬 더 중요한 역할을 담당하며 미래에는 전통 불교의 비물질적 강조를 심각하게

압도할 수도 있다.[38]

사회 구조와 관련하여 불교와 개인주의의 관계에 관해 이야기해 보자. 문헌들은 개인주의적 행동이 여러 동남아시아 사회의 특징이며, 이는 각 개인이 자신에 관해 책임져야 한다는 불교 교리에 의해 적어도 부분적으로 고무된다고 말한다. 크마에에게는 분명 개인주의적이고 독립적인 성향이 있다(3장 참조). 그러나 다시, 이를 너무 일반화하는 것은 위험하다. 스와이 서리 자료는 불교가 개인주의뿐만 아니라 집단행동과 통합을 장려할 수 있다는 점을 보여주기 때문이다.[39]

물론 공덕을 쌓는 데는 개인의 책임과 집중이 수반되는 것이 사실이다. 그러나 공덕 쌓기는 종종 어떤 그룹, 일반적으로 시주를 위해 공동으로 노력과 자원을 모으고, 전체를 대표하는 한 두 사람이 사원에 가져가는 가족에 의해 수행된다. 이렇게 얻은 공덕은 사실상 가족 구성원들에게 '분할'된다. 그러나 공동으로 하는 행동이 분명히 있다. 언급한 바와 같이 깥튼 후원에서도 유사한 집단적인 노력이 발생한다. 더욱이, 도덕적-종교적 중심지인 사원은 공통된 규범과 공동으로 의식에 참여하는 것으로 마을 사람들을 회중이라는 종교 공동체로 통합하는 역할을 한다. 그것은 의례나 다른 행사에 사람들이 모일 기회를 제공하는 사회적인 중심으로, 개인 간의 사회적 유대를 강화하거나 생성한다.

---

38 나는 여기서 종교 규범이 경제 조직의 특정 영역에서 흔히 생각하는 것만큼 중요하지 않을 수 있다고 제안한 반면, 4장은 불교의 영향을 입증하는 생활 활동의 다른 영역, 예를 들어 특정 동물을 죽이지 말라는 명령에 대한 확고한 고수와 돼지와 닭 사육에 대한 모호한 태도를 지적했다.
39 네쉬(1963, 291-92)는 버마 불교의 집단에 관해 설명하고 있지만 불교가 조장한 개인주의도 강조하고 있다(293-94; 1966, 161).

마지막으로, 크마에 마을 사람들이 독립과 개인주의를 아무리 중시한다고 해도, 사회적 현실에서 각 개인은 다른 사람들과 떼려야 뗄 수 없는 관계에 있다. 타인과 조화롭고 예의 바르고 관대한 관계를 촉구하는 불교의 계율은 이러한 기본적인 사회학적 사실을 인정한다. 그리고 개인의 양심과 비판적인 소문에 신경 쓰는 태도가 종교적 계율을 지키도록 하겠지만, 실제로는 범죄자, 왕따 또는 사회 부적응자가 되지 않는 한 기본적인 의무에 순응하지 않을 수 없다. 자발적으로 불교의 덕과 계율을 받아 실천하는 사람, 특히 주변 사람들에게 관대하고 친절하게 대하는 사람에게는 현생의 명예와 사랑, 존경이라는 대가가 있고, 내세에는 더 나은 삶이 보장된다. *디베리*Debary가 언급한 것처럼 불교의 이상은 각 개인이 상대방의 인격을 존중하고, 따뜻하고 행복한 인간관계의 복잡한 네트워크가 있으며, 부모와 자식, 교사와 학생, 남편과 아내, 주인과 하인, 친구와 친구 사이의 상호 존중과 애정이 있으며, 다른 천계에 있는 존재들을 돕는 사회이다(DeBary 등 1960, 116).

따라서 가족, 마을, 국가가 단지 충성도를 높이거나 행동에 상당한 영향을 미칠 수 있는 다른 제도일 뿐인 사회에서 불교는 통합을 장려할 수 있고, 장려한다.[40]

민속종교

불교는 특징적으로 다른 종교 체계에 관대하다. 캄보디아에서는

---

[40] 불교 윤리가 법과 정부, 노예 제도, 여성의 행위, 가족에 대한 몇 가지 흥미로운 견해 등 캄보디아 문화의 다양한 측면에 영향을 미친다고 그가 생각하는 다양한 방식에 대한 논의는 르끌레어(1899, 496-530)를 참조하라. 또한, 패너와 인거솔(1962), 네쉬(1963, 1965), 스피로(1966), 모어맨 Moerman(1966), 버마와 태국의 불교와 경제 및 사회조직 간의 연관성에 대한 비교 데이터를 참조하라.

불교가 (실론, 버마, 태국, 타이에서 같이) 다양한 초자연적 존재에 대한 믿음과 토착 마술과 다양한 의식을 중심으로 하는 민속종교라고 부를 수 있는 것과 공존한다. 고차원적 종교와 이 민속종교 사이에는 경쟁이나 갈등이 거의 없다.[41] 토착령을 위한 사당은 불교 사원 경내에서도 발견된다. 술사들도 독실한 불교도들이다. 생애주기 및 기타 의례에서 사람들은 영적 존재와 승려 모두에게 제물을 바친다. 곤경에 처한 사람들은 부처와 토착령 모두에게 빈다. 민속종교의 초자연적 존재에 대한 존경과 두려움은 마을 사람들 사이에서 거의 보편적이다. 몇몇에 불과한 회의론자들조차도 그들이 가진 의문에 있어서는 무신론자라기보다는 불가지론자이다. 또한 민속종교의 한 측면은 확고하게 집착하면서도 일부 측면을 거부기도 한다.[42] 따라서 크마에는 공식적으로 불교도이지만, 그들의 불교는 토착 전통 민속 신앙을 포함한 혼합주의 형태를 띤다.

민속종교의 초자연적 존재는 다음과 같은 것이 있다.[43]

(1) *네악 따*는 가장 일반적인 의미에서 그들이 거주하는 사물이

---

41 내가 아는 불교와 민간종교 사이의 갈등의 유일한 사례는 프쭘(Pchum)과 관련된 한 민속의식이 닭을 죽여야만 했기 때문에 폐기되었다는 것이다. 일부 승려들은 민간 종교의 다양한 영귀를 믿지 않는다고 한다. 그리고 한 종류의 주술사인 트맙(아래 참조)은 그의 사악한 행위 때문에 불교 사원에 들어가거나 부처님을 숭배하는 것이 금지되었다고 한다.
42 예를 들어, 나의 통역이었던 청년은 논에서 게를 통제하기 위해 정령에게 간구하는 것을 믿는 '무지한' 사람들을 경멸하는 동시에 특정 정령의 사당과 무서운 유령에 대해 깊은 경의를 표했다. 교육 수준이 더 높거나 도시에 사는 크마에인들도 전통적인 신앙을 고수한다. 예를 들어, 프놈펜에 있는 우아한 상점의 여주인은 그녀의 가족이 유령을 보았다고 말했고, 1959년에는 엉꼬 오왈를 방문하는 왕실 행차가 길에서 만난 나쁜 징조 때문에 중단되었다는 소문이 돌았다.
43 이러한 초자연적 존재에 대한 사람들의 개념은 지역이나 개인의 상상과 관심에 따라 다소 다를 수 있다. 왜냐하면 여러 출처(아래에 인용됨)가 스와이 마을 사람들보다 다양한 (영적) 존재에 대해 약간 다르거나 더 자세하게 설명하기 때문이다.

나 지역의 안녕을 지키는 수호신이다. 그러나 네악 따라는 명칭은 실제로 정령숭배의 대상에서 천상의 존재에 이르기까지 다양한 종류의 초자연적 존재에 적용된다. 용어 자체는 문자적으로 '조상'으로 번역될 수 있으며, 몇몇 글(Leclere 1899, 151, Porée-Maspero 등 1950, 27, Porée-Maspero 1962a, 6)에 따르면 어떤 네악 따는 특정 사망한 사람이거나, 일반적으로는 죽은 자의 영과 연결된 것으로 여겨진다. 그러나 종종 네악 따는 특별한 기원이 없는 경우도 있고, 스와이에서처럼 단순히 항상 존재해 온 초자연적인 존재일 때도 있다(Porée-Maspero 1962a, 6 참조). 네악 따는 적절한 존중을 표하기만 하면 해를 끼치지 않지만, 무시하거나 무례하게 취급하면 사람이나 동물에게 질병을 일으키거나 가뭄과 같은 문제를 일으킨다. 때로 사람들은 질병과 같은 어려움을 예방하거나 극복하기 위해 그들에게 도움을 요청하기도 한다. 사람들은 과일, 음식, 향 등의 제물을 바치면서 그들의 화를 가라앉히거나 도움을 청한다.

다양한 종류의 네악 따의 정확한 성격이 항상 명확하지는 않지만, 대략 다음과 같이 분류할 수 있다. (a) 어떤 네악 따는 나무, 논, 개울, 숲, 산 등과 같은 다양한 자연환경에 거주하는 토착 정령신앙의 자연 영인 것 같다. 그들은 특히 구릉이나 산악 지역(따라서 위험한 지역으로 간주됨)에 많다고 여겨지지만, 모든 곳에 깃들어 있을 수 있다. 스와이에는 큰 나무와 논에 사는 네악 따가 있다고 한다. 사람들은 논에 사는 네악 따에게 때때로 게가 어린 벼 묘목의 줄기를 잘라 먹지 못하도록 해달라고 빈다. 큰 나무를 자를 때 그 나무에 거하는 네악 따가 다른 나무로 이동하도록 요청하기 위해 나무 밑둥에 작은 제물을 바쳐야 한다는 점을 제외하고는 나무에 사는 네악 따는 거의 무시된다. 그들은 원한다면 나무에서 나무로 날아가는 불덩어리로 나타나거나, 인간이나 동물의 형태를 취할 수도 있지만, 일반적으로는 눈에 보이지 않는다. (b) 다른 네악 따는 도 단위이든, 군 단위든, 마을 또는 단순히 특정한 지역이든, 정해진 영토와 관련이 있다. 실제로 일부 지역에서는 이러한 영들이 세속적인 사회, 정치 조직을 복제해 왕 또는 족장 네악 따, 하급 귀족, 군 네악 따 등 규칙적인 계층 구조로 배열된다.[44] 이웃 마을 따 짜에는 마을 네악 따가 있지만, 스와이에는 없다. 그러나 스와이 중리 남쪽의 황량하고 정돈되지 않은 지역에는 록 따 뜨뽈이라는 이름의 작고 뚱뚱한 웃는 조각상, 점토로 만든 그의 소, 그리고 이 네악 따의 상징이랄 수 있는 돌 몇 개를 모신, 돌로 만든 사당이 있다.[45] 사람들은 질병이나 가뭄과 같은 문제가 발생하면 (음식과 향을 바치고 가장 엄숙하게 공경을 표하는 청원)으로 이 네악 따에게 애원한다. 오왈 스와이와 오왈 썸낭에는 각각 네악 따를 위한 사당이 있다. 여기서 네악 따들은 돌과 바위(예를 들어 오왈 스와이의 네악 따 할머니)나 네악 따의 명백한 표현이라고 할 수 있는 형태 또는 몸(류)인 인간 형태의 작은 조각상(예를 들어 오왈 썸낭의 남자와 그 아내 네악 따)으로 표현된다. (c) 일부 네악

---

44 포레-마스페로(1962a, 11~12)는 이러한 영토 정신이 네악따의 주요 유형이라고 생각한다. 포레-마스페로(1955a), 포레-마스페로 등(1950, 27-31), 수어리스-롤랜드(1951)도 참조하라.

45 영귀와 신당의 기원은 알려진 바 없다(CMCC 59.107에는 사실상 신당을 짓고 제물을 바치면, 영혼이 그곳에 깃들 것이기 때문에 네악따를 만드는 것이 가능하다고 명시되어 있다). 종종 네악따를 표현하는 것으로 보이는 돌이나 잔해는 원래 평범한 바위였거나 오래된 힌두 신들의 조각상에서 나온 잔해 조각일 수도 있다. 때로는 네악따는 뿌리나 빈 신당으로 표현되기도 한다(Porée-Maspero et al. 1950, 27, Porée-Maspero 1962a, 8, CMCC 59.107).

따는 떼와다(천사)나 힌두교에서 기원한 천상의 존재와 합쳐지거나 혼동되기도 한다(Steinberg 1959, 304 참조).

(2) *크마오잎*은 여러 종류의 귀신이다. (a) *크마오잎 룽*은 서양 의미의 유령, 즉 죽은 사람(크마오잎이라는 용어는 '시체'를 의미하기도 함), 특히 자살하거나 살해당한 사람의 영혼과 비슷하다. 이 유령은 돌아다니고 인간이나 동물의 형태로 나타날 수 있지만, 일반적으로 너무 가까이 다가가면 사라진다. (b) *바이싸잎*은 흙과 배설물을 먹고 사는 일종의 크마오잎이지만, 때때로 그들을 위해 들판에 두는 쌀과 다른 음식도 먹는다. 그들 역시 이리저리 돌아다니며 동물이나 인간의 모습을 하고 있다.[46] (c) *쁘리예이*는 큰 나무에 서식하며 나무에서 나무로 날아다니는 불덩어리로 나타나는 크마오잎이다.[47] 크마오잎은 마을 사람들에게 매우 현실적이고 끊임없는 두려움의 대상이다. 건장하고 용감한 남자라도 이 유령을 만날까 봐 밤에 혼자 걷는 것을 두려워한다. 어떤 사람이 말했듯이, '나는 사람을 겁내진 않지만 크마오잎은 무서워합니다.' 크마오잎이 너무 무서운 주제이기 때문에 이야기하는 것조차 꺼리는 사람도 있다. 오왈 썸낭 근처뿐만 아니라 사범학교(학교의 여학생들은 밤에 남자나 귀신이 두려워 기숙사 창문을 열지 않는다) 부지를 배회하는 크마오잎-룽이 있다고 한다. 그리고 그것들이 스와이 마을

---

[46] CMCC(59.107)는 그들이 '끔찍하고 무서운 형태'를 가지고 있지만 '사람들을 놀라게 하려고 속임수를 쓸 때를 제외하고는 보이지 않는다'고 말한다. 포레와 마스페로(1938, 223)에서는 그들이 키가 크고 입이 바늘귀보다 크지 않은 '굶주린 악마나 방황하는 정죄된 영혼'이라고 말한다.

[47] CMCC(59.107)는 이들을 큰 나무에 출몰하고 사람에게 들어가 질병을 일으킬 수 있는 빛나는 여성 영귀라고 말한다. 포레-마스페로(1962a, 4)는 비극적으로 (예: 출산이나 사고로) 사망한 여성의 영혼이라고 말한다. 쁘리예이에 관한 다른 세부 사항은 포레와 마스페로(1938, 223)를 참조하라.

로 와 배회할 가능성이 항상 있다. 또한, 마을의 몇몇 고목에는 쁘리예이가 있으며 일부 마을 사람들은 불덩어리를 본 적이 있다(또는 적어도 본 사람을 알고 있다)고 주장한다. 사람들은 크마오읿을 만나면 그 공포가 너무 커서 병에 걸릴 것으로 여길 정도로 그것을 두려워한다. 크마오읿은 순수하게 악의로든 아니면 개인이 어떤 식으로든 그들을 화나게 해서든, 사람들을 병 걸리게 할 수 있다.

(3) *아레악*Arak은 죽은 자의 영혼이라는 점에서 크마오읿과 유사하고, 때때로 사람들이 크마오읿이라고 말하기도 한다.[48] 그들은 인간이나 동물로 나타날 수 있지만, 주로 1년에 한 번 열리는 라응네악 따(네악 따를 위한 제사의 일종)에서 영매를 결정하고 그를 통해 말한다. 어떤 사람들은 아레악을 병을 일으킬 수 있는 장난꾸러기 영이라고들 하지만, 동시에 제물을 바치는 사람들을 보호할 수 있다고도 한다. 사람들은 때로는 아레악을 위해 기둥 위에 작은 나무 사당을 세운다.

(4) 봉뻴은 아레악과 비슷하지만, 가끔 사람들에 신접하며 동물이나 인간의 모습을 하거나 질병을 일으키지 않는다. 이 용어는 또한 신접한 사람을 나타내는 데도 사용한다.[49]

(5) 때때로 크마오읿이라고도 하는 *메바*Meba는 살아있는 가족을 돌보는 조상 영(특정 가계의 조상이 아니라 일반적 조상)이다. 사람들은 가족의 삶에서 중요한 사건을 메바에게 알리고 생애주기 의

---

48 포레와 마스페로(1938, 226)에서는 아레악을 조상 영혼이라고 언급하지만, 스와이 마을 사람들은 조상 영혼에 다른 이름을 부여했다. CMCC(59.107)는 아레악이 나무, 숲, 물에 살고 때로는 특정 장소나 집에 출몰한다고 말한다.
49 CMCC(59.107)는 '반밧'이 한 지역에서 가장 강력한 네악따를 가리키는 용어일 뿐만 아니라 '네악따에 큰 영향력을 미치는 존재'를 가리키는 용어라고 기록되어 있다.

식과 새해와 프쫌번과 같은 특정 명절에 음식을 바친다. 메바는 인간이나 동물의 형태로 나타나지 않지만, 가족 중 누군가가 죄를 짓거나 다투면 질병을 일으킬 수 있다(가장 자주 언급되는 예는 부모가 자녀가 사랑하는 사람과의 결혼을 허락하지 않는 경우이다). 그러한 질병은 무고한 가족에게 영향을 미치는데, 이럴 때 죄가 있는 사람(들)이 용서를 구하고 메바에게 제물을 바치는 의식으로 치료를 받아야 한다(Leclère 1898, 1; 156, 289-288 참조).

또한, 이와 비슷하게 조상의 영혼이나 죽은 가족 구성원의 유령으로 깜부어 쭈어cambue cue(또는 쌈부어 쭈어sambue cue)도 있다. 그들은 후손이 그들을 무시하거나, 나쁜 짓을 할 때 분노해 병을 일으킨다.

(6) 쁘라엔은 크마오잎으로 분류되지는 않지만, 일부 마을 사람들은 동물을 도살하는 것과 같은 끔찍한 죄를 범한 자의 영혼이라고 하며, 어떤 사람들은 그들을 단순히 악마처럼 문제를 일으키는 악의적인 영이라고 부른다.[50] 그들은 인간이나 동물의 형태를 취할 수 있다.

(7) 쭘니응 프떼아ㅎ는 특정 집에 사는 사람들이 '행복한지' 살피는 영이다. 그들은 전적으로 자비롭고, 질병을 일으키지 않는 유일한 영이다. 사람들은 때때로, 특히 결혼식에 쭘니응 프떼아ㅎ에게 음식을 바친다.

(8) 머레윈 꽁윌은 돼지나 닭을 제외한 소, 물소, 말, 코끼리 등 가축이든, 야생 동물이든 짐승들이 잘 보살핌을 받는지 살피는 보

50　CMCC(59.107)는 '쭈어 쩜뿌어 cuor cambuor'가 '같은 혈통의 모든 후손'에 의해 화해되어야 하는 '대대로 존경받는 아레악'이라고 말한다.

호령이다.[51] 주인은 가축에게 적절하게 먹이를 주어야 하며, 때리거나, 도난당하거나, 다양한 방식으로 학대하거나 질병에 걸리지 않도록 해야 한다. 그렇지 않으면 머레윈 꽁윌이 주인을 병들게 할 것이다. 머레윈 꽁윌을 위해 때때로 집 안이나 마구간이 있는 집 아래에 음식을 바친다.

요컨대, 세계는 수많은 초자연적 존재로 채워져 있다고 생각되며, 그 중, 가택신(쭘니응 프떼아ㅎ)만이 완전히 이타적이며 절대 문제를 일으키지 않는다. 네악 따, 메바, 머레윈 꽁윌은 적절하게 행동하면 해를 끼치지 않고, 일부는 도움을 요청하면 도움을 줄 수도 있다. 그러나 그들을 불쾌하게 하는 사람은 질병에 걸릴 수 있다. 나머지 초자연적 존재는 특히 사람을 병들게 해서 자신을 드러내는 악의를 지닌 험악하거나 사악한 것들이다. 혼령들이 좋은 기분을 유지하게 하고, 악행을 속죄하고, 불행이나 잠재적 재앙을 막거나, 특별한 능력을 얻기 위해 마을 사람들은 제물, 청원, 의식, 부적, 물약 등에 의지한다. 어떤 사람들은 영을 중개하는 특별한 능력을 갖고 있다. 이러한 전문가는 다음과 같은 종류가 있다.

(1) 꾸루[52]는 치료, 잃어버린 물건 찾기, 불굴의 사랑을 얻거나 불행을 피하는 부적이나 물약 만들기, 퇴마 등과 같은 다양한 재능이나 기술을 가진 술사이다. 꾸루는 거의 항상 남성이다. 아들이 꾸

---

51 포레-마스페로(1962a,15)에 따르면 이 영혼은 '검은 피부를 가진 7-10세 어린이'처럼 보이고 나무에 살며 들판에서 동물이 희생되는 것을 막기 위해 출몰하는 네악따의 하인이거나 네악따 자신이다. CMCC(59.107)는 사냥꾼이 이러한 영혼에게 제물을 바쳐 그들에게 동물을 몰고 와 달라고 한다고 기록하고 있다.
52 싼스크리트어와 빨리어로 구루(guru) 또는 '마스터'라는 뜻의 꾸루라는 용어는 사실 학교 교사 = 꾸루 병으리은, 의사 = 꾸루 뻰 등 특정 지식 영역의 전문가에게 적용된다.

루의 길을 배우고자 하고, 좋은 사주를 타고 났으며, 올바르게 행동하는 규율을 가지고 있을 때, 종종 아버지에서 아들로 이어진다.

꼬썰(8번 집)은 사람들이 존경하면서도 다소 두려워하는 꾸루이다. 그는 3년 동안 먼 마을의 늙은 꾸루에게서 꾸루 일의 다양한 절차를 배웠다. 꾸루였던 그의 아버지가 지식을 아들에게 전하기 전에 노쇠해졌기 때문이다. 이 지역의 꾸루 대부분이 그렇듯이, 꼬썰의 주요 기술은 질병 치료이다. 긴장된 근육이나 일시적인 복통과 같은 경미한 질병은 한두 식물을 혼합해 만든 약물로 간단히 치료하거나 질병 부위를 '불기'(플럼plom)한다.[53] 더 복잡하거나 심각하거나 오래된 질병은 원인에 관한 단서를 제공하는 환자의 사주(생년월일)[54]를 통해 진단한다. 어쩌면 크마오잎이 환자와 사랑에 빠져 그의 몸을 소유하려고 해서 그가 아픈 것일 수도 있다. 또는 그 자신이나 가족 중 누군가가 어떤 방식으로든 토착령의 기분을 상하게 했을 수도 있다. 질병의 원인을 찾은 후 꼬썰은 약초를 사용하거나, '불거나', 주문을 외거나, 음식이나 다양한 의례 물품을 바치는 등의 여러가지 절차(예: 유령을 떠나게 하는 사랑의 부적 만들기)를 함께 사용해서 귀신을 물리치거나 그 화를 달래는 치료를 진행한다. 꼬썰은 또한 특별한 액막이나 부적으로 사람들이

---

[53] 꼬썰은 '의식' 의학이나 치료라고 부를 수 있는 것의 효능뿐만 아니라, '세속적' 또는 '과학적' 의학의 효능도 잘 알고 있다. 그는 때때로 자기 질병에 대한 연고나 약을 구하러 나에게 왔으며, 환자가 페니실린과 같은 약을 사용하거나 훈련된 의료인에게 상담을 받을 때에도 화를 내지 않았다.

[54] 개인의 사주를 바탕으로 질병을 진단하는 방법을 정확히 설명할 수는 없지만, 여기에는 잠재적인 결혼 파트너가 적합한지 여부를 결정하는 것과 같은 다른 영역에서도 매우 중요한 복잡한 점성술 시스템이 포함된다. 점성술 계산은 (중국에서와 마찬가지로) 매년 특정 동물의 이름을 지닌 12년 주기를 기반으로 한다. 자세한 내용은 포레-마스페로 등(1950, 17, 85; 1958, 11-17), 특히 포레-마스페로(1962b) 참조

질병이나 불행을 피하도록 도울 수도 있다. 개인의 사주가 좋으면 때때로 잃어버린 물건을 찾아 줄 수도 있다. 그리고 그는 사랑의 부적 만드는 방법을 알고 있다(근처 마을에 있는 다른 꾸루가 사랑 [스나에snay], 또는 누군가를 사랑에 빠지게 하는 기술 전문이어서 그에게 부적을 요구는 사람이 거의 없다). 그는 일반적으로 과일, 과자, 담배 등과 같은 현물을 받고 서비스를 제공하는데, 때로는 현금을 받기도 한다.

나는 '불기'를 제외하고는 꼬썰이 치료 의식을 수행하는 것을 본 적이 없지만, 26번 집은 한 번씩 방문하는 손자를 치료하기 위해 다른 마을에서 꾸루를 불러왔다. 질병을 일으킨 크마오잎에게 바치는 고기, 쌀, 채소 요리와 함께 다양한 제물이 진설되었다. 꾸루는 크마오잎이 제물을 발견해 받아들이도록 경을 외면서 그를 초대했다. 그런 다음 제물을 마을 근처의 황량한 들판으로 가져갔다. 이 물건을 옮기는 사람들은 물건을 놓은 후에 뒤를 돌아보지 말아야 한다. 이는 크마오잎이 와서 예물을 가져가는 것을 볼까 두려워하기 때문이다(P.180, 아래서 7째줄. 치료와 다른 의례에 사용되는 제구나 공양물에 관한 자세한 내용은 Porée-Maspero et al. 1950,11-14; 1958, 19-25; Porée-Maspero 1954 참조).

(2) 트몹은 독특한 형태의 사악한 마법 살인을 전문으로 하는 특별한 종류의 꾸루로 모두 남성이다. 트몹은 칼, 날카로운 대나무 조각, 가위, 면도기 또는 이와 유사한 날카로운 물체가 희생자의 몸 안으로 들어가 부풀어 오르게 할 수 있다.[55] 다른 꾸루가 그 물

---

55 CMCC(55.002)와 포레와 마스페로(1938, 225~26)는 물소 가죽, 조리된 고기 조각, 소뿔을 피해자 내부에서 팽창시키기 위해 보낼 수도 있다고 말한다. 포레와 마스페로는 또한 트몹이 살인에 사용하는 더 많은 기술을 보여준다.

건을 제거하지 않으면 피해자는 격렬한 고통을 느끼고, 구토와 토혈을 하다 결국 죽게 된다. 스와이 주변에는 트멉이 없지만, 사람들은 그들의 존재를 알고 있고 그를 두려워한다.[56]

(3) 륩 *아레악*은 1년에 한 번 미윽월(2월)에 열리는 의식(*쭈운 아레악*)에서 아레악과 신접하는 영매이다.[57] 륩 아레악은 일반적으로 꾸루처럼 소명에 따른 훈련을 받지 않고, 단순히 자기가 신접할 수 있다는 것을 알게 된 여성이다. 스와이에는 륩 아레악이 없지만 나는 다른 마을에서 쭈운 아레악 의식을 목격한 적이 있다. 유안이라는 영매는 사춘기 때부터 신접한 바 있는 40대 중반의 여성이었다. 그녀는 집 밖에 있는 천막에서 고용된 음악가들이 영혼을 초대하는 노래를 부르는 동안 여러 의례 용품과 음식 제물 앞에 앉아 있었다.[58] 아레악에 신접하자, 그녀는 떨기 시작했다. 그녀의 떨림과 흔들림은 점점 더 커져서(관중들은 손뼉을 치면서 독려했음) 절정에 도달한 음악에 맞춰 앉아 춤을 추며 앞뒤로 흔들기 시작했다. 신접 중 그녀는 신접한 영혼의 성향에 따라 소리 지르거나, 울고,

---

CMCC(51.005 및 51.006)은 몇 가지 흥미로운 점을 지적한다. 아들은 강력해지지 않고 일찍 죽을 것이기 때문에 아버지로부터 트멉이 되는 법을 배울 수 없다. 그리고 트멉이 되고자 하는 사람은 평생 불교 사원에 들어가거나 불상 앞을 지나가거나 절하거나 목욕을 해서는 안된다. 처음 두 가지 금지 사항은 트멉이 되는 것이 생명을 빼앗는 것에 대한 불교의 기본 계율을 위반한다는 인식에서 중요하다. 또한 르끌레어(1898, 1:133)는 트멉으로 고소된 사람의 재산을 압수하고 참수할 것이라고 명시한 고대 법률을 언급한다.

56 마을 소문에 따르면, 스와이에 사는 한 여성은 한번은 트멉이 배에 칼을 집어넣었다고 소리치면서 낙태나 영아살해로 추정되는 일을 감추려고 시도한 적이 있다.
57 포레와 마스페로(1938, 226)는 모든 가족이 륩 아레악을 갖고 있으며 가족 구성원이 아플 때마다 접신이 일어날 수 있다고 말한다. 스와이 지역에서는 그렇지 않았다. 그러나 접신 의식에 대한 다른 설명은 포레와 마스페로(1938, 226-27), CMCC(59.107)를 참조하라.
58 영혼들은 그 자체로 제물이 되는 음악을 특히 좋아한다고 한다. 또한 음악은 주술사보다는 승려가 참여하는 치료 의식에서 부처님께 공양된다.

자신이나 관중에게 가루와 기름을 바르고, 화를 내거나, 농담하고, 부적을 만드는 등 다양한 행동을 했다. 아레악이 몸을 떠나면 그녀는 정상 상태로 돌아와 다음 신접 때까지 휴식을 취했다. 이 의례에서 유안은 약 10명의 아레악(그녀는 일반적으로 열두 아레악과 신접하지만, 올해는 둘이 나타나지 않음)과 두 쁘리예이와 신접했다. 이름이 있고 오래전에 죽은 남성이나 여성의 영혼인 아레악은 신접할 때 단순히 자신의 성격을 표현할 수도 있고(예: 젊은 총각 아레악은 '그'가 괜찮은 여자를 원하고, 좋은 남편을 만들어주겠다며 유안을 게이처럼 행동하게 하면서 추파를 던지게 만들었다), 또는 그들의 후손에게 말하거나(예: 한 영혼은 자신의 친족이 다투었기 때문에 화를 냈다), 또는 단순히 '행운'을 전달(예: 신접하는 동안 영매가 관중을 '불거나' 가루를 닦거나, 기름을 바르거나 끈이나 부적을 주는 등)할 수 있다. 굿이 끝난 후 의례 물품들은 황폐한 들판으로 옮겨져 영혼들을 위해 남겨졌다. 일부 청중, 특히 젊은 남성들이 신접에 대해 웃으면서 조롱하는 발언을 했다는 점이 흥미롭다. 그러나 (과일, 구장[크마에들이 멀루라고 부르는 넝쿨 식물 잎], 적은 금액의 돈 등을 기부한) 구경꾼들 대부분은 그 의식에 확신과 감동을 받았으며 유안은 그녀의 능력 때문에 영혼들조차도 그녀를 존경하고 두려워한다고 한다.

(4) 마을 사람들에 따르면 **봉뻰**은 영혼을 소유할 수 있다는 점에서 룹 아레악과 비슷하다. 그러나 봉뻰은 해마다 신접하기보다는 가끔 정령이 들락날락하는 사람으로 특별히 좋은 성품을 지닌 사람(남녀 모두)을 가진 사람이라고들 한다.[59]

(5) 마지막으로 **아짜**가 있다. 앞 절에서 논의한 사원 아짜가 아니라 생애주기 제사와 같은 다양한 가례를 집전하는 아짜이다(이러

한 아짜는 일반적으로 결혼식을 전문으로 하는 아짜-까와 장례를 전문으로 하는 아짜-요기로 구분되지만, 실제로는 종류가 다른 예식을 집례하기도 한다). 아짜는 엄밀히 말해서 꾸루나 룹 아레악처럼 다양한 방식으로 술법을 행하는 사람이나 영적인 전문가가 아니다. 그의 주요 기능은 오히려 문자 그대로 '의례의 대가'가 되는 것이다. 의례를 주재하고, 참가자들이 의례에 따라 그들이 맡은 역할을 할 수 있도록 안내하고, 의례가 제대로 수행되는지 지켜보는 것이다. 그 일을 하기 위해 아짜는 다양한 의례의 구성뿐만 아니라, 의례 용품을 만드는 방법, 어떤 경우 어떤 영적 존재에게 어떤 기원과 예물을 바쳐야 하는지, 예를 들어, 의례를 열기 좋은 날을 잡거나, 결혼 상대자의 사주를 보는 것과 같은 역술 등을 알아야 한다. 또한 아짜는 치료나 액막이 부적을 만드는 기술을 가질 수도 있다. 아짜는 돈이나 물건을 받는데, 금액은 제공되는 서비스에 따라 다르다.[60]

스와이 서리에는 두 명의 아짜가 있다. 20번 집에 사는 꼼페아와 22번 집에 사는 썸낭으로 두 사람 모두 아짜 까이지만, 다른 의례도 주재한다. 꼼페아는 환속 후 프놈뻰 근처의 사원에서 승려들로부터 이 일의 기초를 배웠고, 썸낭은 꼼페아와 이웃에 있는 또 다른 아짜에게 가르침을 받았다. 두 사람 모두 스와이와 때때는 이웃 마을에서도 생애주기 의례를 주재하도록 자주 요청을 받았다. 꼼

---

[59] 포에와 마스페로(1938, 224)는 '봉뻰'을 꾸루와 유사하지만 능력이 덜한 사람으로, 부적을 만들고, 사람을 무서워하게 만들고, 도둑에게는 절도한 물건을 반환하지 않으면 화상을 입히는 등 다양한 기술을 가질 수 있다.

[60] 예를 들어, 결혼식 주례를 위해 꼼페아는 관례상 50-100리엘, 바나나 두 묶음, 언썸 16개, 코코넛 2개, 양초 5kg을 받는다. 경미한 질병에 '불어 주기(플럼)' 위해 그는 환자가 주는 과일이나 다른 것들을 받는다.

페아는 또한 '불기' 치료법을 알고 있으며 가벼운 질환에 관해 상담해 주기도 했다.

예를 들어 잃어버린 물건을 찾는 꾸루의 능력이나 룹 아레악이 진짜 신접하는 것인지 아니면 신접한 척만 하는 것인지와 같이, 가끔 주술 전문가의 기술에 대한 회의론이 있다. 그러나 일반적으로 평범한 마을 사람들은 이러한 전문가들과 초자연적 요소를 제어하려는 그들의 노력을 다양한 영적 존재를 믿는 것처럼 굳게 믿는다.[61] 예를 들어, 많은 마을 사람은 질병이나 불행을 쫓는 부적을 지니고 다니고, 중병이나 장기 질병은 항상 꾸루 또는 아짜와 상담으로 시작해 영적 존재에게 제사를 포함한 일종의 치유 의식을 실천한다(때로는 부처와 승려에게 공양하는 추가적인 의식도 있다). 어떤 사람이 말했듯이 '질병은 약만으로는 고칠 수 없다.'

민속종교의 주요한 의미는 불교를 보완하는 것일 것이다. 불교는 현세와 내세의 일반적인 존재와 같은 초월적인 질문을 설명할 수 있다. 그러나 민속종교는 좀 더 즉각적이고 우발적이지만, 시급한 문제와 운명에 어떻게 대처하면 좋을지 왜 그래야 하는지 등과 같은 이유와 방법을 제공할 수 있다. 공덕이 쌓이면 다음 생에 더 나은 환생이 가능할 수 있지만, 그 사이 현세에서 일어나는 가뭄, 질병, 짝사랑 등의 주의와 염려가 필요한 문제는 민속종교에 의지해 해소될 수 있다.

---

61 매듭이나 땋은 끈, 오래된 동전, 종이나 얇은 금속에 쓰여진 팔리어 주문을 담은 '까따'나 금속 원통, 종이나 천에 그려진 마법의 상징 등이 될 수 있다. 때때로 이러한 부적은 승려가 축복할 뿐만 아니라 꾸루가 쏟토와를 해서 이중 효과를 얻을 수 있다. 스와이 서리에 등장하는 한 남성은 아마도 신체에 해를 끼치더라도 무적 상태가 되는 특별한 문신을 갖고 있다. 부적과 호부에 관해서는 스타인버그(1959, 76), 포레와 마스페로(1938, 221-23)도 참조하라.

더욱이, 민속종교는 불법 행위에 대한 처벌에 있어 불교보다 더 즉각적인 제재를 통해 행동에 대한 특정 규범을 제공한다는 점이 주목할 만하다. 예를 들어, 불교가 친족 간의 조화로운 관계를 촉구하는 것(예, the Sigalovada Sutta in Burtt 1955, 109-10 참조)은 분명하지만, 친척에 대한 적대적 행동의 결과는 기껏해야 그 교리에서 멀어진다는 것뿐이다. 반면, 민속종교에서는 가족 또는 친족 간의 싸움이나 불화가 즉시 친족 집단 내 무고한 구성원을 쓰러뜨릴 수 있는 조상 영의 분노를 불러일으킨다. 이 영의 분노에 대한 두려움은 매우 실제적인 것으로, 비록 그것이 모든 불화를 누그러뜨리는 데 성공하지는 못하더라도, 분명히 한 가족이 다투는 것보다는 화해하도록 힘을 발휘했다. 마찬가지로, 동물의 수호신에 대한 믿음은, 부처가 죽여서는 안 된다고 명한 이 생물들도, 주인이 병에 걸리는 벌을 받지 않으려면, 적절하게 보살펴야 한다고 명시하고 있다. 따라서 친족 관계뿐만 아니라 동물까지도 이중의 종교적 보호를 받는다. 더 흥미롭고 중요한 점은 질병이 영을 공격한 것에 대한 보복의 성격을 갖고 있다는 것이다. 확실히 다양한 형태의 신체적 질병은 농민들에게 고유한 것이며, 민속종교는 질병에 대한 다양한 설명과 치료법을 제공한다.

제6장

생애주기

개인의 삶의 여러 단계는 아래에서 설명하는 특정 활동, 복장, 때로는 의례 준수뿐만 아니라 광범위한 연령 그룹이나 지위를 나타내는 다양한 용어로 구분된다.

임신과 출산

마을 사람들은 때때로 가난해서 원하는 만큼 아이들을 지원하기가 어렵다고 말한다. 그러나 이미 자녀가 많다고 해도 아들이든 딸이든 자녀의 탄생은 늘 기쁘고, 축하할 일이다. 자손을 많이 낳는 것에 특별한 가치가 부여되지는 않지만, 불임은 매우 불행하고 바람직하지 않은 것으로 간주된다. 실제로 불임 부부는 가까운 친족에게 그들의 자녀 중 한 명이 자신들과 함께 살게 해 달라고 요청하는 것이 일반적이다. 이와 비슷하게, 이미 결혼했거나 이사해 나간 자녀가 있는 노부부의 경우 손주들이 한 번에 몇 주 또는 몇 달 동안 와서 집안을 활기차게 만들기도 한다.

마을 사람들은 성교가 임신을 유발한다는 것을 알고 있지만, 정확히 어떻게 수정이 일어나는지 정확하게 알지는 못한다. 다만 여성들은 임신이 남성의 '액체'와 여성 몸 안의 무언가가 결합하는 것과 관련된다고 추측할 뿐이다. 그들은 피임이 가능하다는 것을 알고 있다. 사람들은 매춘부와 프놈뻰에 사는 사람들은 임신을 예방하거나 중단시키는 '약'을 가지고 있다고들 한다.[1] '우리(마을 사

---

[1] 마을 사람들도 콘돔의 존재를 알고 있지만 이는 피임약이라기보다는 남성의 성병 예방을 위한 장치로 여겨진다. 피임이 불교 교리에 어긋나는지 여부에 대한 질문은 부르스 리안 Bruce Ryan이 싱할라 불교 승려들의 의견을 조사한 내용을 논의한 로리머 Lorimer(1954, 187-88)를 참조하라.

람들)는 그런 것을 어떻게 사용하는지 모른다. 프놈뻰 여성들은 아이를 갖는 것을 게을리한다'라고 쓰레이Srey는 말한다. 게다가, 살생에 대한 불교의 가르침이 낙태나 영아 살해에 대해 강력한 억제력을 행사하는 것은 당연지사다.[2]

일단 (월경 중단, 주기적인 권태감, 복부 팽창으로 증명되는) 임신을 한다고 하더라도, 여성은 가능한 한 오랫동안 다양한 집안일뿐만 아니라, 심지어 모내기와 같은 고된 일을 계속한다. 순전히 개인적인 선호로 특정 음식을 먹지 않는 것을 제외하고는 임산부에 대한 음식 제한은 없지만, 여성들 사이에서는 일반적으로 매운 음식은 권장할만한 것이 아니라는 공감대가 있다.

출산(또는 '강 건너기') 시에 여성은 산파 외에도 여러 여성 친척과 친구들의 도움을 받는다. 스와이 서리 여성들은 관습적으로 이웃 마을 썬단Sandan에서 산파를 부르는데, 이 노부인은 수많은 출산에 참여한 것만으로 어떻게 해야 할지 배웠다(껌뽕 뚜얼에도 세계보건기구(WHO)가 설립한 프놈뻰의 조산사학교에서 훈련받은 조산사가 있는데, 그녀는 마을 산파와 꾸루가 처리할 수 없는 복잡한 출산의 경우에 파견된다). 남편과 다양한 구경꾼들이 집 밖에 모여 이야기를 나누며 기다리지만, 남성들과 미혼 여성, 아이들은 출산을 볼 수는 없다. 나는 미혼이라서 출산 참관이 허락되지 않았다. 임산부가 기대어 누우면, 사람들이 복부를 마사지하고 부드럽게 미는 것으로 출산을 돕는다고 한다. 아기가 태어나면 산파가 탯줄을 자르고, 묶고, 아이를 씻긴다. 탯줄과 태반은 나중에 산파가

---

[2] 그러나 스와이 서리에서는 낙태나 영아살해가 의심되는 사례가 한 건 있었다. 아래를 참조하라. 유아살해 및 낙태에 관한 법률에 대해서는 르끌레어(1894, 352-53)를 참조하라.

멀리 떨어진 장소에 묻는다.[3]

출생 후, 산모는 관습에 따라 그 아래 질그릇에다 작은 불을 계속해서 태우는 대나무 침대 위에 3일 동안 누워 있다.[4] '앙 플렁' 또는 '까에우 플렁'이라는 이 절차는 산모의 건강에 필수적인 것으로 간주되는데, 이는 '추위는 질병을 가져오는' 반면 열은 치료와 치유를 돕는다고 생각하기 때문이다.

태어난 지 3일째 되는 날에는 산파에게 존경을 표하고 신생아의 탄생을 기념하는 의식(본 쁘라꺽 츠멉)이 있다. 산모는 산파를 곤란하게 한 것에 대해 '산파에게 용서를 구하고', 구장, 양초, 향, 쌀 그리고 아마도 과일이나 약간의 고기와 가족이 충분히 감당할 수 있는 금액(보통 50리엘)을 산파에게 선물한다. 이어 산파는 아기의 손목에 행운을 비는 증표로 흰 실을 묶어준다(여자 아이의 경우 귀를 뚫을 수도 있다). 부모는 조상의 혼령에게 공양하고 산파와 (그들이 자녀를 위한 선물로 보답하지 않지만) 가까운 친척, 친구들에게 식사를 대접한다. 이 행사의 필수적인 부분은 아니지만, 종종 이 행사에서 아기의 이름을 짓고, '두개골의 숨구멍을 막기' 위해 아기의 천공에 쌀가루를 조금 바른다(이 얼룩은 몇 개월간 남는다).

산모는 관습에 따라 출생 후 일주일 남짓 집에 머물며, 집안일을

---

[3] 포레-마스페로(1958, 33)은 일부 가족에서는 아버지가 다양한 방법으로 태반을 처리한다고 명시되어 있다. 이 자료는 또한 "시골"에서 출산이 집과 별도로 특별히 건설된 작은 창고에서 이루어진다고 말한다. 그러나 집에서 출산이 이루어지는 스와이 서리에서는 그렇지 않았다.

[4] 이 관습은 동남아시아 전역에 널리 퍼져 있으며 버마인, 태국인, 라오스인, 말레이인, 베트남인, 심지어 일부 필리핀 집단에서도 발생한다(Hart, Rajadhon, and Coughlin 1965, Nash 1965, 258, Kaufman 1960, 142-43; 1961, 42-43, Fraser 1960, 195). 크마에 출산과 관련된 '앙 플렁' 및 기타 의식에 대한 자세한 내용은 포레-마스페로(1958, 31-34), 포레와 마스페로(1938, 204-6), CMCC(31.005, 31.006, 42.024, 42.003) 참조.

다시 할 수 있을 때까지 쉬면서, 신생아를 보러 오는 손님을 맞이한다. 몇몇 물고기와 돼지머리를 제외하고는 출산 후 특별히 제한되는 음식은 없다. 성교는 일반적으로 약 한 달 동안 중단되지만(출산 전에도 그랬듯이), 이것도 정해진 규칙은 없다.

유아기와 아동기[5]

아기의 주요 영양 공급원은 모유 수유이다.[6] 아기가 배고프거나 짜증 나는 것처럼 보일 때는 엄마가 하던 일을 중단하더라도 아기에게 젖을 먹인다. 수유는 3~4살까지 지속되기도 하는데, 이는 동생의 출산이나 엄마의 허락 여부에 달려 있다. 이유식은 한 살 반이나 두 살 정도에 하는 것이 선호되지만, 때에 따라 그 이상 수유가 이루어지기도 한다. 젖을 떼야 할 때가 되면, 엄마는 아이에게 주는 이유식의 양을 늘리면서 젖꼭지에 후추나 퀴닌을 바르기도 한다. 우유 외에 아기에게 생후 5개월이나 6개월 정도, 때로는 더 일찍부터 쌀죽을 먹인다. 일반 쌀, 생선, 고기 및 과일은 아기가 한 살이나 그 이상이 되어 이가 나기 전까지는 식단에 포함되지 않는다. 아기들은 대개 세 살이나 네 살이 되어 손가락이나 은수저로 직접 밥을 먹을 수 있게 될 때까지 노인들이 밥을 먹여준다.

서구 세계의 어린이들은 다양한 운동 기술의 발달에 기반한 공통적인 패턴을 따르는 것으로 보인다. 관찰과 엄마들의 보고에 따르

---

5 유아는 *꼬온 응아잉*, *꼬온 응아*, 또는 *꼬온 크짜*이라고 불린다. 청소년기까지의 *꼬온(어린이)*, *크메잉(젊은이)* 또는 *꼬온 크메잉*이라고 다양하게 불린다.
6 '우유'로 알려진 통조림 우유는 도시 가정이나 엄마가 죽은 마을 아기들만 사용한다. 엄마들이 유아에게 통조림 우유를 먹일 때 아이의 요구에 따라 먹이는 것이 아니라 일정에 따라 먹여야 한다고 말하는 것은 흥미롭다.

면 아기는 보통 약 반년이 되면 혼자 앉을 수 있고, 약 10개월에서 1년이 되면 도움을 받아 기거나 서 있을 수 있으며, 약 한 살 이상이 되면 걸을 수 있다. 아기는 깨어 있을 때면 누군가가 무릎 위에 앉힌 채 안고 있어 어릴 때부터 똑바로 서 있는 자세에 익숙해지는 것이 확실하다. 아기는 옷을 입기 이전에 기고, 걷기를 연습하는데, 이는 많은 사람의 응원과 도움의 손길 속에서 진행된다. 그러나 종종 운동 능력이 잘 발달한 후에도 많은 시간 동안 아이는 계속 안겨(다른 사람의 옆구리 쪽 엉덩이에 걸터앉음) 다닌다.

아기들은 끈 목걸이, 발목 팔찌 또는 기타 장식품을 하는 것 외엔 대개 알몸이다. 한 살 정도부터 여자아이들은 작은 사롱이나 바지를 입기도 하지만, 남자아이들은 특별한 경우를 제외하고는 7~8세까지 계속 알몸으로 다닌다.

생후 첫 몇 년 동안의 아기는, 그 사이에 동생이 태어나지 않는다면 가족, 친척, 이웃으로부터 많은 사랑을 받는다. 가장 친밀한 관계는 물론 어머니와의 관계이다. 아이는 집에 있든, 들에 있든, 사원 의식 중이든, 밤에 엄마 옆에서 자고 있든 항상 어머니의 곁에 있으며, 원할 때면 언제나 젖을 먹을 수 있고, 부드러운 무릎에 앉을 수도 있고, 달래는 말을 들을 수도 있다. 아기는 다른 사람들에게도 많은 관심을 받는다. 모든 사람이 아기를 안아 들어 올리고, 아기는 이 사람에서 저 사람으로 옮겨가며 사랑받는다. 아기는 항상 따뜻한 팔, 미소, 부드러운 말, 그리고 뽀뽀를 해주는 사람에 둘러싸여 있다. 청소년들도 요람에 있는 아기를 달래며 낄낄거릴 것이고, 나중에 아이가 자라면서 점점 더 권위주의적인 자세를 취하게 될 아버지들도 갓난아기에게 창피한 줄도 모르고 애정을 쏟게 될 것이다. 이러한 끊임없는 관심과 사랑, 요구 사항의 즉각적인 충족, 관용 덕에 생후 1년 정도의 아이는 아마도 세상을 따뜻하고 수용적인 것으로 여길 것이다.

그러나 동생이 태어나거나 훈육을 받아들여야 하는 나이(보통 3-4세)가 되면, 아이는 유아기라는 에덴에서 가혹한 환경으로 쫓겨난다. 두 경우 모두, 아이는 더 이상 모유를 먹을 수 없게 되고, 엄마에 대한 의존도 낮아지며, 다른 사람들의 관심도 덜 받고, 자신의 요구가 즉각적으로 충족되지 않는 것도 받아들여야 한다. 이때부터 아이는 스스로 식사와 목욕하는 법을 배우기 시작하고, 배변을 통제하는 법도 배우기 시작하며, 자신의 일반적인 행동뿐만 아니라 집안의 허드렛일에 대한 최소한의 책임을 떠맡기 시작한다.

5-6세 미만의 어린아이에게 새로운 형제, 자매의 탄생은 무엇보다도 가족의 막내로서 받았던 모든 관심과 응석에 대한 허용이 갑작스레 중단되는 것을 의미한다. 그(또는 그녀)는 까칠해지거나 시무룩해지거나 짓궂어지기도 한다. 아이는 종종 엄마의 치마를 잡아당기고, 기회가 있을 때마다 엄마의 다리에 찰싹 달라붙으려고 하고, 동생을 괴롭히기도 한다. 아이가 자라면서 자신의 역할이 경쟁자에서 부모의 대리로 바뀌면서, 동생에 대한 적개심은 크게 달라진다. 이것은 특히 아주 어린 시절부터 동생을 돌볼 책임을 지는 여자아이들에게 해당되는데, 이 아이들은 서양 여자아이들이 인형을 가지고 노는 만큼 즐거운 마음으로 그 일을 떠맡는다. 형제자매 사이에는 필연적으로 다툼이 일어나는데, 때로는 아주 폭력적인 싸움에서 큰 아이들이 동생들에게 큰 소리로 비명을 지르거나 놀리기도 하고, 부모가 자식을 대하는 것보다 훨씬 더 가혹한 방식으로 때리기도 한다. 그러나 일반적으로 나이가 들수록 동생에 대한 애정과 책임감이 커진다.

가족 중 다른 자녀를 낳든 낳지 않든 벌어지는 또 다른 문제는 3~4세가 넘은 자녀에게 주어지는 애정과 규율이 그때, 그때 달라진다는 사실이다. 어떤 때는 아이가 눈물을 흘리면 즉시 달래주는데, 어떤 때는 아이가 울어도 무시하거나 심지어 비웃기도 한다. 어떤 때는 아이의 장난이 오락으로 용납되지만, 어떤 때는 그렇지 않다. 부모, 특히 엄마는 일반적으로 계속 다정하고 관대하지만, 아이는 이 세상이 더 이상 따뜻하고 부드러운 곳만은 아니라는 것을 배운다. 아이는 또한 부모, 형, 다른 어른들로부터 시정을 요구받고 벌을 받기도 한다. 실제로 그러한 징벌은 심하지 않고, 대개 '장난치지 마!', '머리 한번 깨져 볼래?', '지금 한번 맞아볼래?' 하고 고함을 치며 위협하는 것에 그치고, 실제 체벌은 극단적인 경우에만 사용된다. 그렇다고 해도 팔이나 다리를 때리거나 머리에 꿀밤 주는 정도이다. 너무 많은 체벌은 아이를 '망치게' 한다고 부모들이 생각하기 때문이다. 게다가 아이는 또래나 나이가 많은 아이들, 청소년, 때로는 성인으로부터 놀림을 받기도 한다. 누군가는 아이에게 무서운 표정을 짓거나, 때리는 척 위협하거나, 어린 소녀에게 '아무개가 너의 약혼자'라고 하며 눈물을 터뜨릴 때까지 놀리기도 한다. 어떤 아이들은 꾸지람이나 놀림에 태연하게 반응하지만, 대부분은 흐느끼거나, 소리를 내 울기도 하고, 얼굴을 찡그리거나 엉덩이를 상대방에게 돌려 저항하기도 하며, 저주를 퍼붓는 욕이나, 맹렬하게 때리며 격렬한 분노로 대응할 수도 있다. 오랜 시간의 비명과 눈물을 동반한 분노와 짜증은 생각보다는 흔히 일어나지는 않는다. 그러나 약 4세에서 10세 사이의 어린이는 종종 특정 좌절, 반항, 제멋대로 하는 것처럼 보이는 행동을 보여준다.

  의도적으로 아이에게 가장 먼저 가르치는 것은 엄마가 '로암(춤)'

라고 말할 때 발을 구르고 손을 흔드는 법을 배우거나, 아빠가 '배 아파(츠 뿌어ㅎ)'라고 말하면 신음하며 배를 문지르는 것과 같이 어른들을 즐겁게 하는 간단한 장난들이다. 아이는 또한 '너는 몇 년에 태어났니?'와 같은 질문에 대한 적절한 대답을 배운다. '너는 누구 애야?', '엄마 어디 갔어?' 또는 일부 신체의 명칭이 불릴 때 몸의 다른 부분에 손을 얹는다. 아이가 '사우 아줌마에게 줘' 또는 '형에게 와라'는 말을 들을 때 다른 사람과 혈연관계 또는 상대적인 나이 구분을 배우게 된다. 어른이 아이의 손을 모아 적절하게 쏨뻬악을 하거나, 스님 앞에서 다리를 한쪽으로 구부린 채 바르게 앉으라고 훈계하거나, 어린 소녀에게 성기를 드러내지 말라고 하는 등의 예절도 가르친다. 하지만 다른 것들은 더 자유로운 방식으로 가르친다. 어린아이들(두세 살짜리라도)이 칼을 다루거나 불붙은 담배를 가지고 놀면서 위험이 무엇인지 스스로 배우도록 허용된다. 아이는 또한 점차 스스로 먹고 목욕하고 적절하게 배설하는 법을 배운다. 배뇨는 약 3세까지 가볍게 처리된다. 아이들은 나중에 더러워진 부분을 청소하려는 노력이 거의 또는 전혀 없이 집의 마루판이나, 땅에 또는 옷을 입고 마음대로 소변을 볼 수 있다. 그러나 1~2세 정도부터 배변을 조절하기 위해 어느 정도 노력을 기울인다. 누군가의 옷이나 번화한 지역을 오염시키는 것은 허락되지 않으며, 아이는 어른들이 습관적으로 피하는 마을 주변의 덤불이 많고 인적인 드문 곳에서만 배변을 하라는 지시를 받는다.[7]

아이는 약 5세부터 점차 엄마에 대한 의존도를 줄이고 다른 아이

---

7 캄보디아의 자녀 양육 관행에 대한 다른 의견은 자드로즈니(1955, 326-27), 스타인버그(1959, 79-81), 포레와 마스페로(1938, 194), CMCC(42.024, 42.003) 참조.

들과 더 자주 관계를 맺는다. 그 아이는 여전히 종종 엄마의 뒤를 따라다니기는 하지만, 이제 그는 또래 친구들과 놀고 게임을 하거나 작은 집안일을 하는 등의 일들을 하는 등 더 많은 것을 해 보인다. 장난감은 마을에서 흔하지 않아서, 대개는 쉽게 구할 수 있는 재료로 만들 수 있는 단순한 것들을 갖고 논다. 나무 새총과 고무줄, 대나무 바람개비, 야자나무 줄기로 된 조잡한 장난감 목마, 종이 연 등이다. 또한 여러 명의 어린이가 참여할 수 있는 일상적인 규칙이 있는 여러 게임, 일종의 돌돌이 놀이, 팜 야자 씨를 공과 핀으로 사용하는 일종의 볼링 게임, 구슬과 유사하지만, 작은 씨앗을 사용하는 게임 등이다. 관찰자를 놀라게 하는 것은 서양에서 일반적으로 발견되는 팀끼리 경쟁하거나, 한 사람이 '술래'가 되어 모든 사람과 대결하는 게임이 없다는 것이다. 물론 여러 게임에서 실력을 겨루는 경쟁이 있긴 하지만, 이기는 것보다 플레이 자체에 강조점이 있는 것 같다.[8]

그러나 많은 놀이에는 나무 오르기, 논에 진흙 튀기기와 던지기, 낚시와 게 잡기, 노래 부르기, 마을 여기저기에서 뛰놀기 등 장난감이나 형식화된 게임이 포함되지 않는다. 좀 더 정교한 놀이에는 상상을 통한 성인 생활에 대한 모방이 포함되는데, 어린 형제자매나 친구 두 명이 소처럼 '쟁기질'을 하는 것, 찢어진 종이 '돈'에 깨

---

8 이는 또한 성인 '놀이'의 한 형태인 아이 이예이 노래 형식에서도 볼 수 있는데, 이 형식에서는 남자와 여가 노래에서 (멜로디와 연의 특정 패턴에 따라) 발언을 교환한다. 본질적으로 한 사람이 다른 사람을 더 낫게 하려고 노력하는 것이지만, 듣는 사람의 기쁨은 어느 가수가 말싸움에서 승리하는지 보는 것보다 대화 자체의 재치와 기술에서 비롯된다. 이는 크마에 사회의 전반적인 경쟁력 부재를 반영하는 것일 수 있으며, 개인은 개인의 우수성(공덕 있는 행동)을 위해 노력해야 하지만 다른 사람을 빼앗는 희생을 치르지 않아야 한다는 불교 윤리와도 일치할 수도 있다.

진 도자기 조각에 잘게 잘린 잎을 올려 파는 '레스토랑' 놀이, 무릎을 꿇고 불교 신자의 기도를 따라 하는 '사원' 놀이, 그리고 어린 소녀들이 특히 좋아하는 놀이인 스카프와 빌린 보석을 차려입고 청소년이나 성인이 노래를 부르고 북을 치는 음악에 우아하게 춤을 추는 것 등이 있다. 아이들은 보통 동성끼리 그러한 놀이 활동을 하지만, 이성이 섞여 노는 것도 드문 일은 아니다. 연령대가 다른 아이들이 함께 노는 것도 일반적이다. 가장 친밀한 우정은 거의 같은 또래 사이에서 발전하지만, 게임과 놀이에는 5세 이상 나이 차이가 나는 아이들이 포함될 수 있으며 때로는 여전히 게임을 즐기는 18세, 19세의 청소년들이 포함될 수 있다.[9]

그러나 아이는 놀거나 운동하는 데만 시간을 보내지는 않는다. 아이는 여섯 살이나 일곱 살 때부터는 사소한 일들을 맡기 시작한다. 일반적으로 남녀 아이들에게 주어지는 첫 번째 집안일은 마을 생활에서 필수적이고도 일상적인 집안일이라 할 수 있는 불을 피우는 것이다. 어린 소녀들은 (때로는 그들의 작은 몸 때문에 부담이 되겠지만) 보통 어린 형제자매를 돌보는 유능한 베이비 시터이다. 약 10세가 되면 소녀는 간단한 요리를 배우고 식사를 위해 밥을 준비하는 책임을 맡게 된다. 반면 소년은 들에서 소를 치거나 다양한 방법으로 가축 돌보는 일을 맡는다.

오늘날 남녀 모두 6~7세의 아이들은 공립학교에 가서, 하루 6시간, 주 5일, 1년에 9개월 동안 정규 교육을 받는다. 학교의 첫 3년은 크마에어(문법, 어휘, 쓰기)와 위생, 수학, 지리, 윤리, 도덕, 체

---

9 놀이의 이러한 측면 또한 나에게 특이한 것으로 생각되었지만 학교에서 부과하는 개략적인 연령 차이가 우리 문화만큼 강력하지 않다는 것을 알면 이해할 수 있다.

육과 같은 과목에 대한 초등 교육에 집중한다. 3년이 끝날 때 국가 시험에 합격하고 '초등 학습études élémentaires'을 만족스럽게 완료했다는 '인증서'를 받으면 해당 아동은 프랑스어를 추가로 배우고, 크마에어와 다른 과목을 좀 더 깊게 공부한다. 아이들이 한 번에 며칠 또는 몇 년 동안 결석하는 것을 방치하는 몇몇 부모들을 빼고는 어린이 대부분과 부모가 교육의 가치를 잘 알고 있어 결석은 매우 드물다.

청년기

금세기 초 마을에는 어린 시절에서 더 성숙한 단계로의 전환을 나타내는 몇 가지 의식이 있었다. 이러한 의식은 다음과 같았다. (a) 캄보디아의 오래된 관습은 정수리에 있는 한 다발의 머리카락을 제외하고는 아이의 머리를 완전히 미는 것이었다. 열세 살쯤 되었을 때[10] 아짜가 의례적으로 꼭대기 매듭을 자르는 의식이 열렸고, 친척과 친구들은 잔치를 벌였고, 승려들을 초대해 경전을 암송하도록 했다. 부유한 사람들은 악단과 놀이꾼을 고용해 성대하게 과시하기도 했다. 그러나 이 의식은 약 15~20년 동안 마을에서 행해지지 않았다. 현재 스와이 서리에서는 한 어린이만 삭발했으며, 많은 여자 어린이가 머리 꼭대기에 머리카락을 묶음으로써 이 전통의 잔재를 볼 수 있다. (b) 약 40년 동안 스와이 서리에서 실행

---

10 포레-마스페로(1958, 35)는 꼭대기 매듭은 7세에서 12세 사이에 잘렸다고 한다. 포레-마스페로(1958, 35-37), 포레와 마스페로(1938, 136-44), 모노드(1931, 50-52)를 참조하라. 태국인과 라오스인도 이러한 관행을 지킨다 (Kaufman 1960, 147; 1961, 45 참조).

되지 않은 소녀들을 위한 특별한 의식은 초경(13세에서 17세 사이에 일어난다고 함)이 나타날 때 '그늘에 들어가는 것'(쫄 멀릅)이었다.[11] 소녀는 집 안 커튼이 쳐진 특별한 구역에 격리되었고, 남자들(그녀의 아버지와 형제들조차)을 볼 수 없었고, 마을의 남자들이 잠든 밤 어둠을 제외하고는 야외에 나가는 것도, 생선과 육류를 먹는 것도 금지되었다. 이러한 은둔 생활은 몇 달에서 길게는 1년까지 지속되었으며, 그동안 소녀는 바느질이나 바구니 짜기 같은 기술을 배우며 하루를 보냈다. '그늘에서 나올 때'(쩬 멀릅)는 축하 의식을 열었는데, 친척과 친구들을 초대하고, 조상과 영혼에게 제물을 바치고, 아짜를 초대해 소녀가 이제 육체적으로 결혼할 준비가 된 마냥, 결혼식에서 하는 것과 동일한 다양한 의식으로 축하했다(P.189, 2줄. 의례에 관한 자세한 내용은 Porée-Maspero et al. 1958, 39-44; Porée-Maspero 1938, 207-209; Monad 1931, 69-70 참조). 하지만 지금은 소녀의 초경은 축하 대신 비밀에 붙여진다.[12] (그러나 여성들 사이에 느끼는 감정에는 월경은 숨겨야 하고 남성 앞에서는 절대 언급해서는 안된다는 일종의 '그늘'이라는 개념이 남아 있다.)

이제 윗머리를 자르고 쫄 멀릅 의식을 더 이상 실천하지 않아 어린 시절과 청소년기 사이에 명확한 경계가 없다. 십대 초반까지 마

---

11 남자아이들을 위한 비슷한 통과의례는 없었다. 그러나 많은 남성이 청소년기 초기에 출가한다. 사원으로의 출가가 수반되는 의식(5장 참조)은 삶의 한 단계에서 다음 단계로의 전환이 아니라 세속적 지위에서 신성한 지위로의 전환을 표시하기 위한 것이다. 그러나 다른 의미에서 승려가 되는 것은 그 소년이 승려의 규율을 받아들이고 교육을 통해 이익을 얻을 만큼 충분히 성숙한 삶의 시점에 도달했다는 것을 인정하는 것으로 간주될 수 있다.
12 포레-마스페로(1958, 35, 39)는 또한 상투 자르기와 월경 격리가 현대 캄보디아에서 점점 더 드문 관행이 되고 있다고 말한다.

을의 젊은이들은 신체 발달과 활동 면에서 어린이와 매우 유사하다. 어린 청소년들은 집안일을 거의 하지 않으며 여전히 많은 시간을 자유롭게 놀 수 있다. 그러나 그들은 행동에 점점 더 예의를 갖추게 되며 자기 외모에 관심을 보이기 시작한다. 특히 소녀들은 여전히 어린애 같은 모습이긴 해도 매우 단정해지며 대개는 열세 살 정도 되면 처음으로 미용실에 갈 자격을 얻는다.

그러나 약 열여섯 살 정도가 되어 남녀 모두 신체적 성숙의 분명한 징후를 보이기 시작하면 청소년은 성인기의 문턱에 있는 것으로 인식된다. 그들은 더 이상 '애들'로 불리지 않고 '미혼 여성'인 *끄러몸*과 '미혼 남성'인 *끄롤라*[13]로 불리며, 그들이 결혼을 통해 진정한 성인으로 접어들 수 있는 자격이 있음을 암시한다.[14] 이러한 목적을 고려하여 남녀 모두 이제 가사와 생계에서 점점 더 적극적인 역할을 수행한다. 총각들은 벼농사, 우마차 몰기, 도구 수리, 초보적인 목공 등의 기술을 배우고, 처녀들은 어머니와 함께 모내기와 수확을 하고, 각종 요리와 바느질을 배우고, 그리고 어린 동생의 진짜 대리모 역할을 한다. 청소년들은 남녀 모두 때때로 자신과 가족을 위해 돈을 벌기 위한 부업을 한다. 그들은 또한 의례 활동에서 단순한 구경꾼이 아니라, 결혼식 안내자나 사원 축제에서 심부름을 하는 등 적극적인 참여자가 된다. 그들은 이제 자기 행동에

---

13 '쫌뚱' 또는 더 드물게 '품 쯔레'라는 용어는 대략 10세에서 18세 사이의 청소년 이전 및 청소년에게 사용될 수 있지만 실제로는 이러한 단어를 거의 듣지 못한다. 30~40세 정도의 노처녀는 '*끄러몸 싸우 까이*'라고 하고, 40세 이상의 노처녀는 '*짜ㅎ끄러몸*'이라고 한다. 마찬가지로, 노총각을 '*짜ㅎ끄롤라*'라고 한다.
14 결혼할 수 있는 최소 법적 연령은 여성은 14세, 남성은 17세이지만, 소녀는 12세, 소년은 15세에 결혼할 수 있는 허가를 받을 수 있다(Clairon 연도 미상, 56). 그러나 마을 생활에서 소녀는 대개 16세, 소년은 19세가 될 때까지 결혼할 수 있는 것으로 간주되지 않는다.

대한 책임이 자신에게 있으며, 공덕를 얻는 데 대한 관심과 나쁜 행동에 대해 '영(크마오인)'의 보복에 대해 의식하고, 두려움을 표한다. 그들은 또한 부모에게 눈에 띄게 더 순종하고, 공경하게 되며, 부모의 명령에 토라지거나 반항하지 않고 부모의 결정을 받아들인다.

그러나 이렇게 진지해지더라도 청소년기에는 경솔함이 여전히 많이 남아 있다. 다양한 허드렛일에도 불구하고, 젊은 남성들은 삼삼오오 모여 앉아 잡담이나 농담하고, 특히 저녁에 즉흥적으로 연주할 수 있는 상당한 자유시간을 누린다. 소녀들도 마찬가지로 뒷담화하고, 옷과 남성에 대해 얘기하고, 인기 있는 노래를 부르고, 때로는 어린 소녀들과 게임을 하기도 한다. 동성과 비슷한 또래의 사람들 사이에 가장 가까운 우정이 형성되지만, 이성 사이 그룹도 종종 누군가의 집에 모여 오랜 세월, 함께 한 관계로서 농담을 주고받기도 한다.

이 시대의 화려함은 다른 어느 연령대보다 다양하고 세련된 청소년 및 젊은 미혼 성인의 옷에도 반영된다. 사춘기 소녀는 인위적으로 컬을 만든 긴 머리카락에, 일반적으로 밝은 꽃무늬 사롱과 면 블라우스를 입어야 한다. 이 나이에 가슴은 극도로 단정해야 하기 때문에, 어깨끈이 달린 속옷이나 브래지어를 착용한다. 사원 의식과 같은 특별한 경우에 마을 소녀들은 풍부한 색조의 특별한 실크 사롱, 밝은 색상의 얇은 블라우스, 서양식 샌들 또는 슬리퍼, 가족 소유의 장신구를 착용하고 파우더와 립스틱 등을 바른다.[15] 젊은이

---

15 서양식 드레스는 '부끄러운' 것으로 간주되지만, 여학생과 어린 소녀들은 짧은 치마를 입는다. 남성은 서양식 복장을 훨씬 더 잘 받아들인다.

들도 나름대로 멋을 낸다. 일반적으로 반바지나 격자무늬 사롱을 입지만, 특별한 경우에는 젊은이가 포마드 머리, 서양식 셔츠, 서양식 또는 전통 실크 바지, 신발 또는 고무 샌들, 그리고 부자라면 선글라스나 손목시계까지 멋지게 차려입기도 한다.

개인의 외모에 대한 이러한 관심은 이 나이대의 주요 관심사 중 하나인 이성의 매력에 맞춰져 있다. 일부 사춘기 소녀들은 때때로 결혼과 출산의 고통과 노동에 대한 두려움을 표현하고, 결혼한 형제자매와 함께 살 계획이 있다고 웃으면서 얘기한다. 그러나 그들조차도 다른 젊은 미혼자들과 마찬가지로 이성에 대해 끊임없이 관심을 갖는다. 마을에서 누가 가장 매력적인 신부감(끄러몸)과 신랑감(끄롤라)인지에 대해 끊임없이 의견을 나눈다. 사람들이 많이 모여서 잠재적인 배우자를 물색하기 좋은 사원 축제나 다양한 행사 전에는 매력적인 이성과의 만남을 기대하고, 어떻게 단장할지 이야기하기도 하며, 누군가의 약혼자라고 끊임없이 놀리기도 한다.

이성에 대한 이러한 집착에도 불구하고, 마을 생활에서 혼전 성관계는 상대적으로 거의 없다. 예를 들어, 아이들이 종종 알몸으로 다니고(특히 어린 소년들은 종종 자신의 성기에 대해 놀림을 당함), 종종 개나 고양이가 교미하는 것을 볼 수도 있고, 노골적인 이야기가 청소년이 있는 자리에서 종종 오가며, 분노·놀람·단순한 감탄을 표현할 때 가장 흔히 쓰이는 말이 '미망인과 성관계를 갖다'로 번역될 수 있다는 점을 고려할 때 청소년들이 성관계와 성적 기관에 관해 아예 무지하다고는 할 수 없다. 그러나 이 모두에도 불구하고, 적어도 사춘기 소녀들은 성교와 출산의 본질에 관해 대개는 잘 모른다. 더욱이 젊은 여성은 밤에 혼자 외출하거나 심지어 낮에도 황량한 논에 혼자 나가는 것이 허용되지 않는다는 점에서 다소 엄격하게 보호된다. 그들은 또한 낯선 사람에 강간이나 납치 될 가능성에 대한 두려움,[16] 불교의 계율과 선조의 영이 음행에 대해 눈살을 찌푸린다는 사실에 강하게 사로잡혀 있다. 마을 사람들은 도덕적으로 느슨하고, 매춘부가 있는 프놈뻰에서는 혼전 성관계가 흔한 일이지만, 젊은이 중 누구라도 이 죄를 지으면 '큰 수치심'과 '나쁜 소문'이 돌게 될 것이라고 말한다.

그러나 때로 혼전 성관계가 발생하는 것이 사실이다. 동쪽 촌락에 사는 한 젊은 여성은 결혼 당시 임신 4개월이었고, 마을 사람들은 이와 비슷한 상황이 '가끔'은 일어난다는 것을 인정한다. 그러나 혼전 임신한 신부들은 자신과 가족에 대한 험담을 듣게 마련이다(그러나 이것도 결혼한 지 몇 년이 지나면 용서되고 대부분 무시되기 마련이다). 더 놀랍고 정말로 특이한 것은 스와이 서리에 사는 한 소녀의 경우로, 그녀는 프놈뻰에서 온 '관리'의 정부로 보인다. 그녀 역시 상당한 비난의 대상이 되며, 이런 행동을 허락한 그녀의 부모도 마찬가지이다.[17] 스와이 서리에서 또 다른 예외적인 경우는 7~80년 전에 일어났던 일로, 젊은 미혼 여성이 두 남성과 관계를 맺어서 두 남자의 아이를 낳았던 일이다(다른 아이를 낙태

---

16 일부 남자들에게 납치된 인근 마을의 두 소녀에 관한 이야기와 그러한 두려움을 강화하는 기타 사건에 대해서는 7장을 참조하라. 에이모니어(1900, 33)는 소녀와 여성이 새벽, 정오 또는 황혼에 혼자 나갈 만큼 음란한 경우 강간을 당할 수 있다는 오래된 전통이 있다고 말한다. 그러나 19세기 이전에는 유혹, 강간, 음행, 심지어 여성에게 단순하게 자자고 하는 제안까지도 처벌하는 수많은 법률이 있었다 (Leclère 1894, 374-82, 411-20, 423-25 참조).
17 예) 그러나 르갈른 LeGallen(1929, 220)은 일부 부모가 '허영심이나 탐욕' 때문에 '명예나 부를 얻기' 위해 자신의 딸이 고위층의 둘째 부인이나 첩이 되도록 허용할 수 있다고 지적한다.
18 사생아는 꼬온 쁘레이 Kon prey, 즉 '야생 숲의 아이들'이라고 불린다. 왜냐하면 연인들은 대개 성관계를 갖기 위해 사람 없는 지역을 찾기 때문이다. '광야에서 임신하다'라는 표현인 빠엠 쁘레이도 있다.

했거나 영아 살해했을 수도 있음).[18] 그러나 일반적으로 후자(두 남성과 관계했던 것을 의미)의 경우는 드물다. 때때로 젊은 남성들은 은근히 바라는 마음에 또는 농담조로 상황이 좀 더 자유로워졌으면 좋겠다고 하는 반면, 대개의 젊은 미혼 여성들은 혼전 관계를 두려워한다. 사람들의 평판과 마을 생활의 친밀감이 음행에 대한 강력한 억제력을 발휘한다.

약혼

 이상적인 관습에 따르면, 청년이 결혼하고 싶은 사람을 스스로 선택하고, 결심이 서면, 부모에게 처녀의 가족과 협의를 시작하도록 요청한다. 처녀의 가족이 청혼받으면 그녀의 의견을 묻는데, 전통에 따르면 그녀는 청혼을 수락/거부할 자유가 있다. 이론적으로 부모는 자녀가 원하지 않는 결혼을 강요할 수 없으며, 조상들의 영혼이 분노하게 하는 것이 아닌 이상 자녀가 선택한 사람과 결혼하는 것을 막지 않는다. 마을 사람들은 부모가 결혼을 주선한다는 사실을 한사코 부인한다. '처녀/총각들은 자기들이 원하는 대로 해요.' 대다수가 실제로 따르는 전형은 다음과 같다. 남성이 실제로 결혼 협상을 개시하고, 당사자들은 종종 스스로 선택할 결정권을 가지며, 대개 부모들은 자기들이 찬성(반대)하는 결혼에 대해 자녀들이 받아들이(거부하)라고 명시적으로 강요하지는 않는다. 그러나 실제로는 부모들이 자녀의 결혼 대상자에 대해 은밀하고 미묘한 영향력을 발휘하는 것이 다반사다. 이는 부모들은 자녀에게 괜찮은 배우자감을 제안하거나, 어떤 구혼자의 미덕을 다른 구혼자보다 더 칭찬한다거나, 청년이(처녀가) 아직 결혼할 준비가 되지 않았다는 근거로 자녀가 청혼하거나(수락하는 것을) 단념시키는 등의 행위로 나타난다(Zadrozny 1955, 315 참조). 자녀가 아주 단호하게 나오면, 부모는 대개 유보나 반대 등의 의견을 철회할 것이다. 그러나 많은 경우에, 당사자들이 아마도 부모의 더 큰 지혜를 기꺼이 따르고 부모의 생각이 최선이라는 점을 이의 없이 수용한다. 따라서 결혼 상대에 대한 주요 결정은 실제로 부모가 하는 경우가 많으며, 자녀는 순종하는 마음 때문이거나 특정 사람과의 결혼에 대한 강한 열의가 없어 묵묵히 부모의 결정에 따른다. 예를 들어, 내가 머무는 동안 프놈뻰에서 온 정비공과 약혼하고 결혼한 싼San은 약혼 기간 내내 우울하고 부정적이었고 이런저런 핑계로 결혼 날짜를 계속 연기했다. 그녀는 솔직히 결혼을 원하지 않았지만 결국 이혼한 어머니가 가족을 부양할 수 없다는 것을 알았고, 어머니가 싼이 괜찮은 사람이며 벌이가 좋은 것이 확실한 이 청년과 결혼하기를 원한다는 것을 알았다. 또는 다른 경우를 들자면, 니어리Neary가 받은 다양한 청혼은, 아직 결혼하기에는 너무 어리다고 생각하는 부모가 거부했고, 니어리 또한 구혼자에게 특별한 매력을 느끼지 못했기 때문에 부모님의 의견을 받아들였다.

　남성은 다양한 방법으로 미래의 약혼자를 찾을 수 있다. 그녀는 자기 마을이나 인근 마을에 사는 이로 수년 동안 (잘 또는 약간) 알고 지낸 사람일 수도 있고, 사원 축제나 다른 마을을 방문했을 때 처음 만났거나 잠시 보았던 사람일 수도 있으며, 친척이나 친구가 좋은 배우자로 추천한 사람일 수도 있다. (특별히 여성들의) 신체적 매력은 젊은이들이 결혼 상대에 대해 논의할 때 중요한 고려 사항이며, 배우자 후보로서 관심과 주목을 끄는 강력한 무기임이 분명하다[19](스와이 서리에서 가장 아름다운 처녀 중 한 명으로 여겨지는 니어리는 18세에 이미 4~5번의 청혼을 받았고, 별다른 매력이 없는 처녀인 파니Phany는 25세에 막 첫 청혼을 받았는데, 이마저도 그녀가 많은 유산을 받을 것이기 때문인 듯 하다). 그러나 최종 결정에서는 다른 자질이 더 중요하다고 여겨질 수 있다. 첫째, 마을 사람들이 강조하는 가장 중요한 자질 중 하나는 '좋은 성품'이다. 처녀는 다소곳해야 하며 변함없는 평판을 유지해야 하고, 게으르거나 경박해선 안된다. 총각은 술을 마셔서는 안되고, 부지런하여 가족을 적절히 부양할 수 있는 능력을 갖추어야 하며, 품행이 단정하고 예의 바르게 행동해야 한다. 두 번째 고려 사항은 명시적으로 언급되지는 않지만, 예비 결혼 상대자의 경제적 상황일 수 있다. 예를 들어, 땅이 거의 없는 가난한 가정의 사람은 가족을 부양하기에 충분한 재산을 상속받을 사람과 결혼할 것을 권장받기도 한다. 그리고 많은 부모는 그들의 딸이 농사꾼보다는 농업이 아닌 직업이나 전문 직업(교사, 공무원 등) 남성과 결혼하기를 선호한다. 셋째, 다른 측면의 고려 사항이 있을 수 있다. 예를 들어, 남/여가 초혼을 할 수 있는 아무런 가망이 없다면 자녀가 있는 과부나 홀아비(또는 이혼남/여)와 결혼하는 것에 대해서도 재고할 것이다(남성 혹은 여성이 결혼에 대한 기대가 없을 경우, 과부나 홀아비 또는 이혼남녀와의 두 번째 결혼을 생각할 것이다). 그리고 어떤 경우에는 신부가 신랑보다 몇 살 더 나이가 많을 때도 있지만, 대개 남성은 자기 나이 또는 자기보다 어린 사람을 찾는 것이 일반적이다. 넷째, 마지막 남은 한 가지 문제가 결정적으로 중요하다.

---

19 아름다움이나 잘생김의 특성 중 일부는 중간 키와 체격, 너무 하얗지도 어둡지도 않은 올리브색 피부, 너무 크지도 작지도 않은 중간 크기의 눈, 균형 잡힌 이목구비이다. 참조) 스타인버그(1959, 38)는 매력에 대한 다양한 기준을 제시한다.

모든 것을 고려하여 처녀/총각이 미래의 배우자로 서로에게 관심을 두고 있다는 것을 표명하고 나면, 두 사람의 궁합이 맞는지 아짜에게 의뢰하여 사주를 확인해야만 한다. 모든 사람은 태어난 해에 해당하는 특정 동물의 띠를 갖고 태어나는데, 점성학에 따른 계산법에 따른 두 사람의 생년의 조합이 결혼에 유리하기도 하지만, 어떤 생년의 조합은 위험하거나 재앙을 초래할 수도 있다(P.192, 아래 5줄. 궁합이 좋고 나쁨의 조합에 관한 도표는 특히 Porée-Maspero 1962b 참조).

약혼의 형식적 절차와 의례는 지역과 전통 관습이 지켜지는 정도에 따라 다소 차이가 있을 수 있으나 기본적 요소는 일반적으로 다음과 같다.[20]

(1) 남자는 자신이 선택한 여자를 부모에게 알리고 허락을 구한다. 그것이 받아들여지면, 전통적인 관행은 부모가 평판이 좋고 예법에 능통한 나이 든 여성을 선택하여, 처녀의 부모와 협의할 때 중매쟁이(길의 사람) 역할을 하도록 한다. 그러나 어떤 경우에는 구혼자의 부모가 처녀의 가족에게 직접 갈 수도 있고, 고아인 경우는 친구가 부모와 중개자의 역할을 대신하도록 요청할 수도 있고, 집을 떠나있는 청년이라면 자신이 직접 처녀의 부모에게 갈 수도 있다.

(2) 이상적으로는 중매쟁이(또는 남성을 대변하는 사람)가 작은 선물(케이크, 과일, 약초 등)을 가지고 처녀의 부모나 부모의 대리인(메바)을 세 번 방문하여, 넌지시 청혼 의사를 건넨다. 그러면 처

---

20 나는 약혼 절차에 대한 완전한 의례적인 세부 사항을 제공하려고 하지 않을 것이다. 이에 대한 설명은 르끌레어(1916, 535~39), 포레-마스페로 등(1958, 49~53), 모노드(1931, 71-73), 스타인버그(1959, 84)를 참조하라.

녀의 부모는 딸의 뜻에 따라 긍정/부정의 응답을 전한다. 실제로, 방문 횟수는 더 적을 수 있고, 청혼은 매우 직접적으로 이루어지며 (앞에서도 언급했듯이) 부모가 최종 결정을 내릴 것이다.

위에서 언급한 다양한 고려 사항 외에 중신 협의에 있어 중요한 점 하나는 관례상 총각의 가족이 처녀의 부모에게 지급하는 신부대(쫌누언[선물]이나 틀라이프떼아[집값]라 부름)의 액수이다.[21] 그 액수는 양측의 협상을 통해서 결정된다. 마을내혼에서 그 금액은 보통 2,000리엘에서 5,000리엘(10,000리엘까지 올라갈 수 있음) 내외이며, 이는 예비 신랑 가족의 재정 능력과 예비 신부의 요구(예: 매력 없는 처녀, 과부, 또는 이혼녀는 더 적은 돈을 요구함)에 따라 달라진다. 이 선물은 예비 신부의 가족이 신부를 위한 옷과 장신구를 사고 여타 결혼 비용을 충당하는 데 사용된다.

(3) 협상이 순조롭게 진행되면 세 번째이자 마지막 방문일에 최종 약혼식이 거행된다. 이상적으로면 약혼식은 예비 신부의 집에 중매인, 양가 부모, 일부 친척 및 친한 친구들이 함께 모여 진행된다. 예비 신랑 가족은 예비 신부 부모에게 더 많은 선물을 주고, 조상들의 혼령에게 이 행사를 알리고 제물을 바친다. 예비 신부 가족은 작은 잔치를 준비하고, 때로 승려들이 초대되어 와서 독경을 하고 복을 빌어준다. 약혼식은 '결속의 말'로 이어지고, 예비 신랑의 부모는 아짜에게 받아놓은 '결혼 날짜를 묻는다.' 두 사람은 이제 공식 약혼자(썽싸)가 된다.[22] 이 시점 이후에 약혼이 파기되면 처녀

---

21 르끌레어(1916, 538), 포레-마스페로(1958, 55), 스타인버그(1959, 85)는 이 금전적 선물을 '젖값'이라고 부르는데, 스와이 서리 마을 사람들은 이 용어를 들어본 적이 없다. (그러나 '젖값' 개념은 베트남의 몬-크마에 부족인 쎄당 [르바, 히키, 머스그레이브 1964, 17]과 태국인 사이에서 발견된다(Blanchard et al. 1958, 434]).

의 부모는 파혼당한 남성의 가족에게 그들이 받은 모든 선물에 해당하는 액수의 돈을 돌려주어야 한다.

약혼이 공식화되면 예비 신랑이 결혼식 때까지 미래의 장인/장모를 위해 '봉사'하는 것이 한때 관례였다. 예비 신랑은 장래의 처가 밭에서 일하고, 허드렛일도 하며, 때로는 실제로 약혼녀의 가족과 함께 살면서, 자신의 근면함과 좋은 성품에 대해 높은 평가를 받도록 노력해야 했다(P.193, 아래 4줄. Leclère 1916, 539; Porée-Maspero et al. 1958, 52; Monod 1931, 74 참조). 이 전통은 스와이 서리에서 약 15년 전까지만 해도 예비 신랑이 같은 마을이나 이웃 마을에 살았다면 행해졌었다. 그러나 요즘은 예비 신랑이 근처에 살아서 농번기에 약간의 도움을 주는 것 정도 외에는 거의 행해지지 않는 전통이 되었다. 마을 사람들은 이러한 관습의 쇠퇴를 전통이 약화되었기 때문이기도 하지만 많은 마을 처녀가 이제 '처가 봉사'를 위한 시간을 허용하지 않는 비농업 직업을 가진 젊은이들과 결혼한다는 사실에 기인한다.

현재 거의 지켜지지 않는 또 다른 관습은 약혼자가 자신과 예비 신부를 위해 의무적으로 새 집을 짓는 것이다(3장 참조). 마을 사람들에 의하면, 이 관행이 사라진 이유는 집 짓는 데 드는 막대한 비용과 '요즘 젊은이들의 게으름' 때문이라고 한다. 그러나 이 전통은 신부대가 실제로는 집을 짓지 않으면서도 '집값'이라 불리는 것을 볼 때, 남자의 가족이 예비 신부의 부모에게 주는 신부대로 변환된 것이 아닌가 하는 인상을 준다.

---

22 썽싸라는 용어는 실제로 약혼하지는 않았지만, 혼전 성관계를 맺은 연인들을 가리키는 완곡한 표현으로 사용될 수도 있다.

결혼식

결혼식(*리읍까* 또는 *아삐어삐삐어*)은 가장 즐겁고, 유쾌하며, (장례식과 함께) 모든 생애주기 의식 중에서 가장 화려하고, 정교한 행사이다. 약 20년 전만 해도 잔치는 3일간 지속되었는데, 지금은 비용과 피로를 덜기 위해 하루 반으로 줄었다. 그러나 다양한 준비가 오래전부터 시작되며, 결혼식을 치르기 위해서 상당한 노력과 비용이 들어간다.

  결혼 날짜는 아짜가 택한다. 결혼식은 특정한 달에만 거행될 수 있으며,[23] 정확한 날짜는 신랑, 신부의 운세에 따라 결혼식을 위한 길/흉일을 받아 결정된다. 결혼식 전 몇 주 동안 두 가족, 친척, 친구들 사이에 흥분이 고조된다. 대개 마을 사람들은 결혼식 날의 즐거운 잔치와 여흥의 순간을 고대한다. 결혼식이 예비 신부의 집에서 열리기 때문에 그녀의 가족은 예식 준비로 가장 바쁘다. 결혼 예식 준비에 있어서 계속되는 음악 없이는 결혼식이 완성될 수 없어 짱짱한 스피커와 카메라를 빌려놓기도 하고, 거기에 더해 예식을 위한 전통 음악과 춤추는 데 필요한 연주를 위해 악단도 고용하며, 손님들에게 베풀 여러 번의 식사를 위해 조리도구, 식기, 탁자와 의자도 미리 빌려 배치해 놓는다(때로는 특별 조리사도 고용한다). 집을 꾸밀 장식품도 사야 하고, 승려에게 제물도 바쳐야 하며, 신랑 가족을 위한 전통적인 선물도 준비해야 한다. 아짜와 다양한 결혼식 참가자들도 선정해야 하고, 전통적인 결혼 음식인 언썸 떡도 만

---

23 이 달은 *뽀ㅎ*, *펄꾼*, *뷔싹*, *아쌴* 및 *까윽덕*이며 대략 1월, 3월, 5월, 7월 첫 번째 부분, 11월과 일치한다.

든다. 먼 지역에 사는 친척들에게 결혼 날짜를 알리기 위해 전통도 보낸다. 그리고 신부는 새로 펌(파마)을 하고, 우아한 결혼 예복을 사거나, 근처 마을에 있는 나이 든 여성들로부터 빌려야 한다.

결혼 소식이 입소문으로 온 마을과 그 너머로 빠르게 퍼지지만 공식적인 결혼 초대장은 결혼식 며칠 전에 가족, 친척, 친구들에게 배포되는 아레카 열매와 구장 잎(또는 바나나 잎)의 형태로 만든다. 초대된 손님(및 그의 가족) 중 신부의 가까운 친척이나 친구가 아닌 손님이 실제로 결혼식에 참석할 것인지 여부는 초대받은 손님의 시간적 여유가 있는지도 중요하지만, 대부분은 결혼 선물로 (쫑다이)[24] 결혼식에 낼 금전적 여유가 있는지 여부에 달려 있다.

이 축의금은 혈연이나 우정의 친밀도에 따라 약 20리엘에서 200리엘 사이이며, 그러한 선물 없이 결혼식 잔치에 참석하고 식사하는 것은 부끄럽게 느껴질 것이다. 결혼식에는 또한 특별히 초대되지는 않았지만, 저녁(식사가 끝난 후)에 와서 예식을 지켜보고 부부에게 안부를 전하는 수많은 하객이(심지어 다른 마을에서도) 있다.

결혼식 당일 신부의 집은 가족과 이웃들의 음식을 준비하고, 마지막으로 필요한 물건을 사고, 결혼식 장식과 테이블, 의자 등을 세팅하고, 놋그릇, 징 및 기타 의식용 물건을 준비하고, 승려들이 오는 정확한 시간을 확인하는 일 등으로 분주해진다. 신부의 방은 옷걸이 등을 이용해서 신부가 옷을 갈아입을 수 있는 공간으로 만든다. 그 방에는 더위로 인해 숨 막혀 하는 신부를 위해 부채질을 해주고 수다를 떨면서 함께 웃어 주는 친척과 친구들이 있으며 그

---

24 문자적으로 "손을 합치다"라는 뜻의 '쫑다이'라는 용어는 행운을 빌기 위해 누군가의 손목에 끈을 묶는 의식을 의미하기도 한다(아래 참조).

들에게 둘러싸인 채 더위로 인해 다소 짜증이 나 있는 신부가 앉아 있다. 신랑은 신부의 집 근처에 그를 위해 특별히 대나무나 나뭇잎으로 지어진 대기실에서 시종, 친족, 친구들과 함께 앉아 있다. 음악은 일찍부터 시작된다. 낮에는 쉬지 않고 진행되는 결혼식의 내용들이 확성기를 통해 수 킬로미터에 떨어진 곳까지 들린다. 하객들은 순서대로 도착하여 집 안팎에 앉아서 이야기를 나누고 빈랑을 씹는다.

　결혼식의 의례 절차와 도구(상징과 신화도 포함)는 너무 많아서 세세하게 설명하기는 어렵지만 예식의 주요 부분을 간략히 설명하려고 한다(Aymonier 1900, 33-34, Leclère 1916, 54-62, Monod 1931, 74-77, Porée and Maspero 1938, 209-14, Porée-Maspero et al. 1958, 54-62 묘사 참조).[25] 결혼식은 예식마다 조금씩 다르게 진행되기도 한다. (1) 특정 의식이 포함되거나 생략되거나 담당 아짜의 지시에 따라 다르게 진행될 수 있다. (2) 가난해서 비용을 감당하기 어려운 가족들은 라이브 밴드나 특별한 전통 장식을 생략한다. 이것을 간편 결혼식, *위*vee라고 한다. (3) 과부나 이혼한 사람들의 재혼은 예식이 간소해야 하지만, 가족들이 부유하면 초혼의 결혼식만큼 사치스럽게 하는 경우도 흔히 있다.

　신랑 신부 외에 혼인 예식을 진행하는 사람들은 다음과 같다. (1) 아짜는 모든 예식을 주재하고, 예물 제작을 감독하고, 참가자들에게 적절한 절차를 따르도록 지시한다. (2) 신랑의 가족을 대표하는 *네악 모하*neak moha(정식 명칭은 *네악 플러으 짜으 모하*)와 신부

25　나는 스와이와 인근 마을에서 열리는 일곱 번의 결혼식에 전부나, 적어도 일부라도 참관했다.

측을 대표하는 메바는 아짜가 의례를 올바르게 진행하는지 확인하고, 의례 물품 준비를 도우며, 양측의 예식 대표자 역할을 한다. 네악 모하와 메바는 이론상으로는 약혼식의 중매자로도 새롭게 불리지만, 실제로는 결혼식 진행에 관한 지식을 갖추고 있어 결혼식에 초대된 사람인 경우가 많다. 그들은 또한 나이가 있고, 좋은 성품을 갖고 있으며, 과부나 이혼한 적이 없는 사람이어야 한다. 그들은 대부분은 친족이지만, 반드시 그래야 하는 것은 아니며 종종 마을의 어른이 하기도 한다. (예: 리윽 할머니[20번 집]는 마을에서 결혼식을 위해 네악 모하나 메바 역할을 하도록 자주 요청됨). 경우에 따라 이러한 직책들 중 하나는 생략되거나 한 사람에게 두 역할을 모두 맡길 수도 있다. 실제로, 한 결혼식에서 꼼페아 한 사람이 아짜, 네악 모하와 메바를 모두 맡았다. (3) 마지막으로, 신부와 신랑은 각각 두 명(3~4명 정도)의 들러리(껌도komdo: 신부 들러리는 스라이 껌도, 신랑 측 들러리는 네악 껌도 쁘로라고 함)를 두는데, 그들은 다양한 의식을 치르는 동안 옆에 서 있다. 부부의 부모가 선택한 이 신랑과 신부의 들러리들은 대개 형제나 사촌이지만 가까운 친구를 선택할 수도 있다. 들러리들의 부모 모두가 살아 있고 화목한 결혼생활을 하고 있어야 한다는 점이 중요하다. 부모 중 한쪽만 살아 있는 사람이 들러리를 하면 부부 중 한 명이 일찍 죽거나, 이혼할 수 있다고 믿기 때문이다. 실제 혼인 예식을 순서대로 살펴보면 다음과 같다. 결혼식 전날 밤에 '신랑의 거처에 들어가는'(쫄 룽Col rung) 짧은 의식이 있다. 아짜는 신랑, 그의 들러리, 친척, 친구로 구성된 행렬을 이끌고 그의 옷, 구장 상자, 징을 거처로 옮긴다. 여기에서 아짜는 기도를 낭송한다. 네악 모하와 메바는 결혼에 행운을 빌고, 조상의 혼령에게 제물을 바친다. 그리고 아짜는 신랑의 행운을 빌며 손목에 끈을 묶는다.[26] 관중들의 환호와 놋쇠 징이 울리면서 의식이 끝난다.

결혼식 첫날은 일련의 의례(삐티)을 포함한다. (1) 신랑 집은 아침에 빈랑과 아레카 선물, 과일, 언썸 및 기타 맛있는 음식들을 신부의 집으로 보낸다. 이 중 일부는 소녀의 가족을 위해 보관되고 나머지는 손님에게 나눠준다. 그 대가로 신부의 가족은 신랑에게 특정 전통 선물(예: 실크 사롱 및 스카프)을 준다.

(1) 조상의 혼령에게 약간의 음식과 의례 물품을 바치면서, 결혼식에 참석해 새 부부에게 복을 달라고 초대한다. (2) 하객들에게 간단한 점심 식사를 제공한 후 이른 오후에 '깐 썩' 행사가 진행된다. 먼저 아짜는 신부와 신랑의 머리카락을 자르고, 그 다음으로 부모가 모두 살아 있으며 행복한 결혼생활을 하는 친척이나 친구가 부부의 머리를 자른다.[27] (3) 늦은 오후에 지역 사원의 스님들을 초청하여 (손님과 함께) 기도를 드리고, 주지 스님이 절을 하는 부부에게 성수를 뿌린다. 봉사에 대한 대가로 승려들에게 다과, 담배 등을 시주한다. (4) 손님에게 특별한 요리, 다양한 과일로 구성된 화려한 저녁 식사 후에 신랑의 거처에서 각종 혼령들에게 음식과 의례물품을 바치는 간단한 예식(크롱 뻴리라고 함)이 있을 수 있다(P.196, 아래 10줄. 비교: Porée-Maspero 1958, 24-25; Leclère 1916, 513). (5) 저녁의 가장 중요한 의식은 행운을 기원

---

26 의식에서 면사의 중요성에 관해서는 포레-마스페로(1958, 20)를 참고할 것.
27 스와이 서리 마을 주민들의 경우 깐썩 의식(상투 자르기, 가족이 사망할 때 머리를 깎는 등의 다른 의식에서 발생함. [Porée-Maspero 1958, 231 참조])은 전통 외에는 다른 근거가 없다. 포레-마스페로(1958, 23)에 따르면, 불행을 막는다는 의미가 있다. 신체적 특징(예: 머리카락)의 변경은 새로운 사회적 지위 획득을 상징할 수도 있다.

하는 의미로 부부의 손목에 실을 묶는 '쫑다이'다. 먼저 신부는 집에, 신랑은 자신의 거처에 반쯤 누운 자세로 빈랑 열매 분쇄기, 라임 용기, 빈랑 잎[28]을 손에 쥐고 있으면, 아짜와 여러 친척과 친구들이 손목에 실을 묶고 복을 기원해준다.

(6) 저녁에는 때때로 두 가지 다른 의식이 있다. 첫째, 아짜가 신랑과 신부에게 코코넛 주스 세 숟가락을 주는 '코코넛 주스 마시기' 의식이 있을 수 있다. 이것은 치아를 닦는 의식 또는 예전에는 이를 검게 칠하는 의식을 대신하는 것으로 간주된다.[29] 둘째, 가끔 신랑 가족이 신부 측에서 지불해야 하는 대가에 대한 의례적 토론이 있을 수 있다. 신부는 감사를 표하고 자신을 키운 부모에게 작은 선물을 드린다.

이러한 예식이 끝난 후 결혼식은 음악, 춤,[30] 그리고 종종 신부 들러리와 어린 하객들의 노래로 흥겨운 분위기로 바뀐다. 신랑과 신부는 엄숙한 태도를 유지한 채 즐거운 모습을 지켜볼 수만 있다. 젊은 여성들은 자신의 우아함을 뽐내기 좋아하며, 때때로 화려한 여장을 한 몇몇 젊은 남성들은 장난삼아 여성들의 흉내를 낸다. 나이 든 손님들은 서로 대화를 나누며 이 연회를 즐긴다. 술 대접받은 하객들은 흥이 난다. 이때 결혼식에 초대받지 않은 손님들이 가

---

28 포레-마스페로(1958, 58)에 따르면, 이 물건들은 결합을 상징한다.
29 이 전통은 포레-마스페로(1958, 23-24)의 신화가 설명하지만, 마을 사람들은 이 이야기에 대해 아무도 모른다. '이빨을 하는 것'은 소녀가 월경 수련회에서 나올 때와 남자가 사원에 들어갈 때도 발생한다. 다시 말해, 이는 사회적 지위 변화의 또 다른 물리적 표현으로 볼 수 있다.
30 람똔이라고 불리는 인기 있는 춤 형태는 마을 사람들에 따르면 태국에서 유래했다고 한다. 남성과 여성의 그룹은 원을 그리며 춤을 추며 음악에 맞춰 춤을 추며 팔과 손을 사용하여 극장과 '왕실 발레 그룹에서 공연되는 고전 무용의 자세보다 훨씬 단순하지만, 그것을 연상시키는 물결 모양의 섬세한 동작을 취한다. 고전 무용과 오케스트라에 대한 자세한 내용은 티어운(1956)을 참조하라.

장 많이 몰리고, 연회는 사람들이 마침내 집으로 돌아가거나 잘만한 곳(심지어 테이블 위까지)을 찾아 잠을 청하는 이른 아침까지 계속되기도 한다.

결혼식의 두 번째이자 마지막 날은 주요 하객들을 위해 매우 일찍 시작되며 공식 예식은 아침 나절에 절정에 달한다. 동이 트기 전 새벽을 맞이하는 윰 *뻴윌리어* 의식이 집 밖에서 신랑, 신부, 네악 모하, 메바와 함께 거행된다. 이것은 *짧*은 의식으로 하객들이 어둠의 자리를 빛이 차지하기 시작하는 성스러운 순간(뻴윌리어) 떠오르는 태양에 절하는 동안 아짜가 축복기도를 한다. 신부가 집으로 돌아온 후, 아짜는 신랑과 그의 들러리, 친척, 친구들의 행렬을 신부의 집으로 인도한다. 그곳에서 신부는 신랑 발을 씻기는 의식을 치르고, 자신의 방으로 돌아가기 전, 받은 적은 돈의 대가로 한 번 씹을 분량의 빈랑을 신랑에게 건넨다

마침내 마지막 주요 의식인 깐 슬라가 시작된다. 먼저 신랑, 그 다음으로 신부(들러리들의 호위를 받으며 의식 중에 전통적 분위기에 맞춰 노래하고 춤을 추는 검을 든 음악가가 앞장서기도 함)가 나와서 아짜 앞에 앉아 경의를 표한다. 그런 다음 신부와 신랑은 빈랑 잎사귀와 빈랑을 씹는 도구를 들고 야자나무 앞으로 나와 절을 한 다음 반쯤 누운 상태로 앉는다. 친척, 친구 그룹(이상적으로는 4명의 남성과 4명의 여성이 있지만 종종 이보다 더 많음)이 부부 주위에 원을 형성하고 원형 주위에 *뽀삘*[31](금속 잎 모양의 작은 물건)을 손에서 손으로 전달하면서 부부의 행운을 빈다. 코코넛 꽃 줄기로 만든 프까 슬라pkaa slaa('아레카 꽃')라고 하는 의식용 물품

---

31 뽀삘이 상징하는 바에 대해서는 포레-마스페로(1958, 20-21)를 참조하라.

을 하객들에게 나눠준다. 하객은 마치 서양식 결혼식에서 쌀을 던지듯이 꽃을 떼어서 부부에게 던진다.[32]

그런 다음 아짜는 신랑과 신부의 손목에 면실을 묶어 다른 하객들과 마찬가지로 행운을 빈다. 계속해서 연주되던 음악은 의식의 마지막 단계를 거치면서 점점 더 커지고 빨라지다가 아짜가 마지막 기도와 축복을 낭송하면서 갑자기 멈춘다. 의식은 (전날의 여러 다른 의식과 마찬가지로) 징을 울리는 것으로 끝난다.

아짜가 다음과 같이 마지막으로 외치고, 하객이 따라 하거나 대답한다. '승리!', '승리!'. '행복!', '행복!'. '건강!', '건강!'. '오늘은 좋은 날이죠, 그렇지 않나요?', '그럼요!'. '무엇을 받습니까?', '[우리는] 이 멋진 부부를 받아들입니다.' 환호와 박수 소리에 신부는 일어나서 자기 방으로 달려가는데, 신랑은 신부가 가는 동안 스카프의 끝을 잡으려고 재빨리 뒤를 따른다.[33] 잠시 후 부부는 각종 의식 때 앉았던 돗자리를 받으러 오고, 하객들은 각종 농담을 건넨다. 이 돗자리는 첫날 밤에 사용되는 것이다. 그리고 혼인과 효에 대한 간단한 훈계를 듣는다.

하객들을 위한 점심 식사와 함께 결혼식은 끝나고 마을은 평온한 상태로 돌아간다. 다음 날 밤에 부부는 처음으로 (보통 신부의 집에서) 함께 자는 것이 허용된다. 아짜와 두 명의 노인(친척 또는 이

---

32 포레-마스페로(1958, 56, 61)에 따르면 자녀 양육에 중요한 아버지, 어머니, 누나를 대표하는 세 가지 프까 슬라가 있다. 하나의 프까 슬라는 갖고 있다가 결혼식이 끝난 후 승려가 부부에게 꽃을 뿌릴 수 있도록 사원으로 가져간다.
33 이 관습을 설명하는 신화는 포레-마스페로(1958, 60-62)를 참조하라. 1959년에 왕실 공주 중 한 명이 자신이 좋아하지 않는 남자와 강제로 결혼하게 되었을 때, 그녀는 그가 스카프 끝을 잡는 것을 거부하고 그를 방에서 가두었다는 소문이 돌았다.

옷)이 작은 의식을 치르고 초야 전에 신부에게 성적인 문제에 대해 알려주는 것이 전통이지만, 요즘에는 이 관습이 거의 실행되지 않는다.

앞서 언급했듯이 결혼식은 가장 즐거울 뿐만 아니라 가장 중요한 행사 중 하나이다. 가능한 지출(대략적인 수치)은 다음과 같다.

식품(쌀, 고기, 채소, 음료 등) 및 기타 필요한 것들로 양초, 향, 구장, 담배, 장식품 등의 품목	1,000-6,000리엘
신부를 위한 새 옷[수량 변동] 또는 신부 의상 대여	[옷에 따라 가격 차이가 있음] 100리엘
신부가 신랑에게 준 선물	ca. 500리엘
일반적으로 아짜, 메바, 네악 모하의 봉사료로 각 30-50리엘과 음식, 양초 등의 선물	90-150리엘
승려에게 시주	100-200리엘
확성기 및 축음기 대여	300-400리엘
악공 고용(일반적으로 각각 200리엘에 4~5명)	800-1000리엘
접시, 테이블, 의자 등 대여	300-400리엘

따라서 신부의 가족은 결혼식에 약 3,000에서 8,000리엘 정도를 쓸 수 있는데, 일반 가정 예산에는 큰 금액이다. 지출 대부분은 먼저 보통 2,000에서 5,000리엘 정도 되는 신랑 가족의 신부대로 충당하고, 다음으로는 손님의 수와 그들의 부조에 따라 약 1,000에서 6,000리엘 정도 되는 축의금으로 충당한다.[34] 결혼식 비용을 치르고 남은 돈이 있다면 부부에게 준다. 어쨌든 분명한 것은 가족이 남지도 모자라지도 않든지, 혹은 일시적으로 다소 금액의 빚을

---

34 예를 들어 산(25번 집)의 결혼식 비용은 약 5,000리엘이다. 그러나 그녀의 어머니는 신랑에게서 3,000리엘을 받았고, 하객들로부터 2,650리엘을 축의금으로 받았다.

질 것이다. 실제로, 신랑의 신부대는 보통 결혼식 전이나 결혼식 때 지불되지만, 대부분의 결혼은 단기 신용이나 대출로 비용을 충당하고 손님들의 축의금은 식이 열릴 때까지 받지 않는다. 그러나 필요하다면 어떤 항목들은 생략하거나(예: 음악가를 고용하지 않음) 어떤 항목들을 축소(예: 간단한 식사 제공)함으로 가족의 재정이 허락하는 한도 내에서 결혼식을 치르려고 할 것이기 때문에 결혼을 위해 대규모 부채를 지는 일은 흔하지 않다.

결혼식으로 혼인관계를 신성하게 하는 것과 더불어 지난 30여 년 동안은 쿰(면 또는 읍) 사무소에 혼인 신고하는 것이 보편화되었다. 이 등록은 프랑스어 용어를 사용하여 이땃 씨윌état Civil이라고 한다. 혼인 신고가 되지 않았다고 하더라도 전통적인 의식으로 치러졌다면 마을 사람들의 눈에는 그 결혼이 여전히 유효한 것으로 간주되었을 것이며, 부부에 대한 정부의 조치는 없을 것이다. 그러나 혼인 신고를 하지 않은 부부는 이혼 절차, 상속 분쟁 등이 발생하면 어려움을 겪을 수 있다. 따라서 지난 수십 년 동안 결혼한 모든 마을 부부는 혼인신고를 했다.

결혼생활

신부와 신랑은 비교적 젊다. 대부분의 마을 처녀는 10대 후반이나 20대 초반에 결혼하고 총각들은 보통 20대 초·중반에 결혼한다.[35] 그리고 부부가 어느 한쪽 집에 거주하러 가는 경우, 나이 든

---

35 스와이 서리의 결혼한 커플 중 개인이 처음으로 결혼한 평균 연령은 여성의 경우 20세, 남성의 경우 24세였다. 그러나 일부 여성은 빠르면 15세, 늦어도 37세에 결혼했지만, 남성은 빠르면 17세, 늦어도 30세에 결혼했다. 10대에 결혼하는 것은 20세기 초반에 더 흔했던 것 같다.

부모는 그들의 기혼 자녀와 사위 또는 며느리에 대해 여전히 상당한 권위를 행사할 수 있다. 그럼에도 결혼은 젊은 남녀의 성인 지위 획득을 의미한다. 법적으로는 21세가 되거나 결혼과 동시에 성인이 된다(Cairon 연도 미상, 104). 그리고 사회적으로는 이제 한 개인이 새로운 사회 단위의 일부를 형성하여 자신과 타인을 부양할 책임을 지며, 본격적인 재산 소유자가 되는 것 등등의 지위 변화를 의미한다. 지위의 변화와 관련하여 경박함에서 진중함으로 변화하고, 가벼운 걱정거리에 많은 시간을 보내는 것으로부터 가정을 돌보기 위해 모든 집안일과 걱정을 짊어지는 것으로 특징지을 수 있는 행동의 변화 등이 나타난다. 특히 여성들 사이에서는 옷과 외모도 이러한 변화를 반영한다. 미혼 청년의 화사한 치장과 꾸밈과는 대조적으로 기혼 여성은 화장품과 장신구를 보관함에 두고, 파마를 하기 위해 머리를 짧게 자르고, 수수한 셔츠(보통 검은색)와 단순한 하이넥 블라우스를 입는다.[36] 기혼 남성은 보통 작업용 검은색 반바지(여가 때는 사롱)에, 낡은 셔츠나 속옷을 입고, 종종 낡은 모자를 쓰기도 한다.

마을 가족의 일상 활동은 벼 재배 단계, 제례 달력 등에 따라 계절마다 다르다. 그러나 일반적으로 가정의 여성이 불을 피우고 죽과 생선으로 간단한 아침 식사를 준비하기 위해 새벽(오전 5시 30분 또는 6시)에 가장 먼저 일어난다. 학교가 학기 중이면 어른들이 농사일을 비롯해 집안 청소, 빨래, 도구 수리, 매트나 다른 물건 만들기, 장보기, 목초지로 소를 데려가는 등 다양한 집안일을 시작

---

[36] 결혼한 여성들도 열렬한 빈랑 애호가가 된다. 사춘기 소녀들은 가끔 빈랑을 씹기도 하지만 단지 일종의 간식으로만 씹는다. 결혼한 후에야 습관이 된다. 남자들은 빈랑을 씹는 경우가 드물다.

하는 동안, 학령기 아이들은 오전 7시 정도에 수업을 들으러 간다. 아침은 공기가 비교적 시원하고, 상쾌해, 특히 어떤 힘든 작업이라도, 일하기 가장 좋은 시간이다. 오전 10시경, 여성들은 점심 준비를 시작해야 한다. 아이들은 약 오전 11시 30분에 점심을 먹으러 학교에서 돌아와 놀다가 오후 2시 30분에 오후 수업이 시작에 맞춰 다시 학교로 간다. 경작 주기에서 특히 바쁜 계절이 아닌 한, 숨이 막힐듯한 태양이 마을사람들을 졸리게 하는 이른 오후에는 낮잠을 자거나, 가벼운 일을 하거나 마을 생활에서 좋아하는 취미 중 하나(친구들과 앉아서 수다 떨기)를 하며 시간을 보낸다. 늦은 오후에 무더위가 끝나가기 시작할 때, 마을은 큰아이들이 학교에서 돌아와 놀면서 다시 활기를 띠고, 여성들은 저녁 식사를 준비하기 시작하고, 사람들은 항아리(삐옹)나 마을 우물 중 하나에서 씻고, 소는 오후에 꼴을 먹인 곳에서 끌어오고, 가족들은 저녁 식사를 하기 위해 모인다.[37] 일몰 후 마을은 다시 조용해진다. 어떤 사람은 밤에도 다른 사람의 집을 방문하기도 하지만, 사원에서 의식이나 다른 행사가 없는 한, 가족 대부분은 어두워지면 집으로 돌아간다. 어떤 활동은 잠잘 때 쓸 돗자리, 베개, 모기장이 쳐질 때까지 작은 등불을 밝히고도 계속할 수 있다. 마을 사람들은 종종 모여 즉흥적으로 연주하는 젊은 남성 그룹이 연주하는 흥겨운 음악을 들으며 잠이 든다.

---

37 낮과 저녁에는 밥이나 밥 외에 보통 간단하고 양은 적지만 다양한 반찬이 나온다. 가장 흔한 반찬은 다양한 물고기이다. 생선, 게, 채소 등으로 만든 수프, 또는 익힌 과일 및/또는 채소를 섞은 것이다. 고기는 특별한 날을 위한 요리 재료이지 일반적인 일상 음식의 일부가 되는 경우는 거의 없다(Delvert 1961, 154-55 참조). 마을 사람들은 또한 낮 동안 과일, 말린 쌀 껍질, 떡이나 과자(매우 다양함), 때로는 특정 종류의 말린 곤충 등 수많은 간식을 먹는다. 부유한 가족은 식사에 차를 마시기도 하지만, 흔한 음료는 일반 물이다. 캄보디아 요리에 대한 자세한 내용은 세리스-얀(1955), 마티니(1955d)를 참조하라.

그러나 밤 11시나 자정쯤 되면 마을은 완전히 어두워지고, 조용하게 경계 근무를 서는 몇 명의 남자들을 제외하고는 고요하다.[38]

사춘기 소녀는 보통 성관계를 두려움이나 공포로 바라보지만, 결혼한 여성은 적어도 체념이나 침착함으로, 때로는 기쁨으로, 그리고 종종 비꼬는 유머로 받아들인다. 부부는 일반적으로 다른 가족 구성원들과 같은 방에서 자거나 같은 모기장 안에서 작은 아이와 함께 자기 때문에, 부부간의 성관계는 전희가 거의 또는 전혀 없이 남성의 빠른 오르가즘과 함께 매우 빠르고 조용하게 이루어진다.[39] 성관계는 여성의 생리 기간, 출산 전후 한 달 정도 중단된다.

아내가 간음하면 남자는 이혼할 수 있지만, 그 자신은 법적 제재 없이 바람 필 수 있을 뿐만 아니라 여러 아내를 둘 수 있는 법적 이중 잣대가 있다. 사실 간통과 일부다처는 마을 생활에서 비교적 드물다. 전자는 부도덕한 성관계에 대한 불교의 금기로 단념되며, 프놈뻰에 있는 매춘부들[40]에게 자주 다닐만한 돈과 시간의 부족으로 제지되며, 마을 여성들은 도덕성이 확고하여 접근할 엄두도 내지 못한다. 그리고 일부다처제는 법적으로 허용되긴 해왔지만,[41] 오

---

38 실제로 마을 사람들은 태양의 위치를 참고하여 하루 중 정확한 시간을 상당히 정확하게 결정할 수 있지만, 더 일반적으로 하루의 기간을 기준으로 시간을 계산한다. 해뜰 때부터 정오까지를 '쁘륵', 한낮에서 오후 2시나 세시까지를 로쎌, 오후 중반부터 어두워질 때까지를 릉이은, 그리고 밤은 윰. 이 기간은 위에서 설명한 일상 활동의 리듬과 일치한다.
39 성교는 일반적으로 남성이 우월한 위치를 차지하면서 수행된다. 때때로 남자가 여자 아래에 누울 수도 있다. 다른 체위는 보고되지 않는다.
40 도시에는 여성 매춘부뿐만 아니라 남성 매춘부도 있다고 언급할 수 있지만, 마을 사람들은 남성 동성애를 실천하지 않는다. 동리에는 40대의 미혼 여자 둘이 '남편 부부처럼 살며 남자를 좋아하지 않고 서로만을 좋아한다'고 한다. 그러나 이것이 진정한 레즈비언의 사례인지는 확실하지 않다. (Leclère 1898, 1:185는 궁녀들 사이의 동성애 관계를 금지하는 오래된 법률을 인용한다.)
41 남자는 (첫 번째 아내의 동의를 얻어) 둘째, 셋째 아내를 둘 수 있을 뿐만 아니

랫동안 주로 상류 계층으로 제한됐고, 일반 대중들 사이에서는 드물다(P.201, 8줄. 수치는 Tierry 1955, 121-122, 157 참조. 또한 Aymonier 1900, 83; Condominas 1953, 600; Zadrozny 1955, 318; Steinberg 1959, 77; Clairon 연도 미상, 51). 남자들 대부분이 한 명 이상의 아내와 자식들을 부양할 자원이 부족해 마을 사람들 사이에서 특히 흔하지 않다. 남성이야 그러한 관계를 매력적이라고 생각할 수 있지만, 마을 여성들은 남편의 바람기에 적어도 짜증이나 낙담, 그리고 더 일반적으로 격렬한 분노, 비난, 눈물, 위협으로 반응한다는 사실이 간통과 일부다처에 대한 마지막 강력한 장애물이 된다(LeGallen 1929, 221 참조). 첫 번째 부인이 가진 법적 우위와 특권에도 불구하고, 마을 여성들은 다처제가 남편과 아버지의 애정뿐만 아니라 소득과 재산도 공유해야 하므로 자신과 자녀들의 이익에 반한다고 느낀다.

계절노동을 위해 집을 떠나는 남성들이 가끔 바람을 피우거나 매춘부들에게 의지할 가능성이 없지는 않다. 예를 들어, 스와이 서리의 한 남성은 프놈뻰에서 씨클로 운전수로 일하면서 한 여자와 몇 달 동안 같이 살았던 적이 있다고 인정했다. 그러나 그는 아내에게 행위를 고백했을 때 아내의 분노와 정부로부터 성병에 걸렸을지도 모른다는 두려움 때문에 잘못을 크게 깨달았고, 다시는 간음을 시도하지 않았다. 때로는, 마을에서 묵인하는 여성이 발견되기도 한

라, 추가로 첩도 둘 수 있다. 결혼 예식, 상속, 자녀의 지위, 이혼 합의 등과 관련하여 다양한 지위에 있는 아내의 특권 및 제한에 관한 다양한 법률에 대해서는 르끌레어(1890, 90-118), 에이모니어(1900, 33), 데긴(연도 미상: 책 전체, 특히 64-66, 73), 링갓(1952-55, 2:144, 168-71), 티에리(1955), 스타인버그(1959, 79), 특히 클레론(연도 미상, 51-55, 57, 64-65, 68, 73-74, 121, 127, 129-33, 162-63 등 책 전체) 참고 할 것.

다. 예를 들어 이전 부분에서 논의된 여성이 낳은 사생아 중 적어도 한 명의 아버지는 스와이 서리에 사는 유부남이었다고 한다. 그러나 모든 증거를 토대로 볼 때 간통은 마을 남성들 사이에서 상대적으로 드물고 결혼한 마을 여성들 사이에서는 존재하지 않는다.

내가 머무는 동안 두 명의 마을 남성이 두 집 살림을 시도했는데, 하나는 스와이 서리 자체에서, 다른 하나는 이웃한 따짜의 이웃 공동체에서였다. 두 경우 모두 농업에 종사하지 않은 남성들(한 명은 길가에서 식당을 운영하고, 다른 한 명은 학교의 운전기사)이므로 일반 마을 사람들보다 더 부유하다. 두 사람 모두 여행을 가거나 다른 곳을 방문했을 때 그 여자들을 만났고 그들을 두 번째 아내나 첩으로 데려가고 싶어 했다. 그리고 두 경우 모두 남성의 권위를 주장하는 짧은 시도가 있었지만, 아내들의 맹렬한 분노와 즉각적이고 강력한 저항에 직면하여 두 남성은 두 집 살림의 기대를 포기하고 항복했다. 스와이와 이웃 마을들 모두 여러 아내와 결혼한 사례가 없다.

이혼

이혼(*레잉 크늬어*)은 민법에서 다음과 같은 이유로 인정된다. (1) 아내 측의 간음, (2) 납득할 만한 변명이 없는 배우자의 장기 부재, (3) 가족 부양을 위한 적절한 의무 불이행, (4) 배우자(또는 그 부모나 그 밖의 직계 친족)에 대한 반복적이거나, 심각한 신체적 공격, (5) 형사 범죄의 범법 행위와 사형 또는 강제노역 등의 유죄판결, (6) 도박, 알코올중독, 마약중독 등 부도덕한 행위, (7) 1년 이상 성관계 거부(Clairon 연도 미상, 69-70). 마을 사람들 스스로

가 꼽은 이혼의 원인으로 시부모나 장인 장모를 존중하지 않는 것, 수시로 싸움을 일으키는 성격 차이와 더불어 (1), (2), (3), (6)을 꼽는다. 마을 생활에서는 이혼이 (자주 일어나는 것도 아니지만) 잘 알려지지 않는다. 지난 20년 동안 스와이 서리 주민들 사이에 다음과 같은 사유로 네 건의 이혼이 발생했다. (도박과 술에 취해 무책임한 남편, 이*싸락* 시절 절도와 살인을 저지른 남편, 그리고 양립할 수 없는 성격 차이로 인한 이혼 두 건).

남편이든 아내든 군수와 프놈펜의 법원에 청구서를 제출함으로써 이혼 절차를 시작할 수 있다. 배우자 한 명이 이혼에 이의를 제기하거나 자녀의 양육권이나 재산 분할에 대해 이견이 있으면 여러 차례 조정 과정을 거칠 수도 있다. 그렇지 않으면 상호 합의 이혼에 대한 최종 판결은 보통 몇 달 안에 내려진다.

이혼과 동시에, 각 배우자는 결혼 때 가져온 모든 재산을 되찾는다. 공동재산은 이전에는 3분의 2가 남자, 3분의 1이 여자에게 배분되었지만, 현재는 두 사람에게 균등하게 배분된다. 많은 경우, 공동재산(특히 집, 논, 황소 등 분할할 수 없는 재산)을 팔아 돈을 남자와 여자 사이에 균등하게 배분하거나, 배우자 한 명이 재산 중 일부를 갖고 다른 한 명에게 그 가치의 절반을 변상한다. 그러나 두 가지 경우에 모든 공동재산은 한 배우자에게 돌아갈 수 있다. 남편에게 버림받은 경우, 아내에게, 아내가 간음죄를 저지른 경우, 남편에게 전부 귀속된다.

자녀 양육권은 주로 자녀의 나이나 성향에 따라 결정된다. 마을 사람들은 10세 이하의 아이들은 거의 항상 엄마에게 가는 반면, 확실한 의사를 표현할 수 있는 나이가 된 아이들은 그들이 선택한 부모와 함께 갈 수 있다고 한다(때로 반대만 없다면 아버지가 큰 자녀들을 데려가기도 한다).⁴² 마을 사람들은 자녀들의 선택권이 항상 존중되며, 보통 모든 아이가 엄마와 함께 지내고 싶어 한다고 강조한다. 스와이 서리의 이혼 사례에서도 자녀들은 모두 엄마와 함께 살기를 선택했다.

남편은 전처가 재혼하지 않고 자신과 자녀를 부양할 수 있는 충분한 자원이 없는 경우 그에게 일종의 부양 위자료를 지급해야 하는 법적 의무가 있다.⁴³ 그러나 시골에서 그러한 위자료는 매우 드문데, 이는 남자가 (만약 가족을 이미 버리지 않았다면) 사라져 버리거나, 전남편이 종종 절약하지 않았거나 돈이 없거나 이혼한 여성이 종종 자기 가족에게 도움을 받거나, 몇 년 이내에 재혼해 버리기 때문이다.

이혼한 여성(*메마이*)은 만일 부모님이 살아 계신다면, 거의 모두 친정집으로 돌아가 딸 노릇을 다시 시작한다. 그리고 만약 그녀가 비교적 젊다면 조만간 다른 남편을 찾을 가능성이 크다.⁴⁴ 그러나 의지할 가족이 없고 재혼할 가능성도 거의 없는 나이 든 이혼 여성은 땅이 충분하지 않은 이상 어려움에 빠지기 마련이다. 예를 들어, 30대 후반에 이혼하고 돌아온 25번 집에 사는 모이는 결혼 직후 다른 주로 이사했고, 덕분에 스와이 서리에서 땅을 상속받지 못했다. 그래서 그녀는 조그만 땅을 사 겨우 생활하고 있다. 그녀는

---

42 민법은 (1) 16세 이상의 자녀는 스스로 결정을 내릴 수 있고, (2) 5세 이상의 자녀는 어머니가 딸, 아버지가 아들에 대한 양육권을 갖는다고 명시되어 있다 (Claron 연도 미상, 74).
43 이 조항과 이혼에 관한 민법의 다른 법령에 대한 자세한 내용은 클레론(연도미상, 68-74), 링앋(1952-55, 2:168-69), 데긴(연도 미상, 67-77), 이전 법률에 대해서는 르끌레어(1890, 140-52; 1898, 1:258-59)를 참조할 것.
44 이혼한 스와이 서리 여성 3명 중 2명이 재혼했다. 그러나 다른 동네에는 이혼한 여성들이 출생 가족과 함께 사는 사례가 여럿 있다.

빈집을 남겨둔 남매 덕분에 거처를 얻게 되었고, 일 년 중 일정 기간은 두 자녀를 결혼한 딸에게 보내 살게 해야 했다. 이혼한 남자도 그가 젊다면 자기 가족에게 돌아갈 수 있다. 그러나 그는 독립적인 지위를 유지할 가능성이 더 크고, 빠르게 다른 아내를 찾거나, 내가 세들어 살았던 집 주인처럼 근심 걱정 없는 홀아비 생활을 되찾게 될 것이다.

사별

결혼 관계는 이혼보다는 사별 때문에 훨씬 더 자주 끊어진다. 사별이 마을 생활에서 일상적이라는 사실은 어린이와 청소년들이 게코 도마뱀(찡쩍이나 또까에) 울음소리에 맞춰하는 게임에서 설명된다. 데이지 꽃잎을 하나씩 따면서 '나를 사랑한다. 사랑하지 않는다'고 하면서 노는 것처럼, 또까에가 또까에~ 또까에~ 우는 동안 끄러몸(미혼) - 메마이(과부)를 반복한다. 그리고 마지막 또까에 소리와 맞춰진 단어가 그 사람이 어떤 삶을 살게 될지 말해 준다. 이 놀이는 사별남(여)의 재혼이 일반적이라는 점을 시사하는데, 이는 사별한 사람이 40대 이하일 경우에는 특히 그렇다. 젊은 미망인은 살기 위해 그가 태어난 가족에게 돌아갈 수 있고, 종종 그렇게 한다. 그러나 나이가 든 미망인의 경우 부모가 이미 사망했거나 너무 나이가 들어 도움을 받을 수 없어 그러한 안식처를 구할 수 없다. 남성 미망인은 여성의 보살핌이 필요한 비교적 어린아이들이 남아 있다는 사실을, 여성 미망인은 들판에서 일할 남성 노동력이 필요하다는 사실을 알게 된다. 그래서 재혼을 적극적으로 고려하게 된다. 애가 있는 남성 미망인은 어린 소녀에게는 결혼상대자로 부적합하지만, 그러한 결혼을 기꺼이 할 생각이 있는 다른 여성—대체로 이혼한 여성이나 20대 후반, 30대 미혼 여성—도 있다. 비슷하게, 자녀가 있는 여성 미망인은 매력적이지 않은 상대처럼 보일 수 있지만, 그녀가 재산을 소유하고 있거나, 고인이 된 남편의 재산에 대한 용익권이 있다는 사실은 재산이 거의 또는 전혀 없는 남성에게는 아주 매력 있는 대상이 될 수 있다.[45]

재혼하면 새 배우자가 사망한 배우자나 부모를 쉽게 대치하는 것처럼 보인다. 아이들은 처음에는 어색해하거나 경계할 수 있지만, 사악한 계부모의 전통은 없다. 내가 파악한 모든 증거에 따르면 새 부모는 최소한 관용적인 존중과 종종 진정한 애정으로 받아들여지게 된다는 것을 보여준다.

40대 후반, 50대 미망인은 일반적으로 그들의 남은 인생과 낳을 수 있는 아이가 제한되어 있고 일을 할 수 있을 만큼 나이 든 자녀가 있어 재혼을 포기한다. 자녀 중 하나가 결혼 후에도 배우자와 함께 집에 살면서 가계를 유지하는 주된 부담을 떠맡는 것이 일반적이다.

노년[46]

50, 60대가 되면 개인은 상대적으로 여가를 즐기고, 종교적 활동

---

[45] 스와이 서리의 재혼한 홀아비 중 한 명은 이혼녀와 결혼했고, 나머지 네 명은 20대 후반과 30대 초반의 독신 여성과 결혼했다. 단 한 명의 남성(자녀 없이)만이 20대 초반의 소녀와 결혼했다. 스와이 서리의 재혼한 과부들은 모두 자기 재산 없는 가난한 남자와 결혼했다. 마을 사람들에 따르면 재혼은 첫 번째 배우자가 죽은 후 언제든지 할 수 있지만 배우자가 죽은 후 약 1년을 기다리는 것이 관례이다.

[46] 중년과 노인은 *짜ㅎ짜ㅎ*('늙은 사람들')로 불린다. 노인은 썩 쓰께('은발 머리')라고도 불린다.

에 점점 더 몰두하게 되며, 다른 사람들로부터 존경받는 시기에 들어선다. 이들이 병약해지면서 일 대부분은 혈기 왕성한 젊은 세대에게 넘어간다. 노인들은 게으르거나 무능하지 않다. 60세 여성은 여전히 모내기를 할 수 있고, 기술이나 속도에서 건강한 소녀들을 능가할 수 있다. 66세 꼼페아 할아버지는 여전히 나무를 벨 수 있다. 그리고 80세인 맙 할아버지도 여전히 초가집을 꿰맬 만큼 손이 재빠르다. 그러나 노인들은 새끼줄 꼬기, 바구니나 돗자리 만들기, 도구 수리, 요리, 손자 돌보기와 같은 덜 힘든 일을 할 뿐, 험한 일을 하지는 않는다. 그리고 이웃과 수다를 떨고, 다른 지역으로 결혼해 나간 자녀나 손자, 손녀를 만나러 오랫동안 출타하고, 특별히 종교에 몰두하며 여가를 즐긴다. 폐경 즈음, 여성이 관습적으로 머리를 밀거나 두피에서 1인치 정도 남겨두고 자른다는 것도 흥미롭다. 이 관행은 마치 승려가 머리를 밀듯, 세속적 관심사를 포기하는 것을 상징하는 것으로 보인다. 그것은 또한 그들의 성을 중화시킨다. (정보가 없는 관찰자는 그래서 노인 남성과 여성을 구별하는 것을 종종 힘들어한다.)

　전통적인 노인 공경 사상과 노인들의 모범적인 행동 때문에, 젊은 세대는 노인을 공경한다. 노인들은 비공식적으로 마을 일에서 가장 권위를 갖는 경향이 있다. 그들은 생애주기 의례에서 중요한 역할을 맡도록 요청받으며, 풍부한 경험이 있으므로 사람들은 그들에게 의견이나 조언을 구한다. 그러나 노인이 존경받는다는 것은 그들이 반드시 완전히 맑은 정신을 유지하거나 사람들과 거리를 둬야 한다는 것을 의미하지는 않는다. 노인, 특히 여성은 애정을 주고받는 데 있어 매우 적극적인 경우가 많으며, 젊은 사람들과의 관계에서 선의의 놀림과 농담의 대상이 되거나 탐닉하는 데 거리낌이 없다.

장례

 죽음이 임박하면, 승려와/또는 아짜를 집으로 모셔다 경전을 암송하도록 하고, 죽어 가는 이의 친척 또는 친구들이 아짜와 함께 여러 가지 장례용품을 준비한다.[47] 사망 후, 아짜와 망자의 자녀들이 (승려가 축복한 물로) 시신을 목욕시키고, (사원에 참석할 때의 관례대로) 흰옷을 입히고, 한쪽 어깨에 스카프를 두른 후 옛날 동전을 망자의 입에 넣는다. 기도하는 것처럼 접은 손에는 아레카, 빈랑과 향을 넣어 접은 바나나 잎을 끼운다. 천으로 얼굴을 덮고, 실을 목, 허리, 다리에 묶는다. 승려들은 망자를 위한 기도를 암송하고 죽은 후에도 밤새도록 계속 영창한다.
 그러는 동안 집 밖은 소란스럽다. 장례는 결혼식과 함께 평생 동안 거친 모든 의례 중 가장 정교하게 치러지는 의례이지만, 그것을 미리 잘 계획해서 준비할 수는 없기에 필요한 것들은 하루, 이틀 안에 서둘러 준비해야 한다. 사망 소식은 마을 전체와 그 너머로 빠르게 퍼지고, 친척, 친구들이 조문하고, 장례를 준비하기 위해 모여든다.[48] 소식을 전할 사람들이 다른 동네에 사는 가까운 친척들을 데려온다. 관은 껨뽕 뚜얼에서 사서 조립하고, 색종이로 장

---

47 다음 장례식 설명(가능한 모든 의식 세부 사항은 포함하지 않음)은 내가 거주하는 동안 스와이에서 있었던 유일한 장례식에 대한 관찰과 제보자의 정보를 바탕으로 작성되었다. 장례식에 관한 설명은 포레-마스페로(1958, 73-81 - 의식과 그 의미를 가장 잘 설명하고 있음), 에이모니어(1900, 47-48), 르갈른(1929, 222), 모노드(1931, 77-80), 포레와 마스페로(1938, 215-21), 베넬 Vanell (1956)을 참조하라. 왕족의 장례식에 대해서는 포레와 마스페로(1938, 334-36), 자드로즈니(1955, 334-36), 마첼 Marchal(1956)을 참조할 것.
48 대부분의 준비와 의식의 중요한 부분조차 고인의 먼 친척이나 가까운 친구가 수행한다는 점에 유의하라.

식한다. 장례탑(화장탑)은 섬세하게 조작된 대나무와 바나나 줄기로 만든다. 확성기와 축음기, 레코드를 (공짜로) 빌리거나 (돈을 주고) 대여하고, 많은 음식을 사다 승려와 수많은 손님, 돕는 사람들을 먹일 준비를 한다.

자살한 사람의 경우 매장하는 것을 빼면, 화장은 가장 일반적인 장례 방법이다. 상류층에서는 화장하기 전 시신을 몇 달에서 몇 년 동안 보관할 수도 있지만, 마을에서는 사망 하루나 이틀 후 고인의 집 근처에 있는 공터에서 화장한다(다른 마을에는 마을 사원에 화장터가 있을 수도 있다). 관은 아짜가 이끄는 행렬을 따라 집에서 화장탑까지 운반된다. 아짜를 이어, 북, 징, 아마도 다른 전통 악기를 연주하는 악단, 고인이 죽어 가는 동안[49] 발치에 있던 바구니에서 쌀을 땅에 뿌린 친족, 네 명에서 여덟 명의 건장한 사람이 짊어진 관, 승려, 머리를 밀고 흰색 상복을 입은 직계 가족, 행렬에 참가하고자 하는 여러 친척과 친구들이 뒤따른다. 행렬이 화장탑을 세 번 돌고 나면[50] 관을 화장탑 위에 올려놓는다. 여러 명의 친족과 친구들이 화장탑에 향을 꽂기 위해 앞으로 나오고, 아짜와 승려들

---

49 이 쌀 바구니(쓰러으 쁜르 또는 쓰러으)는 출산 의식에도 사용된다. 포레-마스페로(1958, 75, 22)에 따르면, 마을 사람들은 이를 단순히 '관습'으로 여기지만, 씨앗이 씨앗을 생산하는 것처럼 생명의 지속적인 재생을 상징한다.
50 장례탑을 도는 것은 많은 불교 축제에서 행해지는 사원 돌기와 비슷하지만, 장례식에서는 불교 축제처럼 오른쪽 어깨가 절을 향해 시계 방향으로 진행되는 것이 아니라 몸의 왼쪽이 장작더미를 향해 진행되는 반시계 방향으로 진행된다.
51 대여섯 명의 승려가 초대되어 간단한 기도와 축복을 낭송하는 다른 가족 의식과 달리 장례식에는 거의 계속해서 많은 승려가 참석한다. 4~6명의 승려가 사망 직전과 직후, 그리고 사망 후 밤새도록 참석한다. 많은 승려가 화장을 위해 초대되었다(예를 들어 제가 스와이 동리에서 관찰한 장례식에는 두 지역 사원의 30명 이상의 승려가 참석했다). 물론 장례식에서 승려의 중요성은 이해할 수 있다. 왜냐하면 죽음은 새로운 환생으로 넘어가는 시간이고 고인의 운명을 개선할 수 있는 수많은 기도에 참석해야 하기 때문이다.

이 함께 기도를 낭송한다.[51] 화장을 시작할 아짜와 몇 명의 남자들이 향과 함께 죽음의 순간 켠 초를 들고 다시 화장탑을 돈다. 아짜가 관 뚜껑을 제거하고, 돗자리와 수의를 펼치고, 시신을 묶고 있던 실을 자른 후, 관에 불을 붙인다.

시신은 확성기를 통해 전통 음악과 대중음악이 흘러나오는 몇 시간에 걸쳐 서서히 타 들어간다. 화장이 진행되는 동안, 손님들에게는 음식, 술, 구장 잎이 제공된다. 장례식 내내 침울하거나 엄숙한 분위기가 의무적으로 조성되는 것은 아니다. 고인의 직계가족과 가까운 친척은 주기적으로 울면서 고인에 대해 회상하며 슬픔을 느낀다.[52] 그러나 죽음에 대한 슬픔은, 고인이 다음 생, 바라건데, 더 나은 생으로 환생할 것이라는 믿음으로 인해 진정된다. 그래서 애도하는 가족과 손님들은 서로 친절하게 수다를 떨며 농담이나, 가끔 말장난을 하기도 한다. 아이들은 평소처럼 뛰어다니고, 남자들은 약간 취할 수도 있다.

서너 시간 후, 시신은 사실상 재로 변하고, 남은 불은 물로 끈다. 친척, 친구들은 코코넛 밀크와 향수로 이미 씻어놓은 뼈와 치아의 잔해를 살펴본다. 이 잔해들은 나중에 항아리에 넣어 집 안이나 사원 안에 있는 사리탑에 보관된다.[53] 승려들은 기도를 더 낭송하고, (그리고 저녁에도 다시 그렇게 할 것이다) 모든 사람에게 마지막 식사를 제공한다.[54] 엄격하게 애도해야 한다는 규칙 같은 것은 없

---

52 참조. 고인의 부모, 형제자매, 자녀는 땅바닥에 누워 울어야 한다고 명시한 오래된 법률이 있다(Leclère 1898, 1:234).
53 부유한 사람들은 한 명 또는 여러 가족 구성원의 유골을 위해 특별한 무덤이나 쩬다이를 건설할 수 있지만, 일반 마을 사람들은 일반적으로 그 지역의 많은 사람의 유골을 수용하는 지역 사원의 쩬다이에 가족 구성원의 유골을 보관한다.
54 장례식의 여러 부분은 사망 시간, 다양한 준비의 속도, 화장을 위한 상서로운 날

고, 장례를 마친 후 가족들은 평소처럼 일과를 재개할 것이다.

장례식 비용은 관, 관과 화장탑 장식, 확성기 대여, 승려와 손님을 위한 음식과 음료, 아짜와 승려에 대한 사례, 그리고 양초, 향, 멀루, 슬라, 담배 같은 잡다한 것들을 구매하는 비용을 포함해, 3,000리엘에서 10,000리엘 정도로 상당히 많은 편이다. 고인의 직계가족(즉, 고인이 결혼한 성인일 경우, 출산 가족, 고인이 자녀가 없거나 아직 미혼인 경우 그의 출신 가족)이 대부분을 부담하고, 친척이나 친구들이 조의금이나 서비스로 도움을 준다. 손님들은 결혼식 때 하는 것처럼, 조의금을 가져오고, 악단은 보상 없이 연주하기도 하고, 사원은 확성기를 무료로 빌려주기도 한다.

여기서 어린아이들은 완벽하게 성인 장례와 같은 형식의 장례를 치르지 못한다는 점에 유의해야 한다. 죽은 유아나 어린아이의 가족들은 기도해 주도록 승려를 초대하고, 사원에서 간단한 기도의식을 한 번 더 한 후 아이를 화장한다. 유아나 어린이의 죽음은 마을 일과에 거의 파문을 일으키지 않으며 직계가족과 가까운 친척을 제외하고는 거의 주목 받지 않고 지나간다. 왜냐하면 그 아이는 사회 내에서 확실한 자리를 만들 시간이 없었기 때문에 그가 죽었을 때 눈에 띄는 상실감을 일으키지 않기 때문이다. 그러나 청소년의 죽음은 비록 정교하지는 않지만, 성인의 경우와 유사한 장례식을 치를 수 있다.

고인을 기리는 의식은 사망 후 7일과 100일에 거행되며, 이상적

에 따라 다른 시간과 날짜에 진행될 수 있다. 예를 들어스와이 동리의 뻐으는 월요일 아침에 사망했다. 장례에 불길한 날인 화요일에는 화장을 할 수 없어 화요일 오후에 관을 장작더미에 모시고 수요일 오전에 화장을 했다. 그러나 다른 장례식에서는 화장이 사망한 바로 다음 날 또는 심지어 사망 당일에 이루어질 수도 있다.

으로는 매년 그가 사망한 날짜에 거행된다. 마을 사람들에게 이러한 의식은 주로 승려 몇 명을 초대해 저녁에 독경하고 기도하고, 다음 날 점심 식사를 제공하는 것으로 구성된다.[55]

---

55 껌뽕 뚜얼의 초등학교 교장은 아버지 사후 100일을 기념할 때 6-7개의 사원에서 100명이 넘는 승려들을 초대하여 음식과 다른 공양을 바쳤다. 그러나 마을 사람들은 대개 지역 사원 중 한 곳에서 소수의 승려만 초대한다.

제7장

공식 정치 조직

크마에 사회에서는 이장이 전통적이고 토착적인 요소일 가능성이 크지만, 근대 캄보디아에서 공식적 마을 정치 조직의 성격은 주로 프랑스 행정체계의 영향을 크게 받은 정부의 구조와 헌법에 따라 결정된다. 국왕, 총리, 의회, 입법부 및 프놈펜의 여러 부처 아래에 지방정부가 여러 하부 조직으로 구성되어 있다.

(1) 지역 행정(또는 도 묶어주기)은 그 중요성이 덜하다. 그것의 중요한 기능은 중앙정부 입법부의 상원의원 선출이다. (2) 카엔(도)는 중앙정부와 지방정부를 연결하는 최상위이자 주요 단위로, 도지사(*짜우봐이 카엔*)와 다양한 정부 부처와 부서의 대표를 포함하는 모든 관리들의 충원이 이루어진다. (3) 스록(군)은 아마도 미국의 카운티와 비슷하다고 보면 될 것이다. 이곳은 중앙정부의 임명을 받은 전문직 공무원들이 근무하는 지방행정 조직 중 최하위 단위이다. 군의 행정부서는 군수(*짜우봐이 스록*)와 일부 정부 부서(국)의 대표가 포함된다.[1] (4) 여러 마을과 촌락을 하나의 행정 구역으로 묶은 쿰(면/읍)은 1908년 왕립 조례로 만들어졌으며, 1919년에 추가로 정의되었다(Bruel 1924, 19-22, Delvert 1961, 19~200 참조). 쿰은 '역사적이거나 지리적인 구분이 아닌 인공적인 창조물'(Delvert 1961, 199)이며 그 지역 단위는 정부에 의해 임의로 구성되었다. 그러나 면장(*메쿰*)[2]은 현대 마을 사람

---

[1] 에이모니어(1900, 70)는 스록('시골'과 '민족'이라는 의미에서 '국가'를 의미하기도 함)로 알려진 영토 행정 단위와 짜와이스록이라는 관리가 식민지 이전 시대에 존재했다고 지적한다. 이 스록은 이후, 19세기 중반에 57개가 있었던 주(州)로 수정되었다(19세기 지역 행정 및 공무원에 대한 자세한 내용은 Aymonier 1900, 70-72 참조). 현재 17개의 주(최근 생성된 3개)과 알려지지 않은 수의 스록이 있다.

들에게는 상당히 중요할 수 있다(아래 참조). (6) 마지막으로 품, 다시 말해, 마을 또는 촌락은 제한적인 권한의 메품(이장)과 몇몇 하위공무원이 있는 가장 작은 단위의 조직이며 가장 낮은 수준의 정부이다. 델버트(1961, 201-204)에 따르면, 품으로 알려진 행정 구역 단위들은 때로 실재하는 다양한 종류의 자연적인 지역 집단과 정착 패턴에 상관없이 정부에 의해 임의로 구분되기도 했다. (스와이에 별도의 마을로 존재할 수 있는 세 개의 동네가 있긴 하지만 정부가 임의로 구분한 것은 아닌 것 같다.)

요약하면, 품(리) 스와이는 (다른 6개의 품을 포함하는) 쿰(면) 뜨리응 쿰, 다른 25개의 쿰을 포함하는 스룩(군) 꺼 톰, 카엔 껀달[3]에 속해 있다. 앞의 세 단위가 마을 사람들에게 가장 중요한 의미가 된다.

공식 행정 체계

군 단위

껌뽕 뚜얼 외곽 작은 목조 건물에 있는 쌀라 스룩(군청)은 일반적으로 마을 사람들이 직접 접촉하는 가장 높은 단계의 정부 기관이다. 짜우봐이 스룩(군수)은 내무부 산하 공무원으로 상급자가 임기의 기한 없이 임명한다. 그의 주요 업무는 가장 넓은 의미에서 국

---

2 자드로즈니(1955, 164)와 스타인버그(1959, 133~39)는 모두 메쿰에 대한 설명이 잘못되었다. 전자는 '저명인사 집단'이라고 부르고, 후자는 시·이장이라고 부른다.
3 한때 군과 면 사이의 중간에 칸드 khand라고 불리는 추가 영토 구분이 있었다 (Bruel 1924, 19, Office of Strategic Services 1944, 29 참조). 그러나 분명히 이것은 알려지지 않은 날짜에 폐지되었다. 칸드는 지역의 정치적 대표가 있는 도시 내의 분열이다.

가와 지방정부, 그리고 하부 조직들 사이의 중개자 역할을 하며, 자신의 지역(여러 짜우봐이 스룩의 의무를 포함하여)에 관한 다양한 행정 문제를 감독하고, 쌀라 스룩 내 여러 부서의 운영을 지휘한다. 그의 휘하에는 지원팀장, 경찰서장, 토지 공인 등록 담당자(지적 부서), 그리고 여러 '참모'들이 포함되어 있는데, 이들은 모두 비슷한 전문 관료들이다.

메쿰(면/읍장)이 상급 기관의 승인을 얻어야 하는 사안들 때문에, 마을 사람이 가끔 쌀라 스룩을 방문할 때가 있다. 마을 사람과 쌀라 스룩 공무원 간의 이런 접촉은 매우 형식적이고 비인격적일 수밖에 없다. 도시적인 예법과 시각으로 잘 교육받은 짜우봐이 스룩은 마을 사람들이 존경하고 거리를 둬야 할 '높은 사람(네악 톰)'으로 여겨진다(짜우봐이 스룩이 마을 주민을 보고 말을 걸어올 때도 있겠지만, 대개는 그러지 않는다). 예를 들어, 그가 끈기 있게 수많은 방문 일정을 소화하다가 한 사원에서 열린 행사에 참가한다면, 마을 사람들은 짜우봐이 스룩이 자신에게 말을 걸 때만 조용하게 대답할 것이며, 그 앞에서는 지위가 높은 사람 앞에서 하듯 깍듯하게 공손한 태도를 취할 것이다. 쌀라 스룩 직원 중 어떤 직원들은 짜우봐이 스룩 정도까지는 아니지만, 다소 차갑게 사람들을 대할 것이다. 이 행정관료들은 (하위 지역 공무원과는 대조적으로) 모두 지역 출신이 아닐 가능성이 크기 때문에 중앙정부를 대표하는 전문 관료라는 자신의 직위만으로도 존경받고 권위 있는 인물이 된다.[4]

---

4 껌뽕 뚜얼에는 군청 외에도 우편 및 전신국, 정부 후원 아래서 교육받은 조산사, 중앙 시장에 정부가 발행한 뉴스, 선언문 등을 게시하는 게시판이 있다.

면 단위

스와이 마을 사람들이 가장 자주 접촉하는 공무원은 메쿰(면/읍장, 간혹 이전 용어인 메스록으로도 불린다)이다.[5] 마을 사람들과 쌀라쿰(면사무소)와의 관계는 훨씬 덜 형식적이고 우호적이다. 메쿰이 자신의 공적 직위에 맞는 자격을 갖추고 있다면 그 직위로 존경받게 마련이다. 메쿰과 쌀라 쿰 직원들은 그 지역의 주민이고, 친족, 이웃, 지인 같은 다른 사람들처럼 기본적으로 농민이기 때문에 관계하기가 쉽다.

게다가 메쿰은 4년마다 실시되는 주민 선거를 통해 마을 사람들이 직접 선출한다. 지원자라면 누구나 출마 신청서를 짜우봐이 스록(군수)에게 제출하고 자격시험을 본다. 그러면 짜우봐이 스록은 지원자 중 2~4명을 선발한다. 그 공직에 대한 주요 자격요건은 읽고 쓸 줄 아는 능력과 좋은 인격이다. 그리고 비공식적으로, 메쿰은 적어도 중간 정도의 재력을 가진 사람일 가능성이 높다(임기 동안 업무에 투여하는 시간은 많으나, 그 급여는 한정적이다).[6] 그리고 스미스(1944, 654)에 따르면, 그는 또한 지방 당국에 의해 '정권에 충성하는' 것으로 밝혀져야 한다.

내가 머무르는 동안 치러진 선거에서, 현직 메쿰인 데잎Deth은 다른 후보 한 명과 경쟁하고 있었다. 오전 6시부터 오후 5시

---

[5] 19세기에 '지역의 장'인 메스록 mesrok이라는 칭호는 지방 주지사가 임명하고 '이장'의 도움을 받는 '작은 면이나 큰 마을'의 우두머리를 가리켰다(Aymonier 1900, 72).
[6] 1910년부터 1934년까지 메쿰이었던 맙(27번 집)에 따르면, 세기 초반에 공직에 출마하려면 부와 읽고 쓰는 능력, 좋은 인품에 대한 증거를 제시해야 했다. 현재 메쿰에게는 (일부는 자녀들에게 상속하기는 했지만) 약 3ha의 논이 있으며, 따라서 일반 마을 주민보다 더 나은 삶을 누리는 것으로 간주될 수 있다.

까지 진행된 선거일에 투표가 시작되면 한 무리의 인파가 스또웅Stoung(스와이 동리의 이웃 마을) 사원 학교에 있는 투표소로 걷거나 자전거, 뚝뚝을 타고 이동했다. 주민은 이름과 적격 유권자(20세 이상 승려·범죄자·군 복무자가 아닌 사람)라는 직인이 찍힌 종이를 제시하고 선거인 명부에서 이름을 조회한 후, 각 후보자 사진이 있는 투표용지 두 장을 받는다. 커튼이 쳐진 비밀공간에서 자신이 선택한 후보의 투표용지는 접어서 투표함에 넣고 다른 하나는 항아리에 버린다. 나중에 '개표인'(메쿰이 선발한 지역 주민들) 몇 명이 투표 결과를 집계하는데, 경찰서장은 이들이 숨긴 부정 투표용지가 있는지 검색한 후 한 방에 가둔다(개표인 중 한 명에 따르면, 개표는 엄격하고 정직하게 진행되었다). 촌락의 모든 집에서는 자격을 갖춘 투표자가 있으면 모두 투표소로 보낼 정도로 스와이 서리 사람들은 선거에 관심이 많고 성실한 유권자들이었다. 특히 1956년에 투표권을 부여받은 여성들은 열정적이었다. 이 쿰의 다른 마을 사람들에게서도 비슷한 느낌을 받았는데, 총 1,693명의 유권자 중 1,000명이 훨씬 넘는 사람들(절반 정도는 여성들이었다)이 투표에 참여했다. 현직 메쿰이 약 50표 차이로 재선되었다. 한 번 선출된 사람은 장기 집권하는 경향이 뚜렷한데, 현직 메쿰은 13년 동안 일했고, 전임자는 약 12년 동안 있었으며, 맙(27번 집)은 자진 사퇴할 때까지 24년 동안 메쿰으로 있었다.[7]

쿰 프리응의 '쌀라(사무소)'는 어디든 메쿰이 사는 곳이 되며, 이번 경우에는 스또웅(스와이 서리에서 약 1.5km 떨어진)에 있는 데

---

[7] 그러나 그 직위가 특정 가족 내에서 계승되는 경향이 있거나 은퇴한 메쿰이 어떤 방식으로든 그의 후임자를 지정한다는 증거는 없다.

일의 집 근처의 원룸 구조물이다. 메쿰의 의무는 많고 다양한데, 그 중 (1) 세금 징수를 감독하고, (2) 자신에게 해결을 요청하는 분쟁을 심판하고, (3) 모든 출생, 결혼 및 사망을 등록하고(사안 발생 후 3일 이내에 그의 사무실에 보고해야 함), (4) 이혼 또는 혼인 취소 절차 개시를 처리하며, (5) 모든 유권자와 납세자의 목록을 보관한다. (6) 18세 이상의 모든 남성이 집에서 멀리 이동할 때 휴대해야 하는 신분증을 발급하고, (7) 토지, 가축 및 주택 양도 거래증명서를 작성하고, (8) 타지역 출신이 면에 거주를 희망하는 경우 그의 성향 평가 후 평판이 좋은 경우 거주를 허가하며, (9) 공공사업을 조직하고 실행하는 것을 감독하고, (10) 정부 사업에 대한 업무를 위해 사람들을 징집하고, (11) 전염병이나 화재와 같은 비상사태나 재난에 대비해 공동의 노력과 구호 활동을 조직하고, (12) 마을 이장의 선거 및 활동을 감독한다. (13) 범죄자를 체포하고, 사고를 보고하며, 벌금 및 피해를 평가하며 *찌봐뽈*civapol, 또는 마을 방범대원을 감독하는 활동을 통해 일반적으로 마을 사람의 안전 유지를 위한 경찰 대표로서 활동하고, (14) 중앙으로부터 오는 모든 선언, 조례, 선전 등을 마을 단위에 전달한다(Bruel 1924, 19~22, 1919년 왕립 조례에서 정의한 메쿰의 의무 참조). 일반적으로 메쿰은 자신의 영역 내에서 일반 복지와 질서를 책임지고, 상황에 따라 쿰에서 중앙정부의 대표 역할을 하며, 중앙정부와 마을 간의 사슬에서 중요한 연결고리 역할을 한다(메쿰인 데일이 사무실에서 바쁘지 않거나 이런저런 이유로 마을을 방문이나 모임에 참석하지 않을 때, 자전거로 쌀라 스록을 바쁘게 오가는 것을 종종 볼 수 있다).

메쿰은 인구 규모에 따라 3등급, 2등급, 1등급으로 나뉘었고, 그에 따라 월 700, 750, 800리엘의 월급을 받는다(쿰 뜨리응은 2등급이었고, 데일은 750리엘을 받는다).[8] 또한, 거래 청구서를 발행할 때 20리엘의 수수료가 부과되는데, 그 중 절반은 메쿰이 갖고, 나머지는 군청에 낸다. 그리고 메쿰(그리고 고위 관료들)은 종종 여러 가지 문제를 신속히 처리해 준다는 이유로 비공식적인 작은 '선물'을 받는 경우가 있다.

메쿰은 자신처럼 지역 주민인 하급 공무원들에게 직무상 도움을 받는다. (1) '비서'(스미언). 메쿰이 추천한 후보자 중에 도지사가 임명하며, 700리엘의 월급을 받고 모든 등기부 및 기록을 보관한다. (2) 3명의 세금 징수원은 군청에서 선발되어 월 350~250리엘을 받는다. (세금은 1년에 1회 납부하지만, 특정 시기에 내야만 하는 것은 아니다. 징수원들은 1월부터 매달 2회씩 각 마을을 돌며 가족들이 필요한 금액을 모을 때마다 징수하였다).[9] 방금 언급했던 공무원들 외에도, 메쿰을 돕고, 유능하고 정직할 것으로 추정되는 직책인 쁘로티은 쿰이 있다. 그러나 쁘로티은 쿰은 실제로 직위에 따른 급여가 없고 대개는 생계를 유지하는 데 급급하기 때문에, 그가 하는 일은 거의 없는 것 같다.[10]

여기서 소송이 군 또는 면 단위 수준을 벗어나는 경우가 거의 없다는 점을 주목할 필요가 있다. 당사자 스스로 해결하지 못한 분쟁(보통 재산권 분쟁, 상속권 분쟁, 논에 물을 대는 것에 대한 다툼,

---

8 맘의 임기(1910-34) 동안 메쿰은 정해진 급여를 받지 않았지만, 쿰 주민들로부터 징수한 세금의 3%를 가져갔다.
9 스타인버그(1959, 185)에 따르면 식민지 이후 정부는 마을 주민들의 거부감, 잘 훈련되고 정직한 세금 징수원의 부족, 독립 정부 수립의 전반적인 문제로 인해 세금 징수에 어려움을 겪었다고 한다.
10 나는 메쿰 선거에서 두 번째로 많은 표를 얻은 사람이 쁘로티은 쿰의 자리를 차지한다고 믿는다. 1960년부터 해당 지역에는 의회와 메쿰이 동시에 선출되었다 (Smith 1964, 653-54).

주먹다짐 등)은 관할 메쿰에게 판결을 의뢰한다. 사건의 성격에 따라, 사안은 단순히 분쟁 당사자들을 진정시키고 화해시키려고 하거나, 한 당사자가 다른 당사자에게 배상하도록 명령하거나, 아니면 다른 종류의 합의를 지시할 수 있다. 메쿰의 판단이 소송 당사자들에게 받아들여지지 않을 경우, 사건은 짜우봐이 스룩(일부 지역에서는 지역 치안판사가 있다) 앞에서 처리된다. 마을 사람들은 일반적으로 소심하고, 법정 비용을 댈 돈이 부족하여, 소송 절차에 대한 무지하기 때문에 소송을 더 이상 진행하지 않는다. 그러나 그들도 낮은 단계의 항소를 받아들이는 쌀라 덤봉(지방 재판소)의 존재와 프놈뻰의 쌀라 우프(더 높은 상소 법원)의 존재를 알고는 있다. (법원 시스템에 대한 더 자세한 내용은 Zadrozny 1955, 165-172, Steinberg 1959, 130-132, Smith 1964, 652-653 참조). 법원이 사용하는 법규는 특정한 토착 전통을 인정하지만, 기본적으로 프랑스 법의 형식을 강하게 따르고 있다(Clairon 연도 미상, 10-11, Thierry 1955, 74-76, Lingat 1952 (1), 149-150 참조).

마을 단위

가장 낮은 수준의 지방정부에는 1955년부터 쁘로티은 품이란 명칭으로 공식 지정된 마을 이장이 있지만, 아직도 사람들은 메쿰이라고 부른다. 이 직책의 후보들은 마을 사람들이 직접 지명하고 그들의 결정을 메쿰에게 알린다. 그런 다음 마을 사원에서 (면장 선거와 유사한 절차로) 선거가 실시된다.[11] 그러나 선거가 정기적으

---

11 마을 사람들에 따르면, 예전에는(아마도 1955년 이전) 마을 이장은 군수가 어떤

로 실시되는 것은 아니다. 메품의 임기는 그가 자발적으로 사임하거나, 사망하거나, 명백한 무능이나 부패로 지역구민들의 지지를 잃을 때까지 유지된다(이 경우 마을 사람들은 메쿰에게 이장을 공직에서 해임하도록 요청할 수 있다). 공직의 주요 자격요건으로 좋은 성격, 읽고 쓰는 능력 및 확실한 역량이 거론된다. (분명히 초기에는 중요했겠지만) 재력은 특별히 중요한 것으로 간주되지 않는다.

메품은 부이장(아누 쁘로티은 품) 1명과 (싸마쩍으로 알려진) 2명의 공무원을 거느리는데, 이들은 이장 선거에서 각각 2번째, 3번째, 4번째 표를 얻은 후보들이다. 이 세 사람과 메품은 스스로는 *께아낙 까머꺼*라고 불리는 일종의 마을위원회를 구성한다. 이들 위원은 몇 가지 사소한 의무를 갖지만, 급여는 받지 않는다. 이들의 공식적인 의무는 (1) 중앙정부에서 (면을 거쳐서 온) 정책, 명령 등을 지역 사회에 전달하는 것, (2) 법질서 유지(예를 들어, 경범죄자 체포 및 마을 방범대원들 감독), (3) 마을에 하룻밤을 머물거나 거주하고자 하는 사람의 성향 분석, (4) 그들에게 제기된 분쟁을 조정하는 것이다.[12]

스와이 서리의 주민들에게는 다른 마을 사람들과 마찬가지로 이장은 실체가 없는 존재이다. 어떤 마을 사람들은 이장의 이름(*마우*

사람이 그 자리에 가장 잘 맞는지 지역 사회의 20세 이상의 모든 남성의 의견을 조사한 후 임명했다. 그러나 자드로즈니(1955, 310-11)의 받덤병 지방 한 마을 정보원이 마을 이장을 선출하는 절차에 관해 설명한 내용을 참조하라.

12 자드로즈니(1955, 311)와 달리 적어도 스와이에서는 마을 이장이 세금을 징수하지 않는다. 또한 수십 년 전 캄보디아를 다룬 캐디(1964, 557), [벨(1926)에서 가져옴]에 나열된 마을 추장의 임무에 대한 광범위한 목록도 있다. 그러나 후자는 수십 년 전의 캄보디아를 다루고 있으며, 최근에는 이장의 권한과 책임이 축소된 것으로 보인다.

Mau)이나 그가 어디에 사는지도 알지 못한다. 대신 면장은 법률이나 정부 사안에 대해 직접 집행하는 공권력을 가진 주요한 인물이다. 이러한 상황은 일반적인 크마에 마을과 다르며 스와이 이장의 약점은 몇 가지 요인 때문일 것이다. 첫째, 이장의 업무는 메쿰의 업무 중 일부를 낮은 수준에서 처리하는 것에 불과하고, 그(메쿰)가 단지 1km 정도 떨어진 곳에 살기 때문에 마을 사람들은 고위직 인사에게 바로 가는 것이 더 효과적이라고 느낀다. 둘째, 메쿰은 마을 사람들이 이장을 통하지 않고 자기에게 바로 오는 것을 막지 않는다. 실제로 그는 스와이가 너무 가까이 있어서 그런지 필요 이상으로 일을 감독하고, 마을 공무원들에게 일을 위임할 수 있을 때도 종종 스스로 행동을 취한다.[13] 셋째, 스와이 전체는 인구와 면적이 비교적 크고, 사회적으로 어느 정도 자급자족할 수 있는 촌락으로 나누어져 있다. 이 때문에, 마우같이 모든 주민과 친해지려고 노력하지 않거나 그가 가진 작은 권위를 주장하려 하지 않는다면 모든 사람이 이장을 잘 알기는 다소 어렵게 된다. 면사무소에서 더 멀리 떨어진 작고 중앙 집중화된 마을에서는 이장이 스와이에서보다 훨씬 더 큰 위신과 권위를 가지고 있을 것이다.

찌봐뽈

반드시 언급해야 하는 지방 정부의 또 다른 조직은 마을 경비대인 찌봐뽈이다. 찌봐뽈 시스템은 1950년대 중반 쎄이하눅이 최근

---

13 게다가, 군수는 마을 이장들에게 주어질 수도 있는 책임을 메쿰에게 부여하는 것 같다. 예를 들어, 내가 스와이에 거주할 준비를 할 때 내 성향을 평가하는 것은 아마도 마을 이장의 책임이었을 것이다. 사실 나는 그 사람에 관해 들은 적도 없고 본 적도 없다. 오히려 (군수가 파견한) 메쿰이 현장에 가장 먼저 등장했고, 나의 복지에 대한 주요 책임을 맡은 사람이었다.

몇 년간 정부의 주요 관심사였던 도적과 특히 반정부 단체로부터 농촌을 보호하기 위해 경찰과 지방 경비대(여러 대형 마을에 조직된 자치방위대)의 보조단체를 만들면서 시작되었다(P.214, 아래서 9줄, Steinberg 1959, 98, 135-137 참조). 스와이 서리는 20세에서 50세 사이의 모든 건강한 남성들로 구성된 자체 찌봐뽈 조직를 가지고 있으며, 주요 임무는 '태국과 베트남에서 몰래 들어오는 도둑들과 사람들[예를 들어 테러를 위해]로부터 촌락을 보호'하는 일이었다.[14] 몇 명씩 팀을 이루어 일하며(오래된 소총 두 자루로 무장하고) 각 남성은 일주일에 한 번씩 돌아가면서 해 질 녘부터 새벽까지 촌락을 순찰하고 촌락 입구를 지킨다. 또한, 찌봐뽈은 1년에 한 번 정도 프놈뻰에 불려가 기동, 훈련, 교육(특별한 의복을 구입해서 입어야 해서 많은 남성이 이 임무를 성가신 일로 여긴다)을 받는다. 그들은 또한 방문하는 고위 인사들을 위한 리셉션에 참여하도록 명령받을 수 있다.[15]

---

14 캄보디아와 이 두 국가 사이의 관계는 항상 소란스러웠다(Smith 1965, 5장 참조). 그리고 1940년대 후반과 1950년대 초반에는 베트남으로부터 베트민이 침투하는 실질적인 문제가 있었고, 1950년대 후반에는 베트남과 태국으로 망명한 전 크마에 관료들이 주도한 것으로 추정되는 반군이 시아누크를 전복시키려는 음모를 꾸미는 것으로 추정되었다(Steinberg 1959, 96, Smith 1965, 164-65 참조). 1959년에 정부 선전으로 인해 마을 사람들은 후자에 대해 인식하고 두려워하게 되었다.

15 마을 사람들도 정부 프로젝트에 참여하도록 부름을 받았다는 점에 유의해야 한다. 부역은 21세에서 50세 사이의 모든 건강한 남성이 정부에 연간 최대 90일의 노동을 빚겼던 식민지 이전 캄보디아에서 흔했다(Aymonier 1900, 73). 1958년 베이징을 방문한 후 시아누크는 육체노동에 새로운 존엄성을 부여하기 위해 모든 정부 관료와 공무원이 1년에 2주를 '고된 노동'을 해야 한다는 법령을 통해 일종의 부역를 부활시켰다(시하누크의 유명한 사진, 반바지를 입고 괭이를 휘두르는 모습, Time Magazine, 1958년 8월 18일, 21페이지 참조). 20세에서 50세 사이의 건강한 마을 남자들도 모두 1959년에 징집되었는데, 스와이 서리의 남자들은 마을에서 몇 킬로미터 떨어진 강 제방에서 5일 동안 일을 했다. 이론적으로 이 프로그램 참여는 의무 사항이 아니었다. 그러나 어떤 마을 주민도 전복적인 '쌈 싸

적어도 스와이 서리의 공식적인 정치 구조에서 어느 정도 의미를 갖는 것은 찌봐뽈 마을 지도자들이고, 빤냐(3번 집)(다른 사람은 중간 촌락에 거주)는 그들 중 한 명이다. 면장이 임명한 찌봐뽈 지도자들은 최소한의 공식적인 책임—마을 찌봐뽈 관리(예를 들어, 경비 근무 일정이 구성되어 있는지 확인), 찌봐뽈과 관련된 프놈뻰의 모든 회의에 참석, 마을을 통과하거나 머물고자 하는 수상한 이방인에 대한 신원확인, 범죄자 체포—을 갖는다. 그러나 그들은 면장으로부터 추가로 다른 요청을 받을 수도 있었다. 예를 들어 정부가 스와이 서리에 새로운 우물을 파기 위해 자금을 제공했을 때, 빤냐는 각 가정에서 나머지 건설 비용(그리고 노동자들을 위한 식량)을 걷고, 우물을 팔 자재와 노동력을 조직하는 일을 담당했다. 이 사안에 대해서는 스와이 서리에서는 빤냐가 정부의 가장 직접적인 대표자이다. 그의 직책과 직무는 상당히 제한적이지만, 때로는 '메쿰의 비서' 또는 '메쿰의 조력자'로 나타나며, 특히 고위 관리에게 갈 시간이 없을 때는 공권력의 대표로 여겨지기도 한다.

요약하자면, 중앙정부와 마을 간의 상호작용은 여러 지방 공무원들을 통해 조정되며, 주로 한 방향으로 진행된다. 중앙정부는 정책, 프로그램, 선전, 그리고 법률을 지방으로 내려보내고 세금과 주요 통계는 지방에서 중앙으로 올려보낸다. 태국의 한 마을에 대해 묘사된 상황은 캄보디아의 마을에도 똑같이 적용된다. 지방의

리 Sam Sary의 추종자'(1959년 시아누크 전복 음모 혐의로 기소된 전직 고위 공무원)로 낙인찍힐까봐 감히 협력을 거부하지 않았으며, 실제로 부름을 받은 것에 대해 노골적으로 불평하는 일도 없었다(내가 아는 한 도시 공직자나 공무원 중 누구도 참여를 거부하지 않았지만, 내가 아는 후자 중 일부는 약간의 두려움을 가지고 2주간의 고된 노동을 예상하고 접근했다). 그들은 하루에 4시간만 일했고 나머지 시간에는 무료 음식, 와인, 라디오 오락을 즐겼다.

공무원들은 '지역의 주민들에 의해 아래로부터의 지지를 받는 것이 아니라, 정부 피라미드의 상층부에 의해 임명과 해임이 이루어진다. 중앙정부를 대표하는 지역의 공무원들은 중앙정부로부터 책임을 위임받고, 중앙에 의존하며, 통제를 받는 것이 일반적이다.' 가장 낮은 수장들은 어느 정도 권한을 가지고 있기도 하지만, 그들은 대체로 정부 관료 조직의 수동적 대리인들로, 중앙정부가 하달하는 법과 질서를 유지하고 정책을 전달하는 통로 역할을 할 뿐이다. 그러나 그들은 아래로부터 올라오는 것들을 추진할 실질적인 권한은 거의 없다(Sharp et al 1953, 45-46).[16]

정부, 정치, 그리고 마을

정부 프로그램들과 마을

지방 관리들과 지역 주민들의 근원적인 수동성에도 불구하고, 독립 이후 정부가 식민지 시절 정부보다 농민들의 요구 사항을 더 잘 알게 되었고, 더 호의적이고 공감하는 태도로 그들을 대해왔다는 것은 분명하다고 할 수 있다.[17] 이는 유럽, 미국, 아시아의 민간 또는 정부 기관으로부터 상당한 재정 및 자문 지원을 받은 쎄이하눅 행정부의 인도주의적 태도에 따른 것이다.[18] 개발 중 일부는 프랑

---

16 또한, 스타인버그(1959, 275)는 캄보디아 사회에서 지도자의 주요 역할은 자신의 정책이나 인물에 대한 지지를 구하는 것이 아니라 국민들에게 정치적 상황을 설명하는 것이며, 정부와 피통치자 사이에 권한과 책임의 선을 확립하여 사람들이 물러서거나, 리더가 그들이 받아들이기를 원하는 것을 무시하지 않고 협력하도록 하는 것이다. 이는 사람들이 제시된 내용에 적극적으로 이의를 제기하거나 반대하기보다는 문제를 명확히 하기 위해 주로 듣고 질문하는 위치에 있다는 의미이다.

스 식민시대 때 시작되었지만, 캄보디아가 독립한 후에도 정부는 마을 사람들에게 직간접적으로 영향을 미치는 정책을 집행하거나 서비스를 시작하고, 확대했는데, 이는 어느 정도 성공을 거두었다. 다음은 몇 가지 예이다.

(1) 전후 시대의 가장 극적인 발전 중 하나는 교육의 기회가 많이 늘어난 것이다. 정부는 행정, 상업 및 전문직(현재 대부분은 비 크마에가 맡고 있음)을 충당할 더 많은 훈련된 인력의 필요성을 인지하고 있으며, 교육 예산은 국가 예산 중 가장 많이 배당되어 있다 (Steinberg 1959:186,252). 프랑스인들이 시작한 공립 교육 시스템에 사원(절) 학교를 통합하고 새로운 학교 건설이 증가하면서 1951년에서 1957년 사이의 초등학교와 입학생 수는 사실상 3배가 증가하였다(Steinberg 1959, 252-253). 하지만 충분히 훈련된 교사와 예산 부족으로 시골 아이들 대부분이 중등교육 혜택을 받기 어렵다는 점과 같은 문제들은 여전히 존재한다. 그러나 교육에 대한 열망은 확실히 농민의 가치에 스며들었으며, 앞으로 문해력(특히 여성에게 있어서)이 상당히 높아질 것으로 예상된다 (P.216, 25줄. 교육체계에 관해서는 Bilodeau, Pathammavong

---

17 비문에 따르면 고대 왕 중 일부는 대중에 대한 인도주의적 관심을 갖고 병원을 짓고 궁핍하고 병든 사람들에게 쌀을 제공하는 등의 일을 했다. (Steinberg 1959, 240~41). 그러나 이론적인 측면을 제외하면 그들 대부분은 대중의 상태를 대체로 무시하는 것처럼 보였다.
18 여기에는 유엔의 다양한 기관(WHO, FAO, 유네스코 등)이 포함된다. 미국 해외 사업부(농업, 교육, 보건 등 다양한 부서 포함), 프랑스, 러시아, 중국 공산주의자, 일본 및 기타 정부의 지원, Medico, 아시아재단, Unitarian Service Committee(후자는 비종교적 역량)와 같은 일부 민간 조직이다. 캄보디아에 대한 해외 원조에 대한 논의는 스타인버그(1959, 233~37과 책 전반), 스미스(1964, 661-62, 663-71; 1965, 113, 122-27)를 참고하라.

and Hóng 1955, Zadrozny 1955, 131~147, Steinberg 1959, 251~253, Smith 1964, 655-659 참조).

이러한 교육의 확장은 스와이 서리에서 다소 명백해졌다. 앞 장에서 언급했듯이, 이전의 교육 수단은 사원 학교에서나 승려 시절 받은 교육이 전부였다. 1911년 이후 껌뽕 뚜얼에는 3개 학년의 작은 학교가 있기는 했지만, 분명히 출석률은 저조했다. 스와이 서리의 18세 이상 남성의 3/4은 크마에를 최소한으로 읽고 쓸 줄 알았으며, 이들 중 4명을 제외하고는 승려였을 때 교육을 받았다. 반면, 18세 이상의 마을 여성들은 다른 지방에서 자란 한 여성을 제외하고는 모두 문맹이었다. 현재 껌뽕 뚜얼에 있는 공립학교는 6개 학년으로 확대되어 16명의 교사가 가르치며 약 745명(이 중 약 1/3이 여학생)이 재학 중이다. 스와이 사원에 있는 사원 학교는 현재 공립학교 관리하에 4개 학년, 100여 명이 재학 중이며, 정규 교원 2명과 1명의 승려가 관리자로 근무 중이다.[19] 스와이 서리의 (이따금 땡땡이를 치는) 일부를 제외한 모든 아동은 16세까지 이 둘 중 한 곳에 다니고, 다양한 과목을 공부한다.[20] 프놈뻰에 있는 중등학교(lycees 또는 대학)에 진학하는 경우는 상대적으로 적은데, 이는 동기부여가 없거나, 학비가 부족하거나, 집에서 일할 사람을 필요로 하기 때문이다. 현재 스와이 서리에서 단 한 명의 여

---

19 엄밀히 말하면 1~3학년을 초등학교(école élémentaire)라고 하고, 4-6학년을 보완학교(école complémentaire)라고 한다. 교육은 이론적으로는 6학년 전체에 걸쳐 의무적이지만 실제로는 많은 어린이가 첫 3년을 넘지 못하는 것으로 알려져 있다.
20 1959년에는 스와이 서리 출신의 어린이 38명이 초등학교에 다니고 있었다. 여기에는 5세에서 15세 사이의 소년 18명과 소녀 20명이 포함되었다. 30명의 어린이가 1~3학년이었고, 나머지는 4~6학년이었다.

자아이만이 도시에서 중등학교에 다니고 있다(그녀의 아버지는 사범학교에서 일한다).[21] 다만 지금은 부모와 아이들 모두 교육의 가치를 인식하고 있는데, 남성뿐만 아니라 여성들도 농사라는 힘든 삶에서 벗어날 수 있는 주요한 방법은 교육뿐이라고 여긴다. 이러한 태도는 가까이에 있는 사범학교에 의해 더욱 자극받는 것 같은데, 마을 사람들은 이 사범학교에서 화이트칼라 전문직이 되기 위한 과정을 밟고 있는 농사꾼 가정 출신의 많은 젊은이를 보거나 만났을 것이다. 따라서, 몇몇 스와이 서리의 아이들은 중등교육을 받고 교사나 공무원이 될 가능성을 꿈꾸고 있지만, 정부가 장학제도를 확대할 수 없다면 이러한 열망이 얼마나 실제로 이루어질지는 미지수이다.[22]

(2) 보건 분야에서 정부는 세계 보건 기구(WHO)의 지원을 받아 왔는데, 주로 UN 직원, 메디코 Medico 및 여러 나라의 원조 사절단이 담당하는 기초교육 프로그램이다. 여러 가지 활동들은 우물 파기, 말라리아 지역 방역, 조산사 훈련, 프놈뻰 외곽지역에 병원

---

21 스와이 마을 전체에는 부분적인 중등 교육이나 훈련을 받은 사람이 소수에 불과하며, (물론 상당한 교육을 받은 사람들이 마을에 남을 가능성은 적겠지만) 통역사로 활동할 만큼 프랑스어를 구사하는 청년은 단 한 명뿐이었다. 분명히 중등학교는 여전히 극소수의 학생을 배출하고 있으며, 특히 바칼로레아 Baccalauréat 로 이어지는 6년 과정 전체를 졸업하는 경우에는 더욱 그렇다(Steinberg 1959, 254).
22 매우 야심 차고 지능적인 마을 아이들이 상당히 높은 지위를 얻는 것은 실제로 가능하다. 내가 아는 한 청년은 받덤벙 지방의 농민 부모에게서 태어나 결국 미국 대학에 장학금을 받고 겨우 20대 중반에 캄보디아 정부에서 높은 직책을 맡았다. 좀 더 소소한 수준에서 말하자면, 껌뽕 뚜얼 초등학교 교장은 비슷하게 그 지역의 쌀 재배 농가에서 태어났다. 이제 사범학교에서는 훈련이 끝나면 10년 동안 교육 서비스를 제공하겠다는 약속에 대한 대가로 교육과 숙식을 제공하여 유능한 학생을 모집한다. 시험을 통해 중등학교 및 대학 수준의 훈련은 물론 해외 대학원 공부를 위해 정부 또는 기타 장학금을 받는 것도 가능하다.

건립 등으로 마을 환경과 건강 개선을 추구한다(Steinberg 1959, 238-249 참조). 그러나 농민들이 이러한 노력에 얼마나 영향을 받았는지는 의문이다. 아마도 이번 세기에 있어서 건강에 대한 가장 큰 발전은 프랑스에서 시작된 전염병 예방 접종의 시행일 것이다. 이번 세기 초에 천연두, 콜레라, 페스트가 매우 무서운 질병이었지만, 지금은 천연두 예방 접종이 스와이 서리에서 흔하게 이루어지고 있으며, 여타 질병들도 크게 억제되었다고 나이 든 마을 사람들은 언급했다. 스와이 서리는 또한 정부 재정 지원을 잘 받았고 인근 껌뽕 뚜얼에 훈련된 조산사가 있어 혜택을 받았다(비록 주로는 나이 든 농사꾼 조산사에게 의존하긴 했지만). 여유가 있는 소수의 사람들이 페니실린 등 의약품을 구입하고, 난산의 경우에는 껌뽕 뚜얼에서 전문 조산사가 파견될 정도로 마을 사람도 현대 의료 기술의 효과를 알게 되었다. 그러나 이 지역에는 병원이나 의료 센터가 없다(12번 집 늬Ny가 출산 후 의식을 잃었을 때 조산사가 껌뽕 뚜얼에서 전화를 걸어 그녀를 프놈뻰의 병원으로 데려갈 구급차를 구해야 했다). 그리고 매우 적은 마을 사람들만이 도시의 민간병원 의사와 상담할 여유가 있다. 트라코마와 이질 같은 다양한 질병들은 여전히 스와이 서리에서 풍토병으로 존재하며, 마을 주민들은 여전히 토착 치료법과 전통적인 치료법에 많이 의존하고 있다.

(3) 농업의 효율성과 생산성을 높이는 것은 분명 정부에 유리하다. 식민지 정부와 현 행정부 모두는 실험적인 농장과 농업학교를 지원하여 농업 노동자를 훈련하고, 물 관리 및 관개 프로그램을 제정하고, 기계화된 농업을 실험하고, 더 나은 품질의 종자를 배포하고 생산을 개선하는 방법에 대한 지침을 제공하기 위해 약간의

노력을 기울였다. 그러나 그러한 노력은 일반 쌀 재배자들과 특히 스와이 서리 마을 사람들에게 거의 영향을 미치지 못했다(P.218, 20줄. Zadrozny 1955, 294-300, Steinberg 1959, 195-196, 202, Delvert 1961, 635~655. Smith 1964, 659-660). 마을 사람들은 정부 후원으로 농업 방법을 개선하려는 시도를 딱 한 번 경험했을 뿐이다. 1959년 인근 사원에서 열린 '기초교육프로그램'이 주관하고 여러 마을(스와이 서리 출신 2명 포함)의 지역 관계자와 대표(면장이 선출)가 참석한 회의에서 쌀과 팜 설탕 생산 지역을 확장하는 방안이 논의됐다. 마을 대표들은 이 지식을 이웃들에게 전해주기를 바랐다. 스와이 서리 출신의 관심 있는 사람이라면 누구에게든 정보를 전달했지만, 이미 시행하고 있는 전통적인 방법보다 뛰어나서 새로운 방법을 채택할 만큼 감명을 받은 마을 주민이 있는지는 의문이다.[23]

(4) 농업과 관련하여, 정부의 더욱 시급한 관심사는 농민 재정의 문제, 특히 부채의 문제였다. 농업신용협동조합(프랑스 식민지 시대에 시작됨) 제도가 확대 개편되었으며(P.218, 아래서 2줄. Steinberg 1959, 191~193, 207~209, 222~224, Delvert 1961, 654~655), 분명히 점점 더 많은 농민이 협동조합을 통해

---

[23] 또 다른 점은 제가 아는 스와이의 대표자 중 실제로 농사를 짓거나 팜 수액을 채취하는 사람이 한 명도 없다는 것이다. 목수인 다엔(28번 집)은 기본적으로 그의 처남이나 고용인이 논밭에서 일한다. *리나*(4번 집)도 목수인데 지금은 사위의 부양을 받고 있고, *치은*(동리 대표)은 교육받은 청년으로 나의 통역사로 일하며 밭일을 거의 하지 않고, 시골을 벗어나고 싶어 한다. 아마도 면장이 이 사람들을 선택한 이유는 그들이 회의에서 제시된 내용을 정확하게 이해하고 보고할 수 있는 지성적인 사람들이었기 때문일 것이다. 그러나 그들이 실제로 새로운 방법을 직접 시도해 볼 수 있는 마을 사람들은 아니었다. 버마의 한 마을에서 발생한 유사한 사건에 대해서는 네쉬(1965, 237~39)를 참조하라. 이러한 사건은 그러한 정부 프로그램에서 예상치 못한 어려움을 지적한다.

더 낮은 이자율로 정부 대출을 받고 있고, 판매/구매가 더 안정적이게 되었다. 그러나 협동조합은 지방으로 더 널리 퍼져야 할 것이며(1955년에는 9개밖에 없었다) 마을 사람들이 정부 신용 기관의 대출을 이용하도록 더 장려해야 할 것이다. 4장에서 언급한 바와 같이, 스와이 서리 마을 사람들은 여전히 대부업자에 의존하며 상대적으로 낮은 시장 가격으로 쌀을 판매한다. 그러나 1960년 초반 스와이 인근에 쌀 시판협동조합이 들어서면서 정부가 팜설탕 구입 가능성을 검토가 거론되고 있다.

(5) 프랑스는 광범위한 도로 건설 프로그램을 진행했고, 정도는 덜하지만, 현 정부도 계속해서 진행하고 있다(P.219, 11줄. Zadrozny 1955, 32-35, Steinberg 1959, 127~28, 224-225). 특히 개인 소유 버스 시스템의 확장과 결합된 이 노선은 마을 사람들이 더 쉽게, 더 많은 여행이 이루어질 수 있도록 했고, 프놈뻰에서 쌀 판매, 임시 도시 고용, 다른 지역 사회에 사는 친척을 더 자주 만나는 것과 같은 다양한 활동을 가능하게 했다. 일반적으로 교통과 통신 시스템의 발달은 마을 생활의 전통적인 고립성을 감소시켰다.

(6) 마지막으로, 다음의 두 가지 조치(투표권의 확대와 국회의 창설)는 정부가 농민의 목소리를 높이기 위해 시도되었다. 전자의 경우 1955년 여성이 선거권을 갖게 되었고, 현재 마을 사람들은 이장, 면장, 국회(중앙 입법부) 의원 선출권을 갖고 있다. 어떤 의미에서는 이런 것들은 별 의미가 없다. 예를 들어, 스와이 서리 마을 이장은 비록 선출되었지만 법적 실체가 아니고, 쎄이하눅의 보증 덕에 선출된 국회의원은 막연하고 멀리 떨어진 인물일 뿐이다.[24]

많은 마을 사람이 선거에 참여하는데, 이는 주로 마지못해 투표한다는 것이 주는 색다른 경험과 즐거움 때문이다. 그러나 다른 의미에서, 후보자가 잘 알려진 사람일 경우 투표는 유권자의 선호에 대한 진정한 표현이 될 수 있다. 게다가, 심지어 전국적인 선거와 국민투표에서도, 마을 사람들은 자신의 투표가 의미가 있다고 생각하게 되고 (사실 그가 주로 하는 일은 쎄이하눅이 옹호하는 것에 고무도장을 찍는 것뿐이지만) 그래서 최소한 자신이 정부에 대해 최소한의 목소리를 내고 있다고 느끼게 된다. 쎄이하눅은 1955년 의회(쎄이하눅이 주최해 프놈뻰에서 격년제로 열리는 회의로 이론적으로는 일반 대중들이 청원하고, 당 대표들, 장관들 또는 많은 관료들이 보고하거나 질문에 대한 대답을 요청하는 회의)의 혁신으로 참여도(주인의식)를 더 높이려고 시도했다. 의회에서는 다양한 국내외 정책이 논의되고 있으며, 누구든 정부에 질문하거나 불만을 제기할 수 있다.[25] 의회는 두 가지 표면적인 기능을 가진다. 첫째, 일반인이 중재자 없이 자신의 의견과 문제를 말할 수 있도록 허용하고 격려하는 것, 둘째, 입법부와 다른 정부 기구가 제정할 결의안을 통과시키는 것이다(Smith 1964, 623). 이 회의들은 분명히 많은 농민과 일반 서민들을 끌어모으고 있고(스와이 서리 출신의 누구도 의회에 가거나 참석하는 데 관심을 표명한 적이 없음),

---

24 국회는 처음에는 유권자 1만 명당 대의원 1명을 두었지만, 여성에게 참정권을 부여하면서 유권자 수가 크게 확대되자 그 대표성은 유권자 3만 명당 1명으로 줄어들었다(Smith 1964, 624). 스미스는 또한 '국회의원은 명목상의 국민 대표에 불과했다. 선거 운동을 할 때를 제외하고는 그들은 프놈뻰에 집중하는 경향이 있었고 유권자의 필요와 욕구에 무관심했으며 그들 사이에서 추종자를 양성하려고 노력하지 않았다(1964, 650-51).'

25 엉꼬 시대 크마에 왕들은 아마도 가장 미천한 평민이라도 자신의 불만을 제기하고 군주에게 시정이나 조언을 청원할 수 있는 매일 알현을 가졌을 것으로 추정되기 때문에 실제로 이것은 현대의 모습을 한 오래된 전통이다.

그 개념은 이론적으로 감탄할 만하다. 그러나 실제로 의회의 의제는 다수당인 *쌍꿈* 당이 미리 준비하고, 청중들은 대개 소극적이고 조용하며, 쎄이하눅이 회의를 주재하고 어떤 결의안이 통과되는지에 영향을 미칠 수 있다(Smith 1964, 647). 그러나 의회는 여성에게 투표권을 부여하는 것과 같은 몇몇 중요한 입법을 자극했다.

앞의 내용을 통해 농민이 중앙정부로부터 점점 더 많은 인정과 혜택을 얻게 되었음을 알 수 있다. 그러나 상당수의 농촌 인구들 가운데에서 광범위한 개선 효과를 가져오려면 수많은 지역에서 더 많은 정부 인력과 시설이 필요하다. 또한, 경작의 기술이나, 밥 짓기 전에 손을 씻는 것을 기억하는 것 같이 일상의 일정한 기본 패턴을 영구적으로 바꿔야 한다는 것을 마을 사람들에게 확신시키려면 어떻게 해야 하는지도 쉽지 않은 문제이다. 요약하자면, 농민은 삶을 개선하기 위한 적극적인 추동자라기보다는 소극적인 수용자로 남아 있다.

정치와 마을 사람들

스와이에서 전국적인 정치 파벌주의가 등장한 것은 제2차 세계대전 이후와 캄보디아가 독립하기 이전 사이의 크마에 이싸락 운동 시기였다. 초기의 순수한 형태였을 때의 크마에 이싸락(자유 크마에) 운동은 당시 국왕이었던 쎄이하눅과 중앙정부가 프랑스와 벌이고 있는 독립 협상이 너무 느리고 소극적이라는 이유로 반대하며 일어난 호전적인 민족주의 단체였다. 그러나 시간이 흐르면서 상황은 혼란스럽고 복잡해졌고(예를 들어 이싸락은 베트남과 동맹을 맺었다), 반군들은 서로 다른 지도자와 제각각의 활동하는 사실상 자율적인 그룹으로 분열되었다. '… 이싸락이라는 이름은 준도적단에서부터 훈련된 정치 조직에 이르는 캄보디아 민족주의자들과 공산주의자들을 일컫는 표지 역할을 해왔다(P.220, 아래서 15줄. Zadrozny 1955, 174, 이싸락레 관한 자세한 사항은 Zadrozny 1955, 174-209, Steinberg 1959, 101-106, Smith 1964, 608-609, 1965, 31-33, 37-38, 40-43 참조).' 이싸락 그룹은 전국에 퍼져 있었고, 프놈뻰 남서쪽 지역은 특정 지도자가 시작해 그의 영향 아래 있었으며, 종종 상당한 반군의 활동이 벌어지기도 했다(Zadrozny 1955, 174ff 참조).

이싸락 운동은 스와이 자체에서 꽤 많은 지지자를 모을 수 있었다. 얼마나 많은 사람이 실제로 반군이 되었는지 추정하기는 어렵지만, 스와이 서리 두 명의 남성을 포함하여 과거 이싸락이었던 많은 사람들이 여전히 스와이에 살고 있다. 그 운동에 참여했던 일부는 프랑스로부터의 독립을 진심으로 믿어서 이싸락에 가입했다. 그러나 마을 사람들 사이에 존재하는 정치 활동에 일반적인 무관심을 알기에 대부분은 민족주의 이념보다는 모험과 싸움, 그리고 어떤 종류의 권력을 행사할 것이라는 전망에 이끌렸을 가능성이 크다. 마을 사람들은 스와이 주민 대다수가 이싸락에 대해 중립을 지키거나 심지어 적대적인 태도를 보였다고 말한다. 어떤 사람들은 위대한 전투를 회상하는 옛 장군들의 향수에 젖어 이 시기를 돌아보기도 하고,[26] 어떤 사람들은 열정적으로 이 시기를 논하기도 하며, 적지 않은 마을 사람들은 그들의 삶을 어지럽혔던 갈등과 혼란을 씁쓸하게 떠올린다.

---

26 스와이에서의 이사락 활동은 대략 1951년에서 1953년까지 가장 강력했다.

이싸락은 법 위에 군림했다. 그들은 죽이고 싶은 사람을 죽였다… 때로 형제, 자매들 중 한 명은 이싸락이고 다른 한 명은 프놈펜에서 정부를 위해 일했기 때문에 서로 말을 할 수 없었다. 그들은 서로 얼굴도 보지 않았다… 이싸락들은 매우 나쁜 사람들이었다. 내 처남이 이싸락이었는데, 한번은 그가 칼을 들고 날 죽이겠다고 협박했다. 나를 죽이지 말라고 설득하는 동안, 나는 울고 있는 아내더러 집에 들어가라고 말해야 했다. 하지만 그는 내 아내의 목걸이와 팔찌, 수천 리엘도 훔쳐 갔다.

이싸락이 도둑질을 했을 뿐만 아니라 살인(아마도 그들은 '캄보디아의 적'을 죽였겠지만, 때로 그 선택은 분명히 다소 임의적이었다)도 저지르는 것으로 알려졌기에 많은 가족이 안전을 위해[27] 프놈펜으로 임시로 이주했다. 때때로 그들은 이싸락이 아닌 주민에게 그 자신이나 그들의 가족에게 해가 될 수도 있는 다른 사람을 고통스럽게 하는 활동을 돕도록 강요했었을 수 있다.

그러한 과잉 행위로, 한 이싸락 추종자는 용서받을 수 없는 공격과 이웃에 대한 죄로 스와이 서리로부터 영구히 추방당했다. 그러나 다른 이들은 일시적으로 따돌림을 당했을 뿐이며, 시간이 지남에 따라 이웃들에 의해 우호적인 분위기 속에 다시 받아들여졌고, 이제는 평범하고 때로는 청렴한 공동체 구성원이 되었다. 돌이켜보면, 마을 사람 대부분은 이싸락의 활동 중 많은 부분이 부정할 수 없이 '나쁘다'고 느끼지만, 그들의 행동 중 일부는 적어도 '캄보디아 자체가 아니라 프랑스군에 대항한 것이기에 용서할 수 있다

---

27 델버트(1961, 435)에 따르면, 전후 시골 지역의 불안으로 프놈펜으로 이주하는 일이 꺼흐톰 지역과 인근 바띠 지역 전체에서 흔히 발생했다.

고 생각한다'.

일단 이싸락 운동이 잦아들자, 스와이 서리는 평온하고 소극적인 정치 상황으로 돌아왔다. 캄보디아에는 정치적 갈등들과 정당들이 존재하지만, 이들 대부분은 도시 엘리트와 지식인들의 현상으로, 스와이 주민들은 전혀 알지 못한다.[28] 마을 사람들은 국가 지도자인 노로돔 쎄이하눅, 그와 동일시되는 군주제에만 관심이 있었다. 한때 국왕(1941~1955)이었던 쎄이하눅은 왕위에서 물러나 총리직을 맡았다.[29] 왜냐하면, 그가 말했듯이 '왕으로서 정보를 얻기가 힘들었다… 백성들의 진짜 얼굴이 나에게서 숨겨졌'기 때문이다(Steinberg 1959, 99에 인용된 그의 연설 참조). 국내외에서 쎄이하눅은 지적이고 숙련된 행정가이자 정치인으로 국가와 국민에 대해 깊고 진심 어린 관심을 두고 있음을 증명했다.[30] 그의 백성과 관련하여 '캄보디아에서 그 어떤 통치자보다도 쎄이하눅은 농민과 친밀감을 키워 왔다'(Smith 1964:645) 그리고 '국민의 요구에 무관심한 멀리 있을 뿐인 권력의 이미지'에서 '아버지로서의 자비로

---

28 전후 시대의 정당에 대한 논의는 스타인버그(1959, 95-114), 스미스(1964, 619-51)를 참조하라. 1959년 쎄이하눅의 쌍꿈 리어ㅎ 늭(인민사회주의공동체) 당이 압도적으로 우세한 반면, 공산당 브러찌어쭌(인민)당과 브러찌읕터빠따이(민주당)당은 추종자가 거의 없었다. 시아누크의 정책에 대한 반대는 주로 고위 정부 직책을 맡고 있는 사람들과 불만을 품은 "지식인"들로부터 나왔다(Smith 1964, 627-31, 638-41). 스미스는 '정당이 존재했을 때 국민들이 자신을 동일시할 수 있는 국가 조직이 아니었다'라고 지적한다(1964, 651).
29 1959년 시아누크의 공식 직함은 총리였고, 그의 부모는 국왕과 왕비였다. 그의 아버지 수라마릍 국왕이 1960년 4월 사망하고 후계자가 합의되지 않자, 쎄이하눅은 군주제 권력을 가진 국가원수 직을 맡았다. 그러나 이는 왕위 계승 문제에 대한 일시적인 해결책임이 분명하며 군주제는 폐지되지 않았다(Smith 1964, 626, 643 참조).
30 정치적 인물로서 시아누크에 대한 설득력 있고 간결한 분석을 보려면 스미스(1964)를 참조하라.

운 권위의 이미지'로 옛 이미지를 바꾸어 놓았다(같은 책:643). 많은 농민들의 상황을 개선하려는 그의 입법, 시골 촌락들을 방문하기 위한 시골 여행, 그의 활달한 성격과 겸손한 태도, 불교에 대한 헌신, 그리고 국민들에게 그들의 의견과 불만이 그에게 중요하다고 느끼게 하려는 그의 시도가 쎄이하눅에게 엄청난 인기를 가져다주었다. 스와이 서리 마을 사람들은 때때로 그들이 마주쳤을지도 모르는 오만하거나 부정한 관리들과 같은 정부에 대해서는 불평하지만, 쎄이하눅에 대해서는 최고의 충성심과 애정, 존경심을 가지고 이야기한다. 그러므로 그가 무엇을 지지하든, 누구를 지지하든, 그대로 받아들인다.

스와이 주민들은 대부분의 미디어에 접근할 기회가 상대적으로 드물고, 정치 문제에는 거의 관심이 없지만, 국내외 정치 소식은 여러 가지 방법으로 마을에 전달된다. 내가 스와이 서리에 들여온 것을 빼면 라디오는 마을 전체에 단 두 개뿐(둘 다 다른 동네에 위치함)으로, 하나는 지역 사원에, 다른 하나는 껌뽕 뚜얼에 있다. 정부에서 운영하는 크마에 방송Radio Diffusion Khèmre은 한 방송국에서 음악, 드라마, 뉴스, 연설 등을 제공한다.[31] 뉴스 방송은 프랑스어로 진행되거나 농민 대부분이 거의 알 수 없는 교육받은 사람들이 사용하는 공식적인 크마에로 진행되기 때문에 라디오는 마을 사람들에게 의미가 없다. 쎄이하눅은 라디오에 출연할 때마다 많은 흥미와 관심을 불러일으킨다(그리고 대중들에게 연설할 때, 영민하게도 최소한 일부나마 보통 사람들도 이해할 수 있도록 항상

---

31 캄보디아의 라디오 및 기타 미디어에 대한 자세한 논의는 스타인버그(1959, 10장)를 참조하라.

'구어체'를 사용한다). 그래서 스와이 서리 사람들은 음악과 특히 드라마를 듣는 것에 훨씬 더 관심이 많다(라디오 주변에는 항상 많은 인파가 몰렸다). 마찬가지로 프놈뻰에서도 다양한 신문과 잡지가 발행되고 있지만, 이것들은 시장에서 산 식품을 싼 포장지로 들어오는 것 외에는 마을에 거의 들어오지 않는다. 매우 가끔 신문이나 정기 간행물을 도시에서 가져오거나 누군가에게 빌리는 경우가 있다. 사진이 문맹자들에게도 의미 있고 재미를 불러일으키기 때문에 잡지가 신문에 비해 더 관심을 끄는 듯하다. 하지만 궁극적으로, 두 매체 모두 그들이 전달하는 정보만큼이나 유용하게 쓰일 수 있다는 점에서 가치가 있을 수 있다.

두 가지 더 중요한 소식통이 있다. 먼저, 껌뽕 뚜얼 중앙장터에는 쌀라 스록이 관리하는 게시판이 있고, 쌀라 쿰에 있는 게시판에도 각종 관보와 포스터, 기타 공보가 게시된다. 적어도 글을 읽을 줄 아는 마을 사람들은 이것들을 대충 훑어본다. 둘째, 뉴스의 입소문은 여전히 중요한 정보 확산의 수단이다. 소문의 전달자 역할을 하는 수많은 사람이 있다. 예를 들어, 정보를 전달하거나 정부 업무 소식을 더 많이 접할 수 있는 메쿰들이나 마을 메쿰들, 프놈뻰에서 돌아온 사람들, 특히 도시에서 씨클로 운전수로 임시 고용되어 운전하고 다니면서 보고 들을 기회가 많은 사람, 시골 친척들을 방문하는 도시 사람들, 시골과 도시를 자주 오가는 상인이나 버스 운전

---

32 스타인버그(1959, 142)는 사원이 '정보 전달과 의견 형성의 핵심 지점'이라고 강조한다. 이는 일부 지역이나 고립된 마을에서는 사실일 수 있지만 (5장에서 언급한 바와 같이) 스와이에서는 그렇지 않았다. 지역 사원의 몇몇 승려들은 놀라울 만큼 총명하고 지식이 풍부하지만, 그들은 지역 사회에 세속적인 뉴스와 정보를 제공하는 중요한 출처는 아닌 것 같다. 스와이 마을 사람들은 스타인버그가 제안한 것처럼 책과 신문을 읽거나 라디오를 듣기 위해 사원에 모일 생각도 하지 않는다.

사와 같은 사람들, 그리고 학교 선생님이나 승려[32]와 같은 잘 교육받고 부유한 사람들, 라디오와 신문 같은 미디어에 더 많이 접근할 수 있는 사람들, 그리고 공공문제에 더 많은 관심을 가질 가능성이 있는 사람들이 이들이다. 이러한 입소문은 종종 놀라울 정도로 빠르고 효율적으로 뉴스를 보급한다(공식 보도 자료에는 나타나지 않는 일부 항목을 포함한다).[33]

정부가 정보부를 통해 각종 통신매체에 대해 상당한 통제권을 행사하고 있기에, 스미스는 다음과 같이 지적했다.

> 반체제적 시각이 세 가지 경로를 통해 국민에게 전달되지 않고, 따라서 [사람들]은 수도의 권력정치에 관해 단순한 시각을 가지고 있다. 따라서 정치적 견해는 [쎄이하눅] 왕자의 공개 성명을 단순화한 것이며, 그들은 왕자의 공개 성명보다 더 위대한 지혜는 없다고 믿기 때문에 의심의 여지 없이 채택한다(1964, 641).

이 상황은 스와이 서리에서 명백하게 나타난다. 마을 사람들은 일반적으로 국가 또는 국제 문제에 대해 거의 알지 못하며, 그들이 가지고 있는 의견과 정보가 무엇이든 정부 견해를 분명히 반영한다. 예를 들어, 마을 사람들의 주요 '정치적' 태도와 개념은 다음과 같다.

(1) 스미스(1964, 643)는 쎄이하눅이 의도적으로 '국가'의 개념을 국민의 집단의식을 고취하기 위한 노력의 일환으로 사용했다고

---

33 예를 들어, 프놈펜에서 하루를 보낸 후 스와이로 돌아왔을 때 (미국 친구들로부터) 왕실 공주와 관련된 사소한 스캔들에 관해 들었다. 나는 이 사실을 마을 사람들에게 알리지 않았는데, 하루쯤 지나서 시내에서 씨클로 운전사로 일하고 있던 한 남자가 같은 소식을 마을에 가져왔다.

지적한다. 스와이 서리 사람들은 '크마에 여응(우리 크마에)'를 뚜렷한 민족과 문화[34]로 의식하고 있으며, 그것이 중요하다고 느끼고 있다. (마을 사람들이 동남아시아 지도를 볼 때면, 그들은 캄보디아의 크기가 그 중요성에 걸맞게 클 것으로 생각했기 때문인지, 항상 캄보디아가 작다는 사실에 충격을 받았다.) 그들은 더구나 쎄이하눅이 국가를 대표하여 엄청난 노력, 즉 국내에서는 국민의 이익을 가장 중시하고 있으며, 외교 정책에서는 캄보디아가 소중히 여기는 독립을 유지하면서도 동시에 외국(러시아, 일본, 미국과 같은 나라로부터)의 원조를 받아 나라를 유익하게 하고 있다고 믿는다.

(2) 공산주의의 존재와 중국이 공산주의 국가라는 사실에 대해 마을 사람들 다수가 알고 있었다(쎄이하눅의 수많은 북경 방문을 통해). 릿Rith(20번 집)은 꼼뮤니(komunii: 크마에 사람들은 코뮤니스트를 꼼뮤니라고 발음함(역주))의 교리를 간결하게 설명하면서 '그들[공산주의자]은 모든 것을 나누고 싶어 하고, 아무도 부유하거나 가난하지 않을 것이기 때문에 가난한 사람들은 공산주의를 좋아한다. 그러나 부자들은 이 생각을 좋아하지 않는다'고 말했다. 껌뽕 뚜얼의 가난한 중국인 중 일부는 공산주의자들이지만, 스와이 마을 사람들은 공산주의에 관해 관심이 없었고 심지어 부정적이었다. 공산주의, 특히 릿이 제시한 단순화된 형태의 공산주의가 가난한 농민들에게 매력적일 것이라고 기대할 수 있다. 그러나 1959년 쎄이하눅이 국가 전복적인 공산주의 활동을 탄압

---

[34] 스미스(1964, 643)는 농민들이 오랫동안 농촌 생활에 익숙해져 있어 '민족'이라는 개념을 이해하는 데 어려움을 겪는다고 말한다. 그러나 스와이 서리 마을 사람들은 캄보디아를 영토 국가로, 캄보디아인을 민족 집단으로 말할 때 '우리 크마에'(크마에 여응) 또는 스록 크마에(캄보디아)라는 표현을 자주 사용한다.

하려 했다는 것을 깨닫고 주요 외세(예를 들어 미국과 러시아-중국 공산당 블록)에 대한 호의적인 논평과 비호의적인 논평을 오가며 중립주의적 입장을 유지하려고 노력했다는 것을 깨닫는다면 마을 사람들의 거부도 이해할 수 있다(P.224, 13줄. Smith 1965, 106~116 참조).

(3) 캄보디아와 이웃 국가인 태국과 베트남 사이의 수 세기 동안 지속된 적대 관계는 오늘날까지도 이어지고 있다(P.224, 15줄. Smith 1965, 5장, Steinberg 1959, 4, 103, 114, 152-153, 206 외 여러 곳 참조). 스와이 마을 사람들은 이 나라들을 크마에 영토에 대한 전복의 선봉이자 공격적인 침략자라고 의심과 적대감을 가지고 보고 있다. 이 두 가지 문제(전복 시도와 국경 침입)는 최근 캄보디아 정부의 가장 심각한 문제이다.

(4) 마을 사람들은 전복적인 활동(즉, 찌봐뽈 자경단)을 두려워하고 국가의 반역자로 알려진 사람을 경멸한다. 1959년에 정부는 쎄이하눅의 전복 음모로 기소된 한때 고위 관리였던 *삼 싸리*Sam Sary(삼랑시의 아버지-역자 주)에게 특별한 주의를 기울였다(P.224, 아래서 13줄. Steinberg 1959, 96, Smith 1965, 164-165, 114 참조). 마을 사람들은 삼 싸리라는 이름을 배신자와 동의어로 사용하게 되었고, 정부에 대한 불충한 표현으로 '삼 싸리의 추종자'로 낙인찍히는 것을 두려워했다.

이전부터 마을의 정치적 견해가 정부(즉, 쎄이하눅의) 정책을 따르고 있다는 것은 명백하다. 스와이의 이싸락 운동의 예는 마을 사람들이 때때로 반대의 정치적 견해를 가질 수도 있다는 것을 보여주지만, 이러한 상황은 중앙의 지도력이 상대적으로 약했던 국가 불안시기에 일어났다. 캄보디아가 쎄이하눅의 확고한 지배하에 안

정화된 지금, 그의 권력이 약해지고 다른 지도자들과 정당들이 실질적인 힘을 얻지 못한다면 대중들 사이에서 다양한 정치적 태도와 충성심이 나타날 것 같지는 않다.

제8장

마을과 주변세계의 관계

스와이는 몇 가지 측면에서 다소 독립적이고 자급자족하는 마을이다. 주민들은 그 안에서 삶의 대부분을 보내고, 제한된 범위 내에서 사회적, 물질적 필요를 충족시키며, 주변 세계에 대해 기본적으로 편협하고 배타적이다. 그러나 지금은 어떤 지역 사회, 특히 현대의 복잡한 국가에서 농촌 마을은 그것을 아우르는 더 큰 사회와 분리되어 연구될 수 없다는 것은 자명하다.[1] 스와이도 예외는 아니다. 스와이 서리와 다른 쿰, 스록, 도시 사이의 다양한 관계 중에서 경제, 사회 및 정치 조직에 관한 부분은 이미 언급되었다.

이 장에서는 스와이 서리 마을 사람들이 다른 공동체 또는 지역[2]과 직접 접촉하는 유형과 빈도, 그리고 다른 종족 그룹과 민족에 대한 그들의 개념과 태도에 특별한 관심을 가지고 살펴볼 것이다.

교통 및 통신

주로 프랑스 식민 행정부의 노력 덕분에 캄보디아를 연결하는 광범위한 도로망과 국도망이 만들어졌다. 스와이는 여러 이웃 마을 및 시장 마을과 연결되는 작은 도로상에 있는데, 이 도로는 프놈펜으로 이어지는 국도와 교차한다. 그러나 지난 10년 동안 마을 사

---

1 나는 여기서 이 문제를 다룬 수많은 모델(예: 민속-도시 연속체, 통합 수준, 크고 작은 전통, 상호 작용 분야, 소셜 네트워크 지도 등)을 검토하려고 하지 않을 것이다. 레드필드(1955, 1956), 스튜워드(1950), 베너스(1954), 메리엇(1955), 스튜어트(1958) 등을 참조하라.
2 마이클 마하르 교수(애리조나 대학교 동양학과)의 제안에 따라, 나는 특히 마을 사람들이 다른 지점으로 여행한 횟수(및 목적)의 실제 수를 기록하는 데 관심이 있었다. 이는 마을 주민들이 다른 공동체와 상호 작용하는 정확한 성격과 빈도를 보다 정확하게 특정하려는 노력이다. 내가 아는 한, 이러한 종류의 데이터는 소수의 조사자에 의해 수집되었다(Redfield and Rojas 1962, 8, Mead 1947의 "Diary of Events in Alitoa"는 예외이다. Opler 1956도 참조).

람들은 이동 수단이 주로 도보와 소달구지에 한정되어 있었기 때문에, 인근 지역을 벗어나는 여행은 거의 하지 않았다. 따라서 프놈펜이나 다른 먼 곳으로 여행하는 것은 쉽지 않은 길고 힘든 여정을 의미했다(예: 도시로 가는 가장 가까운 버스 연결편도 20km 떨어져 있음). 그러나 현재는 주요 장거리 이동 수단이 된 버스의 수와 범위가 증가함에 따라 마을 사람들의 이동성이 크게 향상되었다. 제2차 세계 대전 이후, 다양한 버스 노선(주로 중국인이 운영함)이 빠르게 확장되어 이제 거의 모든 도로를 운행한다. 이제 껌뽕 뚜얼에서, 마을 사람들은 매시간 (다른 경로로) 프놈펜으로 가는 두 개 노선의 버스 중 하나를 탈 수 있다. 그리고 (프놈펜 외의) 다른 지역으로 향하는 버스는 시내나 여러 교차로에서 잡아탈 수 있다.[3] 이 차량 대부분은 다소 낡고 흔들리는 운송 수단이지만, 그럼에도 많은 승객을 태울 수 있을 뿐만 아니라 엄청난 양의 화물을 버스 지붕에 실을 수 있다.

이 외에도 지역 내 다른 운송 수단이 있다. 소달구지는 짐을 실을 때 가끔 사용된다(예: 소를 먹일 꼴을 베기 위해 습지대를 오가는 길에). 그러나 '사원을 방문하러 가는'데 사용되었던 작고 가벼운 달구지는 다른 운송 수단들로 대체하면서 사라졌다.[4] 단거리 여행을 위한 주요 운송 수단은 4명을 태울 수 있고(필요한 경우 그

---

3 (스와이 서리 주민들은 거의 사용하지 않지만) 마을 사람들이 장거리 이동을 할 수 있는 또 다른 두 가지 수단은 선박과 철도이다. 전자는 강둑 마을 사람들에게 특히 중요하다. 후자는 프놈펜에서 태국 국경까지 북서쪽 방향으로만 운행된다.
4 소달구지에는 세 가지 주요 유형이 있다. (1) 짐을 싣기 위해 축을 기울일 수 있는 중간 크기의 수레인 로떼 까일, (2)로떼 쁘렡은 기울어지지 않는 짐을 운반하는 데에도 사용되는 더 큰 수레이다. (3) 사람을 수송하는 데 사용되는 작은 달구지인 로떼 싸레이. 소달구지에 관한 델버트(1961, 229-31)도 참조하라.

이상) 상당한 양의 짐을 실을 수 있으며 비교적 요금이 저렴한 르목이나 씨클로다. 중고 자전거도 1,000리엘 정도 해 스와이에서는 매우 드물다. 이 작은 마을에는 단 세 대밖에 없지만, 마을 내에서나 프놈뻰까지 여행하는 친척과 친구들에게 무료로 빌려준다. 마지막으로, 일부 사람들은 돈을 절약하기 위해 수 킬로미터 거리는 걸어 다닌다. 사실, 건장한 남자들이 프놈뻰에 오가는 데 버스 요금이 부족해서 60km를 걷는 것은 이미 잘 알려져 있다. 어떤 남자는 소를 사려고 5일 동안 총 100km를 걷기도 했다.

다른 마을 사람들과의 의사소통은 거의 직접 만나서 소식을 전하는 것으로 제한되어 있다. 껌뽕 뚜얼에 우체국과 전신국이 있지만, 전보는 전혀 보낸 적이 없고, 돈도 부족하고, 다른 마을에 편지를 배달하는 것도 어렵기 때문에 편지도 거의 보내지 않는다. 오히려 다른 지역에 사는 친척이나 친구에게 부모의 질병과 같은 중대한 일이나 통과의례를 알려야 할 때는 멀거나 힘든 여행길이라도 누군가를 직접 보낸다(따라서, 치응Chenag이 프놈뻰에서 일하던 중 어머니가 돌아가시자 한밤중에 마을 사람 한 사람이 자전거를 타고 프놈뻰으로 가서 치응을 스와이로 데리고 왔다. 이와 비슷하게, 모이는 결혼한 자녀들에게 그들의 여동생의 결혼 소식을 알리기 위해 직접 받덤벙까지 약 200km를 갔다). 개인적인 의사소통 외에도, 일반적인 사건(사고, 사망, 결혼, 이례적인 사건 등)에 관한 소식은 입소문을 통해 전달되며 공동체에서 공동체로 놀랍도록 빠르게 전달된다. 예를 들어, 어느 날, 스와이에 있던 우리는 20km 떨어진 국도에서 끔찍한 버스 충돌사고가 발생한 지 몇 시간 만에 그 소식을 들었다. 그러므로 스와이 서리 주민들은 주변 지역에서 일어나는 모든 주요 사건을 접하는 데 오랜 시간이 걸리지 않는다.

다른 공동체와의 관계 유형

마을 사람들이 다른 공동체로 이동할 때(또는 반대로, 다른 공동체가 스와이 서리를 방문할 때) 다양한 목적이 있는데, 그 주된 목적은 다음과 같다.

(1) 친족 방문

3장에서 논의된 바와 같이, 스와이 서리 사람들은 마을 외혼 비율이 높다. 따라서 사실상 동네의 거의 모든 사람은 부모든, 형제든, 다른 친척이든 간에 다른 마을에 친인척이 산다. 형제, 자매, 기혼자녀 또는 결혼 후 이사하거나 다른 곳으로 취직한 친척, 다른 지역에서 태어나 거주하는 사촌, 조카, 손자 등 이러한 친족의 관계망은 스와이에서 반경 10km 내에 있는 다른 마을에 퍼져 있다. 그렇다고 프놈펜이나 먼 지역 사람들과 관계를 맺는 것도 드문 일은 아니다.[5] 그러한 친족(특히 형제자매, 부모, 자녀, 조부모, 손자손녀)은 가끔 또는 빈번하게 서로를 방문하면서 관계를 유지한다.

다른 공동체에 사는 친구를 만나기 위해 특별하게 이동할 수도 있지만, 일반적으로는 친구들이 비교적 가까운 곳에 사는 경우에만 이것이 가능하다. 친족이 아닌 토와, 또는 가상의 친척관계를 맺기로 한 경우는 예외로, 이 경우 개인은 토와를 방문하기 위해 장거리 이동도 할 수 있다.

---

5 한 가지 예를 들자면, *찌어*(18번 집)는 약 20km 떨어진 마을에 형제와 그의 가족이 있고, 따짜, 축, 약 12km 떨어진 다른 두 공동체, *뽀젠뚱*(프놈펜 옆 정착지) 및 프놈펜의 이모, 삼촌 또는 사촌들이 있으며, 그리고 썬단, 프놈펜, 받덤벙 지역의 다양한 처가 식구들이 있다.

(2) 행사 참석

개인은 주요 통과의례, 사원 의식 또는 연례 축하 행사에 참석하기 위해 다른 마을로 이동할 수 있다. 가까운 친족들의 결혼식과 장례식에 참석하기 위해 먼 거리를 이동하기도 하며, 이러한 행사들은 친척, 친구 그리고(결혼식의 경우) 축제를 보기 위해 다른 마을에서 온 지인들까지도 불러 모은다. 마을 사람들은 공덕을 쌓기 위해 지역 내 여러 사원(또는 가끔 프놈펜)에서 열리는 축제나 행사에 참석하거나 새로운 사람을 만나기도 하고 새로운 곳을 보기도 한다. 그리고 옛 고향 친구들이나 친족을 방문할 수도 있다. 라응 네악 따나 다른 공동체에서 열리는 수확 후 축제, 연례 물 축제, 또는 프놈펜에서 열리는 행사와 같은 일들은 스와이 밖으로 여행할 기회이다.

(3) 상품 및 서비스의 교환

4장에서 언급했듯이 스와이 서리는 다른 동네, 마을 및 도시와 상품 및 서비스를 교환하고 있다. 마을 사람들은 다른 동네의 결혼식에서 악단으로 일하든 프놈펜에서 씨클로 운전사로 일하든 다른 곳에서 일자리를 찾을 수 있다. 조산사, 선생, 농업 노동자 등이 다른 공동체에서 스와이 서리로 올 수도 있다. 그리고 현지에서 구할 수 없는 품목을 구입하려고 도시나 다른 지역에 가야 할 수도 있다. 다양한 상품을 판매하는 행상인은 종종 물건을 팔기 위해 스와이를 지나간다.

(4) 기타

스와이 사람들은 다양한 목적으로 이동할 수 있다. 법적-행정적일 처리를 위해 쿰이나 스록에 방문하기도 하고, 사람이 살지 않는 지역으로 가서 소여물로 줄 만한 풀이나 죽순을 구한다거나 다른 동네에 있는 논, 밭을 가꾸기 위해, 또는 재미나 모험을 위해 특정 장소를 방문한다. (그러나 후자는 돈이 부족해 매우 드물다).

다른 공동체와의 접촉 빈도

(1) 스와이 및 다른 동네. 당연히 이 마을 사람들은 이웃 동네, 따짜(서쪽으로 약 0.5km), 썬단(동쪽으로 1km), 쩨이와 축(남쪽으로 2~3km)과 가장 자주 접촉한다. 이 마을들은 지리적으로 가까울 뿐만 아니라 많은 혈연, 지연으로 연결되어 있다. 스와이 서리에서 마을 외혼의 40% 이상은 이 4개 마을과 이루어지므로 많은 마을 사람은 이웃 동네에 친척과 친구를 두고 있다. 그러한 친족(또는 친구)은 정기적으로 서로를 방문하고, 생애주기 의례에 참석한다. 또한 이 지역에 사는 사람들은 다른 마을이나 절에서 열리는 행사에 참석하거나, 서로 물품과 서비스를 교환하거나, 근처에 있는 다른 동네의 논일을 도와주러 가거나, 썬단에 있는 관공서에 가기도 한다.

많은 스와이 서리 사람들은 반경 10km 또는 15km 이내의 다른 공동체에 친척이나 친구를 두고 있다. 그들은 또한 다른 절에서 열리는 행사에 참석하기도 하고 소나 기타 물품을 사려고 이 지역 내의 다른 마을로 이동하기도 한다. 마찬가지로, 다른 마을의 개인들이 스와이에서 물건을 팔거나 오왈 스와이나 오왈 썸낭에서 열리는 종교 행사에 참석하기 위해 온다.

그러나 일반적으로 몇 킬로미터 밖에 있는 동네로 가는 것은 싫어한다. 이 동네 사람들은 다른 곳을 보고 새로운 사람들을 만나는 것을 즐기고, 이 마을을 찾아오는 방문객들은 대체로 큰 환대와 대접을 받는다고 주장한다. 그러나 마을 사람들은 기본적으로 편협한 지역주의적 성향이 있어, 다른 마을 주민(심지어 이웃한 썬단 주민들도) 대부분을 강도, 강간범, 살인자, 그리고 일반적으로 '성격이 나쁜 사람들'로 낙인찍는다. 이것에 관한 많은 예 중 하나를 들자면, 스와이 중리의 결혼식에 온 한 친절한 노부인이 약 20km 떨어진 그녀의 마을에 나를 초대했다. 이 마을은 이름이 잘 알려져 있고 스와이 서리 주민 여럿이 방문한 적이 있음에도 불구하고, 이 마을에 사는 나의 가장 친한 친구들은 그곳에서의 내 안전이 걱정된다는 이유로 그 부인의 초대에 완강히 반대했다. 재미있는 것은 그 노부인과 그녀의 친구들도 스와이에 있는 것을 두려워하고 밤에 그들의 호스트 집에서 나갈 엄두를 내지 못했다는 것이다. 마찬가지로, 사범학교에 복토(짝다이)를 하면서 스와이가 (가끔 거기서 밤을 보내기도 하는) 낯선 사람으로 붐빌 때, 마을 사람들은 물건과 사람의 안전에 대한 염려로 불안해하고, 두려워했고, 의심할 여지 없이 짝다이를 하던 외지인들도 같은 느낌을 가졌다. 사실, 알려지지 않은 사람과 장소에 대한 이러한 의심과 두려움을 더 분명히 해주고 강화해 주는 이야기들이 가끔 발생한다. 정부의 선전이 낯선 사람들은 잠재적인 반체제자이며 강도라고 불신하게 할 뿐만 아니라, 동네 사람들 스스로도 불쾌한 일을 경험하거나 듣는다. 때때로 꼬썰이 어느 날 약 15km 떨어진 곳에서 열리는 불교 행사에 참석하러 가서 승려들에게 공양을 바치기 위해 중앙 사원 밖에 새 신발을 벗어 놓았는데 그것을 도난당했다고 화가 나서 돌아온 것처럼 사소한 일들이 발생하기도 한다. 또한 사원 행사나 마을 밖을 여행할 때 마주치는 낯선 사람들이 젊은이들 특히, 소녀들에게 모욕적이거나 음란한 말을 하는 것도 드문 일이 아니다.[6] 더 심각한 수준에서, 다른 공동체 축제에서 춤을 추기 위해 다른 여러 소녀와 함께 고용된 축에서 온 두 명의 젊은 여성이 여러 남성에게 어떻게 납치되어 '그들의 아내가 되었는지'에 대한 괴담도 있다(한 소녀는 2주 동안 다시 나타나지 않았고, 다른 한 소녀는 내가 그 지역을 떠나고 한 달이 지나도록 여전히 실종 상태였다). 이 때문에 동네 사람들이 안심하고 자기 지역을 벗어날 수 없다는 것은 놀라운 일이 아니다. 남자들은 알려지지 않은 곳으로 이동해야 할 때 칼을 소지한 채 계속 주의하며 나아가고, 낯선 공동체에 사는 친척들을 찾아갈 때조차 불안감을 느낀다.[7]

요컨대, 스와이 서리는 반경 몇 킬로미터 내에 있는 친숙한 특정 공동체와 빈번하고 편안한 사회적 관계를 맺고 있다. 나는 그들이 자주 왕래하기 때문에 정확한 방문 집계를 포기했다. 그러나 나는 스와이 서리의 누군가가 적어도 일주일에 몇 번 따짜에 갔거나 따짜에서 온 것으로 추정하고, 츠늬응에서 일주일에 평균 한 번, 그리고 트머이와 프리어(둘 모두 논을 가로지르는 보도로만 접근할 수 있는 곳) 평균 한 달에 한 번 왕래한다고 추정한다. 이러한 잦은

---

6 예를 들어, 한 사원 축제에서 스와이 서리 출신의 몇몇 젊은 여성들은 다른 마을의 소녀들과 열띤 말다툼을 벌였는데, 그 소녀들은 스와이 소녀들의 의상에 대해 모욕적인 말을 했다. 그리고 한 습지대에서 풀을 베다가 스와이 서리 소녀들은 암시적인 소리를 지르는 몇몇 낯선 남자들에게 겁을 먹었다. "야, 얘들아, 와서 이 풀 깎는 걸 도와줘. 너무 높아." (이에 대해 스와이 서리 남자는 화가 나서 '스스로 잘라!'라고 맞받아쳤다.)
7 마을 사람들이 낯선 지역에 대해 느끼는 불안의 또 다른 징후는 토와나 가상의 친족 관계의 관습이다. 3장에서 언급했듯이, 그러한 관계는 (무엇보다도) 적어도 한 집에서 안전한 피난처를 확보할 수 있도록 보장하기 위해 낯선 지역을 여행하거나 낯선 지역에 거주할 때 종종 확립된다.

왕래 대부분은 친척과 친구 간의 방문이다. 그러나 장거리 여행은 흔치 않다. 9개월 동안 반경 20km 이내의 다른 마을을 방문한 것은 (11가구의 개인 포함) 20여 차례 정도이다. 이 여행 중 하나는 친족을 방문하는 것이지만 나머지는 모두 다른 목적을 위한 것이었다. 다른 곳에 가서 밭을 가꾸고, 물건을 사거나, 절 행사나 라응네악 따에 참석하거나, 결혼식에 참석하는 것이었다. 반대로 그 먼 지역에 사는 사람들은 스와이 서리에 5번 방문했다. 그들 모두는 이 마을에 있는 친척들을 만나러 왔다.

프놈뻰을 제외하고 반경 20km를 넘어서는 여행은 훨씬 적다. 마을 사람들이 그 나라의 다른 지역(예: 해안 또는 엉꼬 왇)에 대해 들어봤고 호기심도 많았지만, 돈이 부족하고 알려지지 않은 장소에 대한 두려움도 있어 여행을 꺼린다. 9개월 동안 껌봇. 껌봉 짬, 껌봉 츠낭, 껌봉 톰과 밭덤벙 같은 먼 지방으로의 여행은 단 8번(6가구의 개인 포함)이었다. (이러한 여행 중 6번은 친족을 만나기 위한 여행이었고,[8] 1번은 직업을 찾기 위해, 1번은 단순한 여행이었다.) 과거 일부 스와이 서리 남성들은 일로나 여행으로 캄보디아 동부의 황무지나 북서부 끝까지 가기도 했다. 그러나 전체적으로 100km가 넘어서는 지역을 여행한 사람은 11명에 불과하다. 마찬가지로, 먼 지역의 주민들은 스와이 서리에 거의 오지 않는다. 9개월 동안 20km 이상(프놈뻰 제외) 떨어진 곳에 거주하는 사람들이 이 작은 마을을 방문한 것은 단 3번뿐이었고 그들 모두 친척(또는 한 경우에는 부모와 친족) 방문이 목적이었다.

---

8 때로는 친족의 집을 방문하는 것이 단순한 사회적 방문이 아니다. 예를 들어, 마을 주민은 친척 집에 잠시 머물고 있는 나이 든 부모나 어린 자녀를 데리러 갈 수 있다. 또는 친척 방문과 해변과 같은 유명한 장소로의 여행을 결합할 수도 있다.

(2) 스와이 서리와 읍내. 껌뽕 뚜얼은 약 2.5km 거리에 있으며 도보 또는 르목(편도 요금 약 3리엘)으로 쉽게 접근할 수 있으며 주변 지역 사회의 경제, 정치 및 교육 중심지 역할을 한다. 또한 시내 및 기타 지점으로 가는 버스 연결편과 상업적 여가 활동을 제공하기도 한다.

물론 고학년 학생들은 수업을 위해 일주일에 5번씩 껌뽕 뚜얼에 간다. 스와이 서리의 성인은 한 달에 평균 3~4번 그곳을 여행한다. 그들은 주로 음식과 기타 필수품을 구입하러 간다. 다른 물건이나 서비스를 구매하거나 가끔 군수 사무실을 방문한다. 일 년에 몇 번 마을에서는 순회 유랑단이나 축제 놀이기구 등 다양한 종류의 오락거리가 열리기도 한다.[9] 두 가지 모두 특히 젊은 층을 중심으로 상당히 많은 인파가 몰리지만, 스와이 서리에서 실제로 연극 공연을 보거나 놀이기구를 타는 사람은 상대적으로 적다. 스와이 서리 주민들이 껌뽕 뚜얼에 친척이나 친구를 방문하려고는 가지 않는다는 점이 중요하다. 왜냐하면 껌뽕 뚜얼의 주민은 주로 중국인 또는 중국계 캄보디아인들로 스와이 서리 주민들과는 상업적인 목적에서는 관계가 있지만, 사회적인 관계는 거의 맺지 않기 때문이

---

9 이들 극단은 희극, 비극, 모험, 로맨스가 혼합된 연극(아마도 원본 대본을 바탕으로 한 것임)을 공연하며 폭넓은 드라마, 슬랩스틱, 검술, 춤, 노래를 포함한다. 심지어 의상도 인도, 크마에, 서양식 의상이 혼합되어 있다(내가 본 연극에서 타잔처럼 옷을 입은 캐릭터 한 명 포함). 연극은 종종 클리프행어(위태롭거나 어려운 딜레마에 빠진 주인공을 특징) 방식으로 진행되며 며칠 밤에 걸쳐 연속적으로 계속된다.
10 내가 행상을 제외하고 스와이 서리에서 껌뽕 뚜얼에서 중국인을 본 유일한 사건은 일부 마을 사람들이 물고기 싸움 도박을 했을 때였다. 중국인은 친근감을 위해가 아니라 베팅을 자극하기 위해 도박에 참여하도록 초대되었다. 또한, 읍내에서 중국인이 때때로 오왈 썸낭의 상좌부 행사에 왔다고 한다. 그러나 크마에 마을 사람들은 껌뽕 뚜얼에서 열리는 중국 축제에 참석하거나 관찰하려고 어떤 노력도 하지 않는다.

다.[10] 스와이 서리 주민들은 껨뽕 뚜얼에 사는 학교 교사, 정부 공무원 등 사회경제적 지위가 높은 크마에 주민들과도 왕래가 없다. 요컨대, 스와이 서리의 사람들이 껨뽕 뚜얼 마을을 자주 가지만, 그들과의 유대는 본질적으로 공동 사회라기보다 이익 사회이다.

(3) 스와이와 도시. 프놈뻰은 국가의 행정, 상업, 종교와 교육의 중심지이다. 크마에, 중국인, 베트남인, 인도인, 프랑스인 등 기타 유럽인과 동양인으로 구성된 크고 다양한 인구가 거주하는 이 도시는 유일하게 진정으로 도시라고 할 만한 곳이고, 비교적 세련된 국제화된 거주지이기도 하다.[11] 4개의 강이 합류하는 곳에 있는 프놈뻰은 넓은 가로수가 늘어선 대로와 수많은 유럽풍의 건물에서 프랑스의 영향력을 보여주는 우아한 도시이다. 그러나 도시의 다른 지역, 변화한 시장, 혼잡한 중국 거주지에 모여 있는 일반인들의 목조 주택이나 초가 주택에서는 토착적이고 동양적인 요소가 뚜렷이 드러난다. 여기에는 또한 왕궁, 각종 정부 건물, 외국 대사관, 박물관, 사찰, 은행, 영화관, 호텔, 다양한 민족 취향의 식당, 수많은 상점 등이 있다. 거리에는 씨클로, 모또 스쿠터, 자동차들이 뒤섞여 있고, 보도에는 프랑스 시대부터 베트남의 '콜걸', 중국 상인, 캄보디아 승려에 이르기까지 다양한 사람들이 있다.

일부 마을 사람들, 특히 가정과 시골의 안전한 치안을 원하는 나이 든 사람들에게 프놈뻰은 엄청난 소음, 혼란, 혼잡, 불쾌한 사람들, 부도덕, 위험, 엄청난 비용 등 꼭 필요할 때만 어쩔 수 없이 가

---

11 1956년 프놈뻰의 인구는 592,000명이었다 (Ministère du Plan 1958, 11). 1950년에 주민의 약 41%가 크마에, 29%가 중국인, 베트남인이 29%, '유럽인'이 1%였다(11).

는 곳으로 보인다. 그곳에 있던 사람들, 특히 씨클로 운전기사로 일하는 남성들은 야한 여성들, 절도 미수, 혹은 절도, 신체적 폭력, 음란한 이야기나 다양한 불평에 관한 이야기를 들려준다.[12] 그러나 다른 마을 사람들, 특히 젊은 세대들에게 프놈뻰은 흥분, 세련미, 화려함과 부의 표상으로, 농촌 생활로부터의 탈출을 상징하는 곳이다. 그들은 열심히 도시를 방문하고 빛나는 눈으로 그 광경을 묘사한다.

요즈음, 버스를 쉽게 이용할 수 있어 스와이에서 프놈뻰까지의 여행은 꽤 흔한 일이지만, 버스 요금(편도 8-10리엘)과 체류하는 동안의 경비가 부족하기 때문에 여전히 프놈뻰으로의 여행은 아직도 제한적이다(도시에 있는 동안 항상 친척이나 친구와 함께 숙박하더라도, 여전히 씨클로 요금과 간식, 식사에 돈을 써야 해서 프놈뻰에서의 하루 숙박 비용은 1인당 약 30~100리엘 정도이다). 9개월 동안 스와이 서리 주민들은 약 40번 도시로 여행했다.[13] 두 번 이상 간 사람들도 있지만 전혀 가지 않은 사람들도 있기 때문에 이 숫자는 그다지 큰 의미는 없다. 따라서 이 여행에는 17가구의 23명(15세 이상)[14]이 프놈뻰을 다녀왔음을 명시하여 수치를 한정

---

12 프놈펜과 그 삶의 방식에 대한 추가 논평으로 시골 마을에서 태어나고 자랐지만, 고위 공무원이 된 젊은이인 나의 크마에 지인은 도시에 있는 멋진 서양식 아파트에 어머니를 초대했다. 나이 많은 농촌 아줌마에게 아들의 아파트에 대해 어떻게 생각했는지 물었을 때, 그녀의 대답은 마치 벽토 건물 내에서 질식할 것 같았다는 것이었다.
13 실제로, 프놈펜에서 씨클로 운전자로 일하는 남성이 가족에게 돈을 가져다주려고 주기적으로 집으로 돌아온다는 사실을 고려하면 더 많은 여행이 이루어졌다. 그러나 나는 일자리를 얻기 위해 도시로의 초기 여행만 세었지, 고용된 후 스와이와 프놈뻰 사이를 왔다 갔다 한 것은 세지 않았다.
14 이 연령 제한은 부모와 함께 여행에 동행하는 어린아이들을 제외하지만, 스스로 갈 수 있는 청소년을 포함한다.

해야 한다. 프놈뻰 여행은 다음과 같은 목적이었다.

(a) 친척 방문(또는 일례로 친척의 장례식)이 도시여행(9가구에서 한 명 이상의 사람이 포함된 14번의 여행)의 36%를 차지했다. 옛 스와이 서리 주민 중 많은 수가 프놈뻰으로 이주했는데, 이는 도시 거주자와 결혼하거나 도시에서 영구적인 직업을 구하기 위해서였고, 마을 주민과 도시로 이주민 사이는 우정과 친족간의 유대감으로 연결되어 있다. 둘 사이에 있을 수도 있는 지위 차이와 관계없이[15] 가까운 친척(특히 부모와 기혼 자녀들, 형제자매들) 사이에는 빈번한 접촉이 유지된다. (b) 여행의 약1/4(6명의 남자가 11번의 여행)은 도시에서 임시직을 얻기 위한 것이다. 남자들은 보통 씨클로 운전기사가 되어 몇 주에서 몇 달간 프놈뻰에 머문다(일부는 다른 직업을 1년이 상 유지하기도 한다).[16] 이러한 도시 고용은 단순한 돈벌이 이상의 의미가 있다. 남성들은 프놈뻰(다른 종족 그룹과의 접촉, 마을에서는 하면 안되거나 할 기회가 없었던 일을 할 수 있는 자유, 도시 생활의 기쁨과 위험에 노출)에서 다양한 경험을 할 수 있어서, 결론적으로 도시를 싫어하든 좋아하든 시야를 넓힐 수 있기 때문이다. 이 사람들은 또한 정치나 다양한 활동에 대한 소식이든 혹은 단순한 도시 생활에 관한 기사이든, 다른 마을 사람들에게 정보의 원천이 될 수 있다. (c) 프놈뻰 여행의 나머지 1/3은 다양한 이유로 이루어졌다. (i) 5번의 여행은 쇼핑 원정이었

---

15 실제로, 최근 몇 년 동안 스와이 서리의 전 2명의 거주자만이 현저하게 우수한 사회 경제적 지위를 얻었다. 20번 집에는 왕궁의 의례를 담당하는 공무원인 아들이 있으며, 27번 집에는 의료계에 종사하는 아들이 있다. 동네의 다른 사람들은 호텔의 버스 보이, 군인, 기술자 같은, 덜 높은 지위를 차지한 사람들(이나 그들과 결혼한 사람들)도 있다.

16 4장에서 언급 한 바와 같이, 일부 스와이 서리 남성들은 금장인, 역무원, 인쇄업자, 시범 농장 직원, 병원 직원, 얼음 파는 상인으로 고용을 연장했다.

는데, 도시는 껌뽕 뚜얼보다 저렴한 가격에 더 다양한 품목을 갖추고 있을 뿐 아니라, 지역에서는 구할 수 없는 특정 상품을 구할 수 있기 때문이다. (ii) 6가구는 똔레 쌉 강에서 수백 척의 다채로운 보트가 수많은 경주에 참가하는 연례행사인 물 축제(옴뚝)에 참석했다. 이 축제는 쌀 수확 전 소강상태인 11월 중 개최되기 때문에 많은 사람이 도시를 방문해 즐길 기회를 제공한다. 그러나 대부분의 스와이 서리 가족들은 돈이 부족해서 참석하지 못한다. (iii) 두 가구의 노인들은 도시의 주요 사원 중 하나인 모하니까이 종단의 최고위 스님이 행한 설법에 참석했다. (iv) 마지막으로, 한 가구는 두 자녀를 학교 교육을 위해 프놈뺀에 보냈다.[17]

마을 사람들은 도시에 가기도 하지만, 대부분 도시에 사는 가까운 친척들(때로는 시골로 여행을 함께 오는 친척의 친구)이 마을을 방문한다. 9개월 동안 프놈뺀에서 온 사람들이 마을에 있는 7가구를 약 20번 방문했다.[18] 이 20번의 방문 중 대부분은 단순히 즐거움과 유쾌함을 위한 것이었다(이전 거주자는 부모와 형제자매를 보러 오거나 도시에서 태어난 자녀는 조부모 또는 숙모 및 삼촌과 함께 더 머물기 위해 온다). 도시 거주자들은 또한 지역 사원에서 불교 명절을 축하하기 위해, 특히 전통적으로 가족 상봉을 위해 새해와 쁘러쭘, 생애주기 의식에 참석하기 위해, 조용한 시골에서 질병으로부터 회복하기 위해, 또는 때때로 모내기와 추수철에 일

---

17 때때로, 프놈뺀의 정부 부처 또는 법원에 의뢰한 법적, 행정적 문제로 마을 사람이 도시로 여행해야 할 수도 있다.
18 많은 경우에, 같은 친척(들)이 한 가구를 여러 번 방문했지만, 스와이 서리의 일부 가족은 다양한 시간에 다양한 친족을 맞이했다.
19 프리들 Friedl(1959)은 그리스의 도시와 농촌 친족들 사이의 비슷한 방문에 관해 설명한다.

손을 돕기 위해 오기도 한다.[19] 돼지 거래 상인도 프놈뻰에서 올 수 있다.

1장에서 제기된 의문은 프놈뻰이 가깝다는 사실이 스와이를 대부분의 크마에 마을보다 더 '도시화'시켰는지 여부였다. 다른 지역 사회에 대한 자료가 부족해 확실한 답을 줄 수는 없지만, (도시가 시골에 미치는 영향의 넓은 의미에서 사용하는) '도시화' 문제는 여기서 더 자세하게 논의될 것이다.

만약 도시화가 농촌에서 도시 중심지로의 이주를 의미한다면, 이는 국가 전체에 일어나고 있으며, 최근 프놈뻰의 인구는 상당히 증가했다.[20] 그러나 스와이 서리는 도시의 성장에 거의 기여하지 못했다. 지난 30년 동안 스와이 서리에서 태어난 사람 중 7명만 프놈뻰으로 영구적으로 이주했다(나머지는 다른 마을로 이사했다). 하지만 이전 장에서 언급했듯이, 많은 마을 사람이 프놈뻰에서 다양한 기간 일하면서 지냈다. 그리고 껌뽕 뚜얼과 도시 사이를 연결하는 버스의 출현으로 더 많은 마을 사람이 잠깐이라도 프놈뻰에 더 자주 방문할 수 있게 되었다.

위와 같은 맥락으로, 도시화는 다른 직업을 위해 농업을 포기하는 것을 의미할 수 있다. 물론 지금까지 농사는 스와이 서리 사람들 대부분의 기본적인 생계 활동으로 남아 있으며, 지난 수십 년 동안, 이 동네에서 이주한 사람 중 3/4은 다른 동네 농부가 되었다. 하지만 임시 도시 고용이 (팜설탕을 만드는 것과 같은 전통적

---

20 프놈뻰 인구는 1948년에서 1956년까지 5배 이상 증가했으며 (Ministère du Plan 1958, 9 참조), 부분적으로 인구의 자연적 성장, 부분적으로 농촌 지역 및 기타 국가의 이민자의 유입으로 부분적으로 증가했다. 그러나 프놈뻰 자체의 성장과는 별도로, 캄보디아는 다른 비슷한 도시 개발이라는 의미에서 도시화를 경험하지 못했다. 지방 수도는 실제 도시보다는 좀 큰 읍내와 더 비슷하다.

인 농촌 활동을 대체하는) 추가 소득의 주요 수단이 되었고, 많은 젊은 세대들이 도시 직업에 종사하기를 (혹은 도시 직업에 종사하는 사람과 결혼하기) 열망한다는 것은 의미가 있다. 하지만 교육의 확대와 높아진 동기부여로 인해, 미래에는 마을 아이들이 육체노동자(블루칼라)나 사무직(화이트칼라)으로 취직할 수 있을 것이다. 심지어 기성세대 중에서도 스와이 서리 출신 이주자의 1/4은 인부, 군인, 정비사, 트랙터 운전사, 버스 차장, 상인, 버스 기사, 의료 기술자, 하급직 공무원 등 다양한 비농업 직업 중 하나를 가진 이들이었거나 그런 직업을 가진 사람과 결혼했다.

만약 도시화로 현지에서 제조되지 않고 수입된 상품을 사용하게 된다면, 마을 사람들의 물질문화 목록에는 점점 더 많은 수입 공산품이 포함되게 될 것이다. 물론 이 제품들은 대부분의 마을 주민이 원하는 것이다. 그러나 스와이 서리 주민 대부분은 근본적인 빈곤으로 인해 생필품 구매가 제한적이고, 일상적으로 사용하는 많은 물품은 여전히 집에서 직접 제작하고 있다.

도시화는 도시 엘리트와 지식인의 이념과 태도를 수용하는 것을 의미할 수 있다. 사실 후자는 고대 왕국 시대부터 특히 크고 작은 종교적 전통의 상호작용과 관련하여 마을에 영향을 미쳤다. 현재 도시인의 전망과 가치는 크게 두 가지 측면에서 마을에 영향을 미친다. (두 가지 모두 이전 절이나 장에서 논의된 바 있다) 첫째, 중앙정부는 정치에 대한 농민들의 이해와 태도를 확고하게 형성한다. 둘째, 많은 마을 사람(특히 젊은이들)은 농촌 농사꾼의 삶보다 비농업 직업과 도시 생활방식이 더 바람직하다고 느끼게 되었다. 그러나 후자에 대해서는 다음과 같은 점이 강조되어야 한다. 땅과 시골에 대한 애착, 도시와 도시적 삶의 방식에 대한 부정적인 태도, 그리고 기본적으로 고향에 대한 애착을 견지하는 마을 사람들이 여전히 많다. (실제로, 마을에서 벗어나고 싶은 욕구가 강한 사람들조차 시골 생활을 거부하는 것에 대해 양면적 태도를 보인다.)

일반적으로, 나는 스와이가 다른 크마에 마을들에 비해 눈에 띄게 '시골 느낌'이 덜한 것은 아니라고 생각한다. 이곳 주민들은 더 외딴 지역 사람들보다 도시와 직접 접촉할 기회가 더 많지만, 돈이 부족하고 농민적 가치가 뿌리 깊어 도시의 생활방식과 태도를 완전히 받아들이지 못하거나 받아들이지 않을 것이다. 그리고 (위에서 논의한 바와 같이) 만약 도시가 스와이에 어떤 영향을 미쳤다면 캄보디아 전역의 수많은 다른 마을에도 같은 영향을 미치고 있다고 생각한다.

넓은 세계에 대한 지식과 다른 그룹에 대한 태도

캄보디아의 여러 지방과 주요 도시 또는 마을이, (직접 경험이 없어도 이름만 대면 알 정도로) 마을 사람들에게 잘 알려졌지만, 캄보디아의 국경 너머의 세계는 대체로 미지의 나라이다. 인접 국가로 정확한 위치가 알려져 있고 이름이 의미 있는 방식으로 인식되는 국가는 태국(스록 씨암 Srok Siam), 라오스(스록 라우 Srok Liu), 베트남(스록 뷔엣남 Srok Yuan)뿐이다(때때로 벙꼭(방콕)이나 쁘랭코(사이공)을 가본 적이 있는 지인들이 있는 마을 사람들도 있다). 말레이시아(스록 말라우), 버마(스록 푸미어), 인도네시아(스록 언도네시)와 같은 다른 동남아시아 국가들은 교육을 잘 받은 사람들을 제외한 사람들 대부분에게 혼란스러운 시선을 불러일으킬 가능성이 크다. 세계의 나머지는 어딘가 흐릿한 안개 속에 있다. 마을 사람들은 이런저런 이유로 그 나라들에 대해 들어본 적이 있거나, 어쩌면 그 나라 사람들과 접촉한 적이 있어 특정 국가가 존재한다는 것을 인식하기는 한다. 예를 들어, 프랑스는 과거 식민 통치 때문에 분명히 알고, 중국은 거주 화교의 고향으로 알려져 있다. 일본은 제2차 세계 대전 중 캄보디아의 일본 점령 때문에 알고 있다. 인도는 인도 영화의 인기로 알려졌고, 미국(스록 아메릭)도 나 때문에 친숙해졌다. 그러나 사람들 대부분은 이 나라들이 어디 있는지, 그들 문화의 본질이 무엇인지에 관해 거의 전혀 알지 못한다. 그렇다고 마을 사람들이 다른 세계에 관심이 없는 것은 아니다. 그들은 내 벽에 걸린 지도에 계속 관심을 보였고, 그것을 들여다 봤으며, 적어도 일주일에 한 번은 어떤 국가가 어떤 방향으로 놓여 있는지,[21] 거기까지 가는 데 얼마나 걸리는지, 그곳에서 쌀이 재배되는지에 관해 질문했다.

마을 사람들이(비록 자기 민족 전체에 대한 충성심과 애국심을 동시에 느끼지만) 자기 민족 이방인조차 의심하기 때문에, 다른 민

---

21 초기 크마에 문화에 영향을 미친 전통적인 힌두 우주론에서는 세계를 평평한 것으로 간주한다 (Heine-Geldern 1956 참조). 나는 마을 사람들, 특히 오래된 사람들이 세상이 둥글다고 완전히 믿었는지 확실치 않다. 내가 가장 자주 듣는 질문 하나는 '미국에 가려면 어떤 방향으로 가야 하나요?'였다(캄보디아 사람들은 주로 4방위로 공간적으로 자신의 방향을 지정한다). 이 의문은 항상 캄보디아에서 동쪽이나 서쪽으로 가서 미국에 도달할 수 있고, 이 대답이 항상 질문자로부터 정중하지만, 어리둥절해하는 소란을 불러일으켰기 때문에, 항상 나를 당황하게 했다. 그런 다음 내 대답을 보여주기 위해 오렌지나 다른 구체를 가져가겠지만, 마을 사람들이 내 설명에 대해 확실히 알아들었다고 확신하지는 못하겠다. 마을 사람들은 또한 여러 나라로 비행하는 데 얼마나 걸릴지 이야기했을 때 세계 규모에 크게 놀랐다. 그러나 오왈 썸낭에는 지리에 대한 광범위한 지식을 가진 두 명의 지적이고 많은 정보가 있는 승려가 있었음에 주목해야 한다 (심지어 한명은 미국 주요 도시의 이름을 알고 있었다). 프놈펜의 많은 크마에 관료와 지식인이 실제로 고등 교육을 받는 동안 프랑스, 미국 또는 기타 서방 국가에서 살았다. 또한, 현재의 학령기 마을 사람들은 학교에서 지리학 수업을 받는다.

족의 사람에 대한 그들의 일반적인 태도가 부정적이거나 양면적인 것은 놀랄 일이 아니다.

스와이 서리 주민들은 껌뽕 뚜얼에서 중국인들과 자주 접촉하며 대체로 그들을 특별한 애정도, 극도의 혐오감도 없이 바라본다. 두 집단 간에 벌어지는 상호작용의 성격은 개별 사례에 따라 달라진다. 예를 들어, 많은 중국 상인은 마을 사람들을 친절하고 정중하게 대하며, 이웃 사람들도 그들에게 그렇게 하지만, 일부 중국 상인들에게는 종종 놀리거나 위압적으로 말을 걸며, (편리한 물품의 공급원이긴 하지만 다소 부정적인) 길 건너에 있는 작은 가게를 운영하는 중국인들은 마을 사람들이 애용하지 않는 것으로 보였다. 일반적으로 크마에와 중국인은 다소 형식적인 방식으로 상대하며, 두 집단 사이에 사회적 거리가 유지된다. 그러나 이 마을에는 (나머지 스와이 나머지 지역이나 이웃 마을에 있는 다른 사람들) 중에 아마도 1/8 혹은 1/16 혼혈의 중국인인 두 사람이 있다. 마을 사람들은 문화적 차이가 심해 결혼하거나 완전한 중국인을 그들의 한가운데로 받아들이는 일은 거의 없지만, 이러한 중국계 캄보디아인들은 문화적으로나 외모적으로도 완전히 크마에이기 때문에 선선히 받아들여진다.[22]

---

[22] 스타인버그(1959, 44~47)은 중국인은 '산업과 재정적 통찰력에 대한 명성', 크마에의 '밝은 피부에 대한 선호도', 그러한 상호결혼이 캄보디아 민족 혈통을 강화한다는 신념 때문에 결혼상대자로 열렬히 환영받는다고 언급했다. 그러한 태도는 스와이에서는 분명하지 않았다. 그러나 전국적으로는 전체적으로 수 세기 동안, 특히 도시와 정부 또는 사업 분야에서 수 세기 동안 많은 중국-캄보디아 결혼이 있었다 (Steinberg는 또한 순혈 중국과 순혈 크마에 간의 결혼이 최근 몇 년 동안 분명히 감소하고 있다고 지적한다) (Delvert 1961, 25 참조). 2 장에서 언급 한 바와 같이, 중국계 캄보디아인(꼬온 깐쩐 크마에)는 중국 또는 크마에 문화적 정체성을 가정하고, 동떨어진 그룹이 아니다(유라시아인이 그런 경향이 있는 것처럼). 참조) 또한

이와 대조적으로, 베트남은 절대적으로, 무조건, 적극적으로 혐오한다.[23] 그들은 비열하고 타락하고 폭력적이며 평판이 좋지 않은 것으로 간주된다. 그리고 몇몇 마을 사람들은 도시에서 베트남인 도둑, 공격자, 부도덕한 여성과 만난 경험에 관해 이야기를 들려줄 것이다. 이러한 부정적 태도는 베트남을 크마에 영토 침입자이자 왕국에 대한 음모자라고 말하는 정부의 조장에 의해 더욱 강화된다.

짬-말레이 소수민족은 스와이 지역에서 두 명의 소 도축업자(한 명은 껌뽕 뚜얼에 있고 다른 한 명은 몇 킬로미터 떨어진 마을에 있음)에 의해 대표된다. 마을 주민들은 크마에와 짬족이 신체적으로는 비슷하지만, 복장, 종교 및 그 밖의 관습에서 문화적 차이가 있음을 의식하고 있다. 그리고 짬족은 대면 만남에서는 충분히 우호적인 대우를 받지만, 크마에 마을 사람들은 동물을 도살하는 일을 하는 사람들에 대해 뿌리 깊은 거부감을 느낀다.

프랑스인(바랑, 뻬앙), 그리고 더 나아가 그들과 함께 뭉쳐 있는 모든 백인 서양인은 존경과 경계심을 동시에 가지고 바라본다. 마을 사람들은 유럽인이나 미국인들과 직접 접촉할 일은 많지 않지만, 그런 만남이 일어나면 마을 사람 대부분은 호기심, 경계심, 그리고 매우 소극적인 태도를 취한다.[24] 서양인들에 대한 부정적이거

돈을 목적으로 부유한 외국인에게 딸을 결혼시키는 것은 '종교에 대한 범죄'라고 말하면서 다른 것을 따라가려고 자기 종교를 포기하는 것을 막기 위해 처벌을 받는다.'(Leclère 1898 2 : 265).

23 크마에가 중립적인 감정을 담은 용어로 중국인을 언급하거나 말하는 것은 흥미롭다. 그러나 베트남인은 종종 모욕적인 용어(예: '턱 밑으로 처진 살이 있는 사람'로 번역될 수 있는 아수꼬이)로 자주 언급되며, 그리고 크마에는 그들과 직접 말할 때 호칭을 직접 부르지 않으려고 노력한다(Dale Purtle, 언어학자, 프놈펜의 미국 대사관, 개인적인 발언).

24 크마에가 서양인이 있을 때 종종 취한다는 존경하는 태도는 아마도 '크마에가 고

나 조롱하는 이야기도 있다. 이웃 마을 따짜에서 크마에 여성과 그의 두 자녀를 버린 프랑스인 이야기나 껌뽕 뚜얼에서 온 매춘부가 들려준 미국인 고객 성기의 특이한 크기와 색깔에 대한 재미있는 이야기 등이 그 예가 될 것이다.

제2차 세계 대전 중에 몇몇 마을 사람이 일본인들과 접촉해 우호적이거나 중립적인 시각으로 보았다. 일본 점령은 시골에 거의 영향을 미치지 않았고, 그래서 일본인에 대한 악감정은 없다.

태국인과 라오스인은 크마에와 '동족'으로 여겨진다(즉, 육체적으로 크마에와 유사). 그러나 태국은 전통적으로 캄보디아에 해로운 적으로 여겨진다. 한때 일부 태국인과 함께 일했던 쏙 Sok(26번 집)은 태국인의 무자비함과 예의 부족에 대해 몇 가지 이야기를 들려준다(라오스와 라오스인에 대한 특별한 감정은 없다).

인도인들은 개인적으로 마을 사람들에게 알려지지 않았지만, 영화나 프놈뻰에 사는 인도인의 모습을 가끔 볼 수 있을 뿐이다. 인도가 모험과 낭만의 이국적인 나라로 보이는 영화 덕분에 인도인들은 크게 존경받고 있다[25](특히 청년기의 마을 소녀들은 그들에게 완전히 매료되어 껌뽕 뚜얼에 있는 사진 스튜디오에서 인도 의상을 흉내 내려고 한다).

분고분하고, 조용하며 부끄러워한다'는 많은 프랑스 작가의 인상을 설명할 것이다. 그들은 실제로 그렇게 될 수 있지만 마을 사람들이 상호 작용할 때 많은 무성하고 시끄럽고 공격적인 행동도 많이 있다.

25 인도와 다른 국가에 대한 크마에의 일반적인 태도에 관한 또 다른 논의는 스타인버그(1959, 286~88)를 참조하라. 그러나 스타인버그와는 반대로 스와이 마을 사람들은 크마에 문화에 대한 힌두교의 영향을 인식하지 못한다. 그들은 중국이 '가족의 일부'라고 생각하지도 않는다. (여러 국가에 대한 정부의 정치적 태도는 Smith 1965를 참조하라.)

스와이 서리에서 단 한 명의 남자만 브농 Bunong으로 알려진 부족 사람들을 실제로 본 적이 있다. 나머지 마을 사람들은 소수 종족 사람들에 대해 소문으로만 알고 있으며 종족 집단을 캄보디아 동부의 야생에 사는 이상한 풍습을 가진 미개한 사람들로 여긴다.

결론적으로 스와이 서리 마을 사람들은 비교적 자주 마을 밖의 다양한 공동체들과 접촉하고, 일부 다른 민족들과 교류하며, 적어도 자기 나라를 넘어서는 세계에 대해 약간은 인식하고 있다. 그러나 마을이 사회적, 정치적, 경제적으로 고립되어 있지는 않지만, 주민들의 시각은 근본적으로 고립적이고 편협하다.[26] 마을 사람들은 그들 자신의 마을에서 가장 안전감을 느끼며, 마을 경계를 넘는 주민들의 여행 대부분은 친족을 방문하는 것이고, 그 외의 여행은 임시 일자리를 찾는 것과 같은 특별한 필요에 의한 것이다. 그리고 친척이나 지인이 아닌 사람들에 대한 그들의 태도는 비록 동료 크마에 일지라도(심지어 동료 농민일지라도), 일반적으로 경계심, 불신, 혹은 혐오하는 태도이다. 더 큰 규모에서는 이러한 감정이 다른 민족에 대해서도 뚜렷하게 나타난다. 어떤 면에서는 다른 크마에를 불안하게 볼 수도 있지만, 일반적으로 크마에의 성격과 행동은 의심할 여지없이 대부분의 다른 민족보다 더 나은 것으로 간주된다. 더욱이 캄보디아가 다른 정치 세력에 맞서 영토 보전, 정치적 독립, 문화적 정체성을 유지하려는 국가라고 정부가 발표함으로 국가 전체에 대한 마을 사람들의 애국심과 충성심이 강화되었다.

---

26 이러한 견해는, 물론 일반적으로 농민들(Wolf 1966, 47)뿐만 아니라 부족과 다른 문화의 전형적인 것이다.

제9장

결론

앞에서 우리는 크마에 마을의 삶에 대한 일반적인 개요를 제시했는데, 마지막 장에서 우리는 그 경계 너머 두 가지 더 큰 관심사로 이동하고자 한다. 첫 번째 문제는 동남아시아 문화의 특성과 캄보디아의 문화적 특징을 이 지역(특히 본토: 역주-대륙에 붙어있는 지역)의 다른 그룹과 비교하는 것이다. 두 번째는 크마에 마을 생활을 일반적으로 농민 집단으로 알려진 사회 유형의 한 예로서 이해하는 것이다.

동남아시아 문화

동남아 문화의 고유성과 다른 지역과는 다른 이 지역의 특성을 개괄하려는 시도가 여러번 있었다. 아시아를 문화지역으로 공식화하려는 노력의 일환으로 엘리자베스 베이컨Elizabeth Bacon(1946)이 제안한 것이 이 지역에 대한 특성화 작업을 위한 최초의 시도 중 하나였다. 그녀는 대륙에 접한 동남아시아와 인도네시아 및 필리핀을 포함하는 동남아시아-인도네시아 문화 권역에서 우리가 관심을 갖고 있는 지역을 따로 떼어 '동남아시아 원시 유목' 수렵·채집 집단이라 불렀다. 후자에 대해서는 그녀가 다양한 – 지형적 분리, 달라진 환경에 대한 생태적 적응 등에 의해 촉진된 다양성 – 문화가 교차·혼합되었다고 인식한 것에서 다음과 같은 기본 특성들을 유추할 수 있다. (1) 생활방식은 농업에 기반한다. 관개가 가능한 지역에서는 어디든지 습식 벼농사를 짓고, 고지대에서는 이동식 농업(역주 – 화전도 이동식 농법의 하나이다)를 한다. 쌀이 주요 작물이지만, 어떤 지역에서는 옥수수가 주곡이 되기도 한다. (2) 돼지와 닭이 주요 식용 동물이며(돼지고기를 금지하는 이슬람 집단을 제외하고), 생선은 식단의 주요한 부분을 차지한다. 물소는 주로 짐수레를 끄는 용도로 기르지만, 유제품은 전혀 사용되지 않는다. (3) 고지대에서 집은 진흙이나 돌로 건축되고 초가로 지붕을 얹지만, 나머지 지역에서 집을 지을 때는 종종 말뚝을 박고 그 위에 대나무와 초가로 짓는다. 기다란 장대 양쪽에 물건을 매달아 옮기는 것이 일반적인 운반 방법이다. 바닷가 사람들은 항해술을 발달시키기도 했다. (4) 정치적으로 중앙정부 등의 형태는 외부의 발달된 문명의 영향인 것으로 보이는데, 예를 들어 왕권의 개념은 인도에서 비롯된 것으로 보이고, 관료제는 중국의 영향으로 보인다. 하지만 촌락은 기본적인 사회정치적 단위로 남아 있다. 농민들 사이에서는 마을 촌장의 지위가 종종 세습되기는 하지만, 투표로 확정되어야만 하고, 마을 장로 회의가 촌장의 권위를 견제하는 '민주적 공동체주의'가 발견된다. (5) 전통적인 토착 종교는 강한 정령 숭배이며, 조상 숭배와 함께 죽은 자들의 영혼을 달래거나 죽은 자를 돌보는 것 등이 있다. 샤머니즘도 많다. 그러나 많은 지역에서 이러한 민속종교는 힌두교, 불교, 이슬람과 같은 여러 고등종교의 영향을 받고, 통합되었다.[1]

베이컨의 공식화는 크뢰버(1947)가 지적했듯이 여러 면에서 문제가 있다. 그녀가 제시한 체계에 대한 다양한 비판 가운데 한 가지는 특별히 중요하다. 베이컨의 분석 중 농경 집단에서 '원시 방

---

[1] 동남아시아에 대한 이러한 공통된 특징을 제안하는 버링(1965a, 2-4)도 참조하라. (1) 여성은 존중과 자유를 갖는다. (2) 가족은 작고, 상대적으로 자율적이며, 큰 친족 그룹은 그다지 흔하지 않다. (3) 다양한 악한 영혼에 대한 믿음, (4) 필수품으로 쌀, (5) 보통 기둥 위에 짓는 대나무 또는 초가의 직사각형 주택, (6) 물질문화에서 철제 도구, 대나무의 빈번한 사용, (7) 광범위하게 퍼진 출산 후 산모의 몸을 '덥히는' 관습. 베이컨이나 버링이 제공한 것과 같은 모습 중 일부를 인용하는 피셔(1964, 69-78) 및 엠브리(1950, 182)도 참조하라.

랑'primitive nomadrc 문화를 분리한 것은 실제로 지리적 영역 내의 문화 유형을 묘사하는 것이었다.[2] 이러한 일련의 견해와 완벽한 일관성을 갖추기 위해 그녀 자신이 하나의 '문화 권역'으로 묶었던 부족 집단과 국가가 조직한 정착 농경민을 분리할 수 있거나 분리해야만 했다. 사실 베이컨은 '고지대'와 저지대가 때때로 다른 특징을 가진다는 점과 인도와 중국 문명의 영향이 일부 그룹에 영향을 미쳤다는 점을 지적하면서 둘 사이의 차이를 암묵적으로 인정한다.

한편으로 동남아시아의 종족민들과 저지대 주민들의 공통점이 무엇인지 묻는 것은 정당한 일이다.[3] 부족민 집단은 인도와 중국과의 접촉으로 만들어진 위협적인 충격과 변화에도 불구하고 그들이 가진 특성의 많은 부분을 끈질기게 유지해 왔다는 것을 보여줘 (정확한 표현은 아닐지라도) 인도-중국화 이전의 문화[4]에 관한 단서를 제공한다고 말할 수 있다. 이러한 영향의 중요성을 과소평가할 수는 없지만(아래 참조), 다음과 같은 점들은 상기할 필요가 있다. 첫째, 동남아시아 문화는 외부의 고급 문명 중 그들이 선택적으로 채택한 것이었다는 점, 둘째 지배층에 비해 일반 대중들에게 미치

---

2 문화 영역과 대조되는 문화 유형에 대한 논의는 스튜워드(1955, 5)장 참조. 그가 지적한 바와 같이, 문화 영역은 '본질적으로 특정 특징을 공유하는 사람들의 지리적 구분'이며, 문화 유형은 간략하게 '첫째, 문화적 생태학적 적응의 문화 간 규칙에 따라 결정되고, 두 번째는 비슷한 수준의 사회 문화적 통합을 나타낸다.'(82, 89). 크뢰버(1947, 329)는 또한 "문화지역"은 물론 영역이 전혀 아니지만, 지역으로 제한된 문화의 종류"라고 지적했다.
3 크뢰버는 베이컨에 대한 그의 비판에서 '실제로는 인도-인도 동쪽 지역 문화 지역을 위한 충분한 견고하고 명확한 기초가 '본질적 변이'가 아니라… 세련된 문화의 침략과 확산 사이의 어느 지점에서만 구 일반 문화의 생존을 위한 다양성(1947, 323)에 있다고 말했다.
4 이 문화의 복원에 관해서는 린톤(1955, 174), 쎄데스(1953, 370-71)를 참조하라. 이 글 2장에서도 요약이 나와 있다.

는 영향은 그리 심하지 않았다는 점이다. 그래서 저지대 집단은 고지대의 부족민 집단과 여러 가지 특성들을 계속해서 공유하고 있다. 예를 들어 주요 작물로 벼농사에 대한 의존 - 가축으로 물소, 돼지, 닭 - 가옥 형태 및 기타 물질문화의 유사성, 정령신앙 등이 그것이다.

그러나 다른 한편으로 고지대의 종족 집단과 저지대의 지배적 문화를 서로 다른 두 가지 문화 유형으로 구분하는 것 또한 의의가 있다. 왜냐하면 이 둘은 - '문화-생태적 적응'과 '사회·문화적 통합 수준'의 차이에 따라(1955, 89) - 문화 유형이라고 구분한 스튜워드의 범주에서 뿐만 아니라 사회정치적 조직에서도 서로 다른 특징을 가지고 있기 때문이다.[5] 동남아시아의 종족 사람들은 경제 조직, 혈연 체계, 종교적 신념, 더 큰 사회에 대한 문화 적응 정도 등의 세부 사항과 관련하여 그들 사이에도 다양성을 보여주지만, 일반적으로는 화전농업에 의존하고 상대적으로 자율권이 있는 마을들에 거주한다. 사회정치적인 주요 단위인 상대적으로 자치적인 마을에 사는 동남아의 종족 집단은 가족을 넘어서는 중요한 친족 집단화를 갖는 단계 출계 친족 시스템을 갖고, 오로지 제한적으로 전문화되고 위계적인 서열이 있는 평등한 사회 구조를 가지며, 마을을 넘어서는 정치 조직은 제한적이거나 없다.[6] 이 마지막 특징은

---

5 다양한 종류의 사회정치적 조직에 대해서는 린톤(1936, 231-52), 로이(1948, 14장), 서비스(1962, 4, 5장)를 참조하라. 이들 서로 다른 저자들은 사회정치적 조직 유형에 대해 다소 다양하게 분류하고 있지만, 그들의 체계의 일반적인 개요는 기본적으로 일치한다.

6 위의 특성화에는 예외가 있다. 일부 종족은 양계제이다. 또한 여러 그룹(예: 까친, 친, 까렌, 메오, 빠따웅)에서는 가능하다면 벼 재배한다. 어떤 경우에는 반봉건 소국가라고 불릴 수도 있는 마을 위의 정치 조직을 가지고 있다. 귀족, 평민, 노예 간에 구별이 있을 수 있다(예: LeBar, Hickey, Musgrave 1964, 52, 62, 64, 74,

저지대 사람들과 더욱 결정적으로 차이가 있다는 것을 의미한다. 부족 그룹이 명목상 어떤 왕국이나 제국의 지배권 아래 있다고 하더라도 그들 대부분은 결코 국가 조직에 완전히 통합되지 않는다. 그들은 종종 저지대 사람들과 다양한 종류의 관계(교역, 노동, 심지어 종족 외 결혼)를 맺었지만(또는 맺고 있지만), 종족민들은 중앙정부와 평야 지대와 해안에서 발전한 인도 또는 중국의 영향을 받은 문명으로부터 상대적으로 고립되어 있다. 대조적으로 이 후자의 지역(평야 지대와 해안 지대)에서 저지대 사람들은 새로운 수준의 사회·문화적 통합을 이루었다. 버마인, 태국인, 라오스인, 크마에, 베트남인, 말레이인 및 다양한 집단의 인도네시아인들은 종종 광범위한 영토와 인구를 통치하는 중앙집권화된 군주제 정부가 있는 국가 형태의 정치 조직을 발전시켰다. 여타 특징들의 필연적인 발전에는 뚜렷한 사회계층, 직업 또는 직무의 전문화, 생산성을 높여 잉여 산물을 가능하게 하는 습식-벼농사, 힌두교·불교·이슬람교의 종교적-철학적-사회적 체계, 법률 편찬 등이 포함된다.[7]

종족 그룹과 저지대의 문화 사이의 이러한 현저한 대조로 크마에 사람들을 같은 수준의 사회·문화적 통합을 대표하는 사람들과 비교하는 것이 적절해 보인다. 현재 캄보디아, 버마, 태국, 라오스, 베트남, 말레이시아, 인도네시아 일부(특히 자바), 필리핀의 지배적인 종족 집단들은 서로 닮은 점이 많다. 크게 보면 크마에 사람들은 버마인, 라오스인, 특히 태국인과 가장 유사하며, 이들은 모

110, 125, 188, Leach 1954 참조). 서비스(1962, 5장)의 용어에 따르면, 그러한 사회는 사회정치적 조직의 종족 형태와 국가 형태 사이의 중간적인 '추장 사회'로 지정된 유형이다.
[7] 물론 그러한 발전은 다른 초기 문명이 발흥할 때 발생한 것과 유사하다. 예를 들어 스튜워드(1955, 11장), 서비스(1962, 171-77)를 참조하라.

두 인도 전통, 불교 및 기타 수많은 동일한 특성을 공유하고 있다. 말레이인과 일부 인도네시아인은 '힌두화'되긴 했었지만, 결국 이슬람교를 받아들였기 때문에 다소 차이가 있다. 베트남인은 중국 유산을 받았기 때문에 차이가 생겼다(인도와 중국의 영향에서 다소 고립되어 다른 국가보다 더 강하게 서구화를 겪은 필리핀인도 마찬가지다).[8]

간단히 말해서 크마에 농민은 앞서 언급한 동남아시아 그룹과 다음과 같은 특징을 공유한다.[9] 일반적인 패턴에 대한 중요한 예외는 언급될 것이다.

(1) 거주 패턴. 동남아시아의 도시화는 여전히 제한적이다. 한 국가에는 몇몇 지방 도시나 교역 도시가 많긴 하지만, 상대적으로 큰 국제적인 중심지는 대개 한 두 개가 있을 뿐이다. 인구 대부분은 선형, 핵형 또는 때로는 분산형 주거 형태를 이루는 시골 마을에 거주한다. 이러한 공동체의 크기는 주민 100명 미만(예: 라오스)에

---

8 동남아시아에 대한 많은 논의에는 보르네오와 필리핀도 포함되는데, 순전히 제한된 에너지 때문에 생략하겠다. 그러나 다양한 보르네오 종족(예: 다약족)과 저지대와 고지대 필리핀 종족 모두가 다른 동남아시아 문화와 어느 정도 뚜렷한 유사점을 가지고 있다는 점에 주목해야 한다.

9 비교 데이터를 위해 다음 출처를 참조했다. 동남아시아에 대한 일반 저작: 르바, 히키, 머스그레이브(1964), 콘더미너스(1953), 버링(1965a), 머독(1960b), 와드(1963), 하트, 라자드 혼, 코플린(1965), 도비(1960). 특정 문화에 관한 특정 저작: 버마-브란트(1954), 스웨이 요(1963), 키앙(1963), 네쉬(1965), 태국-샤프 등(1953), 디영(1955), 카우프먼(1960), 라자드혼(1961), R. 베네딕트(1952), 라오스-카우프먼(1961), 에이야베(1961), 르바와 서더드(1960), 헬펀(1964a, 1964b), 베트남-고루(1955), 콘더미너스(1956), 히키(1964), 말레이시아-퍼스(1946), 긴스버그와 로버트(1957), 쟈무어(1959), 프레이겨(1960), 스위프트(1965), 인도네시아-카텐버그(1952), 콘차라니므랏(1957), 스키너(1959), H. 기어츠(1961, 1963), C. 기어츠(1963a, 1963b).

서 수천 명(예: 베트남)에 이르기까지 다양한데, 이는 생태 자원에 따른 인구 밀도의 지역 분포에 기인한다. 아마도 표준은 마을당 거주자가 400명에서 800명 정도일 것이다. 더 큰 공동체는 촌락으로 나누는 것이 일반적이다. 텃밭과 나무가 산재해 있는 직사각형 형태의 가옥은 일반적으로 기둥 위에(베트남 및 자바 일부 제외) 나무, 대나무 및/또는 초가로 지어진다. 마을에는 불교 사원, 이슬람 모스크, 베트남 딘 사원 또는 기독교 교회와 같은 일종의 종교 중심지가 있는 경우가 많다.

(2) **경제 조직**. 전반적으로 동남아시아 국가들의 경제는 흔히 '이중' 경제라고 불리는 것의 좋은 예가 되는데, 농업 부문과 보통은 발전이 미약한 상업 및 제조업 부문으로 나뉜다(상업과 제조업은 일반적으로 주로 중국인이나 인도인같은 외지인이 운영한다). 동남아시아 인구의 대부분은 농업에 종사하는데, 거대한 농지가 습식 벼농사에 사용된다(모든 나라의 일부 지역에서는 건식 벼를 재배하기도 하기도 한다). 기본적인 벼농사 기술은 모든 곳에서 같지만(초기 쟁기질, 묘판 파종, 모내기 등), 특정 세부 사항은 다를 수도 있다(예: 쟁기의 종류, 파종된 벼의 종류, 거름의 양 및 종류, 천수답인지 관개에 의존하는지, 평지인지 계단식인지 등등). 노동력은 기본적으로 가족이 제공하지만, 농번기에는 가구 집단이 품앗이하거나, 사람을 고용하기도 한다. 매년 한가지 작물만 심는지, 또는 여러 작물을 생산하는지의 여부, 쌀을 집에서 소비하기 위해 심는지, 팔기 위해 심는지에 따라 차이가 있다. 일반적으로 모든 국가, 마을 사람 대부분은 주로 가계 소비를 위해 쌀을 재배하는 것으로 보이며, 시장에서 거래될 만큼 상당량의 잉여분이 생산

되는 곳은 특정 지역(예: 버마 저지대, 태국 삼각주, 캄보디아의 일부 지방)뿐이다(Dobby 1960, 349~50 및 책 전반 참조). 쌀(그리고 가족 식단에 보조 식품을 제공하는 텃밭과 과일나무) 외에도 식량을 늘리기 위해 옥수수를 2차 작물로 재배하기도 하는데, 일부 지역에서는 옥수수가 주곡이 되기도 한다. 일부 지역은 주요 생계 수단이나 보조 활동으로 과일 및 채소 재배(예: 버마 북부의 건조지대, 캄보디아의 강둑) 및/또는 다양한 종류의 환금작물(예: 담배, 면화, 고무)에 집중할 수도 있다.

다양한 물고기는 동남아시아 식단의 필수 요소이며, 실제로 어로는 강가나 해안 마을의 주된 직업이 되기도 한다. 그러나 더 일반적으로 모든 지역의 마을 사람들은 가족이 먹기 위해 가능한 모든 수원에서 물고기를 잡으려고 다양한 기술을 이용한다.

물소 또는 소(이동 수단으로 사용), 닭 및/또는 오리, 돼지(예외적으로 무슬림 집단은 돼지 대신 종종 양이나 염소를 기른다)는 동남아시아 어디에나 있는 가축이다.

공산품에 대한 의존도가 높아짐에도 불구하고 바구니, 돗자리, 도자기, 금속 세공, 옷감 짜기 등 다양한 종류의 수공업은 여전히 널리 퍼져 있다. 이러한 수공업은 종종 농부들이 틈날 때 하는 일이기도 하지만, 마을 내에 수공업을 직업적으로 하는 장인이 적은 수나마 있을 때도 있다. 때로는 마을 전체가 특정 공예를 전문으로 하기도 한다.

전통적인 벌이와 별도로, 가진 것이 별로 없는 사람들은 임시로 돈을 받고 일할 곳을 찾기도 하는데, 예를 들어, 다른 농민에게 고용된 농업 노동자나 도시나 마을, 농장의 단순 노동자가 되는 것 등이다. 또한 일부는 조리된 음식 판매, 장비 대여 등과 같은 다른 수입 창출 활동으로 전환할 수도 있다.

동남아시아의 농민들은 대개 가진 땅이 적고, 자주 농사에 실패해 수확이 적어 (음식이나 생필품을 위해) 적은 금액, (생애 의례를 위해) 큰 금액이 필요해 종종 빚을 지기도 한다. 동남아시아 전역 어디에나 살면서 가게 주인, 브로커, 상인을 하는 중국인들에게 돈을 빌리기도 하지만, 때로 같은 마을 사람(부유한 친척, 지주 또는 그 마을 출신의 상인)에게 빌리기도 한다. 또한 어떤 지역(베트남)에서는 상호 부조와 계 조직이 발견되기도 한다. 농민들의 부채의 정도는 같은 나라라도 지역에 따라(또는 가구별로도) 다를 수 있다.

재산과 관련하여 동남아시아에서는 남성과 여성이 토지와 다른 재산을 각각 소유하는 것이 일반적이지만(아래에 언급된 일부 예외 제외), 결혼한 부부(또는 형제자매)가 때때로 공동으로 재산을 소유하기도 한다. 그러한 개인 소유권이 정착된 집단에서는 이론적으로는 자녀에게 균등하게 상속하는 것이 일반적이다.[10] 그러나 실제로는 특별한 상황에서는 특정 자녀(또는 자녀들)가 더 선호되는 경우도 종종 있을 수 있다. 예를 들어, 결혼 후 연로한 부모를 돌보기 위해 집에 남아 부모와 함께 사는 자녀가 유산을 가장 많이 받을 것이다. 균등 상속이라는 개념은 많은 지역에서 토지의 극단적인 분할로 이어졌다. 또 다른 문제는 버마, 태국, 베트남의 남부 지역에서 흔히 볼 수 있는 것처럼, 특정 개인이 많은 땅을 축적하고 인구 대부분 이 같은 마을에 사는 지주나 부재지주의 소작농으로 전락하는 것이다.

---

10 자녀가 없는 경우 다른 직계 또는 방계 친척의 상속 순서는 문화에 따라 다르다. 또한, 생존 배우자는 고인으로부터 상속권을 가질 수도 있고 그렇지 않을 수도 있다.

베트남, 자바, 네그리 셈빌란-미낭카바우에서는 개인 소유권 및 균등 상속에 대한 예외가 있다. (a) 베트남 마을에는 개인이 소요한 토지 외에도 공동체 토지, 제의를 위한 토지, 부계(또는 그 일부)가 집합적으로 소유한 토지 등이 있다. 부계 상속(막내 또는 장자 상속)이 전통이지만, 남베트남에서는 여성도 상속받는다.[11] (b) 네그리 셈빌란과 미낭카바우의 모계 말레이인들 사이에서 논과 집에 대한 소유권은 일반적으로 여성에게 있으며 상속은 딸을 통해 이어진다. 그러나 고무나무밭은 남성이 소유한다. (c) 자바와 발리는 자손들 사이에 분할된 사유재산 외에 사용권이 개인들에게 구획되어 분배되는 일부 공동 마을 토지도 있다.

(3) **친족과 사회조직**. 아래에서 논의될 일부 단계 출계 집단을 제외하고, 양계제는 동남아시아에서 일반적이다. 결혼은 자유로운 선택이나 부모의 선택에 기반한다. 공동체의 외혼 또는 내혼에 대한 규칙이나 선호는 집단마다 다르다. 일부다처제는 모든 사회에서 합법이긴 하지만, 일부일처제가 가장 흔하다(이혼은 비교적 쉽게 이루어지며 일부 집단에서는 매우 흔하다). 결혼 후 따로 분가해서 나가는 신거제를 선호하거나 이상적으로 생각하지만, 이것도 대부분은 신혼 시절 처가살이(아주 가끔은 시집살이) 후에나 독립해서 나간다. 영구적인 처가살이나 시집살이도 발견되는데, 이는 특별히 한 명의 자녀(대개 막내이고 대개는 딸이다)가 부모를 돌보기 위해 결혼 후에도 살던 집에 그대로 사는 것이 널리 퍼져 있기

---

[11] 베트남의 토지 보유와 상속 패턴은 남북 베트남의 농지 개혁 계획과 변화하는 시스템으로 복잡해졌다. 자세한 내용은 히키(1964, 42-44, 132-33), 르바, 히키, 머스그레이브(1964, 165)를 참조하라.

때문이다. 이러한 거주 양식과 관련하여 핵가족은 일반적으로 이상적이면서도 통계상의 전형이다. 하지만 핵가족에 더해서 배우자의 형제자매나 조부모 등과 같은 몇몇 다른 친척들이 추가로 구성되는 가구인 대가족도 아주 일반적이다. 느슨하게 정의된 개인적 혈연관계와 생애주기 의례와 협동 노동 등에 기반하여 임시로 구성된 분파라고 할 만한 것을 빼고는 가족을 넘는 더 큰 혈족 집단은 없다. 대개 혈족과의 상호작용을 규제하는 확고한 규정은 없고, 개인적인 감정이나 동기를 기초로 특정 친척들과 얼마나 친하게 지낼지 결정할 상당한 자유가 있다. 친족 용어 체계는 세부 사항에서 약간의 변화를 보여주지만, 전반적으로는 몇 가지 공통점이 있다. 직계 또는 양계 윗세대에 대한 같은 용어 사용, 사촌에 대한 에스키모, 또는 하와이 친족 용어, 그리고 형제자매뿐만 아니라 종종 부모의 형제자매와 사촌의 상대적인 연령 구분에 따른 호칭 등.

단계 출계는 베트남(부계), 말라야와 미낭카바우의 네그리 셈빌란(모계), 인도네시아 일부(예: 부계 토바 바탁족)에서 발견된다. 남베트남과 네그리 셈빌란에서는 시집살이나 처가살이가 전통이지만, 핵가족이 흔한 주거 단위이다. 하지만 혈통이든 씨족이든 더 큰 친족 집단은 재산을 소유하고, 가족 구성원들의 행동을 통제하고, 의례를 주관하는 등에 있어서 중요한 기능을 하기도 한다. 단계 출계 원칙은 재산 상속을 위해서도 중요할 수 있다.

동남아시아의 좀 더 일반적인 사회조직은 대체로 그 성격에 있어서 본질적으로 평등주의에 기반한다. 생활 양식에서 빈부 차이가 드러나고, 명백해지기도 하지만, 대체로 마을 내에서는 뚜렷하게 정의된 사회계층은 없다. 베트남과 같은 일부 지역에서 부유한 사람은 공식·비공식적 권위에 더 쉽게 접근이 가능할 수 있긴 하지만, 존경과 신망을 얻기 위해서는 나이나 종교심과 같은 다른 특징들이 부와 같거나, 더 중요한 덕목으로 여겨진다. 평등주의는 여성의 지위에서도 드러난다. 민법과 종교 교리에서 남성에게 종속되지만, 여성은 가정 안팎에서 대체로 상당한 자유, 책임과 발언권을 갖는다.

혈족이 아닌 이웃과 친구들은 친척들만큼이나 중요할 수 있다. 우애 집단을 이루어 가족 행사, 품앗이 노동 등에 도움을 제공할 수도 있기 때문이다. 최근 몇 년 동안 정부와 정당들 및 종교가 다양한 동호회와 기타 그룹을 조직했을 수도 있는 일부 지역을 제외하고는 동남아시아 마을에서 토착적인 비혈족 협력관계는 상대적으로 드물다고 할 수 있다.

모든 마을 사람은 자신이 속한 공동체를 일종의 내부자 집단으로 보고 확고한 일체감을 가지고 충성한다. 그들은 자신이 소유한 땅에 대한 애착을 품고 있을 뿐 아니라 같은 동네 사는 친척들과는 강한 결속감을 갖고, 동네 이웃들과도 우정으로 강하게 맺어져 있다. 그러나 마을 결속의 정도와 성격, 공동체 활동의 범위는 다양한 것으로 보인다.[12] 예를 들어 울프는 자바 마을 사람들은 강한 공동체성을 가진 닫힌 공동체, 외부자와 외부의 영향에 대한 저항, 토지에 대한 자유로운 처분에 대한 공동체 관할권, 비교적 자급자족하는 등의 특성이 있다고 보았다. 공동체 토지를 갖고 있거나, 마을 사람 모두가 유지 관리에 참여하는 관개 시스템을 갖는 다른 지역, 예를 들어 베트남의 경우, 역시 강한 공동체 의식을 보여준다. 그러나 캄보디아와 버마, 태국, 라오스의 경우, 마을 결속을 강

---

12 이용할 수 있는 논문에서 이 마을 생활 차원을 찾아내기는 쉽지 않다.

제하거나 명확하게 정의하는 확고한 규정이 없다. 마을 전체가 노동력이 필요한 어떤 부분(공공사업, 지역 축제 지원 등)에는 협력하기도 하지만, 이런 일은 상대적으로 드물거나 부차적인 활동들일 수 있다.

국가 전체라는 더 큰 사회조직 내에서 시골 인구는 귀족이나 고위 관료, 사업가들이나 상인들, 사무직 노동자 등의 상위 계층에 종속된 계층을 이룬다. 계층이라는 전반적인 체계의 정확한 특성과 그것의 경직성과 느슨함은 나라마다 다르다(예를 들어 버마는 느슨한 민족적 사회 구조를 가지고 있는 데 반해 자바와 발리는 상대적으로 경직됨). 그러나 더 큰 사회 내에서 상향 이동의 가능성은 모든 나라에서 존재하는 것 같다. 동남아시아 전역의 공교육 확산이 시골 마을 사람들도 비농업 직업이나 과거보다 더 전문적인 일을 가질 엄청난 기회를 제공한다는 것은 의심의 여지가 없다. 하지만 실제로는 소수의 농민만이 더 높은 사회경제적 지위로 올라갈 가능성이 있다.

(4) **종교**. 동남아시아의 모든 저지대 문화는 외부로부터 유입된 고등종교를 신봉한다. 버마인, 태국인, 크마에, 라오스인들은 남방불교를, 말레이와 인도네시아 사람 대부분은 이슬람을, 베트남에서는 대승불교와 유교, 도교가 혼합된 종교를, 일부 베트남 사람들과 필리핀 사람들, 토바 바딱과 같은 소수의 인도네시아 사람들은 기독교를 믿는다.[13] 물론 이 모든 종교는 복잡한 교리체계, 규정된

---

13 베트남에는 카오다이 Cao Dai와 호아하오 Hoa Hao라는 토착 종교 체계도 있다. 둘 다 개혁 불교 운동으로 간주되지만, 까오다이는 다양한 다른 종교의 혼합주의적 요소도 갖고 있다(Hickey 1964, 55, 290-94 참조).

행동, 휴일이나 기타 제례 의식, 사제나 진행자, 종교 건물 등을 포함하는 것이다. 시골 마을 사람들은 대체로 열렬한 신자이며, 다양한 방식으로 여러 문화적 제도의 형태로 혼합되어 있을 그들 각각의 종교에 참여한다.

고등종교 외에 시골 마을 사람들은(종종 도시민들도) 토착적이고, 전통적인 종교 체계에 대한 믿음과 관습을 유지한다. 이들은 대개 정령숭배의 영혼(예, 버마의 낟 nat 신앙, 태국과 라오스의 피 phi, 크마에의 네악 따, 말라야의 한투 hantu)과 조상 혼, 유령, 악령 등과 같은 다양한 기타 초자연적인 존재들을 중심으로 한다. 종종 적절하게 비위를 맞춰주거나 존중받지 않으면 고약하고 해로운 존재로 받아들여지는 이러한 초자연적 존재를 다루기 위한 다양한 종류의 전문가들(치료자, 축귀자, 영매 등)과 제사 의식, 제물, 부적, 방법 등이 있다. 그러한 민속 종교가 고등종교의 사제나 진행자들이 이러한 민속종교들을 용인하거나 말거나, 시골 마을 사람들은 다양한 초자연적 존재들이 실재한다는 믿음과 본질적으로 주술의 효능에 대한 확고한 믿음을 갖고 있다.

(5) 정치 조직. 동남아시아 시골 마을의 공식 정치 조직은 모두 중앙정부(입헌군주제나 공화국)의 체계에 통합되어 있다. 마을 이장은 대개 선거로 뽑는다. 하지만 어떤 경우, 선거란 실제 고위 관리나 전임자의 지명이나 세습 승계를 명목상 승인하는 요식행위일 수도 있다. 마을 이장은 크고 작은 책무를 부여받으며, 미약하나마 공권력을 가진다. 그러나 실제로 그의 실효 권위는 전적으로 자기 자질에 달려 있는 것으로 보인다. 마을 이장은 몇 명의 하급 관리들과 일종의 마을 회의가 보조한다.

중앙정부는 나라마다 다양한 방식으로 마을 사람들에게 영향을 끼친다. 물론 모든 곳에서 마을 주민들은 세금을 내야만 하며, 위로부터 부과된 법령을 준수해야만 한다. 결과적으로 마을 사람들은 확대된 교육이나 의료 시설, 농업 개선 프로그램과 같은 실질적 혜택을 일부 받을 수도 있고, 정부 관리를 뽑는 투표나 정당에 가입을 통해 정부에 미미한 소리를 낼 가능성도 있긴 하다(정당 가입에 있어서 버마나 자바 등에서는 정당과 중앙 정치에 관한 관심이 지역에서도 높지만, 태국이나 캄보디아와 같은 나라의 경우 시골 주민들은 국내 정치에 대해 무지하거나 아무런 관심이 없다). 일반적으로 마을 주민들은 아래의 선동에 움직이기보다는 위로부터의 명령에 따라 움직이는 수동적인 행위자이다. 사회적으로 우월한 직위를 가진 정부 관리에게 순종적이지만, 중앙정부 조직에 대해서는 종종 체념, 무관심 또는 심지어 적대적인 시각을 보이기도 한다.[14]

공식적인 정치 조직 외에도 마을에는 비공식적인 사회적 통제 수단이 있으며 종종 비공식적인 지도자도 있다. 많은 동남아시아 문화의 느슨한 구조가 심각한 규범을 위반하지 않는 한 행동의 상당한 변형을 허용하지만, 험담, 수치심, 추방과 같은 전통적인 통제 방법이 효과적으로 바람직한 품행을 유지할 수 있다(단일 혈족 그룹이 존재하는 경우, 이러한 방법들이 구성원에 대한 특별한 통제를 행사할 수도 있다). 비공식적 지도자는 공식적인 마을 이장이 약한 곳에서 자주 발견된다. 그러한 지도자는 나이, 부, 강인한 인격 및 기타 자질들을 통해 권위를 획득할 수도 있으며, 공동체나

---

[14] 그러나 경우에 따라 캄보디아의 쎄이하눅이나 전성기의 우 누와 수카르노 Sukarno와 같은 특정 지도자가 대중에게서 큰 인기를 얻을 수도 있다. 또한 태국과 캄보디아에서는 군주제와 국왕 제도가 큰 존경을 받는다.

개인적인 사안들 모두에 상당한 통제를 행사할 수도 있다. 불교의 승려나 무슬림의 이맘과 같은 종교인들이 권위를 가지고 세속의 일들에 대해 조언하는 인물이 될 수도 있다.

(6) **생애주기**. 동남아시아의 모든 사회에서 생애주기에 있어 가장 중요한 행사는 크든 작든 의례를 통해 기념되어야 한다. 이 지역의 주요 통과의례는 다음과 같은 것들이 있다. (A) 자녀 출산 후 동남아시아 사람들의 보편적인 관습은 '훈증'인데, 이는 산모가 일정 기간 열원 근처나 위에 있는 것을 의미한다. 신생아에 대한 일종의 의식도 거행된다. (b) 어린 시절이나 청소년기 동안 서로 다른 집단은 다양한 시기에 따른 다양한 의식을 치른다. 지금은 거의 사라졌지만, 태국과 라오스, 크마에 사람들은 자녀의 머리를 삭발하거나 유아(태국) 또는 좀 자란 아이나 청소년 초기에(라오스와 캄보디아) 정수리 머리카락을 자르는 전통이 있었다. 버마에서는 어린 여자아이의 귀를 뚫는 의식이 중요한 의례이다. 반면 라오스와 캄보디아에서는 여자아이가 초경을 시작할 때 이 의례를 거행한다. 이슬람 문화에서 사춘기 소년의 할례의식이 주요한 행사였다. 남방불교 국가들에서는 이것과 비교할 만한 소년들에 대한 사춘기 의례가 없다. 하지만 사미승으로 수계를 받는 것은 정성스럽게 의례로 진행되는데, 주로 청소년기 초기에 거행된다. (c) 약혼식과 결혼식 절차는 집단에 따라 모두 다르지만, 결혼 예식이 상대적으로 간소하든(버마의 경우), 성대한 잔치가 동반되든(태국과 캄보디아의 경우) 그 형식과 관계없이 아주 중요한 행사이다. 크마에와 베트남 사람들은 처가 봉사 전통이 있는데, 이는 약혼자가 자신의 가치를 증명하기 위해 미래의 장인, 장모에게 노동력을 제공하

는 것이다. (d) 장례 또한 간소하거나(말레이), 정성스럽게(불교 국가들) 거행되는데, 다양한 문화에 따라 정확한 예식 절차가 다르다. 시신의 최종 처리는 매장이나 화장이다(많은 집단에서 자연사냐 아니면 사고, 출산 중 사망 등과 같은 비자연적 원인에 의한 죽음이냐에 따라 차이가 있다. 후자의 경우는 다르게 취급되거나 성급하게 처리될 수도 있다).

생애주기의 다른 중요한 측면들과 관련하여 어린이의 사회화는 거의 모든 곳에서 관대하거나 허용적인 특성을 띤다. 결혼은 대개 청소년기 말이나 20대 초반에 하는데, 기혼자는 성인이 되었음을 은연 중에나 명시적으로 드러낸다. 나이 든 사람들은 나이에 대한 존중 때문에 특별하게 존경받는다(대개는 나이 어린 사람은 연장자에게 예의를 갖추어 인사해야만 한다는 상대적 나이 차이에 대한 고려도 있다).

마지막으로 내가 문헌에 대한 철저한 검토나 명확한 분석을 했다고 주장하지는 않지만, 동남아시아의 지리적 지역은 다음과 같은 (임시) 문화 유형과 하위 유형으로 구성되어 있다고 볼 수 있다.

종족 문화				농민들과 국가를 조직한 문화			
수렵채집 집단	농경 집단		남방 불교	힌두화된 문화			중국화
	화전, 상대적으로 자율적인 마을	추장제 사회 :가끔 정주 농경		이슬람			베트남
				쌍방적 (예: 말레이인, 자바인)	일방적 (예: 네그리 셈빌란)		

이 작업 틀 내에 크마에는 일반적인 동남아시아 문화 유형(또는 지역)에 속하는 것으로 간주될 수 있다.[15] 그러나 보다 '구체적'으

로 크마에 사람들은 다른 국가 조직 집단들과 다양한 특성을 공유하며, '힌두화된' 문화의 유사성을 가장 현저하게 보여준다. 더욱 특이하게도 크마에는 태국, 라오스, 버마 등의 다른 남방불교 문화를 가진 나라들과 거의 모든 측면에서 인상적인 유사성을 갖고 있다. 크마에, 태국, 라오스 사람들은 특별히 태국과 라오스 간의 문화-언어적 관계에서 특히 유사하고, 태국과 캄보디아 간에는 주기적인 정치적 적대 관계에도 불구하고 상당한 문화적 상호 교환이 수 세기에 걸쳐서 일어났다.[16]

농촌사회 개념

사회과학 역사에서 사회를 유형별로 범주화하려는 시도가 여러 번 있었다. 초기의 분류는 메인의 지위와 계약 또는 혈족과 영토 사이의 구별(Ancient Law, 1861)과 같이 주로 '보다 원시적인'과 '더 문명화된' 사회들(또는 그 특징) 사이를 양극단으로 폭

---

15 나는 하위 유형을 설명하기 위해 다양한 기준을 사용했음을 알고 있다. 예를 들어, 부족 집단을 구별하는 데는 경제적, 사회정치적 특성을 취했고, 국가가 조직한 다양한 문화를 구별하는 데에는 폭넓은 문화적 영향과 종교를 활용했다. 이러한 기준의 다양성은 비판받을 수 있지만, 내가 만든 구별은 동남아시아의 전체 문화를 분류하는 데 중요한 것으로 생각한다. 그러나 물론 다른 기준에 따라 다른 유형이 있을 수 있다.
16 초기 태국 왕국(예: 수코타이, 아유타야)은 알파벳, 신성한 왕권 개념, 다양한 행정 관행, 법률, 물질문화 요소 등 고대 크마에의 여러 특성을 채택했다(Blanchard et al. 1958, 26-27, 76-77). 실제로 정치적 갈등은 태국인들이 주기적으로 크마에 영토의 일부를 점령하고 문화 강사 역할을 했던 크마에 관리, 지식인, 장인 등을 포로로 끌고 갔고, 크마에도 태국인에게 동일한 일을 했기 때문에 문화 교류에 도움이 되었다. 문화 요소는 현재에도 국가들 사이로 퍼져 나간다. 예를 들어, 현대 캄보디아에서 인기 있는 춤 형식은 태국에서 유래되었다. 다른 동남아시아 문화 간에도 유사한 교류가 발생한다. 베트남이 크마에식 쟁기를 채택한 것이 증거이다(Hickey 1964, 136).

넓게 나누는 이분법에 따라 이루어졌다. 스펜서의 투사와 산업 노동자(Principles of Sociology, 1874), 퇴니스의 게마인샤프트와 게젤샤프트(1887), 뒤르케임의 기계적 연대와 유기적 연대(The Division of Labor in Society, 1893), 패드필드의 촌락 사람들과 도시 사람들(folk and urban, Folk Cultures of Yucatan, 1941) 등에서 이런 접근이 이루어졌다(P.248, 11줄. Boskoff 1957, C.Geertz, 192 참조). 최근 몇 년 동안 점점 많은 민족지 연구가 현대 민족국가의 공동체에서 시행되면서, 인류학은 '원시'와 '문명' 사이를 이어주는 역할을 하는 것처럼 보이고, 양쪽의 특성을 조금씩 띠고 있는 사회 유형(말하자면 농촌사회)에 관해 관심을 기울여 왔다.[17] 농촌사회는 '종족'과 '도시' 사회와 구별되는 자체의 지위를 부여받고 있으며, 농촌사회의 특성을 정의하려는 시도에 관심이 집중되고 있다.[18]

---

17 사실, 우리가 지금 농민이라고 부르는 집단은 사실 방금 언급한 여러 저자들에 의해 논의되었지만(예를 들어, Tönnies, Maine) 별도의 유형으로 구별되지는 않았다(C. Geertz 1962, 1 참조). 농민은 또한 역사가(예: Marc Bloch, Feudal Society, University of Chicago Press, 1961, Jerome Blum, Lord, and Peasant in Russia, Princeton, 1961), 경제학자(특히 경제 역사가, 농업 경제학자, 개발 전문 경제학자, 예를 들어, 예: B. H. S. van Bath, The Agrarian History of Western Europe, St. Martins Press, 1963, Theodore Schultz, Transforming Traditional Agriculture, Yale, 1964), 정치학자(예: Daniel Lerner, The Passing of Traditional Society, Free Press Macmillan, 1958) 및 사회학자(예: Max Weber; W. I. Thomas and F. Znaniecki, The Polish Peasant in Europe and America, Knopf, 1927, Barrington Moore, 독재와 민주주의의 사회적 기원: 현대 세계를 만드는 데 있어서의 영주와 농민, Beacon, 1967). (또한 Chiva 1958; C. Geertz 1962; 울프 1966의 참고문헌과 Études Rurales 및 Economic Development and Culture Change와 같은 저널을 참조하라)와 같은 다른 분야의 학자들이 연구해 왔다. 그러나 다른 분야의 작업은 역사가 다니엘 토너의 인도 토지와 노동(Taplinger, 1966)과 같은 중요한 예외를 제외하고는 주로 유럽 문화에 초점을 맞췄고, 농민을 사회적 유형으로 정의하는 데 관심을 두지 않았다.

이러한 후자의 노력과 관련하여 예닐곱 명의 걸출한 이름들이 거론되어야 할 것이다. 크뢰버(1948), 레드필드(1955, 1956), 스튜워드(1950, 1955)와 울프(1955, 1966)가 그들이다. 크뢰버의 문장 속에 농촌사회란 '부분-문화를 가진 부분-사회'(1948, 248)라는 기본적인 합의가 있지만, 다른 학자들은 부분과 포괄적인 전체 사이의 관계라는 다른 측면들을 강조한다. 레드필드는 농민을 주로 그들의 가치관과 세계관 그리고 생활양식의 관점에서 논하는데, 이는 상류사회와 대비해 설명된다. 반면 스튜워드는 경제조직과 농촌사회가 민족국가와 연결 짓는 방식에 더 큰 관심을 기울인다(Geertz 1961, 3~4). 한편 울프는 그의 가장 최근 저작에서 (1966) 더 큰 사회 내에서 농민들의 경제와 정치적 지위에 대해 강조하는 것을 볼 때, 스튜워드와 위트포겔 모두에게서 영향을 받은 것처럼 보인다. 더구나 농촌사회와 더 큰 사회 사이 관계의 다양한 측면들과 그 자체의 고유한 특징에 관해 보다 정확하게 서술하기 위한 노력 속에서 많은 다양한 인류학자들과 저작들은 농촌사회 구조, 공동체 내의 상호작용 형태, 농민 경제 조직과 시장 체제, 권력관계, 부분과 전체 사이를 매개하는 '문화 브로커들', 더 크고 작은 전통 간의 교류 등과 같은 주제들에 대해 논의하고 있다(P.249, 14줄. 예를 들어, Firth 1951, 3장, 1964, Fallers 1961, Fichen 1961, Foster 1961a, 1965, Lewis 1955, 1961, Firth and Yamey 1964, Mintz 1959, Wittfogel 1957, Wolf 1956,

---

18 게다가, 더 큰 전체 내에서 농민과 다른 공동체를 연구하는 방법에 대한 논의가 있었다. C. 기어츠(1962, 7-34)와 특히, 레드필드(1955), 스튜워드(1950, 1955, 3, 4장), 아렌스버그(1954, 1957, 1961), 매너스(1957). 그러나 이 문제는 이 장의 즉각적인 관심사가 아니다.

Marriott 1955, Potter, Diaz, and Foster 1967 등).[19]

사회 유형으로서의 농촌사회에 대한 잠정적 모델은 다양한 저작들에서 논의된 농민사회의 특징들을 결합함으로써 구축될 수 있다.

(1) **경제조직.** (a) 농민은 경작이 '생계이자, 생활방식'(Redfield 1956, 27)인 동시에 '경제 단위이자 가정'(Wolf 1966, 13)인 농업 농촌 인구이다.[20] (b) 농업인으로서의 농민은 일반적으로 토지에 대한 깊은 애착을 가지고 있는데, 이 애착은 실용적일 뿐만 아니라 공경의 마음에 우러난 것일 수도 있다(때로 농민들은 도시의 비농업 노동과 가치를 폄하하기도 함)(P.249, 24줄. Redfield 1956, 112, 123, 140, Firth 1951, 87, Kroeber 1948, 284, Wolf 1955, 459). 울프는 농촌사회를 정의하는 특성 중 하나가 개인 소유, 논쟁의 여지가 없는 무단 경작자의 권리 또는 임대를 통해 토지를 '효과적으로 통제'하는 것이라고 생각하며, '토지 통제가 외부 권위에 종속되는 임차인'은 제외한다고 생각한다(1955, 453). 그러나 레드필드(1956, 28)와 퍼스(1964, 17)는 특정한 형태의 소유권이 토지에 대한 실제 사용권과 애착만큼 중요하지 않다고 여긴다. 스튜워드(Padilla 1957, 25에서 인용)[21] 또

---

19 농민을 포함하는 '중간 사회' 개념은 레이(1959)의 다른 글뿐 아니라 카라스렌디(1959)도 참조하라. 또한 치비(1958), C. 기어츠(1962), 프리들(1963)은 농민이나 그와 관련 주제에 관한 최근 문헌에 대한 일반적인 평가를 제공한다.
20 그러나 퍼스(1951, 87; 1964, 18)는 농촌의 수공업자, 어부, 심지어 상인도 농사꾼과 '같은 시스템의 일부인 경우' 농민 범주에 포함했다. 울프(1955, 453)는 가축 사육자, 노천 광부, 고무 채취자 등 뿐 아니라 특히 어부를 제외한다. 루이스(1961)도 장인과 기타 비농업인을 제외한다.
21 패딜러가 인용한 스튜워드(1956)의 아티클 제목은 '다문화 유형으로서의 가족 재배 농장'이다.

한 '생산 단위에 대한 개별 소유권 또는 개인 권리'에 대해 넓은 의미에서 이야기한다. (c) 세계 대부분 지역에서 이 땅은 울프(1966, 19~21)가 인간과 동물의 노동력에 단순한 기계가 더해진 '고기술 생태유형paleotechnic ecotype'이라고 부른 것을 활용한 비교적 단순한 기술로 경작된다(P.249, 아래서 5줄. Firth 1956, 87; 1964, 17, Steward in Padilla 1957, 25). 가족이나 친족 집단(어떤 형태를 취하든지 간에)은 자기들이 사용하거나 통제하고 있는 토지에 대해 필수적인 노동력을 제공하며, 필요한 경우 협동 또는 고용된 노동의 도움을 받기도 한다(P.249, 아래서 2줄. Firth 1951, 88; Fitchen 1961, Steward in Padilla 1957, 25). (d) 농민들은 생계용 작물 및/또는 환금작물을 경작할 수도 있다. 둘 다 재배할 경우, 둘의 상대적 비율은 집단에 따라 달라질 것이다. 어쨌든 농민의 주된 목표는 기업 농업인처럼 생산성 확대를 위한 소득의 재투자보다는 생계를 위한 생산이다. 잉여 산물 또는 농작물을 통한 수입은 주로 농민 자신의 필요(동물 먹이기, 필요한 작업 도구 또는 가정용품의 교체 또는 수리, 사회적으로 장려되는 의례 후원 등) 또는 '임대료'나 농업생산물에 대한 유치권을 가진 사람에게 지불하는 세금과 같은 것을 내는 데 사용된다.(Wolf 1955, 454; 1966, 5-13). 또한 농민은 수입을 늘리기 위해 종종 틈틈이 공예품을 만들어 팔거나 날품팔이를 하기도 한다(Wolf 1966, 445). (e) 생계에 대한 이러한 초점에도 불구하고 농민 가정이나 공동체는 결코 자율적인 경제 단위가 아니다. 농산물의 판매와 필요한 물품의 구매 모두를 위해 농민은(크든 작든) 시장에 연결되어 있다.[22]

---

22 농민이 다루는 두 가지 주요 시장 시스템에 대해서는 울프(1966, 40~48)를 참조하라.

그리고 이 시장은 지역은 물론 종종 국제 무역과 연결되어, 농촌 사회와 더 큰 전체 사이를 잇는 주요한 연결고리 중의 하나가 된다(P.250, 14줄. Wolf 1966, 40~48; Firth 1964, 17, Redfield 1956, 49, Mintz 1959). 농민의 마케팅은 산업화된 사회의 상업적인 마케팅과는 다른데, 이는 농민들의 제한된 생산, 제한된 구매력과 저장시설의 부재로 인한 것이다(Wolf 1966, 48). 그러나 시장은 농민의 경제뿐만 아니라, 농민의 삶 다른 영역에도 최소한, 때론 상당한 영향을 미치기도 한다(Firth 1951, 90~100 참조). (f) 농민은 시장 시스템에 참여하는 것 외에도 신용이나 부채 관계를 통해 상인이나 고리대금업자들(또는 마을의 이웃이나 친척 등)과 얽히기도 하는데, 이는 빈약한 저축, 수확 전의 결핍, 작황의 실패 및 특별한 의례를 위한 비용을 마련하기 위한 것이다(Firth 1964, 29-33).

(2) **사회조직**. 피첸(1961)은 주로 유럽과 라틴 아메리카 농민 데이터를 이용하여 농민사회 구조의 몇 가지 특징을 제안했는데, 그 중 일부는 다른 학자들도 제안한 것이기도 하다. (a) 친족이 대인 관계를 구성하는 데 기본적인 역할을 하는 종족 사회와 대조적으로, 농민사회는 개인들 사이의 혈연관계가 아닌 의지에 의한 관계-본질적으로 계약에 의한 일시적인 관계-가 지배적이다(P.250, 아래서 7줄. Fitchen 1961, 114-115). 울프(1966, 78-91) 또한 '연대'에 대한 그의 논의에서 같은 개념을 은연 중에 내비친다. 농민들은 다른 사람들이나 가정들과 다양한 이유로 다양한 협력관계를 만들기는 하지만, 그러한 관계에 과도하게 에너지를 빼앗기는 것을 피하려고 짧은 기간 안에 끝나는 일시적인 성격

을 갖는 것을 특징으로 한다.²³ (b) 일반적으로 혈족 관계가 사회조직을 질서화하는 데 그다지 중요하지 않다는 사실에도 불구하고, 농민들의 삶에 있어 매우 중요하다고 가정되는 혈족 집단이 하나 있는데 다름 아닌 가족 또는 가정이다. 이 가족 집단이 핵가족이든, 어떤 형태의 대가족²⁴이든 상대적으로 자율적이고, 자경자족하는 집단을 형성한다(즉, 가족 집단은 반드시 더 큰 혈족 집단에 속박되거나 다른 가족들과 영구적으로 연대할 필요는 없다). 가족 집단은 공유 재산과 협동 노동을 통해 소비와 생산에 근본이 되는 경제 단위를 구성하며, 사회와 종교 활동의 초점이기도 하다(P.251, 6줄. Fitchen 1961, 115-116, Wolf 1955, 459, 464; 1966, 38, 45, 62~72, 91). (c) 지역 공동체는 가정을 제외하고는 어떤 것에도 뒤지지 않는 중요한 단위일 수 있는데, 이는 공동의 경제활동, 강한 내부자 의식, 때로는 공동체 재산 또는 족내혼의 높은 발생률의 유지와 같은 덕목에 의해 이루어진다(Fitchen 1961, 116, '닫힌' 공동체에 대한 Wolf 1955; 1957 참조). 그러나 공동체의

---

23 이러한 생각을 확장하면서 대인 관계의 질을 강조하면서 포스터(1961a)는 농민사회가 갈등, 적대감, 불신, 험담 등을 특징으로 한다고 제안했다. 경제적인 것을 포함한 자원이 한정적이라고 받아들여지기 때문에 한 사람의 이익이 다른 사람의 손실이 될 수밖에 없기 때문이다(이 개념은 포스터[1965]에 더 자세히 설명되어 있다. 또한 "폐쇄된" 농민 공동체의 "제도화된 질투"에 대한 울프 1955를 참조하라). 그러나 포스터의 대인 관계 특성화(Redfield 1956, 140, Lewis 1961, Pitt-Rivers 1961 참조)와 '제한된 선' 개념(예를 들어 Piker 1966, Kennedy 1966 참조)에는 (실질적 및 방법론적 근거 모두에서) 도전들이 있다. 더욱이 포스터(1961a, 175)는 자기의 일반화가 동남아시아 농민에게는 적용되지 않을 수도 있다고 지적한다. 또한 태국 사회에 대한 논평이 일반적으로 크마에도 적용되는 피커(1966)를 참조하라.
24 핵가족이나 확장된 형태의 가족을 선호하는 조건과 가족 내에서 부분적이거나 나누어질 수 없는 상속과 관련된 요인에 대한 논의는 울프(1966, 65-76)를 참조하라.

경제적 및 또는 사회적 자율성은 다양할 수 있다. 예를 들어 북인도의 족외혼 마을(Lewis 1955)이나 울프의 '열린' 공동체(1955)를 참조하라. (d) 피첸은 더 나아가 농촌사회 내에서 분명하거나 불변하는(예를 들어 혈통과 같은) '수직적 분할'이나 '명확하게 정의된 수평적 계층'이 없고, '동일한 통합 수준 내에서 사회 단위들이 변화할 수 있다'라고 주장한다(1961, 116-17, 118). 그녀는 이것이 모든 농민사회, 지적하자면 인도와 같은 사회에는 적용되지 않는다고 언급하며, 단계 혈족을 가진 동남아시아 농민들에 일반화하는 것도 적절하지 않을 것이다. 그러나 그녀의 요지는 '이웃 간의 분열, 경제와 정치에서의 파벌주의'와 다양한 지위의 구분이 있을 수 있다 하더라도, 대개 대다수의 농민 공동체는 단지 최소한의 그리고 엄격하지 않은 내부 분열(116, 117)이 있다는 점을 잘 이해하고 있다. 울프(1955, 1957)는 또한 '열린' 공동체에서는 지위에 대해 지대한 관심을 두지만, 그의 '닫힌 공동체', 농민 유형에서는 지위의 차이가 '빈곤 숭배'와 '제도화된 부러움'에 의해 확고하게 평준화된다는 점을 언급한다. (e) 농촌사회 내에 명확하게 나누어지는 계층이 없는 반면, 더 큰 사회와의 관계 속에서 농민들은 귀족, 관리들, 지주와 상인들 등의 지배 집단에 복종하는 하나의 계층을 형성한다(Kroeber 1948, Redfield 1956, Fitchen 1961, Wolf 1966). 농민은 계급 간의 사회적 차이에 대해 알고 있으며, 대체로 읍내인들과 도시인들을 양가적인 시선으로 바라본다(Redfield 1956, 140, Wolf 1966, 46-47). 한편으로 도시인들은 존경과 부러움의 대상이 되며, 최소한 공공연한 존중과 복종을 받을 수도 있다. 다른 한편으로는 그들은 도시인들을 의심하거나 혐오할 수도 있으며, 비도덕적이고, 게으르다는 등의 감정으로 볼 수도 있다. 서로 다른 사회경제적 계층 간(농민들을 더 큰 전체와 연결하는 데 도움을 주는)의 격차 해소는 지역의 관리들, 학교 교사들 및 의사 등과 같은 다양한 중간자들 또는 '문화 중개인'(Wolf 1956)이다(Redfield 1956, 60 참조). 농민 계층에서 상위 단계로 진입할 가능성은 사회마다 다양하다. 그러나 이는 일반적으로 가난뿐 아니라 만연한 보수주의와 전통에 대한 헌신에 방해받기 마련이다.[25]

(3) **정치 조직**. 울프에 따르면, 농촌사회를 정의하는 특징 중 하나는 국가 내에서의 통합(도시와 단순하게 상호작용하는 것이 아닌)이다(1966, 11). 지역 공동체에는 나름의 정치 조직(농민의 삶에서 상당한 권위와 중요성을 가질 수 있음)이 있지만, 정치적 자율성이 결여되어 있으며(P.251, 맨아래. Kroeber 1948, 248), 궁극적으로 더 높은 권위의 통제하에 있다. 농민에 대한 엘리트의 정치적 권위는 필연적으로 지대, 세금, 임대료나 부역의 형태로 농민들의 생산물이나 노역의 일부를 통제할 수 있는 경제적 권력으로 귀결된다(P.252, 3줄. Wolf 1966, 10, 50-57. 영역 유형에 관한 논의 참조). 그러나 농민은 그 자신의 필요와 외부자들의 요구 사이에서 균형을 유지하려 한다(P.252, 5줄. Wolf 1966, 13).

(4) **종교와 이념**. 농민 문화에 대한 종교, 지성, 이념의 영역은 레드필드(1956, 3장)와 다른 사람들(예: Marriott 1955)이 크고 작

---

[25] 울프(1966, 16-17)는 다른 사람들이 지적한 농민의 특징인 이러한 보수주의와 전통주의(예: Redfield 1956, 137)가 더 큰 시스템 내에서 농민이 특정 자율성과 생존 능력을 유지하는 데 도움이 되는 이점으로 간주한다.

은 전통의 관점에서 논의되어 왔다. 레드필드의 개념화에서 '성찰적인 소수의 위대한 전통'은 '세속과 신성한 권력'을 모두 가진 지식인이나 귀족과 같은 상류계층의 다양한 구성원에 의해 계발되고 수행되는 반면, '대부분 성찰적이지 않은 다수의 작은 전통'은 농촌사회 사이에서 육성된다(1956, 70). 하지만 두 전통은 지속적인 상호작용과 의사소통 중에 있다고 여겨진다. 작은 전통의 양상은 마을 수준을 넘어 그 위에서 전파되는 반면, 위대한 전통의 요소들은 자연스러운 여과 또는 부과를 통해 농촌사회에 내려온다(즉, Marriott's '보편화'와 '지역화', 1955). 따라서 농민들의 의식-종교 체계와 우주관은 일반적으로 두 전통이 혼합된(예를 들어 고등종교에 전통적인 정령에 대한 믿음이 결합되어 하나가 된) 것이다(예: Redfield 1956, 71ff, Marriott 1955, Obeyesekere 1963, Brohm 1963, Wolf 1966, 102-3쪽 참조). 울프는 더 나아가 농민의 종교를 다음과 같은 말로 특징짓는다. '농민의 의례는 믿음이 아닌 행위에 초점을 둔다. 그것은 규범의 규제적 성격을 강조한다… 사회 질서가 목적이다. 농민들의 종교는 공리주의적이면서 도덕주의적이지만, 윤리적이지 않고 의문을 제기하지 않는다'(1966, 99).

앞 장에서 제시된 크마에 쌀 농사꾼의 문화와 사회는 방금 제시한 농촌사회의 모델과 근접하게 일치된다는 것을 보여준다. 크마에 데이터를 하나하나 요약하는 데 문제가 없다면, 일반적으로 크마에 마을 생활은 많은 인류학자가 다른 시대 및/또는 세계의 다른 지역에서 농촌사회의 특징으로 제시된 다양한 특징을 거의 모두 입증한다고 말할 수 있다. 크마에로 된 자료에 기초하여 내가 제기하고자 하는 몇 가지 질문은 다음과 같다. (1) 스와이에는 토지가 전혀 없거나 주로 농사가 아닌 직업으로 먹고사는 사람들이 있다. 그러나 다른 모든 면에서 그들은 동료 마을 사람들과 같다.[26] 이러한 사람들을 그들의 이웃과 다른 비농민으로 분류해야 하는지는 논쟁의 여지가 있다. 나는 농촌사회를 느슨하게 규정하는 것을 허용하는 퍼스의 의견을 따르려고 하는데, 이에 따르면 시골의 수공업자들은 퍼스의 용어에 의하면 그들도 농업인들로서 '같은 사회체계의 일부'이다(1964, 18) (2) 농촌사회에서는 부족 사회와는 대조적으로 혈연관계가 상대적으로 덜 중요하다는 피첸의 지적은 일반적으로 타당하다. 그러나 이것이 적어도 '크마에 사람들 사이에서 친척 중에서 선택하거나 심지어 무시할 수 있는 선택권이 있지만, 많은 영역에서 혈연관계가 중요하다'는 사실을 모호하게 해서는 안된다. (3) 피첸은 또한 공동체 전체가 가정 다음으로 중요할 수 있다고 주장한다. 스와이 마을 사람들에게 공동체는 충성심과 동일시 대상이지만, 공동체 활동은 상대적으로 적고 마을 결속을 강제하는 확고한 구속력은 없는 것으로 보였다. 이 점에 대한 데이터가 항상 명확한 것은 아니지만, 다른 많은 동남아시아 공동체에서도 마찬가지인 것으로 보인다(이 장의 앞부분 참조). 따라서 피첸은 이러한 농촌사회의 특징이 보편적인 것은 아니라고 명시한 것은 현명한 처사이다.

---

26 더욱이 스와이의 많은 토지 소유 경작자들조차도 자신들의 필요를 충족시키기 위해 다양한 비농업 활동에 의존해야 했으며, 이는 울프(1966, 45)가 지적한 관행이 일반적으로 농민들 사이에서 흔히 나타나는 것으로 나타났다. 그러한 상황은 다음과 같은 질문을 제기한다: 그렇다면 엄격한 의미에서(즉, 경작자로서) 개인이나 가구를 농민으로 분류하는 것은 농업 활동과 비농업 활동의 상대적인 비율, 즉 마을 주민에 달려 있는가? 주관적인 평가가 가장 중요한가, 아니면 다른 기준에 따라 평가하는가?

이제 우리는 농촌사회에 대한 일반적인 이해에서 농촌사회의 유형 문제로 넘어간다. 이 점에 있어서 볼프의 라틴 아메리카 농민 유형, 특히 '열린' 공동체와 '닫힌' 공동체 사이의 구분에 대한 잠정적 묘사(1955)는 특별히 중요하다. 중부 자바 사회를 '닫힌' 공동체의 예로 특성화한 것(Wolf 1957)은 그의 유형들을 광범위하게 적용할 수 있는지에 의문을 제기한다. 다음 논의는 크마에 농촌사회가 볼프의 모델 중 하나에 적합한지 여부에 관한 것이다.

울프의 유형론은 특정 유형의 공동체와 더 큰 사회·문화적 전체(특정한 역사적 조건에 따라 나타나는 경제적, 사회정치적 성격을 특별히 강조하는) 사이의 특정 유형의 구조적 관계에 기반을 두고 있다(1955, 454-455). 그는 '농민'이라는 용어를 '이윤을 위한 사업이 아니라 생계 수단으로 농업을 수행하여 토지를 효과적으로 관리하는 농업 생산자'로 국한해서 사용함으로 시작한다(Wolf 1957, 1). 열린 공동체와 닫힌 공동체가 공유하는 두 가지 특징은 전통적인 재배 기술과 생산 및 소비의 궁극적인 단위로서의 가족이다. 반면 둘은 여러 면에서 대조적이다. 요약하면 각 유형의 특징은 다음과 같다.

'닫힌 지역 공동체'는 '외부인과 내부인 모두와 관련하여 경계가 명확하게 나누어지는 사회 시스템'이다(Wolf 1955, 456).

> 그들은 권리와 회원자격의 영속성을 유지하는 지역 조직이다. 그리고 그들은 이러한 특권을 내부자에게 제한하고 구성원들이 더 큰 사회와 사회적 관계를 맺는 것에 긴밀하게 참여하는 것을 단념하도록 해서 닫힌 지역이다(Wolf 1957, 2).

토지의 자유로운 처분에 대한 공동체의 통제는 외부 영향과 이주한 낯선 이에 대한 저항을 더욱 가중시킨다(그 토지는 어쩌면 공동소유일 수도 있지만, 개인 소유의 토지 또한 외지인들에게 판매하는 것을 금지하는 제재 대상이 된다). 토지와 기술의 특성상 생산성이 낮기에 농민은 가난한데, 이 때문에 닫힌 공동체의 고립이 심화되고 있다. 특정 종류의 시장과 연결되어 있지만 판매와 구매 모두 제한적인 경향이 있어, 최소한의 상품만이 외부에서 들어올 뿐이다. 공동체 내에는 고된 노동, 금욕주의 및 소비에 대한 특정한 기준에 대한 집착을 칭송하는 '가난 숭배'를 통해, 개인적인 이동과 부의 축적을 억누르는 '제도화된 시기심'(뒷담화, 마술 등)을 통해 잉여물의 재분배하거나 폐기(예를 들면 종교 행사에 기부하는 것)하도록 공동체가 압력을 행사하는 것을 통해 지위의 차이를 평준화하는 희한한 경향이 있다(자세한 내용은 Wolf 1955, 456-59, 1957를 참조하라).

대조적으로, '열린' 공동체는 다방 면에서 더 큰 사회와 연결되어 있다. 공동체 회원자격은 제한이 없으며 사유지는 소유자의 의사에 따라 처분될 수 있다. 생계유지를 위한 작물 외에도 일종의 환금작물이(그 수입은 적다고 하더라도) 국내 및 국제 무역과 연결된 투기 시장에서 정기적으로 판매된다. 이러한 환금작물의 생산에는 도시 후견인에게서 오는 외부 자본(일반적으로 소규모 및 간헐적이지만)이 관여할 수도 있고, 농민은 필요할 때 생산물을 변경하여 시장에 대응할 수 있다. 공동체는 또한 외부 영향과 상품의 유입에 대해 개방적이고 수용적이다. 공동체 내에서 지위 차이는 허용되고 실제로 예상된다. 부의 축적과 부의 과시에 대한 제재가 없으며 지위의 변동은 지속적이다(자세한 내용은 Wolf 1955, 461-66 참조).

스와이 마을 및 기타 데이터에서 알려진 크마에 쌀 농사꾼은 열린 공동체와 닫힌 공동체 모두를 대표하는 특징을 나타낸다. 크마에 공동체는 공동으로 소유한 토지가 없고, 개인이 소유한 토지를 원하는 대로 자유롭게 처분하는 것에 대해 공동체의 명시적인 제재가 없다는 점에서 열려 있다(예: 공동체 내 이주자는 마을에서 상속된 토지를 유지할 수 있고, 외부인에게 토지를 임대하거나 판매할 수도 있다. 자바[Wolf 1957, 2] 참조). 또한 외부인이 마을로 이주해 들어오는 것을 제한하지도 않는다(단, '훌륭한 인격'인지 지역 관리에게 확인받아야만 한다). 또한 족외혼의 비율이 높은 결과, 이웃 마을들과 혈연이나 친구 관계로 결속된다. 그러나 다른 한편으로는 외부인에 대한 편협한 태도가 뿌리 깊어, 낯선 공동체에서 온 외부인이나 낯선 외부 공동체에 가는 것에 대한 불신과 두려움이 있다. 따라서 이주해 들어오는 것이나 외부인에 대한 토지 판매에 대한 명확한 금지가 없는데도 원래 그 마을 출신이거나, 마을 사람과 결혼했다거나 또는 그 마을에 친척이 있는 것이 아닌 이상 어떤 개인이 감히 마을에 땅을 사서 정착하는 일은 거의 일어나지 않을 것이라는 점에서 크마에 공동체는 폐쇄적이다. 따라서 외부인의 공동체 유입을 막는 것은 노골적인 공동체 제재라기보다는 뿌리 깊은 마을의 폐쇄성이다.

전통적인 기술, 평범한 토질, 비교적 작은 토지 소유(인구 압박과 상속을 통한 구획화로 인해)로 스와이와 여타 많은 마을은 주로 생계를 위해 쌀을 경작한다. 잉여분의 판매는 제한적이거나 가끔 일어나는 일일 뿐이다(주로 판매를 위해 생산하는 특정 지역 제외). 따라서 크마에 공동체는 상대적으로 가난한 경향이 있으며 다양한 요구를 충족시키기 위해 종종 날품을 팔기도 한다. 더욱이 빈곤은 외부로부터의 물질적 재화의 유입을 주로 기능적 품목으로 제한하고, 마을 사람들은 계속해서 많은 생필품을 스스로 제작한다. 앞의 모든 특징은 닫힌 공동체의 특징이지만, 크마에 공동체는 국내 및 국제 무역을 포함하는 복잡한 시장과 명백히 연결되어 있고, 마을 사람들이 외부 상품을 수용할 뿐만 아니라 외부 상품을 요구하고 있고, 그에 대한 의존도가 커지고 있다는 점에서 열려 있다(채소, 과일, 다양한 환금작물을 재배하고, 농산물 대부분을 시장에서 처분하고, 쌀 농사꾼보다 훨씬 높은 소득을 올리는 밭(쩜까) 농사꾼의 경우 공동체의 개방성이 의심할 여지 없이 높아진다).

소비 패턴과 부의 축적과 관련하여, 크마에 사람들은 울프가 닫힌 공동체에 대해 묘사하는 재산 축적에 대해 '제도화된 시기심'이나 여타 강력한 제재를 보여주지 않는다. 또한 진정한 '빈곤 숭배'도 존재하지 않는다(비록 마을 사람들은 종종 스스로 '고되게 일해야 하는 우리 가난한 농민'이라고 부르며, 필요할 때는 허리띠를 졸라맬 것이다). 실제로 부의 축적과 사회적 이동의 성취는 존경받고, 막연한 부러움을 사며, 심지어 원하는 바이다(열렬히 추구하는 것은 상대적으로 드물지만). 그러나 자원이 부족하여 부의 축적이 쉽거나 빈번하게 이루어지지 않는다. 대개는 촌락을 떠나 비농업 분야에 종사해야 부를 이룰 수 있다. 게다가, 특정 소비 패턴 이상으로 소비하는 것에 대한 명시적인 제재는 없지만(실제로 사람들은 부유한 사람들이 더 높은 생활 수준을 보일 것으로 생각한다), 스와이의 부유한 사람들은 허세를 부리지 않는다. 그들은 더 좋은 집, 더 좋고 많은 가구, 옷, 음식 등을 가지고 있지만 그들의 일반적인 외모와 태도는 가난한 사람들과 거의 다르지 않으며 눈에 띄게 부를 과시하지도 않는다. 이것은 그들이 이웃의 뒷담화, 질투 또는 주술을 두려워하기 때문이 아니다. 그들의 겸손함은 이 부유한 마을 사람들이 물질적 부나 과시보다 영적 성취가 더 중요하다는 불교의 이상을 믿는 독실한 불교도이기 때문인 것 같다. 크마에 마을은 일반적으로 평등주의적 성향이 있는데, 이는 주로 이 종교적 이상에서 비롯된 것이며, 볼프가 열린 공동체의 전형으로 인용한 지위의 재정의 및 재정립에 대해서는 크게 관심은 없다.[27] 종교와 관련하여 또 다른 요점은 닫힌 공동체에서 그러하듯 크마에 마을 사람들의 잉여 상당 부분이 종교적 목적(즉, 불교 사원에 대한 기부)을 위해 유출될 수 있다는 것이다. 그러나 이러한 유출이 볼프의 닫힌 공동체의 예에서는 마을 의식에 참여하라는 공동의 압력 때문에 발생하는 반면, 크마에 마을에서는 종교적 공로를 얻으려는 개인의 욕망 때문에 발생한다[28](이러한 공로를 획득하는 사람은 공동체 내에서 명성을 얻을 수 있지만, 크마에 마을의 정치와 종교 시스템은 울프가 메소-아메리카에 관해 설명하는 방식으로 맞물리지는 않는다). 생애주기 의례의 거행, 연례 휴일, 치료 의식 등은 잉여를 더욱 감소시킬 수 있다(또한 많은 가족이 빚을 지게 할 수도 있다는 것이 지적되어야만 한다).

마지막으로, 크마에 농민 공동체는 농촌 마을 사람들과 더 큰 사

---

27 크마에가 평등주의 이상을 고수하는 동시에 부의 축적을 허용하거나 심지어 원한다고 말하는 것은 모순으로 보일 수 있다. 이 둘이 공존할 수 있다는 것은 다음과 같이 설명될 수 있다. 첫째, 물질적 성공의 성취는 전생에 쌓아온 종교적 공덕의 표시로 여겨질 수 있다. 둘째, 물질적 부와 계층 이동에 대한 욕구가 증가하면서(특히 젊은이들의 경우) 불교 규범이 상대적으로 약화되었음을 보여준다(5장 참조).

28 이러한 공덕을 쌓고자 하는 욕구는 문화적 규범이라는 점에서 공동체적으로 용인된다고 할 수 있다. 그러나 사원 활동에 최소한으로만 참여하거나 승려에게 시주를 거의 하지 않는 사람들에 대해 공동체는 비난하지 않는다.

회의 상위 계층 또는 도시 부분 사이에 사회적 거리가 있다는 의미에서 닫힌 것으로 간주될 수 있다. 시골 마을 사람들은 확실히 보수적이고 전통적인 태도와 관습을 유지한다. 대부분의 일상적 인간관계와 개인의 생애주기는 공동체의 범위 안에서 일어난다. 그러나 동시에 크마에 공동체가 울프가 설명하는 것만큼 긴밀하게 짜여 있고 결속이 강한 것은 아니라는 점에서는 열려 있다(예: 실제 공동의 의례가 거의 없으며, [적어도 스와이에서는] 공식적인 마을 정치 조직이 약함). 마을은 읍내와 도시를 포함한 다른 공동체와 중요한 유대를 유지한다. 그리고 많은 마을 사람(특히 젊은 세대)은 외부의 많은(전부는 아니지만) 상품과 아이디어에 대해 궁금해 하며 수용적이다.

울프는 더 큰 사회의 특정 요인에 대한 응답으로 다양한 유형의 공동체가 발생한다고 강조한다. 그는 메소-아메리카와 자바에서 폐쇄된 공동체의 부흥기를 이끈 역사적 조건에 대해 논한다. (1) 정복과 식민주의는 경제를 지배적인 기업가 부문과 종속적인 농민으로 이원화했고, 토지 제한은 농민들로 기업 활동을 위한 시간제 노동자가 되도록 강제했다. (2) 동시에 정치적 영역에서 식민행정과 원주민 행정이 이중화되었고, 시골 공동체는 후자의 관할 아래 비교적 자치적인 정치적 실체가 되었다(울프의 전체 주장을 여기에 제시할 수는 없다. 자세한 내용은 1957, 7~12 참조). 라틴 아메리카의 열린 공동체는 '유럽 자본주의 발전과 함께 증가하는 환금작물 수요에 대응하여' 발전했다. 따라서 그것은 '외부 세계와의 지속적인 상호작용을 강조하고, 부의 축적이 외부 수요와 연결되었다'(Wolf 1955, 462). 이러한 유형의 공동체는 또한 구세계(462, 역자 주: 유럽)에서 원래 이식된 위계적 관계와 (시장에서만 그리고 오직 돈으로만 얻을 수 있는) 위신을 얻기 위한 상품의 소비 패턴을 보여준다.

캄보디아도 식민주의와 경제의 이원화를 경험했지만, 완전히 닫힌 공동체(울프가 설명하는 형태)가 발전하지 못한 것은 여러 요인 때문일 수 있다.

(1) 메소아메리카의 스페인인과 자바의 네덜란드인과 달리 캄보디아의 프랑스인은 노동력을 창출하기 위해 농민이 이용할 수 있는 토지를 제한하지 않았다. 오히려 프랑스인은 캄보디아의 농업 자원을 유지하고 장려했는데, 특히 강둑에서 현금 경작을 확대했다. 그런데 쌀이 주요 수출품이 되면서 쌀 경작자도 복잡한 시장에 참여할 기회가 생겼다. 고무 농장과 같이 프랑스인의 자극을 받은 여타 산업에 필요한 노동력은 토착 크마에보다도 중국인과 베트남인과 같은 이민자에 의해 제공되었는데, 크마에들은 압도적 다수가 자기 소유의 땅에서 전업 농사꾼으로 남았다. 캄보디아 내 다양한 지역의 공동체들이 경작지가 제한되어 있는 경우, 이는 정부의 법령 때문이라기보다는 새로운 경작지 확장이 불가능한 지역에서 인구 밀도가 자연 증가한 까닭이다.

(2) 캄보디아에는 공유토지 제도의 전통이 없었다. 권력자들의 수입을 늘리기 위한 수단으로 토지는 오랫동안 자유롭게 처분할 수 있는 권리를 가진 개인이 가상 또는 실제 사유로 소유해 왔다. 따라서 토지에 대한 공동 관할의 전통도 없고, 공동체 구성원의 자격을 엄격하게 제한하는 전통도 없다.[29]

---

29 공유토지가 없다는 점 외에 왜 크마에 마을이 외부인에게 상대적으로 개방적인지 완전히 명확하지 않다. 아마도 크마에들이 고대와 비교적 현대에 새로운 땅으

(3) 메소아메리카와 자바에서와 같이 캄보디아의 유럽 관리들은 원주민 행정의 외형을 유지했고 식민지배자와 원주민 농민 사이의 접촉은 거의 없었다. 그러나 지역 정치 조직이 장려되었음에도 (예: 마을 사람들에게 면장을 선출할 수 있는 권리를 부여함), 크마에 공동체는 중미 또는 자바 공동체의 정치적 자치권을 갖고 있지 않은 것 같다. 지방 촌장들에게는 다양한 책임과 권한이 있었지만, 마을을 국가 행정의 하부 단위로 더 긴밀하게 통합하려는 시도가 있었던 것으로 보이는데(예: 현재 모든 세금은 중앙정부로 직행하며, 지방 공무원이 일정 비율을 떼던 것은 없어졌다), 이는 식민지 이전에 있었던 후견 관계 시스템을 대체하기 위한 것이었다.

그러나 완전히 폐쇄된 공동체가 캄보디아에서 발전하지 않았다면 울프가 라틴 아메리카에 관해 설명한 것처럼 완전히 개방된 공동체도 발전하지 않았다. 이것은 이전 논의에서 이미 언급한 몇 가지 요인으로 인한 것 같은데, 이 중 일부를 요약하면 다음과 같다.

(1) 개방된 라틴 아메리카 지역 사회의 환금작물과 대조적으로, 스와이와 같은 크마에 마을은 소유한 경작지가 작고, 작물의 특성상 경작이 주로 생계를 위한 것이다. 따라서 시장과의 연결은 제한적이긴 하지만, 이와 동시에 농민들은 외부 생산물과 상품에 의존

로 확장하는 과정에 있었을 때, 전형적인 정착 패턴은 아마도 소규모 친족 공동체였을 것이기 때문일 것이다(Delvert 1961, 206~7 참조). 그러한 공동체는 적절한 결혼 파트너를 찾기 위해 외혼을 실천해야 했을 것이며, 적어도 결혼을 통해서는 외부인을 받아들이는 것이 일반화되었다. 델베르트는 또한 현대 크마에인들이 ('경제적, 가족적, 종교적 이유로') 거주지를 쉽게 바꾼다고 생각하지만(1961, 198), 나는 그에게 전적으로 동의하지는 않는다.

함으로 시장과 밀접하게 엮이게 되었다. (2) 부의 축적은 허용되지만, 부를 축적하기 어렵다는 점과 불교 교리로 인해 공동체 내에서 지위에 대한 정교한 장치와 과시는 자제된다. (3) 농민의 폐쇄성, 섬나라 근성, 보수주의는 이주자와 외부의 영향에 대해 완전히 개방하는 것을 방해한다.

요컨대 크마에 사람들은 개방형 또는 폐쇄형 공동체 둘 중 어느 하나도 완전히 따르지 않고, 양쪽 모두의 특징을 보여준다. 그렇다고 이것이 울프의 유형론을 무효화시키는 것은 아니다. 왜냐하면 그는 유형들을 잠정적인 진술로 제시했을 뿐만 아니라 다른 유형의 존재가 가능함을 확실히 인식하고 있었기 때문이다(1955, 467-69; 1957, 6-7). 울프는 자바에서 폐쇄된 공동체를 찾았지만, 크마에의 예는 동남아시아(그리고 아마도 이 지역 내의 종류가 다른 경작자에 대해서도) 농촌사회에 대한 유형이 개선되어야 함을 보여준다.[30] 여기에서 그러한 유형을 기술하는 것은 이 논문의 범위를 벗어나지만, 이것은 분명히 좀 더 연구해야 할 영역이다.

---

30 또한 크마에가 라틴 아메리카 또는 자바족 공동체와 유사한 특정 경우에는 유사한 특징이 서로 다른 역사적, 기능적 결정 요인을 갖고 있다는 점도 고려해야 한다.

부록

부록 A
크마에 민족학 문헌

크마에 문화에 대한 문헌의 완벽하게 포괄적인 설명은 이 논문에 사용할 수 있는 제한된 시간과 공간을 넘어서는 광범위한 주석이 달린 참고문헌이어야 한다. 내가 지금 여기 있는 목적은 크마에 사회와 문화에 대한 주요 자료에 대한 간략한 평가를 제공하는 것이다.

19세기 말(또는 그 이전) 캄보디아에 대한 정보로는 두 가지 이름이 눈에 띈다. 첫 번째는 프랑스 식민지 시대의 행정가로서 의무를 동시에 수행하며 인상적인 학술적 저술을 배출한 아드마드 르끌레어이다. 그 대부분(Leclere 1890; 1894; 1898)은 19세기와 그 이전의 법전을 다루고 있다. 이들 법령에서는 혈연관계부터 야사까지 다양한 주제의 귀중한 정보를 수집할 수 있지만, 그 자료가 당대 현장에 적용되기보다는 역사적 관심사가 주를 이루고 있는 경우가 많고, 법률이 항상 현지 수준에서 실제 관행을 드러내는 것은 아니라는 점을 상기해야 한다. 르끌레어는 또한 종교적 의식 생활에 대한 몇 가지 중요한 이야기를 저술했다(Leclere 1899, 1916). 둘째, 에티에네 에이마니어는 고대 크마에에 주된 관심이 있는 금석학자였다. 그러나 그의 캄보디아 왕국 Royaume du Cambodge(1900)는 19세기 캄보디아 사회와 문화의 수많은 면(특히 전반적인 사회 구조)의 세부 사항으로 제시한다.

현대 크마에에 대한 자료에서는 두 사람의 이름이 중요하다. 첫째, 아버지(크마에 역사와 고고학 학자 조르지 마스페로)의 전통을 이어가는 에벌린 포레-마스페로는 우리에게 종교 의례 생활에 관한 수많은 저작을 제공하였다. 비록 그녀가 전문적인 민족학자는 아니고 그녀의 기록들은 항상 이상적인 의식 절차의 형태와 그들의 실제 관행을 구분하지 않았지만(비록 그녀는 이 둘의 차이를 알고 있다고 밝혔지만), 그녀는 캄보디아 도덕 및 관습위원회 Commission des Moeurs et Coutumes du Cambodge 파일과 그녀의 캄보디아 경험에서 정보를 제공하는 귀중한 역할을 감당했다. 둘째, 진 델버트가 최근 출간한 캄보디아 농민 La Paysan cambodgien(1961)은 크마에 농민에 대한 우리의 관심을 불러일으키는 신호탄으로 작용하고 있다. 델버트는 지금까지 무시되거나 그냥 지나치고 넘어갔던 캄보디아 사회의 중요한 계층인 농민에게만 초점을 맞춘 최초의 학자이다. 그는 경제지리학자로서 자연스럽게 농민 경제조직과 활동에 집중했지만, 정착 삶의 패턴과 식생활 같은 주제에 새로운 시각을 제시하고, 모든 것을 매우 상세하고 폭넓게 논의한다(Ebihara 1963 참조).

위의 내용 외에도 유용한 프랑스 저작으로는 크마에 문화의 다양한 측면을 다룬 기사를 모은 프렌스-에시에(1955)의 특별판과 가상의 마을 가족에 대한 낭만적이면서도 흥미로운 이야기를 다룬 모노드(1931), 연령별 크마에 여성의 지위 논의를 위한 티에리(1955), 결혼 관행과 법률을 고려한 더긴연도 미상)과 링아트(1952)가 있다.

크마에에 대해 찾아볼 수 있는 유일한 영어 정보는 캄보디아 문화와 사회에 대한 일반적인 조사를 제공하는 인간관계 영역의 자료들 Human Relations Area Files의 후원으로 제작된 몇 권의 책이다.[1] 이 중 첫 번째(Zadrozny 1955)는 단연 최고이다. 이는 다른 저작(주로 프랑스 출처)의 데이터를 번역하고 요약하는 데 그치지만, 다양한 자료를 모으고, 정보가 도출된 출처를 인용한다. 다른 저작물(Steinberg 1959, 1957의 개정판)은 자드로즈니가 이 자료를 (축약된 형태로) 반복하고 새로운 정보를 추가한다. 그러나 출처 인용도 없고 데이터가 어디서 어떻게 얻어졌는지, 얼마나 정확할 수 있는지도 확실치 않다(Groslier 1957 참조). 그러나 중앙정부 조직과 같은 주제에 대한 논의에는 꽤 유용하다.

---

[1] 크마에인에 관한 간략한 글은 에비하라(1964; 1966)가 작성했다. 정치학에서는 캄보디아에서 실제 현장 연구를 한 로저 스미스(1964, 1965)가 뛰어난 업적을 남겼다. 윌리엄 윌모트는 중국 소수민족에 관한 연구를 수행해 왔지만, 나는 그가 출판한 저작을 보지 못했다(The Chinese in Cambodia, Vancouver, University of British Columbia, 1967).

부록 B

연구 상황

내 현장 조사는 1958년에 나에게 보조금을 수여한 포드 재단 해외지역연수 펠로우십 프로그램의 후원을 받았다. 1958년 여름 크마에 관련 문헌을 읽고, 음성학과 음소론을 공부하고, 크마에어 가정교사를 물색한 끝에 1958년 11월 미국을 떠났다. 현장으로 가는 길에 2주간 파리에서 박물관, 도서관, 특히 동남아시아 연구 전문가인 프랑스 학자들(G. Coedes, E. Poree-Maspero, F. Martini C. Archaimbault, G. Condominas)을 만나기 위해 시간을 보냈다.

나는 1959년 1월에 캄보디아에 도착하여 14개월간의 캄보디아 체류를 시작했다. 처음 3개월 반 동안 나는 세 가지 기본 작업을 수행했는데, 그 나라를 잘 아는 다양한 사람들과 이야기하고, 시골을 여행하여 여러 마을을 조사하며, 크마에 언어의 기초를 배우는 것이었다.

특정 지역을 결정하고 그곳에 거주할 수 있는 정부 허가를 받은 나는 1959년 4월에 스와리 서리로 이사했다. 나는 촌락 안에 좋은 위치에 있는 작은 집을 얻었다(이혼한 남자가 임대료를 내고 기꺼이 비워줌) (지도 4 참조). 가사도우미에 대한 나의 요청에 대한 응답으로, 마을 사람들은 두 명의 젊은 여성을 소개했는데, 그들은 둘 다 돈이 필요하고 일을 분담할 것이라는 이유였다. 쏜과 어으는 충실한 가사도우미일 뿐만 아니라 마을 가족들에게 소중한 유대를 제공하는 유쾌한 동반자였다. 같은 방식으로 스와이 동리에 사는 한 청년(쭐른)이 스와이에서 프랑스어를 할 수 있는 유일한 사람으로 나에게 소개되었다. 그의 프랑스어 구사력은 사실 다소 미약했지만, 완벽한 통역사는 아니더라도 자발적이고 유능한 통역사였다. 처음 몇 달 동안 쭐른은 하루에 몇 시간 동안 나를 위해 통역했다. 그 후 나는 정기적으로 그를 여행의 가이드로 삼기도 하고 어려운 인터뷰에 동행해 통역을 요청하기도 했다. 내가 크마에어를 구사하는 처음 몇 달 동안 프놈펜에서 배운 '공식적인' 언어보다는 마을 사람들의 구어체에 적응해야 했기 때문에, 내 대화나 인터뷰의 대부분 또는 전부를 이해하기에 충분해졌다. 그러나 솔직히 말해서 나는 크마에어를 완전히 유창하게 구사하지도 못하고 그 언어를 읽을 줄도 모른다.

그 당시 마을에 대한 나의 첫 환영은 전혀 어려움이 없는 것처럼 보였다. 처음부터 나는 마을 사람들, 특히 연장자들로부터 진정한 환대와 따뜻함을 느꼈다. 나는 스와이를 떠나기 직전에 나의 가장 친한 친구 한 명이 내게 한 얘기 때문에 놀랐었는데, 그것은 많은 마을 사람이 내가 그들의 공동체에 들어가는 것에 대해 실제로 매우 의심하고 화를 냈으며, 내가 추방되지 않은 것은 오직 관대한 사람들(그들 중 한 명이 링인데, 그는 스와이 서리의 비공식 지도자이다)이 마을 사람들에게 '두고 보라'고 훈계했기 때문이었다. 그러나 약 한 달 후, 마을 사람들이 나의 활동을 관찰하면서 내가 크마에 관습을 공부하기 위한 학생으로 왔다는 나의 의도를 완전히 믿고 이해하게 되었다. 내 존재는 그들에게 자부심이나 자랑의 원천이 되었고 내 이웃은 낯선 사람들에게 다음과 같이 설명했다. "그녀는 캄보디아 풍습을 보러 왔다. 그녀는 질문하고 지켜본다. 그리고 그녀는 일을 마치면 비행기를 타고 집으로 돌아가 우리에 관한 책을 쓸 것이다." 내 집은 업무적으로나 호기심을 위해 방문하고 라디오를 듣고 간단한 약을 받는 장소가 되었다. 반대로, 그들의 집은 나에게 우정과 조언을 쌓고, 정보를 얻는 원천이 되었다. 나는 특정한 개인 및 가족(특히 나를 진짜 부모와 조부모처럼 돌봐준 1번, 20번 집)과 애정으로 가상의 친족 관계를 맺었다. 나는 마을 사람들이 그들 자신이 무엇인가 확신하지 못할 때만 모호하거나 주저했고, 보통은 정직하고 정확한 정보를 나에게 주었다고 믿는다. 그들은 내가 '책'을 쓸 것이라고 알고 있었더라도, 특히 비공식 대화 과정에서 그들의 드러내고자 하는 마음이 그들에게 거짓말을 하게 하거나 불법적, 비도덕적인 활동을 숨길 수 없게 하였다.

스와이 내에서 나는 일상적인 대화, 공식적인 인터뷰, 특정 주제에 대한 인구 조사 또는 설문지, 참가자 관찰 및 스틸 사진과 같은 전통적인 민족학적 기법을 통해 데이터들을 수집했다. 또한, 스와이 이외의 크마에 문화에 대한 자료는 도시 크마에인, 오랜 기간 거주한 프랑스인, 미국 외무부 또는 재외공관(USOM)의 미국인, UNESCO 또는 WHO와 같은 유엔기구와 유럽인과의 대화에서 수집되었다. 특히 프놈펜에 있는 캄보디아 도덕 및 관습위원회의 규정에 대한 연구와 '가축'에서 '영귀'에 이르는 크마에어로 작성된 다양한 측면의 문서들(다양한 지역과 삶의 여정, 예를 들어 학생들, 지역 공무원들, 평신도 사제들)이다. 파일을 완전히 커버할 수는 없었지만(각각 100개의 카테고리가 포함되어 있으며 각각 더 많거나 더 적은 양의 문서로 채워져 있다), 나는 캄보디아의 다른 지역의 관행에 대한 비교 데이터를 위해 가장 관심이 있는 주제를 주의 깊게 조사했다. 또한, 1960년에 미국으로 돌아온 후 나는 크마에 대한 기존 문헌을 더 많이 읽었고 캄보디아에 오기 전에 검토한 작품을 다시 읽었으며 서면 출처가 나의 현지조사 이전보다 훨씬 의미 있음을 발견했다. 캄보디아에 오기 전에는 현존하는 민족학적 데이터의 질이나 타당성을 평가할 방법이 없었다. 그러나 현장에 다녀온 후, 문헌에 있는 정보 중 일부가 잘못되었거나, 특정 전통이 사용되지 않거나 특정 지역에서만 실행되고 있거나, 다른 관습이 전국에 널리 퍼져 있는 것 같다는 것을 알 수 있었다.

내 연구의 실제 상황을 설명한 후, 내 데이터가 제한되거나 편향될 수 있는 몇 가지 방법을 얘기하려고 한다. 첫째, 마을 사람들은 나의 신분을 젊은 외국인 미혼 여성[2]으로 정의했다. 외국인으로서 나는 크마에 여성에게 일반적으로 허용되지 않는 많은 일을 하고 말할 수 있었고, 높은 학력 덕분에 나이 많은 사람들과도 비교적 평등하게 교류할 수 있었다. 그러나 젊고 미혼 여성으로서 나는 아이를 낳는 것을 목격하거나, 밤에 혼자 여행하거나, 먼 지방으로 여행을 가거나, 승려와 단둘이 지내거나, 남성 우호 집단에 참여하는 것과 같은 특정 활동을 제한받았다. 따라서 남성의 친밀한 생각, 태도 및 행동에 대한 나의 지식은 여성에 대한 정보에 비교해서 제한적이다.

둘째, 나는 캄보디아의 기후에 극도로 지쳐있었다. 나는 중병에

---

2 나의 조상은 일본인이지만 미국 시민권을 갖고 있었기 때문에 나의 민족적 정체성은 마을 사람들에게 혼란을 야기했다. 이 이중성은 결코 완전히 이해되지 못했고 마을 사람들은 일반적으로 나를 미국에서 온 '유라시아인'이라고 불렀다.(나는 또한 나의 몽골형 신체 유형이 내가 인구에 상당히 눈에 띄지 않게 혼합되도록 하는 데 유리하다는 점에 유의할 수도 있다.)

걸린 적이 없었지만, 피로와 체력 부족으로 인해 마을 사람들이 소 꼴을 베기 위해 위해 먼 습지로 떠는 여행에 동행하거나, 논을 가 로질러 몇 킬로미터를 걸어야만 갈 수 있는 이웃 마을을 방문하는 등의 활동을 하지 못한다는 것을 알게 되었다.

  마지막으로, 내 자료의 깊이와 범위는 연구 관심 분야에 따라 다 르다. 나의 현장 조사는 크마에 마을 생활에서 가장 잘 알려지지 않은 두 가지 측면에 집중했다. (내가 가장 관심을 두었던) 우리 인 식의 처음이자 가장 큰 격차는 일반적인 사회조직과 개개의 친족 조직(특히 거주 패턴과 '친족'의 성격은 1950년대 후반 인류학 문 헌에서 문제로 제기되었으며, 1957년 모튼 프리어드 박사와 사회 조직에 관한 세미나에서 논의되었다)에 대한 것이었다. 두 번째 초 점은 경제 조직, 특히 헤롤드 콘클린 박사가 나의 원래 조언자 중 한 사람이었기 때문에 벼 재배의 본질이었다(당시 델버트의 작업 은 아직 출판되지 않았었다). 또한, 개인적으로 마을과 다른 커뮤 니티와의 관계에 관심이 있었다. 나는 의식-종교 생활과 정치 조 직에 지나치게 관심을 두지 않았다. 부분적으로는 이러한 주제에 대한 개인적인 관심이 부족하였고 부분적으로는 적어도 전자가 캄 보디아에 관한 프랑스 문헌에서 이미 광범위하게 다루어졌기 때문 이다. 나는 이 후자의 주제(생애주기에서와 같이)에 대한 일부 자 료들을 수집했지만, 열정과 세부 사항은 부족했다.

부록 C
스와리 서리 인구의 인구통계학적 분석

촌락 거주민의 연령과 성별 구성은 다음과 같다.

연령대	남성	여성	계	
0-9 years	21	21	42	20대 이하 45%
10-19	13	17	30	
20-29	12	11	23	
30-39	11	11	22	
40-49	8	11	19	20대~60대 47.5%
50-59	7	5	12	
60-69	4	5	9	
70-79	1	1	2	
80-89	1	0	1	60대 이상 7.5%
Totals	78	82	160	

 전체 연령대의 비율은 전체 인구의 44%가 20세 미만, 46%가 20~60세, 9%가 60세 이상으로 약 비슷한 수준이다. 그러나 20세 미만의 젊은이 비율이 낮고 그에 따라 성인, 특히 60세 이상의 노인 비율이 더 높다는 점에서 전국 농촌 평균의 추정치와는 다르다.[3] 스와이 서리의 연간 출생률 추정치는 전통적인 인구통계학적 용

---

3 캄보디아의 농촌 인구는 전체적으로 0~19세 54%, 20~60세 42%, 60세 이상 4%로 추정된다(Delvert 1961:317). 그러나 델버트는 껀달 지방에서 20세 미만의 비율이 45%(1961:316)이므로 스와이가 지방 평균과 크게 다르지 않다는 점에 주목한다.

어로 1,000명당 21.25명이다. 또는 이것을 더 작은 규모로 바꾸면 160명의 그룹에 대해 연간 평균 약 3~4명이 출생한다. 사실, 지난 2년 동안 그 마을에서는 연간 약 4명의 아기가 태어났다.[4] 이 비율은 캄보디아의 연간 출생아 수가 천 명당 약 45명이라는 약적인 추정치보다 훨씬 낮다(Steinberg 1959:31, Delvert 1961:317~319). 스와이 서리의 여성 출산율도 전국 평균보다 낮은 것으로 보인다. 한 추정에 따르면 캄보디아에서는 20세에서 44세 사이의 여성 100명에 대해 5세 미만 어린이가 117명이 있는 반면에(Steinberg 1959:31, Delvert 1961:319), 스와이 서리에는 이 연령대의 여성 30명당 5세 미만 어린이는 17명(또는 100명 당 56.6명)이 있다. 스와이 서리에서 부부당 평균 자녀 수는 3.6명이며 범위는 1명에서 8명까지이다.[5] 이 수치는 한 가구당 평균 5명을 제공한 한 시골 설문조사와 일치하는 것으로 보이지만(집 거주자 중 한두 명이 부모라고 가정할 경우), 캄보디아 가족의 평균 생존 자녀가 5명이라는 델버트의 추정치보다는 적다. 스와이 서리에서 상대적으로 낮은 출생률에 대한 이유는 불분명하다. 금욕 외에는 임신을 제한할 방법이 없기 때문이다(6장 참조). 모유 수유가 임신을 보장하는 것은 아니지만(Kehoe 1960 참조) 장기간의 아기에게 젖을 먹이는 것은 출산을 제한하는 요인이 될 수 있다. 2세 또는 그 이후까지 어린이에게 모유 수유를 하는 것이 일반적이며 스와이

---

4 출생률은 다음 공식에 의해 계산된다(Goode and Hatt 1952, 297~298), 1/5 × 0~4세 아이들의 수/전체 인구×1,000. 이에 비교해서 이것은 태국 Bang Chan의 연간 출생률 20.3(Sharp et al 1953, 25)과 약 유사하다. 그러나 버마, 태국 전체나 자바의 비율보다는 낮다(UN 1951, 161 참조).
5 거주자의 일람에 있는 부부 사이에서 부부 사이에서 가장 많은 자녀의 수는 10명이었다.

서리 가족의 어린이 대다수는 최소 2~3년 간격을 두고 있다. 그러나 형제자매가 5년 이상 떨어져 있거나 신혼부부가 첫 아이를 낳기까지 몇 년이 지나야 하는 것은 드문 일이 아니므로 출산을 방해하는 다른 요인이 될 수 있다(스와이 서리에 완전한 불임이 발생한 사례가 하나 있으며 마을 사람들은 다른 사례를 알고 있다).[6]

내가 기록한 사망 기록이 출생 기록보다 완전하지 않기 때문에 스와이 서리의 사망률을 정확히 계산하기는 어렵다.[7] 나는 지난 15년 동안 스와이 서리에서 17명의 사망자가 있었다고 알고 있다(성인 11명과 5세 미만 어린이 6명). 이것은 계산상 그 촌락에서 연간 평균 약 1명이 사망한 것이지만, 최근 과거의 모든 사망이 나의 주의를 끌지 못했을 가능성이 있기에 이 수치가 너무 낮을 수 있다. 실제 1년(1959년 3월부터 1960년 3월) 동안 스와이 서리에서 3명의 사망이 있었지만, 전년도에는 1명의 사망(그리고

---

6 네쉬 부부(1963)는 버마 북부 두 마을에서 인구 증가를 억제하는 몇 가지 요인을 제안했는데, 늦은 결혼 연령, 높은 비율의 독신, 돌싱, 낮은 재혼 빈도는 모두 여성의 출산을 지연시키거나 철회한다. 스와이 서리에 대한 이러한 요소의 적용 가능성을 테스트할 때 첫 번째 요소만 중요하다는 것이 발견되었다. 만달레이와 같이 스와이 서리의 여성들은 일반적으로 10대 후반과 20대 초반에 결혼하고 남성은 20대 초반에서 중반에 결혼하여 여성의 출산을 위한 중요한 시기의 일부를 잃게 된다. 그러나 스와이의 총각과 노처녀의 비율은 네쉬의 커뮤니티만큼 두드러지지 않는다. 또한, 언뜻 보기에는 스와이에서 재혼하지 않은 과부 또는 이혼한 사람(특히 여성)의 비율이 상대적으로 높지만, 심층 조사에 따르면 대부분이 당시 그들이 과부가 되었을 때 폐경이 가까웠거나 넘었다. 실제로 과부와 이혼한 사람이 40세 미만이면 재혼하는 것이 일반적이다(이 진술을 뒷받침하기 위해 계산이 있었지만, 여기에 수치를 제시하지 않겠다).

7 스와이 서리 성인 형제자매의 사망 날짜를 항상 확인하지는 않았다. 더욱이 어린 아이들, 특히 아기의 죽음은 공동체의 코멘트나 공지가 거의 없이 지나가고 있다. 따라서 나는 과거와 최근 몇 년 동안 영유아 사망률에 대한 완전한 정보를 얻으려고 노력했지만, 마을 사람들이 과거 어린이 사망에 대해 언급하지 않았을 가능성이 있다. 어떤 경우든 사망률의 공식 계산은 전체 인구의 연령 구성과 사망 연령 측면에서 추가 분석을 거쳐야 완전히 의미가 있다(UN 1951:9~15 참조).

그 1명은 우발적)이었다.[8] 비교를 위해 델버트(1961: 319)가 연구한 캄보디아 지역에서 연간 사망률은 인구의 2% 이하로 추정된다(1959~60년 스와이 서리의 경우 사망자는 인구의 1.25%).[9]

제한된 수치 내에서 델버트(1961:320~1)는 또한 다음과 같이 제안한다. (a) 캄보디아에서 1세 이전의 영아 사망률은 전체 출생의 약 12%에 달하는 등 매우 높지 않다. (b) 그러나 출산 외상은 15세에서 44세 사이의 여성에게 상대적으로 높은 사망률을 초래한다. (c) 대부분의 사망은 55세 이후에 발생하며, 주로 장내 기생충과 아마도 영양 결핍으로 쇠약해져 발생한다.[10] 출산으로 인한 여성의 사망률을 제외하고, 이 항목 중 첫 번째와 마지막 항목이 스와이에 적용된다. 1959~60년 스와이 서리에서 사망한 사망자는 특히 몇 개월 된 유아 1명과 알 수 없는 질병에 걸린 3명의 아이 중 1명, 67세의 노부인이 나이가 들면서 만성질환으로 1년 후에 마침내 사망했다. 일반적으로 다양한 질병이 스와이에서 사망의 주요 원인으로 보인다. 마을 사람들은 질병에 무지한 사람들이 정확하게 진단하기 어렵지만, 종종 기관지나 장의 문제가 일차적인 것으로 나타나는 다양한 질병으로 쇠약해지거나 무력해진다. 결핵, 폐렴 및 기관지염, 기생충 감염, 특히 장기간의 아메바성 이질은 간헐적 또는 만성적 질병의 일반적인 원인일 가능성이 높다

---

8 1959~60년의 같은 기간 동안 스와이의 다른 동네들에서는 오직 한 명의 성인 사망자가 발생했지만, 유아 또는 아동 사망자를 내가 알아차리는 경우는 거의 없을 것이다.
9 예를 들어, 태국(1949)의 10.6명, 필리핀(1940년)의 16.6명, 자바와 마두라(1940년)의 20.3명 중 1,000명당 사망률이 있다(United Nations 1951, 203).
10 지난 15년 동안 우발적이지 않은 원인으로 인한 성인 사망 중 6명은 남성이었고, 4명은 여성이었다. 비록 두 명의 여성이 출산 후 약해져서 1~2년 후에 사망했고, 출산 중이거나 출산 직후 사망하지 않았다.

(Delvert 1961, 321, UN 1951, 15~16 참조).[11] 효과적인 의료 서비스가 없는 경우 치료(일반적으로 전통적인 민간요법만 사용됨) 이러한 상태는 특히 매우 어린 사람과 노인에게 치명적으로 판명될 수 있다(그러나 노인과 관련하여 스와이 인구의 연령 구성은 70세까지 급격한 감소를 나타내지 않는다). 사고로 인한 사망은 비교적 드문 것으로 보이지만, 1958년 스와이 서리의 한 남자는 수액을 채취하던 중 설탕 야자나무 꼭대기에서 떨어져 사망했다.

---

11 스와이에는 트라코마, 궤양성 염증 및 기타 발진(요 또는 식이 부족으로 인한?), 두통 등과 같은 여러 다른 풍토병도 있다. 말라리아는 스와이 지역의 풍토병이 아니다. 다른 곳으로 여행. 과거에는 천연두와 콜레라와 같은 전염병이 분명히 마을 사람들에게 상당한 위험이 되었지만, 지금은 대부분 통제되고 있다. 거의 모든 스와이 서리 거주자는 천연두 예방 접종을 받았으며 콜레라와 장티푸스는 전국적으로 억제되었다.

부록 D
스와이 서리(스와이 서리) 지역 가구 총조사

이름 뒤 괄호는 M=남성, F=여성, 필요시에 가장과의 친족 관계를 나타내고, 숫자는 나이를 나타낸다. 더하기 기호(+)는 결혼 관계를 의미하며 미혼 자녀는 부모(또는 부모)의 이름 바로 아래에 나열된다. 가구 구성 현황은 1959년 12월 현재이다.

1번 집	Pii (M,42) + Saot (F,40) 자녀들 7명 (3-18)
2번 집	Trii (M,50) + May (F,43) 자녀들 5명 (1-20)
3번 집	Pang (M,30) + Diep (F,43) 자녀 1명 (5)
4번 집	Sau (M, 52, 과부) 자녀들 2명 (10, 15) Ndii (사위, 39) + Ran (Sau의 딸, 20)
5번 집	Pet (F,54, 과부) 자녀 1명 (25)
6번 집	Nut (M,52) + Bun (F,44) 자녀들 6명 (5-20) Suin(Bun의 오빠, 40)
7번 집	Tayt (F,50, 과부) 자녀들 2명 (20, 23) Som (사위, 48) + Mon (Tayt의 딸, 29) 자녀 1명 (2)
8번 집	Kum (M,54) + Kun (F,48) 자녀들 5명 (10-21)

9번 집	Ydng (M,54) + NiSm (F,48) 자녀들 3명 (7-21)
10번 집	Yum (M,64) + Cil (F,67) Lun (사위, 27) + Sok (딸, 27) 자녀들 3명 (3-7)
11번 집	Kon (M,45) + Munn (F,37) 자녀들 5명 (1-19) Toy (Munn의 여동생, 26) + Poo (M,30)
12번 집	Payt (M,71) + Yum (F,67) Kdn (사위, 21) + Kaiu (딸, 30) 자녀들 1명 (신생아)
13번 집	Nehm (F,51, 노처녀) Paik (Nehm의 조카, 33) + Tait (M,31) 자녀들 2명 (6, 12)
14번 집	Mait (M,39) + Mak (F,34) 자녀들 3명 (4-12)
15번 집	Sdii (M,39) + Tin (F,38) 자녀들 3명 (7-15)
16번 집	프놈펜 출타로 인한 임시 빈집
17번 집	Srey (F,56, 과부) 자녀 1명 (20) U^h (아들, 24) + Sr&n (F,26) 자녀 1명 (1) Koy (Sr£y의 양자, 20)
18번 집	Min (M,35) + Ngoii (F,26) 자녀들 3명 (1-7)
19번 집	N6u (M,35) + Tu£n (F,34) 자녀들 2명 (4, 8)
20번 집	ling (M,66) + Dom (F,60) Bin (아들, 42) + Din (F,35) 자녀들 4명 (4-15)
21번 집	Kaiu (M,69) + Bun (F,61) 자녀들 2명 (20, 26)
22번 집	N^ung (M,60) + Man (F,58) 자녀 1명 (14)
23번 집	Mu^n (M,33) + Tah (F,32) 자녀 3명 (1-7)

24번 집	Coom (M,48) + Nyet (F,31) 자녀 1명 (10)
25번 집	Un (이혼녀, 45) 자녀 1명 (20) Nyip (Un의 조카, 30) + Seem (M,36) 자녀들 2명 (1/2, 5) Kee (Un의 조카, Nyip의 남동생)
26번 집	Bush (과부, 68) Pait (사위, 47) + Nuɛn (Bush의 딸, 35) 자녀 1명 (8)
27번 집	Pum (M,80) + Iin (F,71)
28번 집	Ciɛ (M,51) + Som (F,46)
29번 집	Seet (M,45) + Yun (F,42) 자녀 4명 (7-19)
30번 집	Suˆng (M,53) + Nyip (F,40) 자녀들 4명 (명 6-22)
31번 집	Nat (이혼녀, 25)
32번 집	Em (M,34) + Sien (F,41) 자녀 2명 (9, 18)

부록 E
친족 용어

크마에 혈연 용어의 두 가지 측면, 즉 공식적인 명칭 용어와 일반적인 지칭 용어에 대해 논의하자면, 지칭 용어 시스템과 대체로 유사한 비공식 명칭 용어 시스템도 있다. 설명은 주로 스와이 마을 사람들이 제공한 데이터를 기반으로 하며, 일부 캄보디아 문헌에서 친척 용어에 대한 최소한의 정보를 참조한다.

공식 명칭 용어

공식 명칭 용어는 특정 범주의 친족에 대한 가장 완전한 지정을 의미한다. 표 A와 B는 혈연 및 친족에 대한 기본 용어와 그 표기를 나열하고, 혈족에 대한 용어의 개략도는 도표 I에 나와 있다. 이 목록을 검토하면 다음 원칙(Kroeber 1909 참조)이 시스템의 기초가 됨을 알 수 있다.

(1) 세대. 각 세대에는 고유한 용어가 있다(심지어 최종 관계를 지정하는 수식어도 강하게 생성된다). 구드슨(1930)의 사전과 르끌레어(1898)는 조상과 자손 각 방향에서 7세대를 포괄하는 용어를 인용하지만, 일반적으로 친족 인식은 본인의 위아래로 5세대까지 확장된다. 실제로는 혈연의 유효범위가 본인의 위아래 두 세대로 더 압축된다.

(2) 형식적 호칭 체계에서 핵가족과 그 직계 직계비속은 용어상 사촌, 삼촌, 조카 등과 같은 혈족과 구분된다(그러나 지칭 및 비공식 명칭 용어의 경우, 직계와 방계 사이의 경계는 본인과 후손 세대에서 흐려지거나 거의 존재하지 않게 된다. 아래 참조).

도표 I을 살펴보면, 방계에 대한 용어가 세대에 따라 고르지 않은 범위를 가지고 있음을 알 수 있다. 가장 먼 횡으로의 확장은 십촌에 대한 용어가 존재하는 본인의 세대이다. 그러나 실제로 3장에서 언급했듯이 마을 사람들은 사촌과 사촌 사이의 관계에 대해 명확하게 아는 경우가 거의 없다. 사촌 용어가 공통 조상을 명시적으로 언급한다는 사실에도 불구하고, 마을 사람들은 종종 조부모조차도 흐릿하게 회상하고 먼 사촌과 관련된 다소 복잡한 상하 직계 및 부수적 연결을 추적하는 데 익숙하지 않다.[1]

조상과 자손의 세대에는 한 가지 방계의 서로(부모의 형제자매와 형제자매의 자녀)에 대한 별개의 용어가 있다. 마을 생활에는 조부모의 형제자매, 사촌의 자녀 등과 같이 다른 혈족에 대한 별도의 용어가 없다. 필요에 따라 이러한 친척은 기존 용어를 사용하는 관계 설명으로 지정할 수 있다(예: 사촌의 자녀=크모이 찌돈 모이 또는 꼰 찌돈 모이, 여기서 찌돈 모이=사촌, 꼰=자녀, 크모이=좁은 의미에서는 조카, 넓은 의미에서는 첫 번째 자손의 혈연관계). 그러나 어떤 범주의 친족에 대한 적절한 명칭은 때때로 상당한 불확실성다. 예를 들어, 조부모의 형제자매를 지칭하는 질문에 마을 사람들은 '그들은 죽었다. 그들에 대한 단어는 없다', '조부모의 형제자매'(벙뻐오운 찌돈찌따), '할머니 이모/고모'(찌돈 밍) 또는 '할

---

[1] 버링(1965:116)은 버마인들 사이의 혈연 계산에 대해 유사한 점을 지적한다.

아버지 삼촌'(찌따 뿌)식의 다양한 응답을 한다(고모할머니와 큰할아버지에 대한 다양한 용어를 제공하는 Guesdon의 사전에도 비슷한 혼란이 있다[1930 1:521, 805, 11:1345, 1359, 1388 참조]). 어쨌든, 그러한 상호 간의 호칭에 대한 조건에 대한 보편적인 동의(또는 때로는 어떤 개념이든)의 결여는 다음과 일치하다. 마을사람들은 확장된 족보 연결을 쉽게 기억하거나 추적하지 않는다는 사실이다.

(3) **친척의 성별**. 고유한 성별 구분은 할머니, 할아버지, 이모, 삼촌, 어머니, 아버지에 대한 별개의 용어가 있는 조상 세대에만 존재한다. 본인과 후손 세대에는 남녀 모두에게 적용되는 '자식', '형제의 자식', '손자'에 대한 포괄적인 용어가 있다. 원하는 경우 '남성'(쁘로ㅎ) 또는 '여성'(쓰레이)에 대한 단어를 친족 용어에 추가하여 성별을 구분할 수 있지만(예: 꼬온 쁘로ㅎ=아들, 꼬온 쓰레이=딸), 성별에 관한 고려는 결코 기본이 아니다.[2] 마을 사람이 '내 아이...'라고 말하고 누군가가 '어떤 아이?'라고 묻는다면 하나는 '나의 맏아들', '프놈펜에 있는 내 아이' 또는 성별만큼 다른 구별되는 특성으로 답할 가능성이 크다.

(4) **상대 연령**. '나이가 많은'(벙)과 '어린'(뻐오운)에 대한 용어는 크마에어에서 가장 보편적인 단어 중 하나이며 상대적 연령의 원칙은 본인과 바로 윗세대 모두에서 중요하다. 자아의 세대에서 형제와 사촌은 본인의 나이에 대한 연대기적 나이를 기준으로 구별

---

2 일부 저자(예: Guesdon 1930)는 언급된 대로 남성 또는 여성에 대한 단어를 추가하여 아들, 딸, 조카, 조카 등을 별도의 용어로 부른다. 그러나 이것은 유럽 혈연 용어의 민족 중심적인 것이다. 반면에 다른 작가들은 "bòng"와 같은 용어를 실제로 남녀의 형에게 적용되는 용어를 "형"으로 번역한다. 자드로즈니 1955:314는 또한 성별 구분이 시스템 전체에 걸쳐 이루어진다고 말하는 오류를 범했다.

된다. 그러나 이모와 삼촌은 연결은 부모의 나이를 기준으로 연대순으로 구분된다(즉, 부모의 형과 누나는 부모의 남동생과 여동생과 다르다). 더욱이, 자신과 비교하여 다른 사람의 나이를 계산하는 일반적인 원칙은 다른 사람을 지칭할 때 어떤 친족 용어를 사용할 것인지 결정하는 데 중요하다. 실제로, 이 원칙은 호칭을 선택할 때 실제 족보 관계의 사실을 무시할 수 있다(아래 참조).

(5) **혈족 대 친족**. 남편, 아내, 자녀의 시부모를 제외하고는 친족만을 지칭하는 특별한 용어가 없다. 그러나 혈연관계는 기본 혈연 용어 뒤에 배치되는 수식어를 사용하여 친족과 구별될 수 있다. 예를 들어, 벙까읕=혈연, 친족 또는 가까운 친척, 크메익=바로 윗세대의 친족. 실제로, 혈연 친족과 결혼 친족 사이의 구별은 특별히 질문하지 않는 한 지정되지 않는 경우가 많다. 그러나 벙까읕이라는 용어는 참조 용어가 종종 모호한 방식으로 사용되거나, 상대 연령을 기준으로 지정되거나, 친척이 아닌 경우까지 확장될 때 혈연관계를 구별하기 위해 민족학자에게 매우 중요하다. 따라서 마을 사람이 '이 사람은 내 벙입니다.'라고 말하면 벙 벙까읕(실제 형제), 벙 찌돈 모이(사촌) 또는 벙 틀라이(배우자의 형제자매 또는 형제자매의 배우자) 또는 누구입니까?"라고 물을 수 있다.

(6) **화자의 성별**. 화자의 성별은 '남편'과 '아내'에 대한 다른 용어가 있다는 점을 제외하고는 차이가 없다.

용어에 대한 이 장을 마무리하기 전에 내가 공식 명칭 용어라고 부른 것 외에도 더 일반적이거나 비공식적인 명칭 용어 시스템으로 여겨질 수 있는 항목도 있음을 언급해야 한다. 즉, 마을 사람들이 다른 사람을 친척으로 식별할 때 여러 면에서 상대적으로 낯선 나에게조차 그들이 사용한 용어가 표 A에 나와 있는 정식 용어만큼 완전한 경우는 거의 없었다.[3] 많은 '비공식적' 명칭 용어는 다양한 다른 친척을 포함하도록 축약되거나 확장되어(위의 '벙' 예 참조) 정확한 관계가 종종 불분명하고 정확한 족보 연결을 밝히기 위해 추가 조사가 필요하다. 그러나 마을 사람들은 이 용어가 특정 범주의 친척이나 더 먼 친척보다 가까운 친척에게 엄격한 의미로 적용된다는 것을 알고 있다(버마어 용어의 유사한 상황에 대해서는 버링 1965:114, 117 참조). 가장 일반적으로 사용되는 참조 용어 및 해당 명칭은 표 B를 참조하라.

지칭 용어

친족은 다음과 같이 요약될 수 있는 다양한 방식으로 직접 언급된다: (1) 공식적인 친족용어, (2) 공식적인 친족용어의 축약형 또는 변형, (3) 공식적인 이름 또는 별명(일반적인 별명 또는 그러한 개인 별명 줄임말로), (4) 친족용어와 개인 이름, (5) 특정 연령 그룹 또는 성별의 개인에게 적용되는 용어, (6) 2인칭 인칭 대명사 또는 (7) 남편과 아내 사이의 기술. 표 C에 나와 있는 다양한 주소 방식은 대부분 특별한 설명이 필요하지 않지만 몇 가지 사항에 관해서는 설명이 필요하다.

(1) 지칭 체계와 공식 명칭 용어를 비교하면 몇 가지 흥미로운 차이점이 드러난다. 상대적 연령과 마찬가지로 세대차는 여전히 강

---

[3] 이것은 프레이크(1960:59)가 필리핀의 수바눔에 대해 다음과 설명한 것과 유사한 것으로 보인다. '[개인]은 특정 문화적 맥락에서 요구되는 사양의 정도에 따라 대체 지정 용어 중에서 선택한다.'

력히 분명하게 나타난다. 그러나 세대차는 본인과 관련된 나이의 의미에서 훨씬 더 중요한 역할을 숨겨준다(아래 참조). 직계와 방계의 구분은 바로 위아래 세대에서 여전히 존재하지만, 사촌에 관한 용어는 에스키모어에서 하와이어로 변경된다(Frake 1960:59이 언급한 수바눔 Subanum 사이의 유사한 상황). (또한, 벙과 뻐오운이라는 용어는 형제자매뿐만 아니라 남편과 아내가 서로에게 사용한다.) 더 나아가, 상호에 관한 용어는 적절한 연령과는 다른 또는 더 먼 친척에게 크게 확장된다. 조부모, 부모, 부모의 어린 형제자매에 대해서는 성별 구분이 유지되지만, 부모의 형제자매에 대해서는 성별 구분이 사라진다. 혈족과 친족의 구별이 완전히 사라졌다. (2인칭 인칭 대명사인 네악이 친족에게만 사용되는 것을 제외하고는, 후자는 혈족에 사용되는 것과 같은 지칭 용어로 표시된다).

(2) 개인은 실제 가계가 아닌 상대적인 나이를 기준으로 결정되는 혈족 용어로 친척을 부를 수 있다. 이론적으로 족보의 연결은 용어의 선택을 잘 추스려야 한다. 예를 들어, 우연히 자신보다 어린 삼촌이 있는 조카는 여전히 그를 '삼촌'으로 불러야 한다. 그러나 실제로는 나이 차이가 중요한 역할을 하며 일반적인 상황은 예를 들어 10세의 자녀가 30세의 여성 사촌을 '사촌'이 아닌 '고모'로 부른다. 그러한 사촌은 '고모-사촌'(밍 찌돈 모이)으로 지정될 수 있으며, 이는 이 사촌이 이모와 같은 나이(화자에 상대적)임을 의미한다. 사실, 상대적 연령 기준의 우선순위는 실제적인 족보에 대한 것 이상의 것은 광범위한 족보에 대한 세심한 설명이 드문 사회에서 매우 유용하다. 상대적인 나이 차에 따라 용어를 적절하게 할당할 수 있고 친족의 느낌을 유지할 수 있다.

(3) 누군가를 칭할 때 친족 용어를 사용하거나 개인의 이름을 사용하는지에 대한 여부는 여러 가지 의미가 있다. (a) 친족용어(또는 그 변형)를 사용하는 것은 존중받아야 하는 장로에 대한 존경을 의미할 수 있다.[4] 조부모와 부모는 개인 이름으로 불리지 않는다. 부모의 형제자매는 일반적으로 친족 용어로 언급된다. 그리고 나이가 많은 형제자매와 사촌은 이상적으로는 이름보다는 벙(나이가 많은 사람)이라고 불러야 한다. (b) 개인 이름이 혈연 용어와 함께 또는 대신에 자유롭게 변형되어 사용되는 경우 일반적으로 애정과 친숙함의 관계를 나타낸다. 이모나 삼촌은 조카와 매우 따뜻하고 비공식적인 관계를 맺기 시작할 때 개인 이름으로 부를 수 있다. 유사하게, 자신의 또는 후손 세대의 개인은 친족용어보다는 더 자주 이름으로 언급되는데, 이는 동료와의 관계가 일반적으로 친숙함과 비공식성을 포함하는 반면, 젊은 사람들과의 상호작용은 구두점을 포함할 필요가 없기 때문이다. (또한, 개인 이름의 사용은 친족 용어가 다수의 개인에게 확장될 수 있고 자주 확장될 때, 예를 들어, 다수의 사람이 같은 친족 용어에 응답할 수 있는 그룹에서 누군가의 관심을 끌 때 특정 편리함을 갖는다는 점에 유의.) (c) 그러나 친족 용어가 자기 자신이나 후손 세대의 누군가를 지칭할 때만 사용된다면, 이것은 일반적으로 '특히 친밀하지 않은(반드시 비우호적이지는 않지만) 친족'에 대한 특정 공손함을 나타낸다.

---

[4] 친족용어 앞에 '-씨' 또는 '-부인'에 해당하는 '록'을 사용하여 특별한 존경을 나타낼 수 있다(예: 록 따 = 할아버지, 록 밍 = 이모님). 그러한 경우에 언급된 사람은 일반적으로 잘 알지 못하는 사람이다. 자드로즈니(1955:319)는 '산스크리트어 혈족 용어는 극도의 존경이 요구되는 상황에서 사용된다'라고 말한다. 이것은 교육 수준이 더 높은 도시인들 사이에서는 사실일 수 있지만, 마을 생활에서는 분명하지 않다.

(4) 두 개의 친족이 아닌 지칭 용어가 종종 사용된다. (a) 가장 좁은 의미에서 니응은 '여자' 또는 '당신(여자)'으로 번역될 수 있다(Guesdon 1930 11:884 참조). 그러나 그것은 또한 젊은 남성(수도승이 될 때까지)과 여성(최대 약 40세까지)을 지칭하는 데 자주 사용된다. 접두사 m은 일반적으로 여성(므니응)을 지정할 때 추가되고 접두사 a는 남성(아니응)에 추가된다. (b) 네악은 2인칭 인칭 대명사이다(또한 "사람(들)"을 의미함). 흥미롭게도 이것은 친족(예: 사촌의 배우자, 처남 등)을 지칭할 때만 사용되는 것으로 보이지만, 친족을 지칭하는 유일한 형식은 아니다. (네악이 친족에 대한 특정 형식을 의미하는지에 대한 여부는 불분명하다.)

(5) 남편과 아내 사이에 가장 많은 대체 지칭이 존재한다. 약혼 기간과 결혼 초기에 남성은 전통적으로 약혼자/신부에게 '나이가 많은 사람'(벙)으로, 그는 그녀를 '젊은 사람'(뻐오운)이라고 부른다(이것은 때때로 서로 거의 알려지지 않은 약혼자 또는 새 배우자를 일종의 '친척관계'에 두는 역할을 하는 것으로 볼 수 있으며, 남성은 권위, 힘 및 보호의 위치를 차지한다). 자녀가 태어나면, 자녀 이름으로 부르는 것(00이 아빠, 00이 엄마)이 일반적인 관행이다(자녀가 둘 이상일 때 일반적으로 장남의 이름 사용). 다른 변형도 발생한다: 때때로 '조상님' 또는 '오래된 다이아몬드 마님'과 같은 유머러스하거나 사적인 별명인 남편에게 네악으로, 아내에게 니응으로 부른다. 노년에 부부는 00이 할머니, 00이 할아버지로 부르거나, 각자의 이름으로 서로를 부를 수 있다. 그리고 어떤 부부는 서로 대화할 때 어떤 용어나 이름도 사용하지 않는 것을 선호한다(크마에 언어의 구조는 2인칭 인칭 대명사 또는 이에 상응하는 것을 쉽게 생략할 수 있게 되어있다).

(6) 자신과 배우자를 통해 다른 사람과의 혈연관계를 추적할 수 있는 경우 족보 연결을 지정하는 용어 중 하나를 사용하여 해당 친척을 언급할 수 있다. 예를 들어, 쭈이는 용의 사촌이자 용 아내의 이모이다. 그리고 용은 그녀를 '나의 아내가 그랬던 것처럼' '고모'라고 부르기로 선택한다.

비친족에게로의 친족 용어 확장

시골과 도시 생활 모두에서 중요하고 일반적인 관행은 실제로 족보적 친족이 아닌 개인을 언급(또는 때때로 언급)하기 위해 친족 용어를 사용하는 것이다(Bitard 1955도 참조). 이웃, 친구, 심지어 일시적인 접촉을 하는 절대적인 낯선 사람도 친족 용어로 지칭할 수 있으며, 이때 해당 개인은 동등하거나 낮은 사회적 지위에 있어야 한다(적절한 구두점에 대한 강한 느낌과 정부 관리와 같은 상사에 대한 존경심 때문에 더 높은 지위에 있는 사람들과 이야기할 때 비인격적이고 형식적이며 친족용어가 아닌 용어를 사용해야 한다.)[5]

친족이 아닌 사람과 이야기할 때 친족용어를 사용하는 것은 상황에 따라 다른 의미가 있다. (1) 친족용어는 애정과 친밀감의 표현으로 매우 가까운 친구로 간주하는 사람을 언급할 때(또는 언급할 때) 사용될 수 있다. 가까운 우정의 경우에만 친족용어가 친족이 아닌 상황에서 사용된다(실제 지칭할 때는 가상의 친족 관계가 아

---

[5] 남성은 록 look, 기혼 여성 또는 나이 든 여성은 록 쓰레이 look srey, 젊은 여성은 네악 쓰레이 neak srey를 사용한다.

닌 한 개인 이름이 더 많이 사용됨). (2) 친족용어는 아는 사람이나 낯선 사람(예: 잘 알지도 못하거나 이제 막 접한 다른 마을 사람)에게 친절, 존경(특히 노인에 대한)의 표시, 그리고 같은 사회적 수준에 있다는 무언의 인정(지위가 높은 사람에게 흔히 사용되는 용어를 사용하여 사회적으로 열등한 위치에 놓이지 않으며, 친족용어를 사용하여 방송한다고 비난받을 수 없다)의 표시로 사용될 수 있다. (3) 친족용어는 편리한 지칭 형식이기 때문에 일시적인 접촉을 하는 낯선 사람(예: 씨클로 운전사 또는 시장 판매인)에게 비인격적인 방식으로 사용될 수 있다. 이러한 상황에서 상대방(보통 서비스를 제공하는 위치에 있음)은 말하는 사람을 존중해야 한다고 생각하면 호혜적 친족용어가 아닌 '선생님' 또는 '부인'으로 응답할 수 있다. 자신과 관련된 후자의 나이까지 이어지는 비친족을 언급하기 위해 특정 친족용어를 선택한다. 자신보다 상당히 나이가 많은 개인은 남성의 경우 "할아버지"(따), 여성의 경우 '할머니'(이예이), 또는 성별에 따라 '부모의 형(옴)'이라고 부를 것이다(또한 Maspero 1915:268 참조). 자신보다 15세 이상 나이가 많은 사람은 성별에 따라 '부모의 여동생 또는 형제'(밍 또는 뿌)로 지칭된다. 자신보다 약간 나이가 많은 사람은 '형 또는 사촌'(벙)이라고 하고 약간 어린 사람은 오운이라고 한다. 젊은 세대 사람들은 일반적으로 '조카'(크모이) 또는 때때로 '자식'(꼰)이라고 불린다. 훨씬 더 어린 개인은 '손자'(짜으)로 불린다. 따라서 서른 살 남자를 두 살 짜리 꼬마는 '할아버지', 청소년은 '삼촌', 20대는 '형', 45세인 어떤 사람은 '조카', 70대인 어떤 노인은 '손자'라고 부를 것이다. 그는 상황에 따라 다른 비친족적인 대화 형태가 필요한 경우를 제외하고는 일반적으로 적절한 상호 친족 용어로 대답할 것이다.

TABLE A
공식 명칭 용어

참고: 친족을 지정하는 표준 약어 외에 다음도 사용된다.

Sib = 형제자매　　Ol = 나이가 많은
Pa = 부모　　　　　Yo = 나이가 어린
Gr = 직계존속　　　Ch = 직계비속

일반 용어

벙-뻐오운 = 일반적으로 가까운
　　　　　(문자 그대로: 나이가 많은-나이가 어린)
찌돈-찌따 = 조상들 또는 일반 직계존속
　　　　　(문자 그대로: 할머니-할아버지)
꼬온-짜으 = 일반적인 자손 (문자 그대로: 자녀들-손주들)
마에-어으 = 부모 (문자그대로: 어머니-아버지)

기본 특정 용어들

쫑 꼴	'가계의 수장'(Guesdon 1930 1:521), 암시적으로 7세대 조상. 이 용어는 족보 연결이 가능한 사회의 일부 계층(예를 들어, 왕족)에서 중요하게 사용될 수 있지만, 마을 사람들은 사용하지 않는다. 르글레어(1898 11:480) 참조.
찌빠	6세대 직계존속 조상. 첫 번째 용어는 구스돈(1930 1:521)이 지정했지만, 마을 사람들은 사용하지 않는다. 두 번째 용어(CMCC 42.004에서도 인용됨)에 대해 들어는 보았지만, 일반적으로 사용되지는 않는다.

찌돈 리어	현조모	이 5대손의 조상들은 마을 사람들 사이의 친족 용어의 한계이다.
찌따 리어	현조부	
찌따 루얼	고조부	
찌돈 루얼	고조모	
찌따 뚜얼	증조부	
찌돈 뚜얼	증조모	
찌돈	할머니(즉, 어머니의 어머니, 아버지의 어머니)	
찌따	할아버지(즉, 어머니의 아버지, 아버지의 아버지)	

어으뽁	아버지
어으뽁 쫑	이복아버지
어으뽁 쏨, 어으뽁 으레악싸	양아버지
눔 쁘로ㅎ	승려가 되고 나서 아버지를 부르는 용어

마다이	어머니
마다이 쫑	이복어머니
마다이 쏨	양어머니
눔 쓰레이	승려가 되고 나서 어머니를 부르는 용어

어으뽁 톰	큰아버지, 큰외삼촌, 큰고모부, 큰이모부(비고: tom = 크다)
마다이 톰	아버지의 누나, 어머니 언니, 큰어머니, 큰외숙모
미어 또는 뿌	작은아버지, 작은외삼촌, 작은고모부, 작은이모부 (비고: 미어는 언급할 때만 쓰지 부를 때 쓰지 않는다. 뿌는 부를 때 자주 사용되고, 언급할 때도 가끔 쓴다.)[6]
밍 또는 마디아 밍	작은이모, 작은고모, 작은어머니, 작은외숙모

벙[7]	형, 누나, 오빠, 언니
뻬오운	남동생, 여동생

벙-뻬오운 찌돈 모이	사촌 (비고: 찌돈 모이 = 한 할머니)
벙 찌돈 모이	나보다 나이많은 첫 번째 사촌
뻬오운 찌돈 모이	나보다 나이어린 첫 번째 사촌
벙-뻬오운 찌뚜얼 모이	육촌형제 (비고: 찌뚜얼 모이 = 한 증조부)

---

6 르끌레어(1898 11:169~170)에 따르면 어으뽁 톰과 마다이 톰은 부계의 삼촌과 숙모이고, 미어와 밍은 외삼촌과 고모이다. 한편, 게스딘(1930 11:1236)은 뿌가 부계 삼촌이라고 명시하고 있다. 다만 둘 다 오류가 있는 것 같다. CMCC(42.004)에 따르면 일부 지역에서는 뿌가 작은아버지이고 미어가 작은외삼촌이다. 이것이 사실인지 모르겠다.

7 벙은 '~보다 나이가 많다'를 의미하는 동사로도 사용될 수 있다. 예를 들어 삐 벙 싸온 = 삐는 싸온보다 나이가 많다.

벙 찌돈 모이	나보다 나이많은 첫 번째 사촌
뼈오운 찌돈 모이	나보다 나이어린 첫 번째 사촌
벙-뼈오운 찌뚜얻 모이	육촌형제 (비고: 찌뚜얻 모이 = 한 증조부)
벙 찌뚜얻 모이	나보다 나이 많은 육촌
뼈오운 찌뚜얻 모이	나보다 나이 어린 육촌
벙-뼈오운 찌루얻 모이	팔촌형제 (비고: 찌루얻 모이 = 한 고조부)
	(위와 같이 윗 사람과 아랫사람의 동일한 구별)
벙-뼈오운 찌리어 모이8)	십촌형제 (비고: 찌리어 모이 = 한 현조부)
	(위와 같이 윗 사람과 아랫사람의 동일한 구별)
꼬온	아이들, 자손들
꼬온 쏨, 꼬온 쩬쩜	입양자녀
록 꼬온, 록 꾸루	부모가 아들이 승려일 때(이상적으로는 후에도) 지칭하는 용어
크모이	엄밀히 말하면 형제자매의 자녀 넓은 의미로: 곁가지 친척의 자녀(예: '크모이 찌돈 모이'라는 용어는 때때로 사촌의 자녀를 지정하는 데 사용됨)9)
짜으	정확한 의미로: 손주 넓은 의미로: 일반적으로 관계가 있는 후손의 손주
짜으 뚜얻	증손주
짜으 루얻	고손주
짜으 리어	현손주

---

8 르끌레어(1898:525)는 다섯 번째 사촌에 대해 찌 썬단이라는 용어를 제공하지만, 이것은 일반적인 사용법이 아니다.
9 게스던(1930 1:190)에 따르면 크모이는 '고객, 하인, 수행원'을 의미하기도 함.

바뀌는 용어들

혈연 또는 혈연관계를 지정하기 위해 기본 혈연 용어 뒤에 다음 용어를 추가할 수 있다(친척은 배우자의 혈족 또는 혈연 친척의 배우자일 수 있음).

벙까은	원래 뜻: '낳다, 창조하다'(Guesdon 1930 11:919). 친족 용어(예: 벙까은)에서 사용될 때는 혈족이 진실하고 완전한 혈연관계임을 의미(가상, 의붓, 반쪽 또는 친족과 반대됨)
틀라이	자기 세대의 친족 예를 들어, 벙 틀라이 = 형제자매의 배우자, 배우자의 형제자매 찌돈 모이 틀라이 = 사촌의 배우자, 배우자의 사촌
크메엑	배우자의 혈연 윗 세대의 친족 예를 들어, 어으뽁 크메엑 = 시아버지, 장인 마다이 크메엑 = 시어머니, 장모 찌따 크메엑 = 배우자의 할아버지
쁘러싸	혈연관계의 친척과 결혼한 후손의 친족 예를 들어, 꼬온 쁘러싸 = 사위, 며느리 크모이 쁘러싸 = 조카의 배우자 짜으 쁘러싸 = 손주의 배우자

친족에 관한 다른 용어들

쁘다이	남편
브러쁘오운	부인
틀롱	자녀의 배우자의 부모님(사돈)

다방면의 용어들

필요한 경우 부계와 모계 친척의 구분은 다음 용어를 사용하여 지정할 수 있다.

캉 어으뿍	아버지 쪽의(부계)
캉 마다이	어머니 쪽의(모계)

친족은 다음과 같이 구분할 수도 있다.

캉 쁘다이	남편 쪽의(본가 쪽, 시댁 쪽)
캉 브러뻐오운	부인 쪽의(처가 쪽, 친정 쪽)

(일반적으로 단편적인 크마에 친족 용어에 대한 일부 자료는 다음 출처에서 찾을 수 있다. 게스딘(1930), 르끌레어(1898 1:223, 11:169~170, 480, 525), 마스페로(1915:264, 267~268), 비터드(1955: 475~476), 자드로즈니(1955:314, 319), 머독(1957:680), CMCC(42.003).)

TABLE B
일반 명칭 용어들

가장 일반적으로 사용되는 참조 용어와 그 명칭은 다음과 같다.

찌돈	할머니
찌따	할아버지
마다이 또는 마에	어머니, 이복어머니, 양어머니
어으뿍	아버지, 이복아버지, 양아버지
마다이 톰 또는 톰	큰고모, 큰이모, 큰어머니, 큰외숙모
어으뿍 톰 또는 톰	큰아버지, 큰외삼촌, 큰고모부, 큰이모부
밍	아주머니 또는 한세대 위 방계 여자 친족
미어	아저씨 또는 한세대 위 방계 남자 친족
벙	(사촌) 형, 누나, 오빠, 언니 또는 같은 세대의 친족
빼오운	(사촌) 동생 또는 같은 세대의 친족
찌돈 모이	사촌
꼬온	자녀, 이복자녀, 양자녀, 사위, 며느리, 형제자매의 자녀
크모이	나의 세대의 친족이나 첫 번째 조카의 자녀 예를 들어, 한 세대 아래 방계
짜으	나의 손주 또는 그 세대의 방계

친족(혈연관계의 배우자이든 자기 배우자의 혈족 친족이든 상관없이)은 종종 앞의 용어의 친족에 대한 적절한 수식어를 더한 것, 또는 수식어만으로 자주 언급된다는 점에 유의하시오(예: "그녀는 '틀라이'이다").

TABLE C
지칭에 대한 일반 용어들

친족	형식 명칭 용어	지칭 용어
증조부	찌따 뚜얼	따, 뚜얼
증조모	찌돈 뚜얼	이예이 뚜얼
할아버지	찌따	따
할머니	찌돈	이예이
고모할머니		이예이 밍
큰(작은)할아버지		따 뚜얼, 따 미어
아버지	어으뿍	어으, 빡, 빠10), 어으뿍
어머니	마다이	마에
큰아버지, 큰고모부	어으뿍 톰	톰, 옴
큰고모, 큰어머니	마다이 톰	톰, 옴
작은아버지, 작은고모부	미어, 뿌	뿌, 때때로 이름을 부름
작은고모, 작은어머니	밍	밍, 때때로 이름을 부름
형, 누나, 오빠, 언니	벙	벙 (이상적으로), 이름
남동생, 여동생	뻐오운	뻐오운, 오운, 이름, 별명
사촌 형, 누나, 오빠, 언니	벙 찌돈 모이	벙, 이름, 니응, 밍, 뿌
사촌 동생	뻐오운 찌돈 모이	뻐오운, 오운, 이름, 니응
자녀	꼬온	꼬온, 이름, 니응, 별명
조카	크모이	크모이, 이름, 니응
손주	짜으	짜으, 이름, 니응
남편	쁘다이	벙, 네악, 이름, 별명, 없음
아내	쁘러뽀온	뻐오운, 니응, 이름, 별명, 없음
윗세대의 친족, 배우자의 혈연	크메엑	혈연 또는 배우자가 지칭하듯 지칭함 (예: 시아버지를 아버지로 지칭함)
아랫세대의 친족, 배우자의 혈연	뻐러싸	혈연과 같이 지칭함
사돈	틀렁	네악

10 일부 마을 사람들은 '빠'가 프랑스어에서 파생되었다고 생각한다.

TABLE D
지칭 용어와 일반적인 친족 용어

따	할아버지 또는 남자 친족 나의 조부모 세대의 남자 친족
이예이	할아버지 또는 남자 친족 나의 조부모 세대의 여자 친족
마에	어머니, 이복어머니, 양어머니, 시어머니, 장모
어으, 뽁, 어으뽁, 빠	아버지, 이복아버지, 양아버지, 장인, 시아버지
톰, 옴	큰아버지, 큰어버니, 큰고모부, 큰고모 또는 나와 주변의 적절한 나이대의 남성 또는 여성 친족
뿌	작은아버지, 작은고모부 또는 적절의 나이대의 남자 친족
밍	작은어머니, 작은고모 또는 적절의 나이대의 여자 친족
벙	나이 많은 형제자매, 사촌 또는 나보다 약간 나이 많은 남녀 친족, 또는 남편 (여자가 말할 때)
뻐오운	나이 어린 형제자매, 사촌 또는 나보다 약간 나이 어린 남녀 친족, 또는 부인 (남자가 말할 때)
꼬온	자녀, 자녀의 배우자 (친족이 아닌 의미에서 '어린이(들)'로 사용될 수 있다.)
크모이	형제자매의 자녀 또는 자녀의 배우자, 내(또는 나의 배우자) 세대 방계 아이들, 또는 나와 관계있는 나이대의 남녀 친족
짜으	손주, 손주의 배우자, 방계의 손주, 또는 나와 관계있는 나이대의 남녀 친족

참조 용어들 - 개략도 I

+5	현조부 찌따 리어	현조모 찌돈 리어				
+4	고조부 찌따 루얻	고조모 찌돈 루얻				
+3	증조부 찌따 뚜얻	증조모 찌돈 루얻				
+2	할아버지 찌따	할머니 찌돈				
+1	아버지 어으쁙	어머니 마다이	부모님의 나이 많은 남자 형제 부모님의 나이 적은 남자 형제	부모님의 나이 많은 여자 형제 부모님의 나이 적은 여자 형제		
0	나	나이 많은 형제 벙 나이 어린 형제 뻬오운	나이 많은 사촌 찌돈 모이 나이 적은 사촌	나이 많은 육촌 찌돈 모이 나이 적은 육촌	나이 많은 팔촌 찌루얻 모이 나이 적은 팔촌	나이 많은 십촌 찌리어 모이 나이 적은 십촌
-1	자녀 꼬온	형제자매의 자녀 크모이				
-2	손주 짜으					
-3	중손주 짜으 뚜얻					
-4	고손주 짜으 루얻					
-5	현손주 짜으 리어					

∥ 방계
— 세대
⋯ 나이 구분
│ 성별 구분

지칭 용어들 - 개략도 II

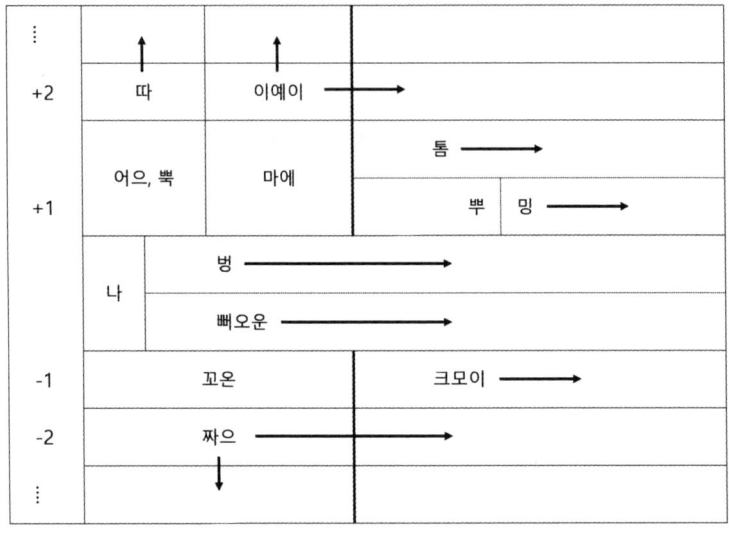

부록 F
스와이 서리에서 재배된 식물

주의. 과학적 확인을 위해 저는 크마에 정부의 농업 경제학과의 식물학자인 M. 호 통 리읍(이후 HTL)에게 신세를 졌다. 또한 바이얼드-구두 1959(약칭 VG)도 참조하라.

이름	캄보디아 이름	학명
레몬 그라스	슬럭 끄라이	Cymbopogon citratus (HTL)
붉은 색 피망	먿떼 플라옥	Capsicum annum Linn. (HTL, VG:83,86)
쥐눈이 고추	먿떼 크마웅	Capsicum (HTL)
강황	으로미읃	Curcuma longa (HTL)
바질	찌이	Ocimum basilicum Linn. (HTL, VG:83,86)
민트	찌이 브러하으	Mentha Linn. (HTL, VG:82,86)
갈랑갈	머뎅	Alpinia conchigera (HTL)
수세미	노농[11]	Luffa cylindrica/acutangula (HTL)
동아(동과)	뜨럴랃	Cucurbitacerifera (HTL)
조롱박의 종류	프너으	Aegle marmelos (HTL)
고구마	덤롱 츠뷔어	Ipomoea batatas (HTL) cf. Dioscorea alata or Linn (VG:46,53)
참마	덤롱 동	Dioscorea (HTL)
감자	덤롱 바랑[12]	Solanum tuberosum Linn (HTL, VG:88,91)
오이	뜨러썩	Cucumis sativa Linn (HTL, VG:88,91)
호박	르뻐으	Cucurbita pepo DeCand. (HTL, VG:88,91)
콩	썬다엑[13]	Phaseolus sp. (HTL)
가지	뜨럽 웨엥	Solanum melongena Linn. (HTL, VG:85,86)
셀러리	vansAy	Apium graveolens Linn. (HTL, VG:84,86)
토마토	완 쏘이	Lycopersicum esculentum Mill. (HTL, VG:84,86)
팜설탕 또는 론타르	뻐잉 뻐	Borassus flabillefera (Linn. (HTL, VG:42,45)
코코넛	동[14]	Cocos nucifera Linn. (HTL, VG:43,45)
바나나	쩨익[15]	Musa paradiseaca Linn. (HTL, VG:47,53)

파파야	러홍	Carica papaya Linn. (HTL, VG:75,79)
구아바	쁘러바엑	Psidium goyava Linn. (HTL, VG:76,79)
오렌지, 탠저린	끄로일16)	Citrus sp. (HTL)
크레이프 프룻	끄로일 틀롱	Citrus grandis
커스터드 애플	띠읍	Annona squamosa Linn. (HTL, VG:51,53)
망고	스와이	Mangifera indica Linn. (HTL, VG:69,70)
사포딜라	르몯	Sapotaceae family (HTL, VG:80,86)
골드 애플	짠	Diospyros dodecandra Lou. (HTL, VG:56,61)
타마린드	엄삘	Tamarindus indica Linn. (HTL, VG:56,61)
잭프룻	크놀	Artocarpus heterophylla Lam. (HTL, VG:49,53)
스타구스베리	껀뚜얻	Averrhoa acida (HTL)
카니스텔	쎄다	Sapotaceae family (HTL)
빈랑	멀루	Piper betel (HTL)
아레카	슬라	Areca catechu Linn. (HTL, VG:42,45)
감과 식물	목클르	Diospyros mollis (HTL)
케이폭	꼬오	Cerba pentandra (HTL)
대나무	르쎄이	Bambusa Schreber (HTL, VG:40,45)

11 스와이 서리에서는 노농쯔롱(Luffa acutangula Roxb., VG:87,91) 노농싸윈(Hibiscus esculentus Linn., VG:73,79) 및 노농쁘라이(Luffa cyclindrica Linn., VG: 87,91)이 있다.
12 마을 사람들이 덤롱 중 하나로 분류하지만, 재배는 하지 않는 식물은, 촌락 서쪽의 개간되지 않은 지역에서 자라는 덤롱 쭈 또는 카사바(Manihot utilissima, HTL)이다.
13 마을 사람들은 다양한 종류의 썬다엑을 구별하는데, 그 중 썬다엑바이떵 또는 녹두(Phaseolus vulgaris Linn., VG:59, 61)와 썬다엑 바이(Phaseolus aureau Roxb., VG:59,61)는 마을에서 재배되고, 땅콩과 대두는 재배되지 않는다.
14 마을 사람들은 코코넛을 세 종류로 구분한다.
15 캄보디아에는 길고 짧은 바나나, 녹색과 노란색 등 다양한 이름을 가진 다양한 종류의 바나나가 있다. 스와이 서리에서 인기 있는 것은 짧고 뚱뚱한 노란색 변종(쩨익 남와)과 길고 녹색 껍질을 가진 변종(쩨익 엄봉)이다.
16 마을 사람들이 끄로인(kroit)이라고 부르는 감귤류의 범주에는 과학적 명칭이 완전히 명확하지 않은 오렌지 및 귤과의 다양한 종류의 과일이 포함된다. 오렌지 또는 귤의 종류에 대한 일부 크마에 용어의 식별에 대해서는 VG:65, 66, 67, 70을 참조. (또한, 마을 사람들은 레몬과 라임을 끄로인의 한 종류로 보지만, 이들은 스와이에서 재배되지는 않는다.)

부록 G
재산 소유권 및 추가 소득원

집 번호	쌀 재배 면적	소유 팜트리	소 사육 두수	소득을 위한 다른 활동[17]
1	1 ha.	20	1~2	팜설탕 만들기, 페디캡 운전
2	6 a.	0	1	돼지 사육, 팜설탕 만들기, 페디캡 운전, 나무꾼
3	~1 ha.	5	2	닭과 돼지 사육, 페디캡 운전
4a[18]	0	0	0	목수
4b	1 ha.	8	3	닭 사육, 팜설탕 만들기, 팜설탕 열매 판매
5	1 ha.	20	0	일용직 노동자로 간간이 일함
6	0	0	0	일반학교 근무, 돼지와 닭 사육, 간식 판매, 가끔 금장인
7	1+ ha.	20	2	일용직 노동자로 간간이 일함
8	1+ ha.	9	4~5	닭 사육, 마술사
9	2 ha.	30	2	(과거에 팜설탕을 만들었음)
10	34 a.	1	1	음악가, 팜설탕 제조, 다른 사람의 농사일에 고용됨
11	60 a.	18	0	페디캡 운전, 일용직 노동자, 금장인, 간식 판매
12	80 a.	5	3	(과거에 팜설탕을 만들었음)
13	60 a.	0	2	(과거에 팜설탕을 만들었음)
14	60 a.	0	2	닭 사육, 일용직 노동자, 과거에 팜설탕을 만들었음
15	50 a.	3	1	돼지 사육, 페디캡 운전, 일용직 노동자, 팜설탕 제조
17	1 ha.	0	2	일용직 노동자, 과거에 팜설탕을 만들었음
18	53 a.	0	3	돼지 사육, 페디캡 운전, 과거에 팜설탕 제조
19	0	0	0	사범학교 일용직, 닭 사육, 과거에 팜설탕 제조
20	2 ha.	20	2	일반인 사제(achaa), 직조, 간식 판매, 팜설탕 제조
21	1 ha.	7	0	일용직 근로자, 과거에 팜설탕 제조
22	50 a.	10	2	일반인 사제, 과거에 팜설탕 제조
23	20 a.	0	1	금장인
24		0	3	팜설탕 만들기, 뚝뚝 운전, (21번 집과 같이 일함)
25a	0[19]	0	0	과일과 야채 팔기
25b	0	0	0	음악가, 이발사
26	1 ha.	5	0	사법학교 운전기사
27	4 ha.	100	0	0
28	2 ha.	93	0	목수
29	1 ha.	13	2	돼지 사육
30	2 ha.	0	4	돼지와 닭 사육
31	30 a.	10	0	씨클로 운전, 남는 과일 판매
32	50 a.	0	2	길옆 식당 운영

17 이러한 활동은 가족의 다른 구성원이 일하거나, 한 명 이상의 개인이 특정한 일에 참여할 수 있다(예: 아버지와 아들 모두 소아용 택시 운전사로 일할 수 있음).

부록 H
공동 활동의 노동 분업

xx = 주로 한가지 성별에 의해 수행되는 활동
x = 수행된 활동
o = 수행되지 않은 활동

활동	남성들	여성들
파종을 위한 논 준비	x	x
논갈이 작업	xx	매우 적음
김매기, 제초작업	o	x
모내기	가끔씩	xx
벼 수확	x	x
벼 타작	xx	x
벼 키질	x (기계로)	xx (손으로)
어로	x	x
원예	x	x
소 돌보기	xx	x
돼지와 닭 돌보기	o	x
소달구지 운전	xx	가능하지만 드묾
요리	필요할 때만	xx
집 안 청소	o	x
자녀 돌보기	x	xx
봉제와 수선	가능하지만 드묾	xx
빨래	가능하지만 드묾	xx
장작 모으기, 물 나르기	x	x
주택 건설 및 목공	x	o
직조	o	x
초가 만들기	x	x
버들 바구니 만들기	x	o
야자잎 통, 매트 등 만들기	o	x
일반 판매	x	xx
쌀, 되재, 음식 거래	o	x
소와 닭 거래	x	o
토지 거래	xx	x

18 a와 b는 개별적으로 고려하는 것이 적절할 때, 동일한 가구 내의 다른 단위로 지정한다.
19 이 여성은 논이 없지만, 다른 가족이 공동으로 경작한 12개 지역의 밭을 다른 마을에서 구입했고, 수확물 중 자신의 몫을 팔았다.

부록 I
연간 순환

월	벼 재배	다른 활동	기념일
짜엗 4월		팜설탕 만들기 초가 작업 - 수리, 짜기	새해
삐싹 5월	논 정리 및 준비, 논갈이 작업; 못자리	팜설탕 시즌 끝	부처 열반일 결혼식
쩨ㅎ 6월	다른 논갈이 모종을 뽑아서, 모내기		
아쌀 7월			결혼식(달의 첫 절반), 쫄 워싸
쓰랍 8월	(쌀, 자라가 놔둠), 해초 채취, 게 잡기	소를 돌봄 다른 업무 친족 방문	
페뜨라봋 9월		낚시	쁘러춤(프춤번)
아쏘읻 10월		팜설탕 시즌 시작	쩬 워싸 깓튼
까옥덕 11월	추수, 탈곡, 키질		결혼 (프놈펜의 물 축제)
미꺼쎄 12월	(추수의 정점)		
뽀ㅎ 1월		베 짜기, 집 수리 등, 팜설탕 만들기	결혼식 '쌀의 산'
미예이 2월		다른 일, 친족 방문	미윽 보찌어 영혼의 소유 마을 축제
펄군 3월			결혼식

References

Adam, Leonhard. 1948. "'Virilocal' and 'Uxorilocal.'" *Man* 48:12.

Appell, G. N. 1967. "Observational Procedures for Identifying Kindreds: Social Isolates among the Rungus of Borneo." *Southwestern Journal of Anthropology* 23:192-207.

Arensberg, Conrad. 1954. "The Community Study Method." *American Journal of Sociology* 60:109-24.

———. 1955. "American Communities." *American Anthropologist* 57:1143-62.

———. 1957. "Discussion of Robert Manners' 'Methods of Community Analysis in the Caribbean.'" In *Caribbean Studies: A Symposium*, edited by V. Rubin. Kingston: B. W. I. Printers.

———. 1961. "The Community as Object and Sample." *American Anthropologist* 63:241-64.

Ayabe, Tsuneo. 1961. *The Village of Ba Pha Kao, Vientiane Province, a Preliminary Report.* Laos Project Paper No. 14, ed. J. Halpern. Los Angeles: University of California (mimeographed).

Aymonier, Etienne. 1900. *Le Royaume actuel.* Paris: E Leroux.

Ayoub, Millicent, and Samuel Lieberman. 1962. "'Parenticipient' and Other '-Cipient' Compounds: A Suggested Terminology for a Residence Pattern." *American Anthropologist* 64:162.

Bacon, Elizabeth. 1946. "A Preliminary Attempt to Determine the Culture Areas of Asia." *Southwestern Journal of Anthropology* 2:117-32.

Baker, Elizabeth. 1958. *Case Study and Evaluation of Community Development in Cambodia.* Phnom Penh: United States Overseas Mission, Division of Education (mimeographed).

Barnes, J. A. 1954. "Class and Committees in a Norwegian Island Parish." *Human Relations* 7:39-58.

———. 1960. "Marriage and Residential Continuity." *American Anthropologist* 62:850-66.

Befu, Harumi. 1963a. "Classifi cation of Unilineal-Bilateral Societies." *Southwestern Journal of Anthropology* 19:335-55.
———. 1963b. "Patrilineal Descent and Personal Kindred in Japan." *American Anthropologist* 65:1328-41.
Benedict, Paul. 1947. "Languages and Literatures of Indochina." *Far Eastern Quarterly* 6:379-89.
Benedict, Ruth. 1952. *Thai Culture and Behavior* . Data Paper 4 (Southeast Asia Program, Cornell University). Ithaca: Cornell University.
Bell, Hesketh. 1926. *Foreign Colonial Administration in the Far East*. London.
Bilodeau, Charles, Somlith Pathammavong, and Lê Quang Hông. 1955. *Compulsory Education in Cambodia, Laos, and Viet-Nam*. Studies on Compulsory Education 14. Paris: UNESCO.
Bitard, Pierre. 1955. "La littérature cambodgienne moderne." *France-Asie* 12(114-15):467-79.
Blanchard, Wendell, et al. 1958. *Thailand: Its People, Its Society, Its Culture*. Country Survey Series. New Haven: Human Relations Area Files Press.
Blehr, Otto. 1963. "Action Groups in a Society with Bilateral Kinship: A Case Study from the Faroe Islands." *Ethnology* 2:269-75.
Bohannan, Paul. 1957. "An Alternate Residence Classifi cation." *American Anthropologist* 59:126-31.
———. 1963. *Social Anthropology* . New York: Holt, Rinehart and Winston.
Boskoff, Alvin. 1957. "Social Change: Major Problems in the Emergence of Theoretical and Research Foci." *In Modern Sociological Theory in Continuity and Change*, ed. H. Becker and A. Boskoff. New York: Dryden Press.
Bott, Elizabeth. 1957. *Family and Social Network: Roles, Norms, and External Relationships in Ordinary Urban Families* . London: Tavistock Publications.
Brant, Charles. 1954. *Tadagale: A Burmese Village in 1950*. Data Paper 13 (Southeast Asia Program, Cornell University). Ithaca: Cornell University.

Briggs, Lawrence P. 1951. *The Ancient Khmer Empire*. Philadelphia: American Philosophical Society.

Brohm, John. 1963. "Buddhism and Animism in a Burmese Village." *Journal of Asian Studies* 22:155–67.

Bruel, Henri. 1924. *De la condition juridique des terres du Cambodge*. Poitiers: Poitou.

Burling, Robbins. 1965a. *Hill Farms and Padi Fields: Life in Mainland Southeast Asia*. Englewood Cliffs, NJ: Prentice-Hall.

———. 1965b. "Burmese Kinship Terminology." In *Formal Semantic Analysis*, edited by E. A. Hammel, special issue, *American Anthropologist* 67(5), pt. 2.

Burtt, E. A., ed. 1955. *The Teachings of the Compassionate Buddha*. New York: New American Library.

Cady, John. 1964. *Southeast Asia: Its Historical Development*. New York: McGraw-Hill.

Cambefort, Gaston. 1950. *Introduction au Cambodgien*. Paris: Maisonneuve.

Carr, William. 1957. "Some Factors Affecting Residence Mobility." *American Anthropologist* 59:1082–85.

Casagrande, Joseph. 1959. "Some Observations on the Study of Intermediate Society." In *Intermediate Societies, Social Mobility, and Communication*, edited by Verne Ray. Seattle: American Ethnological Society.

Chassigneux, E. 1929. "Geographie de l'Indochine." In *Un empire colonial français: l'Indochine*, edited by Georges Maspero, vol. 1. Paris: G. van Oest.

Chiva, I. 1958. *Rural Communities: Problems, Methods, and Types of Research*. Reports and Papers in the Social Sciences 10. Paris: UNESCO.

Clairon, Marcel. n.d. *Droit civil khmer*. Phnom Penh: Entreprise khmère de librairie et de papeterie.

Clark, Colin, and Margaret Haswell. 1964. *The Economics of Subsistence Agriculture*. New York: St. Martin's Press.

CMCC (Commission des Moeurs et Coutumes du Cambodge): documents of reports by various informants on aspects of Khmer society and culture, filed at the Commission des

Moeurs et Coutumes du Cambodge, Phnom Penh.
Coe, Michael. 1961. "Social Typology and the Tropical Forest Civilizations." *Comparative Studies in Society and History* 4:65–85.
Coedès, George. 1948. *Les états hindouisés d'Indochine et d'Indonésie*. Paris: E. de Boccard.
——. 1953. "Le substrat autochtone et la superstructure indienne au Cambodge et à Java." *Journal of World History* 1:368–77.
——. 1954. "L'osmose indienne en Indochine et en Indonésie." *Journal of World History* 1:827–38.
Condominas, Georges. 1953. "L'Indochine." In *Ethnologie de l'union française*, vol. 2, edited by A. Leroi-Gourhan and J. Poirier, Pays d'Outre-Mer, 6th series. Paris: Presses Universitaires de France.
——. 1956. "Panorama de la culture vietnamienne." *France-Asie* 13:75–94.
——. 1965. "L'ethnologie asiatique." *Revue de l'enseignement supérieur* 3:69–78.
Conze, Edward. 1959. Buddhism: Its Essence and Development. New York: Harper Torchbooks.
Cooke, Elena. 1961. *Rice Cultivation in Malaya*. Singapore: Donald Moore for Eastern Universities Press.
Daguin, Arthur. n.d. *Le mariage cambodgien*. Paris: Lucien Dorbon Librairie.
Davenport, William. 1959. "Nonunilinear Descent and Descent Groups. *American Anthropologist* 61:557–72.
——. 1963. "Social Organization." *Biennial Review of Anthropology* 3:178–227.
De Bary, William Theodore, et al. 1958. *Sources of Indian Tradition*. New York: Columbia University Press.
Delvert, Jean. 1958. "La vie rurale au Cambodge." *France-Asie* 15:95–104.
——. 1961. *Le paysan cambodgien*. Le Monde d'outre-mer, passé et present, Première serie, Etudes 10. Paris: Mouton.
DeYoung, John. 1955. *Village Life in Modern Thailand*. Berkeley: University of California Press.

Djamour, Judith. 1959. *Malay Kinship and Marriage in Singapore*. London School of Economics Monographs on Social Anthropology 21. London: Athalone Press.

Dobby, E. H. G. 1960. *Southeast Asia* . London: University of London Press.

Du Bois, Cora. 1949. *Social Forces in Southeast Asia*. Minneapolis: University of Minnesota Press.

Durkheim, Emile. 1947 *The Division of Labor in Society*. New York: The Free Press.

Ebihara, May. 1963. "Review of Jean Delvert's *Le Paysan cambodgien.*" *American Anthropologist* 65:1155-57.

———. 1964. "Khmer." In *Ethnic Groups of Mainland Southeast Asia*, ed. Frank LeBar, Gerald Hickey, and John Musgrave. New Haven: Human Relations Area Files Press.

———. 1966. "Interrelations between Buddhism and Social Systems in Cambodian Peasant Culture." In Manning Nash et al., *Anthropological Studies in Theravada Buddhism*, Cultural Report Series 13. New Haven: Yale University.

Eggan, Fred. 1960. "The Sagada Igorots of Northern Luzon." In *Social Structure in Southeast Asia*, edited by George P. Murdock, Viking Fund Publications in Anthropology 29. New York: Wenner-Gren Foundation for Anthropological Research.

Embree, John. 1948. "Anthropology in Indochina since 1940." *American Anthropologist* 50:714-16.

———. 1950. "Thailand—A Loosely Structured Social System." *American Anthropologist* 52:181-93.

Embree, John, and Lillian Dotson. 1950. *Bibliography of the Peoples and Cultures of Mainland Southeast Asia*. New Haven: Yale University Southeast Asia Studies.

Fallers, Lloyd. 1961. "Are African Cultivators to Be Called 'Peasants'?" *Current Anthropology* 2:108-10.

Finot, Louis. 1908. "Les etudes indochinoises." *Bulletin de l'École Française d'Extrême Orient* 8:233-34.

Firth, Raymond. 1946. Malay Fishermen: *Their Peasant Economy*. London: Kegan Paul, Trench, Trubner.

———, ed. 1956. *Two Studies of Kinship in London*. London School of Economics Monographs on Social Anthropology 15. London: Athalone Press.
———. 1951. *Elements of Social Organization*. London: Watts.
———. 1964. "Capital, Saving, and Credit in Peasant Societies: A Viewpoint from Economic Anthropology." In *Capital, Saving and Credit in Peasant Societies: Studies from Asia, Oceania, the Caribbean and Middle America*, edited by Raymond Firth and B. S. Yamey. Chicago: Aldine.
Firth, Raymond, and B. S. Yamey. 1964. *Capital, Saving and Credit in Peasant Societies*. Chicago: Aldine.
Fischer, J. L. 1958. "The Classification of Residence in Censuses." *American Anthropologist* 60:508-17.
Fisher, Charles A. 1964. *South-East Asia: A Social, Economic, and Political Geography*. London: Methuen.
Fitchen, Janet. 1961. "Peasantry as a Social Type." In *Symposium: Patterns of Land Utilization and Other Papers*, edited by Viola Garfield, Proceedings of the American Ethnological Society. Seattle: University of Washington Press.
Foster, George. 1961a. "Interpersonal Relations in Peasant Society." *Human Organization* 19:174-78, 183-87.
———. 1961b. "The Dyadic Contract: A Model for the Social Structure of a Mexican Peasant Village." *American Anthropologist* 63:1173-92.
———. 1965. "Peasant Society and the Image of Limited Good." *American Anthropologist* 67:293-315.
Frake, Charles. 1960. "The Eastern Subanum of Mindanao." In *Social Structure in Southeast Asia*, edited by George P. Murdock, Viking Fund Publications in Anthropology 29. New York: Wenner-Gren Foundation for Anthropological Research.
France-Asie. 1955. "Presence du Cambodge." Special issue, *France-Asie* 12(114-15).
Fraser, Thomas. 1960. *Rusembilan: A Malay Fishing Village in Southern Thailand*. Ithaca: Cornell University Press.
Freeman, J. D. 1960. "The Iban of Western Borneo." In *Social*

Structure in Southeast Asia, edited by George P. Murdock, Viking Fund Publications in Anthropology 29. New York: Wenner-Gren Foundation for Anthropological Research.

———. 1961. "On the Concept of the Kindred." *Journal of the Royal Anthropological Institute* 91:192-220.

Fried, Morton. 1967. *The Evolution of Political Society: An Essay in Political Anthropology*. New York: Random House.

Friedl, Ernestine. 1959. "The Role of Kinship in the Transmission of National Culture to Rural Villages in Mainland Greece." *American Anthropologist* 61:30-38.

———. 1963. "Studies in Peasant Life." *Biennial Review of Anthropology* 3:276-306.

Geddes, William. 1954. *The Land Dayaks of Sarawak*. Colonial Research Studies 14. London: Her Majesty's Stationery Office.

Geertz, Cliff ord. 1961. "Studies in Peasant Life: Community and Society." In *Biennial Review of Anthropology* 2:1-41.

———. 1963a. *Agricultural Involution: The Processes of Ecological Change in Indonesia*. Berkeley: University of California Press.

———. 1963b. *Peddlers and Princes: Social Development and Economic Change in Two Indonesian Towns* . Chicago: University of Chicago Press.

Geertz, Hildred. 1961. *The Javanese Family: A Study of Kinship and Socialization*. Glencoe, IL: Free Press.

———. 1963. "Indonesian Cultures and Communities." In *Indonesia* , ed. R. McVey. New Haven: Human Relations Area Files Press.

Ginsburg, Norton. 1955. "The Great City in Southeast Asia." *American Journal of Sociology* 60 (5): 455-62.

———. 1958. *The Pattern of Asia* . Englewood Cliffs, NJ: Prentice-Hall.

Ginsburg, Norton, and Chester F. Roberts. 1958. *Malaya*. Seattle: University of Washington Press.

Giteau, Madeleine. 1957. *Histoire du Cambodge*. Paris: Didier.

Goode, William, and Paul Hatt. 1952. *Methods in Social Research*. New York: McGraw-Hill.

Goodenough, Ward. 1955. "A Problem in Malayo-Polynesian Social Organization." *American Anthropologist* 57:71-83.

———. 1956. "Residence Rules." *Southwestern Journal of Anthropology* 12:22–37.
———. 1961. "Review of George Peter Murdock, ed., *Social Structure in Southeast Asia*." *American Anthropologist* 63:1341–47.
———. 1962. "Kindred and Hamlet in Lalakai, New Britain." *Ethnology* 1:5–12.
Goody, Jack, ed. 1958. *The Developmental Cycle in Domestic Groups*. Cambridge Papers in Social Anthropology 1. Cambridge: Cambridge University Press.
Gorer, Geoff rey. 1967. *Himalayan Village: An Account of the Lepchas of Sikkim*. New York: Basic Books.
Gourou, Pierre. 1945. *Land Utilization in French Indochina*. Washington, DC: Institute of Pacifi c Relations.
———. 1955. *The Peasants of the Tonkin Delta: A Study of Human Geography*. New Haven: Human Relations Area Files Press.
Groslier, Bernard-Philippe. 1957. *The Arts and Civilization of Angkor*. New York: Frederick Praeger.
———. 1958. *Angkor et le Cambodge au XVIe siècle, d'apres les sources portugaises et espagnoles*. Paris: Presses Universitaires de France.
———. 1960a. "Our Knowledge of Khmer Civilization: A Reappraisal." *Journal of the Siam Society* 48:1–28.
———. 1960b. "Ouvrages récents sur le Cambodge." *Bulletin de l'École Française d'Extrême-Orient* 50:191–228.
Guesdon, Joseph. 1930. *Dictionnaire cambodgien-français*. Paris: Les Petit-fi ls de Plon et Nourrit.
Hall, D. G. E. 1964. *A History of South-East Asia*. London: Macmillan.
Halpern, Joel. 1964a. "Capital, Saving and Credit among Lao Peasants." In *Capital, Saving and Credit in Peasant Societies: Studies from Asia, Oceania, the Caribbean and Middle America*, edited by Raymond Firth and B. S. Yamey. Chicago: Aldine.
———. 1964b. *Government, Politics, and Social Structure in Laos: A Study of Tradition and Innovation*. Yale University Southeast Asia Studies Monograph Series 4. New Haven: Yale University

Southeast Asia Studies.

Hanks, Jane. 1960. "The Ontology of Rice." In *Culture in History: Essays in Honor of Paul Radin*, edited by S. Diamond. New York: Columbia University Press.

Hanks, Lucien M., Jr. 1962. "Merit and Power in the Thai Social Order." *American Anthropologist* 64:1247–61.

Hart, Donn, Phya Anuman Rajadhon, and Richard Coughlin. 1965. *Southeast Asian Birth Customs: Three Studies in Human Reproduction*. New Haven: Human Relations Area Files Press.

Heine-Geldern, Robert. 1956. *Conceptions of State and Kingship in Southeast Asia*. Data Paper 18 (Southeast Asia Program, Cornell University). Ithaca: Cornell University.

Herz, Martin. 1958. *A Short History of Cambodia, from the Days of Angkor to the Present*. New York: Frederick Praeger.

Hickey, Gerald. 1964. *Village in Vietnam*. New Haven: Yale University Press.

Homans, George. 1950. *The Human Group*. New York: Harcourt Brace.

Ingersoll, Jasper. 1961. "Religious Roles and Economic Behavior in Village Thailand." Paper presented at the annual meeting of the American Anthropological Association, Philadelphia, Pennsylvania.

Johnson, Ervin. 1964. "The Stem Family and Its Extensions in Japan." *American Anthropologist* 66:839–51.

Kattenburg, Paul. 1952. *A Central Javanese Village in 1950*. Data Paper 2 (Southeast Asia Program, Cornell University). Ithaca: Cornell University.

Kaufman, Howard. 1960. *Bangkhuad, a Community Study in Thailand*. Monograph of the Association for Asian Studies 10. Locust Valley: J. J. Augustin.

———. 1961. *Village Life in Vientiane Province (1956-1957)*. Ed. Joel Halpern. Laos Project Paper 12 (mimeographed).

Kehoe, Alice. 1960. "Lactation and Pregnancy." *American Anthropologist* 62:880–81.

Kennedy, John G. 1966. "Peasant Society and the Image of Limited Good: A Critique." *American Anthropologist* 68:1212–25.

Khiang, Mi Mi. 1963. "Burma: Balance and Harmony." In *Women in the New Asia*, edited by Barbara Ward. Paris: UNESCO.

Kleinpeter, Roger. 1937. *Le problème foncier au Cambodge*. Paris: Les Editions Domat-Montchrestian.

Kluckhohn, Clyde, Henry Murray, and David Schneider. 1961. *Personality in Nature, Society, and Culture*. New York: Alfred Knopf.

Koentjaraningrat, R. 1957. *A Preliminary Description of the Javanese Kinship System*. Cultural Report Series 4. New Haven: Yale University Southeast Asia Studies.

———. 1960. "The Javanese of South Central Java." In *Social Structure in Southeast Asia*, edited by George P. Murdock, Viking Fund Publications in Anthropology 29. New York: Wenner-Gren Foundation for Anthropological Research.

Kroeber, A. L. 1909. "Classifi catory Systems of Relationship." *Journal of the Royal Anthropological Institute* 39:77–84.

———. 1947. "Culture Groupings in Asia." *Southwestern Journal of Anthropology* 3:322–30.

———. 1948. *Anthropology*. New York: Harcourt Brace.

Leach, Edmund R. 1950. *Social Science Research in Sarawak: A Report on the Possibilities of a Social Economic Survey of Sarawak*. Colonial Research Studies 1. London: Her Majesty's Stationery Office.

———. 1954. *Political Systems of Highland Burma*. Cambridge, MA: Harvard University Press.

———. 1961. *Pul Eliya, a Village in Ceylon: A Study of Land Tenure and Kinship*. Cambridge: Cambridge University Press.

LeBar, Frank, Gerald Hickey, and John Musgrave, eds. 1964. *Ethnic Groups of Mainland Southeast Asia*. New Haven: Human Relations Area Files Press.

LeBar, Frank, and Adrienne Suddard. 1960. *Laos: Its People, Its Society, Its Culture*. Survey of World Cultures 8. New Haven: Human Relations Area Files Press.

Leclère, Adhémard. 1890. *Recherches sur la legislation cambodgienne (droit prive)*. Paris: Augustin Challamel, Librarie Coloniale.

———. 1894. *Recherches sur le droit public des Cambodgiens*. Paris: A Challamel.
———. 1898. *Les codes cambodgiens*. 2 vols. Paris: E. Leroux.
———. [1899]. *Le buddhisme au Cambodge*. Paris: E. Leroux.
———. 1904. "La fate des eaux au Phnom Penh." *Bulletin de l'École Française d'ExtrêmeOrient* 4:120-30.
———. 1914. *Histoire du Cambodge*. Paris: Librairie Paul Guethner.
———. 1916. *Cambodge: fêtes civiles et religieuses*. Paris: Imprimerie Nationale.
LeGallen, M. 1929. "Moeurs et coutumes de l'ancien Cambodge." In *Un empire colonial français: l'Indochine*, edited by Georges Maspero, vol. 1. Paris: G. van Oest.
Leichter, Hope. 1958. "Life Cycle Changes and Temporal Sequence in a Bilateral Kinship System." Paper read at the annual meeting of the American Anthropological Association, Washington, DC.
Lévi-Strauss, Claude. 1960. "The Family." In *Man, Culture, and Society*, edited by H. Shapiro. New York: Oxford University Press.
Lewis, Oscar. 1955. "Peasant Culture in India and Mexico, a Comparative Analysis." In *Village India: Studies in the Little Community*, edited by McKim Marriott, Memoirs of the American Anthropological Association 83. Chicago: University of Chicago Press.
———. 1961. "Some of My Best Friends Are Peasants." *Human Organization* 19:179-80.
Lingat, Robert. 1952-55. *Les regimes matrimoniaux de sud-est de l'Asie, essai de droit comparé indochinois*. 2 vols. Publications de l'École Française d'Extrême-Orient 34. Paris: E. de Boccard.
Linton, Ralph. 1936. *The Study of Man*. New York: D. Appleton-Century.
———. 1955. *The Tree of Culture*. New York: Alfred Knopf.
Lorimer, Frank. 1954. *Culture and human fertility*. Paris: UNESCO.
Lowie, Robert. 1948. *Social Organization*. New York: Rinehart.
Mandelbaum, David. 1966. "Transcendental and Pragmatic Aspects

of Religion." *American Anthropologist* 68:1174-91.

Manners, Robert. 1957. "Methods of Community Analysis in the Caribbean." In *Caribbean Studies: A Symposium*, edited by V. Rubin. Kingston: B. W. I. Printers.

Marchal, Henri. 1956. "Les funerailles de S.M. Norodom en 1906." *France-Asie* 13:118-26.

Marriott, McKim. 1955. "Little Communities within an Indigenous Civilization." In *Village India: Studies in the Little Community*, edited by McKim Marriott, Memoirs of the American Anthropological Association 83. Chicago: University of Chicago Press.

Martini, François. 1942-45. "Aperçu phonologique du cambodgien." *Bulletin de la Société de Linguistique de Paris* 42:112-31.

———. 1955a. "Le bonze cambodgien." *France-Asie* 12(114-15):409-15.

———. 1955b. "Organisation de clergé bouddhique au Cambodge." *France-Asie* 12(114-15):416-24.

———. 1955c. "La langue cambodgienne." *France-Asie* 12(114-15):427-35.

———. 1955d. "La cuisine cambodgienne." *France-Asie* 12(114-15):399-402.

Maspero, Georges. 1915. *Grammaire de la langue khmère*. Paris: Imprimerie Nationale.

Maspero, Georges, ed. 1929-30. *Un empire colonial français: l'Indochine*. 2 vols. Paris: G. van Oest.

Mead, Margaret. 1947. *The Mountain Arapesh*. Vols. 3 and 4: *Socio-Economic Life ; Diary of Events in Alitoa*. American Museum of Natural History Anthropological Papers 40.3. New York: American Museum of Natural History.

Merton, Robert. 1957. *Social Theory and Social Structure*. Glencoe, IL: Free Press.

Micaud, Charles. 1949. "French Indochina." In L. A. Mills et al., *The New World of Southeast Asia*. Minneapolis: University of Minnesota Press.

Ministère du Plan, Royaume du Cambodge. 1958. *Annuaire*

statistique retrospectif du Cambodge (1937-1957). Phnom Penh: Entreprise khmère de librairie et de papeterie.

———. 1961. *Bulletin mensuel de statistique*, nos. 1, 2, 3, January-March, 1961. Phnom Penh: E.F.I.

Mintz, Sidney. 1959. "Internal Market Systems as Mechanisms of Social Articulation." In *Intermediate Societies, Social Mobility, and Communication*, edited by Verne Ray. Seattle: American Ethnological Society.

Mitchell, William. 1963. "Theoretical Problems in the Concept of the Kindred." *American Anthropologist* 65:343-54.

———. 1965. "The Kindred and Baby Bathing in Academe." *American Anthropologist* 67:977-85.

Moerman, Michael. 1966. "Ban Ping's Temple: The Center of a 'Loosely Structured' Society." In Manning Nash et al., *Anthropological Studies in Therevada Buddhism*, Cultural Report Series 13. New Haven: Yale University Southeast Asia Studies.

Monod, G. H. 1931. *Le Cambodgien*. Paris: Larose.

Morizon, René. 1934. *L'immatriculation foncière de la propriété individuelle au Cambodge*. Paris: Editions Domat-Montchrestien.

———. 1936. *La province cambodgienne de Pursat*. Paris: Editions internationales.

Murdock, George. 1949. *Social Structure*. New York: Macmillan.

———. 1957. "World Ethnographic Sample." *American Anthropologist* 59:664-87.

———. 1960a. "Cognatic Forms of Social Organization." In *Social Structure in Southeast Asia*, edited by George P. Murdock, Viking Fund Publications in Anthropology 29. New York: Wenner-Gren Foundation for Anthropological Research.

———, ed. 1960b. *Social Structure in Southeast Asia*. Viking Fund Publications in Anthropology 29. New York: Wenner-Gren Foundation for Anthropological Research.

———. 1964. "The Kindred." *American Anthropologist* 66:129-32.

Nash, June, and Manning Nash. 1963. "Marriage, Family, and Population Growth in Upper Burma." *Southwestern Journal*

of Anthropology 19:251-66.
Nash, Manning. 1963. "Burmese Buddhism in Everyday Life." American Anthropologist 65:285-95.
———. 1964. "Southeast Asian Society: Dual or Multiple." Journal of Asian Studies 23:417-23.
———. 1965. The Golden Road to Modernity: Village Life in Contemporary Burma. New York: John Wiley.
Nash, Manning, et al. 1966. Anthropological Studies in Theravada Buddhism. Cultural Report Series 13, Yale University Southeast Asia Studies. New Haven: Yale University Southeast Asia Studies.
Neuman, Stephanie, ed. 1962. Social Research in Southeast Asia, special issue, American Behavioral Scientist 5(10).
Norbeck, Edward, and Harumi Befu. 1958. "Informal Fictive Kinship in Japan." American Anthropologist 60:102-17.
Obeyesekere, Gananath. 1963. "The Great Tradition and the Little in the Perspective of Sinhalese Buddhism." Journal of Asian Studies 22:139-53.
Office National du Tourisme. n.d. Informations touristiques Cambodge. Phnom Penh: Imprimerie A. Portail.
Offi ce of Strategic Services. 1944. Civil Aff airs Handbook: French Indo-China. Section I: Geographical and Social Background. Washington, DC: Army Services Forces.
Olivier, Georges. 1956. Les populations du Cambodge: anthropologie physique. Paris: Impressions P. Andre.
Opler, Morris. 1956. "The Extensions of an Indian Village." Journal of Asian Studies 16:5-10.
O'Sullivan, Kevin. 1962. "Concentric Conformity in Ancient Khmer Kinship Organization." Bulletin of the Institute of Ethnology, Academia Sinica 13:87-96.
Padilla, Elena. 1957. "Contemporary Socio-Rural Types in the Caribbean Region." In Caribbean Studies: A Symposium, edited by V. Rubin. Kingston: B. W. I. Printers.
Pannetier, (Dr.), and E. Menetrier. 1922. Éléments de grammaire cambodgienne appliquée. Phnom Penh: Imprimerie du Protectorat.

Pehrson, Robert. 1957. *The Bilateral Network of Social Relations in Könkämä Lapp District*. Indiana University Publications, Slavic and East European Series 5. Bloomington: Indiana University Press.

Pelliot, Paul. 1951. *Mémoires sur les coutumes du Cambodge de Tcheou Ta-kouan*. Paris: Librairie d'Amérique et d'Orient.

Pfanner, David, and Jasper Ingersoll. 1962. "Theravada Buddhism and Village Economic Behavior: A Burmese and Thai Comparison." *Journal of Asian Studies* 21:341-61.

Phan, Vanput, and Richard Noss. 1958. *Spoken Cambodian*. Washington, DC: Foreign Service Institute (mimeographed).

Phillips, Herbert. 1965. Thai Peasant Personality: *The Patterning of Interpersonal Behavior in the Village of Bang Chan*. Berkeley: University of California Press.

Piker, Stephen. 1966. "'The Image of Limited Good': Comments on an Exercise in Description and Interpretation." *American Anthropologist* 68:1202-11.

Pitt-Rivers, Julian. 1961. "Interpersonal Relations in Peasant Society: A Comment." *Human Organization* 19:180-83.

Porée, Guy, and Éveline Maspero. 1938. *Moeurs et coutumes des Khmer: origines, histoire, religions, croyances, rites, evolution*. Paris: Payot.

Porée-Maspero, Éveline. [1950]. *Cérémonies des douze mois: fêtes annuelles cambodgiennes*. Phnom Penh: Commission des Moeurs et Coutumes du Cambodge, Editions de l'Institut Bouddhique.

———. 1954. "Notes sur les particularités du culte chez les Cambodgiens." *Bulletin de l'École Française d'Extrême-Orient* 44:619-41.

———. 1955a. "Les neak ta." *France-Asie* 12(114-15):375-77.

———. 1955b. "Travaux d'ethnographie au Cambodge." *France-Asie* 12(114-15):363-67.

———. 1958. *Cérémonies privées des Cambodgiens*. Phnom Penh: Commission des Moeurs et Coutumes du Cambodge, Editions de l'Institut Bouddhique, Entreprise khmère de librairie et de papeterie.

———. 1962a. *Étude sur les rites agraires des Cambodgiens*. Vol. 1. Le Monde d'outre-mer, passé et présent, Première série, Études 14. Paris: Mouton.

———. 1962b. "Le cycle des douze animaux dans la vie des Cambodgiens." *Bulletin de 1'École Française d'Extrême-Orient* 50:311-66.

Potter, Jack, May Diaz, and George Foster. 1967. *Peasant Society: A Reader*. New York: Little and Brown.

Pym, Christopher. 1959. *The Road to Angkor*. London: Robert Hale.

———. 1960. *Mistapim in Cambodia*. London: Hodder and Stoughton.

Rajadhon, Phya Anuman. 1961. *Life and Ritual in Old Siam*. New Haven: Human Relations Area Files Press.

Ray, Verne, ed. 1959. *Intermediate Societies, Social Mobility, and Communication*. Seattle: American Ethnological Society.

Redfield, Robert. 1955. *The Little Community*. Chicago: University of Chicago Press.

———. 1956. *Peasant Society and Culture: An Anthropological Approach to Civilization*. Chicago: University of Chicago Press.

Redfield, Robert, and Alfonso Rojas. 1962. *Chan Kom, a Maya Village*. Chicago: University of Chicago Press.

Ricklefs, M. C. 1967. "Land the Law in the Epigraphy of Tenth-Century Cambodia." *Journal of Asian Studies* 26:411-20.

Robequain, Charles. 1944. *The Economic Development of French Indo-China*. London: Oxford University Press.

Saris-Yann, Srin. 1955. "Gateaux et friandises." *France-Asie* 12(114-15):395-98.

Schneider, David. 1965. "American Kin Terms and Terms for Kinsmen: A Critique of Goodenough's Componential Analysis of Yankee Kinship Terminology." In Formal Semantic Analysis, edited by E. A. Hammel, special issue, *American Anthropologist* 67(5), pt. 2.

Service, Elman. 1962. *Primitive Social Organization: An Evolutionary Perspective*. New York: Random House.

Sharp, Lauriston, et al. 1953. *Siamese Rice Village*: A Preliminary Study of Bang Chan, 1948-1949 . Bangkok: Cornell Research Center.

Shway Yoe [Sir James Scott]. 1963. *The Burman: His Life and Notions*. New York: Norton.

Singer, Charles, E. J. Holmyard, and A. R. Hall, eds. 1956. A History of Technology. Vol. 2: *The Mediterranean Civilizations and the Middle Ages, c. 700 B.C. to c. A.D. 1500*. Oxford: Clarendon Press.

———. 1958. A History Of Technology. Vol. 4: *The Industrial Revolution, c. 1750-1850*. Oxford: Clarendon Press.

Skinner, G. William, ed. 1959. *Local, Ethnic, and National Loyalties in Village Indonesia: A Symposium*. Cultural Report Series, Yale University Southeast Asia Studies 8. New Haven: Yale University Southeast Asia Studies.

Smith, Roger. 1964. "Cambodia." In *Governments and Politics of Southeast Asia*, ed. G. Kahin. Ithaca: Cornell University Press.

———. 1965. *Cambodia's Foreign Policy*. Ithaca: Cornell University Press.

Souyris-Rolland, Andre. 1951. "Contribution à l'étude du culte des genies tutelairesou 'Neak Ta' chez les Cambodgiens du sud." *Bulletin de Societe des études Indochinoises* 26:161-74.

Spiro, Melford. 1966. "Buddhism and Economic Action in Burma." *American Anthropologist* 68:1163-73.

Steinberg, David, in collaboration with Chester A. Bain. 1959. *Cambodia: Its People, Its Society, Its Culture*. Survey of World Culture Series. New Haven: Human Relations Area Files Press.

Steward, Julian. 1950. *Area Research: Theory and Practice*. New York: Social Science Research Council.

———. 1955. *Theory of Culture Change*. Urbana: University of Illinois Press.

Stewart, Charles. 1958. "The Urban-Rural Dichotomy: Concepts and Uses." *American Journal of Sociology* 64:152-58.

Swift, Michael. 1963. "Men and Women in Malay Society." In *Women in the New Asia*, edited by Barbara Ward. Paris: UNESCO.

———. 1964. "Capital, Saving, and Credit in a Malay Peasant Economy." In *Capital, Saving and Credit in Peasant Societies: Studies from Asia, Oceania, the Caribbean and Middle America*, edited by Raymond Firth and B. S. Yamey. Chicago: Aldine.

———. 1965. *Malay Peasant Society in Jelebu*. London School of Economics Monographs on Social Anthropology 24. London: Athalone Press.

Textor, Robert. 1961. *From Peasant to Pedicab Driver: A Social Study of Northeastern Thai Farmers Who Periodically igrated to Bangkok and Became Pedicab Drivers*. Cultural Report Series 9. New Haven: Yale University Southeast Asia Studies.

Thierry, Jean. 1955. L'evolution de la condition de la femme en droit privé cambodgien. Phnom Penh: A. Portail.

Thiounn, Chaufea. 1956. *Danses cambodgiennes*. Phnom Penh: Institut Bouddhique, Albert Portail.

Thomas, William. 1955. "Land, Man, and Culture in Mainland Southeast Asia: A Study of the Signifi cance of the Concept of Culture for Geographic Thought, Based upon an Analyses of the Writings on the Human Geography of Mainland Southeast Asia by American, British, German, and French Scholars." PhD diss., Yale University.

Thompson, Virginia. 1937. *French Indo-China*. New York: Macmillan.

Thompson, Virginia, and Richard Adloff. 1947. "The Cultural Institutions of Indochina Today." *Far Eastern Quarterly* 6:414-19.

———. 1955. *Minority Problems in Southeast Asia*. Stanford: Stanford University Press.

United Nations. 1951. *Demographic Yearbook 1951*. New York: Department of Economic Aff airs, Statistical Office.

Vanell, Robert. 1956. "Les rites funeraires au Cambodge." *France-Asie* 13:113-17.

Vialard-Goudou, André. 1959. *Recherches sur la composition chimique, la valeur nutritive et l'emploi des plantes alimentaires du Sud-Vietnam et de l'Asie tropicale*. Toulouse:

Imprimerie A. Comes.
Ward, Barbara, ed. 1963. *Women in the New Asia*. Paris: UNESCO.
Webster, Noah. 1951. *Webster's New Collegiate Dictionary*. Springfi eld: G. & C. Merriam.
Wittfogel, Karl. 1957. *Oriental Despotism* . New Haven: Yale University Press.
Wolf, Eric. 1955. "Types of Latin American Peasantry." *American Anthropologist* 57:452-71.
——. 1956. "Aspects of Groups Relations in a Complex Society." *American Anthropologist* 58:1065-78.
——. 1957. "Closed Corporate Peasant Communities in Mesoamerica and Central Java." *Southwestern Journal of Anthropology* 13:1-18.
——. 1966. Peasants . Englewood Cliffs, NJ: Prentice-Hall.
Zadrozny, Mitchell, ed. 1955. *Area Handbook on Cambodia*. Human Relations Area Files Subcontractor's Monograph 21. New Haven: Human Relations Area Files.

부록 J

한 캄보디아인 마을의 폴 폿 시대에 대한 기억[1]

캄보디아에 대한 나의 경험과 기억은 서로 다른 두 기간에서 비롯된다. 첫 번째는 내가 비교적 평화로운 시기에 크마에 농촌 마을 스와이에서 인류학적 현장 조사를 수행했던 1959~1960년이었다. 두 번째 시기는 약 30년 후인 1989년으로, 캄보디아로 돌아온 나는 스와이 마을과 내가 이전 조사에서 알게 됐던 마을 사람 중 일부가 내전과 민주 캄푸치아(Democratic Kampuchea, 이하 DK)의 끔찍한 격변에서 살아남았다는 것을 발견했다. 1990년에서 1996년 사이 이어진 여행에서, 나는 1960년 이후 마을 사람들의 삶, 특히 폴 폿 시대의 경험에 관한 구술사를 수집했고, 현대 마을 생활의 여러 측면들을 조사했다.[2]

---

[1] 이 에세이는 주디 레저우드가 편집한 Cambodia Emerges from the Past: Eight Essays (DeKalb: Center for Southeast Asian Studies, Northern Illinois University, 2002)에 처음 수록되었다.
[2] 캄보디아에서의 나의 초기 현지 조사는 Ford Foundation Foreign Area Training Fellowship에서 지원받았다. 1990년대의 연구는 인류학 연구를 위한 Wenner-Gren 재단, 동남아시아에 대한 사회 과학 연구 위원회 공동 위원회 및 뉴욕 시립대학교 교수 연구 대상 프로그램의 보조금으로 지원되었으며, 이 모든 분께 감사드린다. 또한 여러 면에서 제 작업에 도움을 주신 주디 레저우드 박사와 번역하고 글을 쓰는 데 도움을 주신 키웅 운 씨, 모라 짠투 씨, 께리어 까에우 씨, 씨완니 로이 씨에게도 깊은 감사를 전한다. 이 논문의 일부는 1996년 Monash University에서 개최된 "Cambodia: Power, Myth and Memory" 회의에서 처음 발표되었다.

일반적으로 사람들은 기억을 사람들의 생각 속에 자리잡고 있다고 생각하고, 실제로 내 연구의 대부분은 마을 사람들의 최근 과거에 관한 이야기를 수집하는 데 중점을 두었다. 과거를 회상하게 하는 의미에서 기억은 풍경과 사람들의 몸에도 새겨진다.³ 마을 사람들의 경험과 스와이에 관한 내 추억을 바탕으로 이 장에서는 다양한 형태로 존재하는 폴 폿 시대에 관한 이야기들과 환기 중 일부에 관해 다룰 것이다.

배경

1959년~1960년에 처음 알게 된 이 마을은 껀달 지역에 있으며, 시장이 있는 작은 읍에서 국도로 수 킬로미터 정도 떨어져 있다.⁴ 나는 처음부터 이 마을의 아름다운 시골 풍경에 충격을 받았다. 나무 초가집은 키 큰 야자수, 트나옷 나무, 키 큰 망고나무와 다른 나무들, 바나나 줄기와 대나무, 프까 끄러다(종이꽃), 구장 덩굴, 텃밭, 다른 풍부한 식물들 한 가운데 자리잡고 있다. 마을 남쪽에는 항상 나를 놀라게 하는 전형적인 캄보디아 풍경이 펼쳐져 있다. 끝없이 펼쳐진 논밭은 누비 이불처럼 불규칙하게 서로 이어져 있고, 논둑에서 자라는 우뚝 솟은 야자수는 이 단순한 평지에 구두점을

---

3 프리슨(1990), 프랜치(1994), 힌턴(1999)을 참조하라. 푸코는 권력이 어떻게 물질적 구조와 신체적 몸에 명시되는지라는 좀 더 일반적인 문제에 관해 논했다(예를 들어 감옥에 관한 그의 1995년 저작 참조).
4 스와이 마을은 마을 사람들이 동리, 중리, 서리라고 부르는 3개 구역에 약 790명의 주민이 살고 있다. 나는 초기 현지 조사를 32개 주택에 약 159명 정도가 살았던 스와이 서리에 집중해 실시했다. 1990년대 나의 최근 조사는 스와이 서리의 생존자와 그 가족에 집중되었다. 이전 저작에서 나는 이 마을을 '소베이'라는 가명으로 불렀다. 그러나 현재는 캄보디아를 연구하는 다양한 동료들이 이 마을에 익숙해 그 진짜 이름을 사용하고 있다.

찍었다. 마을 사람들은 주로 농사로 생계를 이어갔고, 가구당 평균 1ha의 논을 경작하는 소농인 이들은 팜설탕 만들기 같은 부업으로 생계를 꾸렸다. 스와이 동쪽 가장자리에는 작지만 아름다운 사원(여기서는 쁘레아ㅎ 뷔히이어를 가리키는 듯하다), 회의와 의식에 사용되는 개장된 정자인 쌀라, 승려들의 거주지, 목욕을 위한 연못이 있는 오왈이 있다.[5]

마을 사람들은 1970년대 초 첫 번째 분쟁이 일어나기 전까지는 큰 격변 없이 살았다고 말한다. *크마에 끄러험*(일반적으로 크메르 루즈라고 부르는 단체-역자 주)은 그들의 요새에서 남쪽 방향 지역으로 진격하기 시작했고, 마을 사람들을 가운데 두고 마을 근처에 주둔한 론놀 정부군 총격전을 벌였다. 존경받았던 두 명의 노인이 뜻하지 않게 총격에 사망했고, 포탄에 여러 집이 부서졌다. 그리고 마을 사람들이 밭을 경작하는 것은 점차 위험해지다가 아예 불가능해졌다. 내전은 시간이 지남에 따라 점점 심해졌고, 이 지역도 전반적으로 미국의 대규모 폭격을 당했다. 특히 뉴욕타임즈 기사에 따르면, 1973년 여름에는 한 때 일주일 내내 매일 폭격을 당했다. 스와이 사람들은 1970년대 초, 점차 상대적으로 안전해 보였던 프놈펜과 그 주변 지역으로 피신해 다양한 날품팔이 일을 하면서 버텼다. 그러나 이러한 안전은 *크마에 끄러험*이 프놈펜을 더욱 촘촘하게 포위하고 포탄이 집을 파괴하고, 스와이에서 온 가족을 죽이면서 환상으로 변했다.

1975년 4월, 크마에 끄러험이 프놈펜을 점령하고 소개령을 내

---

[5] 캄보디아에서 오왈은 쁘레아ㅎ 뷔히이어나 쌀라 등 사원 담장 안에 있는 다양한 구조물의 집합명사이다(번역자 주).

렸을 때, 많은 마을 사람이 스와이에 있는 예전 집으로 길고 힘든 여행길에 올랐지만, 한때 그들의 집이 서 있던 자리에는 잡초와 나무들이 무성하게 자라 있었다. DK 간부는 마을 사람들이 스와이에 머무는 것을 금지했고, 이전 주민들은 꼭 쁘링이라는 장소에서 몇 킬로미터 정도 떨어진 황량하고, 평평한 황무지에 도심에서 온 수많은 (아마도 천 명 이상) 다른 피난민과 함께 캠프를 만들어야 했다.

한 생존자는 다음과 같이 말했다.

> 꼭 쁘링 근처 숲에 도착했을 때, 사람 머리 바다라고 할 만큼 사람들이 많았어요. 5월(캄보디아는 4~5월이 연중 가장 더움-역자 주)이라서 매우 더웠고, 근처에 물이 있는 곳은 한 곳뿐이었습니다. 우리는 기둥 몇 개 위에 초가지붕으로 조잡한 쉼터를 지었습니다. 거기서 많은 사람이 죽었습니다. 따 능 Ta Neung, 이예이 만 Yeay Man, 쏘이 Soi, 쏙콤 Sokhom, 크마우 Kmav와 그 자녀들, 다른 사람들 등 많은 스와이 서리 사람들이 거기 묻혔어요. 지뢰와 폭탄이 들판에 남아 있었지만, 우리는 너무 배가 고파서 음식이나 과일을 찾기 위해 스와이 지역에 몰래 다녀오곤 했어요.[6]

충분한 식량과 물이 없었기 때문에, 마을 사람들은 굶주림과 질병으로 죽음의 첫 번째 물결을 겪었다. 몇 달 후, 그들은 코뮌으로 바뀐 스와이로 돌아갈 수 있었다. 전에 살던 마을 사람 중 일부는

---

6 이것을 포함한 인용문은 모두 크마에에서 번역한 것이다. 일부 인용은 거의 원문 그대로인 반면, 다른 것은 마을 사람들이 말한 내용과 거의 비슷하거나 그것을 편집한 번역이다. 제보자의 비밀을 보호하기 위해 실명은 사용하지 않았다.

DK기간 거기 머물렀고, 다른 사람들은 남쪽에 있는 여러 코뮌으로 흩어지거나, 나중에서 뽀삿 지방으로 더 멀리 보내져 생존자가 거의 없을 정도로 끔찍한 환경에서 강제로 일해야 했다.

마을 사람들은 원래 농민이었지만, 1975년 이전 DK 기지에 가본 적이 없다는 사실로 혁명에 참여하지 않은 '신인민'으로 정의되었다. 따라서 DK 기간 그들의 경험은 수많은 다른 '4월 17일 사람들'의 그것과 유사했다. 그들은 연령과 성별에 따라 다른 종류의 작업팀으로 분리되었다. 가차 없는 노동이 강요되었다. 가혹한 규율이 적용되었다. 가족과 친척 관계는 단절되었다. 영양실조와 질병이 만연했다. 그리고 처형을 포함한 죽음이 일상적이었다. 사망률은 끔찍할 정도였다. 내가 첫 번째 조사에서 만나 알고 있었던 스와이 서리 사람 가운데 1975년까지 살아있던 139명 중 50%(70명)가 DK 기간 사망했다.[7] 내가 아는 32가족 중, 일부는 전 가족이 몰살했고, 다른 가족은 한 두 명의 생존자만 남았다. 이 점에 관해서는 다른 곳에서 더 길게 논의했기 때문에(Ebihara 1990, 1993a, 1993b) 여기서는 더 자세한 설명은 하지 않고, 여기서는 내전과 DK의 기억이 풍경과 사람들의 몸과 마음에 어떻게 새겨져 있는지에 관심을 돌릴 것이다.

풍경

풍경의 개별적 측면은 어떤 특정한 문화적 의미를 전달할 수 있다. 크마에에서, 쁘레이라는 단어는 숲, 정글, 황야, 또는 사람이

---

[7] 이 수치는 내가 첫 번째 조사할 때 알고 있던 139명의 마을 주민만을 대상으로 한 것이다. 1960년 내가 마을을 떠난 후 발생한 결혼의 배우자와 자녀는 포함되지 않았다. 그러나 그 그룹의 사망률도 높았다.

살지 않는 지역으로 번역되고, 레비-스트로스의 자연 대 문화, 야생 대 길들임의 의미를 내포한다(Smith 1989, Chandler 1996 참조). 혁명 운동 초기 크마에 끄러험은 쁘레이로 알려진 산악 또는 산림 지대에 숨어 있었고, 그리고 실제로 1979년 축출된 후 이러한 지역을 다시 점령했다. 내전 동안 시골에서 도시로 피신한 스와이 사람들이 아이러니하게도 1975년 다시 시골로 추방되었고, 스와이로 돌아와 그들의 버려진 마을이 그들의 표현을 빌리자면, 쁘레이가 된 것을 발견했다는 것은 흥미로운 일이다. 그런 다음 그들은 DK 간부가 스와이로 돌아가는 것을 허용하기까지 다른 쁘레이 지역에서 몇 달 동안 살아야 했다. 가옥은 내전 중 전투로 파괴되거나 크마에 끄러험이 땔감이나 건축재료로 사용하기 위해 파괴했고, 식물들이 제대로 관리되지 않고 남아 있어, 쁘레이로 변해가는 버려진 마을의 상황은 오래된 공동체와 그 생활방식의 파괴를 상징한다고 할 수 있다. 그런 다음 또 다른 쁘레이인 꼭 쁘링에서의 몇 달은 구사회와 DK 체제 사이의 전환, 즉 마을 사람들의 이전 생활방식 대부분을 뒤집거나 파괴하고 새로운 혁명 질서로 그들을 밀어붙이는 일종의 전환기(Turner 1967) 역할을 했다.

풍경의 여러 측면이 문화적으로 개념화될 수 있는 것처럼, 물리적 환경도 인간의 행동에 따라 문자 그대로 구성되고, 물질적으로 변경될 수 있다. DK 군대가 패주한 지 약 10년 후인 1989년과 1990년대 초 나는 다시 스와이를 방문했다. 당시 나는 내전과 DK가 초래한 약탈을 상기시키는 소리는 없지만, 눈에 띌 정도로 많은 풍경의 변화를 보고 깜짝 놀랐다. 전쟁 전에는 마을로 들어가는 길이 잘 포장된 2차선 도로였는데 전쟁 후에는 여기저기 깊게 팬 구덩이와 바퀴 자국으로 가득 찬 장애물 코스가 되어 있었다. 1990

년대 초 나는 마을에서 사실상 모든 사람이(전형적인 크마에 스타일 집이 아니라) 맨바닥에 초가집을 짓고 살고 있다는 사실에 충격을 받았다. 이는 혁명 이전 시대에는 가난한 가족들조차 상상도 할 수 없었지만, DK 시대 '신인민'에게는 흔한 일이었다[8](그러나 이웃 마을에는 여전히 간부들을 위해 지은 [크마에 전통식] 기둥 위에 세워진 깔끔한 목조 주택이 줄지어 서 있었다).

마을 사원(브레아 뷔히어)은 내전 중 손상되었고, DK 기간 지뢰로 폭파되었다. 그 잔해는 채소를 재배하기 위해 오왈의 연못을 메꾸는 데 사용되었다. 회당이라고 할 수 있는 쌀라는 DK 기간 병원으로 사용되었다. 승려들의 기숙사도 손상되지는 않았지만, 내전으로 인한 흉터와 피탄 자국이 남아 있다. 1990년 새로운 사원(뷔히어)를 세우려는 노력이 막 시작되었고, 세 개의 불상이 뷔히어가 세워지기 전 투박한 양철 지붕 아래 흙더미 위에 놓여진 모습에 가슴 아팠다.

마을 사람들과 도시민들이 자주 방문했던 도로를 따라 몇 킬로미터 떨어진 곳에 있는 다른 오왈에서도 이와 비슷한 파괴가 발생했다. 그 넓은 부지는 시끌벅적한 원숭이들이 살 정도로 숲을 이룬 큰 나무들로 유명했는데, 1990년에는 뷔히어가 있던 자리에 야자나무와 흙더미만 남아 있었다. 한 마을 사람은 이렇게 회상했다.

> 예전에는 하늘이 보이지 않을 정도로 나무가 많았고, 팔을 뻗어

---

[8] 혁명 이전 시대에 마을 사람들은 맨바닥에 직접 지은 집을 크마에식이 아니라 베트남식이라고 생각했다. 크마에 주택은 관습적으로 기둥 위에 세워지며, 1959~1960년 스와이의 모든 주택이 이런 형태였다.

도 감쌀 수 없을 만큼 둥치가 굵었습니다. 큰 나무들이 잘려 나가자, 원숭이들은 사라졌고, 아마도 그 중 몇은 잡아 먹혔을 겁니다. 1973년에 크마에 끄러힘이 쏜 여러 포탄이나 폭탄이 땅에 떨어졌습니다. 나중에 그들은 지뢰로 사원을 폭파했고, 사람들에게 돌(구조물의 파편)을 부숴 관개수로의 수문 보강할 강철 막대와 수로 건설에 필요한 큰 돌과 시멘트 조각을 모아오도록 했습니다.

스와이의 논을 거닐면서 나는 DK가 시골 전역에서 농업 생산량을 늘리고 합리화하려 대규모로 시도했던 증거를 보았다. DK는 신인민을 새로운 혁명적 존재로 개조하려고 시도했던 것처럼, 깔끔하게 구획된 거대한 들판에서 계속 다모작을 할 수 있는 큰 저수지와 광범위한 관개수로로 풍경을 재구성하려고 시도했다. 스와이 남쪽에는 이전 시대의 전형적인 다양한 모양과 크기의 논들이 일정한 크기와 모양으로 정돈된 직사각형 논의 흔적이 여전히 남아 있다. 논둑 위 수많은 야자수는 DK 전후의 전투 중 잘렸거나 피탄된 흔적들이 있다. DK 기간 건설된 거대한 지역 관개 시스템의 일부로 만들어진 수고의 흔적들이 논과 마을을 둘러싸고 있었다. 마을에서 수 킬로미터 떨어진 근처 강에는 관개를 통제하던 거대한 저수지가 점점 무너지고 있었다. DK는 그러한 댐과 논을 사람들의 노동력만으로 건설하도록 강요했고, 많은 마을 사람은 당시 그들이 고생한 바를 다음과 같이 말했다.

그들은 나를 먼 곳에 있는 젊은 여성 작업반(캉 늬어리)에 배속시켰다. 그곳에는 약 50명의 여성이 있었고, 그들은 10명으로 구성된 작은 팀으로 나눠져 있었다. 각 팀은 매일 (한 명단 약 1㎡)에 해당하는 10m 정도의 도랑 파는 일을 해야 했습니다. 때때로 2㎡를 두 사람이 담당했습니다. 한 사람은 땅을 파고 다른 한 사람은 흙을 옮겼습니다…. 나는 또한 모판에서 벼 모종을 뽑아서 모내기를 했습니다…. 이 때는 6명이 1ha에 모내기를 해야 했습니다. 우리가 만약 일을 끝내지 못하면 크마에 루주는 우리를 비난하고 우리가 게으르다고 말했습니다.

사람들의 가치는 그들이 얼마나 많은 흙을 옮겼는지에 따라 측정되었습니다. 우리는 수로를 파야 했습니다. 측량하고 파고, 측량하고 또 팠습니다. 나는 무거운 짐을 지고 넘어졌습니다. 우리는 넘어질 때까지 일하고 걸어야 했기 때문에, 걷고 넘어지고, 걷고 또 넘어졌습니다. 몸이 아파도 그들이 죽일까 봐 일을 쉬지도 못하고 쓰러질 때까지 일했습니다. 그들은 사람들이 죽든 말든 상관 없이 일을 시켰습니다.

 1990년대 초 스와이 근처에는 DK 이전의 내전을 생생하게 상기시키는 것도 있었다. 마을 옆에 있는 건물의 적나라한 잔해는 원래 내가 조사하는 동안, 교사 훈련 센터의 일부였던 건물이었지만, 이제는 지붕이 없고, 총알구멍과 대포로 상처를 입은 부서진 벽, 두 개골의 눈구멍과 같은 벌어진 창틀만 남았다. 한때 번성했던 시장, 상점, 관공서가 있던 인근 마을에서도 유사한 파괴가 분명하게 나타났다. 한때는 번성했던 시장, 상점, 관공서가 있었지만, 지금은 진흙투성이 거리를 따라 늘어선 비바람에 시달리고 전쟁으로 폐허가 된 건물 몇 채가 있는 유령 도시처럼 보였다.
 스와이 근처에는 오싹한 연상을 구체화하는 특정 지역도 있다. 프놈펜에서 대피한 후 사람들이 모여든 꼭 쁘링의 황량한 쁘레이 지역은 그곳에서 죽어 묻힌 마을 사람들을 떠올리게 한다. 스와이가 DK 공동체였을 때 죽은 일부는 공동체의 수호신인 지역 네악따의 사당 주변의 미개간지에 묻혔다. 쿰 사무실 뒤편 땅은 지역 킬링필드였고, 현재 이곳에는 작은 뼈와 옷 조각이 작은 나무 창고에 (전시되지는 않고) 보관 중이다. 한 마을 사람은 이렇게 설명했다.

> 지역 쿰 사무실은 또한 뽈 뽇 시대에 쿰 본부였으며 많은 사람이 거기서 [사무실 건물 뒤에 있는 나무들에서] 처형당했습니다. 1975년 5월경 프놈펜에서 철수한 직후 수많은 전직 장교, 군인, 부유층이 사망했습니다. 개인 생애가 읊어졌고, 많은 사람이 정직하게 대답했습니다. 그들은 프놈펜으로 다시 끌려갈 것이라는 말을 들었지만, 실제로는 묶여서 죽임을 당했습니다. 나중에 검거된 대학생들에게도 프놈펜에서 학교로 돌아가게 될 것이라는 똑같은 말을 했으나 살해했습니다... 이 시점에서 마을 사람들은 여전히 꼭 쁘링 쁘레이에 있었습니다. [나중에 DK 때 이 본부에서 몇몇 마을 사람도 살해당했습니다.]

똔레 바띠 근처 마을에서 남쪽으로 몇 킬로미터 떨어진 곳에는 DK 지역 본부, 감옥, 사형 집행 센터로 바뀌었던 학교 유적이 있다. 한 방에는 수백 개의 두개골과 뼈가 교단에 쌓여있고, 일부는 바닥에 널브러져 있었다. 해골들 가운데 있는 나무 표지판에는 18,318명이 이곳에 투옥되었고, 5,111명이 사망했다고 명시되어 있다. 이 감옥에서 가족, 친지, 친구를 잃은 몇몇 마을 사람들과 함께 구슬픈 보슬비가 내리는 날 이 장소를 방문하는 것은 가슴 아픈 경험이었다. 그들 중 한 사람은 다음과 같이 언급했다.

> 그 건물 뒤의 대나무 기둥에서 사람들이 죽었습니다. [DK 이후] 비가 흙을 씻어내고 시체의 잔해를 드러냈습니다... 집단 무덤을 파고 있을 때, 사람이 많이 죽지 않았던 초기 매장지 시신에는 수갑이 잘 만들어진 것을 볼 수 있었습니다. 나중에 점점 더 많은 사람이 투옥되고 죽임을 당하면서 수갑은 더 거칠어졌습니다. 꾸이, 꼬이에, 노이, 쁘록, 꾼의 남편, 아우의 남편, 린의 남편 등 많은 우리 사람(봉-뻐오운)이 여기서 죽었습니다.

여러 곳에서 풍경은 죽은 자의 유해를 담고 있을 뿐만 아니라 내전 동안 묻혀 있는 폭발하지 않은 포탄과 지뢰로 말 그대로 살아있는 사람들에게 치명적이었다. 1979년 사람들이 이 지역으로 돌아온 후 우발적인 폭발로 여러 명이 다치거나 사망했다. 1990년대 초에도 스와이 주변 들판에서 가끔 폭발이 있었지만, 다행스럽게도 사상자는 없었다.

몸

민주깜뿌찌어의 권력은 문자 그대로 사람들의 신체적 존재와 삶에 대한 엄격한 통제로 '구체화'되었다. 푸코가 감옥에 관한 작업에서 쓴 내용은 신시민이 가상의 수용소에서 살았던 DK에도 적용할 수 있다. 의복, 음식, 언어, 말, 감정, 일, 수면, 이동, 결혼, 사상 등 모든 것이 엄격한 규율과 제약을 받았다. (실제 또는 주장된) 위반에 대한 처벌에는 끊임없는 괴롭힘, 기아, 구타, 수갑, 고문, 투옥, 그리고 마지막으로 처형을 위해 '추방'되는 것이 포함되었다.

감옥에 대해 푸코가 쓴 내용은 DK의 상황에도 적용할 수 있다.

> 몸은… 정치 분야에 직접 관여한다. 권력관계는 그것에 즉각적으로 영향을 미친다. 그들은 그것을 투자하고, 표시하고, 훈련하고, 고문하고, 강제로 작업을 수행하고, 의식을 수행하고, 신호를 보낸다. 신체에 대한 이러한 정치적 투자는 그것의 경제적 사용으로 묶여 있다… 신체에 권력과 지배의 관계가 부여되는 것은 대체로 생산력이다. 그러나 다른 한편으로 노동력으로서의 그것의 구성은 예속 체계에 사로잡혀 있을 때만 가능하다… 몸은 생산적인 몸인 동시에 종속된 몸일 때만 유용한 힘이 된다. 이 예속은 이데올로기의 폭력 도구에 의해서만 얻어지는 것이 아니다. 물질적 요소와 관계해 직접적이고 물리적일 수도 있다… 그것은 계산되고 조직될 수 있다… 미묘하고 무기나 테러를 사용하지 않으면서도 물리적 질서를 유지할 수 있다(푸코 1995:25~26).

스와이 주민은 소작농 배경을 가지고 있었지만 1975년 이전에 도시로 피신했기 때문에, 더 높은 사회경제적 계층의 다른 도시 거주자들과 함께 '새로운 사람들', '론놀 사람들', '4월 17일 사람들', '적'으로 분류되었다. 따라서 그들은 가장 가혹한 조건에 노출되었다. '뽈 뽓 시대'(싸마이 뽈 뽓)에 대한 그들의 이야기는 식량 부족과 문자 그대로 허리가 빠개지는 노동과 더불어 절박한 굶주림과 탈진으로 뼈밖에 안 남은 몸, 풍토병, 그리고 마을 사람들이 '똥'같다고 말하는 효과 없는 DK 의약품에 관한 이야기이다. 마을 사람들의 설명에서 발췌한 이 짧은 발췌문은 DK가 몸을 통제하고, 제약하고, 약화시킨 다양한 방식을 증언한다.

우리는 먹고, 자고, 말할 자유가 없었습니다. 우리는 우는 것을 숨겼고, 밤에는 베개에 파묻혀 울었습니다. 우리는 우리 아이들이 짐 나르는 짐승이 되어가는 것을 지켜보았습니다. 우리는 사실과 정반대로 말해야 했습니다. 맛없을 때도 맛있다고 말해야 했습니다. 우리는 항상 주워 숨길 약간의 음식을 찾고 있었지만, 그들이 본다면 매질을 당할 것입니다. 볶은 옥수수를 내밀었는데, 잡으면 뜨거워서 손에 화상을 입어서 떨어뜨리고는 또 음식을 낭비했다며 때렸습니다. 때로는 물이 없어서 자신의 오줌을 모아서 마셨습니다.

한 사람이 감자 몇 그루를 보고 두세 개를 숨겼습니다. [간부는] 그를 붙잡아 목에 감자를 걸고 마을을 행진하는 동안 그를 때렸습니다. 그들은 그를 죽이려 했지만, 상급 간부가 그들을 막았습니다. 이것은 사람들이 아직 살해당하지 않은 1975년이었습니다. 그러나 그들은 그를 묶고 원을 그리며 그를 넘어질 때까지 때렸습니다. 심지어 여성 간부들도 그를 때렸습니다. 그는 너무 맞아서 거의 미쳐버렸습니다.

나는 (그녀의 아버지는 론 놀 군대에 있었다) 군인 가족과 부자 특별 작업 그룹에 속해 있었습니다. 우리가 [우리의 배경]을 부인하거나 일을 하지 않으면 우리는 신고되어 끌려가 처형당했을 것입니다. 내가 열심히 일하고, 아무 말도 안 해서 살아남았으니, 그들이 나를 탓할 리가 없었습니다. 특별 그룹에서는 쉴 시간이 없었습니다. 우리는 밤 9시부터 새벽 4시까지 잠을 잤습니다. 정오나 오후 1시에 5분 밥을 먹고 쉬지 않고 오후 7시까지 일을 하고는, 저녁 식사를 위해 15분 쉬고, 가끔 일에 따라 자정이나 작업에 따라

오전 1시까지도 일했습니다. 때때로 퇴근 후 밤에 정치 회의가 있었습니다. 앞자리에 앉아 있으면 깨어 있기가 힘들지만 깨어 있어야 했습니다. 아무도 듣지 않았음에도 같은 말을 반복해서 했습니다. 자기비판과 타인의 비판이라는 비판 세션도 있었습니다. 비판의 양에 따라 3시간 정도 계속되기도 했습니다.
우리는 열심히 심고 수확했습니다. 이 집만큼 큰 쌀더미가 있었는데 트럭으로 가져갔어요… 우리는 닭과 오리, 채소와 과일을 키웠지만, 모두 그들이 가져갔습니다. 자신을 위해 무엇이든 취하려고 하면 죽임을 당할 수 있었습니다. 음식을 볼 수 있었지만 먹을 수는 없었습니다.

아이들은 얼굴과 발이 부어 있었지만, 몸의 나머지 부분과 팔, 다리에는 뼈만 남아 있었습니다.

여자들은 생리가 없고 가슴이 오그라들고 음식이 없어 모두 야위었습니다. 모든 젊은 여성들은 늙은 할머니처럼 보였습니다.

나는 임신[몇 달]일 때 흙을 퍼 날라야 했기 때문에 아기를 잃었습니다. 유산했는데 뭔지도 모르고 나와서 집에 데려갔어요. 그날 밤 회의에서 나는 일터를 떠났다는 비난을 받았기 때문에 그들에게 태아를 보여주었습니다.
무거운 짐을 지고 다니다가 [일하다가] 자궁이 빠졌어요. 자궁을 다시 안으로 밀어 넣고 라임으로 꽉 막았습니다. 나는 누군가에게 말하는 것이 두려웠습니다… 아프다고 하면 벌을 받을 것이기 때문입니다. 코뮌으로 돌아왔을 때 내 사롱은 온통 젖어 있었습니다.

내 아이들은 그것을 보고 울었습니다. 하지만 너무 아파서 더는 일 할 수 없다고 아무에게도 말하지 않았습니다. 나는 앉을 수 없었습니다. 3개월 동안 병원에 다녔습니다.

지금도 마을 사람들은 DK 동안 계속된 구타나 과로로 인해 지속적인 피로, 보행 장애, 팔다리 약화, 기억력 장애, 시력 장애, 기타 신체적 문제로 고통받고 있다고 말한다. 그들은 종종 다음과 같은 고통을 토로한다.

내 다리는 여전히 약합니다. 때때로 다리가 접히고, 넘어집니다.

그들은 내 머리와 어깨와 등을 때렸습니다. 나는 결코 회복하지 못했고 지금은 무거운 것을 들 수 없습니다.

나는 폴 포트 이후로 크마에를 읽거나 쓰는 법을 잊었습니다.

나는 일을 할 때마다 여전히 가슴팍이 아픕니다.

사람들은 또한 1980년대에 폴 폰 치하의 상황에서 질병으로 여러 마을 사람이 사망했다고 설명한다. 그들은 또한 DK 동안 특히 가혹했던 먼 지방으로 이주하여 가족 대부분이 사망하는 것을 목격한 한 주민이 스트레스와 슬픔으로 '미쳐버렸다'고 말한다. 지금은 일상생활이 가능하지만, 그녀 자신도 '가끔 이유 없이 웃거나 울 때가 있다'고 말하며 DK가 자신을 정서적으로 불안정하게 만들었다고 느낀다. 그러나 나는 스와이에서 정신적 불안정에 대한 다른 증거를 보지 못했다. 비록 많은 마을 사람이 아마도 다양한 질병으로 신체화되는 DK로 인한 깊은 정신적 상처를 가지고 있지만 말이다(Mortland 2002 참조).

기억

다른 기억도 마을 사람들의 마음에 지워지지 않게 새겨지지만, 그것들은 여러 방식으로 표현되거나 억압된다. 내가 폴 폿 시대 이야기를 수집했을 때, 어떤 마을 사람들은 그들의 경험에 대해 냉정을 유지하며 이야기했고, 다른 사람들은 무너지고 울었다. 한 남자는 DK 시절 경험을 누구에게도 공개한 적이 없었지만, 내가 마을 역사를 기록하고 있다는 것을 알고 나에게 말하고 싶어 했다고 말했다. 어떤 경우에는 한 개인이 나에게 고통스럽지만, 아마도 카타르시스를 느끼며 이야기한 후 더는 DK에 관해 이야기하고 싶어 하지 않았다.

나는 다른 곳에서 폴 폿 치하에서 마을 사람들의 삶에 대한 구술을 설명하면서 몇 가지 지배적인 주제에 대해 논의한 적이 있다.- 식량 부족, 가차 없는 시시포스식 노동, 풍토병, 질병 탓이든, 처형을 위해 "연행당하는" 것이든 간에 끊임없는 죽음의 유령이 그것이다. (특히 Ebihara 1993a 참조). 나는 여기에서 이러한 주요 주제의 실질적인 세부 사항을 반복하지 않고 이러한 이야기가 신화적 특성을 획득했음을 말하고자 한다. '신화'라는 용어가 상상의 창조물을 의미하는 것이 아니라는 점을 즉각 강조하고자 한다. 오히려 나는 고전 신화처럼, 놀라운 용기와, 빠른 재치, 불굴의 의지로 엉까 Angkar라고 불리는 신비하고 무서운 힘이 크마에 사회와 문화의 관습적인 규범과 패턴을 뒤집거나 파괴한 시대의 엄청난 고난과 시련에서 살아남은 개인에 관해 이야기한다는 의미에서 이 용어를 사용한다. 실제로, 일부 캄보디아인들은 DK가 고대 경전인 뽇 뚬늬예이Put Tumneay에 있는 파괴와 죽음의 종말론적인 시대가 있을 것이라는 무서운 예언의 성취라고 생각했다(Smith 1989, Mortland 1994 참조).

또한 DK가 현대 캄보디아의 민족/문화적 자각에서 후속 정권이 정의한 공포의 통치로서 '신화적' 특성을 얻었다고 말할 수도 있다. DK에 대한 기억은 뚜얼슬랭 대학살 범죄 박물관과 쩌응 아엑(일반적으로 킬링필드라고 부르는 곳으로 유골로 채워진 위령탑이 있다-역자 주)과 과거 지역 감옥과 처형장으로 사용되었던 스와이 남쪽에 있는 것과 같은 다른 지역 기념관 킬링필드에 있는 유골 더미에 생생하게 남아 있다(Ledgerwood 1997, Chandler 1999, Hawk 1989 참조). DK를 욕하기 위해 사람들이 함께 모이는 증오의 날이라고 하는 연례 행사도 있다. 그런 날, 마을 수준에서 스와이 주변 지역의 공무원과 학생이 연설을 듣고 뽈 뽇의 종이 인형을 태우는 의식에 소집되었다.

1979년 DK 패배 이후, 사람들의 의식 속에서 폴 폿과 그의 고위 관리들은 상당수의 무장 부대와 함께 외딴 은신처에 있는 여전히 위협적인 인물로 남아 있었다. 1980년대와 1990년대 전반에 걸쳐 여러 지역에서 정부군과 DK 저항군 간 전투가 있었고 어떤 도로와 지역이 위험하다는 것이 사람들 사이에 널리 퍼져 있었다. 스와이 바로 인근에는 크마에 끄러험 군대가 없었지만, 가끔 폭발 소리가 들리는 먼 남쪽 산에 주둔하고 있다고들 했다. 1990년대 초, 마을 사람들은 크마에 끄러험과 그들이 다시 권력을 잡을 가능성에 대해 불안해했다. 일부 가족은 다시 싸움이 벌어질까 두려워 참 호를 파기까지 했다.

층을 이룬 기억들

1990년대 후반 유엔이 후원한 총선 이후, 특히 폴 폿이 사망하고 주요 지도자와 그 군대가 패배하거나 체포된 이후 크마에 끄러험이 국가를 다시 장악할 수 있다는 두려움은 점차 줄어들었다. 또한 1990년대 중반에 스와이를 방문하는 동안 나는 혁명 이전 크마에 생활의 양상이 복원되면서 때로는 문자 그대로 악몽 같은 과거 위에 겹쳐진 많은 재건 사례를 보고 용기를 얻었다. 스와이 주변의 풍경에서 DK 동안 건설된 거대한 직사각형 논은 1980년대 개인 소유주에게 토지를 재분배한 것을 반영하는 작은 논으로 분할되었다. 1970년대 내전 기간의 폭탄 분화구는 이제 풀이 자란 얕은 움푹 팬 곳이. 나무는 희망의 상징이기도 하다. DK 직후 몇 년 동안 마을 사람들은 분쟁 때문에 다시 마을을 버려야 할지도 몰라 파괴된 나무를 교체하려고 시도하지 않았다. 그러나 1980년대 초반 사람들이 비교적 안심할 수 있게 되면서 새로운 나무를 심고 1990년대에는 망고(마을 이름 그대로), 코코넛 및 기타 과일을 풍부하게 생산하고 있었다. 잎이 넓은 바나나 줄기, 대나무 줄기, 구장 잎 덤불 및 기타 식물, 채소가 있는 집 정원, 번쩍이는 밝은 꽃이 스와이에 푸르름을 되찾았다.

1990년대 중후반 동안 스와이와 그 주변에서 많은 물질적 (재)건축이 이루어졌다. 점점 더 많은 마을 사람이 땅 위에 직접 지은 초가집을 고상식 전통 크마에식 가옥으로 바꾸면서 마을은 점점 더 매력적으로 보였다. 그러한 가옥은 수년간의 박탈과 혼란에서 벗어나는 유형(형태 있는)의 징후로서 마을 사람들에게 물질적으로나 상징적으로 매우 중요하다고 생각한다. 다시 한번 국교로 인정받은 불교의 부흥은 오왈을 재건하려는 상당한 노력에 반영되었다. 마을 오왈과 길 아래에 있는 다른 오왈 모두에서 1990년에 흙더미였던 뷔히어가 처음부터 말 그대로 재건되는 것을 보는 것은 놀랍고 만족스러웠다. 고전적인 스타일로 지어졌으며 어떤 면에서는 전쟁 이전의 뷔히어보다 훨씬 더 웅장하게 아름답다. 각 오왈에는 일부 어린 사미를 포함하여 상주하는 승가가 있다. 또한 전쟁으로 폐허가 된 마을 근처 옛 학교 건물도 1990년대 중반에 재건되어 지역 군청으로 깔끔하게 개조되었다.

촌락의 생계와 사회조직은 혁명 이전의 그것과 완전히 같지는 않지만, 유사하다. 가족(또는 그들에게 남은 가족)이 재결합했다. 쌀 재배는 계속된다. 시장 경제가 회복되었다. 불교 의례와 생애주기 의례가 다시 한번 충실하게 지켜진다. 일부 관찰자들은 DK가 가정 폭력의 광범위한 증가와 친척과 이웃 사이의 사회적 유대의 붕괴라는 유산을 남겼다고 말했지만(예: Frings 1993, Ovesen, Trankell, and Öjendal 1996, Zimmerman, Men, and Sar 1994), 가정 폭력이나 고립된 가정은 스와이에서 분명하지 않았다. DK는 실제로 높은 사망률(특히 많은 과부를 남긴 남성 사망률) 측면에서 가족생활에 영향을 미쳤지만, 친족(과 친한 친구)에 관한 관심이라는 기본적인 도덕규범은 남아 있으며, 경작을 위한 상호 노동 교환의 윤리와 필요할 때 자비로운 도움도 그렇다.

'전통'이 재창조되어야 했고(Hobsbawm과 Ranger 1983을 의역하자면), 변화하고 여전히 변화하는 사회적, 정치적, 경제적 환경 때문에 반드시 변형되어야 했기 때문에, 현대 마을이 단순히 혁명 이전의 관행을 되살렸다고 말하는 것은 지나치게 단순화한 것이다. 예를 들어, 벼농사를 위해 친척과 친구들 사이에서 여전히 협동 작업 교환을 하지만, DK가 광범위한 상호 노동 교환에 참여할 수 있는 신체 건강한 가족 구성원을 너무 적게 남겨뒀기 때문에 오늘날 여러 가정에서 일손을 고용한다(혁명 이전 시대에는 드물었다). 결혼식은 가족이 감당할 수 있는 한 여전히 축제스럽고 정성스러운 것이지만, '젊은이들이 지루해하기' 때문에 일부 관례적인 의식은 이제 짧아졌거나 심지어 생략된다. 그럼에도 크마에계 미국인 난민들이 관습적인 캄보디아 관념을 불러일으키는 동시에 그들의 삶은 새로운 환경과 사고에 적응하고 있는 것처럼(Ledgerwood 1990, 1994), 스와이 마을 사람들도 '전통'을 환기한다. 따라서 현대 마을 생활에 관해 이야기하는 사람들은 종종 다양한 맥락에서 "예전과 같다"라고 말하곤 했고, 실제로 스와이의 광범위한 삶의 윤곽은 내가 혁명 이전 시대에 알고 있던 것과 상당히 유사해 보이기도 했다. 그러나 어떤 수준에서 마을 사람들은 삶의 여러 영역에서 변화가 있었기 때문에 그러한 것들이 정확히 예전과 같은 것은 아니라는 것을 알고 있다(자세한 내용은 Ebihara 1993a 참조). 그러나 이 관념은 혁명적 새 사회를 건설하려는 뽈 뽇의 시도가 성공하지 못했고 캄보디아인의 삶이 상대적으로 '이전과 같은' 정상 상태로 돌아왔음을 암시하는 중요한 수단이다.

'뽈 뽇 시대'의 기억은 그 시대를 살아온 사람들에게는 분명 생생하게 남아 있지만, 1979년 이후에 태어난 젊은 세대의 마음에 DK가 어떤 자리를 차지하게 될지 궁금하다. 어린이와 청소년은 노인들 사이의 일상적인 대화에서 자주 등장하는 DK 동안의 상황에 대한 참조와 이야기를 듣는다. 뽈 뽇의 악명도 뚜얼슬랭 및 기타

DK를 상기시키는 제도화 된 알림을 현재의 정부가 유지하는 한 살아있을 것이다. 그러나 뽈 뽈의 기억 위에 또 어떤 사회적, 정치적 발전이 중첩될 수 있을까?

References

Chandler, David P. 1996. "Songs at the Edge of the Forest" [1978]. In *Facing the Cambodian Past, Selected Essays, 1971-1994*, 76-99. Chiang Mai: Silkworm Books.

———. 1999. *Voices from S-21: Terror and History in Pol Pot's Secret Prison*. Berkeley: University of California Press.

Ebihara, May. 1990. "Return to a Khmer Village." *Cultural Survival Quarterly* 14(3):67-70.

———. 1993a. "'Beyond Suff ering': The Recent History of a Cambodian Village." In *The Challenge of Reform in Indochina*, edited by Börje Ljunggren, 149-66. Cambridge, MA: Harvard Institute for International Development, Harvard University Press.

———. 1993b. "A Cambodian Village under the Khmer Rouge, 1975-1979." In *Genocide and Democracy in Cambodia: The Khmer Rouge, the United Nations and the International Community*, edited by Ben Kiernan, Southeast Asia StudiesMonograph 41, 51-63. New Haven: Yale University Southeast Asia Studies.

Ebihara, May, and Judy Ledgerwood. 2002. "Aftermaths of Genocide: Cambodian Villagers." In *Annihilating Diff erence: The Anthropology of Genocide*, edited by Alexander L. inton, 272-91. Berkeley: University of California Press.

Foucault, Michel. 1995. *Discipline and Punish: The Birth of the Prison*. Translated by Alan Sheridan. 2nd ed. New York: Vintage Books.

French, Lindsay C. 1994. "The Political Economy of Injury and Compassion: Amputees and the Thai-Cambodia Border." In *Embodiment and Experience: The Existential Ground of Culture and Self*, edited by Thomas Csordas, 69-99. Cambridge: Cambridge University Press.

Frieson, Kate. 1990. "The Pol Pot Legacy in Village Life." *Cultural Survival Quarterly* 14 (3):71-73.
Frings, Viviane. 1993. "The Failure of Agricultural Collectivization in the People's Republic of Kampuchea, 1979-1989." Working Paper 80, Monash University Centre of Southeast Asian Studies.
Hawk, David. 1989. "The Photographic Record." In Cambodia, 1975-1978: Rendezvous with Death, edited by Karl D. Jackson, 209-14. Princeton, NJ: Princeton University Press.
Hinton, Alexander Laban. 1999. "Genocidal Bricolage." Paper presented to the Anthropology Section of the New York Academy of Sciences, December.
Hobsbawm, Eric, and Terence Ranger. 1983. *The Invention of Tradition*. Cambridge: Cambridge University Press.
Kim Sedara. 2001. "Reciprocity: Informal Patterns of Social Interactions in a Cambodian Village near Angkor Park." Master's thesis, Northern Illinois University.
Ledgerwood, Judy. 1990. "Changing Khmer Conceptions of Gender: Women, Stories, and the Social Order." PhD diss., Cornell University.
——. 1994. "Gender Symbolism and Culture Change: Viewing the Virtuous Woman in the Khmer Story "Mea Yoeung." In *Cambodian Culture since 1975: Homeland and Memories of the Pol Pot Era in a Cambodian Village 319 Exile*, edited by May Ebihara, Carol A. Mortland, and Judy Ledgerwood, 119-28. Ithaca: Cornell University Press.
——. 1997. "The Cambodian Tuol Sleng Museum of Genocidal Crimes: National Narrative." *Museum Anthropology* 21(1):82-98.

———. 1998. "Rural Development in Cambodia: The View from the Village." In *Cambodia and the International Community: The Quest for Peace, Development, and Democracy*, edited by Frederick Z. Brown and David G. Timberman, 127-48. New York: The Asia Society.

Marston, John. 1994. "Metaphors of the Khmer Rouge." In *Cambodian Culture since 1975: Homeland and Exile*, edited by May M. Ebihara, Carol A. Mortland, and Judy Ledgerwood, 105-18. Ithaca: Cornell University Press.

McAndrew, John P. 1997. *Interdependence in Household Livelihood: Strategies in Two Cambodian Villages*. Phnom Penh: Cambodia Development Resource Institute. Meas, Nee. 1995. Towards Restoring Life: Cambodian Villages. Phnom Penh: NGO Forum on Cambodia.

Mortland, Carol A. 1994. "Khmer Buddhists in the United States: Ultimate Questions." In *Cambodian Culture since 1975: Homeland and Exile,* edited by May M. Ebihara, Carol A. Mortland, and Judy Ledgerwood, 72-90. Ithaca: Cornell University Press.

———. 2002. "Legacies of Genocide for Cambodians in the United States." In *Cambodia Emerges from the Past: Eight Essays*, edited by Judy Ledgerwood, 151-77. Dekalb: Northern Illinois University Center for Southeast Asian Studies Southeast Asia Publications.

Ovesen, Jan, Ing-Britt Trankell, and Joakim Öjendal. 1996. *When Every Household Is an Island: Social Organization and Power Structures in Rural Cambodia*. Uppsala: Uppsala University.

Smith, Frank. 1989. *Interpretive Accounts of the Khmer Rouge Years: Personal Experience in Cambodian Peasant World View*. Wisconsin Papers on Southeast Asia, Occasional Paper 18. Madison: University of Wisconsin, Center for Southeast Asian Studies.

Turner, Victor. 1967. *The Forest of Symbols: Aspects of Ndembu Ritual.* Cornell Paperbacks 101. Ithaca: Cornell University Press.

Uimonen, Paula. 1996. "Responses to Evolutionary Change: A Study of Social Memory in a Khmer Village." *Folk: Journal of the Danish Ethnographic Society* 38:31–51.

Zimmerman, Cathy, Men Savorn, and Sar Samen. 1994. *Plates in a Basket Will Rattle: Domestic Violence in Cambodia, Phnom Penh, December 1994.* Phnom Penh: Asia Foundation.

캄보디아의 어느 크마에Khmer 마을
스와이Svay

2025년 9월 27일 초판 인쇄
2025년 10월 3일 초판 발행

지은이/ 마이 마이꼬 에비하라
옮긴이/ 서민우
펴낸이/ 남기수
펴낸곳/ 도깨비
  출판등록. 제 1989-3호(1989년 5월 8일)
  주소. 부산광역시 북구 양달로 9번길 21. 103-1302
  전화. 010-2822-5640

ISBN 978-89-88104-82-8 93090
책값은 표지에 있으며, 잘못된 책은 바꾸어 드립니다.